《天津南开中学史 (1904—2024)》
编 撰 人 员

编委会主任　孙海麟

　　副主任　李　轶　刘　浩

　　成　员　王文昌　陈　嫒　王　悦　李德志

　　主　编　刘　浩　周鸿飞

　　编　撰（以编撰章节为序）

　　　　　　张宜雷　冯　竺　李　群　冯　筐

　　　　　　刘　佳　崔勇锐　杨乃东　张　楠

　　统　筹　武佩铃　姚　珪

天津南开中学史

（1904—2024）

天津市南开中学　编著

人民出版社

责任编辑：宫　共

封面设计：冯　笪

图书在版编目（CIP）数据

天津南开中学史：1904—2024 / 天津市南开中学编
著. --北京：人民出版社，2024.11. -- ISBN 978-7-
01-026849-1

Ⅰ. G639. 282. 1

中国国家版本馆 CIP 数据核字第 2024U84Q41 号

天津南开中学史:1904—2024
TIANJIN NANKAI ZHONGXUESHI 1904—2024

天津市南开中学　编著

人 民 出 版 社 出版发行
（100706　北京市东城区隆福寺街 99 号）

北京中科印刷有限公司印刷　新华书店经销

2024 年 11 月第 1 版　2024 年 11 月北京第 1 次印刷
开本:710 毫米×1000 毫米 1/16　印张:33. 5
字数:530 千字　插页:4

ISBN 978-7-01-026849-1　定价:110. 00 元

邮购地址 100706　北京市东城区隆福寺街 99 号
人民东方图书销售中心　电话 (010)65250042　65289539

严 修   张伯苓

南开中学早期的东楼和学校门前大操场

面必淨　髮必理　衣必整　鈕必結

頭容正　肩容平　胸容寬　背容直

氣象　　勿傲　　勿暴　　勿怠

顏色　　宜和　　宜靜　　宜莊

本校門內左壁懸大鏡一面俾學生鑒正容

止上懸木扁鐫諸誠之言如右

严修亲笔书写的容止格言

第一届毕业生毕业十周年捐建纪念井

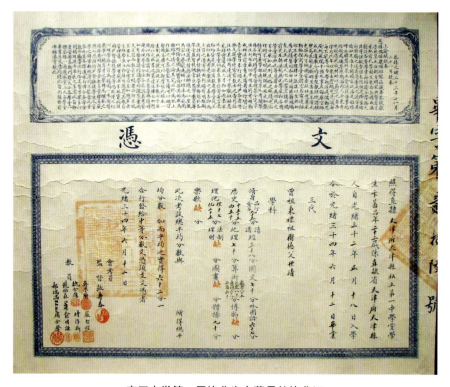

南开中学第一届毕业生卞蕃昌的毕业证

南开中学校园的周恩来铜像

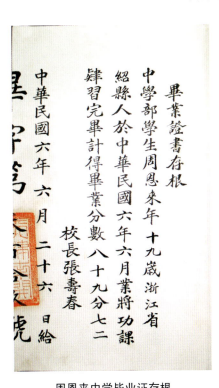

毕业證書存根

中學部學生周恩來年十九歲浙江省

紹縣人於中華民國六年六月業將功課

肄習完畢計得畢業分數八十九分七二

校長張壽春

中華民國六年六月二十六日給

周恩来中学毕业证存根

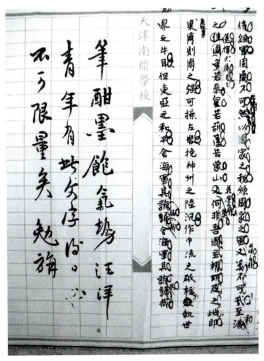

天津南開學校

筆酣墨飽氣勢汪洋

青年有此文字

不可限量矣勉旃

语文教师在周恩来作文《海军说》上的批语

范孙楼

国务院公布的全国重点文物保护单位
——南开学校旧址石牌

北楼

瑞廷礼堂

1921年，反对太平洋会议力争"山东取消'二十一条'"集会在南开中学大操场举行

1936年，天津当局派军警包围南开中学

1934年，南开学生在华北运动会上组字成标语"毋忘国耻"，宣传抗日

1948年，南开中学学生演唱黄河大合唱

南开中学学生组织游行庆祝新中国
第一个国庆节

南开中学部分参军参干学生合影

教师孙养林、朱宗禹、王荫槐、孙正恕

教师陈东生与学生在一起

南开中学学生上山下乡告别母校

学校组织"小跳班"学生到塘沽新港参观

南开中学校友曹禺访问母校

南开中学校友赵启正回到母校演讲

南开中学建校 90 周年校庆时，先后就读南开中学的叶氏五兄弟
——叶笃义、叶笃庄、叶笃廉、叶笃正、叶笃成齐聚母校

南开中学学生参加天津义工服务队

南开中学篮球队夺得天津市青少年
篮球锦标赛冠军

南开公能校训石碑

2013 年复建的周恩来所在的第
十次毕业生纪念钟亭

纪念天津南开中学建校 110 周年暨发行《周恩来南开中学论说文集》大会会场

序

　　天津市南开中学的办学史，从创办之日公元 1904 年 10 月（清光绪三十年九月初八日），至公元 2024 年 10 月 17 日，整整 120 周年。值此重要的历史节点，学校进行认真的回顾总结，努力把南开中学教育事业推向新阶段。在 120 周年校庆前夕，由天津市南开中学编著的《天津南开中学史》将由人民出版社出版，这在南开中学校史上是一桩具有深远意义的事件。

　　天津市南开中学由近代著名爱国教育家严修创办，聘任近代著名爱国教育家张伯苓为校长。学校于 1904 年创办，1907 年迁入位于南开洼的现址，始称私立南开中学堂，1912 年改称天津南开学校，是南开系列学校的发祥地。新中国成立后，南开中学实行公立，教育事业取得长足进步。1978 年南开中学被教育部命名为全国重点中学，1996 年作为南开学校旧址被国务院列为全国重点文物保护单位，2017 年被中央文明委评为第一届全国文明校园。

　　120 年发展，120 年积淀，形成了南开中学特有的办学模式和文化传统。南开中学 120 年的办学历程坎坷、坚韧，跌宕起伏，止于至善。120 年来是爱国教育家办教育，是办"中学之模范"教育，是按教育规律办教育，是从民族救亡到民族复兴办教育。南开中学 120 年的教育历程，大气磅礴，可钦可敬！

一、借助各界贤达社会力量办学，依靠党和政府领导大力扶持发展教育

　　南开中学初创时，由严修、徐世昌、王益孙各自出资鼎力支撑。1906

年郑菊如先生捐了 15 亩土地。严修、徐世昌、王益孙、卢木斋等共捐献白银 26500 两，建设中西合璧的东楼、北楼，袁世凯捐助白银 5000 两，建设了西式礼堂，从此奠定了南开中学的始基。在建成南开大学、南开女中、南开小学之际，严修先生去世，被尊称为南开"校父"。众多校友捐资 8 万元修建了范孙楼。章瑞庭先生捐资 7 万元，建设了"瑞廷礼堂"，使用至今。此后，由于侵华日军轰炸焚烧，1917 年、1939 年两次洪水淹泡，加之连年征战，经济凋敝，南开学校财政已经枯竭，难以为继。新中国成立后，各项事业百废待兴，但人民教育事业受到空前重视，维修校舍，建设新房，办学经费和教职工薪酬都有了保证。南开中学从此获得了新生。75 年来，由于国家综合实力日益壮大，创新人才的培养日益成为国家战略，建设创新型国家，教育越发成为基础，政府对教育事业投入了巨额资金。南开中学的现代基础教育发展正逢其时，创造着新的辉煌。

二、为民族救亡、民族复兴办教育，依靠教育家按教育规律办教育

1895 年清王朝甲午战争惨败后，西方列强纷纷入侵瓜分中国，极大地激发了广大进步人士寻求救国的道路。严修提出开设"经济特科"，张伯苓被"国帜三易"所激怒，他们立志为民族救亡而兴新学，培育英才，以"作中学之模范"。他们亲书容止格言，提出"允公允能，日新月异"的校训，强调"立大公，作最能"。以南开优秀学子周恩来为代表，13 岁提出"为中华之崛起而读书"，15—19 岁在南开中学就读时曾说"学者，事业之基"，学问与经验"必须兼修"。他说，"青年为斯世将来之主，学者乃领异标新之人"，"当兹神州存亡危急千钧一发之秋，吾党青年正宜努力前途，以做砥柱中流自任"。19 岁在南开中学毕业时提出"愿相会于中华腾飞世界时"。周恩来青少年时期的志向，就是我们今天的梦想。南开中学教育的成功有赖于献身南开的教育家。严修、张伯苓、张彭春、喻传鉴、伉乃如、华午晴、孟琴襄、黄钰生等教育家贡献巨大。南开中学还培养出不少大教育家。首届毕业生金邦正 1920 年担任清华学校校长。梅贻琦先生担任清华大学校长 17 年，

其中 1938 年至 1946 年主持国立西南联合大学校务 8 年，1956 年创办台湾新竹"清华大学"，被称为海峡两岸清华的"大家长"。1927 年毕业的钱思亮先生担任台湾大学校长 19 年。1953 年毕业的王大中先生是新中国培养的人民教育家，自 1993 年至 2003 年担任清华大学校长，建树颇多，业绩辉煌。新中国旗帜下的公立南开中学，教育家更是不断涌现。其中杨坚白、杨志行先生是突出的代表。杨坚白先生提出中学教育要"两教""两管"的教育思想；三度执掌南开中学达 26 年之久的杨志行先生，提出了"两全三高、一主三自、三个建设、四个培养、一个形成"的完整的教育思想。之后，王淑玲、纪文郁、康岫岩等先后主持学校工作，他们对南开中学的建设与发展也都作出自己的贡献。南开中学教育改革与管理，实践与探索，是新中国基础教育发展历程的一个缩影，是百余年南开中学教育传统和改革创新相结合的崭新成果。

三、依靠汇聚人才办教育，依靠强大师资团队办教育

学校的教师团队，特别是学术领军人物是培养优秀人才的基础，是学校的核心竞争力。张伯苓校长身兼几个学校校长，只拿南开中学校长一份工资，却不惜重金延揽名师大家。像陶孟和、马千里、时子周、王昆仑、张中行、熊十力、范文澜、舒舍予、何其芳、姜立夫、杨石先、董守义、罗常培等，他们献身教育事业，热爱南开，思想深邃，业务精湛，在提升教育水准、塑造健全人格方面，在南开中学教育史上留下了深刻的印记。在南开中学公立以后，学校培养了强大的师资团队，他们忠诚党的教育事业，注重师德培养，立德树人。他们以"严、苦、优、爱"的职业精神对待教学，对待学生。曾被联合国教科文组织认定为亚太地区普教专家的杨志行校长，在吸纳、培养、打造、考核、提升教师队伍方面，作出了卓有成效的努力，取得了显著成绩。几十年里南开中学涌现出一批名师大师，像孙养林、陈东生、余瑞徵、左景福、朱宗禹、王荫槐、安同需、傅越秋、余克定、郜昌盛、郭成通、谷明杰等优秀教师，他们是南开中学优秀教师团队的突出代表。

四、以爱国忠诚为特色，以全面发展为指针，大力培养公能兼具、文理兼修的优秀人才

南开中学 120 年来，素以培养以民族救亡、民族复兴为己任；公能兼备、全面发展的学生为目标。在中国革命、建设和改革时期，不少南开学子追求真理，肩担道义，赴汤蹈火，舍生取义。据不完全统计，120 年来南开学子中出现了 59 位革命英烈。比如革命先烈马骏，1919 年毕业，五四运动中担任天津学联副主席，中共北京市委早期领导人，1928 年被北洋军阀杀害。革命先烈彭雪枫，在校时名彭修道，1921 年考入南开中学初级一年 4 组，后因生活困难辍学。17 岁参加革命，走过二万五千里长征，是红军高级将领，抗日战争中担任新四军四师师长兼政委，英勇杀敌，威震敌胆，1944 年作战牺牲，2009 年入选"100 位为新中国成立作出突出贡献的英雄模范人物"。革命先烈沈崇海，1928 年毕业后考入清华大学，又考入中央航校三期。1937 年 8 月，淞沪抗战爆发，8 月 18 日，他所驾 904 号轰炸机发生故障而不脱离，驾机撞向日本海军旗舰"出云"号，与敌同归于尽。南开中学 1931 届毕业生何炳棣，浙江金华人，学号 7112，美国科学院院士，国际著名历史学家。他说，经过海内外科学考证，南开中学笃笃实实是世界上最爱国的学校。

南开中学百余年来办学的突出成果，是为国家和民族培养了大批公能兼具、德才兼备的杰出人才。他们有以敬爱的周恩来总理为代表的党和国家领导人，有国家最高科学技术奖获得者刘东生、叶笃正、张存浩、王大中，有杨振宁、李政道在西南联大先后的导师吴大猷，有吴阶平、方圻、黄家驷、严仁英等医学大家，有曹禺、金焰、黄宗江、周汝昌、吴玉如、端木蕻良等文学艺术家。南开中学的学子中既有各界精英，更有无数默默无闻、脚踏实地的普通劳动者，他们都是国家的中坚力量。像 1950 届毕业生、人民好军医华益慰，救死扶伤，感动中国。20 世纪下半叶以至新世纪初叶，南开中学又涌现出大批思想敏锐、敢于创新创业引领社会发展的新锐。清华大学教授王亚愚，南开中学 1993 届毕业生，中国科技大学毕业后随即进入美

国普林斯顿大学学习，获博士学位并获博士论文最高奖，随后在加州大学伯克利分校任教。2013 年，清华大学实验团队从实验中首次观测到量子反常霍尔效应，被杨振宁先生评价为"诺贝尔奖级的发现"。王亚愚是该研究团队的主要成员之一。南京大学教授、国家千人计划成员卢红，女，1989 年至 1995 年入读南开中学，本科毕业后，在美国纽约大学攻读博士学位，到加州大学圣巴巴拉分校做博士后，后留校任教进行科学研究。南开中学 100 余年来英杰辈出，但新世纪青年才俊英气逼人，前途可期，尤为可喜可贺。经南开中学校友会精心反复但只能是不完全的统计（新的统计在进行中），截至 2019 年，先后共有 2512 名教职工在南开中学任教。其中，1904 年至 1948 年底，有 1172 名教职工任教；1949 年至 2019 年底，有 1340 名教职工任教。截至 2019 年，南开中学先后共培养学子 68096 人。其中，1904 年至 1948 年底，共培养学子 12205 人；1949 年至 2019 年底，共培养学子 55891 人。这些教职工和学子，都把南开中学作为他们共同的精神家园。

南开中学 120 年来走过的道路和取得的业绩，是值得自信自豪的。但南开中学的事业是历史的、也是世界的。跟百年潮中国梦，实现中华民族伟大复兴相比，我们取得的业绩还是渺小的。跟建设具有中国特色世界水平的现代教育目标相比，我们还走在路上。在教育发展与改革的进程中，如果我们不满足于仅仅做一个跟随者，而要努力实践大胆创新，努力成为一个引领者，那就更要作出长期不懈的艰辛努力与探索。我们既要有办学模式的自信，办学道路的自信，还要有南开文化传承与创新的文化自觉。把南开办成中学模范，是创办者的初衷，是全校师生、历届校友的期盼。我们要努力努力再努力！我们纪念校庆，总结经验的正确态度是：保持冷静，继续前行，戒骄戒躁，再接再厉，巍巍我南开精神！

清代启蒙思想家龚自珍说过："欲知大道，必先为史。"我是南开中学学子，2010 年 3 月受组织派遣回母校主持工作，当年我就提出要编写一部南开中学校史，2011 年从国家的文化导向和学校的实际情况出发，决策首轮编修《天津南开中学志》。这是我很久以来的一种渴望、一个夙愿，也反映了南开中学历届校友、老师、教育工作者、学生家长以及社会各界有识人士的强烈呼声。经过编纂人员的努力，四易其稿，110 万字的《天津南开中学志》由天津教育出版社出版。随着修志工程的完成，修史条件日趋成熟，2015 年南开校史研究中心适时编撰《天津南开中学史》，使修志、修史两种治史文本各显功能，相得益彰。南开中学是从中华民族救亡到中华民族复兴时期的极有历史分量的中国教育瑰宝。通过修志修史，记载南开人 100 多年艰辛创业的轨迹，讴歌南开人为祖国为民族奋斗牺牲的业绩，揭示南开人成功办学的内在规律，指明南开教育改革创新的发展方向。

2024 年是南开中学建校 120 周年。在这新的历史节点，学校决策修订南开中学校史，在 2015 年出版的《天津南开中学史》的基础上，经过修改、增补、完善，形成新的《天津南开中学史（1904—2024）》。担当这项任务的校友和教师，没有止步于先前的成果，而是与时俱进，勇于担当，精益求精，不辱使命，进行了全新的奋斗。在五个月的时间里，他们百尺竿头更进一步，其工作意义不仅在于告慰先贤，对历史做了交代，更有利于南开校史研究与中国教育改革的实践相结合，具有温故而促今的积极作用。我向参与这项工作的所有同志、向给予指导帮助的人民出版社领导和专家表示真诚的敬意和感谢，同时希望近十年修志、修史的成果能更好地为南开中学教育教学立德树人服务。

孙海麟

2024 年 7 月 10 日

（天津市南开中学理事会理事长，《天津南开中学志》

《天津南开中学史（1904—2024）》编修委员会主任）

目　　录

第一章 绪 论

从 1904 年 10 月创办，到 2024 年 10 月，天津南开中学走过整整 120 年的历程了。在这样重要的历史节点上，修订、编撰完整的南开中学校史，毫无疑问是十分必要但也是至为艰巨的事情。无论由谁来担当这一重任，大概都有履薄临深之感。考验编撰者的，与其说是学养和功力，莫如说是直面历史唯物主义的考问。

马克思说："人们自己创造自己的历史，但是他们并不是随心所欲地创造，并不是在他们自己选定的条件下创造，而是在直接碰到的、既定的、从过去继承下来的条件下创造。"（《马克思恩格斯选集》第 1 卷，人民出版社1995 年版，第 585 页）南开中学的历史演进，就具有明显的上述特征。欲编撰好南开中学校史，一项绕不过去的重要功课就是，不能不在大量的史籍面前，高屋建瓴，梳理头绪，理性判断，精心耕耘。

那么，应该如何梳理认识南开中学校史的发展脉络呢？

曾经主政南开中学前后 26 年、被认定为联合国亚太地区普教专家的杨志行先生，生前在谈到南开中学的发展时指出，新中国成立前的南开中学有两股推动学校事业发展的力量，一是以严修和张伯苓为代表的南开中学行政力量；二是中共地下党领导的学生运动和进步的知识分子，也是推动南开发展的重要力量，其表现形式包括青年学生追求思想进步、社团活动和社会实践等，从五四时期周恩来领导的学生运动到一二·九运动，到中共地下党领导的社团活动，再到迎接解放，建立新中国，这条线索同样体现了南开特色。

这一见解极为重要，形成新中国成立前南开中学校史有两条线推动发展的观点，不啻给了我们一个梳理南开中学校史的重要思路，由此引发我们的深入思考，并在此基础上，提炼形成编撰者的南开历史观。

一

办学人与求学者具有价值观同向性，是南开中学与生俱来的鲜明特色。南开中学创办于1904年，而其胚胎时期的严氏家馆，则创办于1898年。若再追溯严氏家馆的开办缘由，就不能不触及那场痛彻国人心扉的中日甲午战争。甲午战争带给中华民族的深重国难，是创办南开中学时代背景的源头。

1840年的鸦片战争，让中国沦为半殖民地半封建社会，中华民族开始了被帝国主义国家蚕食的屈辱史。1894年甲午战败，之后签订《马关条约》割地赔款，书写了清王朝耻辱的新纪录，梁启超为此疾呼："吾国四千年大梦之唤醒，实自甲午战败割台湾，偿二百兆始。"就是那场国难，惊醒了多少有血性的中国人，促使变法、维新、救国成为当时的社会共识。南开中学创办人严修、张伯苓就是基于甲午战败的刺激，毅然选择在清王朝体制外兴办教育，以开办私立中学堂"作中学之模范"切入，培育一代新人，改造国民素质，为救亡图存做实事。

办学人为救国而办学，求学者为救国而求学，教学双方奠基了起点的链接。《礼记·学记》说："虽有嘉肴，弗食，不知其旨也，虽有至道，弗学，不知其善也。是故学然后知不足，教然后知困。知不足，然后能自反也；知困，然后能自强也。故曰，教学相长也。《尚书·兑命》曰'学学半'，其此之谓乎！"其意是，虽有美味佳肴，不吃就不知其为美味；虽有最善道理，不学就不明白其好。经过学习才知道自己的不足，通过教学才知道自己的贫乏。知道不足才能自我反省，知道贫乏才能发愤图强。所以说教与学相互促进，《尚书·兑命》中说的"教与学各占一半"，说的就是这个意思。"教学相长"的字面意义，是教与学相互影响，相互促进，最终双方都得到提高。而在南开中学创办人的顶层设计中，调动办学人和求学者的两个积极性，是办好新式中学的路径创新。创办初期的南开中学，"教学相长"的实践应该是南开校史两条线的滥觞和雏形。

南开中学办学人倡导民主，在课堂教学之余，允许学生自由结社组成各种团体，培养学生自主自立自治的能力。南开中学早期没有统一的学生会组织，主要学生社团有喻传鉴主持的自治励学会，周恩来等主持的敬业乐群会，张信天主持的青年会等。各会都有刊物，彼此观摩竞赛，局面十分活跃。其中，敬业乐群会的会刊《敬业》刊名，就是经周恩来登门求教，由校董严修题写的。成立于1914年的南开新剧团更是校园社团中一支卓越的队伍。当时编印的《南开学校一览》，都列有"学生课外组织"介绍，学校组织的重要活动都有学生的位置。例如，张伯苓倡导新剧，1916年暑期他组织南开中学师生到天津南郊的高庄体验生活编创剧本，就吸收了于佩文、李纶襄、周恩来、李福景四名学生参加。

这种"教学相长"的实践，有利于人才的培养。1908年，南开中学培养的33名首届学生毕业走出校园。在校期间他们与师长良性互动，涌现诸多人才，例如清华大学校长、教育家梅贻琦，戏剧家、外交家张彭春，教育家喻传鉴，中法大学校长李麟玉，天津中央银行经理卞肇新，等等。毕业十年后的1918年，他们在南开校园掘井一眼，命名纪念井，寓意为饮水思源，感谢母校培育之恩。1917年，周恩来所在的第十次毕业生出校。临别之际，这一届学生在校园内捐建了纪念钟亭，也是旨在感恩。周恩来在读小学时就立下为中华之崛起而读书的志向，考入南开中学后，经过奋发进取，日臻品学兼优，校董严修称赞他有"宰相之才"，校长张伯苓赞誉他是"南开最好的学生"，成为南开中学的学生样板，而周恩来也从南开的优质教育资源中获益匪浅，完成人生成长关键期的准备。正是在南开中学求学的四年，周恩来经受了一生中正规的学校教育，笃笃实实地影响了他的人生。

说起周恩来与南开中学的关系，跟中国共产党其他的开国领导人与其就读的学校的关系有所不同。他们一代人读中学时，正是清末民初。当时的学校大多为统治者体制内或军阀势力所办，或有其幕后支持，办学思想大多囿于统治者的价值体系。因此，开国领导人与他们所在的学校，往往只同个别思想进步的教师有良好关系，而与学校的行政主导方面，在整体上处于反叛或疏离状态。而南开中学却与之不同，由于学校系独立于当局体制外的爱国人士私人所办，办学宗旨和教育理念在同时代具有明显的进步性，故周恩来对南开中学行政主导方面持肯定态度，他在 1917 年 6 月毕业之际赞誉母校："津沽闻望，学林夙树新标；教术纲维，作育蔚成杞梓。"后于 1919 年 5 月又对母校有"我是爱南开的"之语，与严修、张伯苓等学校师长保持了长久的良好关系。

二

　　1916 年 1 月 19 日，张伯苓作了南开中学教育宗旨和方法的修身演讲，指出："诸生须知既为学校中之一分子，则汝实栖息于此全体之中。学校而良善，汝亦随之受益；汝而良善，学校亦随之与有荣。反言之，学校而有缺点，汝亦不完；汝而有败行，学校亦玷污。利害相关，休戚与共。"清晰地凸显了校方和学生价值观的同向关联。1917 年 8 月至 1918 年 12 月，在张伯苓赴美国考察教育期间，张彭春代理南开中学校长，他在教学方面多有改革的同时，将全校学生团体组合为"学生组织联合会"，将多种学生刊物整合为《南开思潮》。这些举措强化了学生的团体精神和自治能力，客观上形成学生团体的组织形态，呈现校方愿与学生良性互动，学生力循学校要求上进的有利局面。

　　1924 年大革命时期，随着中共地下党团组织在南开中学的建立，两条线出现了具有时代特点的组织形态。从南开中学办学人来说，南开中学私立非私有，他们秉承一贯的办学宗旨，不断革故鼎新，追随时代脚步，履行社会责任。1922 年将四年学制改为三三学制，致力于提高教育效率；1926 年设立社会视察课，引导学生求学期间接触社会；1927 年召开学校工作改革讨论会，实施"开辟的经验"教育，以养成学生的现代能力，促成中国的现代化。凡此种种都体现了办学人日新月异的不懈追求。

　　从南开中学求学者来说，受时代潮流的影响，在办学理念、教育方法、管理标准等方面，一部分学生与校方发生过矛盾冲突，由此酿成 1927 年、1931 年、1932 年南开中学校园里的三次学潮。这些学潮最终都得以解决，促进了学校工作的改进。例如，1927 年学潮后张伯苓反思学潮的成因，意识到自己因为兼顾大学、中学、女中的校务，与学生见面和谈话的机会很少，多有"照顾不到的地方"，师生之间产生隔阂，致使学校由"精神的结合"变成了"组织的结合""机械式的结合"，承认"这是教育上的大毛病"，由此"要想一个补救办法"，这就是"以学生为主"，"大家自己动起来"。可见，学潮在客观上对校方改进办学起了促进作用，使南开中学呈现既有革命传统，又保持教育质量的独特现象，而没有像某些学校，革命氛围很浓郁，教育质量却不尽如人意。

就是说，在旧中国南开中学历史上，两条线有同步并行，也有矛盾冲突。但不管有怎样的分分合合，两条线始终不失一个链接点。这个链接点是什么？应该说是南开精神。精神是人类的意识、思维活动和心理状态。南开中学办学人从一开始，就清楚育人必先育魂的圭臬，通过容止格言和"修身课"等形式，围绕育人救国的办学宗旨，精心铸造了校魂，即南开精神。南开精神以爱国为核心，不论求学者来自何方，有何背景，爱国观念是至上的。张伯苓有过形象的比喻，学校好比工厂，学生好比工厂的产品，校长就是工厂的厂长，要严格掌握质量，不准废品出厂。南开中学这个工厂的产品必须是合格的。合格的标准就是在爱国的大前提下，学生要有爱国爱群之公德和服务社会之能力。

在积贫积弱的旧中国，爱国具有空前的号召力和凝聚力，称得上是中华民族核心价值体系的最大公约数。"苟利国家生死以，岂因祸福避趋之"，是那个时代的普遍价值。曾为旧体制官员的严修用革新性词语要求学生"志为爱国志士"，张伯苓悲愤讲述"国帜三易"的耻辱，强调"何以为人？则第一当知爱国"，都极大地激活了南开学子的中国心和归属感，使之生成影响学生终生的同向性的家国情怀和社会担当，孕育并奠定"中国有我"的主体观念。而校方在若干历史节点对于学生的爱国爱校愿望都予以支持，维系了办学人与求学者爱国大方向的趋同。例如1915年袁世凯称帝时撤下以其字命名的"慰亭堂"牌匾，1919年拒绝曹汝霖担任校董，1935年支持学生赴南京向国民政府请愿，等等。

1937年日本发动全面侵华战争，为中华民族带来巨大的灾难，也对南开中学办学人和求学者价值观同向性提出了严峻考验。由于一贯鲜明的抗日立场，包括南开大学、南开中学、南开女中、南开小学在内的南开学校遭到日本侵略者的野蛮轰炸。在此厄运面前，校长张伯苓大义凛然地宣称："敌人此次轰炸南开，被毁者为南开之物质，而南开之精神，将因此挫折而愈益奋励。"校园被毁后，南开中学部分师生留在天津借用耀华中学的校舍开办"南开特班"，部分师生辗转迁至张伯苓早在1936年建成的重庆南渝中学（后更名重庆南开中学）继续学业，分别在津、渝两地守望着南开中学的教育生命和精神家园。

而毕业或肄业出校的南开校友们则在不同领域为赢得抗日战争的胜利作出贡献，像人们耳熟能详的周恩来调停西安事变、促成全民族抗日统一战线，彭雪枫、何基沣、杨十三、朱鸿勋等国共两党高级将领浴血沙场，沈崇诲、张锡祜、杨天雄等空军将士为国捐躯，梅贻琦、黄钰生、吴大猷等教授、学者坚守国立西南联大育才救国的教育阵地，沈栋、李如鹏、袁汉俊、祝宗梁等投身"抗日杀奸团"秘密实施抗日救亡杀奸行动，吴祖贻、岳岱、张炳元、田文纯、杨大章、周恩硕等为国牺牲，罗沛霖投奔延安研制通信设备，穆旦远赴缅甸参加抗日远征军，张锋伯参加察北抗日同盟军，阎子亨、王恩明等因办实业被日寇追捕而绝不与之合作，等等。南开人可谓同仇敌忾，大义凛然，气壮山河！

1945年，抗日战争胜利后，南开中学在天津复校，喻传鉴先生受张伯苓校长的委派回到天津主持复校工作，中共地下党组织也积极开展革命工作。一方面，学校当政者向学生继续宣扬南开精神，倡导公能标准，恢复南开老传统，开展课外社团活动，力图在抗战胜利的形势下培养建国人才；另一方面，中国共产党影响的进步学生组织如雨后春笋般发展，课外社团日趋演变成为进步学生的活动基地，校园民主进步的气氛浓厚，进步学生占据主导地位，奋力实现一个光明的中国的愿景。尽管校方和进步学生的政治话语有所不同，学生中的政治倾向也各有异，但在爱国报国的旗帜下，在自由、民主、科学、进步的追求下，南开精神总有凝聚南开人步履的价值观元素，致成复校后的南开中学价值观同向性仍存，保持两条线没有脱节。南开中学被当时的平津学界誉为"解放区"。

这都是南开中学校史的鲜明特点，凸显了新中国成立前校史两条线平行发展、推动学校车轮富有活力运行的现实，不仅是解析南开中学之为中国近现代教育史窗口和缩影的珍贵注脚，而且揭示了中国最优秀的学校发展的内在路径，彰显了南开人在旧时代从教育领域的必然王国到自由王国的探索中经历了怎样的艰辛！

三

如果将这一思路向新时代延伸，则更发人深省。1949 年中华人民共和国成立，南开中学实现了由私立向公立的平稳过渡，并在旧的教育资源基础上培养出为新中国服务的人才，掀起一波波爱国报国的热潮，不能不看到学校发展的两条线的历史影响。

从 1949 年至 20 世纪 50 年代，南开中学行政主导方面的代表人物是杨坚白和杨志行。杨坚白 1923 年入私立南开中学求学，1929 年中学毕业后入燕京大学国文系，1933 年大学毕业后回南开中学任国文教员，1937 年起在"南开特班"任教，1946 年 8 月起任复校后的私立南开中学训导主任，新中国成立后为私立南开中学校务委员会主任，公立南开中学校长。杨志行 1948 年毕业于清华大学中国文学系，经朱自清先生介绍，进入私立南开中学任国文教员，同时以中共地下党员的身份执行上级党组织安排的使命，曾在国民党当局公布传讯"职业学生"时加以保护。新中国成立后他曾任私立南开中学副教导主任，校务委员会副主任，中国共产党组织公开后为南开中学第一任党支部书记，公立南开中学副校长，1955 年在杨坚白调任天津市教育局副局长后继任校长。

在这个历史时段，由于中国共产党成为执政党，南开中学校史上两条线并行推动学校发展的状况有了本质的转变。曾经又有同向性、又有矛盾性的两条线在共同办好人民教育的新的历史条件下转化为一条线。中国共产党成为代表人民群众的根本利益在教育战线的领导力量，而在严修、张伯苓等领导下所形成的校园文化积淀日益成为南开中学的文化符号和历史资源。历史给了杨坚白和杨志行革新老南开教育的机会。杨坚白作为南开中学培养出来的学生和旧日的当政者，可贵的是他在历史转折时期选择了进步，努力向共产党靠拢；而杨志行则站在中共党组织的立场上，对严修、张伯苓的办学经验进行了批判性选择性吸收。

1951 年 2 月 24 日，周恩来总理回到母校南开中学看望师生并讲话，在南开中学校史上是个极其重要的事件。其意义不仅在于凸显南开的育人成就和伟人的感恩情怀，更表达了新中国成立之初，中国共产党人对于历史遗产的科学态度和博大胸襟。周恩来在瑞廷礼堂对南开师生说，南开中学是我的母校，我那时接受的是资产阶级教育，但我也学到一些知识，锻炼了办事能力。以后我参加了革命，学习了马列主义，并在长期革命中受到锻炼，思想认识提高了，革命意志更坚强了，工作能力更加提高了。所有这些都是中国共产党长期培养、教育的结果。现在，南开中学变了，你们生活在毛泽东时代真是幸福。希望你们好好学习，认真锻炼。学了为用，学了就用，为工农服务，为国家经济建设和文化建设服务。你们一定会比我们学得好，祖国的希望寄托在你们身上。（《周恩来年谱》，中央文献出版社 1998 年版，第 133 页）

实事求是地说，杨志行对于吸收严修、张伯苓的办学经验有一个渐进的过程。新中国成立前，杨志行作为中共地下党员，在履行国文教员的职业责任的时候，对于老南开的历史资源有一种基于政治信仰的鉴别心理。这种状况导致他在新中国成立初期的一段时间内，对老南开的办学经验逐渐认识并吸纳。如果没有"左"的思想干扰，也许在 20 世纪 50 年代中后期就能较好地吸纳老南开严修、张伯苓的历史资源。但是，由于张伯苓一度在国民党政府任职，加上当时的社会政治氛围，使严修、张伯苓的历史资源在一段时间内被淡忘。但周恩来对母校的感念和关注，隐隐提醒人们思索历史资源的价值。

终于，在经历曲折以后，1962 年 11 月当杨志行重返南开中学领导岗位后，他理性地以历史唯物主义的态度审视老南开中学。以 1963 年 2 月教育部召开的京津地区七所学校座谈会为契机，杨志行正面提出借鉴老南开办学的一些做法，在会上作了专题发言，并提交了《校内提高师资水平的几点做法》。同年 6 月，该经验署名"天津市南开中学"刊登于《人民教育》第 6 期。1964 年 10 月，南开中学建校 60 周年之际，杨志行主持了新中国成立后的第一次校庆活动并举办了校史资料展览。1965 年 3 月，杨志行指导召开了第一次学生代表大会，旨在进一步发挥学生在办学中的作用。凡此举措都应该视为吸收式整合的尝试。可惜，这些努力不久就因"文化大革命"而中断。

四

"文化大革命"结束后，1978 年 8 月杨志行第三次返回南开中学主持工作，通过两年的整顿治理，学校逐步恢复正常秩序。1980 年 8 月，杨志行主持制订《南开中学五年工作规划纲要（1980—1985）》，描绘了南开中学发展蓝图，形成南开中学的办学思路，包括：两全三高（全面贯彻教育方针、面向全体学生；高标准、高效率、高质量），一主三自（发挥教师的主导作用；培养学生自觉、自学、自治），三个建设（学校领导班子的建设、教师队伍的建设、物资设备的建设），四个培养（培养良好的校风、领导作风、教风、学风），一个形成（形成学校的优良传统和办学特色）。

比起一般意义的"摸着石头过河"，这一办学思路无疑是重要的历史进步，因为它理出了社会主义历史条件下办好中学教育的规律性认识，尤其在拨乱反正、百废待兴的历史环境中具有特殊的引领意义，其中也体现了若干南开特色。但是，相对而言，它更侧重涵盖对重点中学工作的普遍性要求，对于突出"允公允能，日新月异"的南开校训和南开精神以及其他南开元素，尚未达到人们期盼中的鲜明。

对于这种状况，后人不应苛求。从冰封大地到春暖花开需要时间，整个社会的拨乱反正更需要一个过程，局部吸收式整合毕竟还不是整体融合式整合。从主观上说，经过 1962 年杨志行的治理，取得初步成效，党的十一届三中全会后又进行升华并条理化，形成新时期南开中学的办学思路。从客观上说，严修、张伯苓的历史资源和教育价值一时尚未完全被人们认识。1978 年 4 月，全国教育工作会议在北京召开，南开中学被定为教育部所属全国重点中学。1983 年 2 月，杨志行被联合国教科文组织亚太教育办事处认定为普教专家。这都标志着南开中学办学业绩得到包括国际社会在内的教育界的广泛认可。

南开人盼望的历史时刻终于到来。1986 年 4 月 5 日，在纪念张伯苓先生诞辰 110 周年大会上，时任国务院副总理李鹏在讲话中充分肯定张伯苓是著名的爱国教育家、勇于改革的实践家，人民将永远记住他的功劳。同年 5 月 4 日，经中共中央批准，周恩来总理铜像在南开中学校园落成揭幕，时任中共中央总书记胡耀邦为周恩来铜像题词"青年楷模"。这些重大举措，解除了禁锢南开人多年的精神桎梏，可看作吸纳历史资源的融合式整合的开端。此后，南开系列学校相继恢复公能校训的历史地位，重张南开元素，是上述整合的继续。1995 年 5 月，时任中共中央总书记、国家主席江泽民在全国科技大会上的讲话中提出实施科教兴国战略，确立科技和教育是兴国的手段和基础的方针。从"教育救国"到"科教兴国"，标志着党和国家在顶层设计上为这一整合奠定了理论基础和国策地位。

1984 年 8 月，担任天津市教育局副局长、党委常委的杨志行因年龄缘故，不再兼任南开中学校长。此后的历任校长，在坚持"两全三高""一主三自"等办学思路的大方向下，在全社会重视教育的有利环境中，以改革开放的精神统领学校各项工作，制订并实施了第二个至第五个五年规划，向着世界一流学校的目标大踏步前进，给历史以新的交代。1987 年，纪文郁、王淑玲合撰《学校管理工作科学化的探讨》一文，肯定了私立南开中学的教育管理特点，提出"对过去行之有效的办法，作为现代化管理的组成部分加以提高发展。这体现了教育管理的连续性和阶段性。否则采取虚无主义的态度，就会导致教育质量的下降"。这篇文章拉开了改革开放以后重新认识老南开中学办学经验的序幕。1994 年以后，康岫岩主持学校工作，将校训、校歌、校色等南开传统教育摆上重要位置，缅怀爱国教育家严修、张伯苓的业绩，致力于弘扬南开精神。新教师、新学生一入校即开展"入轨教育"，入轨就是入南开精神的轨道。这些都显示吸纳历史资源的融合式整合有了新的进展。

五

2010 年 3 月，在中共天津市委、天津市人民政府的领导和关怀下，南开中学启动教育管理体制改革，成立南开中学理事会，在孙海麟主持下，学校全面优化和整合校内外资源，诚邀教育精英和杰出校友组建专家型决策团队；学习弘扬周恩来精神，强化以周恩来为人生楷模的教育；设立南开公能讲坛，建立体验创意中心、艺术中心，打造素质教育新平台；探索招生体制改革，推动学校教育教学改革；与重点高等学校合作，致力于培养创新型人才；发挥教师主导作用，深化学生自觉、自学、自治，学生社团和课外活动空前活跃，使办学成效呈现历史上最好的局面。2010 年至 2014 年的五年，南开中学的发展和变化有目共睹。

这一时期南开中学各项工作的突出亮点是，吸纳历史资源，坚持改革创新，推进公立南开中学发展的现实与历史资源的融合日趋深化。杨志行先生在谈及南开中学校史时曾经指出，新中国成立后对于严修研究得不够。这可以理解为对作为历史资源的严修教育思想吸收、整合得不够，还有深化认识的空间。早期南开中学为了实现育才报国的办学目标，追求"模范"品位的努力是多层面全方位的，学校曾为同期国内中学之"模范"，以丁二班为代表曾为班级之"模范"，以周恩来为代表曾为学生之"模范"，各个层面均有彪炳史册的经验，其进步性精华可资今日办学参考。南开中学理事会珍视这些历史资源，以总结并发掘这些历史资源为己任，将其作为办学思路的切入点之一，呈现出前所未有的局面。

学校工作的终极目标是要出人才，周恩来就是南开中学办学的标志性人才。此间南开中学从五个方面下了大功夫，发掘和弘扬周恩来精神。一是组织机构，建立学习研究周恩来小组；二是编撰校本教材《以周恩来为人生楷模教育读本》；三是选修课程，设立"以周恩来为人生楷模"选修课；四是发掘史籍，与中央文献研究室第二编研部、人民出版社合作编辑出版由《周恩来南开中学作文笺评》《周恩来南开中学习作释评》《周恩来南开中学论说文集》构成的"周恩来南开中学丛书"；五是形象展示，新辟"周恩来中学时代纪念馆"，突出展现周恩来求学南开中学期间的成长路径和示范作用。这种五位一体的"以周恩来为人生楷模"教育体系更加接地气，是对严修、张伯苓的历史资源的科学传承。

南开中学提升文化软实力的工作力度也是前所未有的。学校成立了南开校史研究中心，编辑出版多种南开题材图书。经学校党委决策，行政班子组织运作，完成首轮编修《天津南开中学志》。还由校友和学校教育基金会筹资竖立严修、张伯苓铜像，学校命名传鉴楼，竖立杨坚白、杨志行半身铜像，竖立南开校训石、容止格言石，复建1908届校友纪念井，复建1917届校友纪念钟亭，扩建南开校友英烈纪念碑，竖立"我是爱南开的"石碑，竖立南开中学院士浮雕墙等校园景观，重整天津南开中学校史馆，凸显全国重点文物保护单位"南开学校旧址"典雅厚重的容颜。所有这些举措的意义在于，将中国共产党的光荣革命传统与严修、张伯苓等南开先贤积淀的历史资源形成全面融合，从而汇聚成为推进南开中学教育、促进中国特色社会主义教育事业的巨大合力。

2005年，时任国务院总理温家宝在看望"两弹一星"元勋钱学森时，钱老曾发出这样的感慨："为什么我们的学校总是培养不出杰出人才？"这一沉重的"钱学森之问"成为中国教育界关注的焦点，是关于中国教育事业发展的艰深命题，需要整个教育界乃至社会各界共同破解。南开中学作为一所以建设"中学之模范"为目标的学校，对于破解这一命题自有义不容辞的历史责任。从这个意义上说，近年来南开中学所作的多方面的探索和努力，中国共产党的光荣革命传统与严修、张伯苓的历史资源的融合深化，将是破解"钱学森之问"的重要路径之一。目前我国基础教育尚不尽如人意，如何在维护社会公平的前提下走出应试教育的困境，如何在社会主义体制下弘扬学校的办学特色，如何回答"钱学森之问"，南开中学对于历史资源的深层研究和深化融合的工作还在继续推进的路上。

六

综前所述，一部南开中学校史，就是在私立和公立的不同历史阶段，严修、张伯苓等旧有办学力量与中国共产党影响的进步师生等建设性力量，中国共产党的领导与严修、张伯苓等南开先贤的历史资源，同向奋斗，共同书写的历史，其实质是以中国共产党为代表的先进生产力、先进文化、人民群众和以严修、张伯苓为代表的爱国教育家，共同在教育领域实现中华民族伟大复兴的中国梦的历史。

南开中学私立阶段，是严修、张伯苓等旧有办学力量与中国共产党影响的进步师生等建设性力量的两条线并行发展而时有矛盾冲突的过程。公立阶段，是学校在中国共产党领导下，不断吸纳严修、张伯苓等南开先贤的历史资源，并不断排除"左"的思想干扰的过程。什么时候现实和历史资源整合相对和谐，学校的育人教书就健康推进，什么时候整合受到干扰，学校的各项工作就会走弯路。这种现象的背后，体现了中国共产党与爱国教育家对于办好教育，从"教育救国"到"科教兴国"的同向追求。

从私立阶段两条线并行发展而时有矛盾冲突，到公立阶段经过不断整合，形成办学的巨大合力，反映了自中日甲午战争以来中国社会和教育事业的进步，反映了南开中学跨越时代的成长和自强不息的生命力，反映了严修、张伯苓等先贤及其后的一代代南开人前赴后继、锲而不舍的求索，反映了中国共产党在教育领域的积极探索、努力实践和自我完善，预示着南开中学可持续发展的光明前景。唯其如此，南开中学的120年校史超越了一所学校自身评价的意义，而具有了站在南开中学看天津、看中国、看教育，使之成为观察中国近现代和当代教育发展史的窗口和缩影的文化价值。

本书正是基于这样的南开历史观和理性判断，来架构南开中学120年的校史。经过认真论证和编撰过程中的切磋完善，全书的结构按照时间脉络和发展阶段相结合的原则，确定为12章，依次是：第一章绪论，第二章胚胎时期（1898—1904）、第三章创办发轫（1904—1919）、第四章日渐成熟（1919—1937）、第五章抗战继兴（1937—1945）、第六章迎来复校（1945—1952）、第七章探索成长（1952—1966）、第八章特殊年月（1966—1978）、第九章拨乱反正（1978—1984）、第十章改革发展（1984—1994）、第十一章乘势而上（1994—2010）、第十二章办学创新（2010—2024）。书后附有天津南开中学大事年表。

"周虽旧邦，其命维新。"在修订、编撰书稿中，我们努力发掘南开校园文化的底蕴，开启了一轮全新的奋斗与耕耘。相比于南开中学首轮修志因受时间断限制约，史料只编修至1994年，本书将修史笔触延伸到2024年暑期，形成天津南开中学120年的完整校史，试图全面回顾并总结120年的办学经验。在修订、编撰实践中，编撰者通过广泛搜集史料和访问、座谈，梳理并提出历史唯物主义的南开历史观，努力用思想统领资料，让编撰工作更接地气，让书稿文字被赋予灵魂而活起来，力图追求书稿的文化厚重性、视野宽广性、史料连贯性和实践思辨性，使书稿在当代同类作品中具有交流和对话的水准。

七

2014 年 10 月，天津南开中学建校 110 周年前夕，南开中学校友温家宝学长为母校校庆题词："一定要把南开办成中学模范。"从南开中学创办人严修提出"作中学之模范"，到南开后学坚定表示"一定要把南开办成中学模范"，模范的追求贯穿了南开中学 100 余年的办学岁月，是所有南开人生生不息的奋斗目标。

人们要问，中学模范的标准究竟是什么？这涉及中学办学的终极目标话题。"历史，往往需要经过岁月的风雨才能看得更清楚。"从 1904 年"癸卯学制"颁布至今，中国现代教育的发展已逾百年。从 1977 年重新恢复全国统一高考制度至今，中国当代教育的改革已有 40 余年。积百余年来的发展和改革，中国的教育事业取得了巨大的进步，但不能回避的是，迄今的中国基础教育仍然存在许多值得认真探索的问题，有些问题是深层次的。

有识之士认为，中国基础教育现在最大的问题是教育的根本目的的问题发生了偏离。基础教育应该是培养未来的中国人。人们常说要德才兼备，德才形成的重要时段在中学，中学是人生成长的关键期。中学阶段的路子走对了，就完成了整个人生的奠基；中学阶段如果走歪了，恐怕日后很难扭回来。中学的办学目标现在被扭曲，与改革开放初期一度人才极端缺乏有直接关系。改革开放初期百废待兴，人才为本，尤其需要各类专业人才，导致吸引中学生赶紧考大学，带来高等院校扩大规模，渐渐地，考大学变成中学教育的指挥棒，原来追求德智体美劳全面发展的中学，变成单纯的大学生源，引导中学一心为大学输送学生，中学生一心以升入大学为中学阶段的全部目标，导致中学生的主要精力用于应付考试了，削弱甚至忽略了德智体美劳全面发展。这是一个非常现实的问题。

从严修到温家宝给南开中学提出的"中学模范"要求，实质是提出了南开中学要给中国的中学做什么样子的严肃问题。南开中学在延续优良传统的时候，值此建校 120 周年的时间节点，要有一个如同乐曲"休止符"般的间顿，即要思考南开中学要为中国教育尤其是基础教育提供什么模范。正确的选择应该是，一定要回到本源，一定要坚持本源，这就是要培养德智体全面发展的人才，亦即致力于培养未来的中国人。事实上，南开中学的 120 年就是这么走过来的。南开与中国基础教育的关系，不是满足于做个跟随者，而是要努力做个开拓者和引领者。总之，基础教育到了要重新思考中学对于中国人的重要意义的时候，南开中学有责任、有义务也有能力去思考给全国的中学做什么样子的问题了。

2012 年 11 月 15 日，在中国共产党第十八届中央政治局常委与中外记者见面时，习近平总书记说："我们的人民热爱生活，期盼有更好的教育、更稳定的工作、更满意的收入、更可靠的社会保障、更高水平的医疗卫生服务、更舒适的居住条件、更优美的环境，期盼着孩子们能成长得更好、工作得更好、生活得更好。人民对美好生活的向往，就是我们的奋斗目标。"（《人民日报》2012 年 11 月 16 日）

在当今全球竞争日益激烈化的时代，教育愈益成为事关国家未来、民族振兴和社会进步的基石，成为培育优质人才、增强国家的竞争力、推进中国特色社会主义事业、实现中华民族伟大复兴的中国梦的百年大计。习近平总书记概括的人民的期盼，把"有更好的教育""孩子们能成长得更好"列在首要位置，更增加了办好教育的历史承载和人文内涵。

值此天津南开中学建校 120 周年、中日甲午战争爆发 130 周年之际，历史资源弥足珍贵，前进路径亟须探索。我们期盼，通过修订、编撰《天津南开中学史（1904—2024）》，总结南开中学的办学理念、特色与实践，为推动教育改革，实施素质教育提供新的借鉴文本。我们更期盼，通过修订、编撰该书，回顾中国爱国知识分子救亡图存、奋发图强、爱国报国的历史进程，为激扬民族精神，增强社会担当，实现中华民族伟大复兴的中国梦略尽绵薄之力，让全社会的正能量世代薪火相传！

第二章　胚胎时期（1898—1904）

南开中学创办于清光绪三十年（1904），按一般惯例，校史应从兹写起。但在学校正式创立之前，尚有六年是严、王两家私塾学馆时期，即从清光绪二十四年（1898）至清光绪三十年（1904）。这六年被南开中学创办人称为本校的"胚胎时期"。南开中学的办学人和教师团队在这一时期开始凝聚，办学思路在这一时期逐渐形成，各种管理制度和教学方法亦在这一时期尝试建立。因此，写南开中学校史，不能不从严氏家馆写起。

严氏家馆和南开中学在19、20世纪之交的天津出现，不是偶然的。它是中国近代社会大变动与教育大变革的产物。

严氏家馆的创办，缘于严修与张伯苓的结识。严、张创办严氏家馆和南开中学的动机，发念于中日甲午战争失败的刺激。而其办学的理念，则来源于晚清的"教育救国"思潮。

甲午战争的失败，带来了空前的民族危机，也促使那一时代的先驱者反思中国的出路何在。他们开始认识到：国民素质低下，乃是中国贫弱及战败的根本原因。中国传统的以私塾和官学为主要形式、以儒家经学和八股文写作为主要内容的科举制教育，已不适应近代社会发展的需要。以严复为代表、包括严修和张伯苓的一部分先进知识分子，借鉴西方近代教育学理论，试图通过教育的途径，从德、智、体三方面提高国民素质，作为"救亡图存"的治本之计。这一思潮，在当时被称为"教育救国"。而清王朝和后起的北洋军阀集团，为了维持自身的统治，也需要发展教育来培养为其服务的人才。虽然二者的动机、目标和利益并不一致，但由于时代的契机，在发展教育这一点上却形成了某种共识。时代在呼唤着社会变革的同时，也在呼唤着新型教育和新型的教育家。

宏伟的目标需要从眼下的实事做起。严修作为一位参与过戊戌变法的维新志士和有智慧的实践者，深知教育改革不会一蹴而就。因此，他在"家馆"的"旧瓶"内装入了近代教育的"新酒"。他聘请立志"教育救国"的张伯苓来严氏家馆任教，使严氏家馆成为"教育救国"的实验场。

严氏家馆在教学内容上引入了近代自然科学并自 1902 年起采取分科教学，而舍弃了经学与八股文。在教学方式上反对过分强调"师道尊严"与死记硬背，而努力建立平等交流、良性互动的新型师生关系。在教学方法上注重科学实验，物理、化学要求学生人人动手做实验并写出实验报告，还开设了体育课。由于张伯苓在严氏家馆的新型教育实验很受学生欢迎，1901 年春，天津"八大家"之一的富商王奎章亦请张伯苓教授家馆，称为王馆。

虽然严、王家馆名称还是传统家馆，但其教育思想和教学内容已经迈入新的门槛。仅仅几年，严氏家馆的新型教育就取得成效。在馆就学的严修五子一侄品学兼优，学业有成。多名附馆学习的学生也已崭露锋芒，为人瞩目。严修和张伯苓通过严、王家馆的实验，形成了一套办学思路和办学方法。1904 年两人赴日本考察，为创办学堂做了多方的了解和咨询。六年的严、王家馆，为南开中学的创办奠定了坚实的基础，进行了充分的准备。

第一节　甲午战败与爱国志士求变图强

甲午战败的亡国危机／严复提出"救亡"，开启"救亡图存"浪潮／"群乃知政府不足与图治"（鲁迅语）／有识之士开始在清王朝传统治国方针之外，探寻中华民族救亡图存之路／严复与"教育救国"／改革科举制度的呼声／"救亡图存"浪潮与南开中学的关系：严修与张伯苓

公元 1894 年 7 月至次年 3 月，在统治中国已 200 多年的清王朝与明治维新后的日本之间，爆发了一场从朝鲜半岛、黄海海域到中国东北的大规模战争。因为这一年是中国农历甲午年，故称甲午战争。这场战争以清王朝的全面失败告终。清廷被迫与日本签署了丧权辱国的《马关条约》，被割去台湾、辽东半岛并赔款白银 2 亿两。

甲午战争的失败，使中国朝野震动，举国哗然。在此之前虽早有鸦片战争等帝国主义入侵，但其要求不过是开放口岸通商及设立租界等，对中国中央政权核心利益尚不构成威胁。但这次割让领土和高得惊人的巨额赔款，使国人切实感到了国家和民族已到危亡关头。而且这一次的威胁，不是来自大洋彼岸国人陌生的西方列强，而是一水之隔的日本。这个曾被国人轻视并称之为"倭"的国家，在中国强盛的唐朝，曾多次派使团来学习我国文化，直到明朝还两次因入侵朝鲜被中国军队打败。而今自明治维新以来，不过 20 余年，竟已成为中国最大的威胁，这不能不使国人震惊。人们不能不思索：中国的出路在哪里？

面对战败的危局，时任北洋水师学堂总办的严复在天津《直报》上连续发表了《论世变之亟》《原强》《救亡决论》等五篇文章，最先提出了"救亡"的口号。他旗帜鲜明地大声疾呼：中国已"处存亡危急之秋，务亟图自救之术"，"如今日中国，不变法则必亡矣！"爱国志士应起而"救亡"。"身为国民，无论在朝在野，生此世运转变之时必宜人人思所以救此社会，使进于明盛而无陷于阽危，则真今世之中国人所人人共负之责任，而不可一息自宽者也。"（《天演之声》，天津百花文艺出版社 2002 年版）这五篇文章，经梁启超在《时务报》上转载，随即在社会上引起巨大反响。与康、梁等人本来并无直接联系的严复，也因此成为世人公认的维新派最重要的思想家。他提出的"救亡"口号，不久被增补为"救亡图存"，迅速席卷舆论界、教育界、实业界乃至政界，掀起了全国范围的"救亡图存"的浪潮。

"救亡图存"的浪潮由民间发起，是颇为意味深长的。此中的社会心理大背景，即鲁迅所说的"群乃知政府不足与图治"（鲁迅《中国小说史略》，浙江人民出版社 1998 年版）遂起而自救。这当然是因清政府在这场战争中表现出来的颟顸无能而对其产生的不信任感，认为其实行的那一套传统的治国方针已不足应对危局。但从文化思想的深层来说，还应是那一时代的先驱者们已经感到，这不仅仅是大清王朝的危机，而且还是整个中华民族面临的危机。因此，每个中国人都应该站出来，负起挽救民族危亡的责任。正是在这样一种社会氛围中，有识之士开始在清王朝的传统治国方针之外，探寻中华民族救亡图存的道路。这就在政治上的改革即戊戌变法之外，又有"科学救国""教育救国""实业救国"乃至"小说救国"等种种说法。这些"救国"路径的探索，虽内涵深浅不一，表达亦未必准确，却也真诚地反映了在那个社会生活已开始走向多元化的时代，一代志士仁人在"救亡图存"这个大目标下从各自的领域进行的求变图强的努力。而其中影响最大的，就是严复提出的"教育救国"。

"教育救国"的思想，最先见于严复 1895 年 3 月发表的《原强》，后又在《救亡决论》《论教育与国家之关系》等文章中作了进一步阐发。严复探究西方英法等国强盛的原因，认为一个国家或民族的强弱，取决于三点："一曰血气体力之强，二曰聪明智虑之强，三曰德行仁义之强。""是故国之强弱贫富治乱者，其民力、民智、民德三者之征验也。"（《天演之声》，天津百花文艺出版社 2002 年版）也就是说，国之强弱，是国民的德、智、体三者程度即国民素质决定的。

认为人的素质由德、智、体三者组成的观念本是一种教育学理论，始于 18 世纪的德国哲学家康德，后经英国社会学家斯宾塞在其所著的《教育论：德育、智育、体育》（严复译为《明民论》）中作了较为充分的阐述，提出了德育、智育、体育三者构成的新教育体系，以教育和训练青少年使其适应现代社会的激烈竞争。严复以此观照中国社会，感到当时的中国"民力已苶，民智已卑，民德已薄"。若要救亡图存，就必须"鼓民力，开民智，新民德"，从德、智、体三方面来提高国民素质。而要提高民力、民智、民德，就唯有通过教育的途径。"故欲治郅之隆，必于民力、民智、民德三者之中求其本也。故又为之学校庠序焉。学校庠序之制善，而后智仁勇之民兴。智仁勇之民兴，而有以为群策群力之资，夫而后其国乃一富而不可贫，一强而不可弱。"（《天演论按语》，载《严复集》，中华书局 1986 年版）严复这一思想，在当时被称为"教育救国"。

应该指出的是，比起此前和同时代许多救国方案来，"教育救国"有着鲜明的特点。它超越了传统的"富国强兵""以德治国"及晚近的"中体西用"等模式，而紧紧扣住"人的现代化"这一主题，将救国的希望寄托于国民德、智、体程度的提高，因而在貌似迂缓的方式中蕴含着从根本上消解君主专制的社会根基，使中华民族不可逆转地走向现代化之路的深远内涵。教育救国，归根结底是提高人的素质救国。这一高远目标是其他救国方案所不及的。

以德智体"三育"的近现代教育思想来观照晚清的传统教育体制，人们立刻就会感到，弊病最严重的莫过于科举考试制度。这一制度始于隋代，至唐代基本定型。到明代又对科举考试的内容、体式、规则作了明确的规定，将考卷格式硬性分为八个部分，称为"八股"，又称"时文"或"制艺"。这就把教育与官吏选拔直接联系，使教育沦为科举的附庸，教育的重点放在如何教与做八股文上，从而严重地束缚了学子们的思想和才能。

在这场"救亡图存"的浪潮中，有两个人与未来的南开中学的建立有着直接关系，这就是严修与张伯苓。

第二节　严修、张伯苓"教育救国"的追求

严修的中学、西学修养及其早年人生／出任贵州学政、主持教育工作的实践／结合国情对"教育救国"的思考／上书建议改革科举／戊戌变法失败与辞职办学／张伯苓求学北洋水师学堂／严复对张伯苓的影响／"国帜三易"的刺激与弃武从教

严修（1860—1929），字范孙，号梦扶，天津人，祖籍浙江慈溪，其家族先祖为东汉高士严光（子陵），世业盐商。18岁时应院试补廪膳生，从陈奉周求学。陈博识西学，严修因此接触到算学、几何、地理、天文等自然科学知识。清光绪八年（1882）中举，次年中进士，改庶吉士。曾谒见问津书院山长张佩纶，张告以经学"钩稽繁引，累世莫殚，虽通经实不足以致用"，"宜古宜今，有体有用，莫如读史"。光绪十二年（1886）授翰林院编修，后曾任国史馆协修、会典馆详校官等职。多年的翰林院生涯，使严修得以博览群书，对世界大势及传统文化的弊病有相当的了解，其视野及中学、西学修养非一般官吏或士大夫可比。

光绪二十年（1894），严修出任贵州学政。在他赴任途中，传来甲午战争失败，割地赔款的消息，使他受到强烈刺激。到任后，他筹设官书局，代派《时务报》，组织"黔学会"，对贵州生员实行中、西学并课，并亲自开讲西学。他在当地所出科考题目亦以实学为主，如《论西学之用及用之之法》《论洋务》《论东西各国强弱》等。贵州本是地处偏远、学风闭塞之地，经他努力，学风为之一振。他卸任时，当地学子为他立碑称"二百年来无此文宗"。

在此期间，严修看到康有为所上"万言书"及其组织强学会的活动，称赞"康长素之疏，真卓识也"。他得知首批留美学生祁祖彝（听轩）在贵州时，便从其学习英文，每天早晚抄背单词，学习不辍，后达到借助词典可以阅读的程度。

掌教贵州的生涯，使严修得到主持一方教育工作的实践经验。在此期间，他也读到严复的《原强》《救亡决论》等著名论文，对"教育救国"的思想有所了解。在《严修日记》中，时有称严复为"家几道""家又陵"的文字。二严虽同姓却并非同宗，严修如此称呼正流露出与严复的心意相通。严修结合中国国情，对改革科举的途径作了进一步思考。其在贵州学政任上，就在《劝学文告》中指出："方今之世，非自强不能自存，非人才不能自强，非讲学不能育才，非合众不能砺学，尤非尽人皆志朴学不能又成，而济时艰。"他认为不仅要一般性地指责科举之弊或呼吁改革，而且必须拿出具体的改革方案和措施。于是，1897年10月，经月余斟酌、五易其稿，严修上《奏请设经济专科折》。

在这一奏折中，严修建议组织全国规模的考试，甄选内政、外交、律算、格致、游历、测绘六类人才，"统立经济之专名，以别旧时之科举"，被梁启超称为"新政最初之起点"。光绪帝发布上谕称："照著所议准行"。但严修的主张遭到包括其座师徐桐在内的朝中顽固派的层层反对和抵制，徐桐甚至在其门房张贴告示拒见严修，终使这一建议胎死腹中。

1898年9月21日，戊戌"新政"未满百日，以慈禧太后为首的保守派发动政变。光绪帝被囚，谭嗣同等六君子喋血菜市口，康、梁逃亡海外。各项"新政"除京师大学堂外皆被废。严修见国事已不可为，遂于10月29日辞官回到天津。11月，他在天津文昌宫西的家宅偏院中办起严氏家馆。学生六人，为严氏子侄及他的老友之子陶孟和，请了退伍的原北洋水师见习士官张伯苓来任教。

张伯苓（1876—1951），名寿春，字伯苓，后以字行。天津市人，祖籍山东，出身于一个没落秀才家庭。13岁时考入北洋水师学堂驾驶科。这所学堂是时任北洋大臣兼直隶总督的李鸿章为培养海军人才于1881年创办的，学制五年，分驾驶、管轮二科。学堂课程每周两日中学，五日西学。西学课程有英文、数学、几何、天文、地理、测量、驾驶等，另外还有体育课。入学学生不仅食宿免费，而且每月发给赡银四两。这对于张伯苓这样的立志求学而家境贫寒的青年学子确实是有吸引力的。而且在当时面临帝国主义侵略的形势下，学习军事特别是现代化程度较高的海军之类新兴兵种，自然为立志报国的热血青年所向往。这些都成为他报考这所学堂的直接原因。

在北洋水师学堂的五年学习，对张伯苓的人生有重大影响。这虽然是一所海军学堂，但由于当时国内初等教育自然科学知识极其匮乏，该学堂十分重视基础学科教育。在严复等人主持下，学堂数、理、化及天文、测量、世界历史、世界地理等学科均用英文授课，几何教科书为古希腊哲人欧几里得《几何原本》前六卷。学堂教材几乎囊括了现代理科的全部内容，同时还设有操身（即体育）课。可谓视野开阔，目光深远。然而学堂内不少学生还是抱着旧式观念，认为自己的人生出路是"水师将弁"，因此对这些课程并不十分认真学习。但张伯苓却是个思想敏锐而又勤奋用功的学生，他立刻被这些陌生而新鲜的课程吸引，孜孜不倦地吸收着近代自然科学知识，也了解了世界大势并掌握了英语，很快成为学堂最优秀的学生。他还特别喜欢体育课。后来他对体育在青少年教育中的作用特别重视，与此不无关系。

更重要的是，在这里他遇到对他一生的思想和事业有着重大影响的导师，这就是严复。

严复（1854—1921），原名宗光，字又陵，后改名复，字几道。福建侯官（今福州）人。1866年考入福建船政学堂，1877年被清政府派赴英国留学，先后求学于抱士穆德大学及格林尼茨海军大学。他还在课余博览牛顿、达尔文、赫胥黎、孟德斯鸠等西方著名学者著作，曾为清廷驻英公使郭嵩焘所器重。归国后，先执教于福建船政学堂，不久调任北洋水师学堂，历任正教习、总教习、会办（副校长）、总办（校长）等职。张伯苓考入北洋水师学堂时，他正任会办，不久即出任总办。一次爬竿训练中，张伯苓表现出色，名列第一，适为总办严复所见，乃称之为"张小辫"。后又知其学习成绩优秀，遂对这名学生有了印象。直到张伯苓毕业后，师生之间联系还保持多年。

严复对张伯苓的影响，主要有以下三点：

首先，是进化论思想。严译《天演论》出版于1898年，但其中主要观点早在1895年3月发表的《原强》等文章中已有表达，并应在北洋水师学堂授课时已对学生做过讲授。达尔文、赫胥黎等人的进化论思想，经严复以"物竞天择，适者生存"作了简明扼要的阐述。它所揭示的世道必变、不进化无以自存的思想，不能不使民族危机中的国人感到震惊。它所描述的万物由低级向高级进化的后胜于先的历史图像，又从心理的深层为向往变革的青年一代提供了理论依据和思想武器，也一举摧毁了长期统治中国思想界的厚古薄今风气的心理根基，从价值观上确立了发展、创新的合理性与正当性，从而为中华民族走上变革、创新之路打开了一条心理通道。身在北洋水师学堂的青年学子张伯苓，对此不能不感到极大震撼。张伯苓日后办新式学堂，讲"新学"，投身"新教育"，倡导"新剧"，直至为南开学校制订"允公允能，日新月异"的校训，这种贯穿他一生的强烈的求新、创新意识，其深层价值取向显然是来自进化论史观的理论支撑。

其次，是"教育救国"的理念。这直接影响了张伯苓对自己人生道路的选择。张伯苓在北洋水师学堂学习的最后两年，正是甲午战败，举国悲愤，"救亡图存"浪潮风起云涌之时。严复此时提出的"教育救国"理念，同他喊出的"救亡"呼声一起，打动了众多不甘沉沦的中国青年知识分子的心，也深深打动了他的弟子张伯苓。在中国历史上，自从汉代班超以史学世家子弟而放弃家传学业远征西域，立下奇功以来，"投笔从戎"就成为文人学子向往的千古佳话。如今张伯苓却反其道而行之，弃武从教，选择在晚清并不为人看重的教育为自己终身事业。这当然有他目睹"国帜三易"的刺激，但在此之前严复的思想熏陶，实已奠定他"确信教育可以救国"的思想基础。张伯苓后来曾多次讲过他办学的目的在于"育才救国"，南开学校"为实现教育救国的目的"而创建，救国"非由教育之力不为功"，面对日军轰炸南开后的废墟，他凛然向世人宣称"教育救国，苓之夙愿，此身未死，此念不泯"。可以说，教育救国是张伯苓一生教育思想的灵魂。

再次，是英语语言能力。严复十分重视英语教育，反对"以汉语课西学"，北洋水师学堂多门课程使用英语讲授，这使张伯苓从青少年时代便受到了较为严格的英语语言训练，能与英美人士直接交谈并阅读英文原著。八国联军进犯天津时，严修亲友百余人在严宅避难。侵略军曾欲入侵严宅，正是张伯苓挺身而出，以英语斥退了来犯的士兵。八国联军在天津建立"都统衙门"后，曾以高薪邀请张伯苓担任翻译，被他断然拒绝。创办南开中学后，张伯苓接待来访的欧美人士均以英语与其交流，给对方留下了良好的印象。张伯苓能在 39 岁的中年赴美国哥伦比亚大学进修并获该校高度评价，与他具有良好的英语能力是分不开的。他办南开中学一直极为重视英语教育，也应与严复的影响有关。

1894 年夏，张伯苓以第一名的优异成绩完成了北洋水师学堂的堂课。但在他等待实习期间，中日甲午战争爆发，北洋水师全军覆灭。因无舰实习，张伯苓只好在家赋闲将近一年。次年春天，他去威海卫"通济"舰上实习时，见到了终生难忘的一幕：日军将占领的威海港交还给中国，而后又转租给英国。为表达这种主权转移的含义，要举行降、升国旗的仪式，先降下日本太阳旗，升起清朝黄龙旗；再降下清朝黄龙旗，升起英国米字旗。对年轻的爱国军人张伯苓来说，这是一次目击身感的"国帜三易"之耻。事后他无数次地向人们讲授："我在那里亲眼目睹两日之内三次易帜，取下太阳旗，挂起黄龙旗；第二次，我又看见取下黄龙旗，挂起米字旗。当时说不出的悲愤交集……"

此时，他的恩师严复已发表了《原强》《救亡决论》等著名文章，指出中国贫弱落后的根本原因，在于国民素质低下。而国民素质由民力、民智、民德三方面组成，必须通过教育的途径来"鼓民力、开民智、新民德"，即"教育救国"。这使张伯苓想到了他在刘公岛看到的一个英国兵和一个中国兵站岗的情景：那英国兵，身体魁伟，穿戴庄严，神情傲慢；而那中国兵，面色憔悴，两肩高耸，衣着破旧，胸前写着个"勇"字……

　　这两个兵在身体素质、精神状态上的巨大差距，使张伯苓作为一个中国人感到一种难言的苦涩。他开始意识到，学习军事并不足以救国，唯有提高国民素质才能救国。因此，他决心退伍，选择"教育救国"的道路。多年后他写道："目睹国帜三易，悲愤填胸，深受刺激！……及苓将终身从事教育之救国志愿，即肇始于此时。"

　　1898 年冬，他应聘来到辞官回家的严修家中教授家馆。从此，清王朝少了一名水师见习士官，中华民族迎来了一位伟大的教育家。

第三节　严氏家馆：新型教育的实验

　　19、20 世纪之交的天津社会环境与文化氛围 / 严修与张伯苓的结识 / "教育救国"的实验场（按照现代科学文理各科分科教育 / 师生互动 / 试行体育）/ 小处着手与远大眼光 / 赴日本考察与筹办学堂

　　天津建城于明代，虽号称有 600 年历史，然而很长时期只是一处军事卫所，至清雍正年间才设立县城。但自 1860 年被辟为通商口岸以来，仅仅数十年间，天津迅速发展为仅次于上海的全国第二大都市。随着天津机器制造局、大沽船坞等近代军工企业的创办，天津成为清政府北洋大臣驻地。特别是 1870 年李鸿章出任直隶总督、北洋大臣，主政天津以来，直隶总督衙门自保定移至天津，天津实际上成为洋务运动的中心。近代工业、交通、通信、城市建设都在这一时期产生并迅速发展，一批近代新式学堂也在这时出现。

　　1840 年以后，随着中国社会性质的变化，天津经济社会发生了明显的变化。天津兴办了工业，急需能够使用西方先进装备和机器的人才，于是开办了一些为洋务事业服务的新式学校。天津近代教育的序幕从此拉开。1876 年，天津机器制造局设电气水雷学堂诞生。1880 年，李鸿章创立北洋电报学堂，其毕业生后来大都成为中国电信领域的骨干。同期还有李鸿章奏准在天津建立的北洋水师学堂，为培养北洋海军人才起了很大作用。1885 年，

李鸿章又创办中国最早的陆军学校天津武备学堂，教习西洋枪炮、土木营垒、布阵攻守之法，为清政府训练新式陆军培养人才。后又兴办我国最早的国立医学学校北洋医学堂。

应该指出的是，李鸿章在天津创办的一系列新式教育，主要是为洋务服务的，并未从根本上触动旧教育根基。上述学堂虽然教学内容是近代科学领域的，但从功能和体制上，却都是属于军事系统建制并服务于军事目的，在管理体制与社会交流上是封闭的，与社会上普通民众子弟的常规教育也处于隔膜状态。但即使如此，它们的存在，还是传播了近代自然科学知识，改变了传统教育"一统天下"的局面。除此之外，还出现了外国人在天津开办的近代式的博文书院（英文名吞拿学院，Tenney's College）。

由于地近京畿同时又是通商口岸，而且有九国租界的存在，在19、20世纪之交的中西文化交流中，天津起着窗口与桥梁的作用。虽然这种开放与交流是不平等的，但也使人们直观地看到了西方资本主义国家带来的工业机械、铁路、轮船、汽车、电报、电话、电灯、自来水等近代工业技术，公寓、别墅、马路、商场等城市建筑，公园、体育场、图书馆、博物馆等公共设施，报纸、刊物、印刷、出版、学校等文化教育事业，以及这一切给城市面貌和人们生活带来的变化。人们自然而然地会把这些与封建社会的传统生活方式进行比较，做出孰优孰劣的判断，并进而开始择优学习和效仿。有识者试图透过这一表面现象，探讨西方国家何以富强、先进的原因，寻找中国学习并赶上西方的道路。天津城市的开放性使居民生活被纳入近代化的世界潮流，也为新型文化教育事业的出现提供了物质基础和心理基础。

然而，历史上的天津并非文化发达区域，不甚丰厚的文化遗产与近代天津急剧发展的城市规模和迅速膨胀的人口相比就显得更不相称。动荡不宁的时代、国难当头的危机与突然涌现的众多新兴产业，使社会充满了对新型人才的渴求，也就更凸显出文化教育资源的匮乏，与对新型教育需求的迫切。而由于天津传统文化的包袱较轻，封建思想的控制力也就相对较弱。新型的文化传播方式（如报纸、刊物、出版印刷等）则较发达，新兴资本主义文化传播的阻力就小。洋务派创办的军事学堂虽然封闭，也为新的科学知识扩散起了先导作用。其中最重要的北洋水师学堂虽然在甲午战争失败后一蹶不振，后又在八国联军入侵中毁于战火，但也为后来的新式学堂提供了教学内容样本和人才准备。

甲午战败，激发了社会上改革科举、兴办学堂的呼唤，要求变法维新的思潮日甚。在此影响下，非军事性质的普通学堂逐渐在天津开始出现。1895 年，经清廷批准，以博文书院为基础建立了天津中西学堂（后扩建并改名为北洋大学堂），成为我国最早为培养工程技术人才而建立的大学。同年又开设了育才馆，设有格致（物理）、化学、测量、算学、英文等课程。维新派思想家、知名学者夏曾佑曾在此任教。1902 年保定府设立直隶学校司，为全省的教育公署。1904 年改为直隶学务处，后迁天津。在这些官办机构领导下，各级官立学校纷纷成立。官府还督办了一些师范教育，对普及天津、华北、东北地区新式教育起了很大作用。近代天津官办各类教育中还有实业教育，为 20 世纪初期的天津近代工业培养了大量技术人才和工人。在官办学校大批兴建的同时，民办、私立学校也有很大发展，不仅是对官办教育的补充，而且有力地推动了天津地方教育的发展。

不难看出，一方面是时代在召唤，城市发展、经济增长和社会生活变化的迫切需要，都在催促新型教育的萌动；另一方面，戊戌变法的失败堵塞了体制内政治改革的道路，随后的八国联军入侵并占领天津，更使人们感到民族危亡、山河破碎的切肤之痛。国步艰难而当道者应对无方，急速前进的时代与不堪入目的政局之间，形成了巨大的反差。这一切都在强化着爱国志士内心深处"救亡图存"的声响，也促使他们为"鼓民力、开民智、新民德"而做着不懈的努力。正是在这样一种社会环境和文化氛围中，张伯苓来到严氏家馆任教。

家馆，又称家塾，语出《礼记·学记》："古之教者，家有塾，党有庠，术有序，国有学。"是传统教育中私塾的一种，多为大户人家所设，聘请教师来家教授自己的子弟，有的也兼收亲友子弟。严氏家馆设于严宅偏院，半日讲经书，半日讲洋书。经书由严修老友、津门宿儒陶仲明主讲，洋书（包括英文、算学、理化等）由张伯苓主讲。不久陶仲明病故，家馆的课程遂由张伯苓独力承担。

严修聘请张伯苓任教严氏家馆绝非偶然，他知道这个名不见经传的年轻人是北洋水师学堂最优秀的学生，并且早就研读过其师严复关于"救亡图存"的一系列文章，对"教育救国"的思想也非常认同。他认为："中国当列强雄视时，必造就何等之国民，方足为图存之具，此不可不审也。""教育不普及，则民族日趋拙劣，处群雄竞足之世，势将不足以幸存。"（严修《学部奏请宣示教育宗旨折》）"欲强中国，非变法维新不可，而变法维新，又非从创办新教育不可。"（张伯苓《四十年南开学校之回顾》）这里说的"新教育"显然并非传统的科举教育，而是包括自然科学、面向社会的近现代新型教育。

严修与张伯苓的结识，是中国近现代教育史上的重要事件。严修有深厚的传统文化修养，德高望重而又见解通达，是公认的天津士林领袖。特别可贵的，是"他对新时代、新知识的虚心接受"（胡适《教育家张伯苓》）。而张伯苓不是单为糊口来教家馆的"教书匠"，作为一位具有强烈爱国心与中学、西学相当造诣的青年才俊，他是胸怀"教育救国"的远大理想走上弃武从教之路的。他们的合作，使外表并不起眼的严氏家馆成为"教育救国"的实验场。戊戌变法落幕之日，亦即严氏家馆开办之时。"治国"之路暂时走不通，不妨退而从"齐家"做起。张伯苓在严修的全力支持和鼓励下，通过自己可以掌控的这个小小的家馆，把"教育救国"思想与近现代教育理念引入家馆教学。从这个意义上，正如《天津教育史》上卷所说，严氏家馆才是"天津最早出现的近代教育的雏形"。

张伯苓在严氏家馆采取的新型教育措施，主要有以下几点：

一是教学内容，虽然是半日经书，半日"洋书"，但"洋书"并不只是简单的英文课，而是采用了一种名叫 *Scientific Leaders*（《科学读本》）的英文教科书作为入门教材，内容包括了数理化等自然科学基本知识，数学包括代数、几何、三角直至立体几何，物理包括力学、光学、电磁学等，并另教英文文法。这就使"洋书"实际上成了主要教学内容。1902 年严修与张伯苓先后赴日本考察后，严氏家馆开始采取分科教学。这被认为是近代教育与传统教育的主要区别所在。

二是师生互动。张伯苓反对封建时代中国传统塾馆过分强调"师道尊严"，一味让学生死记硬背甚至责打体罚学生等行为。他尊重学生，努力建立师生之间平等交流、良性互动的新型师生关系。张伯苓一直记得他在北洋水师学堂时的苏格兰人麦克礼教习，认为他对学生平易和蔼，讲解透彻，更佐以人格的熏陶，对学生有良好的教育效果。张伯苓认识到教学是师生双方共同的智力活动，需要彼此间的配合和默契，需要和谐的课堂气氛，他采取幽默生动的方式讲解，经常在课堂上引导学生讨论，让学生轻松愉快地学习。他还常常课后住在学堂，利用课外时间和学生们相处，下围棋，练习海军旗语，玩扑克，教同学们照相，等等。通过这些活动，实现教师与学生自由交往的新观念，达成新的师生关系。

三是注重科学实验。1903 年 6 月，张伯苓趁暑假赴日本参观大阪博览会，并考察教育，购买理化仪器多种而归。他认为"科学精神，不重玄想而重观察，不重讲解而重实验"。早在严氏家馆时期，他就强调实验的重要性，要求学生人人亲自动手做实验。这些观念，在 20 世纪初期的天津是非常超前的。

四是开设体育课。张伯苓早在北洋水师学堂求学时就对体育课很感兴趣，他认为"德智体三育之中，我中国人最缺者为体育"。在严氏家馆执教时，他就把体育列为课程，时称"做体操"。他带领学生练习哑铃、棍棒、角力、跳高、跳远等。有些体育器材是仿照他在北洋水师学堂所用过的样式，由他亲自绘图，请人专门制作的。他还在课外与学生们一起踢足球，带学生们到城外骑自行车。

1901 年春，严修与林墨青率严氏家馆学生严智崇、严智怡、严智惺、王宝璐、韩振华（诵裳）、林静、严智庸、林涵、陶履恭（孟和）、严智钟、张彭春共 11 人誓于严宅北书房。严修作誓词云："尔十一人者，或为累世之交，或为婚姻之谊，辈行不必齐，而年龄则相若。尔父若兄，道义相劘，肝胆相许，志同道合而患难相扶持，尔诸生所亲见也。尔十一人者，自今日始，相待如一家，善相劝，过相规，毋相谴，毋诟争，毋相訾笑，毋背毁，毋面谩，同心一力，从事于学问。以绳检相勖，远非僻之友，警浮伪之行。毋做无益害有益，毋偷惰，毋轻躁。兄弟婚姻，互为师友，敦品修业，以储大用，是余等所厚望焉。陶履恭，孤儿也，当厚自策励，而去其童心。尔十人之待履恭也，悯之、爱之、砥砺之，使无坠其家学，是则今日此举为不虚矣。"

张伯苓在严氏家馆的新型教育实验很快取得效果。这些新的教育内容和方法，不仅学生们欢迎，也引起社会上很多人羡慕。1901 年春，天津著名的"八大家"之一富商王奎章，见到严氏家馆聘请张伯苓教子弟读书有成效，想到自己家中也有六名子弟，便也聘请张伯苓到家里来教家馆，称为"王馆"。于是张伯苓每天上午至严馆，下午至王馆，分别授课。

1902 年冬严修赴日本考察回国后，又在其家宅办起了严氏女塾，学生以严氏家族女孩为主，兼收亲友女童。这是天津近代第一所女学，也是我国近代最早创办的女学之一。后改名为严氏女学。著名烈士魏世屹即从严氏女学毕业。严氏女学的中学班，后成为南开女中的先声和源头之一。

虽然严、王家馆名称还是传统的家馆，但在张伯苓主持下，仅仅几年时间便已崭露锋芒，人才辈出。在严氏家馆就学的严修五子一侄，个个品学兼优，学业有成。严修长子严智崇后考入日本东京师范大学，曾任清华学校教授，代理私立南开中学堂监督。次子严智怡后考入日本东京高等工业学校，曾任巴拿马世博会中国代表团直隶总代表、农商部司长、河北省教育厅厅长等职，并创办天津造胰公司，任董事长，该公司成为严氏家族向南开学校捐款的主要经济来源，他亦长期出任南开学校董事。四子严智钟毕业于日本东京帝国大学医学部，是传染病学专家，曾任北京隔离病医院院长、传染病研究所所长、国民政府卫生部医政司司长、卫生总署技正等职。五子严智开毕业于美国哥伦比亚师范大学，为美术教育家，曾任北京国立美术专科学校教务长、北平市政府艺术专员、天津市美术馆馆长兼市政府顾问等职。三子严智庸亦成绩优秀，可惜在出国留学前夕不幸染病身亡。严修之侄严智惺（约敏）自幼丧父，严修将其养育成人，送入严氏家馆及私立中学堂师范班。后严智惺成为南开中学优秀教师，为南开教育事业积劳尽瘁。校内"思敏室"即学校同人为纪念他所建。

在严馆附馆学习的张伯苓之弟张彭春，后考取清华第二届庚款留学生，获美国哥伦比亚大学硕士。归国后任南开学校专门部（即大学筹备处）主任、南开新剧团副团长兼总导演。后曾任清华大学教务长、南开大学教授等职。附馆学习的陶孟和（履恭），后赴日本及英国留学，归国后曾任《新青年》编辑，与陈独秀、胡适等共同发动了新文化运动。后曾任北京大学教授、系主任、教务长及中央研究院社会研究所所长等职。附馆学习的刘奎龄，后成为著名画家、天津美术协会副主席。附馆学习的时子周，后考入直隶师范学堂，曾任南开中学教务主任、南开新剧团团长，为伊斯兰教经典《古兰经》译者。附馆学习的韩振华（诵裳），后考入日本东京高等工业学校，为中华职业教育社发起人之一。王馆学生华午晴，毕业后留校工作，后任南开学校会计课主任兼建筑课主任，总管全校财务和基建工作。

严、王家馆学生们取得的成就，为两家馆与乃师张伯苓赢得了声誉，也为两家馆向新式学堂转化赢得了群众基础和社会认同。要求附馆学习的人越来越多，家馆难以容纳，严修和张伯苓开始考虑建立真正的新式学堂。

严修做事往往从小处着手，但他的思考却不局限在小处，而是把小范围的运作当作一种实验，其中往往蕴含着深远宏大的眼光。一旦小范围的实验取得突破，便以此为模式扩充发展，最终取得辉煌的成果。严氏家馆的开办即是如此。当其初见成效之时，严修的眼光已在注视着新式学堂的建立了。

1902 年、1904 年严修两次赴日本考察教育，第二次张伯苓与其同行，时间为 1904 年 6 月 21 日至 7 月 9 日，共 18 天。此行即为创办学堂做实际准备。考察的内容主要包括两方面：

一是参观各类学校和相关单位，了解教学内容和教学方法。参观的大中小学校及幼稚园共 29 所，包括小石川幼稚园、富士见小学校幼稚园、国民教育社幼稚园；神田小学校、实验学校小学、一桥附属小学校、御茶水桥高等师范学校附属小学校、高等师范附属小学校第二部、女子职业学校附属小学校；高等师范学校、大塚町高等师范学校、御茶水桥高等师范学校、寻常师范学校、帝国教育社、国民教育社；早稻田大学及附属中学、政法速成大学、高等工业学校、高等工业学校实习工厂、女子大学附设高等女校、实践女学校、女子职业学校、弘文外塾。在参观考察中，他们观摩了国语、作文、写字、算学、理科及体育等课堂教学；调查了游戏及小学生谈洽会（文艺会）等课外活动；参观了校园环境；参加了学生家长座谈会，了解学校与学生家庭的关系等。还附带参观了造币厂、造纸厂、三省堂印刷所、天文台、讲道馆，观看"活动大写真"（即电影片）《日露战争》《拿破仑事迹》等。

二是了解教育行政管理和办学方法，就办学问题与日本教育部门官员和教育家进行咨询和讨论。他们会晤的日本教育部门及其他部门高级官员有日本文部省大臣久保田让、参事官松井顺吉、文部省次官文书课长（文部大臣秘书官兼文部省参事官）松浦镇次郎、书记官渡部董之介，并在外务省会见外务大臣。访问的日本教育家、学者有高等师范学校校长嘉纳治五郎、教授棚桥源太郎，高等工业学校校长长手岛及校长代理坂田，早稻田大学校长、日本前首相大隈重信，早稻田大学汉文讲师牧野谦次郎，女子大学校长成濑川藏，文部省大臣久保田，文部省普通教育局局长泽柳，文部省参事松本龟次郎、佐佐木、大久保，府立寻常师范学校校长泷泽菊太郎等。严修曾当面向大隈重信请教学校教育之法，又参观大隈重信所办的私立早稻田大学及其附属中学，严修写道："有学生三千人，附属中学一千人，呜呼盛矣。"可见这一切都给他留下很深的印象。

他们重点考察了日本教育主管部门文部省，在文部省内十次听取日本国的办理教育经验。所考察的办学措施有：（1）教育行政方面：国家教育体制，各府、县、市、郡、町、村等学校之设立规制；教育部门内部教职员职类之分工；学校管理法。（2）教学经验方面：学制长短、教学纲要（教学大纲）、教科书、编纂教科书法、教学内容（心理学、教育学、教授法）、课程内容（汉文、数学、历史、地理、体操、音乐、手工）。（3）学校建设方面：校舍建筑、教室布局、学生宿舍、操场规模、课桌课椅之尺寸等。（4）学校管理方面：师生比例、教工薪酬、学费、开学式、毕业典礼、学生家长恳话会、学生成绩展览会。并深入观摩高等师范学校附属小学的课堂教学，前后共七次之多。

在考察中，张伯苓还专门就创办中学事宜与嘉纳治五郎进行了深入探讨，并购置了几箱教学仪器和标本。可以说，这次考察为严修和张伯苓提供了创办新式学堂可资效仿与实践的蓝本。但在这匆匆一瞥之中，目光敏锐的张伯苓也已洞见了日本教育的某些缺点。他认为日本教育制度"性近专制，为造成领袖及训练服从者之用"。这就为日后的南开学校从效仿日本模式到走出日本模式，埋下了一个意味深长的伏笔。

1904 年 8 月，严修和张伯苓结束在日本的考察，登上归国的轮船。在船上，严修梳理考察的观感，比较不同的教育阶段，意识到中学是人生成长和接受教育的关键期，兴办新式学堂宜从中学入手，而且立志在清王朝体制外创办优质教育的想法日渐成形。一天，他与张伯苓探讨回国后的办学谋划，提出应于津城办民立中学一处，"以作中学之模范"。张伯苓当即表示极愿为此目标效力。两人一拍即合，商讨起创办中学堂的若干具体问题。

经过严氏家馆六年的孕育，南开中学的胚胎业已成形。将严、王两家馆改建为新式学堂的时机，已经成熟了。

第三章　创办发轫（1904—1919）

　　清光绪三十年（1904），严修、张伯苓合并严氏家馆和王氏家馆，创办一所私立的新式中学堂，它就是南开中学的肇始。南开中学创办初期曾经有过私立中学堂、敬业中学堂、私立第一中学堂三个名称。1907年，学堂迁到新校址南开洼，以地名正式冠以"南开"二字，这所中学堂自此以"南开"的名字傲立于世，称为私立南开中学堂。民国后改称南开学校，南开中学为南开学校的中学部，是南开系列学校发祥地。1919年后，在南开中学发展的基础上，南开学校又先后成立大学部、女中部和小学部，形成私人办学的完整体系。

　　南开中学是私立，办私立学校的最大难点是经费，筹款募捐是校董的要务。严修倾其家资办南开，并邀请王益孙为办学合伙人。又以其道德声望力邀徐世昌为常年经费赞助人，并集一批津门士绅为南开校董，为办南开出钱捐地、出谋划策。1911年前后，盐业不景气，严修停办了诸多公益事业，致力于南开中学一事。在王、徐停止捐助后，严修又与时任直隶提学使傅增湘研究将南开中学堂暂时改为官办。1911年10月后的一段日子，官费拨不到，筹款又无着落，严修用自己的钱垫付学校必要开支，可谓为南开办学呕心沥血。看老一辈教育先贤办学经历，就能体会到"筚路蓝缕"这一成语的真实语境。

　　从1904年南开中学创立，到1919年9月大学部成立，这是南开中学的初创阶段，校史专家们称之为"创办发轫"时期。在这一阶段中，南开中学的办学目标得以确立，教学方法得以完善，学校管理队伍和师资队伍得以聚集，为国家为民族培养现代化人才得以实现。在积15年经验、财力和声誉的基础上，成立大学部，使南开学校迈入一个新阶段。

张伯苓深感"国家积弱至此，苟不自强、奚以图存，而自强之道，端在教育，创办教育造就新人"。南开中学的教育宗旨是育才救国，改造社会。南开中学的教育实践始终贯穿鲜明的爱国主义主题，并创建系统、具体、制度化的生动活泼的爱国主义教育机制，使学生树立强烈的自尊、自信、自强、自立的民族意识和国家观念，教与学双方具有价值观的同向性。

南开中学的教育注重科学，注重民主，从教材选择、师资配备到教学方法、学生管理，都在学习西方先进的教育理念，并使其融入中国传统道德的规范中，使之成为适合国情的教育手段。无论早期的模仿日本，还是后来的借鉴美国，张伯苓始终不忘集二者之"圭臬"，为中国本土教育服务。

南开中学在建校之初就早于同类学校开设了"体操课"（即体育课）。张伯苓坚持培养学生完全的人格，德智体三育并进、不可偏废的理念，一方面不遗余力地推行以培养健康体魄、健全人格为目标的学校体育活动，另一方面以南开中学为基地，推进天津乃至全国的学校体育、竞技体育活动的健康发展，为中国的体育事业写下充满特色的精彩一页。

南开新剧之所以崛起于清末时期，并且一路走来成为北方令人瞩目的文化现象，与严修、张伯苓积极提倡和身体力行是密切相关的。在早期的南开校园里，新剧成为一种课外活动和教育形式，承载了语言教育、艺术教育、德育教育、爱国主义教育等多重功能。

南开体育和南开新剧是南开教育培养人才起飞的两翼。

早期的南开中学是四年制，在此期间，南开中学培养出一大批优秀人才，是南开办学成功的重要标志。梅贻琦、金邦正、张彭春、陶孟和、喻传鉴、黄钰生等等，都是近现代知名的学者、教育家。早期毕业生的杰出代表周恩来，被誉为"南开最好的学生"。周恩来1913年8月考入南开中学，1917年6月毕业，在南开中学度过四年时光，受到系统、正规、完整的教育。在张伯苓爱国主义思想的感召下，在南开校园自由民主学术气氛的熏陶下，年轻的周恩来如鱼得水，崭露头角。他怀有远大抱负，刻苦治学，强健身体，忧国忧民，观察社会，为他一生改造社会、探求救国救民之道打下了坚实的基础。

第一节　"中学之模范"：办学的目标与体制

东渡日本考察教育 / 从私立中学堂到南开中学堂 / 张伯苓赴美考察、加入基督教及对其办学思想的影响 / 走出日本模式 / 为中国现代化培养人才的教育目标

一、推动中国近代教育的改革

清朝末年的"新政"中最见成效的当属教育改革，在废科举兴学校的教育改革中，严修起到了至关重要的作用。

1897 年，在贵州学政任上，38 岁的严修上书光绪皇帝，奏请开设"经济特科"，未及考试，发生了戊戌政变，慈禧太后下谕："经济特科易滋流弊，并著即行停罢。"严修的做法惹恼了不少顽固派人士，贵州学政任满，京内已无实职，遂请假回津。两年后，又经八国联军攻陷京津，他认定非兴学不足以图存。遂于 1902 年（光绪二十八年）送二子智崇、智怡东渡日本留学，顺便考察教育，从 8 月至 11 月历时近 3 个月。在严修的《壬寅东游日记》中，记载了第一次东游时向大隈重信请教"小学教育法"等情况，认为大隈与自己的教育主张所见略同。在大隈重信创立的早稻田大学，严修参观了讲堂、图书馆，观摩了法律、英文、地理、政治和大学等诸课程。早稻田大学的私立性质使严修念念不忘。回国后，他联合志同道合的士绅，致力于改良旧教育，创办新式学堂。到 1904 年，已经兴办学堂十余所。他的办学成绩，受到直隶总督袁世凯的欣赏，1904 年 5 月袁世凯任命严修为直隶学校司（学务处）督办，负责全省教育改革事宜。5 月 21 日，严修偕张伯苓等再次赴日本考察。

第二次赴日本考察，严修再一次参观了日本的各级各类学校，更加注重对于学校管理和教育行政管理的考察。严修《第二次东游日记》记载了与嘉纳治五郎专门讨论学校行政管理的情形。日记记载：嘉纳言，教育分三类，曰学术，曰教育，曰教育行政。就教育行政言，小学、中学可同时办，按年龄，长入中学，中学课程不过视小学略高。师范学堂先立寻常者，高等

者可缓，俟有进步，其中可分寻常、高等两部。外语学校当立，出国留学当在国内学习外语。视学最要，教科书最要。学校管理部门要有总长（正职）、次官（副职），次官要有人辅之，有此三人则责任有属而事毕举矣。如总长去则有次官，方针不至屡变。

严修第二次东游回国后，就把他的想法付诸直隶的教育改革。时为直隶总督的袁世凯曾说过，我治直隶，一是练兵，二是兴学。兵事我自任之，兴学则听严先生指挥。严修认为科举制是养士教育，而学校制才是国民教育，从养士教育转向国民教育，是教育救国必由之路。但他也深知，靠官办，教育很难普及。两次游学日本，他念念不忘日本私立学校，致力以私学普及国民教育，推动教育转型。1904 年秋，一所私立中学堂（南开中学）呱呱坠地。

在创办私立中学堂的同时，严修还筹设中州学堂、北洋师范、法政学堂，创办天津模范小学、天河师范、女子师范学堂，并将原铃铛阁普通学堂改为天津府中学堂，又收回法国人在如意庵所设学堂，改建为官立中学堂，改天津校士馆为师范学堂。在严宅还自费办了蒙养园、保姆讲习所（幼儿师范）和严氏女学。他在直隶学务处任职期间，采纳日本顾问建议，设立劝学所。劝学所派劝学员下到府州县各地巡查，将私塾改造成由劝学所直接管理的新式学校，使直隶省的学校成倍增长。

1905 年，在新私学带动下，学校逐渐普及，科举制大势已去。严修认为，废科举时机成熟。于是，偕卢木斋同谒袁世凯，力陈科举之弊，非罢废不足以言兴学。世间评论"废科举之议，始于此，严修首倡也"。1905 年 12 月，清政府成立学部，严修即被调任学部右侍郎，翌年转任左侍郎。在严修的擘画下，一套完整的近代化教育体制及行政机构建立起来了。教育改革成为"新政"的先导，尤有起色。

严修在直隶学务处不足二年，掌学部五年，其间制定了中国近代教育的诸多法规，推动了中国近代教育的诸多重大改革，其内容多是学习参照日本教育经验，难能可贵的是，在诸多措施中严修均以结合中国国情为要。借日本教育之"石"，成就中国教育之"玉"，是严修的做法。吸取他国进步文明，使本国的文明得以进步，是严修的目的。

二、创办私立中学堂

1904 年 4 月，张伯苓陪同严修东渡日本考察教育。从日本考察归国的张伯苓，对学校教育有了许多新认识，"知彼邦富强，实由于教育之振兴，益信欲救中国，须从教育着手。而中学居小学与大学之间，为培养救国干部人才之重要阶段，决定先行创办中学，徐图扩充。"

9 月初，张伯苓、陈哲甫集严、王两馆众人会商，会商后张伯苓致函严修，谈及创办中学堂具体事宜：一是新办学校须"奏官立案"，对学生要"给予出身"，这样易于募集经费，也可保证生源不致半途而废；二是课程设置，《奏定中学堂章程》所载课程与初议时无大出入；三是学制拟遵照《奏定章程》，学制定为五年；四是学校名称，查《奏定章程》载云，"集自公款名为公立中学，一人出资名为私立中学"，究竟以何名为宜；五是学费，"学费宜增至三元"；六是教师聘任。随函，张伯苓拟就了学堂简章五则，誊呈严修审阅。

严修、张伯苓二人力邀的办学合作人是王益孙。王益孙（1876—1930），名锡瑛，王奎章之子。天津"新八大家"中"益德王"家的第三代。1901 年创办王氏家馆。在严、王家馆的基础上，1904 年 10 月 16 日（清光绪三十年甲辰九月初八日），一所中学堂诞生了，当时名曰"私立中学堂"，即南开中学之肇始。

学校成立之初，校舍借用严修家宅偏院，比较简陋，只是将严宅偏院稍加改造和整修，变成两间教室和一间大罩棚。两间教室面积差不多，均长约二丈，宽一丈多，供学生上课使用；罩棚面积则大一些，用于召开全体学生大会。罩棚边上陈列着严修、张伯苓从日本带回的以及王家捐赠的理化仪器和书籍。还有三间较小的房屋，一间是监督室，张伯苓在这里处理学校事务；还有一间当作会计室；另外一间是教员休息室。校具及改建费，由严修捐助；理化仪器及书桌书橱等由王益孙捐助。

严修、王益孙两先生并各担任常年经费，每月白银 100 两。学生每月学费三元。第一次招考，取录学生 73 名，分为三班，学制四年（另加一年补习班）；并附设师范一班，学制二年。张伯苓担任监督（校长），负责学校全面工作并亲任师范班教员。华午晴、王锡瑜、李士楳为执事。受聘授课的有中国教师吴芷洲、胡玉荪，美国人饶柏森、霍克以及其他几位日籍教员。他们分别负责教授自然科学和外文等课程。王益孙之弟王春江帮办校务。学校除监督、教员领薪外，其余均为义务。

学校最初开设的课程主要有两个方面：一方面是有关"中学"内容的课程，如读经、国文、历史等；另一方面是涉及"西学"内容的课程，如地理、物理、化学、数学（其中包括代数和几何）、英文等。张伯苓规定了一节课50分钟，课间10分钟休息，并要求教师课前备课。张伯苓尤其注重学生英文能力的培养，因此，数学、化学和英文等科目全都要求教师用英文来讲授。1904年11月15日（农历九月二十八日）《天津查学马鉴滢查视天津府中学堂情形禀》中谈到私立中学堂："今日上午到私立中学堂见约敏、益臣与张伯苓先生，因参观讲室、课程，仪器尽可敷用。"

1904年底，校名改称私立敬业中学堂。张伯苓后来回忆说，此时的南开中学"实一规模狭小、设备未完之南开雏形也"。

1905年2月的《大公报》报道天津学校教育情况：在39所学校中，敬业中学堂是唯一的私立学校。这一年中学堂学生增至77人，师范班增加4人。私立敬业中学堂的创立，得到各方的重视。7月，直隶总督袁世凯来敬业中学堂参观，捐建筑费白银5000两。8月，清廷户部尚书、管学大臣、军机大臣荣庆来敬业中学堂参观，并赠纪念品。是年底，天津的私立学堂多起来，私立敬业中学堂复改称私立第一中学堂。因学生人数增加，办学经费不足，严、王两先生将常年经费每月各增至白银200两。

1906年，因学生人数骤然增加，原来的校舍不敷使用，严修"恐规模狭隘，不足以提振学风"，计议筹措经费，起建新校舍。津城士绅郑菊如得知此事，捐出位于城西南南开洼的十余亩土地供学堂使用。8月20日，新校舍开工建设。建筑费由王益孙、严修、徐世昌、卢木斋，以及严子均、毛实君诸先生捐助，共计银26500两。其中，王益孙捐银一万两，严修捐银5000两，徐世昌捐银1000两，前署直隶藩司毛实君捐银500两，时任直隶提学使卢木斋从浙绅严子均捐助的直隶学务款项下拨出白银一万两。

1907年2月13日（正月初一），私立第一中学堂迁入南开洼新址。学校新址建起了东楼、北楼以及平房等附属建筑，各种办公用具一应俱全，设施亦比较完备，校园四周建起了一圈围墙，校园内种植了花草树木，景色宜人。5月间，时任东三省总督的徐世昌来校参观，慨许捐款。其捐银1000两，与袁世凯前捐款5000两合建学堂礼堂，并以袁世凯字慰亭命名，在礼堂门楣上方的匾额上刻着"慰亭堂"三字。10月28日，私立第一中学堂举行新校址落成会，并补农历九月初八日建校三周年纪念会，即日起校名改称私立南开中学堂。

1907年《学部官报》中评价私立南开中学堂，"监督、教员均极热心，日求进步，用费亦甚节省"，该校"程度为各中学堂之冠"。1908年初，严修致函徐世昌，请其为南开中学堂捐款。徐世昌答应自本年起，每月亦捐银200两。自此，本校经费，除严、王两先生月捐银200两外，徐世昌亦成为南开中学堂的常年经费捐助人。

1912年4月，遵照南京民国临时政府教育部《普通教育暂行办法》的规定，私立南开中学堂校名改为私立南开学校，学堂监督改称校长。自此，张伯苓担任南开中学校长，一直到1951年病逝。

三、从师从日本到师从美国

1901年，清政府实行"新政"，奖励"办西学"，于是新式学堂纷纷成立，贤达学子多东渡日本考察留学。1903年夏，张伯苓第一次去日本"参观各学校，于各办学方法颇能得其梗概"，回来后畅谈感想，认为日本所以富强，振兴教育是一个重要原因，真正要救中国，必须从教育入手。他说："吾今而后，乃知办学之事，非可以率而为也。如普通学堂（1903年在铃铛阁庙所设普通学堂）所应改良处甚多，恨吾为局外人，不能干预其事，一试行吾所见耳。"1904年4月，张伯苓陪同严修再次到日本考察教育，这一次更加详细、深刻地了解了日本学校，考察的目的性也更加明确。从实际需要出发，重点考察了中等教育和学校管理。考察的内容主要包括两方面：其一，关于各科教学内容和教学方法；其二，关于教育行政管理，就有关问题与日本教育家进行专题讨论并交换意见。

这次长达两个月的考察，张伯苓不但对日本教育有了更加深入的了解，而且对日本普及教育给社会带来的巨大效益也有了切身体会。他说："见彼邦社会秩序良好，交通发达，实业振兴，而人民工作勤，知识富，即贩夫走卒于闲暇时，亦无不人手一报，明悉国家世界大事。是非由教育之力不为功！"张伯苓在早期南开中学的办学中，曾自觉地、有意识地模仿日本教育。首先在教学管理上，采用分科教学，制定课程表，有计划地进行课程安排；开辟教员预备室，提倡教师课前备课；规定作息时间，每堂课50分钟休息一次。其次在教学内容上，采用了诸多日本教科书，如博物、法制、地理、经济等，并采用日本的教学仪器、标本和教学参考资料，还先后聘请了驹形、佐野、松长、平原、内田、山口等多位日本教师。在实践中，张伯苓体察到日本教育带有浓厚的封建关系残余等不足，如某些教育方式表现出明显的强制性，与他追求的民主的、科学的教育理想不完全契合。

　　张伯苓青年时代在北洋水师学堂接受了"西学"教育，受到严复和外籍教员的影响。他最早接触欧美教育是在1906年春，应直隶提学使卢木斋聘请兼任保定直隶高等学堂总教习。保定直隶高等学堂为袁世凯所设，成立之初聘美国人丁家立为总教习。1900年以后，该校被定为北洋大学堂预备学堂，有英美籍教员6人，教授英文、数学、史地、理化等科，课本均为英文原版，教学计划、功课安排、讲授内容与方法等，均以美国大学为模板。张伯苓任总教习的半年期间，对美国教育开始有所了解。1911年4月，清政府游美学务处和游美肄业馆改名清华学堂。学堂副监督范源濂约请张伯苓出任清华学堂教务长。清华学堂是用美国退还庚款余额设立的一所留美训练学校，教学上"所有办法均照美国学堂"。张伯苓虽然任职只有半年，终以南开难以分身辞职返津，但他在清华"对于学生课程、改革颇多，美籍教员，深表钦佩"。同时，他也领略了国内学校如何全面移植美国教育的情况。

　　随之，张伯苓在南开中学由仿效日本式教育，逐步转向推行美国化教育。1917年前曾在南开中学任教的美国教员有格林太太、狄粹克、贝克、饶柏森、陶尔图、伊柏林、阚德林女士、万那克、韩慕儒及夫人、F.W.赖扬、白克女士、B.赖扬、万克、郝瑞满、崔伯、富森、Hersy夫人、P.Ludwig等多人，从二年级起都有外国教员授课。教材选用除国文和中国历史以外，一律是美国中学的英文原版课本，初中一年级的英语教材《英文津逮》（*Engling Lessons*）也是美国教员为中国学生编的，这些课程大都用英语讲授。学校管理、选科制以及实验仪器、体育器材、图书资料也多采自美国，甚至生物课用的蚯蚓也从美国运来。美国伊文思书店还一度在南开设立分店出售美国图书。南开学生毕业后也多留学美国，《校风》建校 16 周年纪念号特刊有文章统计，截至 1919 年，南开留美学生达到 81 人。

四、张伯苓首次赴美国考察教育

1908 年 8 月 19 日，张伯苓作为直隶省和学部选派的代表，离津赴美国参观第四届国际渔业博览会，并考察美国和欧洲教育。

张伯苓此行，与他之前跟美国人在基督教青年会的交往有直接的关系。基督教青年会 1895 年传入天津。1898 年 4 月，北美协会派格林到天津接任天津青年会总干事。1900 年，格林联合天津士绅创设普通中学堂，并亲自教授英文，开展各种文体活动。张伯苓开始接触青年会，并与格林成为朋友。格林介绍张伯苓到基督教会听讲《圣经》，张伯苓非常赞赏青年会"非以役人，乃役于人"的为社会服务的精神，对青年会"本着基督精神，促进德、智、体、群四育发展，俾有高尚健全之人格，团契之精神，服务社会造福人群"的宗旨很感兴趣，觉得该宗旨符合自己致力于教育本意，与自己的教育宗旨契合。

1908 年暑假，张伯苓被邀到北戴河休假。在北戴河度假的最后一天晚上，张伯苓冒雨来到格林的住所，告诉格林自己决定加入基督教。那一天是 1908 年 7 月 24 日，张伯苓 32 岁。回到天津，张伯苓在西沽公理会教堂受洗礼加入基督教。

7 月 27 日下午，张伯苓到北京严修寓所，告知自己加入基督教之事，提出辞去南开中学堂监督（清廷规定信洋教者不得担任学堂监督）。严修劝张伯苓放弃信仰，张伯苓表示不能放弃耶稣及其教义。其后，严修与王少泉、胡玉孙、李琴湘、陈宝泉、陈哲甫等人数次商议张伯苓辞职事。8 月 19 日，张伯苓离津赴美国行前，严修为张伯苓赴美写了三封介绍信，并关照严智崇等张伯苓离校期间照发薪金，学校监督暂由严智崇代理。严修认为张伯苓人才难得，宗教信仰可以自由选择，既要渡己，也要渡众人。在严修以"私立学堂可不受规定限制"的斡旋下，在严修和朋友们的劝说下，张伯苓回国后继续担任南开中学堂监督。

9月22日，张伯苓出席了在华盛顿举行的第四次世界渔业大会。会后，张伯苓在华盛顿基督教青年会分会作讲演，又到普林斯顿大学给学生讲演，考察了纽约的公共设施。后到马萨诸塞州伍斯特市作综合性考察，了解了美国在国民教育、道德教育、慈善事业和体育健身方面的服务状况。在波士顿参观了哈佛大学，并同几位中国留学生会晤。还参观了美国最有名的韦尔斯利女子学院。这是张伯苓第一次到美国，回国时又途经欧洲，开阔了教育视野。后来他说："我第一次到美国去的时候，看见他们样样都好，恨不得样样都搬到中国来。"

张伯苓虽是基督教徒，但他在办学的过程中从不接受教会的津贴，决不把他办的学校变成教会学校，即使在办学经费万分困难时也不向外国教会募款。当时教会两次要给他钱办学，都被他坚决地拒绝了。他虽多年在天津基督教青年会任董事、董事长，但他在校内从不主动传教，他也不主张青年人盲目笃信宗教。南开中学的青年会、自治励学会和敬业乐群会三大学生社团，长期融洽相处，同无妨异，异不害同。学校刊物既报道青年会的祈祷和唱诗活动，也刊登反对基督教的文章，张伯苓并不以自己的信仰而干预校内非宗教活动。

蔡元培对张伯苓的豁达宗教观颇为赞赏，他对南开学生讲演时说："校董严先生于旧道德素称高贵，而张校长又属基督教徒，但二先生决不以己之信仰强诸君以为从。校中各会会章不一，入者纯自由选择，无丝毫信仰之束缚，此种自由足以为未来之道德开一新径。"

五、教育目标的确立

张伯苓认为，学校须有教育目的，而确定教育目的的前提有二：一是要依据本国政治、经济、文化等方面的发展情况和要求，从而决定"须选那类人"；二是受教育者的情况，从而决定"当用何方法"进行教育。张伯苓不仅对日本和欧美教育进行考察和仿效试验，而且对中国的封建教育多次批评，认为它已经不适应新的时代要求。他还对民国初年北洋政府尊孔孟成风的复古教育进行了抨击。

1914 年 4 月，他在校内演说中说："近日屡感触于社会之恶习，益觉中国前途之可惧。"在这种形势下，他利用各种机会，考察国内各学校，欲通过调查研究确立教育目的。1915 年 5 月，严修、张伯苓一起，借赴上海出席全国运动会的机会，参观了上海的南洋中学、万竹小学、民主中学等。接着与陶孟和等去杭州参观省立第一师范学校。在南通与范源濂等参观张謇办的师范学校和博物苑，在无锡参观市立第一初小、县立第一高小，以及侯鸿鉴创办的竟志女子师范；然后由南京去济南，参观模范小学、商业专门学校、工业专门学校等。

1916 年，张伯苓又向北去，参观了宣化中学、两等女学、女子师范讲习所等；10 月到东北的长春、吉林、沈阳、哈尔滨、安东、本溪等地参观考察。通过深入考察，张伯苓进一步明确了办教育必须与现实社会紧密联系，教育目的要服从于社会发展和社会进步的需要。他说："今之教育目的，在谋全社会进步。""在以教育之力量，使我中国现代化，俾我中国民族能在世界上得到适当地位，不致受淘汰。"他认为中国社会存在的"愚、弱、贫、散、私"五大弊病，"实为我民族衰弱招侮之主因"，进而谈到南开的办学目的，"深感国家缺乏积极奋发、振作有为之人才，故追随严范孙先生倡导教育救国，创办南开学校。其消极目的，在矫正上述民族五病；其积极目的，为培养救国建国人才，以雪国耻，以图自强。"

张伯苓早期谈到南开的教育目的时曾提出"我校期造完人"，所谓"完人"，在张伯苓看来就是培养"领袖人物"，他明确表示："今日中国第一要策，即在教育培养有干才之领袖"，他把造就"五十年或百年后造福利之人"看成是"旧中国新希望，旧南开新责任"。他常说："南开学校系因国难而产生，故其办学目的，旨在痛矫时弊，育才救国。"张伯苓的南开教育是精英教育，他把人才培养的模式置于世界范畴加以横向比较，找到差距。张伯苓在南开的教学实践中使其办学目标逐渐成熟完善。

1917 年 8 月至 1918 年底，张伯苓到美国哥伦比亚大学进修，再一次考察美国教育，五四前后的张伯苓，其教育思想已初步形成，并把自己对于教育的理解用于南开中学的教学实践中，他自己对中国教育的把握和对教育救国的信念，都是惬意而又自信的，"余信中学教育之发达，实已向正当之方向进步矣"。

　　张伯苓在美国哥伦比亚大学进修时发表的英文演说，概括表述了他的教育思想，他说："中国教育之两大需要，一为发达学生之自创心，一为强学生之遵从纪律心。"他分析了"一则英法美之制度，一则日德之制度。前者专为设计个人之发达，后者性近专制，为造成领袖及训练服从者之用（是即服从纪律）。敝校南开，多半以是二者焉圭臬"。他进而提出了用"爱国心"团结联合凝聚中国国民的观点，南开的教育目的就是"吾校即教授以联合国民之能力，更进者，欲使中国青年不仅为中国之良民，且为世界之健全分子。以今日之国界甚狭，吾等应思教育青年，当以万国大同为志也"。用"爱国心"联合团结国人应是张伯苓的创造，在南开用"爱国心"教育青年，并以此达到更高层次使之成为"世界之健全分子"，以"万国大同为志"的青年精英，更是张伯苓为南开培养精英人才的一种更高层次的表述。

第二节　容止格言、南开校风与学生团体训练

　　容止格言与南开校歌 / 张伯苓修身班讲演与新时代的南开德育 / 课程设置的探索与师资的凝聚 / 学生团体训练与早期学生社团 / 以《校风》为代表的早期校园刊物 / 校风建设和南开精神

一、容止格言与南开校歌

　　1907 年，私立南开中学堂新校舍建成后，在东楼的中厅立着一面整容镜，镜子的上方悬挂着严修亲书的四十字的容止格言："面必净，发必理，衣必整，钮必结。头容正，肩容平，胸容宽，背容直。气象：勿傲，勿暴，勿怠。颜色：宜和，宜静，宜庄。"

　　这四十字箴言，体现了严修的育人思想，是他对学生品德、气质、形象的要求。1916 年 4 月，严修对学生的容止要求，传到大洋彼岸，受到美国教育家的赞许。其时求学南开中学的周恩来在《校风》第 26 期撰有《函索镜影》一文，写道："我校事务室前所悬之大镜及上列格言，原为兹警励全校师生用。前次美人白崔克博士来校参观时，睹之甚以为善。今格里瑞先

生致函校长索要之摄影，并请将格言译作英文，同行寄去以为纪念，籍俟归美时，公之彼邦人士。闻格言现已由周梦贤先生译就，影已摄好，不日即可报命矣。"

1908 年 7 月 10 日（清光绪三十四年六月十二日），南开中学堂第一班毕业生毕业，毕业式在南开中学礼堂举行，直隶提学使卢木斋为毕业生颁发毕业文凭。张伯苓请严修为毕业生讲话，严修因在北京学部官守不便来津。特为撰写《毕业训词》，并嘱智崇、智惺、智怡推一人代为宣读，嘱咐向诸生道贺，向监督、教习和管理员道劳苦。对学台拨助官款表示感谢。严修的训词体现了他办学育才的教育主张，先述学校历史；再述学生入校学习，"立志者，入德之门也"，成才的本源，"归本于道德"，否则，即便是通儒学院毕业，也是"小人"而非"君子"；最后述及"今者，内政外交事变日亟，国势不振身家讵能独存？""今日所赖以转移国势者，舍有志之少年，其又奚属？诸生今日中国少年之一部分也，勉之勉之"，依据学校的办学宗旨，严修期望毕业学生"勿志为达官贵人，而志为爱国志士"。

1917 年 5 月，张伯苓率队赴日本参加远东运动会，留日南开同学会在东京举办的欢迎校长张伯苓和南开运动员的茶话会上，率先提出创制南开校歌的动议。1918 年末，张伯苓从美国进修、考察教育回国后，即请魏云庄创作校歌歌词。歌词拟就后，张伯苓请天津基督教青年会的美国人饶柏森配曲，然后交给音乐教师孙润生定稿、教唱。校歌歌词为：

> 渤海之滨，白河之津，巍巍我南开精神。
> 汲汲骎骎，月异日新，发煌我前途无垠。
> 美哉大仁，智勇真纯，以铸以陶，文质彬彬。
> 渤海之滨，白河之津，巍巍我南开精神。

此即南开校歌创作之始，其后到南开大学、南开女中创立，到抗日战争期间在重庆南开中学、自贡蜀光中学（各因所处地理位置略改几字），到在天津复校，再到新时期，一直传唱至今。南开学子以"月异日新"的"以铸以陶"传承了"巍巍我南开精神"。

南开校徽为外八角形，内镶嵌"南开"二字，八角形由两个四边形旋转45度而成，象征着南开学生来自四面八方，又走向四面八方。南开校色为青莲紫色，取色莲花，象征着南开学校、南开学生、南开校友的品质高洁，如莲花出淤泥而不染。

二、张伯苓的修身班讲演

修身科是清末颁行新学制后规定的必修学科。

1904年1月颁布的《奏定学堂章程》规定，中学堂修身科的课本摘讲陈宏谋编著的《五种遗规》。修身科虽是晚清学堂列于首位的必修科目，但由于政治动荡使教科未能规范，弊病丛生，修身科的讲授往往流于空文，且教且忘，学校教员常常慨叹："修身科最无谓，最无效。"清末的进步教育家已经注意到在学校教育中德育、智育、体育三者的关系。严复就曾指出德育教科书的不可或缺，强调"德育尤重智育"。民国以后，修身科虽有变化，加入了资产阶级的道德观念，也编纂了不少新内容的教材，但"各处学校多以修身为一种学科，届期考试，问而能答者，其品格即为高，不论平日行为如何，语言如何，故学者自恃其考试，平日养成一种道德之性质，学务日趋日下，不得修身之方也"。

张伯苓有鉴于此，自南开中学创办后，就不把修身当成一种学科，也不按教育定章所列书籍照本宣科，而是把修身课变成每周一次集会，亲自给学生们上"修身科"，使修身课成为对学生进行道德教育的生动课堂。1919年出版的《南开学校一览》中记载："修身一科不用成本，每星期三日第六时（课时），校长会集全校学生，在礼堂演说修身大义，有时或借中外时事，可启发各生之知识，并综合一周间学生发生各事，分别劝诫以促进步。"

张伯苓在修身课上的讲演内容可以概括为：爱国教育、传统美德教育、人格教育、节俭教育、青春期教育等多个方面。

爱国教育是张伯苓修身课讲演的重点，他在教学实践中将爱国教育形成制度，坚持不懈，年年讲，届届讲。每次在修身课讲演，讲台上高悬国旗，两旁大书"爱国"二字，"关于国际形势、世界大事及中国积弱之由，与夫所以救济之方，时对学生剀切训话"。他的爱国讲演结合实际，切中时弊，鼓舞人心，其讲演内容为三方面：一是学校发展史，讲他在北洋海军亲历的"国帜三易"的感受，立志教育救国的肇兴，历述清政府的腐败无能。由于这是他的亲身经历，所以讲起来"语甚殷切，几如剖肝胆以示"，"其言极其痛深，其感人至矣。同学少年受此剧烈之感触，顿有坐立难安之势"。二是讲中国近代屈辱挨打的历史，特别是日本军国主义对天津的侵略，激发学生的爱国意识。三是讲国家的贫穷落后，讲"国势危蹙"的情状。张伯苓不讳言国家落后，有时抨击得很厉害，很尖刻。但是，他反对民族虚无主义，反对民族自卑感。他椎鼓槌钟，大声疾呼，不是为了宣泄一己之郁忿，而是为了催人猛醒，唤起青年学生的醒悟，使他们由强烈的忧患意识发展到强烈的救国责任感和紧迫感。

在演讲时他结合青少年特点，特别强调进行爱国教育不能使学生产生悲观情绪，因为"少年心性每多好强，或受刺激，生悲观则希望绝，受刺激则忿言起，二者皆非少年所宜"，"然如绝口不言，使学生对于世界大势、国家前途一无所知，又岂教育之良法？……值此修身时间关于'国耻'，当常为学生言之，以启发学生爱国之心，而激励学生忧国之感"，"欲强中国责任谁归？曰：端赖一班新少年"。"何谓旧中国新希望？中国所少者，岂官吏乎？岂一班人民乎？亦皆非也。所短者，即为五十年或百年后造福利之人。何谓旧南开新责任？即为余与诸生从兹立志唤醒一己，唤醒国人，醒后负责任为世界发明新理论，新学说，使世界得平安，为人类造幸福。"

张伯苓在修身课上，多次讲要培养学生的传统美德，他把中华民族传统道德中的积极成分与西方的平等、民主、自由和人格独立的道德观结合起来，提出了新的道德标准。他提出：从增长社会自觉心，谋求全社会进步的方法上着想，要改换普通的道德标准，若以不骂人、不偷、不怒、不说谎、不得罪人等事认为是道德很高，那是消极的。这样的道德，不过是无疵而已，于社会虽有若无。今天为社会进步着想，当另有道德标准，谓："凡人能于社会公共事业，尽力愈大者，其道德愈高。否则。无道德可言。易言之，即凡于社会上有效劳之能力者，则有道德，否则无道德。"以社会进步为个人道德的客观标准，体现了张伯苓对道德教育的根本认识。他把个人品质的自我修养，与远大的理想目标相联系，与社会责任感相联系。要求学生

"幸勿仅求理论，更当于己身所在之社会，实在有所效用"。他所谓"己身所在之社会"，一为班级、社团组织，学校的小社会，一为走出学校的大社会。青少年学生要把道德标准"用为量人量己之尺"，先在小社会中实实在在地做起，收到良好效果，在以此标准相染使整个社会都有所进步。

张伯苓的人格教育，着眼于促进学生身心两方面平衡发展，强调学生社会公德的培养，使人格教育成为学校与社会调适的一种手段。学校教育的目的就是要使学生养成良好习惯和健全人格。张伯苓强调人格教育的重点是学生早期品德的培养和行为习惯的养成，人格教育的内容有五个方面：立志、敦品、勤勉、虚心、诚意。其核心是"诚"。张伯苓重视对学生进行立志教育，"今日正诸生立志之时，无论各具何长，要皆能发扬倡大，以备国家干城之选"。要做事就要有吃苦精神，"勿畏难，勿自轻，须知欲作一分事须受一分苦"。他每每现身说法，陈述自己创办南开中学遭遇的困厄，然后振臂高声说："南开，难开，越难，越开！顶，干！"张伯苓还强调，团结、合作是完善学生人格的重要方面。他说："人格要与人合作才能表现，假使你孤居远处，隐居鸣高，那么就是你有高尚人格，也无由表现了。我希望你们同心协力地去合作，表现你们的人格，而达到你们的目的。"在对学生的人格教育中，张伯苓注重感化，强调尊重学生的人格，他主张应根据学生特点因势利导，他说："中学时之学生，正在发展集合性及做事心之际，量以多好动。教育家当于此时因其势而利导之，为之作种种预备。若竟图省事，则此时少年丢去许多长进的机会。……凡无害之事，则放心使之自由发达；而于坏习惯则丝毫不容，如烟酒嫖赌等事，犯者决不宽假。"

节俭教育是张伯苓在修身课讲演的内容之一，他把节俭教育看作对学生进行道德教育的重要内容。张伯苓深知，本校纨绔子弟自属不少，若对他们的坏习惯放任不管，必然腐蚀道德品质，培养人才将成一句空话。张伯苓每年都嘱咐新生："须知学生时代为受熏陶锻炼时代，而非享安逸时代，此时作成节俭习惯，则异日任处何境，自无不能忍受之意。"节俭的品质需要在实际生活中逐步培养，为此学校规定："衣履服饰不得奢华，如华丽履服及金戒指等均须戒除。"学校食堂"膳制甲等外，别立乙等，以为学生节俭之助"。并特定寄宿学生填写出入款项表格，"凡该生一月之费用，分项结清钱数，即填写于表格内，以凭核查"。为养成学生节俭习惯，新生一入学就实行开支记账制度，有学校会计到每个宿舍教学生们记账方法，并且每月到学生宿舍核对每人账本。到期末，学生把一学期的花费结算好，填入一张表格，连同学生期末考试的成绩单一起寄给学生家长。

张伯苓重视学生的青春期教育，把这些教育也作为德育教育的内容之一。内容主要包括性知识、婚姻恋爱、同龄人关系、择友、信教等内容，张伯苓自己讲，也请专家讲。张伯苓在修身课上多次讲道，青少年"自治力薄弱，染于苍则苍，染于黄则黄；与善人相处，则不失为君子，与恶人相处，则流而入于小人。芟芜刈稗正所以助苗之长"，还说"交友不必酒肉征逐，须择规过劝善之真能益我者"。他要求学生，"年长生友年幼生，扶之助之，使自立，愿诸生履行之"，"今日交友范围虽广，然亦反对以小团体而影响于社会之福利"。他告诫青年人"欲求成功，尤必需有一种合作精神"，"雪里送炭，方为真友"。

张伯苓的修身讲演大都由其学生记录刊载在《校风》等南开中学的校刊上，张伯苓在修身课上的讲演体现了民国初年南开中学德育教育方面的特色。

三、课程设置的探索与师资的凝聚

早期南开中学为四年学制。每学年分为上下两学期，上学期秋季始业。课程设置是：

四年级每星期课时：必修课 16 小时、修身 1 小时、选科 8 小时、全体操 1 小时，共 26 小时，讲室自习 8 小时；课程为：国文、英文、世界近世史、化学、三角、大代数、国文学、经济、法制、簿记、商业英文、商学。

三年级每星期课时：上学期必修课 20 小时、选科 6 小时；下学期必修课 17 小时、修身 1 小时、选科 9 小时、全体操 1 小时，共 28 小时，自习室自习 6 小时；课程为：国文、英文、演说（国语）、算学、化学（文科）、物理（文科）、物理（理科）、译英文（文科）、立体几何（理科）、世界史。

二年级每星期课时 29 小时、修身 1 小时、全体操 1 小时，共 31 小时，自习室自习 3 小时（各科教授钟点上下学期同）；课程：国文、英文、算学、本国史、世界地理、手工图画。

一年级每星期课时 32 小时、修身 1 小时、全体操 1 小时，共 34 小时；课程有：国文、英文、算学、博物、本国地理、手工图画、体操（各科教授钟点上下学期同）。

补习班每星期课时 26 小时、修身 1 小时、全体操 1 小时，共 28 小时，自习室自习 6 小时；课程有：国文、英文、算学、珠算、体操（各科教授钟点上下学期同）。

1905 年 2 月 10 日《大公报》报道天津学校教育情况，在 39 所学校中敬业中学堂是唯一的私立学校。该学堂有综合齐全的课程表，其中包括国文、儒家经典、道德修养、中国历史和中国地理，西学课程有西洋历史、西洋地理、算学、自然科学、物理、体育和英语。理化器械设备尚完全，学生成绩颇佳，英文程度尤优，教科用西文教授者，皆能直接听受。监督、教员均极热心，日求进步。

张伯苓重视学校管理团队的建设，在几十年中，南开中学的发展得益于有一支敬业、得力、稳定的管理队伍。伉乃如、喻传鉴、华午晴和孟琴襄是张伯苓管理南开中学的左膀右臂，被称为南开中学管理团队的"四大金刚"。1907 年迁到南开洼新址后，华午晴、王虎忱、尹劭颂、孟琴襄、伉乃如等诸先生分别负责学校各行政部门工作。

伉乃如（1891—1947），名文翰，天津人。1911 年毕业于直隶高等工业学校化学科，因学业优异被张伯苓聘为南开中学化学教员。1920 年 9 月，伉乃如开始兼理张伯苓秘书，为学校发展出谋划策，帮助校长处理各种各样的事情；管理校长办公室工作，负责协调内部关系，发展对外联络，是学校管理班子的核心人物。抗战期间，周恩来与张伯苓的交往都是通过伉乃如安排的。抗日战争胜利后，伉乃如是参与天津南开中学复校工作的主要人员之一。

喻传鉴（1888—1966），名鉴，浙江嵊县（今嵊州市）人，是南开中学第一届毕业生。北大毕业后，喻传鉴回到母校担任英语教师。喻传鉴是张伯苓的得意门生，也是张伯苓的得力助手，长期主管教学工作。南开中学能有业务精湛、道德高尚、堪称师表的教师队伍，都是经过他亲自挑选和聘任的。1936年建立南渝中学、1945年天津南开中学复校都是喻传鉴领导进行的。黄钰生评价说："南开中学柱石，喻先生当之无愧……一生精力，倾注于实现南开允公允能之校训，鞠躬尽瘁，死而后已者矣。"

华午晴（1879—1939），号光霁，天津人。早年受教于张伯苓执教的王氏家馆。毕业于私立第一中学堂，留校担任会计工作。曾负责过南开庶务课事务，后担任会计课主任兼建筑课主任，总管全校的财务和基建。他廉洁奉公、一文不沾、艰苦朴素，是不浪费一分钱的好管家，对于南开中学的校舍建设费尽心血。因劳累过度，1939年病逝于重庆南开中学，为纪念他，张伯苓提议将重庆南开中学的礼堂命名为"午晴堂"。

孟琴襄（1884—1969），号广进，天津人，是私立中学堂师范班第一届学生。毕业后曾游历欧洲，在法国担任中国华工青年会干事，形成卓越的管理能力。从1908年起任职于南开中学，先后担任事务主任、庶务主任，负责学校的总务部门，担负着十分繁重的行政工作。他精明干练，认真勤劳，应对十分烦琐的总务工作，而使南开校园井然有序。1930年，他应东北大学邀请，受张伯苓校长委托，整顿东北大学成效显著。

张伯苓尤其重视教师队伍的建设，他常说，"学校最要者即良教师"。建校初期，中国本土的西学教员很少，严修、张伯苓就聘请来华的日本人、美国人、英国人任西学教员。后来新学逐渐发达，毕业生人数逐渐增多，许多出国留学的人归来，教师资源多起来，国内西学教员也多起来。南开中学教员相对于管理团队来说流动是频繁的，主要的流动方向，一是考取国内、国外大学深造，二是另谋高就进入其他行业或政府部门，三是不合格被淘汰。张伯苓对教师选择严格，对南开的教师队伍充满信任，他说："余平生任事数校，求如本校诸位先生之一致之认真之热心，并以余暇竭力扶助学生诸般之自治事业，殆属绝无仅有。"

1915年12月的《同学录》中，记载了1915年以前南开中学退职员司共计78人，其中日本人6人：佐野、内田、松长、平原、山口、驹形；美国人11人：阚德林（女）、韩慕儒、伊柏林、饶柏森、郝瑞满、崔伯、白克（女）、富森、W.F.赖扬、格林太太、万克；英国人2人：芮梯、黑门司。本土教员陶孟和、武问泉、韩振华、林次和等59人。

1915 年在职教职员共计 53 人。管理人员包括张伯苓和中学部主任在内 16 人，其中有 4 人是兼职教员。各科教员 37 人，其中美籍教员 3 人。这一年南开中学的学生是 876 人。

为了解决师资，南开中学两次自办师范班。一是学校创办之初，1904 年设立师范班，学制两年，培养了 10 名毕业生，大部补充了自己的教师队伍。二是 1916 年在专门部添设高等师范班，只招了 1 个班，师范班有学生王守纲、高仁煦等 9 人。1916 年 8 月任命张彭春为专门部主任。专门部学制为 3 年，共计招收 3 届。专门部和高等师范班为南开学校办高等教育的尝试，最终因为经费困难，人才缺乏，而先后停办。

四、团体训练和早期社团

南开中学在教学中特别重视学生训练，意在培养学生的"现代能力"，培养具有"救国建国"能力的青年。其中班会制度、辅导员（今称班主任）制度、各委员会制度以及全体学生集会等都是学生训练的主要环节。张伯苓认为，所谓"现代能力"，可以概括为两点，即科学知识与民治精神，所以学校的训练目标也从这两点入手。

学校围绕实现训练目标，制订训练工作计划。训练工作计划可概括为提倡团体生活、参加野外生活和融入艺术生活。为了使学生明了"训练"意义，学校把训练计划实施分为为什么要"训练"、通过讨论得以在理论上提高以及亲身参加活动三个层次。在团体生活训练中，分析国人在团体生活上最大的缺点：一是不善组织、不能合作；二是好要弄个人手腕。而学校在提倡团体生活中力求补救此类缺点。指出从团体生活的理论层面有必要讨论下列各问题：（1）现代组织沿革与最近趋势；（2）讨论术；（3）公意即所谓舆论的分析；（4）团体的精神；（5）领导的技术；（6）行为的标准等。学生团体训练从三种有组织的团体活动入手，即各班学生的班会、学校各种委员会和全体学生集会。在团体生活中"使多数学生获得练习领导的机会"。学校制定了班组织法、各委员会组织法、全体集会制度以及辅导员制度和辅导员会议等诸项规定，保证了训练计划的实施，达到培养学生"现代能力"的目的。

《班会组织大纲》规定了目的、会员、委员、各委员的职责、任期与任职、各班委员会的组织及其工作、辅导员等 7 项内容。其可贵之处在于班会委员和班会主席的产生，引入"民主"和"公意"的理念。班会委员由全体学生"公举"，班会主席"由各项委员互选充当之"，任期"均以半年为限，连选者得连任，但不兼职"。《班会组织大纲》"附加说明"中，强调"以一班为单位的小团体组织，最便于达到团体训练之目标——培养组织能力，产生团体意见，与造成多数领袖"。对于委员不准兼职和任职以半年为限的规定"附加说明"算了一笔账："本校每学期学生常在 40 班左右，按照每班公举委员 8 人负班会小领袖之责，则合而计之，全校同时有作领袖而受积极训练之机会者，不下 320 人，约占全数五分之一。学生在本校肄业者，自初一至高三倘无间断者，则 6 年即 12 个学期之中，至少可有一、二次允当领袖，积极参加领导团体活动之经验。"其目的是使更多的学生有受训练的机会。每个委员皆可兼任该班委员会主席与书记之职，书记仅负记录之责，主席仅负召集开班会及委员会会议之责，并无代表本班之全权，如此"学生中有希冀取得全班唯一领袖资格之纠纷，可以免除，而争权轻事，徒骛虚名的弊病亦不致发生"。

学校的各种委员会是训练学生团体生活的另一场所。设立的各种委员会有学科、训练、体育、青年运动、出版、平教、庶务、游艺等，各种委员会均由师生合组而成，以期使学生明了学校各种工作进行状况，使之参与其中，同时受到师长实地指导，以收实用教育的效果。学校各委员会人数不等，委员会委员由班会各项委员公举产生，亦为每学期改选一次。

全体学生集会分多种类型。纪念性集会，如校庆、纪念日；每星期集会，如修身课；还有各类游艺会和新剧演出。"把集会作为训练手段是鉴于国人缺少公共集会的训练，故对于全体学生集会训练特别给予注重，其目的在使学生于集会时，安安静静地坐定，遵守会场秩序，了解集会的共同目标，以求充实扩大团体的力量。"

为使学生训练收到预期效果，学校实施辅导员（班主任）制度，每班均有一位教师专任辅导，指导全班的团体生活。

张伯苓谈到班会训练时强调："吾人之目的，既在造成多数领袖，则吾人对彼能力稍差，热心不足，及不肯负责任之委员，正宜多加鼓励与辅导，假以时日，将来成绩，必有可观。教育事业之不能求速效，尽人皆知；吾人之教学生，亦必循循善诱，相机利导也。"

团体训练的另一大途径即在组织课外社团。

张伯苓鼓励学生自动组织各种社团，他说："国人团结力薄弱，精神涣散，原因在不能合作与无组织能力。因此学校对于学生课外组织，团体活动，无不协力赞助，切实倡导，使学生多有练习做事、参加活动之机会。而苓所竭力提倡之各种课外活动……"社团活动是张伯苓对学校课外教育的开创性尝试。

1905 年，自治励学会成立，这是南开中学历史上成立时间最早的学生社团，初由喻传鉴主持。学会创办之始，正值清朝末季，其时官立学校不能集会结社，而自治励学会独能于此时成立，是因为南开中学"性属私立，外人不能干涉"。1908 年，《自治励学报》出版，这也是南开校园刊物的首创。学会成立之初，会员 50 余人，占当时全校学生的五分之二。

1909 年，张彭春始在校中布基督教，与其一起研究基督教的只有六七人，该小团体名为"读《圣经》会"。1910 年，"读《圣经》会"改作"耶教研究会"。1911 年，会员有十二三人，秋季改名"青年乐群会"。1912 年 4 月试办青年会，内部分为查经班、祈祷会、晨更团、礼拜团、布道团、尚友团、奋兴团 7 部分，会员 54 人。经过 3 年试办，1915 年 4 月 19 日，"南开中学青年会"正式成立。1916 年，会员增加到 280 余人，查经班共有 4 班，服务事业有 4 种：青年会附属小学，卫生演讲会，社会卫生团，通俗教育演讲。年内发刊物，名为《青年》。

1912 年，黄钰生与李恩贵、孔繁霭、冯文潜等同学成立"三育竞进会"，后与自治励学会、敬业乐群会并列，形成鼎足而三的局面。"三育竞进会"存在的时间较短，由于该会"人少力薄"，1914 年底并入敬业乐群会。

1914 年，敬业乐群会成立，由张瑞峰、常策欧、周恩来三人为发起人，最初的想法是团结和争取更多的同学一起探求真理，研讨国家大事。敬业乐群会创立后，逐步发展成为全校性的学生组织，张伯苓对该会给予大力支持。该会成立宣言明确提出："青年为斯世将来之主，学者乃领异标新之人，况生值学道将绝之国，大厦濒倾之邦，则吾辈后生责任，不更加重大耶？果欲尽此重大责任，舍在学时代极力锻炼身心，增进智能而奚求！"青年要为拯救国家和改造社会而学习的主张得到同学们普遍响应。敬业乐群会经常开展丰富多彩、有益身心的文娱活动。每周一次的茶话会，或由会长报告会务，或讨论时事政治和学校大事，然后进行各种游艺和联欢活动，还放映幻灯片和活动电影。1915 年夏，敬业乐群会增设童子部，吸收 15 岁以下的同学参加，由周恩来负责。敬业乐群会创办的会刊名《敬业》。

1914 年，南开中学幼年学生组织"童子会"成立，入会者"以年十七岁以下、五尺二寸以内"为合格，并有本会会员介绍。该会"以发达三育及活泼精神为宗旨"。该会成立之初附设于敬业乐群会，为敬业乐群会的童子部。"童子会"章程规定该会的职员每学期选举一次，选举正、副会长各一人和各部部长，该会设智育部、演说部、辩论部、编剧团、体育部、游戏部，经常组织筐球（篮球）、足球、竞走、跃高、跃远等比赛，还组织演剧和旅行，活跃学生们的课余生活。

除此综合性社团外，还有学术性社团，如讲演会、国文读书会、算学研究会、史地研究会、英语研究会等，或属全校，或限于一级，或事属一组，为数至多。

五、《校风》和早期校园刊物

出版校园刊物也是张伯苓注重的学生训练的一种。张伯苓谈道："学校为练习学生写作之能力，增加学生发表思想之机会，自始即鼓励学生编辑刊物。会有会刊，校有校刊，或以周，或以季，种类甚多，于彼此观摩之中，寓公开竞赛之意。以是南开学校并未设有新闻学课程，亦未添设新闻学科系，但毕业校友之服务新闻界、通讯社，以及文化团体而卓有成绩者，为数尚不少。"

《南开星期报》1914 年 3 月创刊，主编是南开中学教师马千里，学生负责人是陈钢，这是我国北方最早的校刊之一，是中学办报之首。《南开星期报》出版至 1915 年暑假前。

1915 年秋季开学后，《南开星期报》更名《校风》，于 8 月 30 日出版第

1 期。每周出 1 期，公开发行。《校风》自 1915 年 8 月 30 日创刊至 1920 年底，历时 5 年，共出版 151 期。

《校风》创刊后，设编辑部和经理部，编辑部负责采编、组稿、审稿、编辑，经理部负责出版、发行、征集广告等诸项业务。《校风》报社主要成员均为学生。《校风》报社在 5 年中，每学期新组一个编辑经理部，前后共经历了 8 个。1919 年秋南开大学成立后，出版部在中学与大学分分合合的纠结中，度过了 1920 年，直至 151 期停刊改版。

《校风》最初开设纪事、文苑、杂纂、小说、笑林等栏目，后来又逐渐增加，第 70 期的栏目有代论、校闻、警钟、演说、特别纪事、游记、杂俎、札记、课艺、布告、启示等。编辑部稿件约分以下门类：论著、译述、研究、讲演、调查、文艺、通讯、校内要闻、校外要闻、问答、杂俎。从栏目的不断增加、不断丰富可以看到《校风》不断发展的轨迹。

《校风》每期 20 页左右，增刊或专题纪念刊因内容的需要页数要多一些。《校风》都由正式的印刷局印刷，装帧精美。当时的商务印书馆天津印刷局、天津河北狮子林北洋印刷局、天津河北元纬路渤海印刷局、天津东南城隅草厂庵前吉光印刷局、荣业大街升平茶园旁吉光印刷局、天津南马路荣业大街协成印刷局、天津华通印刷局等先后为《校风》代印。

《校风》公开发行，对校内、校外和国外定有不同价格。1915 年，校内每份半年铜圆 42 枚，校外铜圆 49 枚（可以邮票 40 分代价）。1916 年，每半年校内铜圆 40 枚，校外铜圆 50 枚（或邮票 38 分），国外邮票 62 分。1917 年，零售每本铜圆 3 枚，校内每半年铜圆 55 枚，校外每半年铜圆 67 枚（或邮票 54 分），国外每半年邮票 86 分。1918 年，每半年校内大洋 2 角 5 分，校外大洋 4 角，国外邮票 86 分。1919 年的价格与 1918 年相同。

南开《校风》报社有一个不成文的规定，只有在校国文竞赛中获得过第一名才有资格担任《校风》主笔。首任主笔陈钢就曾获学校国文比赛第一名。《校风》第 1 期的"发刊词"出自陈钢的手笔，不足千字，振聋发聩。文章开头就提出"上学的目的是什么？"对"养家糊口"和"做一番事业光耀门庭"的回答，作者都给予否定。作者认为，"吾辈生于二十世纪竞争之时代，生于积弱不振之中国，生于外辱日逼、自顾不暇之危机时间"，呼吁青年学生"生于此时，生于是国"要"坐而思之"，认识到"天下兴亡匹夫有责"，"吾为国民则与国之兴亡至有关系"，我们上学的目的就是"期待将来能负此国家振兴之重大责任耳"。文章结尾归结到"什么是学问？"作者提出"学问在书外"的观点，在校学习期间，"善求书外之学问"，点明《校风》的出版就是"辅助同学多得书外知识，使人人将来有用"。

1915年9月中旬，《校风》创办旬余，时在南开中学读书的周恩来有一篇自命题作文《〈校风〉报传》。这是今天见到的考证研究《校风》最早的资料。国文教师评价该篇作文"叙述周密，气息深沉"。在文章中，周恩来谈到《校风》报的命名，是仿效梁启超创办《国风》的意愿。他对"报"的理解是，"传闻纪实，宣之众者，谓报也"。并将报纸分为三个等级，"守正不阿，严于褒贬，秉董狐直笔，执《春秋》之意，上报也；为善是彰，为恶是隐，持一见，虽败勿悔，刃具加身而不惧，中报也；至传闻失实，随声附和，则自哙以下矣。"此论凸显年轻的周恩来对报纸社会责任的深刻理解。他在文章中写道，南开学生要把《校风》办成"上报"，把《校风》办成梁启超的《国风》，"以为方兴之南开击农钟，扬校声"。

1917年8月至1918年12月张伯苓赴美国哥伦比亚大学进修期间，张彭春代理南开中学校长。在此期间，张彭春统一全校各社团出版物，除有《校风》，还出版了学术性刊物《南开思潮》。《校风》为周刊，以校园纪事为宗旨，《南开思潮》以发表思想研究学术为宗旨，每学期出版1期。《南开思潮》一共出版了5期。第1期1917年12月出版，第2期1918年6月出版，第3期1918年12月出版，第4期1919年6月23日出版，第5期1920年2月8日出版。

《南开思潮》是当时极具影响的刊物，其编辑部以学生为主，设有教师组成的顾问部。编辑部的人员因学生毕业原因每期都有变化。总编辑第1期为段茂澜，第2期为张曰辂，第3、4期为叶香芹，第5期为李去非、高镜芹等。《南开思潮》的刊名题字均为当时的名人，前4期分别为：黎元洪、魏郕、张謇和郑孝胥。《南开思潮》设有论说、演说、学术、调查、游记、文苑、杂俎、小说、纪事等9个栏目，并有照片插图，并为经营刊物需要征订数则广告，每期近200页，由专业印刷局承印。《南开思潮》发行量每期

2000 册，全校师生每人 1 册，本校毕业学生多有订购，还赠送国内各机关，与国内各校交换。据《校风》第 125 期（1919 年 5 月 5 日出版）载：《南开思潮》与国内交换者有北京大学月刊报社、北京清华学报社、北洋大学重刊社，以及吉林、上海、南京、福建、广东、湖北、唐山等学校学报社 27 家。

《南开思潮》发刊词写明了它的创办宗旨："吾人扶助他人法有二，曰口舌之役，曰笔墨之役，故演说与报纸，世界直认为促进文明之利器。……若夫以几人之脑力而能辅助全国民德民智之进行者则报纸是。南开学子济济千人，虽其间未当全才，然不无各有所长者，有奇异之思想合之以助他人。无以为名，名之曰南开思潮，是潮也发于脑海，集于思海，流行于人海，其波也无声，其荡也无形，淡漫潜瀹，可以涤万物笼百兽，洗濯人类之脑球，灌溉社会之心田，俾社会人道稍有所补，此南开思潮之作用，而尤敝社同人所希望者也。……况今时代言论自由，楮墨竞功，正学子所易事又何乐而不为。"办刊物是一件好事，近而辅民德助民智，远而传播文明、传播历史，《南开思潮》正是这样，它给我们今天研究南开中学校史提供了第一手资料，有其不可替代的学术价值。

《南开日刊》的出版与 1919 年的五四运动息息相关。北京爆发五四运动的消息传到天津，5 月 23 日，北京、上海学界以青岛问题全体罢课，天津学界采取一致行动，南开中学学生亦全体罢课并组织救国团。5 月 24 日，学生们见国事日危，非提醒国民爱国心不可，决定改《校风》为《南开日刊》，日出 1 张。5 月 26 日，《南开日刊》第 1 号出版。

《校风》自第 127 期后为《南开日刊》，暂停刊，到第 128 期（1919 年 11 月 17 日）重新以《校风》出版，其间间隔 5 个月又 11 天，此是《校风》改版为《南开日刊》的出版期间。《南开日刊》刊登了南开学生参加五四运动的各项报道，张伯苓说："此次学生奔走呼号，纯系爱国之确证，于假期内犹复勤劳不休，其心可见，其志可钦。"

六、校风建设和南开精神

张伯苓围绕建设南开校风着重抓三件事。（一）有行政管理规章制度和组织纪律的强制力作保证。南开有一整套包括教学、生活管理的校规校纪，规定学生应该做什么，不能做什么。配合这些要求，有明确的"惩罚规定"，针对不同情况有八级纪律处分，对任何学生一视同仁，绝不宽假。（二）重视宣传教育。张伯苓经常在全校修身课上演讲校风，评论各班班风，把班风建设当作校风建设的基础。强调班风建设要针对不同年龄学生的特点。一年级学生刚入学，是个人行为规范、学习目的和态度、班集体意识形成的重要阶段。二年级学生思想活跃、参与意识增强，是班级建设和校风建设的关键阶段。三年级学生社会视野扩大，个性特征渐趋明显，集体荣誉感突出，是校风、班风的强化阶段。由此，一年级校风教育重点是爱国主义和集体主义，主要讲"学校之略史""新生到南开学校之目的""中学生应注意之事项""如何读书""怎样做好学生""好习惯之养成"等。二年级主要讲"教与爱""诸生务争团体之荣光""娱乐与学业""训育问题"等。三年级讲"知与行""交友""兴趣与理性""思想与谈话""学生与学校""青年的机会""青年应负之责任及预备之方法"等。（三）创办校刊《校风》，反映师生学习和生活情况，报道校风、班风建设事迹，形成正确的舆论导向。南开校刊多年不曾间断，成为校风教育的园地。

南开校风建设的主要内容可以概括为三个方面：（一）文明教育；（二）团结精神；（三）勇于进取精神。

张伯苓重视对学生的文明教育，他说，礼节是人们相处的一种道德规范，"人人相遇以礼，则能启发兴致"，增进关系和谐，反对礼节"失之于疏"，但也不赞成繁文缛节，要求学生从自己做起，从身边做起，从点滴做起，交往处事中举止得体，说话和气，彬彬有礼，尊敬师长，自爱爱人，诚实守信，度德慎行，在学校做一个好学生，在社会做一个新国民。张伯苓把礼仪教育当作人格教育的一部分。为培养学生的卫生习惯，学校编制"学生卫生习惯自省表"；校园卫生、教室卫生、公共场所卫生都有具体要求，寝室卫生经常化，斋务课组织寝室"考美"评比；食堂卫生由庶务课每日检查，所购蔬菜入校、饭厅做到无蝇，碗筷放置有序，炊事人员衣着鞋袜洗手指甲的清洁等均有严格规定。张伯苓说："青年学生日处此安定秩序、优美环境中，自必潜心默修，敦品励学，养成一种笃实好学之良好风气。"

张伯苓重视学生团体的作用，他认为："能辅助、能勉励吾等者，小团体之力甚大，苟不利用之，真失机会也。将来在社会做事非有团结力不可，否则必不能成功，此即团体之效力也。"强调良好的集体是一个强有力的教育环境，学生成立学会、社团，有利于"学共同生活"，"发展集合性及做事心"，以形成共同的集体观念。他高度评价学生团体的作用，指出团体是一种无形的规范力量，"他们的力量可以超过本校管理员。这种令人惊奇的成绩，我敢说是我们南开的特点，也可以说是南开的教育方法。"张伯苓倡导学生团体，不仅为校风建设，更着眼于锻炼学生的办事能力，增强学生服务社会的本领。在社团里自己选领导人，自己创造条件安排活动，每个成员都是平等的，体现自身价值，进而增进团体的内聚力。张伯苓常常亲自率队参加校际比赛，"全校名誉其良否皆与尔各个人有关，则尤所不可忽也。"要求师生努力维护学校荣誉，强调其"较物资百倍可贵，则维持之，发扬之，应尽其力之所能及"。通过班集体、学生社团，南开的集体意识自然形成，人人以自己是南开的一员感到自豪，自觉为学校争光。集体意识随着学生在校时间与日俱增，离校后仍然不减。

在校风建设中，张伯苓注重培养学生的进取精神，指出"无论何事，无精神亦必归失败"，在校内校外大讲精神对于个人、对于国家的意义。针对南开学校所处的客观环境，根据学生思想的特点，强调要具备的精神：一是百折不挠、艰苦奋斗的精神，"凡成事者，中途必受折磨，须胜过此种阻力，不因失败而灰心，而后始有成功之一日。此种精神，为中国少年人所最要者"；二是自强不息、勇于进取的精神，张伯苓把进取精神称为治理近代中国的"救国药"，"欲强中国，非打破保守，改持进取不可"，得出的结论是，"日新月异，自强不息，为我南开师生特有之精神"。张伯苓办南开的进取精神就是南开师生的榜样。

校风建设的根本在于"引导学生的自动力"。校风最终不是依靠各种规章制度的强制力，而是成为学生个体的自觉行动，对学生产生约束作用。张伯苓认为"唯在引导学生之自动力"，"诸位先生倡之，老学生行之，新学生效之"，"以南开的教育宗旨在使学生'自动'、'自觉'、自负责任，以求上进，于是造成一种良好校风"。

最早对南开精神的文字论述，可以追溯到1915年。在《1915年同学录》

的"弁言"中这样写道，"问：同辈何以必入南开学校？曰：惟南开精神好。""问：然精神之为物？曰：涵衍于形体之中。"就是说，入南开学校是因为南开的精神好，南开精神存在于南开学校的各个方面。脱离了南开学校的实体，焉有精神？"而继续之发达之者，则我校自胎胚成立，以迄于今之职教员学生全体，胥有分也。"南开精神的制造者、发达者、继承者，是南开全体教职员全体学生。这是最早在南开出版物中论及的南开精神。

张彭春首次注释"南开精神"是在1916年11月的一次修身课的演说中："吾校有一物，为南开所造成，为社会所公认，为校长常提及，诸报纸所公论"，这就是"南开精神"。他说，今天诸位学子来南开学习，就是因为"社会之腐败甚矣"，抱着改良社会的目的而来，要改良社会，只有热情是不够的，要有改良社会的知识和本领，热心有余因知识不足而失败的例子比比皆是。他指出，"二十世纪纯然一学术竞争之世界，而非有心无力者之所能为也"，所谓"南开精神"就是于"当今学术竞争之世界端在注意学识"。如何做到"注意学识"？要有好胜之心，要知道欲成大事"言之非艰，行之甚难"，在失败之时要"勉励自克"，"籍资上进"。张彭春给南开精神注入"在学术竞争的世界注意学识"的物质内涵。

南开《校风》第75期，有一篇13周年校庆纪念会感言，一个学生这样表述南开精神："南开非一己者也，而中国世界者也，以南开之良知，以救中国世界，吾人之希望在救中国、救世界。救中国救世界天命也，然则吾辈将何以付天意乎？曰：发其良知，竭其忠诚，仰不愧于天，俯不怍于地，牺牲一己扶助众人，使惨风悲雨不复存于世界，此吾辈之责任，而南开之真精神也。"把南开精神从"一己"提升到"救中国救世界"，并把吾辈"救中国救世界"的责任视为"南开之真精神"。

第三节　新剧与体育：人才起飞的两翼

严修、张伯苓与早期南开新剧 / 张彭春的新剧创作与现代话剧导演制度 / 南开新剧与中国现代话剧的创生 / 周恩来《吾校新剧观》与现代话剧理论 / 张伯苓的体育教育观 / 现代体育运动和体育教学的引入 / 剪

掉辫子，换上短裤 / 仁侠精神与体育道德 / 南开体育与走向奥林匹克运动之路

一、南开新剧

南开中学创办人提倡新剧，缘自他们的教育思想和办学理念，即培养学生爱国、为公、服务社会，德、智、体、美四育并进。严修、张伯苓认识到，新剧是相对于旧剧而言的新事物，有利于学生不去死读书，由"练习演说"升华到"改良社会"，由"知中国"到"服务中国"，把开展新剧活动作为校园文化的重要组成部分而加以着力倡导。

严修是南开中学创办人，还是我国近代戏剧改革者，南开新剧团创建者，为南开新剧的早期发展作出过重要贡献。严修喜爱并精通中国传统戏剧，曾说："剧本加以改良，其功不下教育。"他早在1906年就在自己家里组织儿孙们演出他自编的新剧《箴膏起废》，内容是奉劝民众戒食鸦片。当时张伯苓、韩询华等参加了演出。1910年10月17日在庆贺校庆时正式公演。随着南开新剧的发展，严修对新剧更加关注并参与其中。1912年起他多次召集林墨青、时子周、华午晴、马千里等人研究编写、修改、审定剧本。1914年他看了新剧《恩怨缘》后大加赞赏，认为该剧"可歌可泣，入情入理，虽西洋剧本，亦未能远过也"，遂促成同年11月14日正式成立南开新剧团。1915年《炎凉镜》演出后，经他修改，剧名改为《一元钱》，全剧语言更加含蓄、典雅。1916年他同林墨青将《叶中诚》剧名改为《一念差》，使剧名更加醒目，主题更加凸显。在严修的亲力亲为下，南开新剧推向了社会。

1908年，张伯苓在出国考察中接触半专业的欧美剧后，将话剧从欧美直接移植到南开校园。回国后，恰逢南开校庆5周年，于是在1909年校庆，由张伯苓自编自导自演的三幕话剧《用非所学》在南开中学礼堂正式上演。张伯苓在编写《用非所学》时，还没有"话剧"一说，相对"旧剧"而称为"新剧"。张伯苓饰演主角，严修长子智崇、次子智怡分饰日本留学生夫妇，孙子仁颖饰日本留学生的幼子。张伯苓在清朝末年倡导学校编演新剧、师生同台表演，开风气之先，引起极大社会反响。

1914 年 11 月 17 日，在严修、张伯苓支持下，南开新剧团正式成立。新剧团由学生和教师共同组成，内设编纂部、演作部、布景部、审定部。推举团长 1 人，各部正副部长各 1 人（部长为教师，副部长为学生），庶务兼会计 2 人，书记 2 人。团长：时子周。编纂部：教师尹劭询、学生陈钢为正副部长。演作部：教师马千里、学生黄春谷为正副部长。布景部：教师华午晴、学生周恩来为正副部长。审定部：以各部部长任其职。庶务兼会计员：教师王祐辰、学生施奎龄。书记员：教师周绍曦、学生张瑞峰。1916 年张彭春由美国学成归来，担任南开新剧团副团长，成为新剧团核心人物，在他的周围成长起周恩来、曹禺等一批有为青年，使南开新剧名闻遐迩，走上一条光明璀璨的发展之路。

张伯苓提出新剧的宗旨为"练习演说，改良社会"，把最朴素的素质教育（"练习演说"）与宏大的人生目标（"改良社会"）联结到一起。从此，南开中学每逢校庆纪念之际即公演新剧。紧随 1909 年上演《用非所学》之后，1910 年，南开校庆 6 周年时上演《箴膏起废》。1911 年，南开校庆 7 周年时公演《影》。1912 年，南开校庆 8 周年时演出《华娥传》。1913 年，南开校庆 9 周年时公演《新少年》。1914 年，南开校庆 10 周年时出演《恩怨缘》，此剧获得广泛社会好评，南开新剧声誉鹊起。1915 年，演出《仇大娘》和《一元钱》。1916 年，演出《一念差》和《醒》。1917 年因水灾关系，仅排练一出滑稽剧《天作之合》，于青年会堂演出。1918 年由张彭春创作并导演的《新村正》一剧，演出后名播海内，使南开新剧得到长足发展。在此期间，《一元钱》《华娥传》《仇大娘》等剧，曾由民间职业剧团奎德社改编为文明戏，在京津两地上演，南开新剧的影响已走出校门扩大到社会。

张彭春赴美国留学期间主攻哲学和教育学，还用相当多的时间钻研欧美的戏剧理论和编导艺术，并亲自编写剧本，《醒》即是张彭春在美国创作的。张彭春不但编写话剧剧本，还从美国带回一整套正规化的导演制度，并亲任导演，在南开新剧团中严格执行。张彭春执导的特点是融合众家之长，从人物性格出发，从生活出发，把握很强的分寸感。张彭春执导的第一批剧目是《醒》和《一念差》，虽然是欧美近代话剧的形式，却扎根于民族文化的土壤里，成为具有民族化、群众化特点的新型话剧。

　　张彭春主持的南开新剧团，一方面继承南开师生合作编写剧本并演出的传统，一方面积极倡导演出校外著名剧作家的剧本和外国名剧。国内作品有丁西林的《压迫》，田汉的《获虎之夜》，熊佛西的《一片爱国心》，洪深的《五奎桥》等。国外作品有果戈理的《巡按》，莫里哀的《悭吝人》《伪君子》，莎士比亚的《威尼斯商人》，王尔德的《少奶奶的扇子》，巴里的《十二磅的神气》，豪普特曼的《织工》，易卜生的《娜拉》《国民公敌》，高尔斯华绥的《争强》，契诃夫的《求婚》等。由于张彭春具有的高度的专业修养，施行正规的演出体制，演出许多高水平的中外名剧，造就了南开话剧的蓬勃发展。

　　南开新剧团在编演新剧的同时，还进行了对话剧理论的探索建设。在早期的南开戏剧活动中，对戏剧理论，戏剧思想的研究也十分活跃，师生发表了大量研究话剧的理论文章，这些文章对戏剧改革，话剧艺术的本质特性、表演艺术、戏剧发展潮流，以及剧本创作方法、编写原则等重要问题进行了广泛的研究和探讨，取得了可喜的成绩。周恩来在南开中学读书时，不但是编演话剧的中坚分子，也是话剧理论探讨的杰出代表。他在南开校刊发表《吾校新剧观》一文，不仅总结了南开新剧的编剧和演出经验，而且总结了我国话剧的实践活动，同时研究了欧美话剧的发展潮流，从中概括出一些重要的话剧艺术理论和历史经验。

　　周恩来撰写的《吾校新剧观》分别于 1916 年 9 月 18 日、9 月 25 日刊载在南开中学《校风》第 38、39 期。全文共 4 节，现在只收集到两节，即第一节新剧之功效，第二节新剧之派别。《吾校新剧观》不仅奠定了南开新剧发展的理论基础，也是中国现代话剧理论的开篇之作。其主要内容为：1. 我国话剧运动的产生及话剧的社会功效。周恩来从"重整河山，复兴祖国"的神圣使命出发，论述了对"贫极矣，智陋矣"的民众进行通俗教育的重要性，强调："通俗教育最要之主旨，又在舍极高之理论，施以有效之实事。若是者，其惟新剧乎！"认为新剧有别于其他通俗教育的特点在于用舞台艺术形象来教育人，感化人。2. 话剧艺术的本质特征。《吾校新剧观》概括为："言语通常，意含深远；悲欢离合，情节昭然；事既不外大道，副以背景而情益肖；词多出乎雅俗，辅以音韵而调益幽。"在西方近代话剧理论尚未介绍到中国的 1916 年，能对话剧艺术规律有这样科学的认识，是难能可贵的。3. 话剧的创作原则。作者纵观世界戏剧发展的潮流，认为"现代写实剧者，乃最近七八十年之戏曲，其意在不加修饰而有自然实际及客观之趣味。此种剧旨，更为锐进而成空前之发达"，认为写实主义潮流是"大势所趋，不得不资为观鉴"。这也是在中国现代文学史上，最早提出写实主义创作原则的文章。4. 戏剧批评。《吾校新剧观》对新剧的没落趋向作了透辟的分析，尖锐地指出社会上流行的新剧的堕落并非新剧本身的罪过，而是由于背离了新剧感化社会这一"纯正之宗旨"，或被社会上某些人所利用，作者对新剧的前途不悲观失望，而是采取积极态度大声疾呼发挥新剧改造社会的功效是"刻不容缓之图"。5. 改革旧戏。《吾校新剧观》指出，一任旧戏占领舞台，"则社会教育终无普及之望，而国家之精神，亦永无表现之一日矣。然吾固非谓吾国旧戏尽属导淫毁俗之事也，特其中流弊滋多，改不胜改，较之新剧实利少而害多"。这些论述在当时一片否定旧戏之声中，表现出独到见解。

南开早期的戏剧思想以张伯苓、张彭春导以先路，周恩来将其思想进行了深刻的阐释与演绎。在《吾校新剧观》中，周恩来引用莎士比亚的名句："世界为舞台，而人类为俳优。……故世界者，实振兴无限兴趣之大剧场，而衣冠优孟，袍笏登场，又为世界舞台中一小剧场耳。"这种对戏剧的深刻阐发，对人生大舞台的深刻感悟，给予人们心灵的启迪与震撼。

2013 年 12 月，由关爱和主编、被列为高校"国家精品资源共享课"教材的《中国近代文学史》（中华书局 2013 年版）对南开新剧做出中肯的评价：

> 在南方文明戏活动走向衰落的同时，北方以南开学校为代表的新剧活动却以新的面貌蓬勃开展起来。1909 年南开学校就演出了校长张伯苓编导的新剧《用非所学》。从 1914 年 11 月南开新剧团成立到五四运动前夕，南开学校的新剧无论是在理论上还是在实践上，都是萌芽期的新兴话剧向现代话剧演变的最重要的标志。
>
> 南开学校的演剧活动能够取得这样的成功，是因为它始终属于业余的、非营利的性质，更重要的是因为在戏剧观念上以欧洲近代戏剧

为榜样，走上了一条严肃认真的艺术道路。1918 年，南开新剧团演出了张彭春编导的《新村正》，在天津、北京引起知识界的强烈反响，被誉为"纯粹新剧"。无论从思想内容还是艺术形式来看，《新村正》都具有划时代的意义，它不仅是过渡时期南开新剧团的最后一个杰作，而且标志着我国话剧一个新阶段的开始。

这部《中国近代文学史》还强调指出："过去一般认为，胡适的《终身大事》是中国现代戏剧史上第一个话剧剧本。其实，当以南开新剧团 1918 年演出的《新村正》为中国现代戏剧史上第一个话剧剧本。"

二、南开体育

张伯苓在北洋水师服役期间，看到清朝水兵与英国水兵在身体强健方面的差距，就感觉到强身健体是富民强国的需要。离开北洋水师，受聘于严氏家馆后，张伯苓在严氏家馆和南开中学的教学中将西式体育教学引入学校，在体育教学和课外体育活动中，重视对学生身体素质、体育技能和体育精神的培养。张伯苓具有鲜明的学校体育观，他说："我之教育目的在以教育之力量，使我中国现代化，俾我中国民族能在世界上得到适当的地位，不至受淘汰。"他认为，国人最缺乏的是体育，他大声疾呼："强我种族，体育为先"。

1904 年私立中学堂成立后，张伯苓聘请格林、饶柏森、蔡乐尔等人到校兼课，在课余指导学生开展文艺、体育活动。1907 年南开中学堂新校舍落成，学校对面空地是基督教青年会建立的新操场，张伯苓经常邀请他们传授篮球、足球、网球、乒乓球技术，把现代体育观念和体育教学引入南开教育。1907 年在南京举行"宁垣界第一次联合运动会"（即江南第一次联合运动会），全国 80 余所学校参加。张伯苓率南开中学堂 11 名选手参赛。在跳高比赛中，孙宝信两次越过横竿，但脑后的辫子却把横竿扫落。张伯苓就让同学们把妨碍比赛的辫子一律剪掉。这一行动被当时的新闻界称为"与传统挑战的壮举"。第二天，全体南开运动员在决赛中光头登场亮相，一举夺得第一名。1916 年，张伯苓约请保定中学体育教员、美国人克拉克（Clack）

传授学生掷铁球技术，聘请天津基督教青年会足球专家隆满（Longman）指导南开的两支足球队，用幻灯片演示足球规则和动作要领。1917年，张伯苓考察日本学校归来，立即发布公告，允许学生穿短裤参加体育活动。

张伯苓在南开学校的体育教学和训练过程中，不只看重比赛成绩，更看重对学生良好体育道德的培养。针对旧中国体育界存在的弊端，学校中盛行的"选手体育""锦标主义"思想，张伯苓强调："专就体育而言，则当力求普遍均衡发展。目前大家只知着力培植选手，仍然不能达到促进国人健康的目的，无法取消'东亚病夫'的恶名。"对于运动员，张伯苓不只看重比赛成绩，更要求有优秀的学习成绩和良好的体育道德。在这一思想的指导下，南开学校的运动员从不搞特殊化。运动员比赛归来，照样得进课堂学习，因比赛落下的课程，学校也要安排补课，学校的各项考试，运动员一项也不能少。张伯苓经常对学生进行体育道德教育，对运动员讲解应有的品格。强调不以不正当的方式侵害对方，不以虚诈的方式投机取巧，运动员的品格高于比赛的胜负，要有合作与公平的精神，出国比赛要维护国家的体面和尊严，等等。张伯苓明确提出了"运动仁侠精神"，订了普通、个人、对于本队、对于对手队和对于裁判员的五项标准，规范了运动员的体育道德。

学校通过完善体育场地设备、普及体育组织和运动竞赛等途径，在校内开展体育教学和课外体育活动。全校各班均于每学期开学后，选举一名体育干事，负责本班的体育事宜。每个年级从本年级的体育干事中，推选两名担任年级体育代表，全校体育代表组成体育会，负责讨论执行全校的体育事项。学校规定运动会每年春、秋季各举办一次；学校重视体育卫生教育，每学期对学生进行包括疾病及曾患病等在内的问卷调查，并检查学生的指甲、牙齿、气色、瘦弱等情况。学校专门聘请一名校医，每天午时来校，在校医室内为学生诊察疾病。学校设置养病室，患病学生与其他学生分开居住，在养病室进行调养。

民国初年，中国体育制度对学校体育教学的目标和教材尚无明确规定。南开学校选择教材的标准是博采众长，无论其为哪个国家或是国术，以能使身体各部平均发育、训练端正姿势、使各器官机能完全发达、增进全身健康为目标。体育教材的选择原则是：1. 凡体育教材能顺应潮流，适合社会进化需要者；2. 力求方法普及，使各个学生机会均等；3. 令全体学生得就各个人性情之所近者尽量自由发展；4. 一切设施应顾及本校经济状况，斟酌损益。

早期的南开中学没有专职体育教员，初由孟琴襄兼管体育方面的事务，后聘物理教员章辑五改任体育课主任。

1915 年，南开学校提出用"自动"的精神参加运动，需用比赛场地，可到体育课办理登记，需用球可到体育课借用。1916 年，学校制定了体育运动新章程，规定本校运动会要尽量使人人都能上场。此后南开体育更加普及更加活跃。南开校刊记录了当年的盛况："一校之内运动会团体之发生不可胜数，各班有各班运动会，各会有各会运动会。析而小之有所谓各寝室运动会、私人运动会，扩而大之则有全级联合、各寝室联合、各会联合，诸运动会诚所谓一日之内、一场之中而种类各殊。"丰富多彩的课外活动，促使南开学校产生了各种各样的运动团体，自觉锻炼身体成为南开学生中的良好风气。

自 1905 年至 1919 年在各类体育比赛中，南开中学参赛获奖和代表国家参加远东运动会的业绩主要有：1905 年 10 月天津基督教青年会召开运动会，南开代表朱有济跃高名列第三，此为南开中学对外得奖之始。1913 年天津学校联合野跑（长跑），南开中学获团体第一。1914 年冬新学书院、南开中学与在津美军开运动会，南开中学上名者有郭毓彬、张鸿宾、路希贤等。1915 年 5 月天津联合运动会，南开中学获团体第一。1915 年 5 月华北运动会，南开中学名列团体第三。1915 年 5 月上海远东运动会，南开中学与赛者有郭毓彬、王文达、孙衡、梅贻琳、崔翼等，郭毓彬获半英里及 1 英里赛第一名，崔翼获跃高获第二名。1915 年 7 月天津学校联合网球比赛，詹同书、王文达、高宝寿代表南开中学参赛，获银杯、锦标各一。1915 年 12 月天津学校联合足球决赛，南开中学获胜。1916 年 5 月天津学校联合运动会，南开中学获胜。1916 年 5 月第四届华北运动会，南开中学获团体总分冠军，并获 7 个单项冠军。1917 年 4 月第五届华北运动会，南开中学蝉联团体冠军。1917 年夏远东运动会，南开中学代表中国与赛者有郭毓彬、王文达、陈文瑗、刘荫恩、施奎龄等，陈文瑗获跃高第三名，刘荫恩获铁饼第三名。1917

年 11 月直隶第一区中学运动会，南开中学获胜。1918 年 4 月天津联合筐球比赛，南开中学获第一。1918 年 5 月天津学校联合运动会，南开中学获胜。1918 年 10 月直隶第一区中学运动会，南开中学获胜。1919 年 4 月天津联合运动会，南开中学获胜。1919 年夏远东运动会，南开中学代表中国与赛者有陈树藁、顾平和、段鸿荫、皋光煀、陶开泰。

张伯苓在南开学校开展学校体育教学和课外体育活动的同时，致力于奥林匹克运动在中国的传播与发展，最早提出中国要加入国际奥林匹克大家庭，最早观摩奥运会，最早被提名为出席奥运会的代表，最早将奥林匹克教育引入课堂，最早倡导并组织远东奥林匹克运动，是当之无愧的"中国奥运第一人"。张伯苓和南开学校为中国体育事业的发展、提升中国体育的国际影响力发挥了重要作用。

1907 年 10 月 24 日，张伯苓在天津基督教青年会礼堂举行的天津学界第五届联合运动会闭幕典礼和颁奖仪式上，发表题为《雅典的奥运会》的演说，建议中国人加紧准备，在不久的将来也出现在奥运赛场上。

1908 年，张伯苓在欧洲考察教育期间，到英国伦敦观看正在举行的第四届奥运会，成为亲临现场观摩奥运会的第一个中国人。回国后，在南开校园向学生介绍伦敦奥运会的盛况。同年 10 月 9 日至 13 日，南开中学堂与天津青年会联合举办年度运动会，张伯苓在发奖大会上，再次以《中国与国际奥委会》为题作激情演讲，进一步推动西方体育和奥林匹克运动在中国的传播与开展。

1910 年 10 月 18 日，时任天津基督教青年会董事的南开中学堂监督张伯苓，与北京青年会总干事格林、上海青年会体育干事埃克斯纳等人，共同组织召开第一次全国学界运动会，后被国民政府追认为首届全国运动会。会后，张伯苓以赛会发起人、总裁判的双重身份，与唐绍仪、伍廷芳、王正廷等在南京发起成立了"全国学校区分队第一次体育同盟会"。这是中国的第一个社会体育组织，也是中华全国体育协进会的前身。

第四节　南开早期毕业生及其杰出代表

英才济济的南开早期毕业生／校友会的雏形"南开同学会"／南开最好的学生周恩来／其他杰出早期毕业生：梅贻琦、陶孟和、张彭春、喻传鉴

一、早期毕业生

1906 年（清光绪三十二年）7 月，私立第一中学堂师范班学生毕业。该班学制 2 年，毕业生 10 人：陶孟和（履恭）、韩诵裳（振华）、严智惺（约敏）、周旭（绍曦）、孟琴襄（广进）、武问泉（睿源）、邓荫卿（召棠）、韩质夫（荫朴）、时子周（作新）、林涵（次和）。该班毕业后，由学校资助送日本留学者 4 人，时子周、严智惺等 4 人留本校任教。

1908 年 7 月 10 日，南开中学堂首届 33 名学生毕业。毕业式在新校舍礼堂举行，由直隶提学使卢木斋为毕业生颁发文凭。毕业生有梅贻琦（耀韩）、罗凌瀛（沙洲）、刘文澄（筱珊）、张彭春（仲述）、朱凤钧（仪平）、顾寿颐（介眉）、刘福年（子厚）、高兆夔（梦一）、曹鸿藻（翰池）、穆嘉珍（芝房）、李麟玉（圣章）、卞肇新（俶成）、黄树年（志彭）、武登明（筱香）、王正钧（子衡）、安贞祥（干忱）、汪启智（叔敏）、金廷玺（建章）、魏有万（孟藩）、喻鉴（传鉴）、王恩震（紫枫）、姜绍荣（谢华）、展树勋（伯铭）、张树珊（叔生）、王震（雨辰）、范莲青（廉清）、金邦正（仲藩）、李克歧、刘恩鸿（际平）、陈恩瑛（谷荪）、卞蕃昌（滋如）、郑钟彝（莲似）、王奎瀛（恒安）等 33 人。学校为每位毕业生赠送"劝善要言"一册。严修为优秀毕业学生梅贻琦、金邦正、喻传鉴等 11 人亲书扇面各一以赠。同时，严修书写对联赠予张伯苓监督和时子周、魏云庄等 5 位教员，谢"诸君数年之劳苦"。

在 33 名毕业的同学中，有 16 人被保送到位于保定的直隶高等学堂，还有一些学生报考北洋大学、清华学校以及铁路和矿业学校深造。南开首届毕业生虽然只有 33 人，其中就有梅贻琦（曾任清华大学校长）、金邦正（曾任

清华学校校长）、李麟玉（曾任中法大学校长，北京大学教授）、张彭春（曾任清华大学教授兼教务长、南开学校中学部主任兼大学部教授，戏剧家，外交家）、喻传鉴（曾任南开学校教务主任、中学部主任，自贡蜀光中学校长，重庆南开中学校长）、卞肇新（隆顺榕成记中药店总经理，后任天津农商银行经理及天津中央银行经理）等知名学者、教育家、企业家，可谓英才济济，事业各有所成。

张彭春作为该校的第一届学生，在班里是年龄最小的，那时他只有 12 岁，他在回忆南开中学求学时写道："进入了这所新型学校，我被分配在第一班，一班的学生年龄十分悬殊，有的比我大两倍以上。许多人比我受过更长期的旧教育，他们在古典文学方面确有研究，但是当时他们也不得不置身于这个新型体系中来学习其他的必修课程。"这就是清末创办学堂之初的状况，无论受过旧教育多年的年长学生，还是年幼的，都在努力学习新知识，接受新科学，适应从科举到新学堂的改变，在新旧教育的转型期里度过了 4 年的求学生涯。

南开中学首届毕业生卞蕃昌的毕业文凭，在珍藏了 92 年之后，于 2010 年由其时年已 99 岁的公子、津门文史专家、南开中学 1931 届校友卞慧新捐赠给母校。该"文凭"为纸质，宽 36 厘米，长 46 厘米，印制时为楷体蓝字。"文凭"上方是光绪皇帝所"恭录"的慈禧皇太后"懿旨"，"懿旨"述及为兴贤育才，对各类学堂颁行奖惩之法，对各种有悖封建道统的不正学风、士风大加训诫，饬令整顿。并硬性规定："凡各学堂毕业生文凭均将此旨刊录于前，俾昭法守。""懿旨"洋洋 900 言，占整个"文凭"版幅的三分之一。

"文凭"另三分之二版幅的内容，为毕业学生姓名、年龄、籍贯及考试成绩，并标有祖宗"三代"的名字。"文凭"上标注各学科及其考分（精确到小数点后一位），最后是"会考员，监督（后来称校长）与教员"的姓名及名章钤印，外籍教师签字。"文凭"中：监督张寿春即张伯苓；教员是吴梦兰、魏金题、严智惺、时作新、俞明谦、周金声和外籍教员饶柏森、郝瑞满等 8 人。

"文凭"颁发时间是光绪三十四年六月初六日（1908 年 7 月 10 日），由直隶提学使卢木斋亲自在毕业式上颁发。"文凭"显要位置盖有一方篆体

"直隶提学"的红字大印，左侧为满文，右侧为汉文。"文凭"兼为学籍档案和学习成绩报告单，"文凭"上的"学科"，计有修身、读讲经、国文、外国语、中西历史、地理、算术（数学、代数、几何、三角）、博物、理化、法制理财、图画、体操、乐歌共13科。该13科中包括德、智、体、美四育，排在首位的是"修身"，第二门课程是"读经、讲经"，都是当时清廷规定的主课，虽是新式学堂，但仍把"儒学"作为德育教育的必修科目。

南开中学的生源来自全国各省，《1921年毕业纪念册》有一幅中国地图，在各省界内标明该省学生数字：京兆58、直隶476、山东91、山西22、河南75、江苏63、安徽81、江西11、广东84、湖南17、湖北23、四川24、甘肃2、广西3、陕西38、吉林32、云南4、贵州16、浙江88、奉天62、黑龙江13、福建29、热河3，还有朝鲜7人。那一年秋季开学后的学生总数是1322人。

1919年以前的毕业生共计580人，毕业后大部升入大学深造或出国留学，少部分就业（进政府部门、各大公司及继承祖业），其中又有人就业数年后又考入高等学院继续深造。据1919年《同学录》记载，1918年，在北京大学肄业（在学）者33人，在北洋大学肄业者32人，在清华学校肄业者38人，在唐山工业学校22人，在海军医学院8人，在北京清河陆军学校26人，在上海工业学校7人，在其他学校及出校任事者53人，留学日本者33人，留学美国者30人。世间都说，南开中学毕业率低，除了学校要求严格外，还有一个原因是在学中途学生有考上其他高等院校、考上国外学校提前离校的，那时的高等院校不像现在一定得招收高中毕业生，只要入学考试合格，是不计较考试前学历的。因为社会动荡，家庭经济环境变化，无力继续供给学业的也大有人在。

1917年，第十次毕业生捐资建立纪念钟亭，纪念母校培育之恩。周恩来即是该届毕业生。钟亭位于东楼前北侧，后不幸毁于战火。今天位于翔宇楼前的纪念钟亭是2013年为纪念周恩来入学南开中学100周年重建的。

1918年，南开中学第一次毕业生33人捐资建纪念井，纪念毕业10周年。纪念井寓意饮水思源，感念母校教育培养。纪念井位于东楼东北角，进口呈八角形，井上立有木架。木架横额上镌刻着"饮水思源"四个大字，下面刻着 33 名毕业生的名字。该井 1937 年被侵华日军摧毁，2010 年复建。

1919 年，第十二次毕业生于东楼前种植松树 10 株，立二石柱，柱上刻有"一九一八班纪念树"字样。1919 年暑假毕业的第十三次毕业同学，于食堂前种植马尾松 4 株，种植小柏树排成"1919"字样，以志纪念。

离校后的南开毕业生在各界服务均有良好表现，颇受好评，他们组成南开校友会"以联络出校同学"，校友会对辅助南开办学也多有补益。

南开校友会的历史最早可追溯到 1915 年。那一年的 10 月 24 日，由首届毕业生梅贻琦在北京发起组织"南开同学会"，梅贻琦自任会长。是日，在北京高等师范学校附属中学召开成立大会，张伯苓应邀赴京，到会祝贺并讲演。这是最早的南开校友会形式的组织。海外南开校友会最早的是 1917 年 1 月 1 日在日本成立的"留日南开同学会"。当时南开中学留日学生近 30 人，他们公推严智开、张瑞峰为"留日南开同学会"的正、副会长。周恩来从南开中学毕业后，1917 年 9 月东渡日本留学，即加入该会。

张伯苓说："教育不尽是在学校里，要看在外面做事的成绩如何。"张伯苓在不同场合、不同地点多次对南开校友提出希望："人生于世，要想成个有知识的完人，非求学不能做到。所以我盼望南开的校友都能随时求学，'日新月异'。"百余年来，历届南开校友使南开校友会"联络感情、砥砺学行、爱护学校"的宗旨不断完善并传承，使南开精神得以光大。

二、"南开最好的学生"周恩来

周恩来是南开中学第十次毕业生，是南开中学的杰出校友。他 1913 年 8 月 19 日考入南开中学，1917 年 6 月 26 日以优异的成绩中学毕业，在南开中学度过人生中重要的四年学习时光。校董严修评价周恩来具有"宰相之才"，校长张伯苓称赞周恩来是"南开最好的学生"。周恩来人生成长的关键期在南开中学受到了系统教育，为日后投身中国革命和建设事业受到了最初的磨砺，打下了坚实的基础。

当时的南开中学校内学术空气浓厚，政治空气比较自由，教育作风也比较民主。尤其是张伯苓的爱国教育对年轻学子们产生深刻影响。周恩来进入南开中学后，接受了民主和科学的熏陶，面对中国内忧外患交织、民族危机日益深重的严酷现实，孕育了爱国主义和民主主义思想。周恩来在学好学校规定课程的同时，课外阅读了许多政治、哲学和历史书籍，尤其爱读《史记》《资治通鉴》《汉书》《三国志》，清初思想家顾炎武、王夫之等的著作，以及西方启蒙思想家卢梭的《民约论》、孟德斯鸠的《法意》、赫胥黎的《天演论》等。通过阅读书籍，大大地充实了文史知识，拓宽了视野和思路。特别是《新青年》的影响，对周恩来民主主义思想的形成起到重要作用。周恩来强烈的民主思想和爱国思想集中反映在他的作文中，表明他那时对中国社会问题和革命问题的认识已经有相当的深度。

1913 年，周恩来进入南开中学不久写的作文《一生之计在于勤论》。在约 500 字的作文里，抓住"学"与"勤"的关系立论："欲筹一生之计划，舍求学其无从。然学而不勤，则又何贵乎学。是故求学贵勤，勤则一生之计足矣。"仅寥寥数语，抓准论题要害，文章中心思想也异常鲜明。周恩来在题为《论名誉》的作文中说：人立足于世界上，不能像草木禽兽那样只靠自己生活，必须依靠公众的扶持，"而服役之事乃为人类所不可免"。因此，他自己总是甘于默默地去做那些为公众"服役"的事情，从来没有在这方面吝惜过自己的时间和精力。对学校和班里的各种公益活动，无不热心尽力。1915 年冬，周恩来在题为《多难以固邦国论》的作文中，历数帝国主义列强的侵略史实，大声疾呼："莽莽神州，已倒之狂澜待挽，茫茫华夏，中流之砥柱伊谁？弱冠请缨，闻鸡起舞，吾甚望国人之勿负是期也。"这些铿锵有力的语言，表达了他反对列强，拯救民族危亡的爱国思想。周恩来的作文反映出他在南开中学成长的经历，诠释了他关心国家命运，勇于追求真理，投身社会变革的思想特征。

1920 年 10 月 18 日在旅欧出国前夕，周恩来亲手整理作文手稿共计 52 篇，将其装订成册并加封面，手书"南开校中作文"之名，交由南开中学同学好友代为保存。1952 年，这些手稿由好友的后代完好地送回，经中共天津市委办公厅送交中共中央办公厅转交它的主人。周恩来逝世后，邓颖超将这些作文手稿交由中国革命博物馆保存，成为研究青年周恩来的弥足珍贵的历史文献。

1914 年，周恩来入学的第二年与同班同学张瑞峰（蓬仙）、常策欧（醒亚）三人发起组织敬业乐群会。该会宗旨是"以智育为主体，而归宿于道德，联同学之感情，补教科之不足"。该会的成立得到校长张伯苓的支持，3月14日午后12时半，敬业乐群会在礼堂召开成立大会，到者数百人。敬业乐群会内部分为智育部、稽古部、演说部和俱乐部，下设诗团、国文研究团、辩论团、军事研究团、演剧团、音乐团等，并创办会刊《敬业》。会员推举张瑞峰担任首任会长，周恩来担任智育部部长。1915年9月，周恩来担任该会的副会长，12月当选为会长。敬业乐群会还自己办起图书室，并定期举行学术报告会、茶话会，组织会员进行参观、郊游和旅行等活动。该会在校园中的影响逐渐扩大，会员由最初时20多人，后来逐步发展到280多人，占全校学生总数的三分之一。

16岁的周恩来担纲《敬业》学报主编。《敬业》共出了6期，半年一期，到1917年6月停刊。在此期间周恩来撰写的文章全面真实地记录了他早期思想的发展脉络，反映出他"为中华之崛起"而刻苦学习、追求真理的足迹。1914年10月在《敬业》创刊号上发表的周恩来"极目青郊外，烟霾布正浓。中原方逐鹿，博浪踵相踪"（《春日偶成》）的诗句，表达他面对袁世凯窃国和帝国主义侵略造成的民族危机日益深重时局的忧愤之情。张伯苓在修身班上发表的《三育并进，不可偏废》的讲演就登载在《敬业》第1期上。《敬业》还报道诸如"学校新剧团成立"等丰富多彩的校园生活。在校期间，周恩来还先后担任演说会副会长、国文学会干事、江浙同学会会长等职务，积极参与组织大量有意义的校内活动和社会活动。周恩来对工作极为认真负责，几乎把大部分业余时间都用在社团活动上，尤其为办好敬业乐群会付出大量的心血，也获得社会活动的有益经验。

1914年11月南开新剧团成立，周恩来即加入该团，并被推举为布景部副部长。当时社会风气未开，男女不能同台演出，周恩来在《一元钱》等新剧中扮演女主角。《一元钱》在天津轰动一时，1915年暑假中到北京青年会公演，博得好评。1916年，新剧团在寒假期间演出新剧《仇大娘》，敬业乐群会将该剧剧情刊印成详志，每册售铜子4枚。此次演剧入款1000余元，除演出经费400元及帮助各杂志百余元外，其余悉数捐给体育会。1916年暑假中，张伯苓带队，集新剧团成员11人前往津南高家庄李氏小学，体验生活，编纂剧本，其中有学生于佩文、李纶襄、周恩来、李福景等 4 人。1916 年 9 月，《醒》在南开中学排演，该剧系张彭春心忧国家官场的腐败现实而创作，周恩来参加了该剧演出，并在演出后于《校风》第 38 期上撰文称赞该剧，"欧美现代所时行之写实剧将传布于吾校"。

1915 年至 1917 年，周恩来被推举为《校风》的学生编辑代表，先后担任编辑部的纪事类栏目主任、文苑部长、课艺栏编辑等职，1916 年担任《校风》经理部总经理，负责财政收入、印刷校对、广告发行等事务。他在《校风》上多有文章发表，展露出他在国文方面的功底和才华。周恩来担任学生编辑代表时期，《校风》所记录的南开中学史料是校史上最为厚重最为丰富的。据不完全统计，周恩来在校 4 年，仅《南开星期报》《校风》《敬业》等校园刊物登载的可以断定为周恩来的习作共 53 篇，包括文论类 23 篇，纪事类 22 篇，韵文类 8 篇。（《周恩来南开中学习作释评》，人民出版社 2014 年版，第 5—7 页）上述作品，题材广泛，体裁多样，内容深刻，文笔清新，用多样化的文学体裁，宣传先进思想，抨击和批判了旧传统旧文化。

周恩来在南开中学读书期间，积极参加锻炼和课外体育活动，在同学中热心倡导体育，他认为，学生就是要做到"读书、励行、健身"，青少年时期就要"以发达身体、陶养性情为第一要务"，只有"健身体"，才能"根基固"。在校期间，长跑是周恩来坚持开展的一项锻炼，他和宿舍的同学曾获得宿舍野跑优胜，他所在的丁二班先后两次获得全校野跑冠军。他在体育方面爱好广泛，爱好打筐球（篮球）、挖力球（排球）、网球，还在敬业乐群会所里打乒乓球。在全校运动会上，他所在的丁二班获全校第二名，并在一次足球赛中勇夺全校冠军。校中的学生社团广武学会，聘请武术大师韩慕侠担任教练，他师从韩慕侠习武，认真练习基本功，经常在课后与老师谈时局、谈前途，赢得韩慕侠的信任。他还在同学中积极倡导、普及体育。在他写的《约友人入足球队启》和《与友人预约春假旅行启》中，记录了他积极动员同学们一同开展体育锻炼的情况。

1917 年 6 月 26 日，周恩来以优异的成绩中学毕业，同时获得"国文最佳者"特别奖。在南开中学第十次毕业式上，校董徐世昌及章士钊、陈独秀等出席，张伯苓致开会词并讲演，校董徐世昌颁发毕业证书，章士钊、陈独秀发表演讲，周恩来等代表毕业学生致答词。1917年9月6日出版的《校风》第70期《校闻·大会追志》对这次毕业式作详细报道。周恩来的毕业证书为：南开学校第三一九号，上面写着："中学部学生周恩来，年十九岁，浙江省绍（兴）县人，于中华民国六年六月业将功课肄习完毕，计得毕业分数八十九分七二。"

毕业前，周恩来经全班同学推举，担当《第十次第二组毕业同学录》编辑，主持编纂毕业同学录。6月下旬毕业同学录付梓，毕业前夕如期发到每个同学手中。该毕业同学录中对全班28名学生逐一撰写评语。《周君恩来》评语为同学常策欧执笔。这本毕业同学录里收录的由常策欧、周恩来、赵松年、刘金声、潘世经、刘式恪6名学生合撰的丁二班《班史》，是一份极为珍贵的校史文献。《班史》由"第一年史""第二年史""第三年史""第四年史"构成，全文5000余字，全面记载了丁二班学生求学南开中学期间成长的经历，其中记载周恩来的内容多达21处，是全班学生中被《班史》记载最多的个人。

1946年周恩来与美国记者李勃曼谈话时说："十五岁（一九一三年）我入南开中学，是一个私立学校。学费起初由我伯父供给，后来靠学校的奖学金。南开的教育，是正常而自由的。我喜欢文学、历史，对政治感兴趣，对数理也有兴趣。总之，喜欢能说理的东西，不喜欢死记硬背的东西，如化学、英文。我经常在课外读许多书。南开有集会结社自由，我们组织了敬业乐群会，我当过会长。一九一五年，参加反袁运动，演说、劝募、反对'二十一条'卖国条约。"（《周恩来自述》，人民出版社2006年版）南开中学自由的学术空气、民主的教学氛围和丰富的课外活动，对周恩来品格的形成具有重要的影响。

三、陶孟和、梅贻琦、张彭春和喻传鉴

在南开中学的早期毕业生中，涌现出一大批人才，实现了张伯苓"我校期造完人"的育人目的。这一大批人才的佼佼者，为中国教育事业和中国的现代化做出了骄人的业绩。

陶孟和（1887—1960），原名履恭，字孟和，以字行。天津市人，祖籍

浙江绍兴。其父为严修故人，因此得以就读于张伯苓执教的严氏家馆。1906年毕业于南开中学堂师范班，以官费生被派赴日本东京高等师范学校留学。1910年改赴英国伦敦大学，获经济学博士。归国后曾在北京大学任教授、系主任、文学院院长、教务长等职。五四期间，任《新青年》杂志编辑，与陈独秀、胡适等人发动新文化运动。1935年任中央研究院评议会评议员。以无党派人士资格出任第一、二、三、四届国民参政会参政员。1948年当选中央研究院第一届院士。新中国成立后，任全国政协常委、政务院文教委员会委员、中国科学院副院长。1955年兼任中国科学院编译委员会主任，被选为全国人大代表。著有《孟和文存》等论著。

梅贻琦（1889—1962），字月涵，出生于天津。幼时在严修家馆读书，为南开中学堂第一期学生，1908年以第一名的优异成绩毕业，被保送至保定高等学堂。1909年考取清华首批47名留美公费生，进入美国伍斯特理工学院学习电机工程，获工学学士学位。归国后到清华学校执教，1921年再次赴美国深造，获机械工程硕士学位。1926年任清华大学教务长，1931年任清华大学校长。抗战全面爆发后，任国立西南联合大学校务委员会常务委员。1946年清华复校后继续任校长。在他担任校长的17年里，坚持推行集体领导的民主制度，实施民主管理，使清华确立了国内名牌大学的地位，其教育思想充分体现了通才教育理念。1955年，筹建台湾新竹"清华大学"并任校长。1962年5月19日病逝，终年73岁。

张彭春（1892—1957），字仲述，天津人，张伯苓胞弟。1908年毕业于南开中学堂，是33名首届毕业生的一员。同年考入直隶高等学堂，后考取清华第二届庚款留学生赴美国深造，入哥伦比亚大学师从著名教育家杜威，获文学硕士及教育学硕士学位。他课余兴趣是研究戏剧。1916—1933年几度在南开中学任教，代理过校长，担任过专门部主任、中学部主任、大学筹备课主任等职。主持南开新剧团，对南开新剧发展贡献卓越。1939年出任驻外大使。1945年11月代表张伯苓接收南开中学校产，参与筹备复校工作。1946年1月作为中国代表参加联合国大会，1947年7月任联合国安理会中国代表。1948年任联合国人权委员会副主席，参与起草《世界人权宣言》。1957年7月19日病逝，终年65岁。

喻传鉴（1888—1966），1908 年南开中学堂首届毕业生。毕业后考入直隶高等学堂，1916 年考入北京大学，毕业后受聘到南开中学任教，后任教务主任 10 年。1930 年赴美国哥伦比亚大学专攻教育科学，获硕士学位。回国途中考察欧洲各国教育。回校后任中学部主任，兼任南开大学教育哲学系副教授。1922 年主持南开中学三三学制改制工作，对学校体制、课程、教材等进行了一系列改革。1936 年春受张伯苓委派到重庆筹建新校，后受张伯苓委派担任自贡蜀光中学校长。抗战胜利后，喻传鉴主持了天津南开中学复校工作。新中国成立后，重庆南开中学改称重庆三中，他任校长。后任重庆市教育局副局长兼重庆三中校长。曾任全国政协委员、民进中央委员等职。1966 年 4 月 21 日病逝，终年 78 岁。

第五节　南开师生与五四爱国运动

"二十一条"与日本侵占胶东 / 巴黎和会、五四爱国运动与南开师生的响应 / 张伯苓电请释放被捕学生 / 马骏、马千里与五四运动在天津的游行集会 / 周恩来回国主编《天津学生联合会报》/ 学生罢课及与校方的分歧和理解 / 周恩来、马骏等获释与觉悟社成立

一、勿忘国耻

1914 年第一次世界大战爆发，8 月间日本对德宣战，出兵占领了德国在中国的势力范围山东半岛。1915 年 1 月 18 日，日本直接向中华民国总统袁世凯提出企图独霸中国的"二十一条"要求。袁世凯政府在 5 月 9 日接受了"二十一条"中一至四号的要求，并于 5 月 25 日与日本正式签订《民四条约》。为此，国内反日呼声高涨，民众群情激愤，5 月 7 日，被北京政府定为"国耻日"。

此后，南开中学一年一度每逢"国耻日"均举行纪念活动。每当此日，在校园各走廊和斋舍门前、壁上均贴有"勿忘国耻""莫忘二十一条""誓雪国耻"等警语。全体师生素食一日，停止各项运动及娱乐游戏。张伯苓必在全校师生集会上发表演说。在演讲中，他历数从 19 世纪末，日本加紧侵略

中国，把天津当作"征服中国的咽喉"，不断扩张在天津的租界范围等劣迹。南开中学靠近日本海光寺兵营，日军经常在学校附近的墙子河打靶，射击声搅得课堂不得安宁。张伯苓把历史和现实联系起来，把日本妄图灭亡中国的"二十一条"内容和师生亲身感受的日本侵略联系起来，激发学生的爱国热情和民族精神。

1925 年的 5 月 7 日，南开中学停课一日，南开中学、南开女中举行国耻纪念会，张伯苓任大会主席。会后，南开师生加入天津市民团体游行示威。

为抵制日本提出的独霸中国的"二十一条"，1915 年 4 月 1 日在上海掀起而后遍及全国的储金救国运动。4 月 8 日，天津总商会率先响应。南开中学即成立"救国储金会"，该会的宗旨是："结合本校职教员及同学视其力之所能，输助长期救国储金以备国家缓急之需，并于本会成立后竭力联合各学校再事推行，各界总期全国一致。"该会储金分特别和平常两种，特别金额无定次无定额，平常金额每人日捐铜圆一枚。此会彰显了南开中学师生的爱国热忱。周恩来曾在作文《广募救国储金致友人书》中，对日本逼迫中国政府签订"二十一条"感叹："然于无可如何之中，犹有一线生机，即国民最后之热心救国储金是也"，而后"十年生聚，十年教训，然后国运可以隆盛，盛泽可以不斩"。

1915 年 12 月 12 日，袁世凯宣布改中华民国为"中华帝国"，登基称帝。12 月 25 日，蔡锷、唐继尧等宣布云南独立，组织护国军，讨伐袁世凯。1916 年 1 月 1 日，云南军政府成立。此后，贵州、广西、广东、浙江、陕西、四川、湖南等省相继宣布独立，反对袁世凯称帝。南开中学学生在严修、张伯苓的支持下，义愤摘掉以袁世凯的字命名的学校礼堂"慰亭堂"匾额，以示拥护共和，反对袁世凯复辟称帝。

在南开中学的学年历中，12 月 25 日云南起义纪念日放假一日，云南起义纪念日是蔡锷反对帝制、宣布独立、组织护国军、讨伐袁世凯的一天，足见南开师生的心目中共和制、民主制的崇高与神圣。

二、五四运动期间的南开中学

第一次世界大战，中国加入协约国，在法国有 15 万中国劳工参战。停战后，中国被列入战胜国之列，1918年11月停战公报传到中国，举国上下欢欣鼓舞。

11月初，"校长临时召集全体学生于礼堂，报告欧战协济会事宜"，响应欧战协济会组织师生捐款。《校风》第108期报道：我校为欧战协济会师生认捐颇形踊跃。拟于本星期五、六两日晚间演作《新村正》《一元钱》，所有售票收入之款尽行捐入协进会，（演作）一切费用均由学校担负。《校风》第111期对南开师生的捐款有详细记载，学生共捐364.37元，先生共捐543.7元，演剧共捐321.93元。本校共捐洋1230元整。这些募捐分期送交驻津欧战协济总会，由总会安排捐助有关国家和城市。法国阿尔贝特市为感激天津人民的义举，誉天津为"善父"，并命名天津街作为永久纪念。

1918年11月13日，天津举行25000多人参加的声势浩大的游行大会，其中教育界有54个单位参加。游行队伍组编11个团，每团以一个协约国来命名，排列次序以各国加入协约先后而定，游行队伍长约5英里。《南开思潮》第3期刊登的照片"津埠欧战协济游行大会本校全体学生及本校所备之国魂舟撮影"，记录了南开中学师生参加游行的珍贵镜头。

《校风》108期在"杂俎"栏有张若农《庆祝欧战协约国获胜游行会记》，记述了11月13日津埠绅商学界游行大会盛况，文章最后写道："今欧战已解，奥塞拱服，我国尚不知自警而自励，并力图强吾，恐将来之祸何堪设想，则今日之游行可喜而又可悲矣。"今天细细琢磨当时南开学生的文章，确是"大有眼光"，颇有预见性。后来事情的发展出现大逆转，成为五四运动爆发的直接导火索。

北京爆发五四运动的消息传到天津，天津学界一致响应。南开学生成为天津参加五四运动的主力军。南开中学的学生和校方经历了一个由运动开始是目标相同，到在运动中意见相左，后在运动过程中又逐步趋向一致的艰难过程。

运动初，当得知北京学生因示威游行遭到军警镇压被逮捕消息，5月7日，张伯苓在南开中学举行的"国耻日"讲演会上发表讲演，详细讲述国耻经过的事实和谋雪耻将来的预备，并报告致电中华民国总统徐世昌的电文，请求释放被捕学生。

在运动进行中，5 月 12 日出版的《校风》第 125 期记载：学校"学生课外组织讨论会"特别召集临时会议选举天津学界联合会代表，于 5 月 9 日选举马骏、李宝森、袁祥和、刘炽晶 4 人，后又补选邱凤翔、张伟斌 2 人，共计 6 人。5 月 14 日，天津学生联合会成立，高等工业学校学生谌志笃被推举为学联会长，马骏被推举为学联副会长。

5 月 23 日，南开中学学生执行天津学生联合会罢课的决议，不顾校方阻拦，与 15 所学校学生采取一致行动，不上课。张伯苓为此"愤然出校"。5 月 24 日，南开中学学生见国事日危，非提醒国民爱国心不可，乃改《校风》为《南开日刊》，日出一张。张伯苓应严修之约，与范源濂、孙子文、卞俶成赴严宅谈话。5 月 26 日，《南开日刊》第一号出版。5 月 28 日，张伯苓出席直隶教育厅长为制止学生罢课召集的天津各校校长特别会议。

同期，周恩来从日本回到南开中学。马骏闻讯回校向周恩来详细介绍了天津学联的情况，邀请他主编《天津学生联合会报》，周恩来当即表示，我回国就是为了参加救国斗争的，同学们需要我编辑学生会报，我义不容辞。6 月 9 日，马骏等人领导两三万名群众，在天津河北公园举行全市人民大会，马骏在会上痛斥帝国主义的无耻行径和北洋军阀政府统治的无能与残暴，号召群众万众一心，保卫国家主权。6 月 16 日，张伯苓在学校教员休息室召开茶话会，请师生代表并特请校董严修"讨论本校一切计划及进行方法"。

6 月 10 日，天津学界罢课，商界开始罢市。南开中学教师马千里坚定地站在爱国学生一边，以他在爱国运动中的声誉和地位，促成天津学生联合会、女界爱国同志会和爱国工商界及其他爱国团体的联合。6 月 18 日，天津各界联合会成立，马千里任副会长，同时他还任抵制日货委员会主席，制定抵制日货办法，加强了抵制日货的统一行动。6 月 21 日，严修与南开学校教职员及学生代表开谈话会，决定暑假后上课，希望学生拥护校长，使校务正常进行。6 月 25 日，张伯苓召集南开学校四年级学生报告有关大学的事项。

其后，学生的爱国行动与校方筹建大学部的工作交错进行。严修、张伯苓等为办大学部募款。6 月 26 日，《南开日刊》"校闻"报道，"校长前在家养疴，现已痊愈"，到学校筹划大学部事宜。6 月 27、28 两日，天津各界联合会和北京学联到总统府请愿，要求大总统"拒绝在巴黎和约签字以及废除中日一切密约"。28日晚，徐世昌答应学生的要求，当场命秘书拟好电文发往巴黎，命令和会代表拒绝签字。请愿取得成功。7月21日，《天津学生联合会报》创刊，编辑部设在南开中学西斋。

至6月27日，张伯苓召集教员会议讨论暑假考试事宜，提出："此次学生奔走呼号，纯系爱国之确证，于假期内犹复勤劳不休，其心可见，其志可钦。至若期考一项，本属验明学生所读之书是否心会，现所做之事，非心会于平素可得乎？故余意，及期考一项准予免除。""免除考试"的意见得到教职员一致同意。此时，张伯苓与校方对这次学生参加运动的看法趋向理解和支持。严修在致《南开学校学生书》中有这样的话："南开学校之门外，有各校公共之大操场，于是集会必南开，出发必南开，地名、校名混合莫辨。……于是南开一校，遂成南开学界之代表，人人皆知与南开学校有密切关系。"全信内容虽属对学生劝诫，但从一个侧面也反映了南开中学在五四运动中的作用。

五四运动的直接成果是，1919年6月28日，中国代表团拒绝在《巴黎和约》上签字。五四运动后的1919年末，全国各地出现抵制日货的群众运动。1920年1月29日，天津各校学生五六千人集合，以周恩来为总指挥，赴直隶省公署请愿。群众公推周恩来、郭隆真、于方舟、张若名等4人为代表见省长，遭到反动当局的逮捕。军警冲入手无寸铁的学生队伍，重伤学生50余人，制造了天津一·二九惨案。1920年7月，周恩来、马骏、马千里等被天津警察厅无罪释放。其间，1920年农历春节，张伯苓等专程到天津警察厅看望被捕的周恩来等南开学生代表及各界代表。

三、觉悟社的诞生

五四运动后期，一个由天津学生联合会和女界爱国同志会的20名青年男女组成的进步组织"觉悟社"在天津诞生。在觉悟社成立初期的20名会员中，男女各10名。10名男会员中，有南开中学毕业生和在校生7人。他们是：毕业生周恩来、薛卓东、潘世纶，在校生马骏、赵光宸、胡维宪、李振瀛。后来加入觉悟社的又有南开中学学生陶尚钊等人。

　　觉悟社的缘起是，1919 年 9 月 2 日，在由京返津的火车上，周恩来和获释的天津赴京请愿代表总结几个月的斗争经验和教训，热烈地谈论起天津反帝爱国斗争的发展方向问题，认为在天津学生联合会和天津女界爱国同志会等形式下把群众组织起来是必要的，但不能停留在一般群众组织的阶段。郭隆真提出两个团体应更加紧密地合作，成为天津反帝爱国斗争的核心。张若名提出合并两个团体。周恩来进一步提出，应该组成一个更为严密的组织，得到大家的一致认同。

　　1919 年 9 月 16 日，在草厂庵的天津学生联合会办公室召开了觉悟社成立大会，周恩来被推举为会议主持人，并负责起草觉悟社宣言。会议决定出版不定期刊物《觉悟》，由周恩来担任主编。觉悟社作为一个新型团体，没有设置会长等职务，在组织上采取分工负责的委员制。但可以看出，实际上周恩来是这个团体的灵魂。

　　周恩来起草的《〈觉悟〉的宣言》阐述了觉悟社的宗旨和任务，其中写道："'觉悟'的声浪，在二十世纪新潮流中，澎渤得很厉害。我们中国自从去岁受欧战媾和的影响，一般稍具普通常识的人，也随着生了一种很深刻的觉悟：凡是不合于现代进化的军国主义、资产阶级、党阀、官僚、男女不平等界限、顽固思想、旧道德、旧伦常……全认他为应该铲除应该改革的。有了这种'觉悟'，遂酝酿成这次全国的'学潮'，冲动了全国的学生……"觉悟社成立后的第一个活动，是 9 月 21 日请北京大学教授、五四时期著名的马克思主义者李大钊到觉悟社讲话。李大钊对觉悟社不分男女的组合和出版刊物的做法非常赞成。他建议大家好好阅读《新青年》和《少年中国》上的进步文章，分类研究各种学术问题。

　　由周恩来主编的《觉悟》杂志于 1920 年 1 月 20 日出版第 1 期。这本杂志大 32 开，100 余页，将近 10 万字。第 1 期上发表了周恩来撰写的 3 篇文章和 5 首白话诗。其中《觉悟》一文实际上是该刊的发刊词，文中写道：人在世界上同一切生物最大的区别，就是人能够"觉悟"，一切生物不能够"觉悟"。"觉悟"的起点，由于人能够知道自己。因着觉悟，遂能解决人生的人格、地位、趋向，向进化方面求种种适应于"人"的生活。后觉悟社一部分成员赴法国勤工俭学，主要成员后来大多加入了中国共产党。

第四章　走向成熟（1919—1937）

经过创办发轫时期的不懈努力，南开中学日益赢得社会的认可，成为人们心目中"全国最好的中学"。1919年，南开学校大学部成立，标志着南开学校进入一个新阶段，为严修、张伯苓兴办的南开学校教育体系添加了一个重量级的砝码。

1923年，南开学校大学部迁至八里台新校址，南开学校女中部成立。1926年，南开女中新校舍落成，男中、大学、女中各自有了自己的校舍。1928年，南开学校小学部成立。南开学校形成完整的私人办学体系，在成长中日益走向成熟。

这一时期，南开中学经历了由四年制到三三制的学制改革，不断探索教学改革和教材教法改进，聘请名人演讲、名师授课，致力于提高教育教学质量，造就一代新人。张彭春提出"开辟的经验"教育思想，对南开中学20余年教育实践做了总结。学校还把社会调查列为课程，创立社会视察课，培养学生的实际视察力，使之了解社会和民情，引起对社会诸行业的关注，作为将来择业和解决社会问题的准备。所有这些，都使南开中学散发强烈的使命感和创新锐气，逐步建立起现代中学教育体系，让世人耳目一新。

1929年3月15日，校董严修病逝。张伯苓说："我们学校真幸会由严先生发起。"还说："南开之有今日，严先生之力尤多，应尊严先生为校父。"为缅怀严修先生创建南开学校的功勋，海内外南开校友捐资在南开中学校园兴建"范孙楼"，以示永久怀念。严修逝世后，张伯苓继续推进南开教育事业，并在1934年提炼并总结出"允公允能，日新月异"的校训，使南开教育体系在教育思想和理论上提升到一个前所未有的新高度。

　　这一时期，在大革命高潮的影响下，1924 年南开中学成为天津最早建立社会主义青年团（S.Y.）支部的学校之一。随着中共地下党团组织在南开中学的建立，形成由中共地下党组织领导的爱国师生进步力量，南开中学爱国民主运动愈益发展，师生进步力量与学校行政领导力量并行，形成推进南开中学发展的两条线。从这时起，两股力量以南开精神为链接点，既同步并行，也时有矛盾冲突，成为南开中学校史上的独特现象。

第一节　赢得社会认可

　　　政府领导人与教育部门的肯定 / 著名教育家和教育界的评价 / 民众口碑与招考盛况 / 在国际教育界的影响 / 南开私立办学体系的形成

　　南开中学创办后经过十多年的不懈努力，随着办学理念的成熟与经验的积累，特别是众多的毕业生在不同领域脱颖而出，成为有作为的青年才俊，至"五四"时代，南开中学已赢得充分的社会认可，成为人们公认的"全国最好的中学"。各地青年学子前来报考者蜂拥而至，学生家长以子弟能进入南开读书为荣。张伯苓在回顾建校 40 年，提及抗战前的南开学校时曾说："举凡党政外交，陆空部队，交通电信以及教育、新闻、戏剧、电影各界，无不有我校友厕身其间。……以学生成绩论，南开教育似已稍著成效，并已得社会承认也。"

　　值得指出的是，这种社会认可，不是来自行政权力给予的优惠特权或强行规定，而是来自社会各界不约而同的一致公认。南开中学作为一所民办学校没有任何特权可言，全靠它自身的办学质量，以此赢得崇高的社会声望和人们发自内心的尊重与信赖。

　　一、官方领导人与教育管理部门的首肯

　　早在私立中学堂初创不久，1904 年 11 月 15 日，天津查学马鉴滢即来学堂查视。据《天津查学马鉴滢查视天津府中学堂情形禀》记载："上午到私立中学堂见约敏、益臣与张伯苓先生，因参观讲室、课程，仪器尽可敷用。"表明私立中学堂的教学和管理已走上正轨。1905 年 7 月，时任清廷直隶总督、北洋大臣袁世凯来学堂参观，并捐银 5000 两作为建筑费。8 月 6 日，清廷学部尚书荣庆亦来学堂参观，并赠纪念品。1907 年 5 月学堂新校舍扩建之际，时任东三省总督徐世昌前来参观，捐银 1000 两，与袁世凯前捐的 5000 两合建学校礼堂。本年《学部官报》京外学务报告第 20 期刊载的天津私立第一中学堂调查总表记载："理化设备器械尚完全，学生成绩颇佳，英文程度尤优，教科用西文教授者，皆能直接听受。"《学部官报》调查后评价："监督、教员均极热心，日求进步，用费亦甚节省。"

辛亥革命推翻了清王朝，新建的中华民国政府也对南开中学高度重视。1912 年 7 月 8 日，教育总长蔡元培主持的民国政府教育部召开全国临时教育会议，张伯苓由教育部指定为出席会议成员。在预备会议上，张伯苓又被公推为临时主席。1916 年，北洋政府要员徐世昌受聘担任南开学校董事，并帮助学校从孟恩远处购得西南角隙地 60 亩。1920 年，时任教育总长范源濂出任南开学校董事，并曾任董事会主席。

1924 年 12 月 4 日，孙中山北上抵津。孙中山曾对求学南开中学的学子说过："南开是个好学校。"张伯苓对孙中山仰慕已久，本拟邀他 12 月 5 日来校讲演，因孙中山肝病发作未能出席，改由其秘书黄昌谷来校讲演。1925 年 11 月 18 日至 20 日，国民政府教育部专门司司长刘百昭和特派参事秦汾到南开学校视察，认为南开"就公私学校而论，可算第一"。1930 年 12 月 14 日，张伯苓偕伉乃如赴南京拜见蒋介石等国民政府军政要人，蒋介石对张伯苓的办学精神表示钦佩，同情南开的经济状况，答应将设法补助南开。1931 年 1 月 14 日，外交部长王正廷和外交部欧美司司长徐谟来校讲演。1932 年 6 月 27 日，举行南开大学部第十次、中学部第二十五次、女中部第五次毕业式，河北省教育厅厅长陈宝泉、天津市政府秘书长张锐等出席观礼。1935 年 2 月 3 日，天津市市长张廷谔来校讲演。同年 6 月 23 日，国民政府教育部代表蒋梦麟、河北省教育厅厅长郑达如应邀列席南开学校董事会。同年 9 月 29 日学校董事会例会，蒋梦麟及河北省教育厅厅长何海秋再度应邀列席。1936 年 10 月 17 日，南开中学举行校庆 32 周年纪念会暨严修铜像落成典礼，天津市市长张自忠出席并致辞。1937 年 3 月 28 日南开学校董事会例会，国民政府教育部派胡适代表蒋梦麟及河北省教育厅厅长李琴湘应邀列席。同年 3 月，教育部指定全国 9 所学校实行五年制教育实验，南开中学为指定学校之一。同年 7 月 29、30 日，南开学校被日本侵略军炸毁。7 月 31 日，蒋介石召见张伯苓等人，表示："南开为中国而牺牲，有中国即有南开。"

从南开初创到抗战全面爆发这段时间，正是中国社会处于剧烈转型期，政权更迭频繁，社会动荡不宁，政局变幻白云苍狗，波谲云诡。中央政权与天津地方政权及其各自所属的教育主管部门政见又不尽一致。但不论其如何演变，处于主流的政府领导人及各届政府的教育主管部门都对南开中学一致表示了高度的肯定。这是非常不容易的。说明南开中学不是靠对政府的趋附迎合，而是靠自身的办学能力、办学质量和办学成果，受到各届政府及教育部门的一致推崇。这说明当年南开中学在国家教育层面上获得的认可，至今值得深长思之。

二、著名教育家和教育界的评价

20 世纪初是中国现代教育起步的时期，也是中国教育事业发展较快、较为活跃的时期。这一时期涌现出了一批杰出教育家，包括蔡元培、梁启超、黄炎培、陈独秀、李大钊、胡适、蒋梦麟、章士钊、范源濂、陈宝泉、陶孟和、李石曾、吴玉章等人，他们之中最重要的人物几乎都曾来过南开中学参观、讲演或对南开中学发表过评论。

例如，1916 年 4 月 8 日，时任北京高等师范学校校长陈宝泉在严修、卢木斋陪同下到南开中学参观，并与张伯苓"倾谈良久"。1917 年 1 月 31 日，梁启超应邀到校讲演，周恩来为梁启超讲演记录。同年 5 月 23 日，应学校自治励学会、敬业乐群会和讲演会的邀请，时任北京大学校长蔡元培及北京大学教授李石曾、留法勤工俭学会负责人吴玉章等到南开中学参观访问，蔡元培以《思想自由》为题发表讲演，称"贵校为国中知名之学校"，讲演全文由周恩来记录。6 月 26 日，南开学校第十次毕业式在礼堂举行，校董徐世昌及北京大学图书馆馆长章士钊，北京大学文科学长、《新青年》主编陈独秀出席。由徐世昌颁发毕业证书，章士钊、陈独秀发表讲演。这一年是五四新文化运动发轫的一年，北京大学是新文化运动的策源地。新文化运动领袖陈独秀及核心人物胡适、陶孟和乃至北京大学校长蔡元培等人频频造访南开并发表讲演，无疑看出这所学校在他们心目中的位置。1922 年 7 月 30 日，胡适来津为南开暑假学校授课，讲授《国语文学史》等。授课之余，张伯苓陪同他去看学生自修室。胡适在日记中写道："学生都在用功，精神极好。南开近年进步很快，是一件可喜的事。"同年 10 月 19 日，胡适在日记中记述与黄炎培谈及北大学生风潮之事，黄炎培说："我们信仰一个学校的表示，是要看我们肯把自己的子弟送进去。"胡适称："老实说，我自己子弟，也不往北大送，都叫他们上南开去了。"

通过这些事例不难看到，几乎所有 20 世纪上半叶中国最重要的教育家都曾在南开中学留下屐痕，对这所学校表示过关注并给予高度评价。他们中有中国教育界公认的领袖与权威，有中国最著名大学的校长，也有终生致力于基础教育的专家。他们的言论足以代表中国教育界对南开中学的评价。学校作为一种教育机构，教育界对它的看法代表着业内对它办学质量及其在学界地位的共识。这可以说是南开中学赢得的社会认可最重要的方面之一。

三、民众口碑与招考盛况

民众口碑有两个方面：一是公众传媒，公开出版的报纸、刊物等。早在 1905 年 2 月 10 日，《大公报》报道天津教育情况，在天津的 39 所学校中，敬业中学堂作为唯一的私立学校，得到社会各界的关注和支持。1907 年学校迁入新址，改称私立南开中学堂。当年 11 月 13 日，《大公报》报道南开中学堂新建的宽敞校舍会让学生人数增加到 150 人。同年《东方杂志》第 4 卷第 11 期撰文称，私立中学堂"程度为各学堂之冠"。1925 年 11 月，北京《晨报》刊载北京政府对南开中学的评论："就中国公私立学校而论，该校整齐划一，可算第一。"进入 20 世纪二三十年代，随着南开中学社会知名度的提高，学校的诸多重要活动在当时的主流媒体上均有报道。如 1929 年春，南开学校篮球队在上海战胜当时的亚洲劲旅菲律宾队，上海报界将南开 5 名主力队员誉为"南开五虎"，从此名声远扬。1935 年南开新剧团在瑞廷礼堂演出根据法国作家莫里哀名剧《悭吝人》改编的《财狂》，由张彭春执导，曹禺主演，林徽因负责舞美设计。《大公报》《益世报》等均用大量版面予以报道和评论，称为天津文艺界的盛事。

除了公共传媒，民众口碑还以口耳相传、街谈巷议的形式存在。这是中国几千年来一直流传的一种民间舆论，代表着普通民众自发的看法。它看不见摸不着，却有一股无形的力量，是一种"社会信仰"，有时往往会比正式的传媒影响力更大。张伯苓在《四十年南开学校之回顾》中曾忆及"家长每欲送其子女来南开，谓之'入得南开，便可放心'"。天津有一句流传很广的俗语，是"天津卫，三宗宝，鼓楼、炮台、铃铛阁"。然而到了20世纪二三十年代，却出现了另一种说法，是"天津有三宝，永利、南开、大公报"。如果说，在民国时代，永利碱厂体现了民族工业的水平，《大公报》代表了民族言论媒体的品牌，那么南开学校则擎起了民族教育事业的旗帜。它们都是天津在全国有关领域的佼佼者，也是天津的骄傲。这些不胫而走的民间俗语与公开的媒体报道一起，构成了南开学校在普通民众中的口碑。

另一显示南开中学社会认可高度的，是每年学校招考时的盛况。据张伯苓《四十年南开学校之回顾》记载，当年南开中学"每次招考，报名考生四五千人，而录取有限，欲入者众，学校每苦无以应付"。众多考生家长都希望把自己的孩子送入南开，全国各地的青年学子也都向往着能到南开求学。而张伯苓坚持办学质量第一，不肯大量扩充学生人数。南开中学学生人数最多时不过1400多人，每年录取的学生不过200多人，仅占报考人数的5%左右。因此每年的南开中学报考总是应者云集，人山人海，成为天津一道特殊的风景，可谓"桃李不言，下自成蹊"。考生家长中不乏有权有钱的人物，考不进来就想通过送钱送物或通过各种社会关系进来。但张伯苓为人清廉正派，坚持不收钱物，不开后门。现存他的2000多封信件，相当一部分是"挡驾"这些人的。1931年，甘肃禁烟总局局长送给他貂皮、鹿角，希望将自己的儿子和女婿送到南开上学。他回信谢绝，随即退还礼物。这些"挡驾"行为，当然使张伯苓苦于应付，但也为南开中学赢得了人们更高程度的尊敬与信赖。

四、在国际教育界的影响

南开中学创办不久，就引起了国际教育界的注意。1916 年 4 月 17 日，美国人白崔克博士来校参观时，对事务室前所悬大镜上的容止格言甚以为善，后格里瑞先生致函张伯苓校长索要摄影，并请将格言译成英文，以为纪念。1920 年 10 月 13 日，美国教育家达根博士来校讲演《教育包含些什么》。1921 年 10 月 13 日，美国驻华公使许满到南开学校参观，并应邀在大学部、中学部修身班讲演。同年 12 月 3 日，美国教育家孟禄博士参观南开大学及中学两部。孟禄与张伯苓谈到来华游历南北，参观各地学校，以南开为最善。12 月 6 日，日本西京大学教授朗巴德博士来校讲演《日本近代之新潮》。12 月 9 日，协和医学院化学科主任威尔逊博士来校参观。12 月 15 日，严修、张伯苓及南开大学部主任凌冰、中学部主任张敬虞赴北京参加孟禄博士与各校代表座谈会。1922 年 2 月 22 日，北京晚报社社长、美国人李佳白应邀来校讲演《教育救国》。1923 年 4 月 16 日，印度大学教授艾理米休斯到校讲演《印度教育状况》。同年 10 月 16 日，美国罗氏基金团代表、美国远东办学处副主任格先生参观南开中学。1924 年 1 月 7 日，美国芝加哥大学植物学主任柯尔托博士由北京赴日本途经天津应邀来校讲演。同年 4 月，日本文部省督学官山内雄太郎及日本教育视察团 30 余人到南开学校参观，由同文书院院长江藻荣吉陪同。1931 年 10 月，国际联盟教育考察团培开一行 4 人抵达天津，先到南开大学参观并下榻，后到南开中学及女中参观。

国际教育界对南开中学的关注并非偶然。南开创办人严修、张伯苓都曾多次出国考察教育，张伯苓还曾赴美国哥伦比亚大学进修并获得荣誉博士学位。南开中学历届毕业生都有多人赴美、英、法、日等国留学，有的在留学阶段即已初露才华。这些不能不引起国际教育界对这所学校办学质量的注意。众多国际著名教育家或著名教授来校参观访问并应邀讲演，一方面是宣传自身的教育主张或学术成果，另一方面也表明他们对南开中学的认可与重视。这说明南开中学的社会声望已超越国界，成为当时中国在国际教育界具有影响力的中学之一。

五、南开私立办学体系的形成

南开学校在创办之初，只是一所中学。经过十多年的努力，在中学的基础上相继办起大学、女中和小学，形成一个完整的私立学校教育体系。

1919年秋季，在五四运动的余波中，南开学校大学部成立。9月25日，大学部举行了开学典礼，第一届共录取学生96名，分文、理、商等三个专业，文科49人、理科19人、商科28人。在毗邻南开中学的西南侧建设南楼，作为大学部的教学楼。这就是南开大学的发源地和成立之始。周恩来作为南开大学第一届文科学生被录取。第二年，1920年，大学部招收女生4人，开中国大学招收女生之先河。

在南开学校发展的历程中，1913年南开学校增设高等班，分文理两班，这是办大学的第一次尝试，后根据教育部指令裁撤。1916年张彭春从美国学成归国，担任南开学校专门部主任。专门部是南开办大学的第二次尝试，后因师资和经费的原因停办。1919年2月，南开学校再次筹备办大学，张彭春被任命为大学筹备课主任，主持制定大学部的规划，草拟校章。严、张赴京，拜会北京政府教育总长傅增湘、总统徐世昌等人，又同蔡元培、胡适、陶孟和等人探讨筹建大学事宜。5月中旬，张彭春主持制订了《南开大学计划书》。

1919年初到六七月间，严修、张伯苓多方奔走为办大学募款，并向各地朋友广发南开大学捐启计划书。天津籍江苏督军李纯答应为大学捐款20万元。募款还得到范源濂、周自齐等人大力支持。6月25日，张伯苓召集南开学校四年级学生报告"本校大学定可成立并有十分把握"，并报告报考等事项。9月25日，南开学校大学部开学。《校风》第128期报道了"大学校开学盛况"。黎元洪、范源濂、严修、卢木斋等各界名流出席典礼。

1922年5月，南开学校在天津八里台购地700余亩，大学部在新址动工起建校舍。1923年6月28日，南开学校大学部首届毕业典礼在八里台新校址秀山堂举行，授予21名毕业生学士学位。同年8月12日，南开学校大学部迁至八里台新校址。至此南开学校有中学和大学两部，全校学生合计1800人。

南开女中的源头为严氏女学的女中班。1923年春，华冰如、王毅蘅、陈学荣、王文田、周钟铮等 10 名天津女子小学毕业生联名上书张伯苓，要求南开学校设立女中部。张伯苓对女学生们的要求十分欣喜，当即回信，请其派代表约时间面谈。同年 3 月 11 日，张伯苓在校董会上提议女子中学于本年 7 月招生，校董会讨论了有关事项，决议女中"现行成立"。9 月，女中部成立，招收学生 78 人，开办初一、初二两个班。校舍暂租用六德里民舍。

1924 年 6 月 15 日，在校董会召开的例会上，范源濂建议，本校各部名称对外应分立，如南开大学（Nankai University）、南开中学（Nankai High School）、南开女子中学（Nankai Girls High School）；对内仍用南开学校大学部、中学部、女子中学，获得一致通过。此后，在南开学校对内对外的名称上由此规范。

1926 年 10 月 17 日，南开学校举行建校 22 周年纪念庆祝会，张伯苓致开会词说："大学、男中、女中，三部用这一天作纪念日。原因就是，因为这天是男中纪念日，大学、女中两处是由这一处里发达出来的，并非特立的，所以仍然要在这一天纪念。"

同一天，举行南开女中新校舍落成典礼。这座新楼是在 1926 年 9 月落成的。天津工商学院院长华南圭的夫人华露存（波兰籍）应邀参加典礼，并在典礼后撰文，用一个外国人的眼光赞扬南开学校是"中国人独立兴办的事业"，她写道："外国人常说，中国人独立兴办的事业要是没有外国人的帮助，十有八九不能成功，或是成功而破费很大。然而看看南开，这种话就一点都不可信了。……中国人独立兴办的事业，怎么会没有成就呢？"

同一天，陶行知到南开学校参加 22 周年校庆纪念活动，参观后写信给张伯苓劝其办小学："公以半生心血经营南开，中学、大学相继成立，皆别具精神，卓有可观……请兄速设小学，以慰同志之渴望。"1927 年 3 月 13 日，南开学校董事会讨论小学基金问题。华露存捐助 1000 元作为小学部开办费，高旷生家人捐其部分遗产作为小学部基金。

1928 年 8 月，南开学校小学部成立，暂租六德里旧女中讲室为校舍。聘请美国哥伦比亚大学毕业生阮芝仪博士为"教学导师"，从事"设计教学法"的实验。1929 年 10 月 17 日，举行小学校舍落成典礼，张伯苓说："盖此校舍为全校师生所捐募，捐款人数达二千五百人，此事意义甚深，以后更赖大众支持。"

至此，南开学校形成从小学到中学、女子中学，到大学的系统的私立办学体系。

1930 年 7 月 4 日，天津市教育局督学刘法曾呈送视察报告给教育局长邓庆澜，就南开中学查视情况给予说明。该报告称："饬查明私立南开中学校及校董会是否合于立案规程等因，业经前往该校按照所呈各节详细查视。"经查视南开中学校董会、经费、设备、教职员、学生五项均与私立学校规程相应规定相合后，得出结论："总和该校规模伟大设备优良，各项实际情况与所呈各节均相符合，似应准予立案，以资鼓励。"

1931 年 1 月 16 日，张伯苓致函国民政府财政部长宋子文，简述南开学校现状："大学、男女两中学、小学四部学生达二千六百余名，历次毕业生二千余名，各界服务皆有。学生学籍遍及国内各省及海外。全校校舍、设备及基金为数已达三百六十余万元。"随信寄去学校概况小册子，邀请其来校参观演讲。至 1932 年，南开学校扩充为大学部、中学部、女中部、小学部、研究所 4 部 1 所，学生总数达 3000 余人。

日本军国主义者的侵略打破了南开校园的宁静。张伯苓洞察时局，认为"'九一八'以后，平津一带随时可有战局。天津如被侵袭，早受日人嫉恨的南开学校，其遭遇破坏自属必然"。1935 年冬，他偕中学部训育教师丁辅仁赴四川考察教育，决议在重庆设立南开中学分校，因教育部规定私立中学不得设分校，于是定名为南渝中学。

1936 年 2 月 25 日，张伯苓委派南开学校中学部主任喻传鉴率学校建筑课成员严伯符、宋挚民到重庆筹建新校。4 月 12 日，在重庆沙坪坝购地 700 余亩，随即开始新校筹备工作。任命喻传鉴兼任南渝中学主任，南开中学教务处副主任韩叔信任南渝中学副主任，综理南渝教务及事务工作。7 月 30 日，韩叔信率南开中学 14 位教职员离津赴渝，组织招生、开学工作。随即在渝、蓉两地招考高一、初二及初一新生。报考人数近千，8 月 23 日和 24 日在两地同卷考试，招生录取 217 人。

1936 年 9 月 10 日，南渝中学举行开学仪式，9 月 11 日正式上课。天津《大公报》重庆电："南渝中学十一日开学，报到学生二百余人，新校舍计课堂、礼堂、食堂、寄宿舍楼房四座，教职员住宅七所，建筑费仅用九万余元，各界前往参观者均以费省工坚，称赞不置。据喻传鉴谈，南渝教学宗旨，注重'公能'教育，实施严格训练，造就有现代能力之新国民。"南渝中学宣告正式成立，张伯苓兼任校长。

在建新校之初，1936年2月4日，国民政府教育部通知张伯苓，蒋介石同意拨付筹建南渝中学补助费5万元。张伯苓于10月致函蒋介石，报告了南渝中学成立经过。

南渝中学秉承南开中学的"公""能"校训及容止格言，校歌沿用天津南开中学校歌，唯将歌词中的"渤海之滨，白河之津，巍巍我南开精神"改为"大江之滨，嘉陵之津，巍巍我南渝精神"。1937年5月，南渝中学第二期工程建筑开始。所建校舍共耗资20余万元，有科学馆，即芝琴楼，由天津陈芝琴先生捐建；图书馆，即忠恕图书馆，由康心之、康心如捐建；女生楼，即受彤楼，由吴受彤捐建；并建设了教职员住宅及学生宿舍等。

1937年，天津南开中学被日军炸毁，津校被迫停办。1938年9月私立南渝中学更名为南开中学。1945年，南开中学在天津复校，把在重庆的南开中学称为重庆南开中学。

第二节　学制改革与名师名课

由四年制到三三制：现代中学教育体系的建立／名师、名课与名人讲演／"开辟的经验"与不断的教学改革／南开精神的凝聚力：《南开中学一览》《毕业纪念册》和《同学录》

一、由四年制到三三制

这一时期南开中学的学制有了一个重大变化，1922年学制由原来的四年制改为三三制，即初中三年、高中三年。该学制源于1922年11月北京政府颁行"壬戌学制"，"壬戌学制"以美国学制为蓝本，它的实施标志着现代教育体系在中国确立。"壬戌学制"中小学、中学教育，从年限上改为：（1）

初等教育年限缩短一年，中等教育则延长两年；（2）中学分为初级和高级两个阶段，更符合学生身心发展特点；（3）小学修业六年（初级小学四年、高级小学二年），初中三年，高中三年，故称"六三三制"。

中国近代学制有三个明显的特点：一是注重向发达国家学习，或是模仿日本，或是效仿美国。二是学校直系和旁系比较完备，各等各级之间相互衔接，构成升迁系列。三是修业年限逐渐缩短，分段分级更符合普及教育的需要，也更符合学生身心发展规律，为教育的平民化打下基础。"壬戌学制"后来虽经修改，但基本框架未动，一直沿用到新中国成立。

1929 年出版的《南开学校一览》写道："学制是社会需求的产物，社会情形改变，学制自随之而异。"清末民初，南开中学学制为四年，另加预科一年。自 1922 年起实施三三学制，确立了中国现代教育体系的雏形。三三学制为：初中三年，不分科；高中三年，分普通、职业两部。普通部分文、理、商三科，职业部分工、商、教育三科，暂设职商一科。高中采行分科制，其目的是"提高程度，及适合学生个性"。南开中学首届毕业生、自北京大学毕业回母校任教、时任教务主任的喻传鉴主持了试行三三制的改制工作。

1922 年，喻传鉴撰文《南开学校之三三课程》，发表在《新教育》第 4 卷第 5 期，专门论及南开中学采用新学制情况。文章从"现时之分科及其缺点；采用新制之理由；今后南开之分科；课程及各科目的；关于课程的几个问题"等五个方面，系统论述南开中学实施三三制的准备情况，在结论中说道："中国旧学制不良，今已尽人能道之。南开为私立学校，无部章之束缚，无外力之干涉，受旧制之害，比较的稍浅。今新学制告成，群谋所以应施之方，教育革新运动，渐自下而上，此诚教育界之好现象。……南开新制课程，易稿数次，会议十数，学者之理论，专家之经验，社会与个人之需求，均面面顾到。"

南开中学采行三三学制后，"课程设施，年有变更，盖因新制初行，无可取法，环境既异，适应至难也"。鉴于课程是学生在校学习时的生活历程，课程表中应列何种学科，每学科中应用何种教材，学校设立四项原则，作为课程设置或废弃的根据：一是社会的需要，二是个人的需要，三是动作（教学实践）中所感到的需要，四是学科进程步骤的需要。反之，则势必造成学生的时间精力耗费必多，而教育结果，效率必低。

为取得经验，南开中学三三制的课程改革先从初一年级做起，其中特别强调注重五点：（1）注重实地观察，使学生能自己求到活的知识，并养成其科学的观念。（2）注重动作，凡一切学科都是帮助动作，使所学得的知识与实际生活发生联系。（3）注重童子军训练，以养成其勇敢服务的精神。（4）注重团体组织，以养成其民治的精神。（5）注重生活技能的培养。以上五点其最主要的目标，就是为了培养学生使之有适应现代生活及解决问题的能力。

在教学中的具体安排是，初一年级现时课程分两部教授：第一部分为学科方面，有国文、英文、算学、社会常识、自然现象等课程，每周共约20学时，时间均排在上午；第二部分动作方面（即实践和训练），时间均在下午，大致分6类，均与学科（课上教授）发生联系。包括：（1）改编的童子军训练；（2）体育；（3）艺术的训练——图画乐歌等；（4）职业的训练——金工木工等；（5）观察——社会观察、自然观察等；（6）练习自治。

对于学生学业成绩的考核，每学期按规定时间举行正式考试三次，即平时考试二次，学期考试一次。各学科临时考试无定期，不预告。每学期之中，同年级的学科举行会考一次或二次。会考成绩作为该科全学期成绩的一部分。学生的考试成绩记分包括4项：平日积分、口试、笔答、报告。学校采用升科制，不及格学科在规定之办法内得行重习。对于学生有请求修习高学年课程，或免学某科课程的，得参加特别考试，特别考试以80分为及格。

南开中学在对学生成绩管理和成绩评定方面有严格的规则，对于学科成绩不及格者，有退学和补考的规定，国文、英文、算学三科有一科不及格者补考，补考不及格者退学。对于学科成绩评定的规定：平时考试成绩与学期考试成绩平均，为该科的学期总成绩。

南开中学组织学生会考，把会考作为激励青年竞争心、努力向学的教育方法，"本校学生众多，同一年级每分八九组，而教材与进度，均大致相同。本校为利用青年人的竞争心，采用会考制，以期其努力向学"。对于教师，会考"可以自审得失之所在而寻求更有效的教授方法，以期增高教学之效率"。会考的次数：每学期举行一次或二次；会考的学科：暂限于国文、英文、算学三科；会考的年级：暂限于初中各年级及高中一年级；会考的试题：同年各组用同一试题，由专人负责拟定；会考的阅卷：各组试卷由专人负责评阅，以期得到统一的给分标准；会考的成绩：分个人成绩及团体成绩两种，个人成绩作为学业成绩的一部分，团体名次由学业成绩与努力成绩二者合计而定。对于个人成绩及团体成绩最佳者，分别给予奖励和奖品。每学期之末，在全体集会时，同时举行发奖大会。

南开中学通过组织学生竞赛以利于提高学生研究学问的兴趣。"本校学生优材之士各组皆有，志趣既殊，特长亦异，为鼓励天才，及增加学生生活兴趣起见，举行各种学艺比赛。"其内容包括作文、演讲、速算、英文作文及演说、美术绘画等。各类竞赛每学期举行一次。此类竞赛任由学生自由报名参加，竞赛试题多带有普遍性。对于竞赛前数名成绩佳者给予奖励，在每学期末的全体集会上，同时举行发奖大会。竞赛与会考的不同是，会考为普遍的，比赛为少数的；会考为强迫的，比赛为自由的。二者虽功用不同，性质各异，但对于培养学生成为"现代化人才"的作用是异曲同工的。

1932年9月，南开中学自高中一年级起，设"半工半读"实验班两班，半工作，半读书，以实现"心力同劳""手脑并用"的教育理想。1933年8月，半工半读实验班取消，所有该班学生均分别编入普通班肄业。1937年3月，国民政府教育部指定全国9所学校施行5年制实验教育，南开中学为指定学校之一。

经过十余年后，南开中学的三三制趋于稳定，教材、课程、训练均取得不少经验，教学质量始终保持在中学的前列。

二、老舍、范文澜等任教南开与名人演讲

张伯苓清楚地知道，一支优秀的教师队伍是学校具有生命力的必要条件，因而他除致力募集办学经费之外，尤为重视对师资力量的配备。在社会上选拔有志于教育事业的精英到南开中学任教，聘请名师到校任课，是南开中学教学的一大特点。请社会名流到学校讲演，开阔学生的视野，紧跟世界潮流，普及科学知识，是南开教育的独有特色。通过办师范班、送青年教师出国深造，自己培养师资，是南开教育的一大传统。1916年张伯苓对全校同学讲话谈道："余不敢谓本校诸位先生如何特别优尚，惟余平生任事数校，求如本校诸先生之一致之认真之热心，并以余暇竭力扶助学生诸般之自治事业，殆属绝无仅有。"

南开中学重视教师队伍的建设，特别是选聘优秀教师。选聘优秀教师可使学校教学不脱离世界科学发展潮流，以优秀的教师和科学的教学方法来保证教育目的的实现。张伯苓明确提出学校"最重要者即良教师"，认为教师的良好素质是办好学校的关键。为此，一方面发挥在校教师的积极性，推荐保送他们到国外进修；另一方面，努力争取那些有着海外受教育背景和学识渊博的知名学者加入南开的教师队伍，提高南开的教育质量和社会声誉。严修、张伯苓的表率作用，使南开教师群体做到了对教育对学生的"一致、认真、热心"，更使适应新形势、具有新思想、充满活力、风范可钦的教师活跃在南开校园。

聘请名人名家名师到南开中学讲演，既有利于拓展学生的知识和眼界，也提高了南开中学的社会声望。这些社会名流和知名学者之所以来南开，是因为张伯苓既是教育家，又是一位社会活动家，他参加平民教育、实验教育、庚款基金管理等诸多活动，参与禁烟、反对妇女缠足以及维持地方治安的活动。社会各界赞同他把南开办得独具一格，赞同他把育才目标定位于培养国家栋梁之材，支持他把南开办成中学的模范。

1922年9月4日，在南开中学始业式上张伯苓向全校师生介绍舒舍予（老舍）等19位新聘教师。老舍受聘中学部国文教员，兼校出版委员会委员和初级二年七组辅导员。老舍后来回忆这段生活写道："我去找了个教书的地方，一个月挣五十块钱。……我很快活：我又摸着了书本，一天到晚接触的都是可爱的学生们。……我的活动完全在学校里，心整，生活有规律。"（《罗成关》，载1938年2月1日《宇宙风》第60期）10月13日，南开中学汉文讲演会成立，张伯苓、老舍等被聘为顾问，老舍被推为评判员之一。老舍还被聘为学校刊物的编辑，1923年在校刊《南开季刊》上发表了他的第一篇短篇小说《小铃儿》。

1922年9月，范文澜受张伯苓聘请到南开中学任教，并兼任南开大学经、史、文学等科，共任教五年。他自编讲义，颇为学生所欢迎。1924 年11 月，张伯苓将范文澜《文心雕龙讲疏》一书送梁启超请其作序。范文澜在该书自序中写道："余任南开学校教职，殆将两载，见其生徒好学若饥渴，孜孜无怠意，心焉乐之。亟谋所以餍其欲望者，会诸生时持《文心雕龙》来问难，为之解释征引，惟恐惑述，口说不休，则笔之于书；一年以还，竟成巨帙。以类编辑，因而名之曰《文心雕龙讲疏》。"1925 年冬，范文澜拜访严修，并以其所著《群经概论》三厚册请严修阅正。1926 年，范文澜在南开中学参加中国共产党。1927 年，范文澜因常谈国外国内大势和共产主义，为反动当局所注意，5 月间天津警备司令部派人抓捕范文澜。经严修、张伯苓协助，范文澜离开天津到北京。

除了老舍、范文澜外，20 世纪二三十年代南开中学聘请的名师还有董守义、姜立夫、罗常培、熊十力、王昆仑、何其芳、张中行等。

以严修、张伯苓的社会声望，邀请支持严、张办学的社会名流、知名学者到学校为学生讲演，讲演的内容涉及政治、经济、文化、教育、中外历史等诸方面，开阔了学生眼界，提高了学生的知识范畴，促进学生的独立思考和民主、科学意识，是南开教育的重要手段。

1917—1926 年的 10 年间，南开中学开设讲演、讲座列举如下：1917 年 6 月 26 日，在南开中学礼堂举行第十次毕业式上，章士钊、陈独秀演讲。1917 年 7 月 1 日，邀请陈独秀演讲《近代西洋教育》。1917 年 11 月 28 日，邀请陶孟和演讲《新国家与新社会》。1917 年 12 月 5 日，邀请胡适演讲《新国家与新文学》。1917 年 12 月 12 日，邀请李石曾演讲《新国家与新科学》。1917 年 12 月 19 日，邀请章士钊演讲《新国家与新政治》。1921 年 10 月 10 日，南开学校举行国庆纪念，前总统黎元洪讲演。1923 年 11 月 12 日，邀请梁漱溟在南开中学高级修身班上讲演《孔子的真面目》。1924 年 1 月 8 日、10 日，美国芝加哥大学植物学主任、教授柯尔托博士在南开中学演讲《天演之意义》《科学在近代文化上之地位》。1924 年 5 月 15 日，邀请美国驻华公使舒尔曼博士到校讲演。1924 年 12 月 11 日，邀请戴季陶在南开中学讲演《文化复兴与文化之统一》。1925 年 11 月 27 日，邀请陶行知在南开中学讲演《学做一个人》，并针对教职员发表《教学合一》的讲演。1926 年 3 月 19 日，邀请荣获奥运会 400 米冠军的埃里克·亨利·利迪尔（E.H.Liddel，中文名李爱锐）到南开中学讲演，并表演赛跑姿势，同学往观者甚多。1926 年 11 月 20 日，张学良在南开学校东三省同乡会发表《东三省非吾家私产》讲演。

请名人讲演成了南开教育的传统，一直延续下来，抗日战争时期，周恩来多次到重庆南开中学，讲演全国抗战形势，讲演共产党的全国抗日统一战线。

三、"开辟的经验"和不断的教学改革

在张伯苓的南开办学实践中，他主张为使教学事业日新月异必须随时进行改革，不能因循守旧，要求学校工作"永不自满而使之常常在改造中"。

张伯苓对学校管理的基本认识是，学校管理必须服从于教育目的。他对全体教职员指出："吾人平日所任职务虽不同，但吾人之目的则一。……就是要造就新人才，去改造旧中国，创造新中国。因为吾人抱同一之目的，无论吾人所任者为各课之职务，或各科之功课，随时随地都宜往同一方向走。"他把教师和学生看成学校的两大支柱。教师是学校请来的先生，学生是学校替国家培养的人才。学校管理就是要为他们创造条件，教书育人，志学成才，在学校里使他们感到温暖和谐。有了这样一支认真热心的教师队伍，有了社会贤达的倾力支持，南开中学的教学实践才得以开展，育才目标才得以实现。

张伯苓为改变当时"中国现状处处皆嫌老旧退缩，不徒有落伍之实，且有灭亡之忧"的现状，造就"爱国救国"的"现代人才"，学校在办学实践中探索出自己的一套教学方法，即"在学校中造成环境，使学生多得'开辟经验'的锻炼，以养成其'现代能力'"。学校还提倡学生尊敬老师，实行师生合作，还鼓励教师、学生参与学校管理，充分地调动教师的教学积极性。

张伯苓要求"师生合作"，共同参加学校管理。他要求各课室、各科组都围绕同一目的，朝着同一方向，努力做好各自工作。他引导学生"一切事不使学生专仗先生去推，当认清'理解'，自己去行，意在造出一班自动的人来"。在管理模式上，组织师生共同参加的校务研究会，定期就本校教育

方针、教学课程、食堂斋务、课外活动等提出议案，形成决议，经校长批准后，行政部门即当执行。学生代表还定期参加学校行政部门的课务会议，就各课工作提出建议，并直接参与食堂、课外活动的管理。他主张实行规范化管理，建立健全各种规章制度，实行"法制"，不要"人治"。早在 1916 年他就明确指出："将学校作成一'法制'学校，总不使一人之去留影响于全校，如古籍所云'人存政举，人亡政息'之意则可耳！"

张伯苓十分重视学校工作的不断改进，平时他常对管理人员说："各人皆宜留意自己所管理之事，有何者应当改进之处。"在听各课汇报时，总是问现在工作比过去有何改进之处，当听到有改进时，便高兴点头称许。在 1916 年以后的 10 年里，张伯苓对学校内部管理体制进行了三次较大的改革。在各次改革中，他首先坚持管理改革必须取得全校人员的共识，而且要有他们的积极参与和合作。其次改革要有明确的目的，通过改革调动师生的积极性，"使个人皆得充分的发展他的本能"。借此两点，每次的改进改革都取得一定成效。

第一次是 1919 年 12 月，张伯苓委托周恩来在修身班会上向全校宣布他拟的《南开学校改革草案和宣言》，广泛征求师生员工对改革的意见。

第二次是 1921 年 1 月，张伯苓假北京香山慈幼院，约请学校各部门负责人、教师和学生代表 20 余人，围绕"校务刷新"召开改革研讨会。回校后，张伯苓在全校教职员会上报告香山会议情况。这次会议所议事项汇集成《香山会议报告》，该报告刊登在《南开周刊》第 2 期、第 5 期上。这次会议是张伯苓民主办学的一个范例。

第三次是 1927 年 6 月，南开中学召开改革讨论会，研究进一步改革南开教育，会期 10 天。参加者有大学和中学教职员代表喻传鉴、华午晴、黄钰生、张彭春、雷法章等，学生代表万家宝（曹禺）、杨肖彭、乐永庆等 40 余人。讨论内容包括学校工作改革的各问题，建议改革的具体方案。张彭春在会上作了《"开辟的经验"的教育》的主题报告。会后，南开中学师生合作委员会成立，其职责是具体推进学校改革事宜。

张彭春的主题报告，第一次完整地提出和表述"开辟的经验"教育思想，是对南开中学 20 余年教育思想的总结。文中集中分析论述了"开辟的经验与科学方法""开辟的经验与民治精神"两大观点，从而达到张伯苓为南开制定的育人目标。张彭春的"开辟的经验"就是提出走出课堂在实践中求得真知，就是提倡课堂教育不脱离社会不脱离国情。从南开教学中总结出的"开辟的经验"，把科学方法和民治精神视为两大支柱，一反古人常说的"不出户知天下事"的陈腐观念，是教育思想上的进步。"开辟的经验"的教育凸显了南开教育为国家谋生存、为民族争光荣而培养现代化人才的终极目的。

在具体措施上，南开中学教学时时求进，绝不敢偾然满足，为谋教材及教法改进起见，试行了三种试验，即研究员制、实验班和能力分组。

（一）研究员制：国文、英文、算学三科设立教学研究会。凡担任同科之教员，均为该会会员，再由学校于该科教员中约聘智识经验较为丰富者一人为研究员，会同同科教员，筹划该学科教学方针，解决该学科的一切实际问题，如教材的选择，训练的要点，讲室的管理，教法的改善，成绩的稽查以及其他关于该学科应行兴革事宜。其进行办法有：阅览该学科新出的书籍杂志；报告该学科最近的发展趋势；讨论授课中的实际问题，提出讨论，务求一适当解决方案；参观（观摩）同科教员举行互相参观，藉知各组教学实况，以资讨论学习。

（二）实验班：国文、英文、算学三科，于每一年级中，指定一组或二组为实验班，作教学上的初步试验。其目的在于求得：最经济的方法，以增高教学的效率；最适宜的教材，以达到教学上的预期目的；确实的统计材料，供给研究该科教学的参考；切实的试验结果，作为改进该科教学的根据。担任实验班的教师，于任课之初，将该科计划，各时期实验目的详细拟定。并将实验进程及实施状况及结果随时报告研究会。各种理论上与实际上的困难问题亦提出大会共同讨论。实验班上课时，任人观摩，并欢迎同科教员意见与批评。

（三）能力分组：现时学校多采行班级教授，强弱程度不齐、资质各异的学生集于一班，教学进行，困难殊多。本校因学生人数众多，同级组（班）数每在八九组（班）以上，稍事补救，事尚可行。对于初一初二连续的学科，如国文、英文、算学三科，采行能力分组制，各组程度既殊，教材教法得酌量变通以求适应，高一年级与低一年级相同学科同时上课，如程度特佳或特劣的学生，可学习高年级或低年级的学科。

训练的实施是培养学生能力的教学方法之一。训练的责任，由师生共同分担，师长负指导之责，学生负维持之责。所谓师长者，指学校全体教职员而言，绝非单指训练课诸职员。各科教员在学校任教职，目的在教"活"学生，而不在教"死"书，故教员的第一职务，乃为教"人"，使学生在各方面均得到发展。训练的方法亦是多种多样，且主张学生应负训练工作之一部分责任，故学校采取积极的、辅导的而非干涉的训练方法。这种方法即是鼓励学生多参加校内外各种有意义、有价值的团体活动、野外活动和艺术活动。学生在训练中偶有成绩，自可增加学生的兴趣，而促其继续努力。

张伯苓的教育改革思想是针对社会发展对学校教育提出的要求而俱进的，并在不断地借鉴西方教育的有益经验，提倡民主协作的气氛，发动师生的积极性，体现了他的民主办学的理念。但囿于外界条件的制约，改革基本上只局限于学校内部管理。针对社会发展的不断改革使教育教学的不断进步，保持了南开中学的教育质量声誉颇著。

四、《南开中学一览》《毕业纪念册》和《同学录》

南开中学创办之初，国内尚无统一的中学教材，大部分教材都是学校围绕"教育救国"的宗旨和培育具有"现代能力"的青年的目标而自选自编的。20 世纪 20 年代以后，南开中学逐步形成自己的办学特色。《南开中学一览》为当时向社会宣传南开中学的详尽材料，成为今天研究南开中学教育的珍贵资料。

《南开中学一览》是南开学校刊印的介绍南开中学的文字材料，全面反映了南开中学不同发展阶段的教育教学状况。《南开中学一览》分有 1919 年、1923 年、1929 年等几个版本。1919 年版主要介绍南开中学创办之初四年学制的情况，包括学制、课程、考试与考核、训育、体育卫生、入学、教职员组织和学生课外活动等方面的内容。1923 年版从学制、课程、学籍管理、各项规则等诸方面介绍了南开中学改成三三学制后的教学状况。1929 年版系统地介绍了成熟期的南开中学，从行政组织、教育要旨、学科、训练、体育、庶务与会计、校友会等诸方面阐述了私立南开中学的教育主张和教学实况，教育原则及其方法。详细介绍了各学科的教材选择和教授方法，特别分析论述了《"开辟的经验"的教育》中关于"开辟的经验与科学方法""开辟的经验与民治精神"两大观点。总之，无论研究过去的中学，还是借鉴于今天的中学，《南开中学一览》都是可以细读的。

《南开同学毕业纪念册》由南开中学各届各班毕业生自行编印出版。每当毕业前夕，毕业班同学们推举成立"毕业筹备委员会"，设总编辑、文字、摄影、广告诸人，负责编辑毕业纪念册。1917 年 6 月出版的《南开学校第十次第二组毕业同学录》就是由周恩来担当编辑的，留下周恩来在南开中学求学的珍贵记录。南开中学校史馆馆藏的毕业纪念册有 1919 年、1921 年、1925 年、1926 年、1928 年、1931 年、1932 年、1933 年、1935 年、1936 年、1949 年等多册，大都是毕业同学捐赠的。各年的纪念册编辑各有特色，大致包括：题词、序、校徽校旗校歌、校史、校景、严修先生像、张伯苓校长像，或有中学部主任张彭春、喻传鉴像，教职员像和教职员通信录，级史（级歌）、班史，同学个人像并附有小传或简短题词及同学通信录，还有该班出校同学、已故同学的名录，另有学校学习、生活、体育活动、比赛获奖等的照片和文字。1928 年纪念册封面由梁启超题写"南开中学戊辰毕业同学录"。1928 年纪念册中有华世奎题写的"业精于勤"，严修题写的祝词"力求深造"。1936 年纪念册的序文由喻传鉴撰写。1949 年纪念册的校史由杨坚白执笔。这些留存的《毕业纪念册》都成为珍贵的历史文献。

《南开同学录》是南开学校（南开中学）印制的，刊印有创办人、校董、教职员、退职离校教职员、已故教职员以及在校学生、历届毕业学生名录。天津档案馆有馆藏的《南开同学录》原本，或为数年之合订本，或为单行本，自 1915 年至 1936 年，每年 1 册。《南开同学录》编辑严谨规范，内容翔实，体例完整，印制精美。随着南开学校的发展，同学录中相继增加了大学部、女中部、小学部的师生名录。同学录中对每位教职员都详细列出姓名、字、籍贯、住址或通信处、履历、职务；对每位学生详细列出姓名、字、年龄、籍贯、住址或通信处、注册号，还列出学生在校参加的社团、班级取得的荣誉等。毕业生还有"职业"一栏，梅贻琦、张彭春、喻传鉴、周恩来、马骏、屈武、吴大猷、曹禺、吴大任等名字在同学录中都有准确的记录。每本同学录都收录了之前毕业学生的情况，对其中发生的变化也能追踪修正。多本同学录中对周恩来的记录即是一例。1915 年版同学录中，对在读的周恩来的记载是：周恩来，字翔宇，18 岁，籍贯浙江绍县，奉天省城第一高等小学肄业，参加"敬、塾、青"三个社团（即南开中学早期社团敬业乐群会、义塾服务团、基督教青年会的简称），住址为"天津河北元纬路元吉里浙东周寓"。1920 年版同学录中，周恩来已自南开中学毕业，其职业一栏中标注为"留英"（周恩来初赴英留学，后转法国）。1924 年版同学录中，周恩来的职业一栏则被标注为"广东军界"（彼时周恩来自法国归国，曾任黄埔军校政治部主任等职）。1927 年以后的同学录中，周恩来职业一栏则为空白，这是因为在大革命失败后的白色恐怖时期，周恩来的中共要员身份已不便刊印之故。

《南开同学录》封面均为毛笔题写，字体风格各异，题字人均为社会知名人士。1917 年至 1936 年间《南开同学录》封面题字人名单列表如下：

年份	题字人	身份或社会地位
1917	严 修	著名教育家，南开中学校董
1918	蔡元培	北京大学校长，开"学术"与"自由"之风
1921	黎元洪	曾任中华民国大总统
1922	梁启超	著名思想家、文学家、学者
1923	熊希龄	曾任北洋政府总理
1924	华世奎	著名书法家，天津"八大家"之一
1925	李金藻	著名教育家，曾任天津市教育局局长
1926	魏 铖	著名书法家，文人
1927	卢木斋	曾任晚清直隶提学使，实业家
1928	傅作义	民国时期著名军事家
1929	任鸿隽	著名化学家、教育家，辛亥革命元老
1930	臧启芳	时任天津市市长
1931	陈宝泉	著名教育家，曾参与创办北京师范大学
1932	胡 适	新文化运动领袖之一，曾任北京大学校长

年份	题字人	身份或社会地位
1933	蒋梦麟	著名教育家，曾任国民政府教育部部长、北京大学校长
1934	周炳琳	曾任国民政府教育部常务次长、中央政治学校教务主任
1935	张伯苓	著名教育家，南开学校校长
1936	张伯苓	著名教育家，南开学校校长

作为一所私立学校出版的同学录，能够请到如此众多的名人大家来题写书名，恰从一个侧面印证了南开创办人和管理者广泛的社会资源和高规格、高品位的办学风格。

第三节　学生社会实践与社团及校刊

独创的社会视察课 / 各种校园刊物 / 乡土情结：天津研究会 / 日寇觊觎与东北研究会 / 贫儿义塾和消费合作社 / 艺术类、学术类研究会与校园京剧

一、社会视察课

南开办学重视学生的社会实践。学校把社会调查列为课程，通过社会视察课以培养学生实际视察力，进而使社会诸行业引起学生兴趣，作为将来择业的准备。组织学生参加社会调查，了解社会和民情，也是开展爱国教育的一种重要形式。注重学校与社会的联系，谋求学校生活与社会生活的联络，以客观的事实作为学术研究的根据，也为教学及课程的改造提供了科学基础，希望学生在校期间能用较少时间对社会各方面得到一个总括的印象。

学校注重社会视察结果和调查报告的使用，优秀报告除在学校刊物上和推荐到报刊上发表外，还送给有关方面，供研究解决实际问题时参考。学生社会实践成为南开中学教育教学的特色，构建了独特的南开校园文化。社会视察课安排在高中二年级和初中一年级，内容分多个方面，按高中部和初中部设立不同的课题。

高中部第一学期预定视察天津的各机关。社会机关选择广仁堂、妇女救济院、济良所、教养院等处。政治机关选择天津地方法院、河北第三监狱、天津警备司令部、天津特别市政府与各局。商业机关包括利济贸易公司、怡和洋行、三井洋行、太古洋行、西北贸易公司等。教育机关视察广智馆。舆论机关则是大公报社、益世报馆、庸报馆和华北明星报馆等。

高中部第二学期视察课题，拟分甲、乙、丙三组视察，以期精深。甲组视察分小学教育、交通、租界市政、海河问题四个方面，对每个方面都详细列出视察地点，提出视察问题。乙组主要视察工厂，分为化学、纺织、机器和电气四个方面，视察问题按工厂的生产性质和视察内容预设两组问题，都包括了解工人的生活状况。丙组的视察分出入口贸易、保险业、关税问题、银行与货币四个方面，均列有了解行员、职员和工人的生活待遇问题。

初中部的社会视察，根据年龄和知识特点，侧重在视察中观察各种社会现象，换言之，即以沿途的见闻，加以引申，作为问题加以研究。其教材针对天津的五大问题选择五条视察路线，对沿途各路径地点与其所引起的问题加以引申思考讨论。第一路系租界问题，第二路系外人在津之势力及新天津建设问题，第三路系中国旧社会之情状及几种新旧工业，第四路系天津市的历史，第五路系天津的社会状况。此五路视察，涉及广泛，立意深刻，开启少年学生对社会、历史、现实的观察兴趣。通过走出学校，了解社会，对自身生活的城市有一个了解，以期用此方法，在走出学校后，对自己的国家、对世界有所了解。

学校组织学生利用假期走出校门，参观旅行，是另一种了解社会、观察社会的有益方法。1915 年 10 月下旬，周恩来组织敬业乐群会的会员参观团，到天津的水产学校、高等工业学校及几所小学参观，了解当时的教育情况，参观后就当时社会上流行的"教育救国"和"实业救国"的观点展开讨论。1916 年 5 月下旬，周恩来带领敬业乐群会"童子部"同学到天津北郊参观农业实验场、工业试验所和农事讲习所，接触一些近代工业的先进设备和技术，运用博物课所学的知识辨认各种植物。在工业试验所的简陋厂房里，学生看到满身污垢的工人在震耳欲聋的机器声中辛勤劳动。校外参观活动使学生了解到许多书本上没有的新鲜事情，加深对"谁知盘中餐，粒粒皆辛苦"的体会，产生对工农生活的同情和尊敬。

1931 年暑期里的 7 月 4 日，"南开大、中学校乘舰旅行团"一行 50 余人出发赴沈阳，借"海圻"军舰暑期巡航之便，附乘该舰作沿海口岸旅行，参观各地文化，考察各港湾形势。旅行团历时一个多月，参观沿海大连、旅顺、葫芦岛、秦皇岛、刘公岛、威海卫、石岛、青岛、烟台、塘沽等 22 个口岸，登上中、日、英、美、法五国军舰，参观海军实弹演习，东北海军总司令沈鸿烈一直陪同，在"海圻"舰上接见学生，并送每人一本《田中奏折》，以不忘日本侵略，激励学生。南开航海旅行团回津后召开结束会，张伯苓致辞谈道："你们在各地都可以看见国人受外人的欺负，和外人的长进这种比较的看法，可以使你们感动，使你们精神上有长进。我在威海卫受一次刺激，一生不忘，使我在死前不能腐化。"

1936 年南开中学组织了一次"赈济贫苦户"的实地调查。对这次活动，1936 年 1 月 20 日天津《大公报》报道："南开校友会目前联合南开中学社会作业部及其在广开举办的广开小学到广开瑞茂西里、明远里、张家胡同、敬德里、桐兴里、吉安里、瑞德里一带，实地调查，18 日竣事。当于昨日（19 日）下午二时起在广开中街、广平小学第二部发放玉米面条，计共发出面条 4022 斤，贫户 760 余户。闻该会所用赈款，系由南开新剧团公演《财狂》所售票价得来。"

学生们对社会视察课记忆深刻，对学生的一生取向影响很大，凸显了此课程在培养现代化人才方面的重要性。1934 年毕业生韦君宜回忆："还有一门特别的，是陆善忱先生教的'社会视察课'……到时候他就来领着我们出去，到各种各样的工厂、到妇女救济院、到法院、到保安队、到大学去参观，跟人家谈话，回来还要写社会视察报告。记得去过宝成纱厂……我亲眼看见了女工辛劳的工作和困穷的生活。""除了出去跑，我们还在学校附近西广开开办了一所实验区平民学校，召贫苦儿童来念书，我们南中同学去当老师……我在南开中学不止一次听到关于梁漱溟先生搞乡村建设和晏阳初先生关于定县平民教育的讲演。后来在抗战开始不能读书时，我甚至去投考过平教会哩。这都是从南开听来的。"

二、校园刊物

《校风》自 1915 年 8 月 30 日创刊至 1920 年底，历时 5 年，共出版 151 期。1921 年《校风》停刊，《南开周刊》出版。从 1921 年 4 月 1 日到 1925 年 5 月《南开周刊》出版了 124 期。1925 年秋季起《南开周刊》以学期为卷加每期的序号，如：12 月 21 日出版的《南开周刊》为第 1 卷第 15 号。

每逢校庆，校刊总要出一集纪念专刊，1924 年 10 月 17 日《南开周刊》出版了《建校二十周年纪念专刊》，从诸方面专文记述了南开 20 年的发展。喻传鉴、王捷侠、潘珍蕙撰写的文章记述了南开各校的成立和现状。严仁曾、郑道儒的文章介绍了留美留欧的南开毕业学生。还有王文山等 9 篇文章详细介绍了 20 年来的南开体育、校园生活、自治励学会等社团活动等，内容丰富，立意深刻，绝不是简单地叙事，而多春秋之笔。如邰光模在《引言》中写道："二十年来，变乱相继。辛亥革命，民国肇建，方冀政体更新，国事因以进步，而乃洪宪称帝；宣统复辟；直皖直奉又相继称兵。社会事业遂终未能一日按相当历程规划其应由轨道。惟本校则披万难胜艰辛种种进步并不稍懈。殊如由小到大，由中学而大学部，而女中部；人数由数十人几超达二千。"又如严仁曾写道："近年来我校毕业生程度渐高，中学毕业同学即能直接入其著名之大学，闻今年大学部毕业之同学崔君福裕已入哥伦比亚大学之研究院，则我校之程度固与美国学校之程度不相上下也。"一册《建校二十周年纪念专刊》，看到南开的不断进步，20 年的"披万难胜艰辛"看到永不停步的南开精神。

1926 年 3 月 29 日至 1927 年 12 月 28 日，《南开周刊》更名为《南中周刊》，共出版 38 期。1928 年至 1931 年，《南中周刊》更名为《南开双周》，序号编排以学期为卷，再加每期的序号。1928 年 3 月 19 日出版的《南开双周》是第 1 卷第 1 期，1931 年 11 月 2 日出版的是第 8 卷第 4 期。

1932 年，南开中学学生自治会一度接办了校刊《南开双周》，在接办后的第 1 卷第 1 期中刊登了《天津私立南开中学校学生自治会章程》，由学生张敬载、曹京平、冯厚生担任编辑。《南开双周》每期封面不同。学生曹世瑛模仿某教师介绍的苏联"五年计划，四年完成"的宣传招贴画创作了封面，画了一个工人站在地球上，高举大斧，砍断捆在地球上的铁链，宣传效果很好，同学们争相传阅。出刊后，美国共产党机关刊物《新众》转载了这期《南开双周》封面，附文介绍了南开中学的学生运动。当局以"《南开双周》左倾"向学校施压，南开中学校刊更名为《南中学生》。《南中学生》第1卷第10期又采用该封面。

1932年出版《南中学生》，每年出1卷，每卷13期。第7期封面有"南开中学学生自治会出版部出版"字样。第8期载有出版部部长兼总编辑：方振亚，经理股：白汝瑗、李继民。在编辑部《我们的告白》中写道："《南中学生》是我们1600余同学所共有，因此它不能为任何势力所压迫，而是言论绝对自由。"《南中学生》分别刊载过纪念"五一""五四""九一八"的文章，论述"帝国主义与中国资本主义"的文章；在刊物空白处的"补白"中，有"知道了苏俄的将来的，便知道了全人类的将来。——莫斯科印象记""学说一入群众中，也会变成物质的武力。——马克思"等语。第8期出版的日期是11月7日，"编者的话"写道，在这个日子出版是为了纪念这一天，这一天是"苏联十月革命发难的一天"。

1933年，南开中学出版《南开高中学生》和《南开初中》替代了《南中学生》。《南开高中学生》出版10期，到1936年11月18日出版的第11期改名为《南开高中》。《南开高中》和《南开初中》一直出版到1937年，天津的南开中学校舍被日军轰炸、烧毁，南开中学被迫停课。

继1917年、1918年《南开思潮》后，南开学校还先后出版过两种学术型刊物《南开季刊》和《南中半月刊》。《南开季刊》1922年1月15日创刊，南开学校出版部出版，为大、中两部合办。内容以研究学术为主，旨在"全体师生共同研究学术目的，自由表达思想"。计划全年出版两期。第一期封面为"季刊"魏碑隶字加"南开"八角校徽图案，并有英文刊名：*THE NANKAI REVIEW*。从第1期的文章题目看，都是比较专业的论文，如《中国圆周率史略述》《论汉魏文学变迁之原因》《原子学说史》《王允之革命思想》等。

与《南开周刊》和《南开季刊》同时期，《南中半月刊》于1923年11月10日创刊，出版第1卷第1期。《南中半月刊》共出版了4期，于转年年考前暂停，"俟二月开学后，再续出版"。喻传鉴为第1期撰写了《发刊宣言》，历述南开出版物十数年历史。半月刊纯由中学部主持，编辑部由师生组合，宗旨举其要有三：讨论问题，研究学术，提倡文艺。四期装订特殊之处是，封面右翻页竖排，登载各类文稿；封底左翻页横排，四期连载了《代数几何的基本概念》一文。

这一时期的校刊与建校初期的有很大不同。一是各社团刊物萎缩，《敬业》停刊，《励学》时断时续。而校刊是由南开学校出版部统一，还是大学、中学、女中分设，最初意见不甚统一，一度不振，最后还是各部分别有了自己的刊物。二是男中编辑部由师生合组过渡到以学生为主，喻传鉴在组织《南中半月刊》时曾希望重新回到《校风》时期编辑代表的模式，但《南中半月刊》只出了4期，假期后未见出版。三是自《南开周刊》后，校刊更名频繁，组稿困难，稿件良莠不齐，"内容少精彩"。四是各种思潮对学生的影响反映到校刊中，"不能为任何势力所压迫，而是言论绝对自由"其指向学校当局，造成张伯苓的不满，曾几次责令编辑部改组、停刊。可喜的是，在各类思潮的博弈中，救国道路的探索，由崇尚西方民主逐渐倾向苏联革命，对苏联革命和建设的介绍篇幅大量增加。从南开校刊的一个侧面看南开教育，教育是脱离不了社会制约的，各种思潮都会给学校教育带来冲击。

三、天津研究会和东北研究会

1927年11月2日，《大公报》报道，南开学校校长张伯苓以天津为华北重镇，工商辐辏，政学杂处，其中可资研究之材料颇多，值此国事蜩螗之际，青年学子更应致力实事求是之学，爰在大学、中学二部组织天津研究会，专从事实地研究。天津研究会利用天津社会可研究的材料颇多，而实地调查又为科学的学习方法，这些资料又多可作为活教材。该会的组织：设委员3人，总理全会事务；下设历史、政治、交通、教育、工业、商业、市政和社会事业8部，各部设部长1人，分别掌管各部事务。

1927年11月14日，南开学校成立东北研究会（成立之初名为满蒙研究会）。东北研究会的成立，系鉴于"我东三省及热察绥各特别区，版图辽阔，蕴藏丰富，实为神州之宝库，而沿边万里，逼近邻疆，尤为华夏之屏藩。今者外力侵入，得寸进尺，几有反客为主之势，而国人朦胧对此殊少注意，良堪痛心"。该会的目的有二，一是教育目的：调查、讲演、报告日俄两国国情及其在东北各种经营状况；二是学术目的：搜集正确资料，分组分门，从事研究，期得彻底解决办法。该会的组织分两部，一是视察部：推行关于教育的诸般会务；二是研究部：推行关于学术的诸般会务。该会的工作有三，一是校内工作：学习日、俄语言文字，研究调查方法，听讲演，阅书报，注意以东北为中心的对内对外时事；二是假期工作：先由本会拟定视察题目，分组实地调查，将其结果详审报告，交由本会整理或印刷出版；三是临时工作：凡遇东北临时发生问题及日俄国情有所变动时，随时布告或举行讲演。该会近期致力于东北铁道系统及海港、东北移民及其运动、金州境内我国人民的教育问题等研究，研究资料有足为教材者，编入史地教本中，作为教材的一部分。

南开中学早期毕业生傅恩龄出任东北研究会主任。1928年4月，张伯苓偕傅恩龄和日本人远山猛雄赴东北考察，搜集研究资料。历时一个月，经大连，到沈阳、海龙、丹东、长春、吉林、哈尔滨，沿呼海线到金康井，又返回哈尔滨。5月7日，在南开大学"国耻日"纪念会上，张伯苓讲演东北归来对旅途情形及东北现状的感想。5月9日，在南开中学讲演东北问题，认为建设东北的当务之急，一是修筑铁路，一是奖励移民。5月10日，邀请蒋廷黻到学校演讲《东北问题》；11月8日，邀请李继侗到南开中学演讲《东三省之农林》。10月间，图书馆展览了搜集到的东北资料，供有兴趣者研究阅读。张伯苓鉴于日本军国主义者觊觎我国东北日趋严重，返校后组织并自编《东北经济地理》作为必修教材，导引国人注意并激发学生爱国思想，南开学校遂遭到日人嫉恨。

学校以为欲研究东北，日文书籍不能不读，因有组织日语研究会的必要，遂成立日语研究会。该会内部组织分为教务、文书、庶务和会计4部，每部设部长1人，合组一委员会，负推行事务之责。会员每期纳费3元，聘导师1人担任教科，由该会与学校酌送车资。日语课程分文法及读物两种，每周上课5小时，方法务求经济，期在两年之内，能读日文普通书籍及杂志。学校为鼓励认真研究起见，"高级学生到班甚勤，成绩优美，经学校考试及格者，得酌予学点"。

四、南开贫儿义塾和消费合作社

早在 1915 年，南开学校"义塾服务团"成立，同时创办南开贫儿义塾。义塾服务团是南开学校成立最早也是延续时间最长的学生社团组织。该社团是全校师生热心公益的组织，其宗旨是养成急公好义之习惯。义塾服务团，经理义塾一切事务及谋进行方法，该团设总董和副总董，各部职员每半年选举一次。凡校内同学每月任捐小洋一角即为本团团员。1919 年编印的《南开学校一览》中对该社团有详细记载。南开《校风》建校 16 周年纪念特刊刊登专文："义塾服务团乃是南开学生对于社会的绝大贡献，学生与教职员共同集资设立，义塾三处，共有学生一百六十余人，系小学程度。每班有干事二人经理收款，每月一次，数目随意。"南开义塾在收入管理上是公开透明的，经常在《校风》上刊登学生为义塾捐款名册。

1920 年 12 月 17 日出版的第 150 期《校风》刊有义塾服务团章程和南开义塾章程。义塾学校定名为南开贫儿义塾；宗旨是教育贫民子弟授以应用知识。章程的主要内容：南开义塾校董为全体师生，每班选 2 名干事经理义塾事务，任期一学期，可再选连任，每位校董应每月捐小洋 1 角，对于连续捐 4 个月或多捐者有奖。设有荣誉校董，捐款数量不限，多捐有奖。校董有选举干事权，有提建议权，有义务支持义塾工作。1924 年南开学校 20 周年纪念专刊载有"南开义塾略史"，叙述南开义塾服务团创办近 10 年的发展情况。义塾最早在南开学校本部创办一处，在校东南角平房。1916 年在河东又创办义塾一处，称为南开第二义塾。其间还办过夜校和女子义塾。在义塾里开办图书馆，购买适合孩子的图书，组织义塾成绩展览和义塾运动会，还参加南开学校的校庆活动。南开贫儿义塾受到社会的广泛重视。

1932 年，南开中学学生自治会成立，下设的平教部，创办了广开平民小学和工友夜校。平教部由学生会中一执委兼任部长，设立设计股负责改良平民小学课本和教育方针，委派干事 3 人办理广开小学校务，由高年级同学担任教员，学费仍由全体学生捐助。

消费合作研究会和南开消费合作社的成立是南开学生对社会经济活动的一种尝试。民国初年，国人逐渐认识到在现代经济社会之中，由生产到消费，矛盾至多，且世人亦认识到有改革的必要。而消费合作运动，即为改造现代经济组织的一种主要方法。"但合作之理想，由何产生，世界各国合作运动之情形若何，合作对于社会有何贡献，将来可以发达至若何程度，均有研究之必要。"南开学校有鉴于此成立消费合作研究会，提倡合作，一方为学习理论，期待人人对于合作理论，有明确的认识；一方注重实做，组织南开消费合作社，使学到的理论与事实得到互相印证。消费合作社成立后，成效可观。

今天研读该社章程，全校师生入股、董事和监察人选举产生、聘任经理经营社务、盈余分配等都具有现代经济的特征。列举该社章程要点：1. 宗旨：谋全校师生利益，发展合作精神，并研究消费合作意义。2. 物品：专售学校日用必须货物，于可能范围内，供给全校师生之需要，物品以国货为主。3. 社员：以1500人为度，每人纳社费2元，凡南开师生均有入社资格。4. 社员大会：分定期会及临时会两种，定期会每年举行2次。5. 董事及监察人：董事9人，监察3人，由社员大会投票选举之，凡社员均有被选为董事或监察人之资格。6. 经理：经理1人，经营社务，由董事会聘请之。7. 盈余支配：（1）公积金：15%；（2）社员利润：60%，按购物多寡比例分配；（3）酬金：25%为办事人员奖金。

五、美术研究会及旧剧表演

南开学生的成长进步，得益于课外社团的历练。在这　时期，综合性社团逐渐消歇，而各单一兴趣性社团得以活跃发展。

1922年秋，南开中学美术研究会成立。该会是在国画促进会的基础上扩充和改组而成，以研究国画和西画、促进美术为宗旨，设国画、西画、雕刻组和音乐组。1923年1月6日至9日，举办第一届展览会，国画、洋画、雕刻三组的作品90件参展，洋画数量较多。同年11月17日该会成立1周年之际，举行纪念会并第二届成绩展览会，共有国画、洋画、雕刻作品124件，洋画占全数的四分之三。1924年春，会员增至150人，增设摄影组，会内添设营业股，司理一切营业事宜。春假期内，洋画组会员赴大沽、西沽、八里台、旧俄界公园等郊外处写生五六次，成绩颇多。6月3日至5日，举行第三届成绩展览，有洋画、国画、雕刻、摄影作品共150余件。同年秋，又添西乐组。10 月 17 日，南开中学 20 周年校庆纪念时举行第四届成绩展览会，有图画、雕刻、摄影等作品共 90 件，西乐组的管弦队、口琴队与唱歌队及中乐组的丝弦队，皆参加周年纪念游艺会表演。

在 1925 年春至 1927 年夏期间，摄影、西乐两组另立组织，成立南开摄影研究会和南开音乐研究会。美术研究会各部工作以中乐、绘画、篆刻为主，各组导师由校外专家担任。1927 年起又改请校内教员孙刚朴、杨叙才、李捷克、王建龙担任指导，并添设石膏雕像组。1928 年 5 月 13 日，学校举行第一次美术展览，美术会导师与会员的多幅作品参展，集作品于思敏室陈列，这也是第五届成绩展览会。1929 年 5 月 26、27 日，学校举行第二次美术展览会时，美术会亦有作品出展，是为第六届成绩展览会。这一期间是美术研究会的全盛时期。

1927 年春，有学生 10 余人组织口琴会，同年秋，口琴会会员增多，遂扩充为西乐会，美术研究会西乐组全体会员并入，西乐会组织扩大。西乐会内部组织，分口琴、提琴、钢琴 3 组，逾时一载，成绩颇有可观。1928 年秋，西乐会改组为音乐研究会，内部组织与前略同，仅增加大提琴一组，聘请音乐教师金律声先生为正式导师。同年 12 月，校长张伯苓赴欧美各国考察教育，音乐研究会于思敏室举行音乐会以表示欢送。1929 年春，音乐研究会连续两次举办演奏会，第一次在学校礼堂，系公共性质，不售票，第二次在校外法租界维斯礼堂表演，略收票价。两次演出成绩均尚可观。

此时的生物学会为有志研究生物学术及实际工作的学生所组织，由担任生物学科的教员为导师，设委员 3 人，掌理文牍、会计、庶务等事。该会之主要工作有制图、录制、采集动植物标本及切片 3 项。该会成立后，各会员及导师皆努力工作，标本图表，制成者甚多，佳者留存，备讲授课程时使用。

20 世纪 20 年代后期，传统京剧也曾活跃在南开中学校园。为与南开新剧区分，把传统京剧称之为旧剧，严修热心参加旧剧改革，认为"剧本加以改良，其功不下教育"，戏剧改革也是社会教育的重要组成部分。在南开中学上演新剧的同时，也有旧剧表演。1928 年 3 月 30 日晚，为提倡国粹艺术，1928 届学生在学校礼堂举行一场旧剧表演，剧目有《卖马》《彩楼配》

《黄金台》《金锁记》《拾黄金》《天女散花》《捉放曹》《连环套》8 出折子戏，演员均系本班同学及曾在本班的级友。因旧剧在本校首次演出，上座极佳，表演颇得观众称许。从当晚旧剧表演的图片说明文字中获悉：《金锁记》剧中，陆以洪饰演禁妈，林受祐饰演婆婆，李士骧饰演窦娥。《买马》剧中，卞学曾饰演单雄信，栾豹饰演秦琼，陆以洪饰演店主。《彩楼记》剧中，王新华饰演丫鬟，杨长骧饰演王三姐，陶祖闰饰演薛平贵。《连环套》剧中，王聘珍饰演大头目，张宝文饰演窦尔敦，杜阜民饰演黄天霸。

第四节　严修逝世与南开校训

严修病逝 / 学校董事会悼词 / 陈宝泉《严先生事略》/ 社会评价与南开校友的追怀 / 张伯苓确立南开校训 / 校训与南开教育理念 / 品德、能力与创新精神

一、严修病逝

1929 年 3 月 14 日晚 11 时半（子时），南开学校创始人严修在天津病逝，享年 70 岁。其家属对外宣布的逝世时间为 3 月 15 日。

严修病逝时，正值张伯苓在美国考察教育并为南开募捐。张伯苓接电报获悉严修逝世，即复一电："惊悉范孙先生逝世的消息，我谨致以沉痛的哀悼，并委派代表致唁，以永恒纪念。"他说："南开之有今日，严先生之力尤多，应尊严先生为校父。"

3 月 19 日，南开学校董事会在中学部召开会议，讨论追悼严修事宜，决定由全体董事专函哀悼；定于 3 月 31 日在中学部礼堂开追悼会。南开学校董事会哀悼严修词写道："呜呼，今日之南开学校非即昔日之私立第一中学乎。昔日之私立第一中学乃先生移家塾捐巨金而成者也。今则由男中学而大学而女中而小学，秩然扩成四部，莘莘负笈者二三千人，其分而散布留学界及所在各界之已经毕业诸青年几乎指不胜屈，虽至海澨山陬穷乡僻壤莫不慕南开之名思送子弟而来就学。呜呼，盛矣。虽然有今日之果，必有前日之因；有前日之因，乃有今日之果，则夫南开学校之所以由极简略而克臻完备

者，非先生热心教育乐此不疲之力所致，伊谁之力哉。顾先生之德望重于中外，先生之事略详于乡评，无烦鄙等赘述也。第以南开发达正未有艾，方共济先生指示方略，贯彻始终，乃变生不测，竟忽溘然长逝，致令人兴木坏山颓之感。呜呼，抑何痛哉，爰共肃此，以申哀悼，希惟詧鉴是幸。"

3月31日下午2时，严修追悼会在南开中学礼堂举行。马千里司仪，颜惠庆为主席并致开会词，李琴湘读祭文，陈宝泉述事略，北洋大学校长茅以升、天津市教育局局长邓庆澜、张彭春致悼词，严智怡致谢词。

陈宝泉的《严先生事略》取材于严修60岁时陈宝泉所编《严先生弟子记》。该《事略》曾经严修亲阅，又补入后10年事迹，再由陈宝泉执笔，李琴湘补正。这篇《事略》，是严修病逝后发表最早最权威的、为后人研究严修留下的最为宝贵的资料。《事略》在历数严修经历后评价："先生为人，外宽厚而内精明。事迹之来，往往触于机先，故数当危疑之局，而未与于难。自治严遇人则厚，居官时京外馈遗，一概谢绝，而亲故之婚丧庆吊，应之惟恐不丰也。交游遍海内外，至其门者，均有宾至如归乐，且皆仰为中国教育家焉。其处事之法，细密而精严，每举一事，规模务取其小，及扩而充之，使至于不可限量。国变后，纯用间接法以促事业之进步，自居于赞助地位而已。亦时势使之然也。然于社会之教育实业自治公益等事，无论出于何人，必赞助之，不遗余力。绝非若前清遗老之流，以苟简自安者可比。"

天津《大公报》在严修逝世后发文评论，称严修"不愧为旧世纪一代完人，旧世纪人物之最后模型"。严修一生的任职，都与教育有关。在贵州学政任上改革科场弊政，创设官书局，改南书院为经世学堂，选拔各府州高才生，强调"经世致用"，开贵州近代教育先河。在直隶任职期间，创设劝学所、宣讲所，开办众多各类学校，编纂国民必读、编辑教育杂志、编辑中小学教科书等，使直隶新学教育走在全国前列。在学部任上，致力于新学教育在全国的推广，颁布多项规定，使新学教育成为戊戌新政的仅存成果，是当之无愧的"革新封建教育、推进教育现代化的先驱"。

严修掌管官立教育多年，却出资致力创办民立学校。其原因是他深知"体制内"，"斯时多囿于官僚积习，欲其能直撼胸臆，为清季教育界开一新纪元，未能也。"他创办民立学校，一是把"尚公、尚武、尚实"的教育方针，融入了"允公允能"的实质；二是使私立学堂得以避开清廷"学校不准集会结社"的规定，兴起学生结社之风。其筹设私立南开学校影响深远。南开学校"进步绝速，除中学外，更增设分科大学及女子中学，学生逾数千人，则公之用力之所在可知矣"。

严修深知清廷的弊端，有些自己当时做不成的事，须留给后人去做，"故独注意延揽人材，拔除废滞，以为国家培些许元气"。严修选张伯苓为南开学校校长，给予辅助和信任，用人不疑。张伯苓信仰基督教，按清廷规定信洋教者不能任学堂监督，严修以董事会意见既婉拒张伯苓的辞职，又避开了公立学堂的俗规，留住了张伯苓，始有日后之南开。其余所荐拔者甚众，如张元济、范源濂、林灏深、戴展诚、罗振玉、刘宝和、陈清震、陈宝泉等，这些人大多是在清末民初文化教育界有作为的人物。

严修慧眼识珠，1920年在南开中学设立的"范孙奖学金"资助周恩来出国深造，那时周恩来只有22岁。美国记者埃德加·斯诺写的《西行漫记》中说："周在欧洲时，他本人的经费支持者是南开大学一位创办人严修。与其他中国学生不同，周在法国时，除短期在雷诺厂研究劳动组织外，并未参加体力劳动。他从一位私人教师学习法语一年后，即以全部时间从事政治活动。"周恩来在欧洲参加共产党后，有人曾劝严修不要再给周恩来以资助，但他不为所动，以"人各有志"奉答，继续寄钱给周恩来。

严修晚年留意国学的传承，"六十岁后，时制古今休诗，联合同志主持城南诗社，斯时尤留意国学，组织存社及崇化学会，延章式之先生及诸名宿主讲。"以"补偏救弊之谋，与当年之提倡新学，其用心正无以异"。这是他经过欧风美雨的洗礼之后对国学的重新体认，蕴含着对现代学校教育某些缺陷的反思对民族精神和传统文化的深层思考，其中自有不可忽视的文化内涵。那种认为他办崇化学会是"倒退"的看法应是一种浅薄和皮相之见。

严修一生留给后人最大的硕果，莫过于南开中学。南开的创办与发展之路并非一帆风顺。对张伯苓重科学、重实验、重训练，与旧式教育迥异的办学思路，曾引起社会上的非议，严修不为流言所动，信任和支持张伯苓，但也给予引导和劝诫。严修1919年在致张伯苓的信中写道："他人反对我校，苟无正当理由，均可不必措意。若因言语失检，招人疑忌，则不可不自检。……不揣本末之议论，不负责任之评议，徒招忌恨，无补实际。不但招忌，使少年效仿，尤为无益。"张伯苓在严修的呵护和关爱中成长起来。胡适在《教育家张伯苓》中写道："张伯苓同严修的结识与合作，自南开初创时起，这是一件美满的事件。严修是中国旧道德传统和学识渊博最可敬佩的代表人物。他是一位学者、藏书家、诗人、哲学家、最具公德心的爱国志士。他对教育的信念，对于新时代新学识的虚心接受，和他在天津地方、直隶全省（即河北省）的道德名望，给年轻的张伯苓在创立远大的教育事业上有莫大的助力。"张伯苓对严修深怀感念之情，他说："严公逝世，在个人失一同志，在学校失一导师。"

对于南开办学经费的捐募，严修也是亲力亲为。南开初期的经费捐募均仰仗着严修的声望，而严修自己亦倾尽家资。据不完全统计，从 1904 年到 1911 年为南开中学捐经常费、修理费、建筑费等，共计 32190 元。1919年，从美国考察归来后，年逾花甲的他又亲自到北京、保定、山西、南京等地，晤访各省军政长官和教育当局，为大学募集开办经费。他自己 1919 年和 1922 年分别为大学部捐赠购书费 2000 美元，捐地 5 亩多（折洋 18000 余元），1911 年 11 月捐赠南开大学汉文书籍 30 余种计数百册，12 月以《新元史》两部，分别捐赠大学、中学图书馆。1924 年捐赠南大图书馆《二十四史》及《九通》等古籍书籍数十种，计 1 万余卷。黄钰生说："南开的募款从一开始到 1919 年，都是打着严范孙的旗帜进行。南开大学筹备时，严老先生都亲自募款。"

严修在一生的事业中，对南开教育的发展倾注了最大的心力。全校师生和遍及世界各地的南开校友闻严修病逝，深致哀悼。1929 年 10 月 19 日南开校友总会成立之际，各地赴会校友共议筹款 8 万元在南开中学建范孙楼，以永久纪念严先生。1930 年 4 月 4 日，举行范孙楼开工典礼，同年校庆之际范孙楼落成，众多校友参加落成典礼，张伯苓致辞："严先生之道德，为温良恭俭让，其行为则博学、审问、慎思、明辨、笃行，当之而不愧。吾人纪念严氏，应效法其做人精神。"他还说："严先生之死，使我们精神上少了一位领导的人，不过严先生虽已经与我们永别，但我们深信和他的精神永远在一处。"1932 年 10 月 2 日，张伯苓、李琴湘、林墨青、陈宝泉等人联名为敬铸严修铜像发表征启："严范孙先生道德、学问、文章久已万流仰镜，吾人亲炙最久。其生存时，英雄见惯，似乎无异常人，迨至没世，觉先生之嘉言懿行可以为人之楷模。……今值留法美术大家王君如九来津，永怀先生之遗风，甚愿稍尽义务为先生铸一铜像，用作千秋瞻仰。"1936年校庆之际，举行严修铜像落成典礼。张伯苓主持典礼并致辞，陈宝泉报告筹铸铜像经过。

严修铜像毁于日军之手，范孙楼至今仍屹立在南开中学校园，为学校标志性建筑之一。范孙楼前厅的严修雕像是后来的学子敬立的。2013年10月，由南开中学1980届毕业生发起捐款，南开中学教育基金会资助，在南开中学校园北楼前敬立严修、张伯苓铜像，为南开学子增添了又一处缅怀先贤的景观。

二、南开校训

1934年10月，在南开学校建校30周年纪念之际，张伯苓总结南开办学经验，把"允公允能，日新月异"八字定为南开校训。南开校训的提出，标志着张伯苓教育理念和办学思想的成熟。

南开校训是南开教育宗旨的结晶。南开中学建校之初，严修为学校制定的教育目标是，培育学生爱国爱群之公德，服务社会之能力。张伯苓多次谈道："南开学校系因国难而产生，故其办学目的，旨在痛矫时弊，育才救国。"1931年初，张伯苓把南开学校的教育宗旨明确表述为："我之教育目的，在以教育之力量，使我中国现代化，俾我中国民族能在世界上得到适当的地位，不致受淘汰。"

南开校训是南开教育方法的浓缩，也是张伯苓教育思想的浓缩，纵观张伯苓的教育实践，可以概括为如下几个方面。

（一）爱国教育。爱国教育是中国近代教育家教育思想的共同特征，他们从忧患走来，都竭力用爱国主义教育铸造新时期的民主精神支柱，以期用爱国主义造就新一代的"民族的脊梁"。张伯苓教育思想最突出的部分正是爱国教育，这成为他教育实践的一条主线。张伯苓把爱国教育放在德育教育的首要位置，视为个人道德修养的最高境界。他说："广义之言，学校则教之为人。何以为人？则第一当知爱国。"在南开中学的教学安排中，爱国教育形成制度，教育方式多样，生动活泼。

（二）张伯苓把对学生的传统美德教育、人格教育、节俭教育和青春期教育等，都作为其德育教育的组成部分。这些教育都蕴含在他的讲演和学校制定的各项规章制度中，潜移默化地体现在南开教育的过程中。

（三）张伯苓在南开教学活动中，探索出一条独具特色的学校体育教育之路。张伯苓认为国民体质虚弱，主要在于国人不重视体育。提出"强国必先强种，强种必先强身""强我种族，体育为先"的观念。张伯苓重视体育教学和体育运动，倡导全员参加体育，强调南开就是要"造就德育、智育、体育完全发达"的人才。他还说，"教育里没有了体育，教育就不完全"，"不懂体育的人，不应该做学校校长"。

（四）张伯苓重视科学教育，重视实验教学。他说："苓当办学之初，即竭力提倡科学，其目的在开通民智，破除迷信，藉以引起国人对于科学研究之兴趣，促进物质文明之发达。"在教学指导思想中强调"了解自然环境与生活的关系，且更使之能知利用自然，改造环境"，要引导学生"引起研究化学之兴味"，在实验中"养成科学之态度"等要义。进而提出具有创造性思维能力、科学文化知识和献身科学精神，是学生素质培养的三个主要方面。

南开校训是南开教育精髓的经典表述。校训特别强调了道德和能力两个方面。校训中的"公"，侧重点在于公德和社会责任，这是针对当时普遍存在的注重私德而忽视公德，注重小德而忽视大德而言的。张伯苓多次说过："有的中国人太自私自利，常为自己的一点小利，就能做出不顾大体，祸国害国的事。"所以，他强调爱国、爱集体的公德精神。"惟'公'，故能化私、化散、爱护团体、有为公牺牲之精神。"校训中的"能"，是培养学生应具备为社会服务的能力，这包括智能、才能、技能、体能等多方面，张伯苓强调的是以科学知识和民治精神为主的"现代能力"，只有这种能力才是社会所需要的，才能推进中国现代化。"惟'能'，故能去愚、去弱、团结合作、有为公服务之能力。"

张伯苓提出"允公允能，日新月异"校训，是南开教育发展、提升、成熟的必然结果。"允公允能"，就是既培养学生的爱国、敬业、献身精神，又培养学生的知识、技能、本领和强健体魄，要求学生既有公德，又有能力。"日新月异"，意即要求每天每月都有新变化，随着时代的前进而不断革新，与时俱进。张伯苓说，"日新月异是说每个人要接受新事物，而且能成为新事物的创始者，不但赶上新时代，而且还要走在时代的前列，这是南开精神"，"南开精神就是长进和创造精神"。"允公允能，日新月异"校训的提出，显示了南开人独有的价值取向和人格结构。张伯苓把他的教育思想高度概括为8个字，使广大师生有了具象的奋斗目标，在学校的群体生活中成为一种具有心理约束作用的行为风尚。

"允公允能，日新月异"校训，凝结了张伯苓教育思想和教育实践的精华，启迪和陶冶了一代又一代南开师生。喻传鉴说，南开校训的"'公、能'二字，为全校精神之所寄，先生之所施教，本此二字，学生之所努力，也本此二字"。

第五节　中共地下党组织与爱国民主运动

中共地下党组织在南开中学的建立与发展 / 爱国民主运动与中共地下党组织 /1917 年、1931 年和 1932 年的三次学潮

一、南开中学的中共地下党组织

南开中学是天津最早建立社会主义青年团（S.Y.）支部的学校之一，据1924 年《S.Y. 天津地方报告》中记载，天津共有 6 个 S.Y. 支部，南开中学为第三支部，团员共 15 人，书记是方代。"……对于团员教育系由各支部分头办理……每次开支部会议时，由各同志分述意见及读书心得，其办法可分为两项：一、请马克思派学者讲演。二、由各团员自己用功，并规定本团《团刊》《向导》《中国青年》，每人必须订阅；《社会主义讨论集》《达尔文主义与马克思主义》《马克思学说概要》《共产党宣言》为团员初步必读书籍……"团组织"规定，每人每日至少须以一小时时间读关于主义之书籍或宣传主义于非团员。……天津平民教育运动本团已实行参加，并尽力提出本

团同志担任教员，实行向无产阶级宣传"。团组织要求"尽力在各小学同学中获得同志，以期将来能将 S.Y. 活动中心移于初级中学及小学"。

1924 年 11 月 10 日，邓中夏在《关于巡视天津情况给恽代英、张秋人的报告》中记述："战事起后，各校除南开外，完全停课，学生星散。仅南开支部存在。……南开支部按时开会，情形颇好，最近新介绍 5 人。"并"在南开校内组织一公开的灰色团体，吸收比较进步分子，别校亦有加入者。惟同志极幼稚，可说尚在新文化时代，未到主义时代"。

1924 年，林枫考入南开中学，"在一年级时，曾和他同乡同学綦书功一起向同学们介绍《向导周报》《新青年》，宣传进步革命思想。"1925 年，五卅惨案发生后，林枫和同学们积极参加抵制日货、抗议侵略者暴行的活动。1926 年，林枫与国共合作的北伐军取得联系，鼓动同学从戎投军，到武汉参加北伐军。1927 年他经范文澜介绍加入共产党，此后，离开学校"转到武汉参加革命工作"。

1926 年下半年，范文澜在南开中学任教。时逢国民革命军北伐节节胜利，范文澜在教书的同时积极发展组织。他经常找学生谈话，谈论国家天下大事，宣传国民党左派和共产党。范文澜曾介绍李观澜、朱庆疆等学生参加秘密组织的活动。在此期间范文澜因积极参加五卅运动，组织"朴社"，会见李大钊先生，并在课堂上向学生宣传共产主义，险遭天津警备司令部抓捕，后经严修、张伯苓营救，得免囹圄之灾，离津赴京。

1927 年，共青团南开中学支部有 30 多个团员。管亚强（张致祥）任支部书记，安立元任组织委员，姜世榛任宣传委员。领导南开中学共青团工作的上级负责人是 1925 届校友郭宗鉴。当时，管亚强（张致祥）还担任南开中学学生自治会主席。1927 年学潮后，管亚强等被学校开除。

1932 年丘岗（邱向汶）在南开中学正式加入中国共产党，入党介绍人是南开中学校友、时任中共天津市委负责人的张敬载（罗云鹏）。当时，南开中学党支部有党员 3 名，即朱启銮、武书文、丘岗。南开中学除党支部外，还有共青团支部和反帝社等秘密组织。其组织和活动的规模，在天津市各学校中是最大的。丘岗回忆："有一度天津团市委书记、反帝党团市委书记、社联党团书记都是南开中学离校同学。"丘岗因罢课被迫退学后，到中共天津市委担任组织干事，负责在天津市各大专学校发展党员工作，同时兼任军委工作。1932年底南开学潮后，中共地下党在南开中学的活动一度中断。

一二·九爱国学生运动以后，1936年南开中学重建了中共党组织。1936届学生邱孝域（梅洛）在学校图书馆找到了马克思的《资本论》和斯大林的《列宁主义问题》等著作。同届学生吴祖贻、叶笃成（方实）、王运成、梁华鍇（白文治）等都从不同的渠道阅读了恩格斯的《家庭、私有制和国家的起源》、河上肇的《经济学大纲》、普列汉诺夫的《史的一元论》等革命理论书籍。他们还经常三三两两地到太古码头和怡和码头去观察苦力的劳动和生活，暗中寻求挽救危亡和社会解放的道路。1936年春节前后，校友李文运、杨炳超和北平大学法商学院学生李铨利用假期到学校，李文运、杨炳超都是共青团员，李铨是共产党员。在高云屏、梁华鍇的宿舍组织了读书会，由李铨领导负责，连续活动了几次。寒假快结束时，李铨、杨炳超要回北平了，李文运调去上海。于是李铨又介绍天津法商学院学生傅鹏矞继续领导南开中学的读书会。傅鹏矞每个星期定期到南开中学来，组织读书会读马列的书和抗日救亡刊物，讨论时局和各种政治问题。

1936年清明节前的一个下午，高云屏、张炳元和梁华鍇三人一起到天津法商学院傅鹏矞的宿舍，填表正式加入中国共产党，高云屏任党支部书记，这是一二·九运动后南开中学重建党组织时的第一批党员。1936年3月底4月初，刘嘉谟由法商学院阮务德介绍与吴祖贻、叶笃成、王运成等先后加入了民族解放先锋队。这时，在南开中学还有失掉组织联系的社联成员吴锡武（吴宪）和失掉组织联系的共青团员田文莼。在这些同学的周围都团结了一部分进步学生，形成了一批骨干力量。在中共党组织的领导下，南开中学成为天津市学生抗日救亡运动的一支重要力量。

二、爱国民主运动

1922年2月4日，中日双方正式签署《中日解决山东问题悬案条约》，最终迫使日本同意由中国出钱限期赎回胶济铁路，史称山东胶济铁路赎路运动。为支持中国政府筹集赎路所需的巨额赎金，是年2月底，南开中学教职员成立赎路基金委员会。张伯苓、华午晴、孟琴襄、张见安、陈筼谷等 5 人为基金委员会委员，全校集金约 8000 元，张伯苓认捐 500 元。虽然该赎路计划最终失败，但南开中学教职员工的爱国之举永载史册。

1925 年 5 月 30 日，上海日本纱厂资本家杀害工人顾正红，英国巡捕开枪打死抗议群众 13 人、打伤多人、逮捕 150 余人，制造了震惊中外的五卅惨案。6 月 5 日，南开中学师生组织"五卅后援会"，通电全国，声援上海同胞。6 月 6 日，组织了三四十支演讲队，上街宣传，募款援助上海工人，先后募得现款 500 元。"各年级开会讨论，决议延长学期，照常上课，而可以自由出入宣讲，绝不作自杀之罢课。"6 月 13 日，天津《益世报》载《南开校长张伯苓之谈话》："天津学界，自接到上海凶耗后，甚为愤慨，彼由学生教职员两方决定罢课三日，以致哀悼。现三日已满，学生方面除每日轮流出外游行讲演，检查英、日货物外，仍照常上课。救国必须读书，读书即是救国，双方兼顾，方为上策。"6 月 15 日，南开师生援助上海工人的第一批捐款汇沪。6 月 25 日，南开学校 5 名师生代表乘船赴日本，敦请旅日同胞声援五卅运动。

1928 年 5 月 3 日，济南 17000 余人被日军屠杀，史称五三惨案。5 月 16 日，南开中学召开济南惨案纪念会抗议日本侵略者的暴行。南开中学师生在会上表达爱国激情，谴责日军的残暴行径，会上每人发黑纱一条束于左臂以示向遇难者致哀。

1931 年九一八事变爆发，张伯苓于 9 月 18 日当晚，对天津市中小学教职员百余人讲演，宣传"吾人之责任与自救之道"。9 月 28 日，张伯苓在九一八纪念周南开中学师生集会上再次发表讲演，呼吁"我全校师生应取远大看法，冷静态度，不应效孩子稚气求人帮助。天下一切事体，惟求己方能自存"。其后，张伯苓在多种场合发表抗日演讲，在师生中和社会上引起共鸣。是年校庆，南开师生决定纪念活动从简。按常规南开新剧演出和游艺活动停止，改为举办大学、中学、女中和小学运动大会及军事训练检阅，以示抗日之决心。

因九一八事变，校内东北三省的在校学生经济供给发生困难，经由学生代表向学校请求，张伯苓允诺学校暂垫学费。10 月，东北流亡学生到津人数渐多，在天津社会局登记的就有 480 余名，约有 300 名尚无办法安置。市政府派人与张伯苓接洽。张伯苓表示，学校可加开夜班，教授与时间分配及分班等问题，均由南开负责，但"经费一层，须请省市政府挹注，学生宿舍则请以市府名义借李公祠"。市政府秘书吕律专为此事造访张伯苓，对商讨结果极为满意，即日起东北流亡学生入学上课。张伯苓的做法得到南开师生的热烈拥护。

1931 年 11 月 8 日晚，汉奸张璧率领便衣队发动"天津事变"，妄图占领天津。天津保安队（于学忠的武装警察部队）奋勇抵抗，在南开中学附近修筑防御工事，设置路障，与汉奸便衣队对峙。南开中学学生自治会让食堂煮了面条，由张敬载等同学送到前沿阵地，慰劳保安队士兵。两天后，便衣队被击退。26 日，便衣队再次组织暴动，又被保安队击溃。便衣队的骚扰使学校不能上课，学生自治会便发起组织到南京向国民政府请愿的代表团，反对政府当局不抵抗政策。最初张伯苓考虑学生安全问题不同意此行，经学生自治会多次交涉争取，张伯苓才批发了旅费。南开中学学生代表团有 30 多人，由唐凤都领队，绕道赴南京。变乱期间，张伯苓和南开 6 位各课主任都住宿在校内，每夜两人轮流值班，直到中学复课。各地南开校友及友好纷纷来函来电慰问，张伯苓一一转达谢意，并告知母校平安。

1932 年 1 月 28 日，日本海军陆战队进攻上海北站、吴淞等地。蒋光鼐、蔡廷锴率领十九路军奋起抗击。南开中学师生闻讯迅速组织募捐队，经过向社会各界募集捐款，汇洋 500 元慰劳十九路军官兵。校长张伯苓带头捐款，支持十九路军抗日。

1932 年 4 月 1 日，日本天津驻屯军以演习为名骚扰学校，天津当局令南开中学"不得妨碍其行动"。校长张伯苓不从，以"此乃学校"为由，直接与日军交涉提出抗议。是年 9 月 18 日，为纪念九一八事变一周年，南开中学校门口悬挂"收复失地"等标语，日军士兵用刺刀将标语取下带走。

1932 年至 1936 年，南开中学师生多次赴前线慰问与日军作战的中国守军，并参与战地救护。1932 年 1 月 1 日，日军在山海关制造事端，炮击临榆县城，中国守军还击，揭开长城抗战的序幕。3 日，山海关沦陷。10 日，南开中学师生代表王九苓等携毛巾千条、肥皂千块、糖果 300 斤等物品赴临榆前线慰问守军将士。守军司令何柱国对南开中学师生劳军表示感谢。15日，南开中学再派丁辅仁、曹京实、周季奎和学生马溥荫携纸烟、咸菜等慰问品赴前线慰劳。27日，南开中学派出慰劳队，由队长吴敬敷和队员10人携带慰劳品前往滦县、玉田、迁安、丰润等地慰问守军。2月2日，南开中学由教师张锋伯率领师生24人携带慰劳品饼干1000磅、毛巾3000条、胰皂3000块，赴通州慰问宋哲元率领的二十九军。宋哲元复电张伯苓："贵校同仁不惮跋涉集临敝部，爱国热诚，钦佩万分。"10日，南开中学派出第五批师生分别前往香河县、三河县及通县抗日前线慰问中国守军。3月14日，喜峰口大捷。16日，南开中学张锋伯等2人赴第二十九军冯治安师，了解抗日情况并慰问，携张伯苓致二十九军公函，信中称赞"贵军喜峰报捷，全国光荣，敝校递听风声，尤为忭跃无似"。22日，南开中学师生组织慰劳救护队共45人，由教师张锋伯率领前往战地担任救护工作，并携带救护应用器具暨慰劳物品。30日起，南开中学师生赴通县一带看护伤兵，每逢星期三往返一次。5月1日，南开中学师生前往滦县慰劳看护三十二军将士。9日，南开中学师生代表丁辅仁、裴元龄、凌冰3人"赴平（滦县）调查守军在喜峰口罗文峪等处，为国牺牲阵亡将士姓名籍贯，俾作抚恤之预备"。17日，商震部在冷口与日军血战，南开中学教职员各捐薪水购买担架28副，手术台10架，棉花110磅，绷布10匹，药箱20只，并"派员送上，以表寸心"。11月，喜峰口中日战事方酣，南开大学、南开中学两部学生推举代表，组织联合慰劳队，携带慰劳品多种，赴前线慰劳。1934年3月9日，南开中学春假期间，派学生赵宜伦、沈世杰、郭荣生3人代表全校师生前往河北省蓟县石门镇二十九军抗日阵亡将士墓地扫墓，种植白杨树25株，并书写横木牌以留念。1936年12月10日，日本蛊惑蒙奸发动绥远战事，中国军队攻克百灵庙。南开中学教师丁辅仁率领学生4人，并在张家口购得大批皮手套、皮袜子携往前方慰劳将士。

1934年10月10日，第十八届华北运动会在天津河北体育场举行，在开幕式上，由南开大学、南开中学和南开女中900名学生组成的啦啦队，在严仁颖的指挥下，手持黑白两色手旗组成方阵，用黑白变化组成各种图形。当"毋忘国耻""毋忘东北""收复失地""还我河山"等大字标语口号出现在啦啦队学生的方阵中，全场观众报以雷鸣般的掌声和欢呼声，三万观众和运动员群情激昂，同仇敌忾，一片欢腾。同时，南开啦啦队学生发出铿锵有力的呼喊："华北会，十八届，锻炼好身体，休把别人赖，收复失地在关外"；"十八届，华北会，大刀带长枪，熊腰又虎背，敌人见我往后退！"当东北运动员通过主席台时，啦啦队学生一齐高呼："练习勤，功夫真，东北选手全有根；功夫深，资格深，收复失地靠咱们"；啦啦队学生向察哈尔省运动员高呼："察哈尔，有长城，城里城外学英雄，要守长城一万里，全凭你们众英雄！"整个会场的激昂情绪被推向高潮。面对此情，参加开幕式的日本驻屯军最高长官梅津美治郎提出所谓"抗议"，张伯苓义正词严地予以批驳："中国人在自己的国土上进行爱国活动，这是学生们的自由，外国人无权干涉。"当时运动会的照片和新闻报道都记录了那一瞬间，南开学生"毋忘国耻"大字标语永载中华抗日史册。

1935年12月11日，南开中学和南开女中学生会同时召开全体学生大会，传达北平一二·九运动的情况，动员学生参加抗日救亡运动。响应北平学联的号召，12月18日，天津各大中院校举行一二·一八示威游行。游行以后，在中共地下党领导下，成立天津学联，南开中学担任学联执委。其后，北平学联与天津学联联合起来，成立了平津学联。18日游行后，南开中学学生自治会即召开学生大会，认为向地方政府请愿已无意义，遂决定去南京请愿，要求国民政府抗口。当晚，南开中学300余名学生到天津西站，打算乘火车去南京，天津当局闻讯命令南下火车停开。19日凌晨，学生决定步行南下，行至杨柳青镇，由于准备不足，在家长和老师的劝说下只好返校，学校派卡车将请愿学生接回。

回校后，学生们一方面积极募捐筹款，准备购票乘车再次南下；一方面由学生刘万鹏、叶笃成、王达成、傅正等执笔，代表南开中学学生自治会撰写《南开学生为华北实况告全国民众书》，将平津两地进步学生反对"华北自治"的斗争以及所受到的迫害昭告天下，唤起民众，争取支持。筹款工作进行顺利，许多家长也捐款支援，初一和初二年级学生纷纷将平日积攒的零用钱全部捐出来。准备就绪后，南开中学100余名学生分乘火车和轮船两路南下，陆路由学生吴祖贻、刘嘉谟（刘震）、吴熙武等带队。南开女中选出李良庄、赵德员、韩豁、唐伟英等学生代表与男中陆路队伍同行。水路由学生王树勋、申宪文等带队，由塘沽坐船到上海，再乘沪宁火车赴南京。12月27日晨，走陆路的50余人率先抵达南京，立即分头与各大中学联系，向各校师生介绍华北的危急形势和一二·九运动发生的情况。1936年1月1日，全南京市中学秘密组织起来，于清晨举行南京市中学生的大游行。同日，走水路的南开学生到达南京，即与先期到达的同学会合，去国民政府请愿，递交请愿书，要求会见蒋介石。行政院秘书长翁文灏和教育部长王世杰出面，会见了南开学生代表。学生代表吴祖贻宣读请愿书，历数国民政府从东北沦亡到华北特殊化等一系列丧权辱国的行径，要求国民政府立即停止内战，团结各党派，组织联合政府，全国总动员，一致抗日；要求立即实施国难教育方案，进行非常时期教育，加强军训等。翁、王二人接受了请愿书。

1月2日，南京南开校友会组织新年茶话会，欢迎赴南京请愿的全体同学，并劝说学生尽快回津上课。经大家讨论，请愿目的已经达到，大多数人同意北返。1月3日清晨，南京校友会派人到车站送行，南开校友、南京金城银行经理王恩来还赠送了面包等食品，将请愿学生送上火车，铁路局特意安排一节与其他旅客隔开的专用车厢供请愿学生乘坐。

作为共产党领导的一二·九学生运动的组成部分，1935年底到1936年初，南开中学部分学生的南下请愿，体现了南开学子的爱国情怀和不屈不挠的斗争精神，表达了学生们反对"华北自治"，反抗日本帝国主义和收复东北的决心，推迟了"华北自治政府"的成立，为全面抗日争取了时间和民心。南开学生在抗日救亡运动史上留下了浓墨重彩的一笔。

1936年，南开中学学生参加天津学联以纪念五卅惨案及勿忘"何梅协定"国耻的名义，以"反对日本增兵华北""反对华北特殊化""清查海河浮尸案"为主题举行的反日示威大游行。游行原计划于5月26日举行，因走漏消息，24日晚武装军警突然包围各校，南开中学和南开女中的大门口都被严密封锁，架起机关枪，切断各学校间的联系，禁止学生出入。军警包围三天三夜后，于27日傍晚撤退。天津学联当晚召开紧急会议，决定次日清早开始游行并罢课三天，史称天津五二八大游行。

游行队伍分南、北两路，北路由法商学院、北洋工学院、女师学院等学校组成；南路由南开大学、南开中学、官立中学等学校组成。当天，北路大军先到金钢桥，遭到军警的阻截，半小时后南路游行队伍也赶到金钢桥。两路学生手挽着手，用身体抵挡军警的枪托和警棍，奋勇向前，并向军警展开宣传攻势，高呼"拥护军警抗日""不作亡国奴"等口号，军警的防线很快被突破。两路大军在金钢桥上胜利会师，然后到东北城角官银号广场召开市民大会，参加集会的市民和学生达上万人。会上，首先由北路学生代表阐明大会的意义及日寇增兵华北的严重形势，继而南开中学学生自治会主席吴祖贻作为南路学生代表演讲，抨击国民政府亲日媚外和华北政局危机，后宣读提案，获得人民群众的支持。会后，学生队伍绕天津旧城游行，扩大抗日宣传，沿途有许多市民群众加入到学生行列中来。五二八大游行的成功，营造了抗日氛围，唤起了民众的爱国热忱，使天津的抗日救亡运动达到高潮。

1936 年 9 月 7 日，张伯苓赴南京，在南京南开校友会为张伯苓举行的欢迎会上，他发表演讲指出："九一八以后，平津一带随时可有战局。天津如被侵袭，早受日人嫉恨的南开学校，其遭遇破坏自属必然，致使南开学校片瓦不存，亦不足惜。有中华民国，则南开纵使遭到破坏，何患不能回复。如没有了国家，即使学校幸存，徒为敌人利用，以愚弄我国民，办南开学校又有什么意义。"9 月 13 日，华联社天津电称："日领事馆晨致函公安局，谓南开男中部女中部学生，连日开会筹备举行九一八纪念会，此实为抗日行为，请予取缔。"张伯苓对于日本方面要求天津当局限制南开师生的抗日行为给予了坚决的回击。

张伯苓宣传和坚持抗日主张，体现南开师生的爱国意志。自五四运动至七七事变，南开师生的爱国行动，充分反映了南开学子的爱国精神和关心时局、关心民生、以天下为己任的高尚情怀。著名历史学家、南开中学1931 届毕业生何炳棣说，经过海内外科学考证，南开学校笃笃实实是世界上最爱国的学校。

三、南开中学学潮

1927 年 11 月至 12 月间，南开中学发生学潮，引起社会各界关注。这次学潮虽只发生在南开校园内，但它与第一次国共合作和北伐战争有着紧密的联系。当年学潮的组织者和参与者、1927 届校友张致祥（在校用名管亚强，担任高三班班代表、学生自治会主席、共青团南开中学支部书记）回忆：1927 年初，在北伐革命浪潮的影响下，南开中学学生开始搞学生自治活动，当时选举的学生代表共产党员、共青团员、国民党员占了多数。

1927 年 11 月 23 日，南开中学 20 多名学生聚众请愿，反对学校制定旷课扣学分的规定。24 日，张伯苓以学生因旷课扣分事，集众请愿，肆行要挟，认为学生"无实行教育之可能"而向董事会提出辞职。学生中因张伯苓辞职而分成两派。12 月 1 日，校董会召开临时常会，张伯苓未出席，喻传鉴报告中学风潮情况后，董事会讨论"本会非坚留（校长）不可"。遂公推李琴湘起草致函挽留校长，并公推严慈约、孙子文、李祖绅等赴校长私宅挽留。

12 月 2 日晚，一派学生"二十六班代表会"开会，议决明早 8 时赴张伯苓家实行挽留。另一派学生"挽张代表大会"闻讯唯恐落后，次日早 8 点前 8 名代表即赴张伯苓家，恳请张伯苓回校，张伯苓最后答以"想想"二字为结局。后"二十六班代表会"代表也晋谒张伯苓恳切挽留，并有书面表示。张伯苓见同学有觉悟，态度诚挚，遂允于 5 日回校复职。

12 月 5 日，张伯苓到校视事，反思本次学潮的原因，认为"是起于我太忙，不能常与同学交谈，至师生之间，发生隔阂，由隔阂产生误会，而生猜疑"。并说："我们应当要想一个补救办法，以防将来的再不幸。这补救办法，就是我暑假中常同诸位说的以学生为主。"宣布解决学潮的 6 条办法：1. 周刊平民教育股及贩卖股，均各由学校约请师生若干人为委员承办之。2. 自治励学会即日停办。3. 前次请愿诸人，即以全体名义，姑置不问。4. 同学之间，不准各怀私见，互相嫉视。5. 多数人如有意见，尽可用各种办法，向学校建议，不得有旁敲侧击、冷刺热讽情事。6. 不准假借全体名义，自逞私图。同日，以"思想偏激，成见甚深"为名，开除学生管亚强（后改名张致祥）、安立元、刘梦苏、史风林等 7 人。

12 月 14 日，因学校令自治励学会停办，该会发表宣言称，受学校当局压迫，不得已停办，旋又散发传单，批评校长及教职员。张伯苓见传单后，随即召开学生大会。会后又召集散发传单的学生谈话，让他们立悔过书，否则离校，免致妨碍他人学业。诸学生均谓无有过失，何从悔过。张伯苓遂认为这些学生无从教育，决定分别致函保证人及家长，请即领回。校史资料未载明这些同学姓名。此次学潮一直延续到年底方才平复。

1931 年和 1932 年南开中学又发生两次学潮。1931 年学潮的始末是，九一八事变后，南开中学东北籍学生率先发起成立学生自治会，表达复国救亡的意志，得到全体同学响应。1931 年 11 月 2 日，学生自治会举行全体大会。各班学生推举代表选出学生自治会委员和执委，执委会推举张敬载（罗云鹏）任主席，曹京平、胡思猷、于惠敬、韩宝善、曹世瑛等任委员。但在成立学生自治会时，部分学生批评学校方面的行政措施，喊出"打倒校长"等口号，引起张伯苓的不满。12 月 16 日，学校方面要求学生会停止工作，与学生会发生纠纷。下午，全体学生集聚礼堂开会，唐凤都为主席，报告成立学生会的意义，并说学生迭向学校要求成立学生会均未获准，而自动组织，并无不妥。会议决议由学生会执委与教职员组织学校维持会继续上课，请校长解释不合法之处。同日下午，全体教职员开会，张伯苓出席，报告明日准备向董事会辞职。会议决议推陈赟谷等 5 人向学生劝告。如实无办法时，再行全体随校长一道请辞。会后即与学生会执委接洽，学生会拒绝改组，情况陷入僵局。

此后，学生会再次召开全体学生大会，坚持要求学校追认学生会之主张。而陈家珍、叶馨浓等 17 位同学认为，学生会发起及工作有不适当处，宣言挽留校长。不同观点的学生分歧加剧。12 月 18 日下午，市公安局秘书吕律等赴校访张伯苓及训育主任雷法章，会晤学生会执委会主席张敬载、全体代表主席唐凤都。同日，大学部公推代表 5 人到南中学生会调解。学潮发生以来，因旷时废学，切盼上课的学生逐渐加多，纷纷退出学生会，又有许多学生离校，在校者只有十分之三四。12 月 19 日，国民党天津市党部对学生会发出训令。12 月 20 日，南开校友会召开执委会议，决定推代表分访各董事，劝告学生会，请求挽留校长及全体教职员。同日，退出学生会的学生发表《泣告同学书》，学生会驳斥市党部训令说法。

12 月 21 日，南开学校校董会召开会议"一致挽留校长"。22 日，学生会两度致函张伯苓。一是请校长以学校前途为重，在校董会未批准辞职之前维持校务；二是此次风潮焦点，当在学生会改组问题，学生会不反对此项提议，但须本诸全体学生之意志、权能及自由，方能改组。24 日，张伯苓复函校董会，"鉴多数学生亦均觉悟前非"，订于 28 日复课，又在校园张贴布告宣布复职，当日接受《大公报》记者采访谈道："本人对于学生会之组织极为赞成，对现在学生会所不满，只在产生学生会之全体大会中，有'打倒某人'之口号一点，其他均不成问题。"25 日，学生会发表改组宣言。28 日，南开中学辞职教职员声明复课。同日，市党部代表送达南开中学学生会改组许可。上午 10 时，两节课间，学生会举行改组大会。在学校和学生双方的退让下，问题得到解决。至此，长达两周的学潮平息。

1932 年，南开中学学生自治会接办校刊《南开双周》，四五月份《南开双周》更名《南中学生》。当局情报机关因《南中学生》的左倾面目向学校当局发函施压。校方对学生屡次说服警告，宣传其"教育救国"主张，劝说学生以读书为主业，但不见成效。12 月 16 日，校方在大操场贴出布告，宣布令校刊停刊，解散学生自治会。此时正逢承包学校食堂的商人降低学生伙食质量，引起学生们的不满，遂引发学潮。同日，学生自治会召集全体大会，向校方示威，张伯苓在礼堂讲台宣告"学生运动不轨"，请训育员制止学生的行动。

12 月 19 日，学生自治会执委同时出动，召集全体同学在礼堂开会，宣布罢课。邱向汶（丘岗）等学生到中楼教室，向正在上课的教员、学生宣布："立即一律停课，到礼堂开大会。"经过大会商讨，提出要求：1. 不能解散学生自治会；2. 继续出版校刊《南中学生》，等等。经学生代表送达校长办公室，张伯苓开门出来，没走几步就晕倒在走廊，学生只好散去。其后，一部分学生在范孙楼及中楼上张贴标语："南开不姓张！"另一部分学生拿着棒球棒子，站在校长室外守卫。两部分学生互相打嘴架。为避免冲突，警察到校站岗，宣布有共产党活动。那天，张伯苓被扶拥着出来，坐到礼堂的讲台下，面对集合起来的学生，把领导学潮的朱启銮、邱向汶等几名学生叫到座椅边，低声问了姓名、家庭简况，然后说："你们头脑热了，去休息休息吧。"第二天，又有二十几名学生因这次"学潮"被强令退学。

纵观南开中学的三次学潮，把矛头对准张伯苓的"教育救国"，提出

"打倒校长"的口号，未得到多数师生的支持。1927 年的学潮，把反对"旷课扣学分"作为理由似乎也缺乏合理性。1927 年的天津《益世报》在报道南开中学学潮时，称管亚强（张致祥）为"赤色分子"。被开除的管亚强1928 年转为共产党员，成为职业革命者。1984 年他回南开中学参加母校 80年校庆，这样评价当年的学潮："今天回想起来，我们当时提出要求学校改革制度，关心时事，参加革命，还是正确的。问题在于 1927 年下半年革命已处于低潮，而我们却犯了'左'的脱离群众的错误。这是学潮之所以失败的主要原因。"1932 年学潮的参与者丘岗回忆那次学潮时写道："上面有'左倾'路线，加之学生幼稚，把运动目标转移到向着学校当局的'教育救国'主张，行动过激，失去控制，以至把运动引向失败，遭受挫折。"南开中学学潮的失败，给南开中学的党团组织带来损失，其工作因此一度中断。

纵观南开中学经历的历次爱国民主运动，一个令人感受深刻的现象，就是张伯苓面对学生介入爱国民主运动的矛盾心理。他洞悉"南开学校系因国难而产生，故其办学目的，旨在痛矫时弊，育才救国"，并把爱国教育贯穿在中学教育的全过程，以此成为南开教育的突出特色。南开中学的爱国教育激发了南开学生的爱国热情。民国初年的数次爱国行动中南开师生都走在运动前列，这些爱国运动主要表现在拥护共和、拥护民主、反对侵略、救亡图存等方面。张伯苓一方面对军阀当局镇压学生运动表示强烈反对，另一方面又对学生的激进行动不满，多次进行规劝引导，并以开除学籍、辞去校长职务相威胁，与学生发生矛盾对立。张伯苓常常徘徊在对学生进行爱国教育和支持学生爱国行动的矛盾中，常常纠结于爱国教育激发了学生的爱国行动，而又偏离了张伯苓爱国教育的初衷而形成的悖论中。

作为一位亲历过甲午战争失败的"国耻"的真诚爱国者，张伯苓对学生进行爱国教育，对北洋军阀和国民党当局对外软弱退让、对内镇压学生的行为深感不满和激愤，对学生参加爱国民主运动抱有深切的同情，是再正常不过的事。然而在他看来，爱国不是一句简单的口号。他认为"只手持旗帜游行于街市为爱国，亦不免于肤浅"。爱国需要有使祖国走向现代化与跻身于世界强国之列的能力，而具有这种能力的人才必须通过优秀的学校教育来培养。然而那个过于逼仄的社会环境与激烈冲突的时代氛围，却没有留给张伯苓等爱国教育家们一个哪怕稍微正常一点的能够开展学校教育的空间。当青年学生的爱国意识被爱国主义教育唤醒时，伴随着青春的理想、血性和冲动，他们往往径直把斗争的锋芒指向执政当局，并以停止课业的游行、集会乃至罢课等激烈方式来表达他们的诉求。这虽然并非以学校为攻击对象，但却是一种对学校教育带有破坏性的行为。这当然使作为职业教育家的张伯苓万难认同，因此也就必然尽力制止。而当他意欲强行恢复学校的常规教学秩序时，便不得不与参加爱国民主运动的学生形成对立。这就是张伯苓等爱国教育家们在作为爱国者对爱国民主运动的同情与作为教育家对教育的坚持之间陷入两难处境的根本原因。

然而，耐人寻味的是，那些因积极组织和参加爱国民主运动而被南开中学当局劝退乃至开除，走上了职业革命家道路的学生，如张致祥、丘岗等人，当他们已成为共和国的高级领导干部之后，却仍对南开怀有一份强烈的感念之情。南开教育给予他们的爱国主义、人文理想和理性精神，在他们投身革命之后的工作和人生中，依然发挥着积极作用，成为他们生命中恒久的"正能量"。这说明了南开中学发展中的"两条线"特征，也说明了以张伯苓为代表的学校领导面对学生爱国民主运动虽然身陷两难处境的矛盾纠结之中，具体措施亦未必尽属得当，但他们进行爱国主义教育的努力，终究不是徒劳的。

第六节　群星灿烂的毕业生群体

南开学子人才涌现的时期 / 走向科学研究之路 / 献身教育事业：著名教育家与南开知名教师 / 国家栋梁：党和国家领导人 / 文学艺术家及其他各界 / 共和国的先烈

在这一时期，南开中学通过十多年的办学思路探索和办学经验的积累，臻至成熟阶段。毕业生中优秀人才成批涌现，在各个社会领域做出成绩者层出不穷。他们中有的选择科学研究道路，有的献身教育事业，有的从事文学艺术、实业、新闻或其他各界工作，有的走上职业革命之路，日后成为党和国家领导人。还有的在抗日战争或国内革命斗争中献出生命。群星灿烂的毕业生群体，见证了南开中学走向成熟和办学成就的辉煌。

一、走向科学研究之路

由于南开中学在教学中注重对学生科学研究兴趣的培养，很多同学在中学阶段就对科学研究产生强烈的兴趣。毕业后，他们中相当一部分人顺理成章地选择了以科学研究为人生道路。在1919—1937年间就读的南开学子中，出现20名中国科学院院士（学部委员），两名台湾地区"中央研究院"院长，4名美国科学院、工程院院士，以及众多的著名科学家，例如1922届江泽涵、殷宏章，1926届黄家驷，1926届吴大任，1930届张文佑，1931届陈新民，1932届严仁英，1933届梁守槃，1935届申泮文等。

1937年七七事变后全面抗战爆发，是南开学校被日军炸毁的一年，也是南开中学办学成就最辉煌的一年。这一届南开毕业生杰出人才如井喷般涌现，超过以往任何一届，是校史上值得浓墨重彩书写的一笔。著名科学家涂光炽、方圻、刘东生、张滂、翁心植、梁思礼、郭可信，著名演员石挥，著名学者周汝昌，民族英烈吴祖贻、刘守惕、李如鹏、刘福庚、袁汉俊、杨天雄，新四军将领吴宪等均出于1937届。

不少南开学子尚未毕业，学校就被日寇炸毁，以至他们不得不辗转奔赴重庆南开或其他学校继续求学。如著名科学家马杏垣、吴蔚然，全国政协副主席孙孚凌等，他们虽未从南开毕业，但也是南开的骄傲。

在走上科学研究之路的南开学子中，有两个群体值得关注：一是他们中有些人早年就投身革命，有的还曾婉拒行政部门高级领导职务，而坚持以科学研究为人生事业。有的则在科研领域作出了卓越贡献之后，走上领导岗位，但始终没有放弃学者本色，如李文采、罗沛霖、阎沛霖、吴阶平、伉铁隽、关士聪、陶亨咸、叶笃正、涂光炽、马杏垣、吴蔚然等人。二是南开学子中有些人由于种种原因在海外或台湾工作，也同样在科学研究领域做出了成绩，成为国际知名学者，如钱思亮、吴大猷、袁家骝、何炳棣、刘维正、卜学鐄等人。

二、献身教育事业：著名教育家与南开知名教师

当年严修、张伯苓立志"教育救国"而创办南开学校，不少南开学生也深受其思想影响，热爱教育，立志教书育人，献身教育事业。这一时期毕业生也有不少人走上教育工作岗位，其中有些人成为知名教育家，如宁恩成、杨坚白、白汝瑗等人。例如1922届学生宁恩成，毕业考入南开大学，后被张学良选派留学英国伦敦大学，归国后任张学良外交秘书。张学良欲让他任东北大学代校长。他担心自己经验不足，便向张伯苓请教。张伯苓说："现在不是你爱惜羽毛的时候，而是张汉卿有了困难……处世之道不是为自己而是为人承担责任，为人解决问题。"在张伯苓鼓励下，他出任东北大学代校长，商借孟琴襄赴东北大学负责学校管理工作一年，使学校很快有了起色，遂就任东北大学校长。

还有一些南开学子，他们热爱教育，热爱母校，有的毕业即留校任教，有的读完大学或经过社会生活的磨炼后也回到母校任教，成为南开知名教师。他们中有的后来走上不同的领导岗位，有的终生在母校从事普通教育工作，如陆善忱、冯紫墀、刘百高、张锋伯、丁学强、朱宗禹、陈东生、孙养林等人。1919届学生陆善忱，在校期间连续6年获学校奖学金。从南开大学毕业后回校任教，创办社会视察课，拟定该门课程大纲并主持执教。这一独创课程对提高学生的社会认识、增强办事能力、培养爱国精神等方面都有很大作用，受到同学们欢迎。他还撰写关于新剧的论文，口述《南开新剧团略史》，兼任南开校友会总干事。

三、国家栋梁：党和国家领导人

南开中学最重视爱国教育。一些南开学子出于强烈的爱国心、正义感和追求进步的思想，以"南开最好的学生"周恩来学长为榜样，积极参加爱国民主运动，萌发革命意识和共产主义思想，在校期间或毕业不久就加入中国共产党，经过长期革命斗争的锻炼，走上领导岗位，如屈武、林枫、刘澜波、张致祥、唐明照、黄敬、丘岗、饶斌、高云屏、孙孚凌等。

例如1922届学生屈武，在陕西求学时曾参加五四运动，后赴上海晋见孙中山，投身民主革命。在校期间开始阅读马列著作，毕业后考入北京大

学，1925年加入中国共产党。后当选国民党中央候补执行委员，被派往莫斯科中山大学、伏龙芝军事学院学习。抗战爆发后回国，参与组建中国民主革命同盟，营救被新疆军阀盛世才关押的131名中共党员。新中国成立后，曾任政务院副秘书长、全国人大常委会副秘书长、全国政协副主席，民革中央副主席、主席。

1924年就读于南开中学的黄敬，后考入山东大学物理系。1932年加入中国共产党，任山东大学党支部书记，参与领导一二·九运动。抗战全面爆发后，任晋察冀区委书记，参与创建冀中区抗日根据地。曾参加中共七大。天津解放后任市委副书记、军管会副主任、第一任天津市市长。后调任一机部部长兼任国家科委副主任，在中共八大当选中央委员。

1930届学生林枫，在校期间经范文澜介绍加入中国共产党，曾任北平市委书记兼组织部部长、天津市委书记、北方局书记刘少奇秘书。新中国成立后，历任东北局副书记、中共中央副秘书长、国务院文教办公室主任、中央党校校长、全国人大常委会副委员长，是中共七届、八届中央委员。1961年曾到南开中学视察，提出了恢复校庆的建议。

1933年考入南开中学的孙孚凌，在校期间参加一二·九运动，1938年从重庆南开毕业后考入西南联大，曾任北平福兴面粉厂经理，解放前夕拒绝南迁，并通过南开学长郑怀之与地下党组织建立联系。新中国成立后任北京市工商联副秘书长，后任全国工商联副秘书长、北京市副市长、全国工商联副主席等职，1993年起任全国政协副主席。

四、共和国的先烈

"要奋斗就会有牺牲"，一批南开学子在民族民主革命斗争中献出了自己宝贵的生命。在今天南开校园内的南开校友英烈纪念碑上，铭刻着59位烈士的英名。共和国的旗帜上有他们血染的风采，人们将永远记住他们的名字。

例如1920届学生陶尚钊，为周恩来姨表弟。因受周恩来的影响，在五四运动中曾参加赴直隶省公署要求释放被捕的学生的斗争，并加入觉悟社，因此遭到反动派拘捕。出狱后与周恩来一起赴法国留学。1922年因火灾身亡。

1922 届学生张采真，在校期间曾是全校唯一一名期末考试中每门成绩均为 100 分的学生。后考入燕京大学，1927 年参加北伐战争。在国民党"清党"后加入中国共产党，曾任中央宣传部《布尔什维克》杂志编辑、总书记向忠发秘书、长江局秘书长，并翻译奥地利革命作家至尔·妙伦《真理的城》。1930 年因叛徒告密被捕，被国民党反动派杀害。

1926 届学生郭宗鉴，毕业后考入黄埔军校，加入中国共产党，并参加北伐战争。1927 年四一二反革命政变后，到天津担任顺直省委秘书长。周恩来到天津传达中共六大精神、整顿党的组织时，他负责周恩来的食宿和安全工作。1929 年，他执行顺直省委布置的锄奸任务，因叛徒告密被捕，在狱中感染肺病，不幸去世。

1932 届学生张敬载，在校期间组织学生自治会，任自治会执委会主席，加入中国共产党，任地下党南开中学支部书记，毕业后任天津市委秘书长。后考入北京大学，参加一二·九游行的组织领导工作。抗战全面爆发后赴延安中央党校学习，后化名罗云鹏，任中共甘肃省工委副书记兼组织部长。1940 年遭国民党当局逮捕，1946 年被国民党反动派杀害。

五、文学艺术及其他各界

南开中学创办以来一直坚持德育、智育、体育全面发展，强调学生兴趣的充分发展。南开新剧和体育都在当时的中国话剧界和体育界有着举足轻重的地位。受此影响，这一时期有相当一部分南开学子，在校时培养了文艺、体育等方面的爱好，毕业后成为文学艺术家或体育、新闻等领域的杰出人物，如曹禺、金焰、鲁韧、张肖虎、王辛迪、端木蕻良、韦君宜、查良铮、王瑶、周汝昌、沈湘、黄裳、石挥、黄宗江、唐宝堃、严仁颖、王恩明等人。

1928 届学生曹禺，在校期间加入南开新剧团，在张彭春指导下演出话剧。曾在《刚愎的医生》（原名《国民公敌》）《娜拉》《财狂》等剧中担任主角，深受好评。并任校刊《南中周刊》《南开双周》编辑，创作多篇诗歌、杂文和小说。其经典剧作《雷雨》早在南开中学时期就开始构思。后相继创作《日出》《原野》《蜕变》《北京人》《家》等名作。新中国成立后，曾任北京人民艺术剧院院长、中国戏剧家协会主席、中国文联主席等职。

1935届学生查良铮，笔名穆旦，毕业后考入清华大学，抗战时随校入西南联大，后加入中国远征军赴缅甸作战。曾出版《探险者》《穆旦诗集》《旗》等诗集，被称为"九叶诗派"代表诗人。后从事外国诗歌翻译。进入新时期，他的诗歌价值逐渐被人们认识。他创作的《诗八首》《智慧之歌》等被视为中国现代诗歌的珍品，《赞美》入选中学语文教科书。

1935年考入南开中学的黄宗江，读高二时考入燕京大学外文系。在校期间参加南开新剧团，曾在易卜生名剧《国民公敌》中饰女主角司铎克夫人。新中国成立后创作《柳堡的故事》《海魂》《农奴》等电影文学剧本，出版《卖艺人家》等散文集。南开中学百年校庆之际，在纪念册上写下"我是南开一艺徒"的题词，表达了他对南开戏剧的真挚情怀。

1937届学生周汝昌，考入燕京大学西语系及国文系研究院。曾在燕京大学及四川大学外文系任教，1953年出版《红楼梦新证》，被誉为"红学史上一部划时代的著作"。后曾任人民文学出版社编辑，并担任全国政协委员，曾应邀赴美国4所大学讲解《红楼梦》，90岁时还上央视《百家讲坛》评点我国四大名著。著有学术著作近70部。

此外，这一时期还有些参加了国民党的南开学子，在从政生涯中也成为国民党政权中较有作为的人物。例如1920届学生张厉生，毕业后考入北京朝阳学院，后与周恩来等同船赴法国勤工俭学，加入国民党。抗战爆发后，曾任行政院秘书长、军政部副部长等职，后去台湾。在重庆南开中学庆祝南开建校40周年暨张伯苓70寿辰大会上，当时亦任国共合作的国民政府军政部副部长周恩来见操场边有一顶滑竿，便请张伯苓坐上，又邀张厉生与他合抬滑竿，绕操场一圈，引起在场来宾喝彩，传为"国共两部长，合作抬校长"的佳话。

1920届学生杜建时，曾随蒋介石参加中、美、英三国首脑开罗会议。抗战爆发后任天津市市长。天津解放前夕，蒋介石派专机接他撤退。他因担忧天津社会秩序被破坏而婉拒，并欲向解放军投诚，被俘作为战犯关押。1963年获特赦。1978年后当选全国政协委员、民革中央监察委员会委员等。

1982 年最高人民法院裁定对他摘掉"战犯"帽子，改为投诚人员。1989 年
11 月 7 日，杜建时在北京病逝，全国政协在介绍杜建时生平时称其为同志，
称赞他是爱国人士。并说，杜建时同志这种爱国精神，老而弥笃，值得我们
学习和怀念。

第五章 抗战继兴 (1937—1945)

从 1934 年至 1944 年的 10 年间，是南开教育的成熟时期，也是张伯苓主持的南开教育事业努力发展、南开教育思想取得丰硕成果的时期。

早在 1935 年冬，张伯苓洞察时局，预见华北局势岌岌可危，必有一场战事，为"南开事业推广计"，考察四川教育，决计在重庆设立南开分校。1936 年南渝中学建成，同年秋季招收学生 200 人，正式开学。1937 年津校被毁，南渝中学成立已满 1 周年，办学经费得到政府和社会各界支持，董事会业已成立履职，校舍已进行了两期建设。

抗日战争全面爆发后，各校纷纷仓促西迁南迁办校，唯有"南开学校于战前早有准备"，南渝中学成为大后方中学中的翘楚。1938 年，南开众校友倡议，"经张伯苓校长和喻传鉴先生决策，将分校南渝中学正名为南开中学，为天津南开中学和天津南开女子中学在抗日战争期间南迁的联合体，保持南开弦歌不辍。"（申泮文《在喻传鉴先生骨灰安放仪式上的讲话》）

张伯苓概括这一时期为"津校之毁灭，渝校之继兴，复校之准备"，"自民国二十五年迄今，凡八年。在此期中，津校惨遭暴日炸毁已不存在，重庆南开逐年发展，继续南开生命，继旧兴新，此期可称为南开之'继''兴'时期，亦即南开再造之准备时期也。"（《四十年南开学校之回顾》）津校被毁，部分师生辗转入川，得以照常工作，继续求学，南开教育生命得以延续。1938 年张伯苓接办自贡蜀光中学，南开大家庭增添了新成员。留在天津的南开师生，办起"南开特班"继续学业。津校留守组坚守 8 年，呵护校址，联系师生，传达信息，架起南开中学津渝之间的桥梁。两地师生均对抗战胜利、南开复校充满信心。

日本侵华战争为中华民族带来巨大的灾难，以爱国主义为核心的南开精神，超越地域、意识形态和社会背景，成为凝聚南开人完成战时学业、投身抗日战场的灵魂，比和平时期更加生成影响学生终生的家国情怀和社会担当，孕育并奠定南开人"中国有我"的主体观念。

最为可歌可泣的是为赢得抗日战争的胜利作出贡献和牺牲的南开人。他们或浴血沙场，或为国捐躯，或实施抗日杀奸，或坚守教育阵地，或保持民族气节、绝不与日伪当局合作，可谓同仇敌忾，大义凛然，气壮山河。1947年3月19日，张伯苓自抗战全面爆发后第一次回到天津。毕业于南开中学的时任天津市市长杜建时向他汇报："经在平津地区调查，整个抗战期间，南开学生没有一个投降日本人的。"张伯苓说："这比什么都让我高兴。"这是南开中学坚持爱国主义教育的结果，是值得载入南开校史的光辉一页。

第一节　日寇轰炸焚烧，南开中学被毁

日本侵略者对南开学校的敌视与仇恨 / 日军炸毁南开各校 / 国内外舆论对日军暴行的谴责和对南开的声援 /《东史郎日记》的见证

一、日寇炸毁南开学校四部

1937年7月28日，侵华日军攻占天津。7月29日至30日，日军不顾国际公法，从海光寺用重炮向南开学校轰击，派飞机向南开学校投下炸弹，南开学校遂成为"国内教育文化机关之首遭牺牲者"。

7月29日，日军召开记者招待会，宣布轰炸南开大学。美国记者爱泼斯坦参加了那次记者招待会，1991年他在《人民之战》中记录了当时记者招待会的情景。记者招待会上，一名在英国受过训练、衣冠楚楚的日军上尉说，今天，我们要轰炸南开大学。对于记者们"为什么轰炸南开"的提问，日军上尉回答："南开大学是一个抗日基地，凡是抗日基地，我们一定要摧毁。""南开学生抗日拥共，他们老是给我们制造麻烦。"以飞机大炮对手无寸铁的学生，对文化教育机构，他的回答使全场哗然。

同日，日军猛烈攻击南开学校大学、中学各部，派出日空军第六飞行

队，轮番轰炸。7月30日《申报》报道，中央社电称："日机对南开大学显系有计划残酷的破毁文化机关，秀山堂、芝琴楼全被毁，木斋图书馆亦有一部被炸。""下午一时许……有两架（轰炸机）到八里台南开大学投弹，该校秀山堂及图书馆已成灰烬。"

7月30日下午3时至5时许，日军先出动首批4架飞机到南开中学低空盘旋，然后以南开中学的南楼、西楼和南开女中、南开小学教学楼等建筑物为目标，轮番投弹轰炸。间隔10分钟后，又来第二批、第三批……每批三四架飞机，轰炸达十余次，将南开中学南院、南开女中和南开小学的建筑物逐一炸毁。当晚，侵华日军派士兵到学校抢掠图书仪器，并用军用卡车载来煤油肆意纵火。顷刻之间，像南开大学一样，南开中学、南开女中和南开小学的建筑物全被焚毁。

同日，路透社电称："今日午后，日方轰炸机又大肆活动，对南开大学之未毁部分，及天津城西北各处，大肆攻击，该城教育区旋起大火，南开女校与中学闻皆被毁。"同日，河北省立女子师范学院亦毁于日军炮火中，学校器物图书被掠，校务陷于停顿。

7月31日《申报》报道："日机四架，向南开中学投燃烧弹，现火燃甚炽。同时日炮队亦自海光寺向南开大学射击，共中四弹，该院图书馆后，刻亦起火。""日方派骑兵百余名，汽车数辆，满载煤油，到处放火，秀山堂、思源堂（以上为二大厦，均系该校之课堂）、图书馆、教授宿舍及邻近民房，尽在火烟之中。"日军"又到南开中学投掷数弹，损失尚不详"。随后，侵华日军进驻南开中学，"有若干外（国）人，午后赴南开视察，在该处除日兵外，不见一人，而日兵则以机关枪向之。"

侵华日军将南开中学北院未毁的校舍改作兵营、马圈、军火仓库和监牢。日军占领南开中学校园8年，学校设施损毁殆尽。据不完全统计，侵华日军炮毁南开大学的教学楼、木斋图书馆等37栋建筑，劫掠中文图书10万余册、外文图书4500册，标本仪器全部损失，折合战前价值663万余元。南开中学、南开女中、南开小学的房舍、教学楼损毁30余栋，中外文图书5万余册，折合战前价值121万余元。

侵华日军炸毁南开学校四部后，学校被迫停课。南开学校的教师、学生、当事者在当时的日记、文章，以及以后的回忆录中，都历数侵华日军炸毁南开学校的暴行。

例如，喻传鉴先生在《惨痛的回忆》中写道："（7月30日）下午三时左右，四架敌机在中学上空盘旋不去。忽见一架飞机，翅膀一斜，刺刺刺刺，投下一颗炸弹，轰的一声，响彻云霄。接着，轰轰数声。……敌人以中学为目标，来轰炸我们了。……第一批敌机，轮番投弹后，过了十余分钟，第二批又来了。每批三四架不等，总先在中学上空绕飞数周，后乃投弹。每投一弹，楼房左右摇摆不已。……敌机这样更番轰炸，达十数次，投下炸弹数十枚。在九间房边落一弹，全排房屋都震倒。学校门前自来水管被炸，水满弹坑，直径三丈许。……直至五时，敌机始未来，学校房屋为炸弹片所击伤，创痕累累，而师生工友幸无死伤。……这天晚上，女中部、小学部、初中部及教职员宿舍几座楼房全被焚。"

为安全计，7月29日、30日，喻传鉴集合留校的南开中学师生50余人及同人眷属60余人，前往学校北侧毗邻的比利时商人经营的电车公司暂避。7月31日，日军数十人到南开中学要负责人，不得。又到比商电车公司索要。南开师生只得辗转至英租界躲避。

1937年夏，南开中学被迫停办。南开各校被炸时张伯苓正在南京开会，幸免于难。1937年8月，张伯苓一家抵达重庆，定居于南渝中学津南村3号寓所。9月，喻传鉴率本校部分教职员及学生辗转至渝，到南渝中学继续工作和求学。

二、舆论谴责日军炸毁南开学校的暴行

南开学校被轰炸的消息传开后，引起国人的激愤。时在南京的张伯苓获悉侵华日军炸毁南开学校后说："我等闻之，莫不心酸泪下。"1937年7月30日晨，国民政府教育部长王世杰为南开被日军炸毁事亲向张伯苓深切慰问。

当日下午，张伯苓对《中央日报》记者发表谈话说："敌人此次轰炸南开，被毁者为南开之物质，而南开之精神，将因此挫折而愈益奋励。故本人对于此次南开物质上所遭受之损失，绝不挂怀。更当本创校一贯精神，而重

为南开树立一新生命。本人唯有凭此种精神，绝不稍馁，深信于短期内，不难建立一新的规模！"

7月31日，国民政府主席蒋介石约见张伯苓、胡适、梅贻琦等人。张伯苓即席表示："南开已被日军烧掉了！我几十年的努力都完了！但是只要国家有办法，能打下去，我头一个举手赞成！"蒋介石当即表示："南开为中国而牺牲，有中国即有南开。"

侵华日军炸毁南开学校的暴行受到全国各界和各国舆论的谴责。

7月30日，黄炎培在报纸上发表题为《吊南开大学》的文章说："我敢正告敌人，尽管你们凶狠，能毁灭我有形的南开大学校舍，而不能毁灭我无形的南开大学所造成的万千青年的抗敌精神，更不能毁灭爱护南开大学的中华全国亿万民众的爱国心理。我南开大学现在和未来的师生，只有因此而激进了他们抗敌救国的情绪。我更正告敌人，你们既然有计划地毁灭文化机关，我愿在人类文化历史上，大书特书曰：日本帝国为企图灭亡中华民国，于某年某月某日用预定计划，毁灭华北著名文化机关南开大学。这是'一·二八'焚毁上海东方图书馆后，第二次毁灭文化机关的暴行的铁证。"

7月31日晚，胡适等为日军蓄意炸毁南开大学、中学及河北省立女子师范学院、工业学院等校的罪行，致电东京中国大使馆转世界教育联合会会长孟禄博士，请其于8月2日将电文在正在东京召开的第七届世界教育会议上宣读，希望会议代表对于此种毁坏学术机关之野蛮行为予以指斥谴责。

8月1日，蔡元培、蒋梦麟、胡适、梅贻琦、罗家伦、竺可桢、王星拱等7人致电国际知识合作委员会，报告日军以炸弹、燃烧弹蓄意毁灭南开大、中学之图书馆、实验室及宿舍之全部。电报强调："南开为张伯苓博士三十三年来辛苦经营之学府，为文化及人道计，鄙人等请求贵会对于此种野蛮屠杀及肆意摧毁教育机关之行为，公开加以谴责，并请转达各国政府，对侵略者采取有效制裁方法，庶公道复彰，而此项残酷行为，不致再现。"

8月5日，南开学校被炸毁，引起左翼文化战线的极大愤慨，茅盾、郭沫若、巴金、冯雪峰、王任叔、周扬、夏衍、萧乾、靳以、胡愈之、胡仲持、郑振铎、陈望道、金仲华、傅东华、吴朗西、沈启予、阿英、艾芜、洪深、胡风、陈白尘、宋之的、欧阳予倩、叶圣陶、钱亦石、蔡楚生、唐槐秋、陈波儿、郁达夫、夏征农、关露等 56 人联名致电慰问张伯苓校长。电报说，"日寇夺我平津，摧残文化机关，南开、女师惨遭轰炸，继以有计划之烧毁屠杀，同仁等无任悲愤，仅电慰问，并望转致师生，盼为国努力，抗战到底"。

潘公展、张元济、黎照寰、萨本栋等致电或致函，慰问张伯苓并谴责日军炸毁南开大学、南开中学。留沪南开校友会、上海各大学联合会和各地校友等也纷纷致电，为南开学校四部被日军炸毁之事慰问张伯苓。

《东方杂志》第 34 卷第 16、17 号合刊报道：8 月 1 日，英国牛津大学等校教授联名反对日本暴行；美国哥伦比亚大学教授发表言论，认为日军对中国南开大学的侵略，是对人类文明的野蛮践踏。8 月 3 日，美国哥伦比亚大学著名教授基尔帕特里克（旧译克伯屈）对记者发表讲话，谴责日本野蛮轰炸南开学校实属无耻而愚蠢，"日本在华之行为，实属无耻而愚蠢。天津南开大学被炸，不足使该校归于灭亡，良以日军炸弹残酷手段之结果，适足使该有名之学府万古不朽。"8 月 15 日，中央社报道：英国 18 所大学的教授，共 170 人，联名致电中国教育部，对日军在华轰炸平民及学校表示愤慨，电中列名者多系英国的权威学者，牛津大学的格尔伯麦威、伦敦大学的唐退、拉斯克等诸教授，均名列其内。

11 月 5 日，蔡元培、张伯苓、胡适、李石曾、邹鲁、蒋梦麟、梅贻琦、罗家伦、刘湛恩等文化教育界人士 102 人，联合发表英文声明，历数日本破坏中国教育机关的经过，并给予严厉谴责。同月，上海体育界人士成立中华全国体育界救亡会，以抵制日本主办第十二届奥运会作为主要任务之一，受到张伯苓等人的大力赞助。1938 年 3 月中旬，国际奥委会在埃及开罗召开会议决定，取消日本东京主办第十二届奥运会资格，宣布本届奥运会改在芬兰赫尔辛基举行。张伯苓等人召开全国体协会议，一致认为在中国全面抗战时期，如能派员参加本届奥运会，意义深远。

面对各界的谴责，7 月 29 日，日本驻屯军司令香月针对天津各外国领事对炮击提出抗议进行狡辩，称："被敌兵占据的南开大学、市政府、北宁铁路局等地，仍未停止所谓的抗日主义的情绪。……出于自卫，我军断然实行了今日的轰击。"7 月 31 日，中央通讯社电，日本外务省发言人称：炸毁南开大学纯因中国军独立第二十六旅凭借南开大学攻击日军。据日本《亚细亚》月刊 1938 年 4 月号专稿《文化就是战线》载，日本当局称："天津南开大学的被毁坏，是第一步，南开非炸掉不可。"

日本侵略者为什么这样痛恨南开？1938 年 4 月号《亚细亚》英文月刊援引日本官方的言论，披露了内中原委：因为南开学校是在天津"造成反日情绪与反日活动中心"，所以日方"非炸毁（南开）不可"。用梁思礼的话来说："因为南开中学在历次抗日爱国学生运动中都是领头羊，日寇对南开中学恨之入骨。"对此，张伯苓校长更有清醒的认识："在平津陷落以前，华北学生之爱国运动，大半由我南开学生所领导，因此深遭日人之嫉恨。"

7 月 31 日，《中央日报》发表社评《南开精神》，称赞张伯苓："六十二岁的老人，三十四年经营学府。一朝毁灭，而所表现的态度，乃'重为南开树立一新生命'。这就是南开的精神。全世界的文明国家，应该注视东亚最新发生的毁灭文化的行为，全国同胞，应郑重记着张伯苓先生的言论，要发挥张先生的南开精神，这是对张先生最大的安慰，也是南开物质毁灭的唯一收获。"

三、《东史郎日记》的见证

《东史郎日记》的作者东史郎，1912 年 4 月 27 日出生于日本京都府竹野郡丹后町。1937 年 8 月，25 岁的东史郎应召入伍，系日军第十六师团步兵第二十联队上等兵，曾参加攻占天津、上海、南京、徐州、武汉、襄东等战役，1939 年 9 月因病回国。1944 年 3 月，他再次应召参加侵华战争。1945 年 8 月，他在上海向中国军队投降，1946 年 1 月回日本。东史郎有记日记的习惯，他把侵华战争期间的所见所闻详细地记录下来，共有 5 卷 37 万字。

战后，东史郎回到日本，先后经营电影院、机床制造业等，生活富裕起来。1987 年，东史郎出于对参加侵略战争的反省和向中国人民谢罪的愿望，在日本京都的和平展览会上，公布了他的战时日记，其中包括记录当年南京大屠杀情景的材料。同年 12 月，东史郎以《我的南京步兵队》为题，将日记节选后交青木书店公开出版，在日本国内外产生较大反响，同时也遭到日本右翼势力的嫉恨。

1987 年 12 月至 1998 年 3 月，东史郎多次到南京，诚挚地向南京人民谢罪，揭露日军当年的残暴行径。1998 年 3 月东史郎第四次到南京时，将他的战时日记、勋章和军旗捐赠给侵华日军南京大屠杀遇难同胞纪念馆，并授权纪念馆联系出版《东史郎日记》中文版。1999 年 3 月，《东史郎日记》（张国仁等译）由江苏教育出版社出版。2000 年 11 月，《东史郎战地日记》（纪廷许、王丹丹、王键译）由世界知识出版社出版。

日记中记有关于东史郎所在部队到达、驻扎和离开天津南开中学前后的纪事，从一个侵华日军士兵的角度见证了日军对南开中学的侵占和驻军，见证了日军的侵略罪行。在东史郎的笔下，他们是 1937 年 9 月 16 日晚上 10 点到达、9 月 18 日上午 9 点离开南开中学的，但他把"南开"讹误为"南海"。他这样描述南开中学："是一所很大的设备完善的学校，在内地（指日本）的中学中，还不曾见过如此豪华完备的中学。""这所中学的礼堂很豪华，设备就像电影院一样。"他们住在"六张榻榻米大小的屋子"，是学校的学生宿舍。"自来水放不出，只有一口井提供少量的水"，自来水管被日军炸坏了，学校里的那口井是南开中学首届毕业生捐建的"饮水思源"纪念井。他描述了日军轰炸南开中学的惨状："从屋顶（指范孙楼）往市区瞭望，到处都能看到轰炸后的痕迹，表明了日本飞机轰炸得多么准确。房屋周围的墙壁保留了下来，只有房屋内部完全烧毁。轰炸目标以外的房屋，几乎没有遭到损失。"

东史郎看到的是日军轰炸后的南开中学南院、南开女中、南开小学和教工宿舍。他说："地下室充满了水，听说是无路可逃的抗日分子逃进了地下室，所以就采用了水攻。想去看看尸体，但地下室台阶很深，所以没法找到尸体。"日军轰炸后，随即占领了南开中学北院，将范孙楼辟为陆军战地医院，将中楼作为刑讯抗日志士的拷问室，地下室成了关押抗日志士的水牢。西后院及瑞廷礼堂均作为日军军马饲养场。日寇投降时，曾从西后院掘出一块标有战马主人"田中中将"名字的"大日本皇军军马之墓"的墓碑。校内门窗悉被拆毁，成为日军士兵煮水沐浴引火用的劈柴。南开中学北院一时成为日军侵华的兵站基地。

1996 年 10 月，南开中学翔宇楼在西后院建设开挖地基时，还挖出过两颗锈蚀斑驳的未爆炮弹。东史郎称南开中学是"赤化学生的学校"，东史郎对南开中学的了解来自日本政府的宣传，也足以见证当年日本军国主义者对南开学校的轰炸是有预谋、有计划的。

第二节　南开教育生命不息

南开教育生命的血脉相承：重庆南开中学与自贡蜀光中学 / 抗战中的张伯苓 / 天津沦陷时期薪火相传的"南开特班"和浙江中学 / 在苦难中坚持的留守小组

一、南开教育生命血脉相承

1937 年 8 月 13 日，喻传鉴偕同事华午晴、陆善忱，化装乘英轮"浙江"号南下，拟先去南京，向张伯苓汇报。因八一三事变船不能进港，只得登陆，在校友的帮助下，几经辗转，于 9 月 2 日到达重庆。随后南开学校又有部分教职员和学生陆续抵渝。

1937 年 10 月 17 日，南开中学 33 周年，南开大学 18 周年，南开女中 15 周年，南开小学 9 周年，南渝中学 1 周年纪念大会均在重庆南渝中学举行，张伯苓主持庆祝会并致辞，在报告了南开学校创立及发展历史后，说："本南开苦干之精神，为国家民族努力，全国奋起，中国必强，南开必兴，津校复兴，深信必然能于最短期内实现。"

同日，在南京，南开校友总会及南京分会聚会纪念南开成立 33 周年，校友到会 418 人。会长王恩来致开会词，陆善忱报告学校近况，何廉致辞将张伯苓校长的苦干精神作为学校工作宗旨，查良钊报告在平汉、津浦两线视察经过，谓"士卒抗敌咸抱必死决心"。

同日，武汉的南开校友吴国桢、宁恩成等人为贺南渝中学成立 1 周年、南开学校成立 33 周年，特联名致电张伯苓表示祝贺。

10 月 18 日，《大公报》发表社评写道："张伯苓校长是中国教育界伟大人格之一，而其所以伟大处，经此劫火更得证明。他继承严范孙先生四十年辛苦扶植的教育事业，一旦无端为日本炮火故意摧毁，而丝毫不能消灭他的勇气，反而更增长激发他的信仰。……这种伟大精神，确足以代表中国民族的新觉悟，而为我们所万分钦佩的。"

截至年底，南渝中学男女学生增至 1500 余人。在一、二期工程的基础上，学校开始筹备第三期工程建设，并再行添置各种设备，为增加学生之需。

1937 年 10 月，南开校友总会迁往重庆，会址设在重庆城内苍坪街，总会刊物《南开校友》亦在渝复刊。

1938 年 9 月 20 日，南开校友总会专函向张伯苓建议，将南渝中学改名为重庆南开中学，专函指出：1."我南开之躯壳，实为我南开精神之寄托"，今"我南开在天津之躯壳，被敌人摧毁矣！我南开在重庆之躯壳，正须发扬而光大之"。将南渝中学更名为南开中学，"既存我南开躯壳之名，复副我南开精神之实，南开生命得以延续，南开精神得以寄托"。2.继承严范孙先生和校长创立培育的复兴民族、抗战救国的南开精神。3.可以集中人力财力"缔造南开之新生命"，"为异日光复母校之先声"。4.天津南开被毁已无毕业生，致使南开校友"继起无人"，"今以南渝正名为南开，则两校校友合为一体，服务社会，效忠国家，共同为我国家民族作复兴之工作。"9 月 25 日，南渝中学校董会召开第三次会议，决议将本校更名为重庆南开中学，于本年 10 月 17 日举行南开建校 34 周年纪念会时宣布，所有一切应办手续和其他有关事项，统由校长办理。12 月，经国民政府教育部令准，将私立南渝中学更名为私立南开中学，私立南渝中学校董会更名为私立南开中学校董会。

从 1937 年到 1945 年，全面抗战 8 年期间，重庆南开中学是南开中学历史上的辉煌时期，它发扬了爱国救国的南开精神，凸显了"允公允能"的南开灵魂，彰显了南开办学与国家同荣辱共命运的南开道路。这一辉煌时期的形成原因，可以归结三点：

一是办学思路的成熟。1934 年，张伯苓总结南开 30 年的办学实践和经验，概括出"允公允能，日新月异"的校训，标志着南开学校进入成熟期，从 1904 年创办中学，确立办学目标，摸索、实践、不断改进教学方法，致力学校校舍、环境、设备建设，办大学、办女中、办小学、办研究所，南开学校不断进步不断发展。严修、张伯苓筚路蓝缕、励精图治、艰难开拓，张伯苓的教育思想趋于完善和成熟，其办学思路成熟于天津，南开中学在天津时办学成绩即已举世瞩目。由于抗战爆发，津校被毁，它在成熟期结出的硕果，有相当一部分是在重庆。重庆南开的辉煌乃是天津南开辉煌的继续。

二是抗日统一战线的成立，使张伯苓的爱国救国教育有了统一宏大而切实的目标。从1898年严修办家塾聘请张伯苓执教起，经历了多少个多难之秋。这是南开学校创办发轫、走向成熟的外部环境。七七事变后，南开津校被炸被毁，应会使南开学校走入低谷。而事实恰相反，因为张伯苓预见性建立的南渝中学已经一年，天津沦陷后南开津校的主要师资来到重庆，全国的精英才俊汇集到南开，南开学校在涅槃中得以重生。

三是张伯苓社会地位的变化。民国初年，张伯苓曾多次婉拒北洋政府的诸如教育总长、天津市市长等官职的诱惑，致力于办南开学校。重庆时期，张伯苓担任国民参政会副议长涉足政治，其社会声望超出了教育界，为南开发展奠定了更雄厚的基础。国民政府的经费支持、各界社会贤达的慷慨解囊捐助，都使私立南开注入特殊时期的特殊因素，南开教育得以浴火重生，得以快速发展。

同期，南开大学与北京大学、清华大学组成国立西南联大。1937年10月25日，南开大学被炸毁后被迫内迁的师生与北京大学、清华大学内迁师生在湖南长沙岳麓山下组成的长沙临时大学开学。1938年2月，长沙临时大学师生陆续西迁至昆明。4月，改名国立西南联合大学。5月4日开课，设立文、理、法商、工、师范5个院26个系，两个专修科，一个选修班。由北大、清华、南开三所高等学府组成的西南联大师资充实，人才济济，在极其艰苦的条件下，坚持严谨的治学态度，树立优良学风，是当时中国规模最大的高等学府。学校由三校校长张伯苓、蒋梦麟、梅贻琦组成西南联大校务委员会，三人任常委担任领导。

由于张伯苓常住重庆南开中学，所任职务由黄钰生代理，蒋梦麟任国民政府教育部长难以脱身，主持西南联大校务工作实际落在南开中学首届学生梅贻琦和1916届学生黄钰生肩上。他们两人在抗战期间物质条件极差的环境中，保持和发扬清华、北大和南开的优良校风，在短短8年里西南联大培养出中央研究院院士 27 人，中国科学院院士 80 人，中国工程院院士 12 人，以及其他众多人才，被誉为"在最艰苦的条件下，保存了最完好的教育方式，培养出了最优秀的人才"，创造了中国教育史上的奇迹。其中，物理系教授、南开中学 1925 届学生吴大猷培养的李政道、杨振宁后获诺贝尔物理学奖。

1938 年，以张伯苓为首的南开教育家群体接办自贡蜀光中学，贯彻南开教育理念，坚持"公能"校训，取得显著的教育成果，被誉为"第三南开"。

自贡蜀光中学始建于 1924 年，原为初中制学校。1937 年，获悉重庆南渝中学问世，蜀光初中校长王楠认为张伯苓校长和天津南开中学一班人到后方办学，蜀光初中应该抓住机会，欢迎张伯苓到自贡办学。他向校董提出的建议得到川康盐务管理局局长缪秋杰的支持。同年 7 月，缪秋杰函请张伯苓到自贡考察盐业，顺便考察教育。随后，蜀光初中 20 余名校董联名函请张伯苓校长接办蜀光。同年秋天，张伯苓偕喻传鉴抵自贡，"全市绅商代表，及各校学生相率郊迎者，不下二千人"。在张伯苓、喻传鉴参观考察后，蜀光初中校董会增聘张伯苓、缪秋杰、喻传鉴为校董，公推张伯苓任校董会董事长。蜀光初中校董和缪秋杰对张伯苓提出的办学要求全部应允，达成请张伯苓接办蜀光的共识。

张伯苓制定接办蜀光中学后的《三年改进计划》，对学校工作进行改革。一是重建领导班子，聘请喻传鉴为接办后的蜀光中学校长。二是选定伍家坝新校址，请于右任题写校名。三是加强校风建设，喻传鉴为蜀光中学制订"尽心为公，努力增能"校训。蜀光校歌也从南开移植过来，首末两句改为"沱江之滨，釜溪之津，巍巍我蜀光精神"。四是增设高中部，选聘骨干教师，一批重庆南开中学的高水平教师到蜀光任教。五是发展智能，健壮体魄，对学生的体育锻炼提出严格要求。从此，南开办学思想和模式特别是南开精神移植到蜀光，蜀光与南开一脉相承，以"公能"校训育人，培养出大量有成就的优秀人才。

二、抗战中的张伯苓

抗战期间，张伯苓为重庆南开中学、自贡蜀光中学、西南联大多方奔走筹划，为抗日救国培养人才，并被遴选为国民参政会参政员、国民参政会副议长，竭尽心力，参加了历次会议。在抗战中见证了他所践行的南开精神。

1931年，九一八事变消息传到天津后，张伯苓在全体学生大会上发表《东北事件与吾人应持之态度》讲话，指出："东北事件发生乃一极可能之事实，盖门户洞开，外人随时可入。日本邻我，相处最近，彼强我弱，侵入之事，自在意料之中。"谈到如何救国，"吾敢曰：设此次事件，刺激特深，吾人能因之彻底团结，青年能因之抱为国奋斗至死不腐之志，诚堪为中国前途庆幸。……望国人万事求己，切忌倚人为助。天下强者，自重自强之民族也。"

张伯苓对于日本全面侵华战争有着清醒的认识。当人们赞誉张伯苓"眼光远大，有先见之明"时，他解释说："其实华北之岌岌可危，暴日之必然蠢动，举国皆知。"不过是南开校址接近日本兵营，对日本认识得比较深切而已，"倘有变，津校之必不能保，自在意中，故乃早事准备，及时行动耳！"本着这样的认知，1935年11月张伯苓借参会之机，考察四川教育，决计在重庆创办南开分校。他在入川的江轮上赋诗："大江东去我西来，北地愁云何日升？盼到蜀中寻乐土，为酬素志育英才。"豪情壮志，溢于言表。

1937年南开学校被炸后，7月29日，张伯苓在南京说："日本人对南开及余个人均甚不高兴，其实，吾人能得日本人之嫉视，以自足荣幸。"1937年8月，张伯苓在空军服役的四子张锡祜在奉命赴前线中途失事，机毁人亡。张伯苓闻噩耗，默然许久，后表示："吾早以此子许国，今日之事，自在意中，求仁得仁，复何恸为！"此后，他在各种场合的讲演、讲话及发言均表示出抗日到底的决心和对抗日战争充满必胜的信念。

1937年11月17日，在长沙南开校友聚会上发表题为《抗日前途的观察》的演讲。他讲："近几天来东北两战场，我军阵线因战略的移动，是不会影响抗战前途的，一般对国内外情势不大明了的人，不免发生一种惶惑的情绪，于是有不少汉奸，便乘机散布谣言，企图扰乱人心，这都是应该加以纠正和制止的。目前军事上的小挫，不足忧虑，而最后的胜利是有绝对把握的。……战局还要继续进行，中国抗战没有终止的日子，除非失地完全收复。中国武器不如人，飞机大炮没有人家多，暂时的失利，这是我们自己早已料到的，也是世界各国早已明白的。但是我们精神好，明明知道武器不如人，还要争国格，求生存，不甘做亡国奴，一致奋起和侵略者对抗，并且决心长期抵抗，这一点就是中华民族的胜利。"

国民参政会是抗日战争时期中国各党派参政议政的机构，自 1938 年 7 月成立至 1948 年 3 月结束，总共开过四届十三次会议。第一届选任汪精卫为国民参政会议长，张伯苓为国民参政会副议长。1938 年 7 月 6 日，第一届国民参政会在武汉举行，汪精卫主持会议，张伯苓致辞。1938 年 12 月 18 日汪精卫叛逃后，1939 年 1 月 20 日，蒋介石担任国民参政会议长，张伯苓仍为副议长。国民参政会大会和驻会委员会会议大都由张伯苓主持。第二届至第四届，张伯苓均以甲项（甲项：曾在各省市公私机关或团体中服务三年以上，著有信望者中遴选）天津市代表遴选为参政员，成为五人主席团成员之一。在历届国民参政会上，张伯苓"力疾赴会，从不缺席"，并多次讲话、致辞，对抗战充满信心，对"宪政"充满期待。

1938 年 10 月 17 日，南开校友总会召开第十届各地校友分会代表大会，张伯苓讲话指出：抗战最后胜利一定是我们的，吁请各地校友帮助发展学校，为民族做贡献。

1939 年 3 月 25 日，张伯苓在昆明南开校友的欢迎会上发表《南开校友与中国前途》的讲演，希望南开校友"本着南开'公'、'能'校训往前去"，并说："我一向对教育非常重视，全国中学有科学仪器设置的亦以南开为最早"，"南开的校训是'公'、'能'两个字。'能'的意思，就是对于身体的锻炼和知识的培植。'公'的意思，就是为公众摒弃自私自利。"在昆明期间，有一校友问张伯苓，汪精卫的出走，是否一苦肉计？张伯苓愤然答道："国家大事，岂可儿戏出之？你相信这次国家生死存亡的搏斗，会有中途妥协的那一天吗？我们以前在天津受日本、军阀的侮辱，你忘了吗？绝无妥协，妥协就是投降。"

1941 年 12 月 8 日，日军偷袭美军珍珠港，张伯苓预测到第二次世界大战的形势发生深刻变化，在其寓所举行座谈会，说："抗日战争很快就要胜利了。胜利以后，不仅天津南开要复校，重庆南开要保留，我们还要到其他城市办南开大学、南开中学、南开小学，要让'允公允能，日新月异'的校训到处发扬光大。"

1942 年 2 月 13 日，张伯苓拜见蒋介石谈南开复校事宜，蒋允诺复校时南开大学与国立大学同等对待。自 2 月 17 日至 3 月中旬，张伯苓在其寓所多次召开南开复兴筹备会，何廉、邱宗岳、杨石先、陈序经、李卓敏、伉乃如等参加，决定：大学本以前奋斗精神，仍维持私立；确定了大学的内部院系组织；讨论了物色人才问题，成立聘任委员会；捐款计划开始启动，国内国外分别进行。"为培养人才起见，应办好中学，多立分校，设立奖学金。"

1942 年 10 月 5 日，美国总统罗斯福的代表威尔基参观重庆南开中学，对抗日后方有如此规模的中学大加赞赏，对张伯苓深为钦佩。威尔基说："像南开这样的中学，在美国也不多见。"回国后，他撰文高度评价张伯苓的办学成就，"他器宇轩昂，有学者严肃沉思的风度，但又具有一种温爽的幽默感。……无论我们论到印度，战争，或是美国的大学，他的知识背景和判断，在美国都是难以望其项背的。"

1944 年 6 月 24 日，张伯苓在南开同人聚餐会上发表题为《国际大势与南开前途》的讲话，谈到抗日战争的光明前途和对战后南开的发展充满信心。1945 年 10 月，喻传鉴奉张伯苓之命回天津组织复校工作。10 月 17 日，喻传鉴代表张伯苓向记者作长篇谈话，提及南开过去对国家、对社会的贡献，谈到今后应更当努力；提及天津南开会尽快恢复旧观；提及在"国家万分险恶之时国人多惴惴不安，惟校长则以为敌人失道寡助，中国得道多助，断定中国必胜，日本必败。今其言果验，倍觉欢欣！"

第三节　抗战中的南开学子

周恩来调停解决西安事变，建立和发展统一战线 / 浴血沙场的高级将领和基层干部战士 / 空军中的南开英烈 / 其他各界抗战志士和"抗日杀奸团" / 南开学生参加抗战无一附逆投敌在年过花甲的张伯苓心中，抗日战争唤起的是对甲午战争的回忆。同样的危机，同样的战争，同一个敌人。只不过这一次敌人的野心更大，手段更凶残，以全面入侵、灭亡中国为目的。张伯苓对这一切早有警觉，从早年的念念不忘"国帜三易"之耻，到1927年成立东北研究会、编印《东北经济地理》为教材，到华北运动会上与日本驻屯军最高长官梅津美治郎当面交锋，南开中学的爱国主义教育，在很大程度上是针对日本对中国的侵略的。

随着1937年日寇全面入侵和天津沦陷，南开大学、中学和女中被炸毁。这一切在张伯苓和全体南开师生及历届南开学子心中引起的愤怒可想而知。30多年来南开教育铸就的南开学子以爱国主义为核心的人生底色，在国家危难之际显出了它大义凛然的热血豪情。南开爱国教育中包含的对日本侵略的警惕，也使南开学子对此有着较为充分的心理准备。因此，当抗日战争爆发之际，众多南开学子断然选择了投笔从戎，奔赴抗日前线。他们中有不少人为国捐躯。回顾南开在抗战中的历史，可以说南开学子厥功至伟。从这个意义上说，日寇入侵是南开的灾难，抗战也是南开的光荣。经历了抗日战争的洗礼，南开精神更加熠熠生辉。

一、抗战中的周恩来与南开中学

1927年以后的《南开同学录》中，周恩来的职业一栏为空白。这是因为在大革命失败后的白色恐怖时期，周恩来的中共要员身份已不便刊印。但周恩来没有忘记南开中学，张伯苓与南开学子也没有忘记周恩来。1936年5月红军长征到达陕北后，周恩来便在瓦窑堡致信张伯苓，宣传中国共产党建立民族统一战线的主张。

1936年12月12日发生西安事变。张学良和杨虎城，接受中国共产党"停止内战，一致抗日"的主张，扣留了蒋介石，邀请中共派代表到西安共商大计。周恩来任中共中央全权代表，偕叶剑英、秦邦宪赴西安同张、杨协商并与蒋介石谈判。经过多次谈判调停，终于使蒋介石答应不再进攻红军，同意建立统一战线，共同抗日。张伯苓得知后非常高兴，称"这次西安事变解决的这么好，咱们的校友周恩来立了大功"。

1938年，周恩来出任国共合作的国民政府军政部副部长，同时担任中共中央驻重庆代表和南方局书记。这一年张伯苓定居重庆沙坪坝南渝中学津南村 3 号后，周恩来经常以校友身份前往南渝中学，以师生关系去看望张伯苓，把南渝中学作为巩固和发展抗日民族统一战线的阵地之一。同年 5 月，张伯苓在武汉邀请何廉、周恩来、吴国桢等南开校友会餐，商讨建设大后方南开教育的计划，并请校友们推进募款工作。周恩来在会上发表讲演说："南开除严格训练与优良校风外，有二点至可注意：一为抗日御侮之精神，一为注意科学训练。"同年 10 月 17 日，南开校友总会改选，周恩来当选为执行委员。

1939 年 1 月 9 日，张伯苓邀请周恩来、邓颖超到沙坪坝，向重庆南开中学师生作《论抗日必胜的十大论点》的时事报告。周恩来对南开校训作了新的解释。他说："在当前，公，就是国家大事，就是抗战到底，取得最后胜利，把日本侵略者赶出我神圣的领土；能，就是学习，学好抗日的本领、建国的本领，打倒日本帝国主义，建设一个强大的国家。"9 日晚，南开校友总会举行校友聚餐会，周恩来以校友身份应邀参加，在会上发表《抗战救国与南开精神》的演讲。1 月 11 日，周恩来应邀再到重庆南开中学作抗战形势报告，使张伯苓加深了对中国共产党积极抗战的理解，他先后四次亲笔给周恩来写信，介绍南开校友杨作舟、罗沛霖、傅大龄、刘念悌等赴陕北投奔八路军工作。

同年 4 月 2 日，周恩来因外出，特嘱邓颖超派人送花篮至重庆南开校友总会，请转送津南村祝贺张伯苓 64 岁寿诞。此后每逢校长诞辰或校庆，周恩来、邓颖超都要送花篮祝贺。

1940 年 8 月，周恩来由延安飞抵重庆，下旬到重庆南开中学讲《中国青年运动的方向》。同年 12 月 30 日，周恩来到津南村看望张伯苓，并到津南村 7 号伉乃如先生和 23 号王端驯校友家中会见部分校友，宣传共产党抗日主张，揭露国民党顽固派破坏统一战线的阴谋。

1941 年 4 月 5 日晚，重庆南开中学为张伯苓举办祝寿晚会，周恩来来校祝寿，并与张伯苓共同观看演出。7 月，张伯苓因病住进歌乐山中央医院，周恩来、邓颖超前往探视。1942 年 6 月，周恩来偕邓颖超到津南村拜望张伯苓。1945 年 4 月 5 日，重庆南开中学为张伯苓 70 寿辰举行庆贺活动。周恩来、邓颖超送了对联。

　　周恩来很注意团结张伯苓和南开校友，但他从不放弃原则。有一次他来张伯苓处看望，恰好他在南开求学时的好友、时为国民党要员的吴国桢也来看望张伯苓。说到当前政局，两人辩论起来。张伯苓劝解说："多晚你们两人不吵了，中国的事情就办好了。"周恩来严肃地说："这不是我们两个人的事。"

　　从解决西安事变到在重庆南开中学的讲演和统战工作，周恩来扩大了中国共产党的影响，吸引了追求进步的青年学生参加革命队伍，把绝大多数的各阶层爱国人士团结在中国共产党周围，对抗日战争的最后胜利起了重要作用。同时，作为一位成长为中共领导人的南开学子，周恩来在抗战中的工作，使重庆南开中学成为抗日民族统一战线的重要阵地，也将南开与抗日战争更直接更紧密地联系起来，是南开在抗日战争史上最有光彩的方面之一。

二、浴血沙场

　　在抗战最前线冲锋陷阵，与日寇浴血奋战的南开学子中，有国共两党的高级将领，如何基沣、彭雪枫、杨十三、朱鸿勋等；也有普通的干部战士，如杨大章、田文纯、岳岱、张炳元、刘守惕、吴祖贻等人。

　　南开中学1917届学生何基沣，毕业后进入保定军官学校，后在西北军任职。早在1933年春察北抗战中，他就率部在喜峰口夜袭日军，取得了"九一八"以来中国军队对日作战的首次胜利。卢沟桥事变时，他担任一一〇旅旅长，率部击毙日军指挥官松游少将，被誉为抗日英雄。后经周恩来安排秘密赴延安与毛泽东等人面谈，1939年经周恩来介绍成为中共秘密党员。后任国民党军七十七军军长，在抗战中屡建战功。在淮海战役中，他与张克侠率部两万多人起义。1955年被授予一级解放勋章，曾任全国人大代表、全国政协常委。

　　1922年考入南开中学的彭雪枫，在校期间用名彭修道，受到爱国主义教育的熏陶，后进入西北军十一师军官子弟学校，开始接触马克思主义。1926年加入中国共产党，参加过第三、四、五次反"围剿"和二万五千里长征。抗战爆发后，奉命赴河南永城一带创建抗日根据地，率领新四军第六支队与日军展开游击战。皖南事变后，任新四军第四师师长兼政委。他率领新四军第四师参加大小战斗 3760 次，累计歼敌 4.8 万余人。1944 年 9 月，在攻打八里庄战斗中，不幸被流弹击中，英勇殉国，是抗战中新四军牺牲的最高将领。

1916 届学生杨十三，为著名造纸专家，曾赴美国深造，获造纸专业博士学位，回国后任直隶工业试验所化工课课长。1937 年天津沦陷后，他与洪麟阁等人组成"工字团"，参加天津各界民众抗日救国会，还典卖家里的 50 亩土地，购买枪支弹药资助抗战部队。后率领"工字团"投身抗日队伍，组建拥有 5000 余人的华北抗联第三路军，与日伪军浴血奋战，屡建战功。后因冀东武装抗日大暴动失败，他脱险后病情稍好便率女儿等 6 人离津寻找部队，经艰苦跋涉，到达驻黎城县的八路军总部。1939 年 7 月在转移途中与日军遭遇，于担架上辞世。在追悼大会上，毛泽东、朱德题送了挽联。

1937 届学生吴祖贻，在校学习成绩优异，善于演讲并积极参加社会活动。九一八事变后，他在自己的书籍封面上写上"誓忠民族，雪耻救国"。曾当选学生自治会主席。一二·九运动爆发后，他组织南开学生及天津各校学生举行示威游行，并率同学们赴南京请愿。1937 年加入中国共产党，曾任中共豫西特委青年部长、河南省委青年部长、鄂豫皖湘赣边区委员会委员、民运部长。1946 年 8 月与张文津、毛楚雄三人赴西安同国民党谈判，途中被背信弃义的国民党反动派胡宗南部无理扣押，秘密杀害。

此外，南开学子参加八路军的还有张致祥（管亚强）、丘岗、饶斌等人，参加新四军的有吴宪等人。吴宪为南开中学 1937 届学生，1938 年参加新四军并入党，曾任新四军第四师敌工部副部长、华东野战军政治部联络部部长、三十五军副政委，参加过孟良崮、济南、淮海、渡江等战役，新中国成立后历任杭州市委书记、市长，浙江省委书记处书记、副省长，中共八大代表。他们都在抗战中经历了血与火的洗礼，有些成长为共和国的高级干部。

三、长空英烈

在抗战前线的南开学子中，有一个特色非常鲜明的群体，这就是奋战在祖国蓝天的空军战士。自从 1931 年九一八事变后，南开中学就成为天津抗日活动的重要据点。南京中央空军航空学校在天津招收空军学员的招生委员会即设在南开中学校内。当时空军是国内最先进的兵种，也是即将到来的抗日战争的突击队。张伯苓之子、1933 届学生张锡祜和同学沈崇诲、陈汉章等人首先考入中央航校。在他们的影响下，不少南开学子纷纷报考航校，以加入中国空军抗敌报国为己任。由于空军对国家安全的重要性和特殊性，报考中央航校需要有人担保。张伯苓亲为每个报考中央航校的南开学生担保，更激发了同学们报考航校的热情。1933—1937 届的南开学子中，有多人报考中央航校。考上航校的同学大多成为空军飞行员，其中沈崇诲、张锡祜、刘维政、乔倜、梁继尧、周坚、柳东辉、杨天雄等人在对敌作战或执行任务中牺牲，成为血洒长空的英烈。

1933 届学生沈崇诲，毕业后考入清华大学。抗战全面爆发后，即从清华转学中央航空学校第三期学习。毕业不久调任空军第九队任中尉分队长。1937 年 8 月 19 日，他驾机执行任务通过南汇上空时，飞机发生故障，长机嘱其回航。他经过仔细检查，发现安全返航希望渺茫。在这生死关头，他不愿跳伞逃生，更不愿毫无代价地损失国家一架飞机，遂驾机顽强飞至白港上空，俯视下方发现有敌舰，便驾着飞机疾速俯冲，直冲敌舰撞去，正撞上敌舰的火药库。轰隆一声巨响，与敌舰同归于尽。这一壮举彰显了中国军人的大无畏精神，也谱写了南开学子誓死报国，为中华民族英勇捐躯的壮歌。

1933 届学生张锡祜，为张伯苓第四子。在南开中学的爱国教育培养下，毕业后即考入航校。他获悉母校被日军炸毁后，当即致函张伯苓，表达了誓为抗敌而战的决心。1937 年 11 月，日本空军、海军大举入侵长江流域，中国空军起飞迎战。他所在部队从杭州笕桥起飞赴前线作战，不幸所驾飞机在江西遇难，为国捐躯。张伯苓获悉沉痛地说："吾早以此子许国，今日之事，自在意中，求仁得仁，复何恸为？""而今吾儿为国捐躯，可无遗憾了。"

四、在其他领域坚持抗战的南开学子

除了参加国共双方地面部队和空军与日本侵略者博杀的英烈外，还有一些在其他不同领域坚持抗战的南开学子。其中有的人在抗战中献出了生

命，如从事谍报工作的张永兴、搞地方工作的周恩硕、在民间抗战的梁镜尧以及"抗日杀奸团"的李如鹏、袁汉俊、刘福庚等人，他们的名字铭刻在南开英烈纪念碑上，永远受到后人敬仰。有的人坚持了下来，如辞职参加察北抗日同盟军的张锋伯，只身投奔延安研制通信设备的罗沛霖，远赴缅甸参加中国远征军的查良铮（穆旦），在西南联大坚持育才救国的梅贻琦、黄钰生，因办实业被日寇迫害而绝不与之合作的阎子亨、王恩明等人，他们同样为抗战作出了贡献，不应被人们忘记。

1919届学生张永兴，九一八事变后曾参加东北民众抗日救国会。奉命去南京汇报工作时，遇到南开中学同学、共产国际驻上海工作的中共党员刘进中。他于1931年12月加入中国共产党。后经共产国际情报组织负责人佐尔格安排，到伯力（今哈巴罗夫斯克）进行情报工作培训。在齐齐哈尔组建代号"波波夫"的地下情报站，发展了20多名外线情报员，为共产国际提供了大量日伪军的军事情报。后因叛徒告密被捕。东条英机曾密电指示日军对他劝降，被他严词拒绝，不吐露一点机密。1937年1月5日在齐齐哈尔被日军枪杀。

1917届学生梁镜尧，在校期间曾与周恩来、马骏等人一起参加爱国学生运动。毕业后考入北京大学，后任广东韶关仲元中学校长。1945年春日军进犯粤北，他将大部分师生疏散离校，自己率领50余名师生留校处理善后事宜。1月24日清晨，日军窜入校园并开枪扫射，他当即指挥师生还击，激战半小时，击毙日军十余人。拂晓，日军又从侧面攻击学校。因见敌军众多，他下令师生撤退，自己掩护大家继续战斗。在击毙2名日军后，他不幸壮烈牺牲。其长子梁铁（该校高中生）用步枪击毙3名日军后也战死，父子双双为国捐躯。

南开中学留津学生中，1937届学生沈栋、李如鹏、袁汉俊、刘福庚和祝宗梁投身秘密抗日团体"抗日杀奸团"（简称"抗团"），策划和实施抗日救亡杀奸行动。从1937年至1940年，"抗团"秘密狙杀北平和天津两地著名汉奸数十人。1938年夏，"抗团"编印油印小报《小公报》，报道抗日战争实况和重要新闻，出版刊物《跋涉》揭露日本侵略军暴行。1938年"七七"纪念日，"抗团"焚烧天津南站仓库，大火持续燃烧6个小时，负责看守仓库的日军大佐被迫剖腹自杀。"抗团"还焚烧日本侵略者试图作为"亲善窗口"的中日中学图书馆、专门供应日伪教科书的鸿文书局和日本人开办的大丸商店，并用定时炸弹摧毁日本军车和大王庄军用物资仓库。1938年11月初，"抗团"刺杀伪天津市教育局局长陶尚铭；12月27日，击毙前天津商会会长、"维持会"委员王竹林；1939年1月1日，"抗团"成员、南开中学学生李如鹏到北京八道湾11号刺杀汉奸文人周作人；1939年4月9日，"抗团"击毙伪海关监督兼伪联合准备银行津行经理程锡庚；1939年7月12日，刺杀伪新民报编辑局局长吴菊痴；1940年7月18日，击毙伪北京工务局局长舒壮怀；同年，击毙伪教育总署署长方宗鳌；1941年，击毙伪华北政务委员会建设总署总务处处长俞大纯。

在青年学生秘密抗日团体"抗团"中，南开中学学生不但是骨干，还是重要的组织者。1938年8月30日，"抗团"领导人沈栋遭英租界工部局逮捕，"抗团"一时群龙无首。南开中学学生李如鹏接替沈栋的职位后强化组织管理，成立干事会，由6人组成，形成实际的领导核心，其中4人是南开中学学生。"抗团"总干事是曾澈，李如鹏任组织干事，袁汉俊任总务干事，孙若愚任行动干事，祝宗梁任技术干事。此后"抗团"的几乎所有重要行动都是在干事会的组织和参与下进行的。作为"抗团"骨干的南开中学校友还有刘福庚、刘永康、马桂官、方圻、申质文等。他们参加"抗团"活动的记录，曾在多种资料和回忆文章中出现。参加"抗团"的南开中学学生李如鹏、袁汉俊于1940年、1943年被日本侵略者杀害，刘福庚1937年在家中研制炸弹时因火灾去世，三人皆为国捐躯。

1947年3月19日，张伯苓赴美国治病后，从重庆回到天津。这是他自1937年抗战全面爆发离开天津以来第一次回到故乡。时任天津市市长、毕业于南开中学的杜建时从天津北站登车迎接张伯苓，陪他到天津东站下车。到车站欢迎的天津市府官员、南开师生、校友及各界民众达3000多人。杜建时向他汇报说："经在平津地区调查，整个抗战期间，南开学生没有一个投降日本人的。"张伯苓听了说："这比什么都让我高兴。"此后，张伯苓数次在不同场合讲过，"抗战八年，我的学生没有一个当汉奸的。"于是，这个说法在社会上不胫而走，成为南开师生和校友的骄傲。从1904年南开中学建校到 1945 年抗战胜利，41 年里南开各校历届学生（包括毕业生和肄业生）累计多达数万人。这些学生大部分来源于华北、东北，这些地方在抗战期间都是沦陷区。长时期的国土沦丧，日伪的迫害与拉拢，在敌占区生存的压力以及种种难以想象的困难，使许多人丧失了民族立场。然而这些人中，没有一个是南开学生。这是南开坚持爱国主义教育的结果，是值得载入南开校史的光辉一页。

五、南开特班和在津留守人员

1937 年 10 月，南开中学被侵华日军炸毁后占领。处于困境的南开中学教师，在天津耀华中学校长赵天麟的支持下，以招收流亡学生为名，招收南开中学留津学生 1000 余人，利用耀华中学的校舍，办起"南开中学临时教学班"，又被称为"南开特班"。

这个专为南开学生举办的"南开特班"，仍按南开中学的学制，从初一到高三共分为 6 个年级，分别命名为"特一班"至"特六班"，因为男生人多，女生人少，男女生合班上课。由于耀华中学须保证"正班"的教学活动，"南开特班"只能利用耀华学生下午放学后的空余教室上课，在下午 4 点钟以后和晚上时间各安排两节课，每天上 4 节课，每节 45 分钟；体育课则排在星期日上午，各班每周保证一个学时，而在临近暑假为班级比赛，还在星期日增加时间练球。"南开特班"是在非常时期不得已而采取的"二部制"办法。

南开中学留津的许多教师都在"南开特班"任教，他们有关健南（教务），梅松樵（总务），杨叙才、杨坚白、徐凌影（语文），孙养林（生物），顾子范、刘崇一、李尧林（外语），以及尹绍询、任镜涵、柴伯埙等十多位教师。他们都曾在南开中学任教多年，始终保持着民族气节，预见中国抗战必胜，恪守职责，教书育人，忠于本职工作，不为敌人所动。

"南开特班"的举办，标志着南开教育在极其困难的情况下依旧在天津延续，也进一步证明南开人的不屈不挠和南开精神在南开校舍被炸后依旧薪火相传。

赵天麟校长收容千余南开师生的行动，招致日本人的忌恨。1938 年 6

月 27 日清晨，日本宪兵队指使特务在赵天麟去学校途中将其暗杀。赵天麟，字君达，1886 年生于天津，毕业于北洋大学（今天津大学）法律系，1906年赴美国哈佛大学就读，获法学博士学位。回国后任教于北洋大学，后任该校校长及开滦矿务局协理等职。1934 年起应聘为耀华中学校长。其间拒绝使用日本教材，宣传抗日救国思想，资助爱国青年奔赴大后方和抗日前线。

赵天麟被日寇暗杀，震动了天津乃至全国。赵天麟安葬那天，有几千人送葬。抗战胜利后，赵天麟长子赵寿岗考入天津南开中学复校第一班，与南开同学同窗三载，迎来新中国的诞生，并参加了中国人民空军。1992 年 2月，中华人民共和国民政部特别追认赵天麟为革命烈士。1995 年，赵天麟纪念铜像在耀华中学图书馆前落成。

因赵天麟殉难，"南开特班"被迫停办。南开校友姒兼三（艮成）筹建天津浙江中学，任浙江中学董事长兼校长，礼聘邓庆澜为校务主任，王秉三、刘百高等从事日常教学行政工作。还聘请了曾在"南开特班"执教的许多原南开中学的教师任课。一时之间，浙江中学成了不挂"南开"牌子的南开中学，在英租界享有很高的知名度。张伯苓对此评价说，"南开团体得以维持不散的具体表现，是遭而未散"。

1937 年 8 月，喻传鉴离津前安排由关健南给学校职工每人发两个月工资作为遣散费。学生被通知到浙江中学筹备处领取肄业证书，以便证明学历，投考或转学其他学校。1937 年 12 月，喻传鉴夫人到关健南住所，传达喻传鉴的嘱托："关先生的薪水定为 80 元，不要到外面去教书了"，委派关健南负责南开中学的天津留守工作。同时作为留守小组成员的还有南开中学会计梅松樵、韩茂之，校工徐鹤安，斋舍管理员朱星樵。留守人员的任务是：（1）保护校产。七七事变前夕，喻传鉴预见到战争的严酷局势，将档案、契约、房产证明、文件、资金等重要校产提前转移，存放在金城银行的保险库内。后转移出来的文件、契约、账簿、现金，由留守小组专人负责。（2）关注南开学校各校址的劫后变化。由 60 多岁的校工徐鹤安装扮做小买卖的，每隔几天去巡视踏察校舍变化状况，不断地传送消息，一直坚持 8年。（3）联系留在沦陷区的教职员。（4）照顾离津赴渝的职工亲属，传递家信，介绍天津情况。

最初，留守小组暂借浙江中学筹备处办公，后关健南以"关秉乾"的名义承租顺和里一处民房，此后又多次更换办公地点。学校存留资金用完，留守小组人员连每月生活补助也拿不到，为维持生活，留守人员集资办起一个名为"兆祥商行"的杂货店，办公地点相对稳定了。这个杂货店虽然窄小，却常有南开校友光顾。大家盼望知道南开在渝亲人的信息，从这里打听到大后方的消息，或代为投递一些平安家信。

在留守组，大家谨慎而又亲昵地称张伯苓校长为"老掌柜"，以此避开日寇特务的注意。这些留守人员每逢 4 月 5 日校长诞辰或 10 月 17 日校庆日，常常假借给某人做生日邀集一些校友聚餐，借以互通信息，联络感情。席间大家互相鼓舞，企盼胜利后母校重建，再展雄风。

抗日战争胜利后，1945 年 10 月 3 日，喻传鉴回到天津，依靠留守组人员，召集部分在津南开中学教职工研究开展复校工作，标志历时 8 年的南开中学留守组工作结束。

第四节　建校四十周年回顾

张伯苓《四十年南开学校之回顾》/张伯苓战后在全国扩建南开系列学校的设想/国民党发动内战与张伯苓设想未能实现的原因

一、张伯苓撰文《四十年南开学校之回顾》

1944 年 10 月 17 日在南开学校 40 周年纪念日之际，张伯苓撰文《四十年南开学校之回顾》，刊载于《南开四十年纪念校庆特刊》。这是张伯苓一生中亲自书写的稀有的有关南开教育的论著。全文包括绪言、创校动机、办学目的、训练方法、学校略史、检讨工作、发展原因和结论 8 个部分，是张伯苓创办南开学校和南开教育 40 年的总结。

文章开头张伯苓言明写此文章的宗旨，"本年（民国三十三年）十月十七日，为南开学校四十周年纪念日，校友及同人金以胜利在望，复校有期，值此负有悠久光荣历史之纪念日，允宜特辑专刊，一以载过去艰难缔造之经过，一以示扩大庆祝之热忱！属苓为文纪念，爰撰斯篇，以寄所怀。"

张伯苓自述，1897 年（光绪二十三年），"其时苓适毕业于北洋水师学堂，在通济轮上服务，亲身参与其事，目睹国帜三易，悲愤填胸，深受刺激！念国家积弱至此，苟不自强，奚以图存，而自强之道，端在教育；创办新教育，造就新人才。苓将终身从事教育之救国志愿，即肇始于此时。"严修、张伯苓"同受国难严重之刺激，共发教育救国之宏愿"，严修创办家塾，聘张伯苓主持，6 年后扩充为中学，此乃南开学校创立之始。

"南开学校系因国难而产生，故其办学目的旨在痛矫时弊，育才救国。"张伯苓分析认为，当时"我中华民族之大病，约有五端"：愚、弱、贫、散、私，"此五病，实为我民族衰弱招侮之主因"。张伯苓深深感到，国家缺乏积极奋发、振作有为之人才，所以"追随严范孙先生倡导教育救国，创办南开学校"。南开学校的办学目的，"其消极目的，在矫正上述民族五病；其积极目的，为培养救国建国人才，以雪国耻，以图自强。"

为实现南开学校的教育救国目的，张伯苓总结了南开学校办学 40 年的五种基本训练方针：一曰，重视体育：南开学校重视体育，以期个个学生有坚强的体魄及健全的精神。二曰，提倡科学：南开办学竭力提倡科学，开通民智，破除迷信，藉以引起国人对于科学研究的兴趣，促进物质文明的发达。三曰，团体组织：南开学校对于学生课外组织、团体活动，无不协力赞助，切实倡导，使学生多有练习做事参加活动的机会。四曰，道德训练：南开学校创立之初，于每星期三课后，召集全体训话，名为修身班，"阐述行己处世之方，及求学爱国之道，语多警惕，学生多能服膺勿失。"五曰，培养救国力量：南开学校系受外侮刺激而产生，故教育目的，旨在雪耻图存，训练方法，重在读书救国。学生在求学时代，必须充分准备救国能力，在服务时期，必须真切实行救国志愿，有爱国之心，兼有救国之力，然后始可实现救国的宏愿。

张伯苓在文中全面回顾了南开学校的发展历史，为后人研究南开教育提供了最可信的资料。他综述道："南开学校成立于光绪三十年，但在学校成立之前，尚有六年之胚胎时期。即严、王两馆是也。此六年之胚胎时期，若与南开四十年之历史合并计算，则南开学校已有四十六年之历史矣！此四十六年之历史可分为四大时期，即一、胚胎时期；二、创业时期；三、发展时期；四、继兴时期。"文中分述了各个时期状况，对在津复校充满信心。

张伯苓总结南开学校40年的发展原因"实有多端"。他说："吾人救国目标之正确，'公能'训练之适当，与夫学生之来源优秀，校风之纯良朴实，皆为我校发展之重大因素。"南开学校经过40年奋斗，得有今日之发展，推其原因，他特别总结出最重要者有三点：一是个人对教育之信心；二是学校同人的负责合作；三是社会各界的提携与赞助。

文章最后，张伯苓激励自己，"苓行年七十矣，但体力尚健，精神尚佳，不敢言老！今后为南开，当更尽其余年，致力于教育及建国工作。南开一日不复兴，建国一日不完成，苓誓一日不退休，此可为全体校友明白昭告者也"。他希望"兹值南开四十周年校庆之辰，回顾既往奋斗之史迹，展望未来复校之大业，前途远大，光明满目。南开之事业无止境。南开之发展无穷期，所望我同人同学，今后更当精诚团结，淬厉奋发，抱百折不回之精神，怀勇往直前之气概，齐心合力，携手并进，务使我南开学校，能与英国之牛津、剑桥、美国之哈佛、雅礼（即耶鲁）并驾齐驱，东西称胜。是岂我南开一校一人之荣幸，实亦我华夏国家无疆之光辉也"。

二、张伯苓和他的南开梦

1944年6月24日，张伯苓在南开同人聚餐会上发表题为《国际大势与南开前途》的讲话，具体谈到战后南开发展的愿景，这是他对心中的"大南开"梦想的系统阐述。他把南开的复校计划分为校址、系统、组织、经费以及训练方针等五项来谈。他强调南开复校地址必在天津；南开系统希望保持私立性质；南开的组织，战后在天津设本部，各地设分校；经费，完全自己设法筹措；战后南开训练青年的目标，应仍根据"公能"校训，"今后训练青年，不单仅仅希望他能做一个中国青年，而自告满足，现在我们要更进一步，把中国青年训练得人人为世界的青年，人人为现代化的世界青年，为人类服务，为世界造福。"

张伯苓晚年的失意和心情的悲伤，客观地说，主要是他的南开梦的破灭。1937年，南开学校被日本人炸毁，张伯苓的心血付之一炬。蒋介石接见张伯苓时说："南开为中国而牺牲，有中国即有南开。"让张伯苓看到抗战胜利后南开复校的希望，也对蒋介石抱有幻想。抗日战争后期，张伯苓头脑里形成大力扩充南开的宏伟蓝图。1944 年 7 月，他对同人说，世界局势大可乐观，建国大业必能迈进，蒋介石"有中国即有南开"的承诺也会兑现。他计划把南开教育模式推向全国，除在天津、重庆的南开学校外，还要在南京、上海、北平和东北设立南开分校；扩大大学规模，增加院系，办学水平要与欧美一流大学并驾齐驱。

抗战胜利后，事与愿违，第一，南开大学改为国立，虽多次陈述，但蒋介石并不理解张伯苓的心意，张伯苓只能"委曲求全"。西南联大三所大学复校，南开损失最大，国民党政府给南开复校的钱却最少，张伯苓虽极力争取，但无效果。第二，在各地建南开分校更成泡影。蒋介石建议他先在长春添办南开中学。蒋介石发动内战，长春正在打仗，张伯苓的计划胎死腹中。最大的打击是，1948 年 7 月，张伯苓抱着"蒋先生让我去跑龙套，只好去跑跑吧"的心情就任国民党政府考试院院长，蒋介石许诺张伯苓仍兼任南开大学校长。9 月，教育部以"国立大学校长不可兼职的定章"免去张伯苓的校长职务。这一免职隔断了他与自己创办的南开大学的关系。张伯苓一辈子致力南开教育，"大南开"梦想的破灭对他的打击是巨大的，最终使他对蒋介石的幻想也破灭了。11 月，张伯苓看透国民党官场的腐败，以"养病休息"为名回到重庆，结束了 4 个月的官宦生涯。直到 1949 年，张伯苓婉拒蒋介石，不去台湾、不去美国、留在重庆，蒋介石才于 11 月 21 日批准他辞去考试院院长之职。

抗战胜利后，张伯苓在全国多地建立南开学校的设想之所以未能实现，是同国民党政权在抗战后迅速走向腐败和发动内战分不开的。张伯苓为抗战后的南开复兴和发展规划了一幅宏伟的蓝图，但这一美好愿望必须有一个能够承载它的社会环境，这就是抗战后应该有一个和平、民主、统一、政治清明的中国。然而事与愿违，国民党政权众多官吏利用战后胜利接收之际，肆意发"接收财"，贪腐横行，人心丧尽，张伯苓到南京任职时亲眼见到了"无官不贪"的丑恶现实。另一方面，蒋介石为了维护其独裁专制统治，在抗战胜利后不久即撕毁国共两党签署的和平协议，发动全面内战，使战乱刚刚结束的中国重新陷入战火之中。张伯苓的宏伟蓝图与抗战后中国的社会现实之间，存在着巨大的反差。而张伯苓由于历史渊源和人际关系，此时身陷国民党政权之中。人在江湖，身不由己。他在具体操作中只能把希望寄托在蒋介石和国民党政权上。而蒋介石只是利用他的社会声望，在现实中却不给他任何支持。国民党政权的一些官吏甚至对他进行官场暗算，用不正当的手段使他离开南开大学校长位置。处在这样的社会环境中，张伯苓为抗战后南开设计的蓝图无法实现，也就不足为奇了。1945 年 10 月，南开中学在津复校，或许这是对张伯苓仅有的一点安慰了。

第六章 迎来复校（1945—1952）

从抗战胜利到南开中学改为公立前的 1952 年，是南开中学迎来复校的时期。这一时期，南开中学经历了社会制度的变革，学校的管理体制、教育思想、办学方向和教学方法都随着社会大环境的改变进行了根本性的变革，经历了成功复校、护校斗争、民主改革、张伯苓校长逝世与周恩来总理回校等一系列重要事件。

1945 年抗战胜利后，滞留在天津的原南开中学教师骨干队伍迅速重新聚集，张伯苓校长和受命返津的黄钰生、喻传鉴等人奔走擘画，南开中学顺利复校。复校后的南开中学坚持"公能"标准，教学精益求精，课外活动日渐活跃。但复校后的社会形势不以人们的善良愿望为转移。随着国民党政权愈加腐败和发动内战，不仅张伯苓设想的战后发展计划完全落空，而且复校后南开中学学生追求进步的活动也受到打压。

以中共地下党组织为核心的爱国进步力量在南开中学迅速发展。爱国学生运动得到训导主任杨坚白和进步教职工的支持。从清华大学毕业来校任教的中共地下党员杨得园，也在杨坚白等人保护下隐蔽下来，改名杨志行。在新中国成立前推动南开中学发展的两股力量中，身为学校领导成员的杨坚白，在历史的转折期选择了进步，向中共党组织靠拢。而身为中共地下党的杨志行，则对老南开中学的办学思想和经验开始有选择地吸收。

1949 年 1 月 15 日，天津解放，中国共产党成为代表人民群众的根本利益在教育战线的领导力量，而以严修、张伯苓为代表的校园文化日益成为南开中学的文化符号和历史资源。

在中国共产党的领导下，开始了对学校的民主改革和接管工作。杨坚白当选为校务委员会主任，杨志行出任党支部书记。学校转变办学方向，面向工农子弟，为社会开门服务，给劳动人民子弟入学创造条件。虽然当时政治活动频繁，但学校的教学始终没有放松。1952年9月天津市学校党委在一篇调查中说，南开中学为全市中等学校中学习最好的学校之一。同学们的爱国主义觉悟已成为学习动力，都知道为了祖国建设要努力学习。

正当学校各项工作蓬勃开展时，却在经济上陷入困境。由于新中国成立后国家对原民营企业采取公私合营政策，作为私立南开中学投资和募捐主要来源的民族资产阶级不复存在，私立学校失去为之提供资金的经济基础，出现了学校经费亏损，入不敷出，难以为继的局面。在这种情况下，以黄钰生为代表的有识之士建议人民政府接管南开中学。

1951年2月23日，南开中学校长张伯苓在天津逝世。张伯苓晚年选择留在大陆，表现了这位老教育家的爱国情怀。周恩来总理亲临吊唁并回校讲话，表现了周恩来对母校的感念、对张伯苓与南开中学教育成就的肯定，以及党和国家领导人对这所历史名校的期许。由于张伯苓曾在国民党政权中任职，加上当时的社会政治氛围，使严修、张伯苓等所积累的历史资源在一段时间内被淡忘。但周恩来对母校的感念和关注，隐隐提醒着人们思索其价值。

第一节　抗战胜利后的复校

抗战期间留守人员的坚持／张伯苓在重庆的复校筹备工作／喻传鉴来津举行茶话会安排复校／接收"中日学院"作为复校临时地址／组建复校领导机构和教工队伍／复校招考盛况

一、张伯苓始终心系在津复校

南开中学被日军炸毁后，留守小组人员在日伪统治下的天津经过8年的坚持，克服了种种艰辛困苦，团结了流散在天津各处的南开中学教职员工，留住了南开中学在天津的"根"，为抗战胜利后南开中学的顺利复校奠定了基础。1945年喻传鉴回到天津后，即依靠关健南为首的留守小组人员，召集在天津的南开中学教职员工展开了复校工作。

就在留守小组在天津苦苦坚持的时候，迁往重庆的张伯苓也在考虑着在天津的复校。张伯苓对天津南开怀有无比强烈的感情，因为这是他一生的心血所系。自从离开天津那天起，他就在向往着抗战胜利的同时，也思考着天津南开的复校工作。早在 1938 年 10 月 17 日，南开校友会第十届各地分会代表大会召开，张伯苓到会讲话："我看了各地的校友，非常高兴，校友也因受了这种压力时时关切学校，计划恢复学校，我正计划发展学校扩大学校，各地校友要帮助我扩大学校，以救我们的民族国家。在各界做事的校友，也要表现出这种精神，为民族国家做点有益的事。"这是张伯苓在抗战时期较早一次谈到南开复校的话题。

1944 年 6 月 24 日，张伯苓在重庆南开同人聚餐会上，发表《国际大势与南开前途》讲话，再次谈到战后南开复校的计划："战后南开学校，在天津设立校本部一所，包括自幼稚园，而小学中学，以至大学研究所。整个教育系统，至是成。重庆南开，继续维持。首都所在地，增设一所。其他各大都会，如长沙、桂林、昆明、西安、兰州，以及东北之沈阳，如有需要，亦可分别先后，添设分校。以津校为根本，以分校为枝叶，由本部指挥分校，划分隶属本部，系统分明，组织严密，然后才能运用灵活，发挥出居中驭外、拱卫根本之实效。"

同年 10 月 17 日，南开学校 40 周年校庆日，重庆南开中学举行纪念大会。张伯苓为《南开四十年纪念校庆特刊》撰文《四十年南开学校之回顾》，文中写道："现在国运好转，胜利在望，建国治国，需才孔多。将来全国复员时，苓誓为南开复校，地点仍在天津，大学要设八里台，科系须增加；中学仍在旧址，力求设备充实。在北平及长春两地，并拟各设中学一所；至重庆南开，则仍继续办理。……南开学校四十年来，由私塾而中学而大学，由全盛而毁灭而继兴，中间经过多少困难，经过多少挫折，但复校之志愿未偿，南开之前途正远，兴念及此，不禁感慨系之！"

二、喻传鉴莅津主持南开中学复校

1945 年 8 月 15 日，日本宣布无条件投降，中国人民的抗日战争取得胜利。张伯苓为进行天津南开的复校工作，亲自与当时国民政府行政院、教育部和天津市政府联系商洽，并委派张彭春办理接收南开校产工作。但是，由于国民党"接收（敌产）委员会"从中作梗，张伯苓设想的以没收日伪财产作为南开复校资金的计划未能实现。

1945年8月29日，经张伯苓推荐，南开大学秘书长黄钰生被任命为天津市教育局局长。10月2日，受张伯苓委派，喻传鉴偕丁辅仁、王九龄随天津市市长张廷谔自重庆至天津筹备南开中学复校。具体工作由丁辅仁负责，并由喻传鉴代黄钰生接收天津市教育局。校友们纷纷拜见喻传鉴，探询老校长情况。天津市民和南开校友盼望南开中学早日复校。10月3日，喻传鉴会见留守组负责人关健南，了解滞留在津的南开师生生活和工作情况。

10月4日，喻传鉴在耀华中学召集在津南开中学教师举行"话旧图新茶话会"，出席者有关健南、杨坚白、杨叙才、顾子范、刘百高、廖蔚棠、吕仰平、刘惠民、丁学强、夏乐真、沈希咏、刘崇一、尹建常、任镜涵、陈戈平等。喻传鉴代表张伯苓向到会的南开同人表示亲切慰问，号召大家为复校贡献力量。与会教师一致允诺，齐心协力为重建南开而尽力。

当天，喻传鉴与在津教职工研究了复校计划和步骤，拟先行恢复中学部，招收高中一年级、初中一年级各两个班。并部署成立筹备复校工作班子，组建教师队伍，尽快组织招生考试等，同时还安排了向天津市政府和教育局呈报复校报告等事宜。

10月5日，黄钰生出任抗战胜利后第一任天津市教育局局长。黄钰生任命关健南为教育局秘书。同日，喻传鉴邀集校友十余人勘察被日军毁坏的南开中学校园。范孙楼表面似还完好，但门上的铜钮俱被卸掉。南楼、西楼已旷然无存，蔓草荒榛。图书馆窗壁皆无，被改为汽车房。北楼、东楼均留有日本兵居住的大小木炕。学校印刷厂、电机房、理发所、食堂等处均无门窗，仅剩棚形。五斋、六斋、七斋地板门窗均被破坏，成为日军堆积草料之地。网球场、花窖长满荒草，有土丘数堆，竖有日军军马之墓的墓碑。学校南部的教工宿舍同仁里建筑倒塌，原女中部仅有一楼尚存，周遭均布有铁丝网。由于破坏严重，难以使用，黄钰生遂派关健南接收敌产"中日学院"，以此作为南开中学复校的办公地点。

"中日学院"位于天津六里台，是 1925 年由日本驻华武官坂西利八郎和副官土肥原贤二策划，拉拢北京大学教授周作人、张凤举、沈尹默等人，组织以周作人为会长的"中日教育协会"，由该协会在同文书院的基础上办起来的，有一座主楼、两座偏楼和几排平房，还有一个操场。名为学院，实际上只是一个中学，所以人们常称它"中日中学"。

10 月 6 日，天津举行欢迎南开新校董及还津师长校友大会，南开人抗战胜利后第一次欢聚一堂，共同表示争取社会各界对母校复建工作，给予人力、财力、物力的支持。为争取早日开学，经市教育局批准，暂时启用原"中日学院"作为南开中学复校后的临时校舍。正式邀聘关健南主持教务，并接收已被查封的该校图书、仪器、设备。

经历 8 年沦陷的煎熬，终于迎来扬眉吐气的日子。1945 年 10 月 17 日 9 时，在六里台临时校舍举行了复校典礼。这天正是南开中学建校 41 周年校庆，南开员工与校友代表参加了典礼并表示祝贺。喻传鉴在校门处亲手悬挂"天津南开中学"的校牌。会上，喻传鉴传达了张伯苓的号召："南开过去为抗战而牺牲，今后更为培育建国人才而努力。"

当晚 7 时，天津南开校友会在光明影院主办了"纪念南开学校建校 41 周年庆祝大会"。光明影院经理、南开校友冯紫墀停止晚场电影，供校庆使用场地。影院门口人头攒动，影院内座无虚席，与会校友、师生逾 2000 人。会上播放了张伯苓从重庆向全国校友祝贺校庆的讲话，喻传鉴代表张伯苓致贺词，并介绍了重庆南开中学的建设、教学、生活情况和老校长近况。他宣布：1945 年 41 周年校庆日为"南开中学复校日"。张伯苓讲话被安排在当时的中央广播电台晚间新闻节目中，全部庆祝活动由天津广播电台做了实况转播。次日《大公报》头版头条报道称："赴会者络绎不绝，通衢为塞，广堂盈溢，喜色溢眉宇，欢声震屋瓦。"

天津南开中学复校后，立即着手组建管理机构并开始招生工作。聘任关健南主持教务，梅松樵、韩茂之、李丹彤担任会计与庶务工作，借南开校友开办的浙江中学作为招生考试地点。根据设备、校舍、师资等情况，决定先招初一、高一各两个班。

南开中学招生的消息像春风吹遍大地，爱国的青年学子向往、企盼着这所英勇不屈的名校的复苏。南开的名字已同抗日、爱国联系在一起，人们以求学南开为荣，报名者纷至沓来。当时天津各中等学校已经开学六七周，但是很多已升入高二或初二的学生，宁肯降低年级也要重新报考南开中学高一和初一；或舍近求远，宁肯住校，也要求学南开。

由于报名人数远远超出预料，原定考场难以容纳，只得一再扩充。原定一日考完，不得不改为高中、初中分别考试，用四天考完。担任浙江中学校长的南开校友姒艮成，与在浙江中学执教的原南开中学教师们，无条件地提供报名处和考场。10 月 24—26 日，开始入学测验和阅卷、计分、定榜，完成招生任务。27 日发榜，共录取 4 个教学班新生 192 名。10 月 28 日至 29 日办理新生入学手续。10 月 30 日，新生报到。10 月 31 日，由喻传鉴主持举行开学典礼，11 月 1 日正式上课。至此，天津南开中学复校工作圆满完成。

11 月 20 日，由于重庆南开中学工作需要处理，喻传鉴委托关健南主持天津南开中学教务工作，兼主训导，专任校内事务。丁辅仁主持南开中学事务工作，专任校外公关交涉工作。黄钰生主持大学部复校工作。黄钰生、丁辅仁、关健南三位先生为校务委员。1946 年 9 月 1 日，南开女中复校，新招高一、初一两个班，暂时在南开中学东楼上课，是为南开女中复校第一班。因经费原因南开小学未恢复，南开大学改为国立，张伯苓仍任校长。

第二节　坚持"公能"标准，恢复南开传统

收复校产，修复被毁校舍／复校后的教育教学／制订以"公""能"为原则的学生操行考察标准／恢复的学生社团和社会实践／杨坚白创办《天琴》／校庆、校友会与南开精神传统／复校后的 1948 届毕业生群体／张伯苓获哥伦比亚大学博士与老舍、曹禺祝寿诗

一、复校初期的新气象

在复校工作顺利进展的同时，张伯苓委派张彭春到津主持南开学校校产接收工作。张彭春 11 月 7 日抵津，视察了南开大学、南开中学两部校址，

会见了阔别 8 年的众多校友及各界人士，并代表张伯苓向在日伪统治下坚持奋斗的校友慰问，作了题为《教育救国与国际地位》的演讲。11 月 14 日，张彭春在临时校舍北楼小礼堂对南开中学的同学们讲话，勖勉大家爱国，立志，为富国兴邦奋斗不息。当天，在张彭春倡议下，南开校友会发起"复校募捐"，由新当选的校友会执委分别担任"募捐委员会"干事，并聘请本市各界名流为指导，根据各行业特点，划分为 22 个组，分别进行劝募，获得各界的热烈响应。

南开中学复校之初，以关健南、刘百高、杨坚白、顾子范、孙养林、杨叙才等教师为教学的中坚力量，安排教学事务的开展。以丁辅仁、严伯符、杨叙才等为骨干，负责南开四马路南开中学旧址的修缮工作，推动建设事务的进行。任课教师都是聘请当年滞留天津的原南开优秀教师和留守人员，他们都怀着强烈的爱国之心和对南开的深厚感情，并具有很高的教学水平。他们深知这是南开中学复校第一班，肩负着恢复南开传统和为国家培育建设人才的使命，责任非轻，不敢有丝毫松懈。其时担任高一 1 组班导师为杨坚白，高一 2 组班导师为刘百高；初一 1 组班主任为罗融硕，初一 2 组班主任为关健南（兼）。

天津沦陷前后，南开中学部分教师曾随张伯苓辗转入川，到重庆南开中学任职。抗战胜利后除喻传鉴和郑新亭继续留在重庆外，其余教师如优乃如、孟志苏、王文田、张镜潭、王九龄、杨佩铭、杨敏如等人，因南开大学复校后教学任务繁重，并没有回到南开中学，而是调入南开大学任教。

1946 年 3 月 28 日，天津南开中学接到市教育局"教字第三十三号训令"暨附发"私立各级学校办理立案及备案手续要点"。针对该文件"私立中等、小学校，呈准立案以后，曾经停办者，概以新开办之学校论"的条文，经校务会议黄钰生、丁辅仁、关健南商议，决定以喻传鉴为代理校长名义，以"本校于（民国）二十六年七二九天津事变时被日寇炸毁，全校迁渝，抗战八年，不惟未曾一日停顿，且对抗战教育，尤尽最大努力"为理由申报备案。4 月初，南开中学终于收回位于南开四马路的学校原址校舍。

虽然校内建筑因日寇的破坏大多损毁，但经南开中学美术教师杨叙才先生精心筹划，认真管理施工，短短几个月内即修缮完毕，学校面貌焕然一新。不仅修复了所有的建筑，重建了被日军拆毁的长廊，而且巧妙地利用垃圾废土堆成土山，上建一亭，题额"复园"，寓光复之意，成为校园一景。1946 年暑假后，全校师生准时迁回原址开学。

1946 年 6 月底，开始了新学年的招生工作。计划高中、初中仍各招生两个班，而报考南开高中者竟达 2600 人之多；初中原拟招生 90 人，也有 1300 人报考。经过严格的考试，共录取高一、初一各两个教学班 200 人。南开女中也录取高一、初一各一个班，共 100 人。全部新生和在六里台上课的学生，均于 1946 年暑假后迁回原址。

由于学校规模日益发展，渐复旧观，因而再次调整领导机构，由丁辅仁代理南开中学校务主任，关健南主持教务，杨坚白主持训导，史学曾（从重庆调津）主持总务工作。1947 年 10 月，由于丁辅仁病逝，经张伯苓与喻传鉴商讨安排，决定原临时组织之校务委员会改为正式机构，由关健南代校务主任，教务主任仍由关健南兼任。

新学年开学后，由于招生扩班，又增聘更多的教师来南开中学执教，计有高玉爽、赵雪峰、张金泽、李孟高、叶荔荪、丁学强、李成义、韩扶群、陈健民、苏子白、杨振东、蒋锡雨、尹志文、田景祺等。这些优秀教师的到来，使南开中学教师队伍得到进一步加强，保持了高水平的教学质量。

复校之后，师生发奋学习。高中课程除国文、历史、生物等外，均采取双语教学。英文学科顾子范全堂以英语授课，化学学科陈建民直接采用国外教材《戴明化学》课本，物理学科王知人采用国外《达夫物理》课本，数学学科丁学强采用国外《盖氏大代数》和《斯盖尼三氏解析几何》，都是原文教材，水平较高，学习难度也大。但同学们努力攻读，毫不稍懈，优秀人才辈出。

二、努力凸显南开教育的精髓

复校工作千头万绪，应从根本抓起。南开校训中的"公""能"二字，就是南开办学思想的精髓。1946 年，南开中学复校后，为将"允公允能，日新月异"的校训落实到学生的行动中，学校训导处专门制定出"公"和"能"的具体指标，作为学生操行的考察标准，于每个学期期末做出评定，记录在案，并以"操行成绩通知书"的形式知会学生及其家长。

该考察标准全文是：

（一）关于团体者——注重"公"的训练（藉以增进团体幸福）

1.遵守团体守则；2.维持公共秩序；3.服从公意；4.热心服务；5.维护公共利益；6.勇于负责；7.作事公正；8.主持正义；9.爱惜公物；10.注重公共卫生；11.确守时间；12.遵守信约；13.有合作精神；14.度量宽大能容忍。

（二）关于个人者——注重"能"的训练（俾能发展个人品格）

1.努力进修；2.有自动研究之习惯；3.思想健全能判断是非；4.意志坚定不为物诱；5.能节制有自治能力；6.有独立进取精神；7.生活有规律；8.有良好卫生习惯；9.能刻苦服用俭朴；10.有组织能力；11.能应付及改善环境；12.对人有礼貌；13.能审慎择友；14.能利用闲暇时间。

这个"标准"是南开校训的具体实践，它把校训具体化、制度化，使之进入操作层面。"公能"标准的每一项都是具体实在的，是可以操作和量化的。无论在关乎团体方面，还是个人品格方面，决不流于空泛。学生可以遵循并身体力行，教师和学生都可以通过观察对他人做出判断。透过"公能"标准，可见设计者的匠心，既是对于校训的准确把握和创新解读，又是关于中学阶段教育的经验之谈。

为落实"公能"标准，培养出堪当救国、建国大任的，有创新精神的人才，复校后的南开中学首先恢复"两个课堂"的传统。即以教室为第一课堂，课外活动为第二课堂。除了抓紧第一课堂即教学工作外，还大力倡导课外活动这个第二课堂。其组织形式，就是组建各种学生社团，借以实践素质教育，培养学生的组织能力、办事能力和团队精神。

1946年担任训导主任的杨坚白回忆说，当时"我做的主要的一件事就是恢复了南开的课外活动"。复校后，南开学生社团如雨后春笋般涌现。据1946年南开中学的《四二校庆、复校周年纪念专刊》记载，当时全校各类学生社团共有 37 个，大致有以下几种：

一是学习性质的社团，如英文研究会、数学研究会、生物研究会、南钟社无线电研究会、书画研究会、实用化学研究会、讲演练习会、高中读书会、初中读书会等。其中实用化学研究会生产的肥皂，由本校的消费合作社出售，供住宿同学使用。

二是壁报性质的社团，如南钟社办有《南钟壁报》及月刊。南星社办有《南星社壁报》，还参加演戏、唱歌、跳舞等活动，是最活跃的社团之一，曾荣获学校颁发的"能"字奖状。还有"公能社"也办有壁报，同时各班都办有壁报，也曾联合出刊。

三是体育类社团，如足球队、篮球队、垒球队、田径队和啦啦队等。篮球队、垒球队都曾与驻津美军队比赛，屡获佳绩。啦啦队组织活泼、训练有素，曾在市运动会上大显身手。每个班都有篮球队，每个年级都有联队。

四是文艺类社团，如话剧社、国乐社、提琴练习班、鼓号队、歌咏团、国昆剧社。歌咏团原为 1948 届班内组织，后发展成一二百人的全校性合唱团，在市内歌咏赛中屡获荣誉。女中同学组建"公能话剧团"，用英文演出莎士比亚名剧片段，十分活跃。

五是服务性质的社团，如民众识字班、消费合作社等。消费合作社由学生担任经理、会计、采购、销售工作，除供应文具纸张，还供应本校学生社团生产的肥皂、牙粉、蛤蜊油等，为同学们节省不少开支，深受大家欢迎。

此外还有宗教性质的社团，如基督教青年会。特别是 1946 年迁回原校址后，各类学生社团更是风起云涌，活动频繁，整个校园一派活泼生动的景象。

除了学生社团，在第二课堂领域，南开中学还有"请进来"和"走出去"的传统。"请进来"是邀请专家学者、社会知名人士到校讲演。复校初期，时任中国常驻联合国代表的张彭春即两次到临时校址讲演。迁回原校址后，学校又请著名诗人李广田、著名工程师阎子亨、南开大学秘书长黄钰生及宗教界人士杨肖彭等来校讲演。这些演说，均由同学做记录并整理成文。这使同学们开阔了眼界，了解了社会，对记录和整理文字能力也是很好的锻炼。

"走出去"是引导学生走出校门，接触社会。抗战前，南开中学有著名的社会视察课。复校后，社会视察课未能恢复，但学校还是继承这一传统，多方筹措，让高中同学参观西头小道子监狱，旁听法院民事审判庭法官的司法和律师辩驳过程，参观大公报馆的编辑工作和排字车间、印刷车间生产过程。还到东亚毛织厂看麻袋车间的生产流程，到仁立公司新设的化学厂参观成品室、装潢室和福利设施。返校后每人要交一篇作业，记录参观的感受。1948届学生社团实用化学研究会，由刘锡卓主持制作生产出肥皂和牙粉，在学生社团消费合作社里销售。消费合作社经理吉鏸、会计采购宁同春给全校同学量体裁衣，制作制服和运动服。南开女中的生物学科研究会制作标本，学习生物解剖。还有不少学生为学校做义工，学校招考新生时由高一年级同学参加服务，指导考生填写报名书、缴验证件、缴报名费、发准考证、贴相片等，还协助主考教师收发试卷，参加监考和阅卷判分。部分高中学生被市教育局借用，参加重点公立学校的招生考试及阅卷工作，使学生从实践中获取真知，得到锻炼。

校庆、校友会的活动，也是南开精神传承的重要内容。1946年，南开中学迁回原校址，学校42周年校庆在修缮后的瑞廷礼堂举行，有男生同学演出独幕话剧和初中女生演出独幕英语短剧。这一年学校编印了《四二校庆、复校周年纪念专刊》，同学们参加了编辑、印刷工作。这年校庆，校友冯紫墀用一份奖学金来为校庆做礼物，发起"清寒奖助金"活动，抛"砖"以引"玉"。各届校友和关心教育的社会贤达纷纷响应，让清寒人家的孩子们受到更多教育。杨坚白撰文对接受帮助的学生说："你接受这个帮助，你心里一定存着一种报恩的意思。我知道，那是对的，但亦不必知道帮助你的是谁。因为帮助你的，不是要换取报答回去，所以你亦不必把报答还给施恩的人。在帮助你的人心里，他不是施'惠'，而为团体国家保存了有生长蓄力的幼芽。所以你唯有充实力量，将来把力量贡献给团体国家，像一枝幼芽发成一朵丰美的奇葩，这是你唯一回报的方法。"

1947年校庆，为了筹集《1948届毕业同学纪念册》所需资金，南开话剧社决定排演《雷雨》，对外售票，连演三天。导演由1936届校友、著名编导李邦佐担任，剧中人物分别由 1948 届和 1949 届同学饰演。在瑞廷礼堂演出时，张伯苓亲临现场观看，笑容可掬，并在剧终后与演员一一握手，合影留念。演出十分成功，观众连连称赞："这样的演出，可以说达到了专业水平。"这次《雷雨》的演出，是南开人自编、自导、自演，在自己的舞台上对外演出，是复校期间南开话剧的光辉一页。

1948 年，虽然时局紧张，张伯苓依然亲赴天津南开中学参加了长达三天的校庆活动。10 月 15 日，他参加庆祝建校 44 周年和张伯苓办学 50 周年游艺会，发表讲话说："教育不只是叫学生读书，课外的修养更重要，只是有'能'，算不了什么，必须为'公'。"10 月 16 日，参加了校庆庆典，并观看了南开话剧社演出的《金银世界》。10 月 17 日上午，张伯苓参加南开大学成立 29 周年校庆。下午，他出席南开中学校庆典礼，到校校友五六百人。张伯苓在瑞廷礼堂发表讲演，随后出席重修中楼落成典礼并剪彩，又到北楼前参加第一班毕业同学纪念井补修落成礼。

复校期间的校庆活动，不仅记录了南开学校逐年来的发展进步，使南开师生和校友增加了荣誉感和凝聚力，而且使抗战前南开中学广为人们传颂的优良校风借以复苏，以"公能"为核心价值的南开校魂得以接续，对南开精神代代不息的传承，起到了承先启后的作用。

南开校友向来有热爱母校的传统，早在抗战刚刚结束之时，即有不少校友为南开复校奔波忙碌，各尽所能。1945 年 10 月 26 日，天津南开校友会改选执委，阎子亨、杜建时等 21 人当选。选出阎子亨（校友会主席）、邹性初（秘书）、胡仲文（会计）、冯紫墀（编辑）、李荣轩（游艺）、沈希咏（体育）、杨肖彭（庶务）7 人为校友会常委。复校后，天津南开校友会在联络校友、凝聚人心、扩大南开社会影响及争取各界支持等方面，发挥了自己的作用。

复校之后南开师长们的心血没有白费，经过学校和老师们的辛勤培育与南开优良校风、学风的熏陶，复校后的南开学子继承了关心国事、爱国爱民、紧跟时代潮流的胸襟和志向，不仅学习成绩优异，而且在几次爱国民主运动中都义无反顾地走在最前列，最终成长为国家的栋梁或专业领域的精英。以复校后的首届学生 1948 届毕业生为例，在 92 名同学中，奔赴解放区的有 33 人，投身革命活动的 50 余人，其中马鸿宾烈士壮烈牺牲于战场。新中国成立后，他们遍布社会主义建设各条战线，为现代化建设贡献力量。其中在经济、教育、科技、文艺、医务、新闻出版等领域获高级职称者 50 余人，获国务院政府特殊津贴者 8 人。

三、大洋彼岸的盛誉与南开校园的冷清

1946 年春天，张伯苓因所患前列腺疾病日益严重，赴美国治病。4 月 12 日抵达纽约，随即住院治疗。手术后的 6 月 4 日，在美国哥伦比亚大学第 192 届毕业典礼上，被校方授予名誉博士学位。代理校长 Fack Enthal 宣读颂词称："张伯苓是全世界公认的教育机构的缔造者和造育人才的领袖人物，五十年来，以坚定的信仰和毫不动摇的意志，献身教育，振兴他的祖国，是全国自信的象征。"

随后的 6 月 9 日，在美国的南开校友和各界友人 70 余人在纽约集会，为张伯苓补祝七旬大寿。媒体报道，那天张伯苓"扶杖参加，精神畅旺，席间老舍、曹禺两君诵祝寿诗，庄谐并陈，极一时之盛"。当时老舍和曹禺正在美国访问，闻讯联名到场祝贺，写下《贺张伯苓先生七十大庆》并当场朗诵，抒发了所有南开人的心声和祝愿。

全诗从"知道有中国的，便知道有个南开"写起，历数了张伯苓发展南开教育的艰难历程，满含深情地祝愿："张校长！您今年七十，还小得很呢！……起码，还并费不了多大的劲，您还有三四十年的好运！您的好运，也是中国的幸福。""张校长！今天，我们祝您健康，祝您快乐！在您的健康快乐中，我们好追随着，建设起和平和幸福的新中国。"

两人幽默风趣、亦庄亦谐的语言和对张伯苓真诚的赞颂与崇敬，赢得了满堂喝彩。这首诗后发表于 1946 年 7 月 1 日上海《大公报》和同年 8 月出版的《伉俪》月刊上，署名"学生曹禺""后学老舍"，可见两人对张伯苓的推崇与对南开学校的高度肯定。

这一时期，张伯苓的中外友人纷纷发表文章赞誉张伯苓献身教育的丰功伟绩，这些文章后来集结成书，名为 *There is another China*，由哥伦比亚大学王冠出版社出版。撰稿人中包括美国驻华大使司徒雷登、北大校长胡适

等众多知名人士。该书的核心思想是：尽管中国近代战乱和灾难不断，可是尚有另一个中国在日益进步之中，那就是以张伯苓为代表的进步人士，在艰苦的环境里创办学校，为振兴中华而奋斗。

中外各界对张伯苓校长的高度评价，实际上寄托着对复校后的南开中学的期望。校址恢复了，教学正常了，复校后的南开中学如何继承当年的办学特色？如何使复校后的教学再创辉煌？如何恢复南开中学的优良传统，再度培养出具有南开精神的学生？这些都是复校后的南开中学领导班子亟待解决的问题。

但是，1947年，国民党当局借口天津各学校的"反饥饿、反迫害"游行"违法"，宣布禁止学生集会、结社、罢课、游行。南开中学各种学生社团也被迫停止活动，校园里顿时变得冷冷清清。一些学术性知识性的社团，被迫改为学习小组。各种球队及消费合作社因没有政治性，尚可存在。在这种形势下，南开中学训导主任杨坚白和历史教师苏子白，于1947年11月15日创办了综合性公开刊物《天琴》半月刊。

《天琴》由杨坚白任社长、发行人，经过登记注册，由知识书局代销。《天琴》刊名源于天琴星。杨坚白为首期《天琴》写了代发刊词，副标题是"今夜的星光正预示着明日的晴朗"，并宣告取名《天琴》的缘由。文中写道："据天文家的测度，天琴，一天一天的增加她的光亮，一定要胜过现在比她亮的天狼。而且要夺了北斗的地位，而成为黑夜里供给摸索求进的人们光亮的指向星。因此我们选她来做本刊的名字。"在第5、6期合刊中，有杨坚白的《读〈伐檀〉》，《伐檀》是中国最古老的一首谴责剥削、谴责贪腐的诗。苏子白发表了专论《由青年的苦闷论到教育革新》。《天琴》预言："如果在广大民众，感到生存的威胁，而一致推动时，便是革命史篇书就的日子。"可以说，《天琴》表达了南开师生在暗夜将尽时对黎明的渴望，是复校期间南开进步期刊的代表。

1948年12月31日出版的《天琴》第11、12期合刊是最后一期。1949年1月16日，杨坚白、苏子白、田秀峰等人在"应变"期间还组织"天琴社"，团结进步学生。天津解放时，利用《天琴》半月刊出版《号外》，在天津街头巷尾张贴散发，呼吁市民支持解放战争，欢庆胜利。解放初期，由于苏子白从军南下，杨坚白忙于校务领导工作，《天琴》停刊。

第三节　中共党组织与护校斗争

　　民主进步的校园氛围／"反饥饿、反内战"大游行／1948年集体春游／地下党领导的学生团体／学生大众食堂与"膳委会"／进步学生到解放区参加培训／保护地下党员杨得园／组织"应变委员会"迎接天津解放

一、复校后中共党组织在南开中学的革命活动

　　1946年迁回原校址后，南开中学出现了民主自由、团结进步的校园氛围，进步力量占据主流和主导地位。在群声合唱团里，学生高歌《黄河大合唱》《团结就是力量》《解放区的天是明朗的天》等在解放区流行的革命歌曲。在骆驼剧社，学生上演活报剧《大独裁者》，教师杨坚白等参加演出。在读书社里，学生传阅毛泽东的《新民主主义论》《论联合政府》等著作。学生还传阅艾思奇的《大众哲学》、俞铭璜的《革命人生观》以及鲁迅、巴金、茅盾、艾青、赵树理、臧克家等作家和诗人的各种著作，可以阅读到香港出版的《荷花淀》《李有才板话》《吕梁英雄传》等反映解放区生活的作品，可以借阅到苏联小说、香港生活书店出版的进步刊物。丰富多彩的社团活动成为团结学生，接受进步思想，感受新生事物的重要阵地。在复校后解放区与国民党统治区对峙的日子里，南开中学被称为天津的"解放区"。

　　南开中学之所以成为人们眼中天津的"解放区"，有内外两重原因。

　　从外因上说，当时国民党政府天津市市长杜建时是南开中学校友、张伯苓的学生，而张伯苓是全国著名的教育家、中华全国体协主席、国民参政会副主席，又当选"国大代表"，与时任国民党华北"剿总"司令傅作义等政要私交甚厚，且为蒋介石所重视，所以国民党军警轻易不敢闯进南开中学抓捕学生，一般也不会干涉学校内部活动。

　　从内因上说，当时天津的大中学校普遍设有训育处，训导主任大多是国民党骨干分子，由国民党市党部委任。但是，由于南开中学是私立学校及

其特殊背景，人事任命、聘任均由张伯苓决定。而复校之际张伯苓将天津南开中学的人事安排授权给喻传鉴。喻传鉴坚持"公能"原则，选任并非国民党员，富有正义感、思想进步的杨坚白担任训导主任。在组织学生社团、掩护进步学生等方面，都表现了杨坚白的能力和人品。这就使国民党无法从"训育"领域控制南开中学。以中共地下党为核心的进步力量，遂在南开校园发展起来。

早在1945年天津南开中学复校时，一批中共党员和进步学生马鸿宾、欧阳吉（郑久贵、郑思哲）、王仁（王炳仁）、罗真（娄荫显）等人接受党组织的指示，考入南开中学从事革命工作。当时中共地下党组织遵守"长期埋伏、隐蔽精干、积蓄力量、以待时机"的方针，在南开中学没建立党支部，上述同志隶属不同的组织领导关系，他们之间没有横的联系，但彼此心照不宣。马鸿宾1945年考入南开中学，他在党内的上级联络人是渤海区党组织的文又生。欧阳吉1945年3月由陈克非介绍参加革命工作，9月陈克非派欧阳吉由木斋中学转入南开中学。欧阳吉是南开中学与天津学联的联系人。他按照党组织的指示，与几位同学组织起南开中学复校后第一个暑期识字班，招收贫苦家庭子女学习文化。王仁在党内的上级联络人是冀中八分区交通员张凡喜，后化名司徒镜蓉。司徒镜蓉去解放区后，党内联络人改为齐先（国浩德）。1946年，王仁由齐先介绍加入中国共产党，他经常向同学介绍解放区的情况，并与几位同学组织复校后进步学生的读书会。罗真在党内的上级联络人也是齐先。

1946年暑假，根据中共党组织的指示，王仁、马鸿宾、欧阳吉都去了解放区。欧阳吉、王仁进入冀中党校九队学习，王仁不久被派回市内，马鸿宾进入五一学院学习。1947年3月，欧阳吉被派回天津，但考取别的学校。罗真经党组织决定转入育德学院，但还继续领导南开中学进步学生组成的读书小组，其成员包括薛云（刘廉志）、陈建伟、史沐（王松涛）、王云（熊浦云）。半年后，陈建伟退出，读书小组留下薛云、史沐、王云三个人。读书小组活动地点在薛云家中，每周活动一次，内容主要是学习讨论解放战争形势，研究如何开展学生工作。1946年9月，南开女中恢复，地下党员肖梅（梅宗娥）按照党内的上级联络人容健琪的意见，由天津女一中考入南开女中。肖梅与几位进步学生创办了《GS》月刊。

1947年，南开中学读书小组薛云、史沐、王云提出入党申请。党内联络人罗真给他们每人一份油印的党章，这是罗真秘密刻印的。7月27日，上级党组织批准薛云、史沐、王云加入中国共产党，候补期三个月，他们在南开中学建立党小组。罗真从育德学院毕业后，考入华北电业公司。南开中学党小组的党内联络人转由齐先担任。1947年10月，中共华北局城工部指示在南开中学建立党组织，薛云、史沐、王云按期转为中共正式党员，组成南开中学党支部。薛云任书记，史沐为副书记，薛云、王云侧重做学生会公开工作，史沐侧重做隐蔽的组织工作。1948年春，天津市地下中学委成立，左建任书记，他与齐先一起领导南开中学党支部。肖梅的组织关系也转至南开中学党支部，她的党内联络人是薛云。

1948年5月齐先去解放区，南开中学党支部由左建直接领导。左建在南开中学支部听取工作汇报时，提出要抓组织发展，注重实际政治表现，积极吸收那些愿终生为共产主义奋斗的进步学生入党。在左建的督促下，1948年上半年，南开中学党支部发展了李贺（陆孝繁）、任恩和、徐新（徐良善）、杨弃（陆继善）、金告（张雷）5名学生入党。其中李贺、任恩和、徐新的入党介绍人是史沐。杨弃、金告的入党介绍人是薛云。同期，南开中学学生苏驼（刘汇文）由校友于震江发展入党，后由史沐介绍去解放区。南开中学学生王敏生入党，当年去解放区。1948年暑假，薛云、肖梅、张家鼎（肖获）去解放区，肖梅进入华北军政大学上学。薛云、张家鼎参加了泊镇华北局城工部的学习班。参加学习班的还有南开中学的王云、南开女中地下党员秋晨（李建裔）。秋晨原为圣功女中学生，因党内联络人张淮三被捕而与党组织失去关系，华北局城工部负责人刘仁得知后，通过薛云通知秋晨到泊镇参加华北局城工部的学习班。在这个学习班上，南开中学、南开女中的学员组成一个党支部，秋晨任书记，王云任副书记。张家鼎由齐先、邓祥介绍入党。

1948年9月，学生党员薛云、史沐、杨弃、金告均升入南开大学，另建立党支部，由史沐任书记。该党支部一直未与南开大学党组织合并，而是根据上级党组织指示，1948年底全部去了解放区。学生党员李贺由组织安排转入特一中上学。1948 年暑假，又有两名党员转入南开中学，他们是高一学生杨立时和教师杨得园（杨志行），杨得园系由清华大学转入天津。开学后，在泊镇中共华北局城工部的学习班上成立的南开中学党支部转入学校工作，依旧由秋晨任书记，王云任副书记。1948 年 10 月，南开中学学生周英华由其姐周英瑞介绍入党，张泰康由李定发展入党。1948 年 11 月，张家鼎、徐新去了解放区，并根据党组织要求，动员五位同班同学一起到解放区参加培训学习，准备参加解放军入城接收天津市的干部队伍。1949 年初，南开中学学生李仲明、陈青（陈振声），南开女中学生刘今苓被发展入党。同期，南开女中学生冼福佩由其表哥介绍入党，其表哥的组织关系隶属西南联大转回天津的中共党组织。1949 年 1 月 15 日天津解放时，南开中学有 11 名中共党员，即秋晨、王云、任恩和、杨立时、杨志行、周英华、李仲明、陈青、刘今苓、张泰康、冼福佩。

二、南开师生积极从事革命活动

1947 年 5 月 18 日，南开大学进步学生演出反战话剧《凯旋》，揭露国民党镇压人民的暴行。演出时，一帮假扮成伤兵的特务、暴徒突然冲上舞台，殴打演员，使演出无法继续。次日，天津进步报纸揭露这一暴行，激起广大市民的义愤。天津各大中学校学生联合决定 5 月 20 日上午举行全市学生"反饥饿、反内战"大游行，并宣布罢课。

5 月 20 日早晨，南开中学师生列队前往六里台南开大学北院聚集。游行队伍按计划分两路在市中心会合，同往国民党天津市政府请愿、示威。上午 9 时，南路队伍从南大北院出发，行至迪化道（今鞍山道）路口，遭到事先埋伏的特务、暴徒的拦截袭击，20 多位游行学生被打得头破血出，国民党军警逮捕 6 名学生代表，鸣枪"示警"，实行镇压。同学们被迫退回南大北院，在南大民主厅集会，声讨当局的暴行。次日学生继续罢课，走上街头揭露"五二〇事件"，要求严惩暴行肇事者。国民党当局通过教育局下达命令，要求南开中学开除参加罢课和游行的组织者"反内战反饥饿委员会"的21 名委员。学校训导主任杨坚白据理力争说："我的学生都是品学兼优的好学生，要开除他们，先拿去我的职务，等我离职后你们再说！"顶住了当局的无理要求。为保护进步学生，校方最终仅以"操行不及格"为名，"清退"高二年级学生于震江。对其他参与罢课、游行的学生均采用找学生家长谈话、对学生告诫等方式予以平息。这次事件被南开师生称为"五二〇事件"，标志着南开中学师生加入到推翻国民党反动统治的斗争中。

1948 年春季，南开中学中共地下党组织为突破国民党当局禁止学生集会、结社、罢课、游行、示威和解散各种学生社团的思想钳制，发动同学利用春假举办集体春游，赴北平各大学串联。两个年级的部分高中男女学生在教师杨坚白、李孟高、喻期章、张金泽等带领下参加集体春游。南开中学地下党支部负责人刘廉志、王松涛事先安排一些学生与其在北京大学、清华大学、燕京大学就读的哥哥、姐姐联系好，为赴北平的南开学生安排活动和食宿。4 月 8 日，南开师生乘火车抵达北平，住在宣武门外石驸马大街的北京师范大学附属中学的空闲教室。当夜适逢国民党当局派打手抓捕进步同学，9 日清晨南开师生在北京师范大学门前看到地上的一摊摊血迹和墙上"血债要用血来还"等巨幅标语，得知发生反动当局抓捕进步学生的"四九惨案"。面对突如其来的白色恐怖，南开师生按原定计划乘车出城，白天在燕京大学参观，晚间住在清华大学，与进步学生联欢。4 月 10 日，北平各大学纷纷罢课、游行示威，抗议反动当局的政治迫害。反动当局组织三青团分子、特务、打手在天安门以暴力制止进步学生，恰遇南开师生并认定是来北平搞串联，粗暴地命令杨坚白和南开师生面壁而立，不准动弹。情况表明北平不宜久留，刘廉志和王松涛决定立即结束北平行程，当日中午乘车返津，既保护同学安全，也避免使带队老师为难。一路历经艰辛，直至 11 日中午师生平安抵达学校。北平春游使南开师生受到一次洗礼，进一步认清国民党当局的反动面目。

为了更好地团结广大同学，发展进步力量，中共地下党组织注意开展南开学生社团的工作，组织了一批地下党领导的进步学生社团，如南钟社、南星社、四月社等。

南钟社成立于 1945 年 11 月，由党员学生马鸿宾、刘廉志、李玉珊等发起创办。该社活动，一是组织学生阅读革命书籍。二是出版《南钟》刊物，号召学生不要对美国和蒋介石政府抱有幻想。三是组织无线电、书画、英文等研究会。无线电研究会用自制的短波收音机，收听陕北新华社广播的新闻，记录下来，印成传单在读书小组中散发、传阅。

南星社成立于1946年，由熊浦云、陆继善等进步学生创办，有60多名成员。后熊浦云、陆继善分别于1947年、1948年加入中国共产党。南星社出版社刊《南星新闻》，及时报道校内动态，涉及学生生活的各个方面，有很强的号召力和生命力，拥有众多读者。

四月社是根据中共华北局城工部指示成立的学生社团。当时华北局城工部提出党的外围组织名称要多些，以增加安全保证。1948年4月，南开中学地下党组织成立外围组织民主青年联盟，采纳王松涛的提议，对外称"四月社"。刘廉志任书记，王松涛、陆孝繁负责发展民青成员，第一批发展20多人，为党组织建设培养了后备力量。

另外还有基督教青年会，这本来是宗教组织，但在当时的南开中学，青年会却成为地下党支部团结青年学生的特殊组织。地下党支部利用青年会的合法身份，团结进步学生，宣传革命思想。1946年青年会设在范孙楼东面的平房，一排5间，内设阅览室和游艺室。活动经费由南郊士绅张信天提供。青年会基层组织称团契（小组活动），地下党支部利用团契团结学生，当时参加青年会活动的学生占到全校学生的三分之二。青年会会长、副会长分别由赤色群众小组成员雷爱华和董晋生担任。雷爱华的姐姐是从延安派到天津的中共地下党员。青年会下设的德育部由田培宽任部长，智育部由史沐任部长，群育部由杨礼显任部长。

青年会成立了歌咏团，组织同学唱进步歌曲。为了不让当局干预，歌咏团用进步歌曲的曲调配上其他歌词演唱，同学们都知道唱的是什么歌。杨礼显是男高音，嗓音很好，雷爱华钢琴伴奏，技艺娴熟。在阅览室里，同学们可以阅读到香港出版的解放区文学作品，还可以读到毛泽东、张闻天的著作，以及茅盾、巴金、郭沫若等进步作家的作品。由于地下党支部利用青年会积极开展工作，团结了大多数学生，致使军统、中统乃至三青团在南开中学校园不受欢迎，很难组织有影响的活动。天津解放前夕，校内进步力量占了主导地位，南开中学校园被称为天津的"解放区"，青年会发挥了重要作用。

南开中学还有一个不是社团的特殊学生团体"膳食委员会"。南开中学私立时期，学校管理机构为了不在生活服务方面分散精力，历来通过招商办理食堂。1945年复校后，学校邀约津门著名饭庄丰泽园的老板吴臻操办学生食堂。吴臻办食堂以营利为目的，随着内战持续，物价飞涨，其食堂的饭费随之高涨，让学生家长不堪担负。于是当时的高二年级（复校后的最高班）学生陆继善（参加革命后改名杨弃）、孙家銮（参加革命后改名孙非）、聂元仲（参加革命后改名聂志清）等，在当时南开中学地下党支部的支持下，勇挑重担，发起组织膳食委员会，建立学生大众食堂，与吴臻商办食堂对着干。

膳食委员会与学生大众食堂得到训导主任杨坚白的支持，并拨给瑞廷礼堂后面的大厅作为学生食堂的餐厅。学生大众食堂由同学们选举的膳食委员们负责采购、财会、司库，招雇了五名厨工。膳食委员们利用课余时间上街买菜，买粮食。为了防止物价一日三迁，学生食堂收到同学缴来的饭费，就由陆继善、孙家銮提前购买粮米储存，用以保值。账目日月结，及时公布。膳食委员们经常自己动手参加劳动，洗面筋炸面筋，炸萝卜素丸子，增加同学营养。每周一次改善伙食，月底把伙食尾子结算清楚，退给同学零用，因此博得同学们的拥护和赞扬，一些教师也到学生食堂进餐。1948年春季，原高二年级（1948届）升入高三，学习任务紧迫，就将学生食堂工作移交给新的高二年级（1949届）王云、张家鼎等同学接办。这个进步团体薪火相传，直到1949年后仍然存在一个时期。原在吴臻食堂入伙的学生逐渐退出，致使吴臻食堂营业规模日益缩小，赔累不堪，最终只得停办。

三、杨坚白掩护中共地下党员

1948年8月19日，国民党北平市警备司令部公布传讯"职业学生"名单，上有天津南开中学新任国文教师杨得园的名字，要求限期自首，并在天津《民国日报》上刊布。杨得园，河北省丰润县（今河北省唐山市丰润区）人，1944年考入沦陷区北京大学，1946年转入清华大学中国文学系学习，1947年加入中国共产党，并当选清华大学学生自治会理事。毕业后，由朱自清教授推荐，经中共地下党组织同意，于1948年8月5日到南开中学任教。

杨得园看到报纸后主动找到南开中学训导主任杨坚白，试探校方态度。杨坚白在与杨得园谈话中，赞成他对当局公布的名单不予置理，嘱其万勿擅自出校，并安排立即将当日全校报纸收存，防止传讯名单扩散。杨得园随即改名杨志行，杨坚白遂将教师名牌中"杨得园"改为"杨志行"，学校给市教育局的报告中称："本校国文教师杨得园已辞职离校，新聘杨志行担任国文教师课程。"并将其宿舍从范孙楼搬到五排平房。从此杨得园便以"杨志行"的名字行世。由于杨坚白等进步师生的掩护，杨志行得以在南开中学隐蔽下来，作为新来的教师，一边执教授课，一边从事中共地下党活动，直到天津解放。

杨坚白对中共地下党员杨志行的掩护，是南开中学历史上的重要事件。杨坚白作为南开中学培养出来的学生并担任学校训导主任，是当时学校领导人之一，属于严修、张伯苓为代表的学校行政主导线上的人物。但他一贯思想进步，爱护学生，在历史转折的关键时期，毅然选择站在进步力量一边，不仅支持和保护参加爱国民主运动的学生，而且冒着重大风险采取措施保护中共地下党员杨志行，在向中共党组织这条线靠拢方面迈出重要的一步。而杨志行也从这一事件中感受到南开中学爱国、民主和追求进步的优良传统，开始对严修、张伯苓的老南开中学办学经验有选择、有批判地吸收。

1948年10月，人民解放军发动平津战役，国民党军队在市区构筑防御工事，南开中学附近的西南角路口、西营门等地碉堡林立，学校停课，学生提前放假，只有一些家在外地的师生暂住学校。这时，中共天津地下党组织向全市各工厂、学校、机关、团体发出通知，要求各单位员工组织起来，护厂、护校、保护公有财产。

此时杨坚白也收到地下党来信，希望学校负责人组织师生保护校产，迎接解放。他即刻找教务主任关健南商量，组成由杨坚白、关健南、孙养林等教师和熊浦云、张遵琦、刘今苓等学生地下党员参加的"应变委员会"进行护校工作。"应变委员会"根据南开中学地理位置，估计到国民党军队有可能进驻学校，决定在校师生统一集中到甘肃路南开女中，学校的大批教学物资、贵重教学仪器等一律造册装箱移送到南开女中封存管理。

这项工作刚刚完成，国民党军队即蜂拥而至进驻南开中学，学校员工被赶出校外。于是"应变委员会"组织师生转移到南开女中守护，部分教师家属也搬到南开女中躲避战火。在此期间，国民党军队、伤兵多次前来骚扰。杨坚白等部分师生日夜守护女中，"应变委员会"师生千方百计与国民党宪兵交涉，阻止其进入南开女中，直到天津解放。

第四节　新中国诞生与私立学校的改造

学校民主改革，建立校务委员会 / 改进教学工作，提高教学质量 /
面向工农子弟，为社会开门服务 / 解放初期的学校董事会 / 社会转型期
私立学校的经济困境 / 黄钰生建议政府接管南开中学

一、南开中学进入新的发展时期

1949 年 1 月 15 日，中国人民解放军解放天津，天津市军管会、市人民政府宣告成立。南开中学校友黄敬出任新中国第一任天津市市长。天津历史翻开了新的一页，南开中学也进入一个新的发展时期。

1 月 16 日，军管会和市人民政府派出工作队接收原国民党天津市教育局。天津市各大中学校教职员工和学生 4 万余人举行盛大游行，庆祝天津解放。南开中学杨坚白、苏子白、田秀峰等人赶印《号外》，在街头巷尾张贴，欢呼人民的胜利。人民解放军进驻南开中学，缴械国民党军残部，清理校内残留弹药等战争遗物。一周后，解放军部队撤离，杨坚白、关健南等组织人力将存放在南开女中的学校财产完整无缺地运回南开中学。

在此期间，南开中学学生自治会和各社团负责人在南开女中召开了师生座谈会，会上，数名学生畅谈了迎接解放的感想。杨坚白感谢师生对护校工作的大力支持，表示愿意在共产党领导下，依靠师生帮助，继续为师生、为学校服务。1 月 18 日，南开中学学生自治会会同南开大学学生自治会，与解放军某部举行联欢，向解放军献旗，演出歌舞等节目。

1 月 27 日，南开中学正式复课。随着学校秩序恢复正常，在中国共产党的领导下，开始了对南开中学的民主改革和接管工作。

南开中学作为一所私立学校，校长一直由张伯苓担任。鉴于张伯苓校长不在天津，学校正式领导人一职长期缺位。1949年2月，根据群众要求，经过上级批准，建立由各处室主任及教职会、学生会、工友会代表11人组成的校务委员会，作为学校领导机构，负责学校行政管理和处理各项重大问题。通过民主选举并经上级教育部门批准，杨坚白当选并担任南开中学校务委员会主任，主持学校工作。

杨坚白（1909—1996），名鸿琼，字坚白，后以字行。天津市人，祖籍浙江义乌。1923年考入南开中学，1929年考入燕京大学国文系，1933年任南开中学国文教师，1946年任训导主任。由于天津解放前绝大多数学校的训导主任都有国民党政治背景，解放后天津市军管会和人民政府宣布撤销训育部门，学校教职员除训导主任外一律照常供职，杨坚白自觉离开学校。但由于他是无党派人士，并无国民党党团的背景，一贯倾向进步，为人正派，同情和保护爱国学生运动，为全校师生所爱戴。经学生和教职工请求，上级教育领导部门批准，1月26日杨坚白回到学校，以校务委员身份工作。2月6日当选为校务委员会主任，在校长未产生前暂行代理校长职务。余瑞徵任教导主任，杨志行任副教导主任，负责南开女中的行政工作。1951年3月，杨志行被推选为南开中学校务委员会副主任，协助杨坚白工作。

校务委员会的主要任务是：讨论研究学校学期工作计划、总结，听取意见，传达学习上级领导部门的重要指示精神，研究各方面提出的带有全局性的问题，统一思想、发动各组织成员共同做好工作。在此基础上，整顿学校机构，精减人员，评定工资。学校行政机构由天津解放前的教务、训导、体育、事务等四个处和会计室，改设为教导、总务两处，负责各项日常工作。在教导处内设辅导组，管理学生工作。学校经费自理，经济公开，实行民主管理，杜绝流弊。为节约开支，提高效率，解决教职员和工勤人员多、人浮于事的问题，学校开展精减人员、重新评定工资工作，对于人员的去留和工资的确定，均采取民主评议、走群众路线的办法，经过细致的工作，较好地得到解决，实现了学校领导班子由旧到新的顺利转变。

同时，为了加强中国共产党对学校的领导，解放初期党组织即对南开中学校内分别属于不同系统的中共党员进行了组织整合。南开中学和一中成立了联合党支部，杨志行任书记，赵地任副书记。1949 年 8 月初，南开中学成立了单独的党支部，杨志行任书记，杨立时任副书记。1949 年 11 月 7 日，根据党中央有关指示和天津市委决定，南开中学党支部召开党组织公开大会，党组织从此转为公开状态。当年寒假，市里举行学校党员学习班。在学习班结束时，吸收了张金泽等积极分子入党，南开中学党支部共有师生党员十多人。从此，党支部团结广大师生，开展了思想政治工作和各种活动。

新中国成立初期，整个国家朝气蓬勃，党在人民群众中享有崇高威信。在这个大气候下，南开中学党支部对这所私立学校的接办和改造做了多方面的工作。学校党支部的工作有以下几个特点：首先，党支部的保证监督作用发挥较为有力，党支部工作的重心明确放在保证教学上。其次，贯彻党的知识分子政策比较自觉，在杨坚白担任校长期间，党支部尊重他的意见，帮助他学习和理解党的政策。再次，重视加强党的组织建设和思想建设，党风很正。党支部对党员高标准、严要求，对表现出来的不健康意识，总是及时加以批评教育。

在党组织领导下，南开中学新民主主义青年团开始建团工作。1949 年初，南开中学四月社恢复为民青组织，并于 6 月份公开。南开中学青年团总支委员会成立后，学校民青成员 90 余人经过个人申请，集体转为青年团员。杨立时、刘今苓分任南开中学和南开女中团总支书记。至 1949 年 12 月，青年团员发展到 372 人。少先队、学生会、工会、民盟等群众组织，也在这一时期陆续建立起来，学校各方面工作都在健康地发展。

在教学上，废除了国民党政府统治时期中小学课程标准规定的课程和教材，中学所设的"党义"（后改称"公民"）课，初中所设的"童子军"，高中所设的"军事训练"，均被取消。对于语文、历史等文科教材进行删改，剔除其反动内容。同时，开设"学习课"（后改名政治课），对学生进行共产主义基础知识教育，树立正确的政治观点和革命意识，每周两课时，高三年级讲《新民主主义论》、高一高二年级讲《政治经济学》、初中各年级讲《青年修养》。党支部书记杨志行带头走上政治课讲台，讲解马克思列宁主义、毛泽东思想基础知识和中国共产党的政治观点，进行革命意识、革命理想教育，并通过学习培训、共同备课等措施，带出一批政治教员。语文课改用甲种开明版新编国文读本，并补充大众哲学、活页文选及报刊进步论著等。历史课改用新华书店出版的近代史及中国历史课本，理化、生物等课程选用商务印书馆出版的国际通用高质量课本。学校领导和教务处负责人深入学科听课，参加学科研究会，加强对教学工作的领导，提高了教学水平，获得有关部门高度评价。1952年9月10日，中共天津市学校党委在南开中学正课学习情况调查中说：南开中学为全市中等学校中学习最好的学校之一，教员业务水平较高，设备较完善，同学的爱国主义觉悟已成为学习动力，都知道为了祖国建设要努力学习。

二、转变办学方向

随着新时代的到来，南开中学在中国共产党的领导下转变办学方向，面向工农子弟，为社会开门服务。天津解放前的南开中学由于学费较高，学生大多来自富裕家庭，工农子弟很少。张伯苓对此有清醒的认识，他曾多次说过："南开学生多纨绔子弟。"（《张伯苓教育言论选集》，南开大学出版社1984年版）但是，由于天津解放前的整体性社会环境和办学经费所需，他无法改变这一现象。解放后社会环境的变化，为逐步解决这一问题创造了条件。

1949年春季开学后，学校大幅度降低了学费，增加了减、免学费的学生名额，给收入中低阶层的劳动人民子弟创造了入学条件。原私立南开中学学杂费为走读学生每人每学期交面粉三袋半，住校学生每人再加交面粉两袋。天津解放后改为走读学生每人每学期暂交面粉一袋半，或人民币1050元（旧币），或小米150斤；住校学生每人加交面粉半袋，或人民币350元（旧币），或小米50斤，由学生自选。免收学费学生26人，减收学费学生172人。减免学费标准是由申请减免学费评议委员会根据各班学费评议小组及各方面的反映，以家境清寒、学业及品质优良为标准，并视个别的经济情况，分别予以免费或减费。1950年秋减免收费学生人数为免费生43人，占总人数的2.21%，减费生181人，占总人数的9.33%。

1949年9月，按照天津市人民政府核准市教育局制定的《中等学校人民助学金暂行办法》，规定家境贫苦、学习努力、成绩和操行兼优的同学均可申请人民助学金，总数为 12%（按每人每月小米 70 斤计算），分甲乙丙三等。南开中学遵照规定设立人民助学金，帮助一些学习成绩优秀但家境贫寒的学生解决了经济上的困难，使工农子弟入学比例逐年上升。

在开门办学、服务社会方面，学校动员和支持师生参加南下工作团、参加抗美援朝。早在天津解放初期，高三学生曹右仁即报名参加中国人民解放军。1949 年 3 月 1 日，解放军南下工作团在天津招募工作人员，南开中学掀起参军南下的热潮，师生员工踊跃报名。教师喻期章、苏子白，学生熊浦云、陈振生等 65 人先后报名参加南下工作团，随部队投入解放全中国的战斗；还有学生 46 人参加华北大学、革命大学，86 人以其他形式参加革命工作。

1949 年 10 月 1 日，开国大典在北京举行，中华人民共和国宣告成立，天津也在当天举行了游行庆典。南开中学校园群情沸腾，师生踊跃参加天津市举行的庆祝游行，游行队伍到深夜 3 点钟返校。

1950 年，南开中学组织学生 200 多人到北京春游，游览天安门广场、故宫，当晚在北京师大附中打地铺住宿，次日参观北京大学、协和医院、石景山钢厂和发电厂等。1950 年 5 月，南开中学高三学生利用春假时间，自行联系到塘沽参观永利碱厂和久大盐场两大企业。

1950 年 10 月，中国人民志愿军开赴朝鲜战场抗美援朝。学校几次组织学生在瑞廷礼堂举办时事报告，校务委员会主任杨坚白、党支部书记杨志行向学生进行爱国主义和国际主义教育，使南开学子热血沸腾，大家纷纷表示决心，以各种形式投入抗美援朝。许多学生冲破家庭阻力毅然报名，要求参军入朝作战，有的抱定为正义战争牺牲的决心，写下血书、留下遗言。全校共有 141 名在校学生被批准参军，年龄在 14—17 岁之间，被分配到海、陆、空军和公安部队，其中十几人被分配学习无线电通信技术，培训后赴朝鲜战场作战。杨坚白亲送 14 岁的儿子杨诒敬参军。张伯苓之孙张元竞也投笔从戎奔赴抗美援朝前线。

除报名参军外，不少同学写信慰问志愿军，积极参加抗美援朝捐款活动。同学们自觉地把自己节省下的零用钱购买生活物品寄给朝鲜难民。4 月 20 日，南开中学学生响应天津市学联为捐献一架"天津学生号"飞机而努力的号召，利用春假时间下乡或深入街道，以多种形式挨家挨户宣传抗美援朝。6月，南开中学高二（2）班和（3）班的100余名学生在15分钟内就捐献人民币186000余元（旧币）。学生社团理化社自制牙膏和墨水出售，将所得收入支援抗美援朝。通过这些实践活动，使学生将课堂上学到的知识与社会现实结合起来，提高了政治觉悟，增强了组织能力、办事能力，对推进素质教育起到重要作用。

同时，南开中学发挥在教学上的优势，为尽快提高干部和工农群众的文化水平进行努力。新中国成立初期，在工人阶级当家做主人，迫切要求识字、学习文化的形势下，学校响应上级号召，在校内办起第二十八工人业余中学和第十一干部文化学校。安排一位教务主任负责日常行政事务、一位中年教师指导文化教学业务，校务委员会主任杨坚白兼任两校校长，从各方面创造方便的工作条件，受到上级表扬。在校学生还志愿到工厂开办工人夜校、识字班，从事业余教育活动，志愿到发电厂、火柴厂、电车公司的识字班教课。

1949年秋，南开中学高一年级女生看到周围有许多贫困孩子，动议办一个儿童识字班，向学校借教室，自己找粉笔、买铃铛，去书店买书，几位教师从菲薄的薪金中慷慨解囊，捐助识字班。义务小学特聘杨坚白为校长，副校长早期由高二年级学生团员担任，教导主任、总务主任、生活主任均由高一年级学生担任，导师7人皆由学生担任。起初不分年龄一起上扫盲课，后来分为一、二、三年级，1950年加开四、五、六年级，义务小学的学生逐渐增加到150余人，分为7个班。随着班级的增加，在学校团组织、学生会的支持下，义务小学招聘大批新志愿者担任教员，增设正规小学开设的珠算、常识、自然、历史、地理、体育、音乐、图画、手工等课程，正式命名为"南开中学附属人民义务小学"，在南开区教育局登记注册，适当拨给经费。参加义务小学工作的学生有50余人，其中就有后来担任清华大学校长的王大中。至1952年秋，天津市教育局将该义务小学纳入公立小学。

1950年3月，天津市选送10名中学教师赴北京工农速成中学师资训练班学习。南开中学优秀数学教师丁学强参加此次学习，并被选送去工农速成中学任课，不久即担任天津工农速成中学校长。同年5月，南开中学拿出本校使用多年、行之有效的 12 种教学管理表格，经天津市教育局安排在全市各中学推广使用，对改进天津各校的教学管理起了促进作用。

三、私立学校面临的困境

但是，正当新中国成立初期的南开中学各项工作都在蓬勃开展的时候，却在经济上陷入了困境。新中国成立前的南开中学是一所私立学校，实行董事会领导下的校长负责制。董事会由投资办学董事及少数独立董事（社会名流、学者）组成。学校经费来源主要由办学者投资、学费缴纳和社会捐款三部分组成。其中最主要的就是办学董事的投资，同时学费也较高。这两项构成了学校较稳定的资金来源。募捐得到的资金数量虽不少，但募来一笔是一笔，并无可靠的保障。虽然也数次得到政府补助，但这没有可靠的把握。这也是张伯苓常常自称"化缘的老和尚"，不得不为募捐终日奔走及与形形色色的政府官员周旋的原因。

新中国成立初期，私立南开中学维持董事会决策的组织管理方式，董事会下设校长（由校务委员会主任代行校长职权）、校务委员会，校内事务由校务委员会决定，董事会负责学校经费。1949 年 4 月，私立南开中学董事会由 9 名董事组成。董事长卞肇新（前中央银行天津分行行长），董事李琴湘（前河北省教育厅厅长，时已故）、阎子亨（前天津市工务局局长）、袁绍瑜（前天津市银行经理）、冯紫墀（前天津证券交易所副理）、李柏坚（前天津金城银行副理）、严仁颖（前天津大公报副理）、杨肖彭（天津基督教青年会总干事）、张伯苓。因其中 1 人亡故，张伯苓等 4 人不在天津，无法召开董事会，难以发挥作用。

1949 年 9 月，天津市教育局制定《天津市私立中小学董事会暂行组织纲要》《天津市私立学校临时管理办法》等文件，经市人民政府核准施行，同年 12 月 9 日私立南开中学董事会重组，由 14 名董事组成。董事长韩幽桐（马骏烈士表妹），常务董事黄钰生、阎子亨，董事卞肇新、宋棐卿、李烛尘、李柏坚、孟栋丞、胡仲文、梁寒冰、孙冰如、冯紫墀、杨天受、杨肖彭等人。重组的私立南开中学董事会很少开会，且董事长韩幽桐时任天津市教育局局长，董事梁寒冰时任天津市委文教部教育处长，不宜担任私立学校董事，董事李柏坚、胡仲文、宋棐卿经常不在天津，董事卜肇新重病卧床，开展工作甚为困难。

1951 年 8 月 10 日、22 日，私立南开中学接到市教育局关于限期筹组董事会的通知，并介绍李烛尘、资耀华为董事。经由校务委员会主任杨坚白分别拜访李烛尘、资耀华和前常务董事黄钰生、阎子亨，一致同意结束前任董事会，筹组新董事会。依据 11 月 12 日天津市人民政府批准施行的市教育局制定的《天津市私立中小学董事会组织条例》，修订《天津市私立南开中学董事会章程》。11 月 18 日成立私立南开中学新一届董事会，由 18 人组成，推举李烛尘为董事长，阎子亨为副董事长，常务董事杨天受、孙冰如、黄钰生。

在这种情况下，虽有李烛尘、阎子亨等董事多方奔走，竭力维持，但董事会已无法完成为学校提供可靠资金的任务。同时，学校为向中低收入劳动人民子弟打开校门而大幅度下调了学费，每个学生每学期学费削减了 63.5%。更重要的是，从社会大环境来看，随着新中国成立后的社会转型，国家对原民营企业采取公私合营政策，吸收原民企中部分思想进步的高管（如李烛尘、阎子亨等）进入领导干部队伍，使这部分人身份发生变化，由企业家变为国家干部。这样，作为私立南开中学投资和募捐主要来源的民族资产阶级已不复存在，私立学校失去为之提供资金的经济基础，出现学校经费连年亏损、入不敷出的局面。

1949 年上半年，学校经费因学费面粉折价的损失等影响，以致全部收入不能维持至 7 月底学期终了，全体员工 6 月份之薪资每人只发半薪，一切办公及校舍、校具修缮用款亦属必需，本学期经费亏短玉米面 15 万斤以上。1950 年，截至 9 月 21 日，学校经费亏短玉米面 69172.36 斤。1951 年如能将预计收入项全部收齐，支收尚能维持平衡。但应收入项常常不能全部收齐，拖延交费现象比上学期更甚，收入情况还不如上学期。支出方面每学期修缮费只够做些零星维修，较大的需要修建及拆改的工程则需等待政府补助款项。

面对学校的经济困境，有些热爱南开、关心南开的有识之士感到，这样下去不是办法，原来的私立办学的财政运作方式已不适应新中国成立后的社会环境。若要让南开中学彻底摆脱困境，唯有改为公立，让人民政府接管南开中学。

1949 年 7 月 30 日，南开中学常务董事黄钰生给华北人民政府和天津市军管会写信，建议人民政府接管南开中学。该信开篇写道："天津南开中学，有四十多年的历史。在全国，算的起一个好学校，为国家培植了许多人才，为革命也曾孕育过不少的战士，有的至今还念着他的母校。四十多年以来，南开中学始终维持他的私立立场，既未因公立而腐化，也未受过教会的异化。论建筑、论设备、论教学成绩，较之优良的公立学校或教会学校，毫无逊色，而且有迈过他们的地方。如果工业有民族工业的话，南开中学可以说是民族教育事业。"

黄钰生进而写道："近来，南开中学因为经费上的困难，几乎不能维持他原有的水准，好教员怕留不住，好设备也行将消耗干净。南开中学如果像这样地失去了他的带头作用，已经是天津教育的损失；南开中学如果像这样地走下坡路，那真是民族的损失了。前几天，钰生到南开中学去，谈话和观察之中，都感觉到颓唐之势。大礼堂就是个好象征，战时之损坏，相当严重，屋顶有几处露天。要修，未有钱，不修，日期一长就垮台。南开中学的困难，已不是多收学费等等自力更生的方法能够克服的，政府对南开中学的援助，如果仅只和其他私立学校一样，也于事无济。南开中学非有政府的大力不可。民族工业已收到政府的扶持，南中这个民族教育事业，也希望政府以大力使他复兴。"

谈到用什么办法使南开中学复兴，黄钰生认为是技术问题。他说，南开中学教职员、学生、校友会、董事会，全会赞成政府接管。"钰生个人意见，华北人民政府或天津军管会，大可以援东北政务委员会设立东北实验中学的例子，将南开中学的功用，规定为实验性中学。一面教学生，一面培养师资。南开中学在国文、英语、理化、数学等四方面，担得起这个任务。因为那里有经验丰富成绩优良的教员，因为那里有很好的理化和生物设备。政府曷不利用南开中学的人才和设备，在天津办一个实验的示范的中学？"

黄钰生的信表达了南开中学全体教职员工、学生和校友会、董事会的共同意愿。在新中国的社会环境下，南开中学改为公立学校，既是社会变革的大势所趋，也是学校自身发展的必然结果。学校改为公立，已是势在必行了。

第五节　张伯苓逝世与周恩来回校

张伯苓选择留在大陆 / 离渝北上，回到天津 / 张伯苓逝世 / 周恩来赴津吊唁 / 周恩来回校并讲话 / 张伯苓遗嘱发表 / 张伯苓追悼会 / 历史不会遗忘

一、社会变革大潮中的张伯苓

1946 年 12 月 18 日，张伯苓结束了在美国的治疗回到国内。抵达上海后，他接受了《新闻报》记者的采访，表示今后将在"发展南开""致力体育""中美文化"等三方面着手努力工作。1947 年 3 月 19 日，他从重庆飞赴北平，并于当日乘火车返回天津。天津市市长杜建时及各界人士、南开校友、全校师生赴车站欢迎。1947 年 6 月 29 日，张伯苓在南开女中礼堂召集在津校友茶话会，就参加"国大代表"竞选事致辞。1948 年 6 月 15 日，蒋介石通过天津市市长杜建时转致张伯苓电报，敦请其出任国民党政府考试院院长。张伯苓表示，"我不愿做此事"，"我是办教育的，还是办教育为好"。

按照国民党政府"五权宪法"的统治架构，考试院是国民党国家机器的组成部分，其职权主要是负责对司法官员的考试。一向以教育救国为己任的张伯苓对此本来是不感兴趣的，所以他对此一再婉拒。但是，数十年筚路蓝缕式的奋斗，使他深知社会各界的支持对办好南开的极端重要，其中来自官方的支持更有举足轻重的意义。1937 年当南开学校毁于日军轰炸之时，蒋介石关于"南开为中国而牺牲，有中国即有南开"的谈话，更让张伯苓十分感激。现在，蒋介石对他主政考试院一再函电敦请，特别是 6 月 18 日南京总统府秘书长吴鼎昌致电杜建时，告其张伯苓出任考试院院长业经国民党中常会通过定案，如不允，"将使总统万分为艰"。作为一个重情义的旧知识分子，在这种情况下，张伯苓只得被迫同意。于是，经蒋介石提名，监察院同意，张伯苓被任命为国民党政府考试院院长。

为了不放弃南开，他向蒋介石提出三个条件：1. 只同意担任考试院院长三个月；2. 南开大学校长一职还要兼任；3. 要请沈鸿烈担任考试院诠叙部部长。蒋介石答应了他的条件。但张伯苓到南京上任不久，教育部就对他兼任南开大学校长提出异议。因不便违背部规，他提出请南开大学经济研究所所长何廉接任校长。何廉应召回国，他知道张伯苓对南开的感情，便提出自己代行南开大学校长职权的变通办法，得到教育部部长朱家骅的默认。但就在张伯苓回津与何廉交接校务时，行政院却发布张伯苓辞去南开大学校长的辞呈，并在各大报纸刊发。这对张伯苓来说无疑是一次官场的暗算。张伯苓怀着郁闷的心情，于 11 月 14 日离开南京考试院，以养病为名回到重庆，住在津南村寓所，终日深居简出。

1949 年 1 月 15 日，天津解放。同年 9 月，中国人民政治协商会议第一届全体会议在北平召开。正在重庆的张伯苓处于苦闷彷徨之际，收到来自香港的南开校友王恩来的信。王恩来是重庆金城银行总经理，曾与张伯苓过从甚密。信中说，"老同学飞飞不让老校长动"。张伯苓阅后，喜形于色。中华人民共和国成立时，张伯苓曾致电出任政务院总理的周恩来，表示祝贺。不久，国民党政府迁到重庆。11 月 21 日，蒋介石、蒋经国父子赴重庆沙坪坝津南村，动员张伯苓随国民党转移台湾或去美国。张伯苓请求辞去考试院院长之职。两天后，蒋经国奉父命再次拜访张伯苓，敦请张伯苓离开重庆。张伯苓婉言谢绝说："我的一生心血都在大陆，不忍抛弃两千多名学生。不愿离开南开学校。"

在腐朽的国民党政权和以中国共产党为代表的进步力量这两条道路的决战中，作为爱国教育家的张伯苓，拒绝了蒋介石的亲自劝说，最终选择留在大陆。11 月 30 日，重庆解放，张伯苓决定把他亲手创办的重庆南开中学、小学及幼儿园献给人民政府。

1950 年 5 月 4 日，张伯苓夫妇乘飞机到达北京。周恩来总理派童小鹏和秘书何谦到机场迎接。到机场迎接者还有张伯苓好友傅作义等。张伯苓暂住北京西城小酱坊胡同傅作义宅内。在此期间，周恩来、傅作义、竺可桢、陶孟和、吴有训、梅兰芳和南开校友韩诵裳、宁恩成，南开大学负责人黄钰生，南开中学校务委员会主任杨坚白等都来看望。杨坚白向张伯苓介绍了学校新气象，张伯苓听后很高兴。杨坚白说，张校长也变了，对新中国人民的工作热烈情况表示满意，认为今天共产党所做的，就是自己长期以来为之奋斗的理想。

9月14日，周恩来、邓颖超在中南海西花厅设宴欢送张伯苓回天津。作陪的有南开校友潘世纶、李福景、吴勤及张伯苓之子张希陆。张伯苓把严修的照片送给周恩来，周恩来说："我在欧洲时，有人劝严老先生说，不要帮助周恩来了，他参加了共产党。老先生说'人各有志'。他是清朝的官，能说出这种话，我很感激。"饭后，周恩来问张伯苓回天津还有什么困难。张希陆表示，就怕校长回天津有人不理解。周恩来说，我写信给天津市政府，说明是我们把校长接回来的。

9月15日，张伯苓回到天津。9月22日，他到南开中学，由校务委员会主任杨坚白陪同，参观了范孙楼、礼堂、饭厅，表示："我像回到娘家一样，很留恋南开。"在饭厅外，十几名学生认出老校长时激动地鼓掌欢迎。张伯苓对杨坚白感慨地说，这里的一草一木是那样的熟悉，回到这里我就像回到娘家一样。

在此期间，张伯苓阅读了毛泽东的《新民主主义论》《论联合政府》等著作，并对前来看望他的南开校友黄钰生说，我若早几年看到毛主席的书，可以少犯许多错误。他还常坐三轮车到"小梨园"去听曲艺（当时称"十样杂耍"），或到"大舞台"听银达子、韩俊卿、宝珠钻的河北梆子。

1951年春节前夕，黄钰生等看望张伯苓，告诉他去北京听教育部领导传达周总理的报告，说到人民政府将以爱国主义为重点教育全国青年。张伯苓兴奋地说："对，教育青年爱国这是正经。"他又把《人民日报》拿来，指着第1版左上角的画片标题《我们伟大的祖国》说："这个对，这是好教学法，现在的爱国教育比我所做的内容丰富多啦。"

但是，这时的张伯苓毕竟已是七旬老人了。1951年早春，他曾经中风。2月14日，南开校友卢开瑗看望张伯苓，给他带来北京准备安排他在全国政协任职的消息，张伯苓很高兴，亲自送卢开瑗到户外。那天的天气很冷，当晚他第二次中风，口角㖞斜，不能说话。2月19日，张伯苓病危。黄钰生、阎子亨等校友前来看望，阎子亨建议"应为张校长写一份遗嘱"。张伯苓此时已不能言语，但神志尚清楚。人们公推黄钰生为他起草遗嘱，写一段就念一段给他听，请他如同意就伸出拇指。当时在场的有张伯苓夫人、张锡羊的爱人、张锡祚及其爱人。全篇读毕后，张锡羊的爱人大声地问："您说写得行不行？"张伯苓又一次挑起大拇指。2月23日，张伯苓在天津大理道87号寓所病逝，享年75岁。

二、周恩来吊唁张伯苓并回母校

2月24日上午，周恩来闻讯专程来到天津张宅吊唁。周恩来送的花圈挽带上写着："伯苓师千古　学生周恩来敬挽"。周恩来向张伯苓的遗体深深地三鞠躬，慰问了张伯苓的夫人，随后来到客厅，悲伤地对家属、亲朋和南开校友说："我真没想到校长去世这么突然，我原是想让校长看看我们的新中国、新社会，再请他出来工作的。"在谈到如何评价张伯苓时，周恩来说，看一个人应当根据他的历史背景和条件，万不可用现在的标准去评价过去的人。张校长在他的一生中是进步的、爱国的，但不应掩盖他不好的地方。校长晚年失节，但毕竟还没有跟蒋介石跑到台湾。我们要用历史唯物主义看问题。

当时处在新中国成立初期，由于有关方面对张伯苓1948年曾短期担任国民党政府考试院院长尚未定性，都在观望着人民政府的态度，周恩来亲临吊唁，令在场的人们激动不已。

当天下午，周恩来在天津市领导人黄敬、黄火青、许建国等陪同下，专程回到母校南开中学。他在学校门前的南开二纬路与南开四马路交叉路口下车，步行走进校园，在校务委员会主任杨坚白陪同下，察看当年上课的教室、住过的宿舍和用餐的食堂，与母校的师长、故旧包括在校时食堂的哑巴师傅王宝林一一亲切握手问候。闻讯而来的师生越来越多，杨坚白和市领导遂请周恩来到瑞廷礼堂与师生见面。

周恩来登上礼堂舞台，对在场的师生说：南开中学是我的母校，我那时接受的是资产阶级教育，但我也学到一些知识，锻炼了办事能力。以后我参加了革命，学习了马列主义，并在长期革命中受到锻炼，思想认识提高了，革命意志更坚强了，工作能力更加提高了。所有这些都是中国共产党长期培养、教育的结果。现在，南开中学变了，你们生活在毛泽东时代真是幸福。希望你们好好学习，认真锻炼。学了为用，学了就用，为工农服务，为国家经济建设和文化建设服务。你们一定会比我们学得好，祖国的希望寄托在你们身上。

周恩来讲话后，礼堂里响起经久不息的掌声，在场的师生都心潮激荡。周恩来在张伯苓逝世后亲临吊唁之际对张伯苓的评价和他在南开中学的讲话，表现了他对母校的感念和关注、对张伯苓与南开中学教育成就的肯定，以及新的国家政权对这所历史名校的期许。这是周恩来在新中国成立后首次表达对南开母校的感念之情。由于新中国成立前张伯苓曾一度在国民党政权中任职，加上解放初期的社会政治氛围，严修、张伯苓的历史资源在一段时间曾被人们淡忘。但周恩来对母校的感念和关注，隐隐提醒着人们思索其价值。

三、张伯苓遗嘱及历史的回声

1951 年 2 月 26 日，《天津日报》以《前南开学校校长张伯苓病逝，遗嘱友好同学拥护人民政府》为题发表张伯苓遗嘱，全文是：

> 一八八七年，余愤于帝国主义之侵略，因严范孙先生之启发，从事教育，五十年来，矢志不渝。凡余所致力而未逮之科学教育、健康教育、爱国教育，以允公允能、日新月异，与我同学共勉者，今将在人民政府之下，一一付诸实施。余所尝效力之南开大学、南开中学、重庆南开中学，在人民政府之下，亦将积极改造，迅速发展。今日之人民政府为中国前所未有之廉洁良好政府，其发展生产、友好苏联之政策，实为高瞻远瞩、英明正确之政策。凡我友好同学，尤宜竭尽所能，合群团结，为公为国，拥护人民政府，以建设富强康乐之新中国。无限光明远景，余含笑待之。友好同学，务共努力。

3 月 3 日，张伯苓遗嘱在《人民日报》摘要刊登。3 月 4 日，张伯苓遗体出殡。采用基督教仪式，白色灵车，蓝色绶带，校友们执绋，牵引灵车徐徐前进，安葬在吴家窑永安公墓，送葬者 2000 余人。南开校友、著名书法家吴玉如为张伯苓撰写了《墓志铭》。

4 月 8 日下午 2 时许，在南开女中礼堂举行了张伯苓追悼会，与会者350 人左右。由追悼会主席阎子亨宣读张伯苓遗嘱，喻传鉴讲述张伯苓生平，黄钰生致悼词，李烛尘、陶孟和、周叔弢、杨石先先后发言，家属张希陆不停地给大家鞠躬致谢。有论者认为，在当时的政治气氛下，这个追悼会开得有些冷清。

然而，历史终究是公平的。当那些喧嚣一时的偏颇在岁月中消散，中国走向现代化的时代主题日趋明朗时，人们想起了张伯苓。早在 1964 年南开中学 60 周年校庆时，人们在校史展览中看到了敬爱的周恩来总理，看到了马骏等革命烈士，看到了众多为人民熟悉的人物的身影，而在诸多闪光的史迹之中，还时时现出一个绕不过去的名字：张伯苓。

1986 年 4 月 5 日，全国政协和国家教委联合举行张伯苓先生诞辰 110 周年纪念大会。时任国务院副总理李鹏出席大会并讲话，充分肯定张伯苓作为著名的爱国教育家、勇于改革的实践家，留给后人许多值得学习的宝贵经验，指出张伯苓的教育实践和教育主张有丰富的内容，是一份重要的遗产，张伯苓献身教育的一生是进步的爱国的一生，人民将永远记住他的功劳。

这不仅仅是为了还先贤一个公平，也是时代前行的呼唤。

进入 20 世纪 90 年代中期，当中国的民办教育重新启动而困难重重、问题多多时，有识者想到，早在近百年前，张伯苓就已在中国的大地上，以南开系列学校创造了民办教育的辉煌。1995 年，中共中央提出科教兴国战略，大力发展教育再次成为社会的共识。张伯苓的教育思想和实践，他创办南开中学、大学、女中、小学和重庆南开中学，接办自贡蜀光中学的业绩，理所当然地重新成为人们关注的热点。有人说，张伯苓被"重新发现"了。其实，历史不会遗忘一切不应被遗忘的东西。对张伯苓和他的基业，历史本来就不会遗忘。

第七章　探索成长（1952—1966）

1952 年 12 月 23 日，南开中学改为公立。从这时起到"文革"前，是学校的改制探索时期。这一时期，随着中国社会制度的整体性变革，推动南开中学发展的两条线发生了本质性的转变，变成完全由中国共产党和人民政府领导的新局面。

原来处于地下的以中国共产党为领导的进步师生，成为在学校代表人民群众根本利益的领导力量，严修、张伯苓日益成为南开中学的文化符号和历史资源。新时代办学的路子应该怎么走，是摆在南开中学面前的首要课题。时任校长杨坚白，以"两教、两管"，坚持素质教育的办学思想，较好地处理了传承与发展的关系，在社会转型期带领南开中学实现了平稳过渡，既继承了南开中学传统办学方法的合理内核，又与时俱进，遵循社会主义的育人要求，赋予新的时代内涵，继往开来，为学校在新的社会条件下发展铺平了道路。

从 20 世纪 50 年代中期起，"左"的倾向给学校带来了严重干扰。一系列受"左"的思想指导的运动，不断冲击着正常教学。但在这样的历史条件下，以校长杨志行为首的学校领导和教职员工，仍然坚持素质教育，坚持按教育规律办事，在力所能及的范围内，对"左"的倾向有所抵制。杨志行因此遭到批判，并被调离南开中学。

南开中学改为公立后，一度被改名为以数字编号的"天津市第十五中学"。1957 年周恩来总理的来信在全校师生中引起了巨大反响。1960 年经全校师生要求，恢复了南开中学的校名。恢复校名、恢复校庆与校史展览，表现了学校领导和全体师生对南开中学历史资源的珍重与继承南开精神、南开传统的强烈意愿。

"左"的干扰使南开中学教学成绩严重下滑，从保持多年的全市前三位下降到第 15 位。1962 年教育部部长杨秀峰到天津调查，派随行司长张健到南开中学调研，发现学校存在的问题。在杨秀峰建议下，杨志行于 1962 年 11 月重返南开中学，担任校长兼党支部书记。

杨志行重返南开中学领导岗位后，理性地以历史唯物主义的态度审视老南开中学，吸收式整合严修、张伯苓的历史资源。他明确学校必须以教学为中心，果断调整教师队伍，致力于抓教师进修与学科建设，打造了一批公立南开中学的名师名课。他修缮校舍，新建教学楼，解决了校舍长期紧张的问题。他组织了建校 60 周年校庆活动和校史展览。他注意培养学生干部和学生自治，恢复学生社团和校园媒体，召开了第一次学生代表大会。

这一时期南开中学的发展走过一条"之"字形的道路。经历了"左"的干扰的曲折，在 20 世纪 60 年代初期迎来了公立南开中学的辉煌。经过以杨志行为首的学校领导和教职员工的努力，学校的教学质量、管理制度、校风和整体氛围等都达到新中国成立以来的最好水平，形成有利于学生德智体全面发展的良好环境。这所具有优良传统的历史名校再度焕发勃勃生机。

然而，由于"左"的思想在中央决策层未从根本上纠正，在此期间阶级斗争扩大化等"左"的隐患始终未能消除，终于导致"文革"的动乱。但南开师长们的努力不是徒劳的。受惠于这一时期在南开中学接受的良好教育，在历经艰苦之后，包括"老三届"在内的众多南开学子脱颖而出，锻炼成才，就是公立南开中学教书育人成就的最好例证。

第一节　向公立学校转型

改为公立学校 / 改名与恢复校名 / 学校体制与领导机构的变革 / 国家拨款，解除经济困境 / 降低学费与设立助学金 / 明确办学方向 / 劳动教育与校办工厂

一、改名为天津市第十五中学

1952 年 12 月 23 日，天津市人民政府根据中央人民政府教育部〔52〕普中学字第 10 号文件关于"为了进一步巩固与发展人民教育事业，以适应今后国家建设需要，决定自 1952 年下半年至 1954 年将全国私立中小学全部由政府接办，改为'公立'"的指示，召开私立学校接办大会，宣布全部接办天津市私立中等学校 29 所，接办私立小学 133 所。

12 月 30 日，天津市人民政府教育局教中〔52〕发字第 2421 号文件《为通知接办私立中学及更改校名由》，确定"根据中央人民政府教育部及天津市人民政府的指示……自接办之日起，原私立南开中学（男中部）改为'天津市第十五中学'……南开女中改为'天津市第七女子中学'"。据此，南开中学改名为第十五中学，杨坚白、杨志行任正、副代理校长。改为公立后，学校办学经费完全由市教育局拨给，教师由上级派任，图书仪器等物资设备得到充实和更新。1953 年 1 月 13 日，学校启用有"天津市第十五中学印"字样的方形校印。1955 年 5 月 3 日，废止方形校印，启用"天津市第十五中学"圆形校印。

在此之前的 1950 年 3 月 9 日，经天津市人民政府教育局同意，私立南开中学男女中两部曾统名为南开中学。1950 年 2 月 14 日，南开中学董事会发出董字第 5 号呈文，以私立南开中学暨南开女子中学董事会董事长韩幽桐名义致函天津市人民政府教育局："案查本校男女中系一校之两部，因成立有先后，男中系一九○四年创立，一九二八年经前直隶省教育厅呈奉教育部立案，而女中系一九二三年增设、一九二八年经前天津市教育局呈奉教育部立案。彼时上级领导机关男中为省教育厅，女中为市教育局，故在形式上衍成两个学校。然二十余年来，本校内部之组织，向由同一之董事会及校长领导，行政及人事编制与经济收支亦系一体，且布置学生学习及生活亦迄未划分。兹为响应政府号召，配合精简并加强行政上之效率，经本会第七次常会研讨，拟将男女中对外名称改用一个校名为'南开中学'，男女学生仍分在两校址上课，以'男中部''女中部'区分。"对此，天津市人民政府教育局教一发字第 260 号文件批复："一九五○年二月十四日董字第 5 号呈悉，所请将该校男女中两部统一名为'南开中学'一节，为便于领导，应予照准，希即知照。"

改为公立后，由于南开中学（男中部）与南开女中分立，成为两个学校。两校分别建立了各自的领导机构，私立南开中学原有的教职员工和图书仪器等教学设备均一分为二。1953 年 1 月 7 日，南开中学、南开女中党支部举行最后一次支部大会，此后分为两个支部。两校在分家过程中，由于党支部领导得力，工作细致，财产和教育资源的分割得到圆满解决，师资力量均衡地分别配齐，教学设备按当时两校轨制和规模填平补齐，满足了各自的需要。

应该指出的是，采取数字编号统一命名普通中学的做法是从苏联学来的。这并不符合中国国情，特别是对一些有着光荣传统的名校，更使学校的历史文化资源面临流失之虞。南开中学作为周恩来总理的母校，以其悠久历史和优良传统享誉海内外。更改校名后，国内外来访者经常询问："十五中学与南开中学是什么关系？原来的南开中学在哪里？"社会各界和人民群众也不习惯称第十五中学而仍称南开中学，广大师生和校友要求恢复南开中学校名的呼声不断。1960 年初，学校有关部门以继承南开中学严谨办学和良好的学风校风、发扬南开人站在时代潮头的光荣传统为由，提出恢复南开中学校名的建议，经过时任学校党支部书记邢作荣同意，向上级报告请示。1960 年 3 月 25 日，天津市教育局批准南开中学恢复原校名的申请，于是，学校又由天津市第十五中学的名称改回"南开中学"校名。

二、管理体制和领导机构的变革

南开中学改为公立的同时，学校管理体制和领导机构也进行了相应的变革。

天津解放初期，私立南开中学实行民主改革，成立校务委员会，学校体制为董事会领导下的校务委员会负责制，校务委员会主任杨坚白代行校长职权。

1952 年 12 月南开中学改为公立后，撤销了校务委员会，学校体制为党支部监督下的校长负责制。杨坚白任校长，杨志行任党支部书记。1955 年 2 月，杨坚白调任天津市教育局副局长，杨志行任校长兼党支部书记。

1958 年至 1962 年，学校再度改为党支部领导下的分工负责制。党支部"大权独揽，小权分散"。上级派来非教育系统的干部邢作荣任党支部书记，杨志行任校长。在此期间，1959 年 12 月，校长杨志行被调往市教研室负责中学教科书编辑工作，以至其后三年时间里校长缺位，实际上形成由党支部书记负责学校各项工作的局面。

1962 年，根据国家《全日制中小学暂行工作条例（草案）》，校长作为学校行政负责人，领导全校教育教学工作，党支部起保证和监督作用。同年 11 月，天津市教育局决定，杨志行调回南开中学，任校长兼党支部书记。邢作荣回市交通局工作。此前，教育部部长杨秀峰到天津搞调查研究，派随行司长张健到南开中学了解老南开中学的办学经验，发现南开中学校长缺位，遂建议将杨志行调回主持学校工作。这一局面一直延续到 1966 年 6 月。

1966 年 4 月 7 日，天津市教育主管部门通知，杨志行调任天津市第一中学校长，原在南开中学任"四清"工作队队长的张忠诚任南开中学党支部书记，但未公开宣布。4 月 19 日，杨志行向张忠诚交接工作，学校的领导工作由张忠诚主持。4 月 28 日，杨志行被安排到和平区"四清"工作分团参加"四清"运动，在成都道中学任工作队指导员。不久"文革"开始，6 月 10 日，杨志行由和平区成都道中学回南开中学参加"文革"。

南开中学改为公立后，学校的经费主要来源是国家财政拨款。随着学校教育事业的发展和国家经济实力的增强，历年的经费也在不断增加。从可查到记载的 1955 年至 1966 年，除了全国性灾荒、经济困难的 1961 年外，总体上是处于一种逐年稳定增长的状态。如 1955 年国家拨款 177175.58 元，1956 年国家拨款 182635.28 元，1959 年国家拨款 194803.05 元，1963 年国家拨款 230694.55 元。1966 年虽有下降，仍达 201226.89 元。可以说，直到"文革"前夕，学校经费基本上保持了稳定中略有上升的趋势。

鉴于原私立南开中学复校后建筑年久失修，危房问题欠账较多，改为公立后，人民政府投入大量资金用于学校建设和校舍维护修缮，仅 1956 年就下拨维修费用 18 万元，以后每年对校舍进行常规性维护、修补、粉刷等。1962 年底至 1963 年初，对校舍进行较大规模修缮和修建，分期解决东楼、中楼、北楼问题。先由学校主持北楼及中楼一层部分教室大修，后又由房管局主持修缮东楼、一至五排宿舍、电化教室及西后院房屋。1963 年，因学校发展需要，校舍面积严重不足，由国家投资在南楼后的篮球运动场上新建 40 万平方米的教学楼新楼，从而缓解了校舍紧张的局面，学校面貌大有改观。

三、办学思路的调整

南开中学改为公立，意味着由解放初期新中国的私立学校，转变为社会主义体制内的公立学校。因此也就必然要有一个办学思路的调整。这一调整有一个逐渐深化的过程，大体上是从三个方面来进行的。

一是本着社会主义教育公平的原则，进一步大幅度降低学费，设立人民助学金，保障收入较低的工农群众子弟受教育的权利。学校私立后期的 1951 年，学费为每人每学期玉米面 320 斤，住宿费每人每学期玉米面 130 斤。这一数字虽比天津解放前下降了不少，但对收入较低的家庭来说，还是压力很大甚至无力承担的。改为公立后，自 1953 年起，学费为高中每人每学期 6 元，初中每人每学期 5 元，住宿费每人每学期 4 元。这就使学校加大了收入较低的工农群众子弟入学比例，新中国教育公平的理想开始变为现实。为了使家庭生活比较困难的学生能够顺利完成学业，学校根据上级指示，给予减免学费并享受人民助学金。人民助学金分为 4 个等级：一级 2—4 元；二级 5—7 元；三级 8—10 元；四级 11—13 元。除平日经常补助外，遇有特殊困难，如冬季缺棉衣或发生急病，可另外给予补助。学校根据当地社会上的最低生活标准，确定减免学费和享受人民助学金的条件。家庭生活条件达不到最低标准的学生，根据家庭生活的困难程度，享受不同等级的人民助学金。每学期家庭生活困难的学生自己找班主任申请领表，填写好家长单位盖章后交给班主任，由班主任上报到政教处。经政教处审核，确定减免学杂费和享受人民助学金名单，由学校总务处发放。对于家在国外、没有经济来源的华侨学生也设有人民助学金，还另有冬季棉衣、棉被褥、棉鞋补助。

二是明确了学校培养什么人的问题。1957 年 2 月，中华人民共和国主席毛泽东在最高国务会议第十一次（扩大）会议上，发表《关于正确处理人民内部矛盾的问题》讲话，谈道："我们的教育方针，应该是使受教育者在德育、智育、体育几方面都得到发展，成为有社会主义觉悟的有文化的劳动者。"1958年9月19日，中共中央、国务院发出《关于教育工作的指示》，提出"党的教育工作方针，是教育为无产阶级政治服务，教育与生产劳动相结合"，"教育的目的，是培养有社会主义觉悟的有文化的劳动者"。出自党和国家最高决策层的一系列指示，把社会主义思想与德、智、体"三育"的教育理念结合起来，明确提出对学生的培养目标。根据这些指示，学校建立了政教处，采取了加强政治思想工作、加强劳动教育、发展共青团组织、建立少先队等一系列措施，使社会主义教育的办学方向得到确立。

三是教育与生产劳动相结合。1956年，教育部访苏代表团回来后推广苏联教育经验，其中包括推行"综合技术教育"，天津市教育局为了推行"综合技术教育"，准备了成套工具，发至各校，南开中学自己购置了汽船、汽车零件，用来进行"综合技术教育"。1958年，根据党和国家关于"教育为无产阶级政治服务，教育与生产劳动相结合"的方针及天津市教育部门的安排，南开中学于1958年7月创办校办工厂，开设生产劳动课，作为学校教育计划的重要组成部分。先办起木工车间、机工车间，后在"大办工厂"的高潮中开展了"引厂入校"，师生试制出产品百余项，先后有铸件、矽钢、熔铁、炼焦、活性炭、水泥、碳酸亚铁等16项投入生产，还利用师生在"综合技术教育"时研制的汽车发动机和旧零件安装一辆卡车售出。同月，学校向南开区人民委员会申请拨给西郊区小稍口土地90亩办起农场，作为学农基地。1959年，学校又设立生产教育处，作为劳动教育和校办工厂的管理机构。

在三年困难时期，为节粮度荒，1961年校办工厂一度停产，农场亦被南开区征地建厂。1963年初，对校办工厂进行整顿，把以工人生产为主改变为由工人辅导、主要组织学生参加劳动实践的教育基地。工厂与校外单位订立合同搞一些机件加工。学生参加校办工厂实践，开始只能安排半个班，每月劳动一次；后又购进5台简易车床，达到安排近一个班学生劳动，改为每次劳动一周。同年春季，学校恢复学生下乡劳动锻炼，还组织学生参加建校劳动。此后学校增加组织学生到校外工厂劳动，逐渐形成到校办工厂、去郊区农村、与市内工厂挂钩、劳动建校和参加社会公益劳动等五个方面相结合的学生参加劳动锻炼的体系。

第二节　继承南开传统与新的时代课题

"两教、两管" / 南开传统与学习苏联教育学经验 / 校风、德育与班主任工作 / 学生社团与校园刊物 / 周恩来来信与红五月大联欢

一、实行"两教""两管"，坚持素质教育

南开中学由私立改为公立后，办学的路子究竟应该怎么走，如何既传承老南开中学办学经验的精华部分，又随着社会的变革而有所发展，坚持南开中学的模范性，是摆在公立南开中学领导和师生面前的首要课题。

改为公立学校后，学校的所有制发生了根本性的变革。杨坚白和杨志行分别出任公立南开中学校长和党支部书记，成为新的南开中学主要领导人。在新中国成立前夕的年月里建立起来的相互信任，以及共同的价值观和理想，使他们能够在工作中彼此心照不宣，相互支持，相得益彰。在此基础上，深悉南开教育合理内核的校长杨坚白和学校领导班子，以"两教"（既教书又教人）、"两管"（既管课内又管课外）、坚持素质教育的办学思想，较好地处理了传承与发展的关系，在社会转型期带领南开中学实现了平稳过渡。

杨坚白认为，"两教""两管"是全面贯彻党的教育方针，使学生在德、智、体、美几方面都得到发展的具体措施，也是南开中学自身多年来形成的优良传统。"两教"就是既教书又教人。教书中也有教人的内容，两者相辅相成，不能割裂，也不能强行捏合。"教书"，是指在传授知识上要保持科学性、连贯性，重点突出，系统清楚，在教学方法上保持启发性、趣味性、通俗化、多样化，注意活跃学生的思考力，发展智力，培养自学的兴趣爱好。"教人"，是指在教学过程中，利用教材的适当内容或针对学生一言一行的表现，注意培养学生对待事物的正确观点，注意培养学生具备爱祖国、爱人

民、爱集体、爱劳动、爱护公共财物的精神和艰苦朴素的品德。教师被誉为人类灵魂的工程师，说到底是做人的工作，要寓教育于一切教学指导活动之中，育人的效果也常常是在无言之教的强烈感染或反复影响下形成的。"两管"就是既管课内又管课外，课内要充分发挥课堂45分钟的作用，教师充分发挥主导作用，组织好师生共同活动，要使学生当堂学懂学会，不要用过量的作业占用学生的课外时间。应大力组织和发展学生的课外活动，建立性质为学生自组、自管、完全自主的兴趣活动社团。对学生课外的发自个人兴趣爱好的自由学习，必须给予热情支持和必要指导，包括端正钻研的方向和目的，提示钻研的课题，辅导解决疑难问题，提供参考资料、书籍等，使学生能用其在课堂上所学到的东西，在课外进一步向高深发展，进入学习的新境界。

"两教""两管"在简明的话语中蕴含着丰富的内涵，从学校改为公立初期社会环境的实际出发，既弘扬南开办学的优良传统，又遵循社会主义的育人要求，按普通教育规律办学，坚持德智体美劳并举，注重以教学为中心，坚持素质教育，反对片面追求升学率，努力提高育人质量，使南开中学由私立向公立转化时期的各项工作始终在一个较高水平上运行，为公立南开中学办学奠定了坚实的基础。

二、学习苏联教育学的经验

南开中学改为公立后，在教学方法上一项较大的举措，就是学习苏联教育学的经验。早在1949年12月，教育部副部长钱俊瑞在第一次全国教育工作会议的总结报告中，首次向全国教育工作者明确提出要借助苏联教育经验，以此作为建设新教育的方向。在这种情况下，从1953年1月起，南开中学也和全国各学校一样，掀起学习苏联凯洛夫教育学的热潮。学校根据上级部署，动员教职员学习苏联《教育学》《学校管理》《教导工作组织》《课堂教学》《学校卫生》等书籍。1953年1月11日、12日、25日、26日，学校组织全体教职工学习收听苏联专家普希金教育学教学法讲座，以期取其精华，改进教学工作。

学校重视教学理论和教学方法方面的学习实验，安排每周二下午政治学习，每周四晚上业务进修，每周六下午教学研究，还不间断地举行实验教学，每学期每个年级一至二次、全校性的一至二次。在上一学期实验的基础上，制订下学期的改进计划。1953年冬天，语文学科搞实验教学《新事新办》，杨坚白在如何启发学生、如何分析课文、如何组织练习等方面进行指导，并帮助备课和编写教案。在推行学习苏联教育教学经验的氛围下，学校搞"综合课"公开教学，按照"五段教学法"，把教学分为五个步骤，即组织教学、复习提问、讲授新课、检查巩固、布置作业。一人讲课，众人听讲，而后评议优缺点，在推行苏联教学方法的过程中推动学校的各项教学工作。学校还推行教室日志和学生手册等12项表格制度，其间，有半年时间改为实行5分制，后因不适合教学实际而取消。

在学习苏联凯洛夫教育学的活动中，杨坚白等学校领导成员和教师们对其中课堂教学的"五段教学法"表现出极大兴趣。"五段教学法"原是德国教育家赫尔巴特（1776—1841）所创建，后由他的学生齐勒尔、赖因扩充和完善的一种教学方法，曾在19—20世纪流行于欧陆及日本、苏联等地。它把课堂教学分为"预备—提示—联想—总结—运用"五个阶段，试图把教学建立在心理学的基础上，使课堂教学能按照合理的步骤进行，是一种预设性、计划性很强的教学方法。凯洛夫把"五段教学法"纳入"苏联社会主义教育学"的理论体系，使之成为苏联教育学理论的一部分。因此，在学习苏联的氛围中，"五段教学法"也就作为苏联教育学方法之一，在我国流行起来。

南开中学对这种教学方法并不陌生。"五段教学法"最早传入中国是在20世纪初，一是王国维所译的《教育学》，二是直隶留日学生的笔记式编译本《教育学讲义》。由于王译偏于高深古雅，公认后者更为通俗晓畅。而这批直隶留日学生正是严修1903年派去日本留学的李金藻、陈宝泉、刘宝慈等人，这些人都终生与严修和南开中学有着极为密切的联系。1904年严修和张伯苓赴日本考察教育期间，曾与时任东京高等师范学校校长的嘉纳治五郎进行过探讨，嘉纳治五郎亦是"五段教学法"服膺者。私立南开中学早期教学主要效仿日本，后虽吸收美国杜威的实用主义教育方法，但早期教学方法中的精华并未被放弃。所以南开中学传统的教学方法中有着"五段教学法"的影响，是不足为奇的，只不过是来自日本的途径和版本，并且经过南开前代教育家的努力，其精华已被吸收并本土化而已。

因此，当别的学校还在把苏联教育学经验当作新事物来看待时，南开中学却已使之顺利地与本校的传统教学方法接上茬，将其精华与本校实际结合起来，采取了加强备课、集体备课和试讲等措施。每到新学年伊始，学校要求被聘任的新教师在 8 月 15 日以前到校，规定只有此前到校的才发该月全工资，以促使教师提前备课。备课时，要深入钻研教材，安排教学计划，考虑如何复习旧知识、传授新知识、突出重点、讲明难点等。同时，采取集体备课和试讲的方法，学校每周保证给教师一个半天时间，以便同一科目、同一年级的教师集体备课，几个教师一起研究教学目的要求，新内容的讲法，留什么作业，怎样组织整堂教学过程等。在个人和集体备课后，有时还要选一人试讲，大家听讲，听课后评议，改进提高。学校也注意开展各学科组的研究活动，研究本学科带有共同性的重大问题。

对于苏联教育学方法中强调学生自己动手的理念，南开中学也将其与本校一贯注重实验的教学方法结合起来。对物理、化学、生物等实验性较强的学科，强调让学生人人动手做实验，以实验带动教学。从南开中学复校到公立初期，学校领导和教师们倾注心血打造了物理、化学、生物三个实验室，学校将当时校内最宏伟的建筑范孙楼作为这三个实验室所在地。

物理实验室在一楼，共 3 间，电学、力学、光学热学各 1 间，另有仪器室 1 间。其中有的仪器如克原仪，是国际公认的先进仪器，当时其他中学没有，是复校期间教师们精心保存下来的。更多的教具则是改为公立后，由教师、实验室管理员和技工们自己动手制作的。

化学实验室设在三楼，有实验室两间，药品库 3 间。每间实验室内有 4 排实验台，每排有 3 组，可供 24 组同学（每组两人）进行实验。实验台为木制，表面涂黑色大漆，可耐酸碱。台面中间是药品架，上层摆放着实验室教师配好的试剂，下面通水管，设有铁制的水槽。有电子云、金刚石晶体结构模型和强弱电解质演示器、丁达尔现象、电泳现象等自制教具 11 项，门类较全的各种矿石标本 480 多件，在当时的中等学校里是首屈一指的。

生物实验室位于二楼，有实验室两间，标本室 1 间。标本室珍藏各种生

物标本 400 多件，其中各类木材标本，腊叶标本，鸭嘴兽、穿山甲、蜂鸟等
生物标本都是稀少珍贵的。还备有日产奥林巴斯显微镜十多台，用显微镜观
察植物切片和草履虫等都是 2—3 人一组进行，解剖蟾蜍、家兔等实验均为
每个同学一只操作。实验动物草履虫、水螅、蟾蜍、鼠、兔等都是生物兴趣
小组的同学在教师指导下自己养殖的。该实验室一直是全市乃至华北地区最
佳中学生物实验室之一。由于注重实验，将课堂教学与学生亲自动手做实验
结合起来，公立南开中学的物理、化学、生物三个学科成绩长期在全市名列
榜首。

三、传承并弘扬南开的优良校风

在南开中学由私立向公立转化的过程中，一项重要的内容就是如何使
南开中学的优良校风得到传承与弘扬。从私立时期起，南开中学的校风就一
直为人们所称道。这与张伯苓校长对此的高度重视是分不开的。张伯苓曾
说："校风为学校之灵魂，亦即命脉。学校无优良之校风，如人之无灵魂。"
校风是一所学校传统风尚和特色的体现，是一种笼罩学校的整体性氛围，它
在代代相传中使学校师生感受到无形的熏陶，有着巨大的凝聚力和驱动力。

公立南开中学领导班子对校风的重要性有着深刻的认识。杨坚白曾阐
述南开精神的内涵，认为南开精神就是校训"允公允能，日新月异"八个
大字，具体内容和要求有六个方面：一是"卫护后生，抵御污浊"。如立整
容镜，鼓励自尊；严禁吸烟冶游，提倡自强。二是"勇于改革，创新继进"。
对教学方法、教学内容不断改革和创新。三是"职责分明，团结合作"。学
校各部门各司其职，互相配合，没有推诿扯皮现象，一切为了学生的健康成
长。四是"发展个性，不离正道"。学生性格爱好不同，在校学习有必修之
课，必须保证各科成绩及格，但绝不"一刀切"，鼓励学生爱好一两门自己
有兴趣、有特长的课程，达到精益求精，并为之创造条件，冲出课堂范围，
达到超高程度。五是"关心学生，美化环境"。学校的经费应节约，但有益
于学生的事，舍得花钱，用钱有道。六是"严格要求，全面发展"。无论对
于教师还是对于学生的要求，简言之，是一个"严"字，德、智、体毫无例
外。杨坚白对南开精神的深刻理解，对公立南开中学传承南开优良的校风、

教风和学风起了重要作用。

1953 年 9 月，学校为加强学生思想教育，根据学代会及团代会决议，结合学校情况拟订了《试行学生守则》。内容为：争取进步，热爱祖国，热爱毛主席，热爱劳动人民，学习苏联青年优秀品质；遵守纪律，尊敬教师，注意听讲，下课复习做好作业；认真锻炼身体，参加校内和班上的各种文化娱乐体育活动；爱学校名誉，爱班级，爱护学校财产。学生守则的制订，对学生行为作出明确的规定，在传承优良校风的同时，又赋予新的时代内容。

1954 年，校长杨坚白对学生每周进行一次简短训话，利用学生课间操结束后的时间集会，站在领操台上向学生讲授时事政策，总结成绩，表扬先进，指出不足。副校长杨志行在一次周会上，抱着一堆零散残缺的桌子、凳子腿走上讲台，深入浅出地宣讲"爱学校、爱公物、爱学习"的关系和道理。课间集会训话的教育方式坚持数年，后来形成隔周组织学生在礼堂集会一次、由校长对学生进行思想品德教育，成为南开中学弘扬优良校风的重要课堂。

在学校领导带动下，校内处处充满了尊师爱生的良好风气。1954 年，刚读一年初中的学生张宗新，因家庭生活困难，父亲患哮喘病，家里希望他放弃学业，找工作养家。张宗新学习刻苦，成绩优异，对此很为难。杨坚白得知后非常关心，批准他享受一等人民助学金，并请家长来学校，亲自与张宗新父亲推心置腹地谈话，张宗新父母深受感动，表示砸锅卖铁也要供他上学。后来张宗新被评为"三好学生"，毕业后从事教育工作，多次被评为天津市、局先进教师。他说："没有南开的师长和南开的教育，就没有自己人生的成功。"

1952 年，南开中学开始接收上级分配的华侨学生。他们来自泰国、缅甸、马来西亚、新加坡、印度尼西亚等国家，在"回国求学，建设祖国"的热潮中来到南开中学学习。但这些华侨学生普遍存在三个情况：一是原来学习基础较差，程度参差不齐，都要经过补习才能基本跟上学习进度。二是思想、纪律松弛，刚到学校对管理制度和纪律规定不太习惯。三是有的华侨学生生活上比较困难，对气候也不太适应。经过学校的管理教育和南开校风的熏陶，这些华侨学生素质有了很大提高。1954 年 11 月 23 日，南开中学向天津市人民政府教育局的报告称：现有323名侨生在校学习，占全校学生总数六分之一强。学校在他们的思想、生活和学习方面做了些工作，绝大部分华侨学生表现良好，有42人加入青年团，申请入团学生60余人。此后，南开中学又多次接收华侨学生，都很好地完成了教育教学任务。

优良校风的形成需要师生互动，而班主任就是联结学校与学生的纽带。早在解放初期，南开中学就开始设立班导师制度。班导师的工作职责是：辅导学生进行时事学习，每天第七课时（半小时）为时事学习时间，导师出席指导。根据形势开展学校中心工作，根据本班活动具体情况，解决学生思想问题，各班导师争取每月作本班思想问题总结报告一次。组织本班或年级学习经验交流会一次，并争取作学习经验总结。对学习和思想上过劣的学生进行具体帮助，督促其改进，视情况需要，每班确定数人作为重点加以关照。组织学生到报馆、工厂等处参观，或组织其他有利学习的课外活动。加强对班委领导，每周向班委收集情况一次，每周协助班委开班委会一次。加强对学生的了解，导师要对学生进行个别谈话，每人每学期至少一次，有重点地做家庭访问。导师出席指导晨操集会及重大会议或活动，等等。

1952年12月，根据市教育部门决定，学校正式设立班主任制度。班主任是一个班级的组织者、领导者和教育者，也是一个班级全体任课教师教育教学工作的协调者。南开中学选任的各位班主任都是对本职工作一丝不苟、认真负责的教师。每位班主任工作方式方法虽有不同，但工作内容基本是相同的。班内有学生生病时，班主任都是抽出时间到家中去探望生病的学生，学生病愈后，班主任和任课教师协商抓紧时间给学生们补课；对于学习上有困难的学生，班主任除找学生谈心外，还利用中午休息时间组织这些学生进行查漏补缺；运动会上有些学生晕倒，班主任亲自搀扶、背学生到校医室就诊，并送学生回家休息；班内出现因家庭困难且学习优秀却不得不辍学的学生，班主任了解情况后，代向学校申请助学金，帮助学生完成学业；有些学生因思想情感问题导致精神不振、学习成绩下滑，班主任不厌其烦，三番五次找学生谈话，直至学生思想扭转。假期，班主任都是牺牲个人休息时间进行家访活动。通过与家长沟通，有目的地做工作，促进学生成长。课外活动是班主任培养学生集体观念、培养学生兴趣、锻炼学生工作和独立思考能力的重要途径。班主任组织学生阅读课外书籍，课余时间进行读书心得交流讨论，让学生发表读书感言，自行组织投稿办墙报。有的班级每年还组织 1 至 2 次军事野营活动，培养学生的组织纪律性、磨炼学生坚强意志和集体观念。这一时期，出现了刘尔晏、马敏然、李学茹等一批优秀班主任的典型。1958 年，根据市有关部门的指示，一度取消班主任制度，1960 年重新恢复。

1958 年 9 月，根据中共中央、国务院《关于教育工作的指示》和市教育部门的决定，学校设立政教处，作为主抓学生政治思想工作和负责政治课的管理机构。学校的德育和班主任工作亦由政教处管理。在此期间，学校在政教和德育方面主要抓了四项工作：一是进行学生思想状况调查。调查结果显示，经过 1949 年迄今中国共产党的教育，学生政治觉悟显著提高，多数学生敌我界限基本解决，对资产阶级有了一定的认识，但基本上还属于感性阶段，应帮助他们向理性认识提高。二是开展革命传统和理想教育。学校注重用学校的光荣传统和教育资源对学生进行思想政治教育。学校利用周恩来、马骏、郭宗鉴、吴祖贻等求学南开的优势，组织学生学习革命前辈的光辉事迹，激励青年学生从小怀有远大抱负和崇高的政治理想，德智体全面发展，成为革命事业的接班人。三是艰苦奋斗教育。1960 年针对国家三年困难时期的情况，学校坚持用艰苦奋斗教育作为学校德育工作的重要内容，通过政治课、共青团和少先队活动等各种途径，组织学生观看《红岩》《邢燕子》等话剧、电影，宣传艰苦奋斗精神，要求学生坚定战胜困难的信心，下定决心与全国人民一起渡过难关。四是道德品质和纪律教育。学校以团分支部、班主任为核心，发挥班委会和小组在班级建设与学生管理上的作用，保证一个班集体团结向上的良好发展形势。学校还展开评比，树立各种标兵，使学生在竞争中加强自我管理和约束。采用一把钥匙开一把锁的工作方法，帮助落后学生进步。通过思想政治教育和德育工作，学生思想有了很大进步。表现在，思想觉悟大大提高，积极靠拢组织，迫切要求入团入党。学校共成立 20 个入党申请小组，130 余人申请入党，每次参加党课人数超过 300 人，1959 年有 12 人被批准成为中共党员。申请入团的人有 664 人，被批准入团的 77 人。学生对党的教育方针有了更全面的领会，形成良好的学习风气。学生对参加劳动实践意义的认识增强，普遍在劳动中自觉接受教育，主动向工人学习，注意在劳动中运用理论知识，体会到理论联系实际的正确性。

四、学生社团与校园刊物

以学生社团为组织方式开展学生课外活动，是南开中学最具特色的传统之一。天津解放后，南开中学的学生社团活动很快得到恢复。进入公办时期，学生社团得到更大发展，空前兴盛。杨坚白历来重视学生社团活动，认为课外活动是学校的第二课堂，而开展课外活动的方法就是组织学生社团。1952年，在校长和党支部领导下，由学生会负责学生社团工作。学校继承了南开中学的一整套学生社团活动的原则和制度，并使之进一步发展和完善。

这些原则和制度主要是：(1) 社团招生原则：面向每一个学生，学校录取新生一律凭考试成绩，特长不加分。入学后根据个人特长报名参加相应的社团；或者报名参加自己不熟悉但感兴趣的社团，以形成特长。(2) 师生组合原则和社团辅导员制度：每个教研组都负责一两个社团，由学校领导指派的辅导员，应是学生的师长、知识的传播者、学生的朋友、发现和输送人才的伯乐；辅导员应积极参加业务进修，提高专业知识和业务水平。(3) 社团活动管理原则：自理自立、自治自律，严密组织，严格纪律，运用团队，独立完成工作。(4) 社团活动考勤日志制度：各社团设立活动考勤表和请假制度，学期结束，总结评定，发扬成绩，弥补不足。(5) 社团工作报告制度：社团向学生会报告工作、学生会向团委报告工作、学生会主席向校长报告工作，以培养和锻炼学生的计划性和总结能力。(6) 社团思想工作制度：由团委和大队辅导员组成的社团活动思想工作体系，保证社团活动健康发展。各社团之间互相尊重、场地互相礼让，社团活动达到空前的和谐。(7) 社团成员档案制度：社团成员登记表、所参加的训练、比赛、奖励及处分，毕业后去向。(8) 社长的交接班制度：高中生担任社长，培养初中生接班人，在社长即将毕业的时候，像战士换岗那样严肃交接，一丝不苟，以培养学生对工作的善始善终性和认真负责的精神。(9) 社团活动成果展演：文娱性社团，学校安排演出；体育性社团，学校安排比赛；学术性社团，学校安排展览。成果展演形式有新年联欢会、国庆联欢会、新生入学联欢会、外语晚会、笑的晚会、讲演会、辩论会、体育晚会、接待外宾等文艺演出。（10）代表学校参加校外演出：参加区（市）的文艺汇演、体育赛事、迎宾演出、电台录音、慰问演出、与工人农民联欢等活动。

为有效地指导学生社团活动，学校设立学生课外活动辅导组，校长召开会议专门研究课外活动工作，辅导宗旨是"教导合一"。1953年制订的课外学生活动辅导组职能是：语文，周末指导学生课外阅读或举办讲演、组织图书委员会负责向学生介绍文艺作品；物理化学，负责制作简单教具、绘制课堂使用的图表、利用实验室做实验演示、介绍课外科学读物或组织参观；生物，初一学生为主，配备高一学生利用校园空地种植蔬菜、花木活动，并作培植日志；动物，初二学生为主配备高一学生，主要绘制解剖图、制板纸模型、搜集昆虫制作标本；历史，绘制民主主义史图和近代史图；地理，绘制大图10幅；美术，负责美术大队的指导。学校为学生社团配备的辅导员多是业务过硬、德才兼备的导师。不少导师的双语讲授在教学和课外社团活动中延续下来。公立初期，杨坚白亲任至少7个社团的导师；音乐教师刘吉典为舞蹈配曲、为啦啦队编歌、引进中国民歌、排练歌剧，还教授美术课。教师孙养林教授生物课，同时也是国画家，在生物社担任辅导老师，还在美术讲座中指导学生画山石皴法，教给学生研磨色粉加石炭酸自制水彩原料。20世纪60年代，孙养林主讲的课外知识讲座《先有鸡还是先有鸡蛋》、余克定主讲的《地球的起因》，吸引众多学生前来听讲。政教处副主任周毓瑛对南开精神刻骨铭心，身体力行，不仅是校史组的领导者和组织者，还是文艺社团的"高参"。语文教师陈东生、傅越秋担任朝华社导师，张子昌辅导戏剧队和朝华社。美术教师申玉林辅导美术社同时还教小提琴。地理教师余克定、王金池辅导的气象哨小组是校园几十年的"晴雨表"。体育教师张国屏创建并辅导南开火棒队传承技艺。体育教师孙宝泉创建的乒乓球队为国家乒乓事业培养精英。化学教师余瑞徵、朱宗禹、沈克俭倾心辅导理化社，王荫槐、张秉正、凌则需从创建电子小组到校办厂电子车间育人创收，郗昌盛辅导数学特长生，给学生充分的发言权利，启发其思维。社团导师遵循"兴趣是学习最大的动力，没有兴趣就没有学习，在玩中学""培养学生的求异思维"等教育理念，注重知识的内涵与外延，以培养学生集体观念，发挥特长与兴趣爱好，扩大知识范围，培养特殊技能，锻炼工作和独立思考能力，将学生的旺盛精力引入正途。课外社团辅导员中的每位导师，都具有独特的人格魅力与知识"绝活儿"，他们的名字与辅导活动，铭刻在历届学生的记忆中。

当时的学生社团大体可分文艺性社团、学术性社团、体育性社团三大类。

文艺性社团有代表性的首推合唱团。新中国成立初期，南开中学群声合唱团人数达 300 人，演唱诸多以歌颂新中国为题材的歌曲，特别是《黄河大合唱》享誉津城。20 世纪 50、60 年代初，合唱团多次参加市级文艺汇演，1963 年获天津市中学生合唱大赛一等奖。1964 年出演《蓄水池大合唱》，重现南开洼的变迁历史，深受好评。合唱团师生共同创作的歌曲《南开中学劳动营》，反映了学生在稻田除草的劳动场面。60 年代，还成立了由初中学生组成红领巾合唱团，演唱的歌曲有《我们是共产主义接班人》《学习雷锋好榜样》等。

口琴队成立于 20 世纪 50 年代。1955 年暑期，口琴队参加天津市大中学生暑期文艺汇演演奏的《炮兵进行曲》，把炮兵队伍车轮滚滚、炮声隆隆的英雄气概表现得淋漓尽致，荣获大会奖励。50 年代，仅温家宝所在的班级就有 10 名学生参加口琴队，其中温家宝在重音部，所用的口琴为石人望牌。60 年代，口琴队水平达到高峰，多声部合奏时最多达到六声部，还加入打击乐，其交响效果达到专业水准。每年暑期市级学生文艺会演，都有口琴队参加并获奖。口琴队还下乡到西郊区的曹庄和中北斜村为农民演出，受到农民群众欢迎。

戏剧队于 1950 年恢复建立。该队继承南开戏剧活动传统，队员来自各年级，学生自己写剧本、制布景、做道具、找服装，分工明确各司其职。自行创作演出的剧目有《不能走这条路》《模范家庭》《母亲的心》《多待了一会》《欢迎你，新同学》等，经常到大剧场、街头、郊区进行演出。1951 年，《年轻人》荣获团市工委举办的抗美援朝戏剧比赛二等奖。还上演了《放下你的鞭子》等街头剧、活报剧。1966 年春节前夕，戏剧队到西郊区为农民演出话剧《年关》，台下黑压压站满人，演出引起农民群众的热烈反响。

其他如舞蹈队、骆驼剧社、国剧社、民乐队等，也都各有千秋。文艺性社团既演节目，更出人才，舞蹈队中有十余名成员成为天津青年宫艺术团演员，1956 届的李福、1957 届的贾培德分别考入中央歌舞团和中国铁路文工团等全国专业文艺团体。

学术性社团有代表性的有航模社，分为航空模型社和航海模型社，社长由高年级学生担任，活动时间每周一下午第三节课。1958 届校友赵启正在校时曾任航空模型社社长。招考新社员时，通过制作小炮管和机枪管来发现心细手巧的学生。从简单的模型做起，逐步学会读懂"蓝图"，制作出精美的"鱼雷快艇""小帆船""护卫舰艇"等模型。为参加天津市一级航模比赛，研制"南中"号"导弹护卫舰"，获总成绩第一。

文学社团朝华社，分为创作组和朗诵组。创作组有期刊，发表多种体裁的文学作品，也进行习作交流。活动地点在中楼地下室，或后院藤萝架下。辅导教师因人施教，对作文逐篇逐页批改。朗诵组学生经常组织诗歌朗诵会，朗诵的诗篇有高尔基的《海燕》、鲁迅的《立论》等。学生邀请著名作家曹禺、浪波、袁静、刘青，天津人民艺术剧院演员马超，天津人民广播电台播音员关山，诗人聪聪到南开中学座谈和辅导。该社双周出刊 8 开油印小报《朝华》，登载成员作品，分发到班级，还赠寄给兄弟学校。

成立于 20 世纪 50 年代初期的波波夫电讯社，前身为无线电研究社，后为纪念发明无线电的俄国物理学家波波夫而更名，曾与波波夫的女儿有通信联系。分机务组和报务组内部分，机务组学生动手组装五灯超外差式收音机等，被市少年宫选送为青少年科技展览参展项目。报务组学生跟着老式磁带录音机练习发报；部分成员参加南开区人民武装部组织的收发报专业培训。1965 年，社长张金钢获得收发报技术最高等级的"优秀通讯手"证章。学生路益明凭借在电讯社奠定的技术基础，当上入伍所在部队无线电台台长。

此外，美术社、理化社、摄影组、天文气象地理社在校园里也都很有影响。

体育性社团突出的是篮球队，南开中学篮球具有悠久的历史和荣耀。1959 年春，学校篮球队在全市中学生篮球赛中连战连捷，荣获冠军。教练是教师曹国玺，共 9 名队员，其中高二（1）班学生温家宝善于左手投篮，微笑着跳起标准的投篮动作很潇洒。排球活动在学校公立时期始终没有间断，1964 年到 1967 年高中排球队最为活跃，主要队员有孙海麟、张元龙、李赫、边平秩、陈长庚、周钟义、王林、范晓峰、赵玉鑫等，几乎每天下午做完作业，队员就背着一大网兜排球到操场训练。学生球打破了自己补，球网坏了自己缝。队员之间配合默契，以一句鼓劲的口号"别懈哩"（天津方言，不要有任何松懈之意）相互鼓舞斗志，1965 年取得南开区高中男排联赛的冠军。20 世纪 50 年代至 60 年代，火棒队是校园里最具特色的社团之一。南开中学火棒操的引进、编排、演练始于体育教师张国屏。他用排列组合将基本动作编排起来，使火棒操表演优美而热烈。多年里，火棒操一直是学校大型晚会的必演节目。1964 年组建的南猿技巧队，取猿猴善于爬滚之意，由教师张国屏担任教练。每天放学后在校园以垫上运动和单双杠运动为训练内容，学生身心得到锻炼。

在学生社团恢复生机的同时，新中国成立前曾一度被停止的校园刊物，也得到恢复，重新活跃起来。1952 年，由青年团主办、学生编辑出版的《南开青年》，开始用几块小黑板出报，后由 1954 届学生刘捷鹏接手扩展为《南开青年》板报，得到学校领导大力支持，专门在范孙楼东北拐角的两面墙壁上制作一米高、七八米长的框架和多块活动小黑板，每周一准时出刊，吸引大批师生驻足阅览。

20 世纪 50 年代末，《前进报》和《共产主义青年》作为校园的一报一刊，由校团委宣传部负责出版。吴介之曾任社长。《前进报》为黑板报，位于范孙楼东北角，主要内容是校园生活、时事政治、褒扬好人好事、批评不良风气、对学生关心的问题开展讨论等。《共产主义青年》则为油印，刊头套红，周刊。主要内容为宣传团委的工作精神、团支部的工作经验、优秀团员事迹、申请入党积极分子的志向和理想信念。一报一刊编辑部设在中楼地下室，由学生自己征稿、审修，锻炼和培养了学生的写作能力和组织能力。

五、周恩来总理的南开情怀

新中国成立后，周恩来总理的南开情怀，时时让南开中学师生感到鼓舞。

1955 年六一儿童节前夕，南开中学少先队组织给周恩来总理写信，汇报他们的工作。信发出后，很快收到周恩来亲笔签名的回信："祝孩子们好好学习，天天向上。"

1957 年 4 月 10 日，周恩来陪同波兰部长会议主席西伦凯维茨到天津访问，在天津大学参加欢迎波兰政府代表团的集会上发表讲话时说，我是 40 年前在天津受过中等教育的一个学生，没有疑问，那时受的是资产阶级教育，但是，资产阶级教育，对我当时这样一个封建家庭出身的青年，也给了一些启蒙的知识。所以，我每次到天津，总是告诉我过去的师友说，我还是感谢南开中学给我的那些启蒙的基本知识，使我有可能寻求新的知识，接触新的知识。

1957 年五四青年节前，学校团委会和学生会决定在 5 月 4 日晚上举行"红五月大联欢"活动，对全校同学进行革命传统教育。负责组织的同志在 4 月 30 日给周恩来写了一封信，向周恩来汇报当时学校的教学、党团组织以及社团活动情况，汇报同学们在德智体三方面取得的成绩，介绍筹备"红五月大联欢"活动的情况，希望总理能够来母校参加庆祝活动。信发出去了，大联欢的筹备工作也在紧张有序地进行着。

5 月 4 日下午 4 时，学校学生会、青年团委员会收到周总理派人送来的亲笔贺信。该信用竖式牛皮纸信封，信封右边写着"天津市第十五中学"，中间写着"学生会、青年团委员会收讫"，周总理特别在信封左上角注明"下午送到"四个字，并在每个字旁边加注圈圈。贺信全文是：

天津市第十五中学学生会、青年团委员会并转全体同学们：

　　我很高兴地读到了你们的来信。在你们举行红五月大联欢的时候，我衷心地祝贺你们快乐，并且希望你们好好学习，加强劳动观点，热爱祖国，提高政治思想觉悟，树立艰苦朴素作风，为准备做一个有文化、有技术的工人和农民，做一个体力劳动和脑力劳动相结合的知识分子而努力。

　　祝你们三好！

周恩来

一九五七·五·四于北京

　　晚上，南开中学全体学生和女七中、女六中等学校的部分学生共4000余人举行"红五月大联欢"。主会场设在瑞廷礼堂。南开中学团委书记周毓瑛宣读了周恩来的来信，全场欢声雷动。后来，学校团委会、学生会把这封信嵌在镜框里陈列，许多学生抄下来作为鼓舞自己进步的格言。还有些同学，特别是初三、高三毕业班的同学纷纷给周恩来写信表决心，一时学校南楼的楼道里贴满了决心书。

　　次日，《天津日报》头版刊登周总理的来信，配发周总理亲笔信的照片，报道南开中学对周总理来信的强烈反响和"红五月大联欢"的盛况。此后，"红五月大联欢"活动成为学校每年进行革命传统教育的例行活动，学校每年都要在西后院操场举行学生篝火晚会，遴选出十余个精彩节目现场演出，重温周总理的教诲，鼓舞大家前进。这一活动连续进行多年，成为激励学生学习周恩来精神，立志做德智体全面发展的接班人的誓师会、动员会。

　　1958年，周恩来对国家体委负责同志谈话时说，学校体育必须从小学搞起，我自小体弱，小时受国民教育，在南开中学常锻炼，身体好了。

　　1960年，周恩来在北京给知识分子作报告时说，我是南开中学毕业的，我上学时来了一个外国人，讲生理卫生课，我听了受益不浅。

　　1964年，在全运会和其他一些场合，周恩来还几次谈到老南开注意体育训练的问题，并在接见天津足球队时问道："我的母校有没有足球队？"当足球队员答了解不多时，周恩来说："你们就多关心关心吧。"从此，天津足球队开始来南开中学指导学校足球队训练。

　　周恩来对南开中学的关心和多次谈论，既是一名杰出校友对母校的感念和关注，也是一位党和国家领导人对这所历史名校的重视与期许。在对新时代的南开中学师生坚持社会主义教育方向给予热烈鼓舞的同时，也蕴含着对原南开中学的教育实事求是的评价和肯定，一再隐隐提醒人们思索严修、张伯苓历史资源的价值，为新中国的公立南开中学吸取老南开中学的办学经验，继承南开优良传统指明了方向。他对母校的殷殷关爱，长久地激励着南开中学师生为传承南开精神，把公立南开中学办得更好而努力奋斗。

第三节　探寻新的历史时期的南开之路

"左"的倾向与政治运动对学校的影响 / 坚持按教育规律办事 / 杨志行对"左"的抵制和被调离 / 重返南开，整顿治理 / 贯彻执行《中教五十条》/ 落实政策，调整教师队伍 / 京津七校座谈会与吸收旧南开中学办学经验 / 教师进修与学科建设 / 打造公立南开的名师名课 / 恢复校庆活动 / 学习雷锋与抗洪斗争

一、"左"的影响与对教育规律的坚持

从 20 世纪 50 年代中期起，"左"的思想对南开中学工作形成严重干扰。特别是 1957 年夏天开始的反右派斗争，出现扩大化的问题。经南开区委审定，南开中学两名教师被定为右派分子。

当时担任校长兼党支部书记的杨志行，作为南开区委文教部反右五人领导小组成员，对一些过激和不妥的做法是有保留的。虽然他在当时的政治气氛下无法正面表达，但还是在自己的工作范围内从宽把握，比起那些划右派分子多的单位，南开中学应算是比较好的了。当然，事实证明这两名教师被划为右派分子也是错误的。反右派扩大化的结果，不仅给这两名教师及其家庭造成了不幸，而且严重地挫伤了学校知识分子的积极性。

就是在这样的情况下，以杨志行为代表的南开中学领导和教师们仍然坚持按教育规律办事，坚持以教学为学校工作的中心，坚持素质教育。1955 年初，杨志行根据学校实际情况，下大力气抓听课方面的工作。他认为教学质量的高低，取决于每节课的课堂效果，因此学校领导必须加强对教师讲课的了解，其重要环节是听课。当时学校规定校长和主任每学期要听 200 节课，一般每周听课 8 节左右。听课前领导一般先看教案，做到有目的有计划地听课。听课后还要求有评课，除当面提出意见外，通过教学报告会总结听课的意见，或在会上由教师作经验介绍，在教师间进行交流。听课重点包括能否吸引学生注意力，科学性有无错误，教学方法有无改进等。通过领导抓听课、评课，课堂教育效果明显提高。

1957 年，学校向全校教师提出"钻研教学大纲"的具体要求。要求使教学大纲成为指导整个教学过程的重要文件，教师上课前要对照教材阅读大纲，以期明了本科本学期教学目的任务、知识系统范围、采用教法及应注意事项。在日常备课中，要根据大纲要求拟订课时及单元教学计划及布置作业分量等。在贯彻教学大纲的过程中，要以年级为单位或以学科为单位，根据大纲要求选择重点教材共同研究，公开教学时也必须依据大纲吃透教材。在平日成绩考查与试卷分析时，对学生成绩的优缺点，要以大纲要求来衡量，保证了教学大纲的贯彻执行，使教学工作在政治运动频繁的形势下仍能按照大纲有条不紊地展开。

1958 年 6 月，南开中学按照上级关于开展"教育思想革命"的要求，由学校党支部、团支部发动学生给教师贴大字报，揭发教师存在的问题，一些骨干教师受到不公正的批判。大字报集中张贴在中楼地下室。由于给老师贴大字报被称之为"送西瓜"，中楼地下室因此被称为"西瓜园地"。这使一些教师的工作积极性再次受到挫伤。

全国掀起大炼钢铁的高潮后，1958 年 7 月，学校党支部按照上级要求，组织师生"大炼钢铁"。对此，作为校长的杨志行表示了不同意见，认为这会影响教学。当时每隔一段时间要向上级报告炼钢数量，社会上流行浮夸风，学校有人想迎合上级，主张多报产量。杨志行对此抵制，亲自掌握过秤，有多少报多少，绝不虚报假报。他还对批判教师"拔白旗"、不给教师备课时间提出不同意见，给南开区有关领导提过意见。

这类问题，有些是杨志行向组织交心时对上级领导谈到的。让他始料未及的是，这些都成了他的"错误"的"证据"，上级部门负责人认为他右倾。1957 年，杨志行被撤销南开区委文教部反右五人领导小组成员职务。1958 年 5 月，杨志行被免去学校党支部书记职务。同年 12 月 20 日，杨志行被市教育局调到市教研室负责教科书的修改编辑工作，后任市教研室主任，但校长职务未撤销。

但即使在杨志行被调离，"左"的倾向在学校占上风的情况下，大多数教职员工依然兢兢业业地教书育人，并对"左"的倾向有所抵制。1958 年"整团"时，高三（2）班学生严锡英被错误地开除团籍。他感到前途无望，便不来学校上课、打算自动退学。班主任陈东生发现后，立即让该班团支部书记张凤民去严锡英家里动员其回校上课。陈东生恳切地让张凤民捎话："你跟他说，开除的是团籍，不是学籍，让他回来把高中上完！"张凤民骑着自行车用一天时间往返武清县汉沽港乡下，把严锡英找回学校。严锡英高中毕业后不能考大学，被分配到西郊区当小学教师，后来成为小学数学名师，他对陈东生老师一直心怀感激。

1961 年，南开中学组织传达学习讨论河北省受教育部委托起草的《全日制中学暂行工作条例》（初稿五十五条）。根据同年 12 月学校党支部《贯彻五十五条工作汇报》记录，在讨论中，"多数教师都谈到，过去用运动式搞教学是不合适的"；主张"要建立以学为主的秩序"；要求"严格控制会议，保证教师有较多的时间用于教学"。学校广大教师的这些看法，成为 1962 年底杨志行重返南开，进行整顿治理的思想基础。同年，上级给杨志行做了甄别，说是批判他批错了，他没有任何错误，他过去的言论"正确"。

鉴于当时学校新教师较多的情况，南开中学老教师们坚持南开传统，以老带新。对大学毕业刚到学校工作的青年教师，由学校指定一位有经验的老教师给予具体帮助。1962 年 4 月 10 日，《天津日报》以《老教师热心帮助　青年教师虚心学习》为题发表长篇报道，介绍南开中学老教师陈东生帮助青年教师潘城书提高教学业务水平的事迹。

但是，"左"的干扰的后果很快就显现了。1962 年夏季高考，南开中学的成绩跌到低谷，由多年保持的天津市前三位下降到第 15 位，这在学校历史上是从来没有过的，与南开的校名极不相称。许多教职员工忧心忡忡，人们都感到了学校教学质量的严重下滑。

二、杨志行重回南开中学工作

1962 年 10 月，教育部部长杨秀峰专程到天津调研，为制订《教育六十条》做前期准备。杨秀峰系南开中学知名校友、革命先烈杨十三之侄，在他心中自有南开中学的位置。由于在天津的日程安排很紧，杨秀峰便委派随行的司长张健到南开中学调研。张健到校后发现实际情况与想象中有差距。最让张健感到不可思议的是，这所名校竟然长时间由副校长主持行政工作，校长却在市教研室上班。张健向杨秀峰汇报了南开中学教学质量下降的现状，认为师资水准、课程设置、考试制度等方面存在的问题是症结所在，而校长长时间不在位则是突出问题。杨秀峰认真考虑后，向天津市委建议调杨志行回南开中学工作。

1962 年 11 月 13 日，天津市教育局决定：杨志行调回南开中学任校长兼党支部书记，原党支部书记邢作荣调回市交通局工作。11 月 23 日，杨志行回到南开中学工作，学校组成以杨志行为首的新的领导班子。南开中学长时间校长不在位的局面终于结束了。

面对学校教学管理松懈、教育质量下降的情况，杨志行经过深思熟虑，提出整顿治理的措施。上任之际，他向市委文教部报告要重点做好五项工作：（1）加强党的领导，加强思想政治工作。（2）加强教师队伍建设，按照少而精的要求，努力使教职员队伍的政治水平和业务水平都好，又红又专。配备一些政治和业务都好的青年教师；调回一些有业务能力的老教师；对一些超编或不适合的教师逐步调整出校。（3）加强教学管理，着力提高语文、外语、数学三科教学质量，健全学校各项管理制度。（4）健全教学设备，增添必要的物理、化学仪器设备，使高中学生分组实验时，物理实验课达到 2 至 3 人一组，化学实验课达到 1 至 2 人一组，增购一些图书，进行房屋修缮。（5）鉴于在校高中和初中学生达到 2000 余人，而学校只有西后院一小片操场，希望把南开体育场归还给南开中学使用。

这五项工作，除了最后一项无法由他掌控外，其余四项很快得到落实。为了加强党的领导，加强思想政治工作，组建了新的党支部和学校领导班子，调来杨宝林任党支部副书记，调回王荫槐任副校长，任用深谙教学、恪尽职守的安同需主管教务，任用勤勤恳恳、任劳任怨的阎振铎主抓后勤，改变了学校前一段管理松懈、秩序混乱的状况。

1963 年 3 月，经中共中央批准，教育部起草的《全日制中学暂行工作条例（草案）》正式颁布执行，该文件分为八章共五十条，故称《中学五十条》。杨志行敏感地意识到，这是在经历三年困难时期之后，党和国家推出的关于教育工作的重要文件，是教育部门执行"调整、巩固、充实、提高"方针的重大成果。这意味着教育工作非正规运行的结束、正规发展时期的到来。因而，他以极大的热情和责任感，组织全校教职员工学习这个文件，并以这个文件为指导改进学校的各项工作。学校还以此为依据，起草本校《行政工作二十条（讨论稿）》，后虽因开展其他运动未能讨论实施，但其主要精神如强调教师基本功、加强教师进修工作、在学校中强调教学秩序等，已在学校日常工作中得到实施。

杨志行首先明确了中学培养学生的工作目标，在这个目标之下开展学校工作。他通过这个文件多次强调，学校工作必须以教学为主，加强领导首先是加强对教学工作的领导。这就要摆正教学工作的位置，整顿教学秩序，课堂教学则狠抓基础知识的教学和基本技能的训练，为学生升学和就业打好基础。为此他在日常的工作时间安排中，确立了解和指导教学工作的位置，每个学期下课堂听课近百节。同时以语文学科为重点，深入学科指导工作。

多年的教育工作经历使杨志行清楚地意识到，教师在教育教学中居于主导地位。要想把学校办好，没有一支优秀的教师队伍是绝对不行的。因此，他高度重视教师队伍建设。他看到，1963年初学校有初、高中教师115人，文化程度不及专科毕业的占总人数的32%，教龄在三年以下的占总人数的33%。学历层次较高的语文学科共有教师26人，大学毕业程度的17人，专科（包括大学肄业）程度的7人，不及专科的2人，专科和不及专科的占全组总人数34.6%；教龄在10年以上的5人，6—10年的7人，3—5年的8人，不足3年的6人；5年以下的占全组总人数的54%。教师队伍的业务水平令人担忧。

为此，杨志行采取果断措施，调整充实教师队伍。首先认真落实知识分子政策，调回一些因种种原因调出的能力强的老教师，如余瑞徵、朱宗禹、王荫槐等。通过教育局调入20多名思想道德好、符合规定学历要求、业务水平较高的教师，如孙宝泉（体育）、仇丙寅（语文）、韩宝琛（音乐）、康慈（化学）、姜绍周（物理）、王墨庭（数学）等。调出一部分不称职的教师。对职工队伍相应做了调整。1963年1月，按照天津市委、市人委布置，南开中学评选优秀教师，陈东生、左景福等被评为市级优秀教师，还评出区级和校级优秀教师。市、区、校三级优秀教师人数占教职员工总人数的四分之一。由于评选工作公平、得力，促进教师积极性的提高。学校教职员工队伍面貌很快有了改变。

1963 年 2 月 3 日至 7 日，教育部在天津利顺德大饭店召开京津地区部分中学经验交流会，会议由教育部副部长刘皑风、林砺儒主持，讨论如何培养教师，对学生加强共产主义思想教育，以及如何进一步加强基础知识和基本技能的训练，进一步提高中学教育质量等问题。参加会议的有北京四中、女一中、北师大附中、实验中学，天津南开中学、第一中学、十六中学等京津地区 7 所重点中学，都是在国内外久负盛名的学校，是当时中国中学教育的佼佼者。因此，这次会议通常被称为"京津七校座谈会"。

杨志行代表南开中学参加了这次会议，并在会上以《旧南开中学办学的一些做法》为题发言，并提交了《校内提高师资水平的几点做法》的论文。应该说，《旧南开中学办学的一些做法》是杨志行第二次进入南开中学理性思考的结果。

杨志行认为，旧南开中学在某些办学方法方面仍有值得今天思考与吸收的价值。南开中学在抗日战争以前，教学质量较高，几十年间培养出不少知识质量较高的毕业生，在国内外高等学校中声誉不错。当时南开办学的主要特点是：学校注意毕业生适应社会需要，在课程设置和教学要求上均较高；主要学科的学习内容多且深；对学生要求严格；重视各科课外活动。发言指出，旧南开中学在校内组织工作和工作制度方面，有一些保证办学要求的特殊措施：注意选择业务水平较高的教师和校内各部门主要负责人，尽量保持稳定；在教学上自订较高的要求，自订教学大纲，对有关教学的各项细节作较为详细的规定，有利于将教学要求体现到实际教学中；各项制度较为完善，学校行政有一套较完善的组织机构，有明确的职务细则，有比较明确的各项专门会议和委员会，有近 20 种较为健全的办法、规则等制度；学校还注意总结经验，出校刊系统反映自己的经验，以利形成传统与习惯。发言认为对于旧南开中学的经验，全面因袭或全部否定都是不对的，应该在党的教育方针指导下，在办好人民的南开中学的过程中运用旧南开中学的经验，实事求是地批判地运用对提高教学质量行之有效的具体做法，至于旧南开中学某些教育内容的封建性糟粕，应当予以批判、抛弃。

应该说，这是新中国成立以后，第一篇从公立南开中学领导人的角度，正面论述老南开中学办学方法并给予肯定的文章，对于吸收老南开中学的办学经验并将其纳入中国特色社会主义基础教育范畴，自有不可忽视的意义。如果从全国基础教育道路探索的宏观视角来看，这一尝试的意义就显得更为重要。众所周知，新中国成立初期中国基础教育在很大程度上是学习苏联经验的。随着 20 世纪 50 年代末 60 年代初中苏关系的恶化，学苏联显然已不适宜。中国基础教育的道路应该怎么走？在这个历史节点上，杨志行以一位教育家的慧眼，提出应转向从中国教育自身的优良传统中汲取历史资源，为社会主义建设服务。这就变学苏联的横向移植为对本国、本校优良文化传统的纵向吸收和继承。这可以说是对中国基础教育道路的一次有见地、有成效的探索。虽然那时他还不可能提出"中国特色的社会主义"，但实际上已接触到这个问题。这篇题目低调的发言中，其实包蕴着重大的内涵。在当时的历史条件下，能够提出这样的命题、进行这样的探索的学校领导人是不多见的。而且杨志行在这次对南开中学的整顿治理中，确实采取了不少老南开中学的办学方法，取得了明显的效果。

在健全教学设备、修缮校舍方面，首先报请天津市有关部门批准，于 1962 年底至 1963 年初，对校舍进行较大规模修缮和修建，分期解决东楼、中楼、北楼问题。先由学校主持北楼及中楼一层部分教室大修，后又由房管局主持修缮东楼、一至五排宿舍、电化教室及西后院房屋。1963 年，因学校发展需要，校舍面积严重不足，由国家投资新建一座教学楼，习称新楼，为三层砖混结构，坐落在范孙楼后篮球场、原学生宿舍七斋前，占用篮球场地的一部分，建筑面积 2809.86 平方米。内部为双廊式砖混结构，共 24 间教室，数间办公室，于 1964 年 9 月竣工投入使用。该楼曾长期作为学校的主要教学楼，大大缓解了南开中学校舍紧张的局面。同时，也添置了必要的图书资料和物理、化学仪器设备，充实了物理、化学实验室，使学生物理、化学分组实验达到了教学大纲的要求。

最后一项是要回南开体育场。这需要天津市委、市政府作出决定，非杨志行力所能及。但这是自 1954 年南开体育场被划出南开中学以来，学校方面第一次正式提出归还南开体育场的要求。后经过 30 多年南开中学几任领导人的努力，南开体育场终于要回。

三、提高校内教师业务水平

在几项最迫切的工作解决后，杨志行开始着手学校长远发展的安排。

首先是提高校内教师业务水平。杨志行知道调整教师队伍只是第一步的工作，学校新教师较多，一些教师教学经验少，特别是在强调基础知识教学和基本技能训练的情况下感觉困难，为提高教学质量，必须认真开展在校内提高教师业务水平的工作。根据学校教学实际情况，采取以下做法：（一）有经验的教师带新教师。对于初到学校工作的新教师和刚开始教新课的青年教师，由学校指定有经验的教师给予具体帮助，指导备课、写教案、听新教师试讲等。在安排教师任课时，注意同科各年级教师新老搭配，让有经验的教师的教学进度略快于新教师。（二）举办小型讲座和训练进行专题补缺，以帮助一些教师弥补教学上所需基础知识和基本技能方面的某些缺陷。在各学科组发动基础好或有特长的老教师进行专题讲演和示范，指导青年教师切实提高水平。（三）通过举办系列讲座系统地提高某方面的知识水平。语文学科老教师给全体青年教师讲授古代文学，每周讲解一次，讲课与自学相结合。参加学习的教师课前预习，课后个人钻研，写自学笔记，做到熟读或背诵，期中期末两次考试，也要完成假期作业。（四）个人自修。要求教师根据自己的实际情况，提出"四定"进修规划，包括：定任务，即在多长时间内提高到什么程度；定时间，一周内都用哪些时间学；定辅导教师；定出自修书目。全校有40多人坚持个人自修，其中十多人坚持得较好。

在推动和组织校内进修过程中，不断表扬先进，树立正面典型，以先进带后进，调动和启发教师的自觉性。密切结合教学实际确定进修内容，按照"教什么，学什么，缺什么，补什么"的原则，把解决当前教学困难与系统提高分成两步走，先过"教学关"、再去系统地学习更高深的知识，防止脱离当前需要、好高骛远的现象。贯彻群众路线的精神，提倡能者为师，特别是发动有经验的老教师担当辅导进修的任务。

杨志行多次在学科组长会上讲教师业务进修要求，强调"教师发挥主导作用"是相对概念，教师的业务水平高、发挥主导作用的水平也高，学生收获大，每一位教师不断学习进修、提高业务水平，才会有好的教学效果。他亲自动手抓各学科教师的进修，对年轻教师多的语文学科，采取集体进修、统一时间、统一内容的讲课方式，由老教师陈东生讲授《古文观止》、傅越秋讲授文学评论和作文。在老教师多的学科，如化学学科，则采取青年拜师的办法，在主要依靠教师自觉的基础上，建立健全进修制度，严格要求学习骨干发挥带头作用。

这些措施，由学校组织力量写成《提高校内师资水平的几点做法》，署名"天津市南开中学"发表在1963年第6期《人民教育》上。这篇文章在国家级教育刊物上发表，标志着南开中学的努力得到了全国教育界的认同。教师业务水平的提高，使南开中学的教育质量提升有了一个坚实的基础。

杨志行真诚地关心、爱护教师，他不拘一格，重用人才。语文教师王致中1954年毕业于河北天津师范学院中文系，放弃已录取的研究生学习机会到南开中学任教。他刚到南开中学，杨志行就连续来听他的课，一听就是一个月。一个月后，杨志行约王致中谈话，从他讲课的优点到不足都谈得十分中肯，王致中收获很大。后王致中成为特级教师、语文学科组长，对此始终感念不忘。郗昌盛1962年毕业于河北大学数学系，按政策应回唐山工作。杨志行看过档案把他选入南开中学。1964年，只教过两届初一年级代数的郗昌盛被破格提拔为数学学科组长。杨志行对郗昌盛的教学方法给予非同一般的鼓励，同意并支持他办数学小组，取得初一学生一年学完初高中课程，参加市高二数学竞赛获第九名的好成绩。40年后，已是特级教师的郗昌盛写诗表达自己的感受："青年成材需培养，成才感谢志行！"

为加强学科建设，杨志行在各个学科都配备了业务水平高、工作得力的教师任学科教研组长，在普遍加强对各个学科日常领导的基础上，重点拟订了语文、数学、外语三科教学的远景规划，使教学工作由短期安排有步骤地转向中长期规范化方向发展。同时，适应教学现代化的要求，首先在物理教学中推行了电化教学。这在当时的中学教学中是非常超前的，使教师和学生都感到耳目一新，提高了学生的学习兴趣。

通过教师队伍调整、业务进修和学科建设，南开中学教师水平和教学质量都大大提高，出现了一批公立南开中学的名师名课，课程质量堪与私立南开中学鼎盛时期的名师名课相媲美。例如孙养林的生物课。孙养林1945年到南开中学任生物教师，曾任教务主任、副校长，并长期担任生物学科组组长。他在生物教学中采取直观性教学原则：1.课堂教学每堂课都使用教具。2.最佳教具是标本，学生由此获得的认识最直接、最真切。3.选用教具首选标本，在标本中首先考虑生活标本，其次是使用模型和挂图。4.在有标本的情况下，模型和挂图可作配合讲解之用。5.单独使用模型或挂图时，应说明实物的体积、颜色及其他特征，避免误解。6.实行"分组教具"，使学生每人一件或每小组（4—5人）一件教具进行观察。孙养林讲课严谨、准确又富于启发性，常在幽默生动、趣味盎然中蕴含高远之见，能使个别自称不爱学习的学生也为之心折。他视野广阔，学识渊博，在众多学科间游刃有余，常利用生物课讲完本科的余留时间，为学生解答其他学科的疑难问题，甚至能为多种学科代课。

又如余瑞徵的化学课。余瑞徵自20世纪30年代起即在南开中学任化学教师，新中国成立初期曾任教务主任，后调往外校。1962年杨志行邀他回南开中学任教。他在讲课中善于把抽象的化学概念与化学在日常生活中的应用结合起来。讲某种化学反应时，即指出何种日用品为根据此化学反应研究的成果所制造，并指导同学们自己动手制造某些产品，如鞋油、墨水等，把本来较为枯燥抽象的化学理论转化为具体可感的实物，引发同学们的学习兴趣。他强调实验的重要性，主张以实验带动讲课，通过实验启发学生思考。他讲课深入浅出，既确保基本内容讲清讲透，又在此基础上有所发挥，启迪有志深造的同学进一步思考。

再如陈东生的语文课。陈东生20世纪40年代起进入南开中学任教，新中国成立后长期担任语文学科组长。他认为语文教师的职责应定位于着力提高学生的阅读能力、分析能力和写作能力。他形象地将语文教学概括为"摇旗、引路、搭桥、殿后"八字，主张学生语文的基本功即听、读、说、写的能力需要全面发展，重视基础知识教学和基本训练，有意识地引导学生经常复习，反复运用，使学生对字、词的掌握在不断复习和运用中得到巩固。他还试验"读写结合"的写作教学法，要求学生借鉴模仿教材课文和课外阅读的作品进行写作，激发学生阅读、思考的积极性，在借鉴模仿中提高写作能力。

此外，王荫槐的物理课、傅越秋的语文课、刘铎的数学课、乔慈忠的三角课、朱宗禹的化学课、余克定的地理课、王良调的英语课等，也都取得良好的教学效果，是南开师生公认的品牌课，在校内外具有广泛的影响。

在提高校内教师业务水平的同时，杨志行采取措施为优秀学生开办实验班。他认为，在高中学生中有约占总数 15%—20% 的尖子生，这些学生智力发展好，思想灵活，学习效率高，在掌握知识的深广度和学习能力方面超过一般学生很多；对教师的教学要求高，希望能够多学些较深的知识；精力充沛，除学习课本外，喜欢阅读课外书，参加课外活动。他主张对这些学生应突破常规，因材施教，充分开发和发挥学生的学习潜力。1963 年 9 月，南开中学选择当时的高一（4）班［即 1966 届高三（4）班］作为提高教学水平的实验班，配备各学科经验丰富的老教师承担该班教学，其中有陈东生（语文）、孙养林（生物）、王荫槐（物理）、余瑞徵（化学）、乔慈忠（三角）、王德臻（俄语），班主任为政治课教师王进业。

1965 年 9 月，又选择当时的高二（6）班作为实验班，培养学生自治能力与自学能力。学校领导带头深入该班级学生的学习生活，配备得力教师抓好课堂教学，特别是认真指导学生提高阅读与自学能力，发现和着力培养尖子学生，同时关注学生政治思想水平的提高。成为实验班级后，刻苦学习、勇于钻研的精神蔚然成风，学生的政治觉悟和文化水平都有很大进步，学生的办事能力也得到锻炼，是全校最突出的一个班集体。该班班主任李学茹工作负责，在思想和业务各方面发挥示范带头作用。

同年 10 月 7 日，天津市委文教部部长王金鼎率员来校蹲点并兼任学校工作。王金鼎肯定了学校办实验班的做法，与学生代表座谈，鼓励办好实验班。杨志行认为，对实验班应该采取一系列实验性的教育措施。首先要加强对这些学生的人生观、理想和学习目的教育，让学生树立远大理想和目标。政治思想方面严格要求，对其缺点错误不迁就不宽容。同时提出较高的教学要求，教师可以根据情况，超过教学大纲的规定，讲授较深、较新的知识。适当加快教学进度，布置一定量的综合复杂的作业或习题，使他们能够比普通班学生学到更多的知识。鼓励实验班学生参加课外活动小组和社团，使他们受到科研和治学方法上的培养。试办实验班后来虽被"文革"打断，仍然收到一定效果。

如果说，杨志行在京津七校座谈会上的发言表现了他吸收老南开中学的办学经验，使之为社会主义制度下的公立南开中学所用的努力，那么，他鼓励的恢复南开中学校庆的活动，则表现了他汲取老南开中学历史资源与革命传统的尝试。

1961 年 12 月，时任全国人大常委会副委员长的南开中学校友林枫来校视察时，曾在与学校领导和师生代表座谈时提出："南开中学应该搞校庆，这个学校在社会上有点名望。"这是新中国成立后最早提出的恢复南开中学校庆活动的建议。

1962 年杨志行回到南开中学工作后，把校庆活动列入具体日程。1963 年 10 月，南开中学决定在 10 月 17 日校庆 59 周年纪念日前夕举办校史资料展览。10 月 5 日，学校成立由周毓瑛为负责人，副校长王荫槐，教师张秀琴、仇丙寅和部分学生参加的校史资料工作小组，经过加班收集、编辑校史资料，制作展牌，仅用十余天就完成布展工作。展牌和展柜布置在东楼图书馆的阅览室内，共有展牌 61 块，除文字和图表外，展出照片 312 张，不同时期学校出版的铅印刊物 29 本，剪报 21 张，各种锦旗、奖状、实物奖品 91 件，各种徽章、奖章 36 枚，信件 20 封。配合展览还印发油印的《校史展览内容详介》。展出前，校长杨志行对展品认真审查，亲自修改展牌文字。天津市委文教部部长王金鼎来校参观展览。

1964 年 10 月 17 日，南开中学举行建校 60 周年校庆。此前，9 月 17 日学校就举办 60 周年校庆活动写给市教育局的请示报告获准。10 月 17 日下午，学校在礼堂召开庆祝大会，市委文教部部长王金鼎、市教育局副局长杨坚白出席会议，在校学生及各届校友 2000 余人参加大会。杨志行在讲话中讲述了南开中学在新中国成立后 15 年与新中国成立前 45 年的根本变化以及如何正确贯彻教育方针，使学生在德、智、体诸方面得到生动活泼的主动的发展。与此同时，作为 60 年校庆的一项重要活动，南开中学校史和办校成绩展览会在北楼举办。该校史展览是在 1963 年学校 59 周年校庆前搞的校史资料展览的基础上经过充实后展出的，包括周恩来、马骏等杰出校友的革命经历，历年来学校获得的奖状、锦旗和各种奖品，以及反映南开教育教学成果的教案、论文，学生的作文、作业等。琳琅满目的展品摆在 10 个房间，令人感到已经传承 60 年的南开精神被赋予时代要求的新内涵，一个富有优良传统的老学校焕发出勃勃生机。10 月 18 日，《天津日报》报道了南开中学校庆活动。

1964 年的校庆和校史展览的意义不可忽视。这是新中国成立后的第一次南开中学校庆活动，它的直接动因是林枫副委员长来校视察时的建议。但从宏观上说，应是对周恩来在新中国成立后多次表示感念母校南开中学的回应，都应该视为杨志行对严修、张伯苓的历史资源的吸收，也是在离开学苏联的模式后，从本校的优良传统中汲取资源的表现。虽然这次吸收的尝试被"文革"十年内乱打断而未能得到充分发挥，但这次校庆活动还是上承私立时期南开中学通过每年校庆形成学校自身传统的遗风，下开新时期南开中学恢复校庆接续"公能"精神的先河，在南开中学的校史上，是值得重视的一笔。

四、学校各项工作走上正轨

在扭转了教育质量一度下降的趋势以后，南开中学的各项工作走上正轨。

来自党支部、共青团、少先队的各项教育行之有效。在学校党支部领导下，学校从学生会和共青团、少先队两条线建立健全了学生组织机构。学生会作为全校性学生自治、自我管理的组织，下设学习部、文娱部、体育部和生活部，各班建有班委会；共青团作为共产主义青年先进分子的组织，在班内建团小组、团支部，高三年级建团总支，全校建团委，团委设组织部、宣传部、群众工作部、少年工作部；在初中建立少先队，班内建小队、中队，全校建大队委员会，高中各班团支部向相应的初中班派中队辅导员，以加强思想教育工作。

学生干部的选拔，除新生班入校时由团委安排外，都由学生或团员民主选举产生。学校领导和负责学生工作的教师历来重视学生会作为学生自治组织的作用，放手让学生干部充分发挥各自的特长，自己组织学习竞赛和文艺会演，开展课外兴趣小组活动，排练节日游行队伍等，指导学生干部确定目标，制订计划，组织实施。曾担任学生会主席或副主席的肖振邦、周永昌、俞家庆、回光曾、杨弘等都受到过有益的锻炼。1964 年 9 月，高一年级学生孙海麟当选为校学生会主席后，杨志行每隔一段时间就把他找到校长室，听取工作汇报，要求学生会围绕学校中心工作，独立地创造性地开展工作，成为联结学校与学生的桥梁和纽带。1965 年的暑假，全校教职工集中到南开女中搞"四清"运动，学校只留下组织毕业班教育的三位教师和一位食堂管理员。学校决定把暑期学校管理、学生活动和安全工作交给学生会操持。在孙海麟等学生干部管理下，每周一、三、五的学术、科技社团，二、四、六的体育、文艺社团活动时间，学生踊跃地到校参加活动；每周三、六还组织学生到水上公园游泳池游泳，没有发生任何事故。暑期学生还轮流在校园里挖防空洞，每天 900 余名学生参加劳动，所有的组织管理和后勤服务都由学生会负责。学生干部每天安排工程进度，检查施工安全，组织宣传鼓动，工地上热气腾腾。午饭由学生会生活部负责采买，安排学生下食堂做饭、热饭、卖饭。夜间则每天安排 20 人组成护校队驻守校园，保卫校园安全。暑假的三次学生返校也由学生会组织在礼堂集中进行。学生自治、自理、自立的本领得到空前的锻炼。

1962 年冬，《人民日报》《中国青年报》报道了人民解放军某部战士雷锋的先进事迹。1963 年 3 月 5 日，《人民日报》《中国青年》等报刊发表毛泽东、刘少奇、周恩来、朱德、邓小平等党和国家领导人号召学习雷锋的题词，南开中学校园里迅速掀起学习雷锋的高潮。学校团委组织团员和学生学习雷锋的事迹和日记，利用校会、班会和团支部活动的机会，组织学生认真讨论和领会雷锋精神。雷锋关于"我活着是为了全心全意为人民服务""做永不生锈的螺丝钉"等名言，成为学生的座右铭。在校园里掀起为革命而学习、大做好人好事新风的同时，有些学生还以班级和团支部小组为单位，或者自愿结合，走上社会，发扬"毫不利己、专门利人"的精神，参加各种公益服务活动，呈现人人争先恐后地为国家、为集体、为他人做好事的热潮。冬天清晨，学生争着提前到校点好教室里的炉子；下雪天，学生自发组织扫雪；师生中有人生病，同学就登门看望，帮助做力所能及的事情。学生之间在学习上更是无私地互相帮助，不让一个伙伴掉队。学校团委还组织学习雷锋事迹的报告会，组织与 4701 部队解放军战士开展学习雷锋的活动。学生用节省的零用钱到书店买《雷锋日记》。初二（6）班学生临摹制作大幅毛泽东主席题词，挂到东楼进门处墙壁上。学生会组织学习雷锋的歌咏、朗诵、文艺演出等活动。学校涌现出大批学雷锋的积极分子，校园里充满朝气，助人为乐、拾金不昧、自觉维护公共秩序蔚然成风，好人好事层出不穷，做过好事的学生从不留名。通过开展学习雷锋活动，弘扬全心全意为人民服务、毫不利己专门利人的精神，对于一代南开学子树立正确的人生观和基本素质的形成，发挥了重要作用。

1963 年 8 月中旬，华北地区连降暴雨，海河水系暴涨，特大洪水威胁天津，在天津市有关部门的统一指挥和安排下，南开中学组织师生员工迅速投入防汛抗洪抢险斗争。在校师生兵分三路：一路留在校园，昼夜轮流值班，严阵以待，防汛护校；一路赶赴市中心区的金汤桥海河抗洪前线坚守阵地；一路直抵杨柳青子牙河防汛前线加固河段堤坝，与各界群众一起奋战。杨宝林、王荫槐等学校领导和周毓瑛、葛树清、施殿奇等部门负责人等带领部分学生日夜坚守在洪水满槽的大堤上，热情高涨地战斗在抗洪前线。驻校值班的学生妥善安排实验仪器和图书的转移路线，分组演习抢险救灾。许多师生在防汛中受到市、区指挥部表扬，被评为"五好民兵"或防汛积极分子。学生武聚奎、武聚仁由河北家乡返津途中，被洪水围困在河北省高阳县，主动投入抗洪斗争，受到高阳县委表扬。政教处指派学生周鸿飞采写长篇通讯《惊涛骇浪中的共青团员》，以《南中周报》全部版面报道了他们的事迹。

1963 年 9 月，学校政教处为新入学的初一年级各班下发了向校园内"五好学生"学习的材料，介绍了当时校园里五名"五好学生"的先进事迹。这五名学生是：高二（5）班杨弘，高一（4）班周鸿飞，高一（6）班蔡燕，初三（4）班孙海麟，初二（6）班张有泉。材料介绍了这五名"五好学生"在追求进步、刻苦学习、热心工作、锻炼身体等方面的先进思想和模范事迹，要求初一年级各班新生认真组织学习，并以他们为榜样，学习先进，争做先进，在南开中学的崭新环境中取得新的进步。这种以本校学生为榜样，教育和引导新生的方法，收到了良好的教育效果。时隔数十年，许多当时的初一年级学生对此还记忆犹新。

1965 年，南开中学部分学生以实际行动学习全国劳动模范、首都淘粪工人时传祥，自发组织清洁公厕的淘粪义务劳动。"时传祥精神"产生在 20 世纪 50 年代的北京。1964 年，天津市市长胡昭衡号召全市人民大搞爱国卫生运动，胡昭衡带头与清洁工人一起到南市的胡同里，背着粪筐挨家挨户收粪便（俗称"磕灰"）。南开中学学生积极响应，高二（5）班孙海麟等学生最先发起，于周六晚间参加清理公共厕所卫生和淘粪、磕灰的劳动。学校领导和政教处因势利导，给予支持，由共青团组织具体安排，使越来越多的学生参加到清洁公厕淘挖粪坑的义务劳动中。每天晚上，学生身着粗布或补丁衣服，佩戴校徽和团徽，在南开区清洁大队工人带领下，到老城区的多个蹲坑式厕所搞卫生、淘大粪。有的学生利用休息日，协助清洁工人走街串巷磕灰收集粪便，再倒入粪车。学生不怕苦、不怕脏、不怕累，既磨炼自己的意志，又对社会风气起到良好的宣传示范作用。学生社团文艺成员还参演清洁工人自编的文艺节目《小粪车我的好朋友》，在社会上引起良好反响。《天津日报》、天津人民广播电台多次报道南开中学学生参加清洁公厕淘粪劳动、崇尚普通劳动者的事迹。

五、学生课外活动再现热潮

1963 年，随着国家经济形势好转，南开中学的学生课外活动日渐活跃。学生课外活动包括班级活动和学校活动，最为经常的是社团活动，内容丰富多彩，社团多达 47 个，在全校 1750 名学生中，参加社团活动的学生约 1500 人，占全校学生的 85.7%。每周六下午为社团活动时间。不少社团焕发出新的风采，如南开中学合唱团获 1963 年天津市中学生合唱大赛一等奖，朝华社配合天津市的抗洪斗争，创作出体现南开中学师生抗洪抢险保卫家乡情怀的诗歌《抗洪战歌》，积极排练并在南开区演出，受到好评。南开中学足球队成功晋级天津市足球甲级队。1964—1966 年，乒乓球队先后获得河北省少年冠军和天津市少年冠军及天津市八大系统乒乓球赛冠军。乒乓球队队员辛鹏获河北省少年乒乓球赛男子单打冠军。

除了原有的社团外，还涌现出了一些新的社团。如校史组，为筹备南开中学 59 周年校庆于 1963 年夏成立，政教处副主任周毓瑛任负责人，教师王荫槐、张秀琴、仇丙寅、梁秉彝、王子敬和学生周鸿飞、蔡燕、孙嘉馨、郭玉珍、孟宪刚、郑广鑫、佟书樵等参与该项工作。仅用十余天时间就完成布展工作。后来校史组成为一个学术性学生社团，活动时间安排在周二和周六的下午。活动地点先在存放校史资料的中楼二楼资料室，后到中楼地下室。每次活动，学生们翻阅资料、书籍，依类别进行整理，通过仔细研读、集体切磋、研讨，展现南开中学的历史面目。1964 年，作为 60 周年校庆的一项重要活动，南开中学校史和办校成绩展览会在北楼举行，拉开深入挖掘南开校史、全面研究南开精神的序幕。又如曲艺队，新中国成立初期该队组建，曾一度停止活动。1963 年重建，在瑞廷礼堂舞台上演出《捉放曹》《黄鹤楼》《五红图》《绕口令》《训徒》《扒马褂》等经典段子。1967 届高中学生王宝贤、赵复成、王汝宾以各自诙谐、幽默的气质演出，颇受师生欢迎，被昵称为南开的"仨活宝"，自编自演的天津快板《三个美国佬》，给"老三届"学友留下深刻的印象。

与学生社团一起恢复了活跃的还有校园媒体。学校通过校级刊物和年级、班级、社团的报刊等校园媒体，传承南开精神，汲取时代精华，引导学生思考、关心时事政治和国家大事。所有校园媒体的创意、策划、组织、实施全由学生自己完成。学生在校园媒体的出版编辑活动中，增强社会责任感和进取心，提升了自身的写作能力和办事能力。

在当时的校园媒体中，最引人注目的是校刊《南中周报》。《南中周报》创办于 1962 年，其形式为黑板报周刊，位于范孙楼前，以墙裙为依托，沿拐角至楼身左侧，上下有固定的木制框架槽，总长度超过 12 米，由宽 70 厘米、高 100 厘米 18 块小黑板排列组成。首块黑板为报头，依次设有"社论""时事之窗""学习园地""青春寄语""桃李满天下""漫画专刊""好人好事"等专栏，内容丰富、图文并茂。该报由南开中学政教处主管，教师顾绿蔓负责指导。报社社长及编委均由学生担任。1962 年至 1966 年，高中学生谭新荣、钱民刚、孟宪刚、王树发相继担任《南中周报》社长。其中，1963 年暑期抗洪抢险斗争期间，《南中周报》由即将升入本校高中的初中毕业生周鸿飞负责。校长杨志行，政教处主任朱达、副主任周毓瑛等高度重视该报工作。杨志行亲自参加《南中周报》会议，提出建议和指导："《南中周报》是南开中学的校报，是面向全体同学的。它要始终宣传党的教育方针，体现南开精神，这是报社每个成员的光荣责任。"《南中周报》紧跟国际形势进行时事报道，配合学校不同时段的中心工作确定宣传报道主题，充分体现思想性、趣味性、知识性。由于每周一出刊，报社的学生要在周六前完成下期的采访、组稿、编辑工作。美术社的学生按整体内容设计报头、通栏标题、总导语、专栏标题、插图等。报头设计常换常新，版面生动，美观大方。每逢出刊，范孙楼前观看出报的学生人群簇拥，议论声、谈笑声不断。师生赞誉《南中周报》是"前进的旗帜、学习的园地、进取的镜子、做人的教科书"。

与校刊《南中周报》相呼应，还有一些年级办的黑板报。1963年，在政教处教师顾绿蔓的指导下，1965届初二年级创办了《是与非》黑板报。由初二（4）班担当出刊工作，稿件由初二年级各班通讯员提供，主要报道各班的好人好事，也有评论、纪事、漫画，稿件短小，每篇几十字至上百字不等。每周一期或隔两周一期，前后出刊一年。

1964年，校园活页歌曲双周刊《南中歌声》创刊。该刊由音乐教师韩宝琛指导，圆形竖琴为刊物标志，教师王子敬题写刊头。内容大多为同学们自行作词、谱曲的创作歌曲，也有当时流行的革命歌曲或电影歌曲，一出刊就受到学生欢迎，直到"文革"才停刊。

1966年3月，南开中学第一次学生代表大会召开。这是杨志行面向全体学生、锻炼学生自治能力的一次积极实践。尽管这时已是"文革"前夕，校园里已出现"左"的气氛，但到会学生代表仍与学校领导坐在一起，围绕办好学校、搞好学习和开展教学民主、建立新型师生关系等话题展开热烈的讨论。对于到会学生代表来说，这是一种全新的体验，他们的聪明才智有了发挥的机会。按照杨志行的设计，学生代表大会是要继续实验的，但后来的十年内乱使这个制度构想成为泡影，这次大会成了南开中学历史上的绝唱。

第四节　新一代南开学子的成长

杰出校友的代表 / 踊跃报考地质院校 /1953届：公立南开中学的首届毕业生 / 一颗红心，两种准备 / 到祖国最需要的地方去 /"老三届"

毕业生群体／历经艰苦，锻炼成才／杨志行谈南开毕业生的特点

一、新一代南开学子的杰出代表

南开中学学生历来有关心国家前途和民族命运的优良传统，始终站在时代的潮头，使个人命运与人民事业紧密联系在一起。进入公立时期，这种传统在新的历史条件下继续发扬光大。学生自觉地把祖国的需要当作自己的志愿，时刻听从祖国的需要与召唤。20 世纪 50 年代，校园里兴起过参军南下、投身抗美援朝、踊跃报考军干院校和地质院校的热潮；60 年代初、中期，众多南开学子响应党和国家号召，到边疆去，到农村去，到祖国最需要的地方去；"文革"中，"老三届"毕业生上山下乡，历经艰苦的磨炼。他们在祖国社会主义建设各个领域作出各自的贡献，出现华益慰、王大中、赵启正、温家宝等杰出校友代表。

华益慰（1933—2006），天津市人，1947 年考入南开中学，1953 年参军转入第四军医大学。毕业后任第四军医大学附属医院军医。1961 年调入北京军区总医院，多年从事胃肠、肝胆、甲状腺、乳腺等普通外科临床工作。曾任中华医学会外科学会常委、全军医学科学技术委员会普外专业组成员等职。他两次荣立三等功，30 多次被评为"优秀共产党员"，荣获全国医疗卫生系统的最高奖项"白求恩奖章"。他医术精湛，医德高尚，累计治愈上万名患者，从未发生过一起医疗事故，从未收过一次"红包"，被誉为"人民的好军医"。他病重期间，时任总书记胡锦涛前往看望，号召全国全军医疗卫生战线开展向华益慰学习的活动。

王大中，1935 年生于河北昌黎，1949 年至 1953 年在天津南开中学学习，1958 年毕业于清华大学工程物理系。后获联邦德国亚琛工业大学博士学位。中国核反应堆工程与核安全专家，中国科学院院士。1994—2004 年担任清华大学校长。曾任清华大学核能技术设计研究院院长、国家"863"高科技计划能源领域首届专家委员会首席科学家、全国政协常委等职，长期从事先进核能科学技术研究与发展，曾获 1992 年、2006 年国家科技进步一等奖。

赵启正，1940 年生于北京，1958 年毕业于天津南开中学，1963 年毕业

于中国科学技术大学核物理专业。教授级高级工程师。曾任中共上海市委常委、组织部部长，副市长兼浦东新区工委书记和管委会主任，中央对外宣传办公室和国务院新闻办公室主任。中共十六届中央委员，十届全国政协委员，十一届全国政协常委、外事委员会主任。主要著作有《向世界说明中国——赵启正演讲谈话录》等，其中有的被译为多种外文本。

温家宝，1942年生，天津市人。1954年至1960年就读于天津南开中学。北京地质学院地质构造专业研究生毕业。曾先后任甘肃省地质局副局长、地质矿产部副部长、中共中央办公厅主任、中央书记处书记、中央政治局委员、国务院副总理、中央政治局常委。2003年3月至2013年3月，任国务院总理。著有《温家宝谈教育》。

二、20世纪50年代南开学子踊跃报国

1952年7月，国家第一个五年计划即将开始，地质人员被称为先头部队，是国家建设最急需的人才，处于最艰苦的第一线。当时正值1952届毕业生高考填报志愿之际，学生中掀起"学习地质热"，踊跃要求到祖国最需要、最艰苦的地方去，数十名毕业学生义无反顾地做出"祖国的需要就是我们的第一志愿"的选择。报考地质院校的人数占该届高考人数的四分之一左右，51名同学被地质院校录取。学习地质专业的学生走遍祖国大地，在大漠、戈壁和山野、草原找油找矿，年复一年，付出艰辛，成长为某一技术领域的专家学者或高校学术带头人。1952届校友陈乐寿毕业于北京地质学院，作为中方负责人，历时5年参加完成"喜马拉雅地区深反射地震和雅鲁藏布江缝合带深部结构和构造研究"科研题目，该项目是中、美、德、加等多国参加的合作项目，获2000年度国家自然科学二等奖。此后，20世纪五六十年代历届南开中学毕业生报考地质院校者络绎不绝，其中包括1960届毕业生温家宝。

1953届毕业生是南开中学改为公立后的第一批毕业生。该届学生1947年进入南开中学、南开女中学习，在校6年期间见证了新中国成立以及南开中学的历史变迁，他们继承南开学子的爱国传统，部分同学随人民解放军南下、参加军干校和抗美援朝，6人报考军委测绘学院，还有部分同学报考地

质院校。完成全部学业的学生无一例外地步入全国各高等学府，许多学生在各条战线成为栋梁之材。到 1994 年前后该届毕业生陆续离休、退休时，据对其中 179 人的统计：在高等院校为正、副教授的 54 人，占 30%；在科研单位为正、副研究员的 33 人，占 18%；在勘察设计部门为高级工程师的 15 人，占 8%；在国有企业为高级工程师的 34 人，占 19%；在国家行政机关为公务员的 13 人，占 7%；在医务界为正、副主任医师的 8 人，占 4.5%；从事艺术且有成就的 5 人；从事传媒业的 3 人；军队干部 2 人；其他 12 人。其中的知名校友有：水利部长江水利委员会勘测局原局长陈德基，原国家广播电视部副部长刘习良，清华大学原校长王大中，国家一级演员王景愚，原冶金工业部副部长、上海宝钢集团公司董事长徐大铨，全国政协原副秘书长张洽，中国舞蹈家协会副主席、中国艺术研究院终身研究员资华筠等。该届学生李荼晶于 1951 年 9 月留校，成为共青团专职干部。

20 世纪五六十年代，中共中央号召青年学生"一颗红心，两种准备""到祖国最需要的地方去"。"一颗红心"是指坚持社会主义方向，"两种准备"是指既要准备按国家的需要升学，又要准备下乡或支援边疆建设。在当时一切服从国家需要、服从社会主义建设需要的时代氛围中，一批又一批南开学子响应党和国家号召，到农村去，到边疆去，掀起了支援边疆、上山下乡的高潮。1957 年 5 月 4 日，在周恩来总理来信的鼓舞下，在全国范围内开展的"向荒山、荒地、荒滩进军"活动的激励下，应届毕业生赵忠凯、葛树清联名给周总理写信，表达了他们的心愿：赵忠凯要到北大荒参加农业劳动，葛树清要到新疆克拉玛依油田当一名勘探队员。当年 6 月，赵忠凯被共青团中央特批为天津市青年志愿垦荒队队员，奔赴黑龙江省萝北天津庄参加垦荒建设，成为南开学子上山下乡第一人。

三、20 世纪 60 年代南开学子到边疆、农村去

1963 年新疆维吾尔自治区有关部门到天津、上海等城市招聘知识青年支援边疆。《天津日报》和天津人民广播电台加大宣传，一时间，中华好儿女志在四方、到边疆去建功立业的热潮，一浪又一浪地波及社会各界。南开中学 1963 届高中毕业生吕培天、冯环城、宋璟、刘宾、陈长富、黄培麟、

王建瑞、谷兰芬、范燕著、高玉华等 10 人冲破各种阻力，积极报名支援边疆建设，到新疆后分配到喀什师范专科学校汉语教师专修培训班学习。

同一时期，根据市上山下乡办公室部署，南开中学 1963 届高中毕业生牛瑞宗、齐旋、李瑞隆、王效智、魏扬生、杨亮、韩克展、袁晓华、孟德珍、任桂兰、翟万钧、朱其侃、刘若平等 13 人志愿到杨柳青林场（时属河北省管辖）落户。

1964 年春天，面对一浪高过一浪的全国性上山下乡热潮，在南开中学校园，学生们继承南开学子报效国家的光荣传统，纷纷商量如何投身到支援边疆、上山下乡的洪流中去，一份份申请上山下乡的决心书交到班主任、政教处、团委和党支部。在毕业班，在反复思想教育的基础上，大多数学生以"一颗红心，两种准备"的思想，听凭祖国挑选。不少班团干部和学生要求放弃升学，第一志愿下乡与支边。

随着社会上支援边疆热潮的兴起，南开中学一些热血沸腾的非毕业生，在课余时间交流思想，说服父母，冲破世俗阻力，一次又一次递交申请书，主动要求辍学赴边疆。

1964 年 4 月，三名在学的非毕业生的行动在南开中学校园引起连锁反响。他们是高二学生、学校团委常委赵惠盘，高一学生、学校团委常委蔡燕、周鸿飞。他们都是学校里"五好学生"的标杆，多次受到学校表彰，在同学中有着广泛影响。他们要求辍学支边，犹如一石激起千层浪，许多学生要向他们学习，课余饭后都在议论着到边疆去的话题。

对于这些学生的举动，杨志行和学校领导班子是很矛盾的。一方面看到经过学校教育，学生们小小年纪就懂得顾国家而舍小家，是南开学生的爱国传统在新的历史条件下的再现；但另一方面，南开中学是重点中学，在计划经济年代肩负着为高等学校培养、输送人才的任务，在学的非毕业生没有支边的任务，特别是高中生原则上不能动。

由于这三名学生都是入党申请人，杨志行以党支部书记的身份找他们谈话。但是，在那个激情燃烧的年代，学生的热情胜于理性，学校领导多方劝导无济于事，他们写血书，表决心，如箭在弦。学校作为个别处理，同意赵惠盘、蔡燕、周鸿飞等同学辍学支边。对其他非毕业要求支边的同学，经过反复劝说，如杨弘、孙海麟等同学，接受劝导，安心学习。

这年 7 月至 8 月，非毕业班高二年级学生王复、李玉年、赵惠盘、张书景、白立昌，高一年级学生周鸿飞、蔡燕、翟兰枝、刘冠英、李宗毅，初二年级学生杨业和、张嘉慧、陈超、赵胜利等 14 人被批准赴新疆参加边疆建设。

1964 年至 1965 年，在先进青年学生模范事迹的感召下，南开中学毕业班学生自愿组建十余支上山下乡支农支边小分队，奔赴农村和边疆，投身国家建设。

1964 年 9 月，南开中学高中毕业生田毓鸾、朱世元、玄以沼、赵磊、张震生、杨绍京、蔡连生、陈沛池、杨文胜 9 人，与初中毕业生周学廉、李勇平、史铁琨 3 人组成小分队，告别母校赴河北省宝坻县（今天津市宝坻区）杨家口公社杨家口大队插队落户。12 名学生肩扛杨志行代表学校赠予的 12 把铁锹，到农村广阔的天地艰苦奋斗，在南开中学校园传为"十二把铁锹闹革命"的佳话，成为南开学子效仿的楷模。

1964 年 9 月，南开中学初中毕业生孙金年、王育中、房贵全、杨春岑 4 人组成小分队，到河北省文安农场参加建设。

1964 年 9 月，南开中学高中毕业生刘淑才、王正、刘天佑、魏俊泉、师宝光、王鸿绪、孟繁跃、孙连波、陈月茹 9 人，与初中毕业生崔嘉敏、张静德、傅金兰、吴志平 4 人，赴新疆支援边疆建设。同月，初中毕业生李国珍到甘肃生产建设兵团农十一师支援边疆建设。

1965 年 1 月 30 日至 2 月 2 日，杨志行赴宝坻县杨家口公社看望南开中学下乡务农的学生，与大家共度下乡后的第一个春节。杨志行勉励大家坚持严格要求，密切联系群众，懂得刀在石上磨，人在难中炼，磨炼意志，克服困难。扎根最重要的是在群众中扎根，虚心向农民学习，尽可能地多为群众办好事。要把在乡青年团结起来，把文化室、民校、耕读小学办得更好，把农业科学实验开展起来。母校相信大家一定能够大有作为。

1965 年 7 月，南开中学高中毕业生杨弘和初中毕业生张秉全、田书华、徐根生、陈忠信、俞继安、杨子琪、杨静俊、朱溢恩、郭震玉 10 人到内蒙古五原县插队落户。

1965 年 9 月，南开中学高中毕业生杨满生、孙广盛、张必正、宋马烈、林朋、常汝完、王鸾 7 人，初中毕业生张洁、金敏 2 人，赴新疆生产建设兵团农六师参加边疆建设。

1965 年 9 月，南开中学初中毕业生贺景东、沈瑞婷、孙淑芬、王海音、黄念慈、雷和平、何乃光、刘鹏其、刘延直、华克纯、宋克家、巢介华、庞玉顺、孙国城、杨锦棠、穆宏光、刘世和、刘大翔、尔宝瑛、胡广水、啜福文 21 人赴新疆生产建设兵团友谊农场参加边疆建设。

1965 年，南开中学高中毕业生龙以泰、张光泉赴新疆维吾尔自治区商业厅工作，刘文生到甘肃生产建设兵团农十一师参加建设，王星到河北省黄骅县中捷友谊农场参加工作。

四、"老三届"南开学子磨砺成才

"老三届"学生的年龄多数大抵与共和国同龄，在校期间受到过"文革"前正常的学校素质教育，虽经"文革"动乱的干扰破坏，但是他们在艰苦磨砺中奋发图强，对于国家前途命运和人民事业具有深刻思考与历史责任感，是填补"文革"破坏所造成的教育与社会结构断层、承前启后的重要社会群体。改革开放后，南开中学"老三届"学生多数通过大专院校和各种形式的学习取得大学以上学历，成为教育、科技战线和国有企事业单位、党政机关的骨干力量。程津培、龙以明当选为中国科学院院士；孙海麟、程津培、孟宪刚、张元龙、何荣林担任副部级领导职务。程津培、龙以明、周鸿飞、陈洪、姜保坤、李志新、侯建新、张克栋、石锋、高世瑜等成为享受国务院政府特殊津贴专家。

20 世纪 60 年代前期南开中学认真实行使学生在德育、智育、体育诸方面全面发展的教育方针，形成较为良好的素质教育环境，对于 1966、1967、1968 届 1700 余名高、初中毕业学生的成长成才具有重要的作用。1966 届高中学生曹柏崑，成为知名的书法家。1966 届高中学生王学刚，回母校任语文教师后被授予全国优秀语文教师称号，被评为天津市特级教师。1966 届高中学生刘森甲，回母校任地理教师后被评为天津市特级教师。1967 届高中学生龙以明，成为中国科学院院士、第三世界科学院院士。1967 届高中学生程津培，成为中国科学院院士，担任科技部副部长。1967届高二（6）班作为学校重点培养的尖子生班级，当年介绍学习经验的3名学生都成为拔尖人才：王慧芳1978年恢复高考考入天津师范大学，毕业后留校任教，晋升教授，在教学和科研活动中做出成绩；陈洪1978年考入南开大学读研究生，毕业留校任教，为博士生导师，曾任南开大学常务副校长等职，后任天津市文联主席；李志新在国有企业长期从事技术和科研工作，任天津一轻集团副总工程师。1966届初中学生尔宝瑞，在蜡像艺术领域成就突出，被誉为"中国蜡像艺术的代表人物和奠基人"。1966届初中学生贾克明，终生从事广播电视技术与科研工作。更多的"老三届"学生忠实、积极地工作在各条战线，成为所在单位的骨干。

1978年8月，杨志行回到南开中学之初，曾在工作日记中概括"文革"前南开中学学生的几个特点：（1）政治觉悟高，是非界限分明。1949年3月，有62名师生参加南下工作团，在全市中学起到模范带头作用。1950年和1951年，有155人被批准进入华北大学、革命干部大学。1961年，学生踊跃报名应征，共有221人被批准入伍，在全市成为参军入伍人数最多的单位。（2）努力学习，全面发展。1950年至1959年学生高考成绩在天津市和河北省一直名列前茅，数学竞赛成绩一般为前几名，文体活动开展得好，全市文艺汇演中成绩突出，体育竞赛如乒乓球比赛成绩在省、市学校中领先，航模、无线电等学生社团活动情况良好。（3）遵守纪律，敢于与不良现象作斗争。学生教室、学校院落里整洁卫生，秩序井然。"文革"中尽管学生分为两派，但是决不毁坏学校的图书、仪器。（4）尊敬教师，师生关系好。（5）热爱学校，集体荣誉感强。

第八章　特殊年月（1966—1978）

南开中学在"文革"特殊年月中遭受到严重破坏。1966 年 6 月起，学校被迫全面停课，开展"斗批改"。

在全局上对教育工作"两个估计"（教育战线是资产阶级专了无产阶级的政，知识分子的大多数世界观基本上是资产阶级的）的"左"的思想指导下，南开中学办学传统被斥为"封资修"，学校在新中国成立后 17 年间的教育成就和教学经验被否定，教职工的积极性受到严重挫伤。在"造反有理""怀疑一切"等极左思潮笼罩下，学校领导和教师遭受无理批判和残酷打击，教学秩序完全被打乱，无政府主义严重泛滥。

随着周恩来总理在全国采取措施促使中学学生复课，经过学校领导和教师的努力，1969 年南开中学在天津市较早地实现复课，学校领导和教职工在恢复正常教学秩序、培养合格学生过程中付出艰辛努力。但其后各种"左"的思想批判运动并未停息，贯彻所谓"教育革命"的要求使学校的教育教学受到严重误导和干扰，师生思想仍陷于混乱。

但是，南开中学毕竟是具有丰厚的历史积淀和文化底蕴的老校和名校。虽然经历了"文革"的冲击，南开优良传统和校风的根基不会轻易被摧毁，南开人爱国敬业和崇尚"公能"的血脉并非一场政治运动就能割断。在知识分子政策尚未落实的情况下，南开中学领导和教职工凭借着对教育事业的忠诚，带领学生学工、学农、学军，竭力使学生掌握知识、提高实践经验和能力，学校传统的群众体育和社团活动等得到一定程度的开展。

南开学生在"文革"前经受的良好教育，养成的健全人格和禀赋，在上山下乡、投身抗震救灾以及参加工农业生产实践等方面，都有上好的发挥和表现。当时的整个社会环境不堪回首，而南开学生的优质素养和高度热情不应被遗忘。

第一节　全面停课"斗批改"

> "文革"开始，学校陷入无政府状态／工作队进驻与撤离，学校成立红卫兵组织，"破四旧"、大串联／各派群众组织相互争斗、夺权，军宣队进驻学校／工宣队进驻学校，成立"三结合"的革命委员会／"老三届"上山下乡，离开学校／杨志行被解放

1965年底开始，南开中学按照上级要求，通过时事政策教育引导学生关心所谓"文化革命"。1966年6月1日，《人民日报》发表社论《横扫一切牛鬼蛇神》，"文革"迅即席卷全国。6月2日下午，南开中学学生得知其他学校消息后自发停课，教师不得已停止授课，学校顷刻陷入无政府状态。6月15日，由天津市委派出的南开中学文化革命工作队进驻学校。7月1日，根据市委指示，工作队负责领导学校的"文革"工作。学生揭批"修正主义教育路线"的范围进一步扩大化，学校党支部工作受到批判。8月1日，市委传达中央领导人关于撤出派驻学校的工作队的讲话精神，工作队退居二线，直至8月23日撤离南开中学集中整训。其间学校掀起批判市委和工作队在"文革"中执行"资产阶级反动路线"的高潮。

8月15日，南开中学部分学生自费乘车或骑自行车到北京大学参加批判大会。8月20日，清华大学附中学生来学校串联鼓动，南开中学学生立即建立红卫兵组织，并随即到社会上去"横扫四旧（旧思想、旧文化、旧风俗、旧习惯）"。在"破旧立新"的狂热中，南开中学被改称为"东方红中学"。学生自发组成各种形式的宣传队，到本市的工厂企业和外省市大专院校串联。10月22日，《人民日报》刊登《红卫兵不怕远征难》的社论，称赞大连海运学院红卫兵步行串联是一项很有意义的创举。南开中学部分学生和教师响应号召，迅速组成若干支长征串联小分队，步行到全国各地农村、城镇串联、宣传，奔赴革命圣地，接触社会，了解民众。

1967 年 1 月，解放军天津驻军毛泽东思想宣传队（军宣队）进驻南开中学。在全国各地"造反""夺权"的声浪中，南开中学大批学生和教师建立起各种名目的群众组织，开展大批判、大辩论，并且依照社会上"大联合"组织的不同观点分成两大派。学校成立的"文化革命委员会"被学生"战斗队"查封了公章。一部分群众组织联合起来夺得学校公章——所谓行政大权，另一部分群众组织很快暗中抢得公章——所谓反夺权。在"文攻武卫"口号的鼓噪下，部分群众组织严重对立，全校师生始终没能真正实现大联合。

7 月，《人民日报》发表《打倒修正主义教育路线总后台》文章，全面否定新中国成立十七年的教育工作。学校各群众组织随即展开对学校领导"复辟老南开"的批判。杨志行首当其冲，被冠以各种莫须有的罪名，一再受到各种形式的批斗、体罚和毒打，但是他一天也没有离开学校，除与同样被诬称为"牛鬼蛇神"的教师一起参加劳动甚至被关押，他得便即认真地在校园里看大字报，还主动约请干部和教师谈心、征求批评意见，一再表示要正确对待运动和群众。他自己花钱买纸笔和墨水，亲笔写出洋洋万言的大字报《这是为什么》，既有批判与检讨，也澄清事实。他在受难中仍不忘教育职责，写大字报提醒学生在运动中要爱护学校的公共财产。

1967 年 2 月 19 日中共中央发布《关于中学无产阶级文化大革命的意见》，要求学生边上课边"闹革命"，同年 2 月底，赴外地串联的南开中学师生陆续回校。3 月 6 日，根据周恩来总理的指示，天津驻军报送《天津延安中学以教学班为基础实现全校大联合和整顿巩固发展红卫兵的体会》，提出"复课闹革命"的倡议。10 月，南开中学在各种群众组织林立、派性依然严重的情况下，以教学班为单位将学生组织起来，主要开展学习毛泽东著作和讨论活动，也局部开展过军训，但不能学习文化课，教师无所适从。复课只维持了很短的时间，学生又回归各个群众组织或者逍遥起来。

1968 年 1 月 22 日，在军宣队帮助下，南开中学成立由学校领导、学生和教师代表组成的革命委员会，张忠诚为主任。革委会下设政工组、教育革命组、后勤组。同时，设立"专案组"，负责按照所谓"清理阶级队伍"的要求，对教职工政治历史问题开展内外调查。部分领导和老教师进而受到批判，乃至于被关押在校内接受审查、强迫劳动，一年后方先后得以解除。教师被要求接受工农兵再教育，学校里 4 名教师和 3 名职员被疏散到郊区卫星公社，1 名教师安排到校办工厂劳动，两名教师转为工勤。（后经 1978 年至 1985 年几次复查和落实政策，南开中学在"文革"中受到冲击的 28 人、其中 15 人为教师，全部被纠正，错案问题 3 人也及时得到解决）8 月 21 日，天津市革委会发出《关于将原第一教育局直属校下放到区的决定》，南开中学由市教育局直属校被下放到所在的南开区，归区革命委员会直接领导。9月，工人毛泽东思想宣传队进驻南开中学，学校组成以工宣队、军宣队与学校中"革命积极分子""三结合"的革命委员会。

是年，学校领导按照上级部署团结教师和学生艰难地推进有关工作。越来越多的师生厌烦了无休止的运动和群众组织间不同观点的争斗。随着学校动员学生应征入伍、继而开展大规模的"上山下乡"运动、少数学生被分配留城，"老三届"学生一批批离开校园。新入学的初中学生被组织起来，学校的混乱局面逐步得以控制。

1969 年 4 月，驻南开中学军宣队召开全体师生大会，宣布"解放"杨志行，称其为革命干部，被审查的教师也先后予以解除关押。5 月 6 日，学校实现"复课闹革命"。7 月，南开中学开始贯彻执行天津市革委会文教组刊载于《天津日报》的《天津市市区中小学教育大纲（草案）》。学校在仍旧持续进行的"文革"运动中开始呈现相对稳定的局面。

第二节　"学工学农学军"为内容的"教育革命"

学校改择优录取为就近入学，学生管理改为部队建制／以毛泽东著作和生产知识为教学内容的"复课"／学工、学农、学军及"野营拉练"／周恩来对极左思潮的抵制与学校恢复正常秩序／教师轮流下放与"工农兵直接管理学校"／建立藕甸学农基地／"批邓、反击右倾翻案风"／粉碎"四人帮"与重新成为全国重点中学

1968 年，根据上级规定，南开中学招生停止通过考试择优录取，改为

就近入学，一年间接连招收三届新生，在校学生人数暴增。2 月，1969 届 24 个班级学生作为"文革"期间招收的第一批新生入学；同年 8 月、12 月，1970 届、1971 届学生入学。由于学生数量空前，1971 届学生入学时须自带小板凳，第一堂课是在大食堂里参加"批斗会"。按照"战备"的要求，学生管理改为部队的建制，一个年级分成四个连队，以班级为排，每个连队有 6 个班级，指导员、连长由教师担任，副职及班排长由学生担任。新生以班级为单位开设文化课，语文课学毛主席语录和诗词，政治课学哲学观点和时事，数理化课讲基本的运算和定理。学生成立学习哲学小组。组织战备劳动、野营拉练、军事演习、文艺汇演以及学工、学农、学军等活动，均以连队为单位进行。学校组织师生举行庆祝、示威等上街游行活动的队伍，有时走在前头的班级已经列队返回校园，而排在后面的班级队列还尚未走出校门。

1971—1978 年南开中学师生情况

	学　生				教职工		
	总人数	班级数	在校年级	编为连队	总人数	教师人数	
1971 年	3273	65	1970 至 1973 届	11	182	122	二部制
1972 年	3212	71	3 个年级		200	131	二部制
1973 年	4071	74	高中 2 个 初中 3 个		233	158	二部制
1974 年	4043	74	同上		241	163	
1976 年	3488	68	同上		242	180	
1977 年	3195	64	同上		244	185	
1978 年	2600	52			245		

　　1969 年 5 月复课初期，学校一度出现无专用教室、无专任教师、无统编教材、无教学要求的情况。教室和设施严重不足，三个年级只能实行二部制，分上、下午半天轮流上课。部分学生自带马扎或小板凳到校，以缓解课桌椅短缺。教学工作则由学校挑选在校高中学生作为辅导员，教学内容以时事政治为主，学习背诵毛主席语录和诗词，数学讲授简单的初中代数概念与

运算。作为辅导员的高中学生离校后，学校又安排少数主科教师"跑班"上课，教师编讲义，学生抄习题，乃至边上课、边劳动。学生更多的是参加工农业生产实践，进行野营拉练，参加各种形式和内容的社会宣传，政治课学习马列和毛泽东著作，自然科学知识主要讲授与生产实践相关的内容。

1969 年下半年，南开中学恢复党团组织，绝大多数教师从运动中被"解放"出来，重新走上讲台。学校讨论和贯彻天津市革委会文教组制定的《天津市市区中小学教育大纲（草案）》，统一教学要求，根据课程配备各科教师，教学工作有了新的起色。年内，天津市安排"万名干部进学校'掺沙子'"，兴起名目繁多的"教育革命试验"，南开中学也实行"小将上讲台""教师多面手"，组织每周"民主评教评学"活动，由学生对于教师的教学进行讲评，展开"没有教师的红思想，能否有学生的红课堂"的讨论。学校期末实行开卷考试，废止留级制度。

1970 年，学校开始每学期有计划地在安排学生进行的学工、学农、学军活动中"改革教学方法和内容"，组织学习工农业生产常识和简单的技术。学农活动前期与组织学生野营拉练相结合，后期在学校创办的基地进行。学工活动在学校挂钩的工厂企业和校办工厂同时进行。学军活动则包括挖防空洞和野营拉练两个方面。是年，学校落实"深挖洞"的备战要求，组织师生在校园里开挖"楼楼相通、院院相连"的防空洞，得到南开区有关部门的高度评价，赞誉"南开中学建成了能躲、能走、能打的地下长城"，组织区属单位来校参观。学校还认真落实毛泽东在一份报告的批示中提出中学"实行野营拉练"的要求，仅 1970 年至 1972 年学校就先后五次组织学生野营拉练活动。1970 年 11 月底至 12 月初，学校安排 1970、1971、1972 届的 73 个班全体师生参加，由革委会主任、民兵团政委张忠诚带队，到西郊区张家窝、静海县独流进行为期 10 天的野营拉练。学生按连队建制管理。每个学生自带行李，负重达 25 斤。1971 年 1 月 1 日至 20 日，学校组织学生拉练，目的地是西郊区中北斜。1971 年 12 月，学校组织学生拉练，以河北省霸县（今霸州市）为目的地，途中自己支灶做饭，时间 15 天。1972 年 1 月 14 日，学校组织学生野营拉练，经过 4 天急行军，17 日到达目的地霸县，于 31 日返回学校。同年 9 月 1 日至 19 日，学校组织学生到河北省安次县落垡公社野营拉练。每次野营拉练，除完成"三防""四会"军训任务、夜间进行紧急集合等项演练外，都要安排学农活动。各连队在驻地开设农业基础知识课，师生参加掰玉米等劳动实践，生产大队安排人员指导师生掌握生产技术，师生边劳动边复习和理解农业基础知识课的内容。

1971年，由于周恩来总理在主持中央工作中重视肃清极左思潮在教育系统的影响，学校领导不抓教学、学生不肯学习、教师不敢教书的现象有所改观。南开中学在全市普教系统较早地恢复正常的教学秩序。学校鼓励教师按照新的要求开展教学活动，在各门课程教学中规定统一内容、要求、进度和方法，课堂教学逐步制度化、规范化；以年级为单位，各科经常开展"教学研究课"活动；定期召开教学民主会，实行"评教评学"；健全教师备课制度，倡导教师"业务再学习"，努力提高自身的业务水平。学校也按照要求调入几名工人任教、上讲台。在全国教育工作会议明确提出"两个估计"的极左思想、社会上弥漫着轻视知识、轻视知识分子的政治空气下，大多数教师释放心底被压抑的教书育人的热情，在与学生同吃、同住、同劳动中注入更多的感情，与学生的交往和互动更加生动。分数指标的弱化，为学生全面地展示特长、彰显个性提供机会，学生的实践经验和动手能力得到提高。

1972年，周恩来总理在会见美籍华人学者杨振宁时，赞赏其提出的在理科教育中加强基础理论研究和人才培养的意见。南开中学制订各科提高教学质量的措施，确定主攻方向，扎实解决各科教学中的实际问题。在教学实践中处理好理论与实践、批判与继承、课上与课下等几个关系，着力于语文中的字、词、句，数学的运算能力，外语单词教学等。领导深入教学第一线，年内领导班子成员共听课254节，有的还亲自兼课，参加教师备课。各科教师根据教学任务开展14个专题的研究课，课余时间举行教师专题讲座40余次，举办学生讲座24次，举行全校性的易写错字的"百字测验""外语一百单词测验""历史展览""美术展览""各科作业展览""优秀作文征文展览"等。采取讲新带旧、增补教材、重点补习等方法，进行不同形式的补课活动。由于实行上述措施，加上教师敢于严格要求，教学质量有所回升。5月，南开中学在天津市纪念毛泽东《五七指示》发表6周年大会上发表《认真落实知识分子政策，在教学第一线充分发挥知识分子作用》的经验介绍介绍，介绍学校在教学第一线充分发挥知识分子作用的做法，并列举老教师朱宗禹、陈东生、王荫槐等在教学中发挥骨干作用的情况。8月，南开中学作为全市首批招收高中学生的学校，从南开区1971届未分配的毕业生中挑选200余名学生、分4个班升入高中学习，实行年级制，学校恢复为完全中学。

1973年，南开中学领导致力于进一步恢复学校的教学秩序，严格教学管理，在学生中进行纪律教育和整顿。1974年，由于贯彻"开门办学"的要求，否定以基础知识为内容的课堂教学，否定教师的主导作用，片面强调工农兵占领讲台、提倡需要什么讲什么，南开中学的教学计划和正常秩序进一步被打乱。学校与工厂企业、农村生产队挂钩建立关系，加大学工、学农的力度，组织学生开展"课程补缺门"活动。物理课学习拖拉机、柴油机、电动机和水泵（简称"三机一泵"）；化学课学习土壤改良、农药、化肥；语文课学习写大批判、小评论稿和工作总结，学做创作员、广播员、故事员、土记者（简称"三员一土"）。学校组织师生开展经常性的学习批判活动，实行课上讲、课下批。

1975年5月26日至6月1日，学校开设学生骨干理论学习班，参加者为全校各班团支部委员、正副班长等195名学生干部，利用每天14—18时集中学习理论知识，目的是提高学生对革命理论重要意义的认识，进一步明确"教育革命"的任务和方向。在为期一周的学习班里，学生干部学习毛泽东关于理论问题和教育革命的论述、《红旗》杂志的有关文章等，采用典型发言，围绕专题进行摆、批、议，个人谈学习收获等多种形式进行。同年，学校还按照"开门办学"的要求，开展教学活动与工农业生产对口的实践。学生学工学农每年各一期，每期一个月，以年级（连队）为单位与对口的工厂和生产大队建立固定挂钩的关系，按生产内容制定教育教学内容，各门课程与工农业生产结合。学校组成由工、农、学校三方面结合的领导机构，共开设开门办学点27个。年内增设的学农课程有农业会计、农家肥料、腐殖酸粪肥、土壤分析、农田测量、作物栽培、家禽饲养、"三机一泵"、自动化简单原理、优选法、制图和描图、常见病预防和治疗等。

1975年2月起，南开中学与天津武清国营农场藕甸大队联合筹建学农分校，于当年 9 月建成。该学农基地共接纳 11 批学生，1100 余人次前去接受学农、务农、爱农的教育和锻炼。学生白天与农民一起劳动建立感情，收工后请贫下中农讲村史家史、忆苦思甜，为五保户做好事，学习农业生产常识和简单的技术，进行土地高度和土壤腐殖酸含量测量，为藕甸兴修水利提供依据。同期学校还与工厂挂钩建立关系，组织学生到挂钩的工厂参加劳动，高二年级在元件九厂，高一年级在 7047 工程工地和铝合金厂，初三年级在内燃机厂，初二年级在制鞋厂和校办工厂，初一年级在 408 厂和纺织机械厂。

1976 年 1 月，南开中学的杰出校友周恩来总理逝世，全校师生员工陷入巨大的悲痛之中。同期，学校贯彻上级指示，组织以大字报形式批判教育系统所谓"复辟、回潮"的"奇谈怪论"，开展"反击右倾翻案风"斗争，同时继续聘请兼职教师上讲台，"按照无产阶级面貌改造学校"，学校的教育教学工作在革命和批判的声浪中踽踽前行。7 月 28 日，唐山地震灾害波及天津，全校师生投入抗震救灾斗争，下半年学校的教学和学生教育活动受到一定程度的影响。10 月 21 日，南开中学师生热烈庆祝粉碎"四人帮"的伟大胜利，师生组织集会游行，并进而举行声讨和批判"四人帮"罪行的活动。

1977 年 3 月，南开中学按照教育部的通知要求，注重结合学校和学生实际，扎实开展学习雷锋活动，把师生的热情凝聚到搞好教育教学工作之中。此前，学校党支部专题研究了加强教师队伍管理的制度和措施，以推翻"两个估计"为突破口，平反冤假错案，清理学校在"文革"中的种种错误做法。10 月，国务院批转教育部的意见，决定恢复高等学校招生统一考试的制度。南开中学在教育战线上述拨乱反正的过程中，紧跟中央部署，在实际工作中重新审视所谓"教育革命"的各种做法。11 月，在天津市召开的第二次教师代表大会上，南开中学教师朱宗禹以《把我的晚年全部献给党的教育事业》为题发言，介绍大力加强化学基础知识教学，以及认真开展科研活动、为生产和教学服务的经验，反映出新形势下学校前进的脚步。11 月 18 日，《人民日报》发表教育部大批判组的文章《教育战线的一场大论战》，揭批"四人帮"炮制的"两个估计"。南开中学组织师生掀起批判"两个估计"的热潮，端正教育教学工作方向。

1978 年 1 月 11 日，教育部发出〔78〕教普字 29 号文件《颁发〈教育部关于办好一批重点中小学的试行方案〉的通知》，天津南开中学被列入"教育部办的几所重点中学和重点小学名单"，成为教育部所属的全国重点中学。同年 4 月，南开中学作为首批全国重点中学，开始面向全市招生，确定规模为 30 个教学班的完全中学。4 月 22 日至 5 月 16 日，教育部在北京召开全国教育工作会议。副校长朱达代表南开中学出席会议。邓小平在会议上发表重要讲话，强调提高教育质量，提高科学文化的教学水平，学校要大力加强革命秩序和革命纪律，促进整个社会风气的革命化，要尊重教师的劳动，提高教学质量。会后，南开中学认真贯彻全国和天津市教育工作会议精神，教育教学工作以此为指导思想，进一步走上正确的发展道路。学校大力落实知识分子政策，特别注重发挥老教师教书育人的积极性，着力提高课堂教学质量。学校重新规划和安排学工学农活动。校办工厂的木工、电子管、化工等四个车间在原有基础上调整提高，原学农分校改为定期学农点。每学期学工学农安排：初一年级每周半日校内公益劳动、暂不安排工农劳动；初二年级一周校办厂劳动、两周去井冈山塑料厂劳动；初三年级一周校办厂劳动、两周农村劳动；高一年级两周校办厂劳动、半日校园公益劳动；高二年级每学期安排一次农村劳动。同年秋，学校组织高三年级学生到农村参加秋收劳动。学生在劳动中割稻子、拾稻穗，干劲十足，通过劳动懂得珍惜粮食，了解到农民生活得到改善的情况。

第三节　学生体育活动和课外实践

复课后的军训与体育活动 / 学唱"样板戏"与"乌兰牧骑"宣传队 /
接待外宾与演出文艺节目 / 学校"宣传组"、《朝阳报》与民兵基干连

在全社会按照"文革"要求鼓噪"教育革命"的日子里，南开中学领导依然坚决地贯彻"使受教育者在德育、智育、体育几个方面都得到发展"的正确方针，积极组织开展学生群众体育和社会实践活动，学生社团和文艺

活动传统也得到坚持，令人感受到南开浓厚的文化底蕴犹存。

1969年学校复课后，南开中学领导重视体育教学和群众性体育活动，有计划地听体育课，深入体育学科参加教研活动，每天与师生一起参加晨练。学校坚持每周两节体育课和广播体操、眼睛保健操活动，开展青少年体育锻炼标准的练习和测验，组织球类、田径、拔河、跳绳、踢毽和引体向上等项目的对抗赛，举行冬季象征性长跑，召开全校运动会。1971年，学校恢复运动会，每年春、秋两季各举行一次。春季运动会为小型运动会，在西后院田径场举行。每年10月的秋季运动会，是新生入学和军训结束后举行的大型运动会，在南开体育场举行。1972年，体育教师关荣辰指导排练的近2000人参加的军训大型团体操，在民园体育场举行的天津市中小学运动会上进行表演，受到好评。1974届学生中，体育特长生较多，田径项目中的中长跑、短跨、投掷、跳跃等，均有学生擅长，各项目的第一名，成绩都非常突出。男子100米比赛中，孙博跑出11秒7；男子200米和400米，王兴康一人分别跑出24秒、54秒3；男子800米和1500米，曹立明分别跑出2分1秒4和3分58秒7；男子3000米，钱家瑞跑出8分25秒6；杨延青跳高成绩达到1.70米，胡义勇跳远达到6.44米，蒋阴华铅球投出8.62米。南开中学代表队获得南开区1974年运动会男子团体第一名、女子团体第二名、总成绩第二名的好成绩。特别是由胡义勇、王兴康、孙博、孙金海4人组成的男子接力队，多次获区级比赛第一名，足球、篮球、游泳、体操、垒球等项目也经常在区级比赛中取得较好的成绩。1977年度，南开中学被评为市级体育卫生工作先进单位。44.6%的学生通过青少年体育锻炼标准，冬季长跑被评为市级先进单位，广播操被评为区级红旗单位；获市重点校田径运动会总分第四名，高中组第一名；女子垒球队获全市第二名，女子乒乓球获全市高中女子组第三名，男子篮球队获区第一名，女子篮球队获区第二名。

南开中学的学生文娱活动同样蓬勃展开。1970年，学校领导安排音美学科教师指导学生以连队为单位排演《红色娘子军》《沙家浜》《红灯记》《智取威虎山》等现代京剧片段，师生经过刻苦排练，参加学校组织的在西后院领操台上进行的比赛。学校还成立一支由15名学生组成的小型"乌兰牧骑"

宣传队，队员穿上军装经常深入企业和乡村演出，一度成为学校与各地方沟通交流的有效方式之一。小分队在教师刘树檀、毛若湖、曾兰香、张伯年辅导下，每天都有排练活动，还特意邀请天津人民艺术剧院著名演员马超、路希等指导排练，演出快板书、三句半、诗朗诵、独唱、表演唱、舞蹈、器乐独奏等形式多样的节目。小分队步行去3522厂等处为工人演出，表演的《洗衣舞》《顶碗舞》《筷子舞》等深受欢迎。小分队以"大篷车"方式，配合全校师生野营拉练活动，徒步行走数百里，活跃在天津郊区及河北省霸县、安次县，每到一个村镇，当地农民自愿搭台观看学生演出，不少农民为欣赏喜闻乐见的戏曲、魔术、相声、表演唱等节目，跟随"大篷车"反复观看。

1972年2月，南开中学作为天津市第一个对外开放单位，首次接待的外宾是美国关心亚洲学者委员会代表团，学校的热情接待和师生的精神风貌得到美国客人的高度评价。紧接着，学校陆续接待来自日本、挪威、荷兰、朝鲜、澳大利亚、加拿大等许多国家的多批次外宾来访参观。学校在每次接待活动中，都要安排学生演出，教师韩宝琛、刘树檀、张伯年等指导学生排练演唱中外歌曲，特别注意根据不同国别的来客演出具有其国家民族特色的歌曲及器乐曲。外宾在教室听课后，到校园、礼堂或接待室里观看学生课外活动。学生经过严格排练表演的男声小合唱、女声小合唱、器乐独奏、小合奏等外国曲目，均按照原作品的语言、声部、强弱、节奏来演绎，获得客人的较高评价。

1972年，学校恢复课外社团活动。学生舞蹈队、民乐队、器乐组、声乐组等文艺性社团成立起来，排演舞蹈、声乐、评剧、河北梆子、魔术、相声、小话剧、表演唱、武术等形式多样的文艺节目，学校组织"五二三"文艺汇演、"七一"诗歌朗诵会、歌咏大会等文娱活动。舞蹈《洗衣歌》《丰收歌》《我们爱打乒乓球》获天津市文艺汇演一等奖。男声小合唱《汽车司机之歌》在天津市文艺汇演中获奖，并在天津人民广播电台录音，学生每人获得的奖品为一册《战地新歌》。同期，棒球队、游泳队、乒乓球队、足球队、排球队、篮球队、女子垒球队、体操队、田径队和火棒表演队等学生体育社团恢复组建。各相关学科也逐步恢复或建立课外活动兴趣小组等学术性社团。可惜由于前述因素的影响，1974 年至 1975 年，南开中学学生课外社团活动再次停滞。

由于南开中学领导重视社会实践活动，学生的实践能力和思想水平得到锻炼。1968 年起，学校成立宣传组，在政工组领导下，成为学校舆论宣传的主要渠道。宣传组由每个学生连队调派 1—2 名学生组成，1970 届的 1、2、3、4 连和 1971 届的 5、6、7、8 连的学生为早期成员。学校先后委派葛树清、仇丙寅、杨松等教师专门负责指导宣传组的工作。宣传组成员参加学校的各种工作会议，通过油印 8 开校报，校园黑板报《朝阳报》，兴办校园广播等，结合形势要求和学校实际完成舆论宣传任务。宣传组的各个工作环节，包括采访、撰稿、刻蜡版、油印、播音、设备管理和检修等，全部由学生承担完成。礼堂集会活动都由学生组织，包括电器音响设备都由学生充任电工掌控。学生以连队为单位组织劳动和野营拉练，均由学生负责联系、确定路线。宣传组内定期召开生活会，成员间勇于批评，着力养成勤奋严谨的作风。通过学校领导和教师言传身教，一批优秀的学生干部在辛劳与付出中得到锻炼，培养组织协调能力与工作能力，具备事业心和吃苦耐劳精神。曾在宣传组工作的学生佘清文、孙华军等得到历练，为日后走上领导岗位奠定思想基础。王德华、励小捷、王志刚等 8 名学生干部毕业后于 1971 年至 1972 年相继留校任教。1969 年，学校按照"备战"要求组建学生民兵基干连。参加基干连的学生 60—90 人，实行军事化管理，统一作息，除学习文化课，每天早上出操，平时进行队列、刺杀、投弹等训练，承担学校保卫任务。基干连成为在校园里挖防空洞的主力军，还参加市、区组织的挖防空洞和 7047 工程任务，也是野营拉练的主力军，先后参加天津市 1971 年、1972 年、1973 年的战备和"五一""十一"的阅兵活动。

1974 年，学校将开展深入持久的学习雷锋运动与组织学生参加各种形式的社会实践活动结合起来。有的学生常年坚持送盲人上班；有的坚持为军属和孤老户挑水、倒垃圾、买菜；有的帮助民警维持交通秩序；还有的利用节假日到工厂、农村、商店参加义务劳动。学生在积极参加各项活动中表现出服务和奉献的精神，得到社会各界的好评，学校收到来信、喜报和登门表扬的有 700 余人次，拾金不昧的有 50 余人次，为公和助人为乐的精神得到发扬。

第四节　领导和教师在逆境中的正向努力

党员干部坚持维护教学秩序／师生参加劳动和社会实践活动／学生不断上山下乡，与工农相结合／周恩来逝世追悼会与建造"周恩来同志青年时代在津革命活动纪念馆"

南开中学在十年"文革"中，由于领导班子坚强得力，党员和教师队伍素质较高，带动和形成学校在逆境中发展的正能量，在发扬传统、教书育人方面也取得一些为后人所称道的业绩，充分体现出学校在历经动乱过程中的积极因素。

一、党员领导干部积极发挥作用

1966 年 6 月，南开中学党支部一班人面对突如其来的"文革"浪潮，坚持实行领导，积极引导师生的热情，对于"怀疑一切、打倒一切"的错误思潮勇于抵制、据理力争，表现出高度的党性原则。在学校主要领导和党支部遭到无端批判、党的组织生活被迫中止的情况下，党员强烈要求恢复党组织活动，表达抗争与不满。1967 年初，经支部委员阎振铎多次与学校"文化革命委员会"交涉，反复说明恢复组织活动就是加强学习的道理，党支部被获准开展组织活动，党员推选阎振铎、崔宝平、康子明 3 人临时负责，每月举行三次学习会、一次生活会。1969 年，张忠诚任党支部书记，党支部恢复组织发展工作，至 1974 年共发展教师石金明、雷石强、杨松等 10 名党员，并陆续为南开区和市有关部门输送一批干部。1969 年至 1977 年，南开区委先后 8 次经过改选或直接对南开中学党支部和领导班子成员进行过调整，学校领导集体始终保持在稳定中更新，党员教师以自己的模范作用赢得较高威信，成为学校发展的核心力量、教职员工的主心骨。同期，共青团组织在党支部领导下得到恢复和加强，积极发挥团结教育青年教师和学生的纽带与桥梁作用。1977 年中至 1979 年 8 月，学校投入较大力量，将在教职工中落实政策作为重头工作，促使教师充分焕发教书育人的积极性。1977 年

10月20日至1978年1月31日，学校党支部按照上级部署认真开展整党整风，每周安排领导班子成员8个小时、党员4个小时、群众2个小时的学习教育活动，提高素质，端正作风，学校里党群关系进一步密切，呈现人心向上的局面。

党支部书记张忠诚从1966年"文革"前夕受命主政南开中学，到1976年1月病故于工作岗位，十年如一日，一心扑在学校教育事业上。他热爱南开，忠于职守，具备应对复杂局面的领导水平，在认真执行方针政策的同时具有独立思考能力，善于团结班子成员，调动教职员工的积极性。"文革"之初，他在师生中坚持"不能否定自己、不能认为新中国十七年的教育一团漆黑"的观点；1967年，他致力于促进学校两派群众的团结与联合，并在1968年1月担任学校革命委员会主任后，仍坚持在师生中开展思想工作；1970年起，学校在他主持下依靠业务骨干落实教学要求，尽力保持学校的优势地位；1974年，在普教系统掀起"反潮流"，以致学校部分干部心有余悸的情况下，他坚持抓教学秩序，主持批判无政府主义思潮，表现出勇于担当的精神境界。副校长朱达1975年任党支部副书记，并于张忠诚病逝后长时间主持学校工作。他认真负责，敬业严谨，实事求是，作风扎实，对于干部和教师敢于严格管理，对区文教组领导的极左意见敢于抵制，竭力维持学校在艰难环境下的平稳发展。他主持开展学习周恩来等一系列重要教育活动，在应对抗震救灾和恢复教学的艰难过程中与师生同甘共苦，为落实知识分子政策和解决教职员工疾苦鞠躬尽瘁，作出突出的贡献。"文革"期间张忠诚和朱达两任领导班子以身作则，带出良好的风气和过硬的队伍，促使学校于逆境中发展，充分体现出南开中学师资队伍的特质。

以党员干部的模范带头作用为基础，学校各部门和岗位上的人员各司其职，努力发挥职能作用。政教处1970年恢复建立后，在主任仉丙寅主持下积极主动地开展工作，始终以加强学生的道德和纪律教育、纠正无政府主义现象、保证教学秩序为目标，抓学生教育、组织搞卫生成为经常性任务。教师梁秉彝负责班主任工作，经常部署任务并检查落实，对不能参加会议、完成任务的班主任要补课，工作扎实有效；教师刘恩和、罗远迎负责后进学生转化工作，着力抓纪律作风，还每天站在校门口值班，纠正奇装异服；教师施殿奇负责学生干部培训，指导学生加强自身修养，提高独立工作能力，使培养学生干部摆上重要位置；教师杨松负责宣传组，掌管舆论宣传，引导师生树立正风正气，抵制歪风邪气，使各项德育工作都卓有成效、有条不紊。学校领导对教师既严格又爱护，任课教师在课前 2 分钟预备铃声响起时，必须提前到教室门前等候，而在实行所谓"评教评学"、组织学生给教师提意见时，又特别注意引导学生坚持全面、辩证的观点，尊重老师的劳动。全校教师焕发积极性，全天满负荷工作，中午也没有休息时间，师生关系、干群关系融洽和谐。

二、师生自觉组织和参加生产实践活动

1966 年 7 月下旬，在"文革"停课的过程中，南开中学师生积极响应号召，通过组织义务劳动，仅用不到一周的时间，就在校园里建成一座长 25 米、宽 15 米、8 个泳道的"地上式"游泳池。全校百分之九十以上师生争先恐后地轮班投入施工劳动，工程夜以继日、有条不紊地进行，搬运砂石水泥、构建钢筋基础、浇灌混凝土，全靠师生双肩双手，现场彩旗招展，劳动竞赛热火朝天，歌声劳动号子声连成一片，挑灯夜战连续苦干，建成坚固耐用的游泳池如同见证历史的一座丰碑。

1967 年 3 月底，河北省沧州地区发生地震，学生迅即组成三个地震支前小分队，奔赴灾区投身抗震救灾。同年五六月间，学生在无政府状态下仍不忘参加生产劳动，自觉培养劳动人民感情。在有人提出"鼓励学生去参加劳动是以生产压革命"的舆论面前，学生主动给市委联络站打电话请示，得到市领导的支持和肯定。全校相当数量的学生迅即以班级或群众组织为单位，自己联系支农单位，分别奔赴天津郊区农村，参加夏收夏种夏管农业劳动，其间有的群众组织两次组织学生带着行李住到农村，边劳动边宣传。部分学生还组成宣传队，自己联系企业，在工厂车间参加劳动中向工人学习。

1976 年 7 月 28 日，唐山严重地震灾害波及天津，南开中学校园建筑遭受严重损失。教室不同程度受损 19 间，受损面积占学校总建筑面积的 18%，其中，倒塌严重 680.6 平方米，中等程度破坏 659 平方米，轻微破坏 1040.7 平方米，部分教师聚居的南大楼也损坏严重。学校领导和教职工在震后第一

时间赶回学校，师生迅即投身抗震救灾、自觉参加重建校园的劳动。学校在西后院开办"抗震小学"，及时将教职工子女组织起来学习。在前后三年多的极其特殊时期，部分教职工家属搬入学校的临建房，学校附近大批居民也进入校园搭建临建棚。师生员工参加纷繁复杂的各种社会劳动和勤务，自觉维持校园范围内的秩序，并在阶段性停课后，于异常困难的条件下实现复课，恢复教学秩序。

三、学生走与工农相结合的道路

1966 年 6 月，"文革"开始，学校停课。此后 5 年多时间里，全国高等院校都停止了招生。本来即将参加高考的 1966 届高中毕业生和其后的 1967 届、1968 届高中毕业生都失去了升学的机会。同时，普通高中也因"文革"不再招生。因此，1966 届、1967 届、1968 届的初中毕业生也都被迫中断了学业。这三届高、初中毕业生被统称为"老三届"。当时南开中学在校学习的"老三届"高中和初中学生共 6 个年级 39 个班，计 1766 人。

1968 年，南开中学"老三届"高初中学生响应"知识青年到农村去"的号召，掀起上山下乡高潮。6 月 19 日，于梅、崔玲、郑新礼、阎建国、杨誓葵、邵妙鸾、王思亮 7 名高中学生未经学校动员，自愿请行，率先赴内蒙古通辽县农村插队落户，受到当地政府和群众的热烈欢迎。7 月 19 日，20 余名高初中学生第一批赴内蒙古通辽县农村插队落户。8 月 17 日，李小明、孙海麟、龙以明等 17 名高初中学生赴内蒙古呼伦贝尔盟（今呼伦贝尔市）牧区插队落户。10 月 15 日，120 名高初中学生赴黑龙江生产建设兵团"屯垦戍边"。12 月，85 名高初中学生分别赴山西省平陆县和运城县（今运城市）农村插队落户。1969 年初，又有多批次学生赴内蒙古农村和兵团、河北省农村、黑龙江农村和农场。同期，南开中学还有 140 余名高初中学生陆续应征入伍，约占南开中学"老三届"学生总数的 8%。

至 1969 年底，南开中学"老三届"高初中学生共有 1207 人上山下乡，支援边疆，到农村插队。其中，分批去内蒙古自治区 417 人，黑龙江省 316 人，吉林省 258 人，河北省 298 人，山西省 85 人；去天津郊区 61 人；分别赴陕西、四川、宁夏、辽宁、新疆、山东、河南、贵州、广西、江苏、江西和北京郊区 36 人。

20 世纪 70 年代，南开中学毕业学生自愿奔赴农村、坚持与工农相结合的热情不减。1974 年 9 月，南开中学初中毕业生杨伯遐、董宏永、郜凤华、张军、王国慧、李金城、马承惠、张莉与湾兜中学等 4 所学校的学生共计 15 人组建第三支长征小分队（杨伯遐任副队长），奔赴山西省平陆县毛家山插队落户。1975 年 9 月，南开中学初中毕业生韩秀娟、庞秉亮、赵爱梅、刘建华、尤金山、刘宝良等 6 人与湾兜中学、育红中学、南丰路中学的学生共计 18 人组成第四支长征小分队，韩秀娟任队长，奔赴山西省平陆县毛家山插队落户。1976 年 6 月，南开中学学生徐文艳、张威、胡青、庞吉连、周长华、吕宝珍、朱桂荣、高学茹、张玉珍、黄卫琴、刘恩海、师玉杰等 12 人组成第一批上山下乡小分队赴河北省成安县插队落户，徐文艳任队长。1977 年 7 月，南开中学学生魏秀英、孙国栋、方金兰、王淑英、李景山、袁世杰等 6 人组成第二批上山下乡小分队赴河北省成安县插队落户，魏秀英任队长。南开中学学生踊跃投身知识青年上山下乡运动，走与工农相结合道路，是学校长期坚持传统教育和理想教育的成果，谱写了新一代南开学子成长的光辉篇章。

四、师生持续开展学习周恩来精神的活动

1976 年 1 月，南开中学通过组织师生悼念周恩来总理，开启弘扬优良传统、学习周恩来伟大精神的持久活动，成为学校的品牌优势。

1976 年 1 月，南开中学师生顶着压力举行悼念周恩来总理的活动。1 月 9 日早晨，南开中学党支部召开支委扩大会和全体师生员工大会，号召广大干部群众学习周恩来的无产阶级革命精神和高尚的革命品质，化悲痛为力量，以更加饱满的革命精神搞好各项工作。全校师生参加追悼会和吊唁活动达 13093 人次。1 月 10 日上午，学校在操场上举行悼念大会，数千名师生胸前戴着亲手做的小白花参加悼念活动，追忆周总理的光辉业绩，举拳宣誓继承先辈遗志，做德、智、体全面发展的接班人。当天下班后，全体教师都没回家，自动组织起来开展讨论，书写大字报。接连几日，全校召开几十个座谈会，师生员工踊跃表达学习周总理的革命精神、继承周总理遗志的

决心，许多教师回忆周恩来 1951 年回母校的情景，学生流着热泪学习周恩来 1957 年的亲笔来信。许多学生给党支部写信，表示毕业后坚决走与工农相结合的道路。师生要求派代表赴北京参加吊唁活动，特意制作直径 1.5 米的大花圈，并备好汽车，打算送到北京，因未获批准而未能成行。学生穆红娟、王钢、杨毅元等在天津人民广播电台播音员关山的指导下，编排由高琳主创的配乐诗朗诵《敬爱的周总理，您在哪里》，代表南开中学参加在天津人民体育馆举行的纪念周恩来总理文艺演出。学校团委组织十余名学生团干部举行"悼念周总理座谈会"，由中央电视台记者现场采访和录像。中共天津市委政策研究室主办的《天津简讯》1976 年 1 月 13 日第 255 期刊发《南开中学广大师生员工沉痛悼念周恩来同志逝世》，报道了南开中学师生悼念周总理的活动。

1977 年 1 月，南开中学隆重举行纪念周恩来总理逝世一周年活动。师生出于对杰出校友周恩来的崇敬和怀念，经过积极筹备在校园里举办"周恩来在南开中学资料展览"，展出学校珍藏的周恩来生平和青少年时期生活、学习和参加革命斗争的史料，组织撰写纪念文章和展览的解说词。筹备期间，全国人大常委会副委员长郭沫若于 1976 年 12 月应南开中学之请，亲笔为该展览题写会标"南开中学纪念敬爱的周总理逝世一周年展览"。

嗣后，南开中学领导班子根据师生的提议，决定在"周恩来在南开中学资料展览"基础上，建立周恩来青年时代革命活动纪念室。此议得到南开区委的支持，并向天津市革委会呈送请示报告，建议将周总理在南开中学求学时上过课的教学楼（东楼）设立"周恩来总理青年时代革命活动纪念馆"。该请示得到市革委会的同意。1977 年 9 月 26 日，天津市革委会办公厅以〔1977〕革办函 64 号函复，传达市领导同志的批示："纪念馆不再单独列编，作为南开中学一部分，纳入南开中学领导。"

为了建成纪念馆，又鉴于东楼在地震中损坏严重，1977 年 10 月经天津市革委会批准，决定由市、区财政拨专款，按原样重建东楼。由于重建设计要求保持建筑原貌，走道上的附壁柱头、楼梯螺旋木扶手等物均用原件，而作为主要建材的青砖，必须逐块地经过人工打磨，达到异形砖的建筑设计要求。南开中学动员师生员工投入重建东楼的义务劳动。全校师生员工满怀着对周总理的崇敬，以极大的政治热情投入打磨异形砖的劳动，一时间，校园里到处是热火朝天的工地，人们不怕苦、不怕脏、不怕累，争先恐后地完成劳动定额，有的学生家长也来帮助，有的用车把青砖运到家里、加工后再拉回学校。

1977年11月22日，南开区教育局党委决定由南开中学干部李春田任周恩来同志青年时代在津革命活动纪念馆副馆长，布展工作在年初学校展出规划的基础上迅速展开。1978年2月，经过全校师生的双手，仅4个月时间，由天津第七建筑工程公司重建的东楼竣工。1978年2月27日，天津市委在充分肯定筹备建立纪念馆期间南开中学工作成绩的同时，考虑到该馆的重要性和今后的任务，决定将纪念馆交由市文化局领导。1978年3月5日，周恩来总理诞辰80周年之际，设在东楼的"周恩来同志青年时代在津革命活动纪念馆"正式开馆。纪念馆的创立是南开中学领导和师生员工坚持学习和发扬周恩来精神的结果，南开中学学习周恩来精神的活动由此如火如荼地持久开展起来。

第九章　拨乱反正（1978—1984）

1978年1月11日，教育部发出《关于办好一批重点中小学的试行方案》的通知，决定在全国办好一批重点中小学，南开中学被列为教育部所属的全国重点中学。同年7月6日，天津市教育局决定杨志行任南开中学校长。杨志行重回南开中学主持工作，标志着南开中学教育教学步入正轨，南开中学进入健康发展的新时期。

在杨志行主持下，学校先后制定《1978年至1980年整顿恢复计划》和《南开中学五年工作规划纲要（1980—1985）》，形成"两全三高，一主三自，三个建设，四个培养，一个形成"的工作思路，以促进德、智、体、美、劳各方面工作有序开展。比起一般意义的探索，这一办学思路是重要的历史进步，它理出了社会主义历史条件下办好中学教育的规律性认识，在拨乱反正、百废待兴的历史环境中具有引领意义，其中体现了若干南开特色。

尽管这些特色尚未达到人们期待的程度，但在当时的社会大环境中已属不易。杨志行在吃过"左"的思潮带给自己的苦头，经历了"文革"的无情打击之后，仍能正视和吸纳严修、张伯苓的历史资源，一如既往地执行党和国家的教育方针，痴心不改地探索中国特色社会主义教育的道路，从一而终地献身基础教育事业，确实体现了一位教育家的本色。

从1978年8月起，南开中学恢复通过考试择优录取新生入学，高中和初中新学年招生分别在全市和南开区录取。1980年7月，南开中学高中年级的学制由二年改为三年，在校的高二年级大多数学生留校修读高三学年。到1981年，学校作为天津市首批要办好的重点中学之一，经过两年多的恢复整顿，教育质量明显提高，基本上达到"文革"前南开中学的水平。到

1984年，学校通过积极贯彻《南开中学五年工作规划纲要（1980—1985）》，各项工作有序开展，并取得显著成果，初步实现了"教学质量大面积提高"。

1978年以来，学校大规模地调整教师队伍，一部分教师调出，同时调入一批教学骨干，并把师资队伍建设与学校发展作为主要任务来抓，到1984年底，已经初见成效。逐步形成的良好校风、作风、学风和教风，极大地促进了教师队伍建设水平的提高，为今后学校的持续、健康发展奠定了坚实的基础。

第一节　平反冤假错案，重建教学秩序

> 杨志行重返南开，平反冤假错案 / 制订整顿恢复计划，重建教师队伍，医治动乱创伤 / 重建各项教学制度，恢复择优录取 / 加强对内对外交流，学习外校先进经验

一、平反冤假错案

1978年4月20日至5月16日，全国教育工作会议在北京召开。邓小平同志到会并讲话，指出要提高教育质量，加强革命秩序和革命纪律，尊重教师。朱达代表南开中学参加会议。这次会议在全国范围内，对教育界这个"文革"重灾区吹响拨乱反正的进军号。1978年12月18日至22日，中共十一届三中全会召开，作出把工作重点转移到社会主义现代化建设上来的战略决策。在这个大背景下，南开中学开始了具体的拨乱反正工作。

1978年5月17日，天津市革命委员会分管文教工作的副主任胡昭衡到南开中学视察，时任天津市南开区文教组副组长的杨志行陪同视察。粉碎"四人帮"之后，南开中学百废待兴，加上两年多时间里学校一把手缺位，针对这种情况，陪同视察的天津市教育局领导同志提出，让杨志行回南开中学担任领导工作，得到胡昭衡的认可。7月6日，天津市教育局作出决定，杨志行任南开中学校长。其后，1979年4月24日，天津市教育局决定，杨志行任天津市教育局副局长、党委常委，兼任南开中学校长、党支部书记。

1978年7月，南开中学党支部根据天津市委〔1978〕55号文件精神复

查审干遗留问题，为此成立了专门的工作小组。工作分步进行，最后严格按政策定性作结论。1978 年，共确定复查对象 27 人，其中维持"文革"前结论 4 人，维持"文革"中结论 5 人，改变"文革"结论 4 人，以前无结论本次审查结论 7 人，不宜结论需全部销毁材料 7 人。按政策补发工资 3 人，退职改为退休 1 人。给 9 人的家属和亲友单位发出 38 封更正结论的信件，并按要求对档案进行清理。该次复查还解决和申报待处理历次运动遗留问题 7 人，其中 2 人办退休，1 人复职，1 人撤销不实结论，做了死亡善后处理。

1978 年至 1979 年，根据中央规定进行错划右派的改正工作，由学校直接负责改正 2 人，两位被错划右派的教师 1979 年 2 月 2 日根据中央的政策全部予以改正。学校还协助外单位改正错划右派 2 人。

1981 年 9 月，根据天津市委《关于坚决、迅速清退"文化大革命"期间查抄财物的通知》等文件要求，南开中学认真组织落实。天津市《清退查抄物资工作简报》第 16 期刊出《南开中学积极主动地清理原学校红卫兵查抄的财物》一文。9 月 17 日，南开区教育局落实政策办公室发出通知，要求"各校参照执行"。1984 年，南开中学根据市委〔1984〕10 号《关于坚决、迅速清退"文革"期间查抄财物的通知》等文件要求，认真组织落实"文革"中校内教职工和社会户查抄物资的清退和补偿工作。

1979 年、1981 年、1982 年根据上级党委要求，学校党支部持续对平反冤假错案进行补充复查。1985 年，学校又根据天津市教育局机关党委关于限期认真检查落实知识分子政策工作情况的通知，把平反冤假错案与落实知识分子政策结合起来。几年里，学校把落实知识分子政策工作列入议事日程，成立专门班子，做了大量艰苦细致的工作。检查工作结束后，学校向市教育局机关党委做出汇报，在平反冤假错案方面："文革"中受冲击的 28 人，其中 15 人为教师，经过历次复查全部平反纠正；错案问题 3 人已解决；1958 年以前的历史案件共 6 人已全部改正；改正错划右派，校内 2 人、外单位 4 人；据实补发"文革"中错停、减发的工资；认真按 1980 年中组部和市委组织部精神清理人事档案。

针对学校百废待兴的现状，杨志行强调医治"文革"的创伤，开展拨乱反正，必须加强党的领导。1978 年 9 月 25 日，杨志行在与申请入党的师生座谈交心时指出，"文革"对党的建设和党的发展造成严重的破坏，落实党的教育方针必须加强党的领导、必须恢复党的优良传统和作风。杨志行结合党员干部和教师队伍实际，列举"文革"中破坏党的领导的种种问题，希望入党积极分子要按照党员的八项条件要求自己，坚持又红又专，主动靠拢党组织，在实际工作中接受考验，做到在政治上与中央保持一致，相信党、相信社会主义。

在强调加强党的领导的同时，学校注重发挥民主党派的作用，把恢复南开区民盟组织作为拨乱反正的重要举措。1979年，孙养林受命重组民盟天津市南开区组织，同年8月民盟天津市南开区支部成立，主委为孙养林，南开中学教师陈东生、朱宗禹等均为盟员。1984年，民盟天津市南开区工委成立，一些较大型会议和活动多在南开中学进行。孙养林调任民盟天津市委组织部副部长后，民盟南开区工委由陈东生负责。余瑞徵、朱宗禹、包光弟、胡蕴辉、蔡稚舫、沈克俭、孙正恕、封毓中等多名南开中学教师成为民盟组织骨干。他们在为南开区民盟组织的建立和发展贡献的同时，也为南开中学的整顿恢复作出了重要贡献。

此外，举行张伯苓骨灰安葬仪式对南开中学平反冤假错案来说也是一件大事。张伯苓1951年去世后，先葬于天津永安公墓，后迁至杨家台祖坟。1962年张伯苓的夫人逝世后，合葬于天津北仓烈士公墓。1975年火化后迁出，两人骨灰置于北京长子张希陆家中。1979年10月17日，天津市人民政府隆重举行仪式，将张伯苓骨灰安放于天津烈士陵园，在这次仪式上称张伯苓为爱国教育家，全国人大常委会副委员长邓颖超送了花圈。1986年，根据张伯苓遗愿，其骨灰迁至南开大学张伯苓铜像后安葬。

二、落实整顿恢复计划

1978年至1981年，南开中学党支部落实全国教育工作会议特别是中共十一届三中全会精神，在学习和提高认识的基础上，开始了思想和组织的全面整顿。鉴于"文革"中学校的师资队伍遭到严重破坏，人们的思想混乱，学生的政治思想教育被扭曲，教学秩序受到干扰，教学质量明显下降，教师迫切要求改变现状的局面，党支部痛定思痛，按照拨乱反正的要求，从四个方面开展工作。

一是认真组织学习党的方针政策，组织党员和教职工开展关于真理标准问题的讨论。1981 年 6 月以后学习中共十一届六中全会通过的《关于建国以来若干历史问题的决议》等，进行专题讨论，提高贯彻党的教育方针的自觉性，克服"文化大革命"对干部职工思想的干扰破坏，把思想统一到中央精神上来。

二是下决心抓队伍。1981 年学校共有党员 42 名，总体是好的，但确有少数党员模范作用差。党支部教育党员发挥先锋模范作用，坚决纠正党员中存在的问题。党支部弘扬正气，宣传和倡导向左景福、王荫槐、朱宗禹、张学聪、郗昌盛等先进典型学习。党支部和学校领导严于律己，为人表率，自觉抵制不正之风，坚持艰苦朴素的工作作风。

三是心系群众做实事。坚持做符合国家政策、有利于提高教学质量、经济力量力所能及的事情，改善食堂伙食，开办缝纫组、托儿所，建洗澡间、理发室等，为老教师和病号办休息室，为在校休息的老师配备躺椅，尽力为办公室安装电扇，为确有困难的教职工发放定期或临时补助，想尽办法缓解职工住房困难。

四是开展细致的思想工作。校领导、党的专职干部和人事干部搞家访形成制度。通过家访使校领导深入了解教职工的实际情况，加深了情感交流。不定期召开不同类型和不同层次人员参加的座谈会，听取意见建议，认真改进工作。提倡支部书记、支委之间，党小组长和党员之间，党员和非党群众之间谈话交心，成为沟通互助的常态。

1978 年 8 月，在杨志行的主持下，制订《1978 年至 1980 年的整顿恢复计划》。《计划》提出，在两年时间内医治学校的创伤，恢复到"文革"以前的教学质量水平，争取在思想政治教育和主要学科教学水平方面要有所超出。其后，依据该计划狠抓思想政治教育和基础性工作，加强教师队伍建设，较大规模地调整师资队伍，调出一些教师，调入部分业务水平高的中青年教师做教学骨干，并先后在语文、数学、外语三个主要学科拟定提高教学质量的试行意见。与此同时，加强学生思想教育，用周恩来精神教育学生。学校坚持从起始年级抓起，狠抓学习基本功训练，培养学生严谨的学风；精心组织教材，改进教学方法，做到精讲多练和讲练结合，同时指导学生改进学习方法，争取大面积提高教学质量。因材施教，努力培养优秀生，组织数学、物理、化学、外语等学科学术活动小组，举办专题讲座，结合课堂教学讲授的内容，使学生加深对所学知识的理解，扩大学生视野。

1978 年 8 月，南开中学恢复通过考试择优录取新生入学，是当时全市唯一一所通过考试择优录取学生的中学，也是新时期第一所通过考试择优录取学生的中学。此项工作于 1978 年 4 月提出，南开中学作为首批全国重点中学，开始面向全市、全区招生。南开中学作为全国重点中学，确定规模轨制为 30 个教学班的完全中学。

此前的 1978 年 1 月，南开中学在国家恢复高考制度后的第一次高考中，学生录取率不高。杨志行决心改变这种状况，提出南开中学作为全国重点学校"不能没有升学率"。1978 年南开中学在全市范围内择优录取高一年级新生，同时在校内采取实验性措施，组成"小跳班"。经过考试，学校从初三年级 22 个班 1100 余名学生中选拔出 43 人，跳级升入高一年级，组成高一（11）班（"小跳班"）。由数学组组长郗昌盛、物理组组长赵金仓和张令元、化学组组长朱宗禹和康慈、外语组组长王良调、政治组组长张祥林等教师负责授课。郗昌盛担任班主任。利用一年半时间学完两年半的课程，参加1979 年高考。全校报考高等院校 278 人，共有 59 名学生考入，其中"小跳班" 29 名，占全校录取考生近半数，"小跳班"其余学生全部达到中专以上分数线。该班数学高考及格人数，占南开区考生数学及格人数的九分之一。

1980 届高中学生成为南开中学恢复择优录取办法后培养的首届高中毕业生。10 个高中毕业班 483 名学生中，423 人考入大学，升学率 87.5%。其中 390 分以上考入重点大学的 309 人，360 分以上考入普通大学的 93 人；被北京大学录取的 7 人，清华大学 16 人，复旦大学 7 人，中国科技大学 3 人，北京航空学院 9 人，天津大学 85 人，南开大学 47 人。

经过两年整顿恢复，南开中学面貌发生显著变化。学校基本上建立起以教学为中心的正常秩序，实现学校工作的重点转移，走上全面贯彻教育方针，面向全体学生，扎扎实实提高教育质量的轨道。学校各项工作受到教育部、天津市教育局、南开区有关方面的表扬和奖励。

三、重建教学制度

1978 年 9 月，教育部下发《全日制中学暂行工作条例（试行草案）》。南开中学根据教育部通知，将原《暂行工作条例》中的"校长负责领导全校的工作，党支部对学校行政工作负有保证和监督的责任"的领导体制，改为"实行党支部领导下的校长负责制"，学校的一切重大问题必须经过党支部讨论决定，校长是学校行政负责人。校内组织机构，设教务、总务两处，各设主任一人，分别管理教务和总务日常工作，并设副校长和副主任，协助校长和主任工作。教务处分管教务、学生注册、学生教育、成绩考核、教学仪器及图书管理等。总务处下设会计、事务员等若干人，分管学校财务、校产、维修、勤杂及师生生活等。各年级设组长一人，负责本年级组教育教学、学生教育及上下协调，贯彻学校部署的所有工作。

1979 年 2 月，南开中学制定《1979—1980 年教学工作要点》《对于班主任抓好学生学习的几点要求》《爱生基本要求》等多项制度，进一步明确工作的标准、措施和要求，使学校的教育教学更加有序地开展。学校以教学为中心，适当提高教学起点，培养学生思考能力，改进课堂教学面貌，本着管教、管导、管会的原则教好课程。着重抓好各学科教师队伍的建设，建立健全备课、讲课、进修、考核等制度。努力抓好课堂教学，制定各个教学环节的要求和一堂好课的五项标准、提高教学质量的八项措施。与此同时，制定《各科教学对学生的基本要求及作业规格》，编制各科作业规格要求，使学生从进校起就受到严格训练，培养严谨的学习态度，养成良好的学习习惯。

1979 年 3 月 19 日，中共中央批转教育部党组的报告，决定撤销 1971 年中共中央批转的《全国教育工作会议纪要》，彻底结束了"左"的路线对教育界的错误领导。

1980 年，南开中学进一步落实《1979—1980 年教学工作要点》，适当提高语文、外语、数学、物理、化学等科的教学标准。在历史等学科增加一些自编的教材。语文除以统编教材为主，还在高、初中各年级增加若干篇补充文章，力图在初中阶段能给学生打好现代文的基础，在高中阶段集中力量提高阅读文言文的能力。同时在初中注意培养学生的口头表达能力，高初中都增加写作练习次数。鉴于外语全国统编教材要求的单词量较少，学校适当增加补充教材和单词量，使学生掌握的单词量提高到 4000 个左右；在初中安排外语造句训练，高中进行外语作文训练，让优秀学生到大学后可以不再学习第一外语，集中精力学习第二外语，一般学生也可以保证在中学打下扎实的外语基础。初中数学以统编教材为主，适当补充一些新的内容，还使用新的实验教材，进行提高数学理性知识的改革实验。物理、化学、生物等学科针对学生实验水平低、动手能力差的缺陷，增加一些演示和分组实验，并为学生创造条件，可以在课外时间到实验室做实验。为适应一些智力优秀学生的需要，在高中开设语文、数学、物理、化学、生物、计算机、职业技术等 8 种选修课，语文讲文学史和历代文选，数学讲向量几何等。这些行之有效的举措使南开中学的教育质量明显提升。

1980 年 7 月，天津市教育局确定，南开中学和天津一中、二中等 35 所学校的高中年级，学制由二年改为三年。从 1979 年 9 月入学的高中一年级新生开始，高中恢复为三年制，废除此前一度实行的两年制。当时在校的高二年级大多数学生遵从要求，留在学校修读高三学年。与此同时，一些学生坚决要求转学，转至仍实行高中二年制、教学条件相对较好的学校。还有一些学生虽然留在本校，但坚持二年毕业、参加 1981 年高考。为此，学校通过考试，选拔成绩优秀的学生，单独组建小班，配备有教学经验的教师，加强辅导教学，最终有十余人考入清华大学、南开大学等高校。

四、加强对内对外交流

1978 年以后，南开中学始终重视教师教育教学经验的总结，每学年都要求全体教师总结个人的工作经验，人手一份，学校有关领导对每位教师的总结逐个审阅，选出其中质量较高的编印成册，发给全校教师每人一册，在校内交流。同时，送交市教育局转发兄弟学校交流。对于教师个人非常优秀的经验，学校积极推荐，介绍给相关媒体公开发表，在全市交流。如刘俊玲、马敏然、张世云等教师的班主任工作经验，都曾在媒体公开发表。

在学生学习层面，学校每年选择学习成绩优异的高三毕业生，总结其学习经验，编印成《学习经验笔谈》，发给每班一册，旨在推广交流。这些来自学生的经验，用的是学生自己的语言，选择的是学生自己的视角，讲的是学生自己的实践和体会，使同学们读来亲切，可感可信，也有较强的可操作性和借鉴作用。学生毕业考入大学，学校派员到京津两地的大学跟踪调查，向大学了解南开中学学生在大学的表现情况。请该校对南开中学的办学提建议，做好大中学校在学生培养过程中的紧密连接。

学校采取"走出去、请进来"的方式加强与兄弟校的联系，虚心学习他们的成功经验。期末期初，请十数位校长到南开中学来参观座谈，请他们提出改进意见。一般兄弟校报考南开高中后数理化各科竞赛或高考取得优秀成绩时，都要向原来的初中校报喜，感谢他们为学生打下良好的基础。学校请外校优秀教师来南开中学介绍经验，曾经请过四十三中学外语教师介绍外语教学经验，请过湾兜中学翟康老师介绍班主任工作经验，请过十三中学董志刚老师讲解制作生物标本的技能。学校多次组织天津一中、十八中、第二南开中学、二中等校的校长联谊会，交流经验会，加强工作联系。学校还同五马路小学、四马路小学、二纬路小学建立联系，研究加强中小学的工作衔接，以利学生的成长和提高。

1978年至1979年，杨志行和有关负责同志先后到北京第二实验小学、北京二十六中、北京实验中学、北京女一中、北京五中、景山学校，上海师大一附中和附小、上海虹口第三中心小学、上海实验小学、上海第二中学、复旦附中、上海复兴中学、格致中学和上海育才学校，吉林师大附中、吉林实验中学、延边中学、吉林师大附小等学校考察交流，并与当地的教育主管部门座谈。此外，杨志行参加中国普通教育代表团赴法国、罗马尼亚考察。每到一校，都把功夫下到学习该校的计划、总结、论文和经验等资料和教学改革上。

积极开展对内对外的交流，有引进，也有输出，通过互动，使交流的双方受益。南开中学适度开展了对内对外的交流活动，收到了一定的效果，对学校提高教育质量，完成恢复整顿的任务，起到了积极的作用。

第二节　实践"两全三高"，初创南开特色

新时期南开中学办学思路的形成／加强党的组织建设和思想建设／不断充实自己，发挥重点中学的示范作用／办学思路的国内外认可与制度化传承

一、初创南开中学基础教育特色

1980年，南开中学制订的《1978年至1980年整顿恢复计划》顺利完成，同年7月，南开中学应届毕业生484人全部参加高考，431人被大学录取，录取率为88.5%，在全市重点中学中位居第一。其中，报考外地院校的学生占升学人数的26.7%。这一成绩说明《1978年至1980年整顿恢复计划》收到显著成效。

1980年6月18日，天津市教育局将南开中学列入首批办好的27所重点中学之一，并决定南开中学由市教育局直接管理。经过两年的整顿实践，学校在贯彻执行教育方针、探索教育特色方面实现了两个转变。一是由不自觉转变为自觉，二是由不全面转变为全面。校领导认为作为基层单位，应围绕教育方针的实质和核心，抓住培养目标进行工作，用战略眼光统筹学校工作全局，使之各得其所，持续协调发展。坚持抓德、智、体、美、劳全面发展，力争使学生生动活泼、主动地得到发展，成为有理想、有道德、有文化、有纪律的建设人才。

在杨志行主持下，从1980年8月起，学校开始制订《南开中学五年工作规划纲要（1980—1985）》。《规划纲要》在办学的基本要求、培养目标、各项工作的主要指标、主要措施等方面均作出明确的规定和科学的表述，提出"两全三高""一主三自""三个建设""四个培养""一个形成"，以及在新的历史时期应有的办学思路、校风、学风、教风及应继承发扬的良好传统。

"两全三高"中的"两全"是"全面贯彻教育方针，面向全体学生"。全面执行教育方针，德、智、体、美、劳五育并举。教育工作要面向全体学

生，毕业班和非毕业班、初中和高中、优秀生和差生一起抓，不能使一个学生掉队，要使所有学生得到最好的发展。"三高"是"高标准、高效率、高质量"。"高标准"是指学校的教育工作起点高，确定学生们经过努力可以达到的标准。"高效率"是充分发挥学校各方面教育条件的作用，节约时间，减少无效劳动，使每一个单位时间都产生最佳的效用。"高质量"是指培养出的学生德、智、体、美、劳诸方面和谐地发展，不但要掌握知识，更重要的是要培养正确的政治观点、优秀的道德品质和良好的行为习惯，成为坚持社会主义，推动社会发展的人才。"两全"和"三高"是相互促进、相互制约的。只有"两全"而无"三高"，教育方针落不到实处，培养不出优秀学生，只有"三高"而无"两全"，就会迷失方向。

"一主三自"中的"一主"是指充分发挥教师的主导作用。教学工作中的组织，教育活动的安排，教材的讲授，思想政治观点和道德行为的培养和指导，都是教师根据国家要求、教学大纲的规定负责实施的。因此，要教好学生就必须重视教师的主导作用。"三自"是指"自觉""自学""自治"。"自觉"是培养学生能够自觉主动地要求进步，树立正确的政治观点、信念，提高分析问题、辨别是非的能力。"自学"是指培养学生自己进行学习的能力和习惯。"自治"是指培养学生自己控制、约束自己的能力，使他们能在集体生活中正确处理个人与他人、个人与集体的关系，尽自己应尽的义务，享受应有的权利。"一主"与"三自"是相互促进、相互制约的。在教学、教育过程中，师生双方应发挥各自的作用。从教师方面讲，学生是教育的对象，教师必须教好学生；从学生方面讲，学生是学习的主人，要学出好成绩，必须经过自己的努力。如果限制学生积极性的发挥，绝难有好的教育教学效果。

"两全三高"和"一主三自"也是相互促进、相互制约的。"两全三高"是根据教育方针提出的总体要求，"一主三自"是实现这个总体要求应遵循的原则。没有"两全三高"，"一主三高"便失去了为之奋斗的目标；没有"一主三自"，"两全三高"便失去了得以实现的保证。所以必须处理好它们之间的关系，使之各自充分发挥作用。

"三个建设"指的是，学校领导班子的建设、教师队伍的建设、物资设备的建设。学校领导班子成员是贯彻执行教育方针的关键人物。校长、书记、各处主任等领导干部对教育方针没有高度的认识和自觉的贯彻，教育方针无法落实。教师队伍是贯彻教育方针的主体力量，没有教师们对教育方针的深刻理解和贯彻执行的积极性，也很难把教育方针落实到实处。所以必须从思想上、组织等各方面加强学校领导班子和教师队伍的建设。物资设备是贯彻教育方针必要的基本条件。

"四个培养"指的是，要培养良好的校风、领导作风、教风、学风。它们是一种无形的精神力量，对师生的思想行为，有导向和感染作用。"一个形成"指的是，要形成本校的优良传统和办学特色。虽然教育方针对整个教育战线发挥着统一的指导作用，贯彻教育方针是各学校的共同任务，但不可否认各地区、各学校间存在一定差异，在共性中有个性。在贯彻教育方针采取具体措施时，要结合本校的情况，发挥自己的优势，形成自己的特色。"三个建设""四个培养"对实现"两全三高""一主三自"来说，是组织保证、物质保证、思想保证。"一个形成"和培养出质量优秀的学生则是贯彻执行教育方针的最终结果。

学校深入贯彻这份规划纲要确定的工作思路，使学生在德智体美劳各方面都获得全面发展，在贯彻执行教育方针的基础上初步形成了南开中学的教育特色。

二、建立八项党内制度，加强党组织建设

1979 年 4 月 24 日，天津市教育局副局长李自牧、文烈到学校宣布：杨志行调市教育局任副局长、党委常委，兼任南开中学校长、党支部书记。

自 1981 年 1 月开始，学校开始贯彻执行第一个五年规划。在贯彻过程中，杨志行强调，对领导班子既要重视组织建设，也要重视思想建设，学校领导班子是贯彻教育方针的关键。按照干部"革命化、现代化、知识化、专业化"要求选配各处室以上领导人员，除政治觉悟高、事业心强、年龄上有梯度外，注意专业知识结构。

1981 年 12 月 26 日，经中共南开区委批准，南开中学建立党总支委员会。党总支着力制定行之有效的党内制度，包括八项制度：（1）党总支（党

支部）学习制度；（2）党总支生活会制度；（3）党总支、党支部成员、党员
谈心制度；（4）重要工作议事制度；（5）入年级、学科制度；（6）重大事项
报告制度；（7）党总支行政办公会议制度；（8）廉政建设规定和"三会一课"
制度。这些制度形成比较完整的制度体系，对加强党的思想建设起到重要
作用。

杨志行强调，学校领导班子是贯彻教育方针的关键，按照干部"革命
化、现代化、知识化、专业化"要求选配各处室以上领导人员，除政治觉悟
高、事业心强、年龄上有梯度外，要注意专业知识结构。领导班子要认真学
习党和国家的方针政策，形成共同的思想政治基础，明确前进的方向和总
体目标；学习教育理论，提高业务领导水平。还通过组织生活和开展谈心活
动，相互交流思想，统一认识。发动干部个人征求群众意见，从群众中汲取
营养，号召群众监督干部，帮助领导班子及时克服缺点，促进干部的进步提
高。杨志行在全校教职员工大会上宣布，请大家监督帮助，发现校长本人有
违反政策的不正之风，校长立即辞职；发现主任以上干部不负责任、有不正
之风，将撤职或给予应有的处分。

南开中学党组织积极吸收符合条件师德高尚的教师入党。1978 年下半
年至 1985 年发展教师党员 13 人，是全市中学中最早发展教师党员且发展人
数较多的学校。学校在治理整顿中，注重提高教师政治素养，狠抓思想政治
教育及各项基础性工作。党支部认真学习领会新时期党和国家的知识分子政
策，自觉抵制"左"的思潮影响，一方面正确对待和细致解决教师客观存在
的政治历史和思想认识等具体问题，一方面尊重和发挥教师在教育教学中的
主导作用，主动加强培养，把符合党员条件的教师尽快吸收到党组织里来。
到 1985 年，学校里教师党员达到 26 人，占全校党员的 55.3%。一大批师德
高尚、业务精湛的中老年教师入党，带动整个学校教师队伍素质的提高。

三、学习吸收先进经验，发挥重点中学示范作用

南开中学领导班子认识到只有组织教师系统地学习国内外先进的教育
理论和教育经验，才能不断端正教育思想，树立正确的教学观和质量观，推
动教育教学改革发展。

1980 年 1 月 3 日，杨志行赴北京参加全国教育工作会议。此后，学校先后在语文、数学、外语三个主要学科拟定提高教学质量的试行意见。1980年 7 月 21 日，杨志行赴哈尔滨参加全国重点中学会议。1984 年 1 月 8 日，杨志行赴成都学习教育工作经验，与四川省教育厅负责人座谈办重点中学的经验，并参观成都七中、石室中学。同年 1 月 13 日，杨志行赴重庆南开中学参观座谈，同时参观重庆一中、育才中学。

办重点校是党和政府从我国实际出发，在教育战线上提出的一项战略决策。针对十年内乱教育被破坏的状况，集中一定的人力、物力、财力，首先把一批重点中学办好，是迅速提高中学教育质量的战略措施。几年里，南开中学在市、区教育部门领导和支持下，调整充实了教师队伍，初步改善了办学条件，整顿了校风、校纪、校容，建立了以教学为中心的正常工作秩序，教育质量有了明显提高。

南开中学作为重点校基础好，教学设备、师资力量等办学条件优于一般校，有责任、有义务帮助一般校。一般校从全局出发，为了支援重点校，把学习成绩好的学生输送给重点校。两者之间，应该像全国普教会议《关于提高普通中学教学质量的意见》中所指出的那样："互相学习，互相促进，互相帮助，共同提高。"在处理这种关系中，南开中学主动积极为一般校做更多的工作。

一是向一般校介绍办学经验、体会。学校领导班子总结办好南开中学的教育教学经验和体会，毫无保留地介绍给一般校。介绍方式有 4 种：（1）大会汇报。全面介绍南开中学各项工作的体会和做法。（2）赠送材料。把南开中学编印的《教学经验集》《学生学习经验笔谈》以及学校的规章制度等，经南开区教育局或教研室审阅后，转送一般校。（3）交换习题。各科习题、试卷、补充教材，随时与一般校交换。（4）组织座谈。兄弟校到南开中学参观访问，根据他们的要求，安排座谈讨论。介绍体会时不保守，不保密，实事求是，说明南开中学有些工作带有实验性，体会是初步的，不但讲经验，也讲不足，使兄弟学校少走弯路。

二是协助开展教研活动，帮助一般校培训师资。1979—1980 年，先后有 9 名一般校的数学、生物、地理等学科教师到各教研组参加集体备课、听课。各学科都承担过市、区教研室组织的研究课，理、化、生实验室的管理人员为一般校培养实验管理员 200 余人，举办讲座十余次，为南开区培训教务员 30 多人。帮助师范学校化学培训班 30 余人来学校做实验，每周 2 次，长达 4 个学期。帮助第二教育局皮革技校学生 30 人来学校做实验 10 次。南开中学教室的大门，对一般学校是开放的。他们可以随时到课堂听课，并提出意见和建议。根据资料统计，仅在 1983 年上半年，一般校来校听课人数达 399 人。

三是在实验设备等方面提供方便。南开中学教学设备比较完备，办学条件比一般校好，根据西郊区教育局提出的要求，经市教育局同意，南开中学无偿调拨给西郊区教育局一批教学实验仪器，总共价值 3.5 万余元。南开中学生物实验室培养的草履虫、水螅等实验材料，70% 以上支援了一般校。据统计，1982 年暑假开学以后的两周之内，就有 36 所一般中学到南开中学索取教学实验材料。1982 年高考前某一般校提出拟在南开中学为他们高中毕业生做 5 个关键性的分组物理实验，当时南开中学也处于紧张的复习阶段，学校克服困难，科学安排，帮助一般校师生按预定的复习计划完成了实验任务。

四、办学思路得到认可和传承

杨志行是新中国的教育工作者，一贯致力于认真、全面地执行党和国家的教育方针政策，努力探索和遵循普通教育教学规律。在教育事业的曲折发展中，他认识到"旧南开中学办学的一些做法"仍然具有现实意义。特别是在改革开放后，他鲜明地提出"两全三高""一主三自"等办学思想，不仅反映出普通教育教学的本质要求，而且是对南开传统办学经验的概括与升华。杨志行的这些思想，体现他作为普教专家在新的历史条件下的探索与思考，对于继任者传承和发扬南开精神拓展了空间。

1980 年 11 月 20 日，天津市教育局发出《政协提案办理情况报告》，回复市政协委员祝汝芳、王瑜庭、卢毅仁、朱宗禹、伉铁侠关于《集中主要力量先办好两三所重点中学，首先必须办好南开中学》的第 755 号提案报告办理情况。《报告》肯定了南开中学在两年整顿中恢复教学秩序，提升教学质量的成绩，同时为创建重点中学，形成教育教学特色提出要求，为进一步提升教育质量提供人事和物质的支持。《报告》明确表示，南开中学已被确定为市属重点中学之一，招生面向市内，高考成绩列全市第一名。

1981年，杨志行总结多年教育工作经验，概括提出学校要努力形成良好的校风、作风、教风和学风，成为干部、教师和学生的自觉行动。校风为：坚定正确的政治方向，高（高标准）、严（严格训练）、细（深入细致）、实（讲求实效）、新（不断创新）的工作要求，艰苦朴素的工作作风。领导干部的作风为：方向（政治方向）、全局（胸有全局）、苦干（踏实肯干）、效率（讲求效率）、表率（起表率作用）。教师的教风为：进步（思想进步）、团结（团结协作）、钻研（钻研业务）、身教（以个人的模范行为教育学生）、实效（教育、教学工作注意实际效果）。学生的学风为：勤学、好问、理解、会用、创见。

1983年2月24日，杨志行被联合国教科文组织亚太地区教育办事处认定为普通教育专家。根据联合国教科文组织亚太地区教育办事处的要求，由中国教科文组织全国委员会和教育部等有关部门提供中国普通教育专家名单。经过研究并报教育部批准，中国向联合国教科文组织亚太地区办事处提供一份10人专家名单，其中8人为普通教育特级教师，2人为职业技术教育特级教师，分别编入有关分类专家名册。杨志行在专家名单之列。

1984年6月4日，杨志行赴北京参加中学教育教改研讨会，介绍了南开中学的教育教学经验和初具特色的办学思路，得到与会领导和同行的认可。6月11日，教育部成立由全国8所重点中学组成的教改研讨会。由北京景山学校、北师大实验中学、东北师大附中、华东师大二附中、华南师大附中、南京师大附中、上海控江中学和天津南开中学8所学校组成的教改研讨会，每年活动1—2次，交流教学改革情况。杨志行参与8校教改研讨会的筹建会。这8所重点中学各自的教改经验在全国普教界得到充分的关注。

1984年8月10日，天津市教育局局长潘强到校宣布，按上级有关文件规定，杨志行超过中学校长的任职年龄，不再兼任南开中学校长。纪文郁任党总支书记，王淑玲任校长，霍成德、聂炳骧任副校长，赵干为顾问。新任的南开中学领导班子继续贯彻执行《南开中学五年工作规划纲要（1980—

1985)》，继承和完善杨志行主政南开中学时期提出的办学思路。

第三节　建设教师队伍，发挥主导作用

充分发挥教师主导作用，打造一支优秀教师队伍 / 教师队伍建设科学化、制度化 / 不断深化教学改革，提高教学水平 / 学习国内外先进教学理论和教学经验，加强教研组建设

一、发挥教师在学校的主导地位

1981 年，杨志行总结多年教育工作经验，强调指出教师在学校必须居主体地位，要办好学校必须有一支优秀的教师队伍。在教师队伍建设上，注意提高教师德与才两个方面的素质。要有渊博的知识，懂得教育科学，有高尚的道德品质和崇高的思想境界。

发挥教师在学校必须居主体地位不是一个抽象的概念，而是通过一系列举措来实现的。1978 年以来，在杨志行主持下，学校较大规模地调整教师队伍，一部分教师调出，同时调入一批教学骨干，还动员已调出校外的水平较高的部分教师回校工作。恢复"文革"中被免职的主管教学的副校长焦骊珍职务；根据工作需要调整一些教师到行政岗位；安排业务过硬的教师担任学科组长、年级组长或年级备课组长；调出 20 余名业务能力不强的教师；利用天津市批准普教系统接受外省市调津 200 名骨干教师的政策机会，调入一批多年前大学毕业并长年从事教学工作的业务骨干。在此期间，学校还陆续调入一批学历符合教师要求或能力满足学校需求的校友回母校工作，对形成一支传承南开精神的教职工队伍起到积极作用，包括刘国铭、翟万钧、孙博、牛宝刚、于文华、宋世文、谷明杰、王祥、张宏猷、李溥、刘金山、王长兴、孙立华、王增多、王汝宾、王世塈、刘森甲、李世岭、王学刚等。与此同时，采取教师在职业余学习、教研室内部培训、以老带新等方式，提高教师素质和水平。

为使教师在学校发挥主体地位，学校开展了四个层面的工作。一是把师资队伍建设与学校发展一起考虑，作为主要任务来抓。促使教师全面发

展，同时改善办学条件，提高教师待遇，加快学科带头人的培养，促进教师队伍整体优化。全面提高教师的师德和专业水平，对每位教师定任务，定目标，竞争上岗，能上能下。建立一整套调动教师积极性、激发教师创新精神和才能的机制。二是以教学为中心，提高教学质量。抓好各学科教师队伍的建设，狠抓备课、讲课、进修、考核等环节。抓好课堂教学，落实各个教学环节的要求以及提高教学质量的措施。各学科教师组成备课组，实行"双基"排队、章节考核和年段过关的做法，加强对优秀生的选拔培养和多数学生的辅导、补课。三是提倡数学学科概括总结的在教学中实行"严、细、实"的做法。"严"，是坚持高标准、严要求，执行教学大纲和教学计划要严格。"细"，是教学方法和工作方法要具体、细致、切合实际。"实"，是一切工作都要落到实处。四是强调师德体现在教师生活的各个领域和行为的各个方面，包括献身精神，甘为人梯；热爱学生，诲人不倦；严于律己，为人师表；严谨治学，勇于进取；团结协作，互勉共进；尊重学生家长，同家长密切联系，共同教育学生等。

以上四个层面的工作取得了显著成效。南开中学教师队伍的整体水平明显提高，涌现出一批普通教育战线上的领军人物。经过评比，南开中学生物教师孙养林、语文教师陈东生等全市 11 名优秀教师被评为天津市第一批特级教师。1979 年，南开中学团队干部乔慕英被共青团中央授予"全国新长征突击手"和"全国优秀少先队辅导员"称号。1982 年，孙养林、郗昌盛、马敏然荣膺先进个人。1983 年，张世云被评为市局级模范教师。1983 年 1 月，副校长王淑玲出席全国科技活动先进集体表彰大会。1984 年，郭成通被评为天津市模范教师。1984 年，张世云被授予"全国优秀班主任"称号并获金质奖章。

二、建立健全规章制度

杨志行在推动学校形成优良传统的过程中，注重发挥规章制度的作用。学校先后创新和制订各行政处室岗位责任制、教研组工作条例、班级建设条例、学生课外活动章程、学生奖励办法、优秀学生辅导办法等 20 多项规章制度，使教师在教学工作中既能发挥自觉性、主动性，又可以遵循各项管理制度，使其在教学工作中发挥自觉性、主动性。

1979 年 10 月，政教处制定《对于班主任抓好学生学习的几点要求》，工会、教工团支部制定《爱生基本要求》。1980 年，学校制定《班主任工作职责》。规定：在日常学习、生活中培养学生树立共产主义理想和勤奋学习、遵纪守法、文明礼貌、团结友爱等风尚，做有理想、有道德、有文化、有纪律的一代新人。抓好学生学习质量的提高。组织任课教师研究制定提高本班学生学习质量的措施。经常检查学生牢固掌握基础知识、基本技能和综合运用知识的能力，引导学生努力学好各门功课。组织好学生的生产劳动教育、勤工俭学等。关心学生的课外活动，培养学生学科学、爱科学、用科学的风尚。关心学生的生活和健康，指导学生积极开展群众性文体活动。配合体育教师和保健医生上好体育课、课间操、眼睛保健操和课外体育锻炼活动，培养学生养成良好的卫生习惯。指导班委会的工作，关心指导学生的课外、校外生活，支持、帮助本班共青团、少先队组织，搞好思想建设和组织建设。

1983 年，学校制定《教师岗位责任制》和《教师岗位责任制暂行纲要》，明确教师应具备的基本条件。政治思想方面：热爱祖国，热爱社会主义，积极参加政治学习，勇于发表自己的观点，要求每位教师三年内学完《实践论》《矛盾论》《辩证唯物主义》。教学业务方面：担任初中教学的必须达到大专毕业水平或同等学力；担任高中教学，必须达到大学本科毕业水平或同等学力；凡不具备上述条件的人要求在 1—3 年内脱产或在职进修。有的同志虽不具备以上学历，但经多年教学实践，教学效果较好，实际已具备大专、大本水平，学校承认实际业务水平。教育理论方面：具备教育学、心理学、教学法的基础理论知识，通晓教育教学基本原则和方法，要求三年内学完《教育心理学》等专著及学校指定材料。教师任课量按照当时市教育局制定的重点中学教师编制标准，即每班平均配备 3.3 位教师。

1983 年，学校制定《教师公约》《职工公约》和年级组长工作职责。要求年级组长在政教处领导下，负责本年级的班主任、学生组织教育和管理工作。具体职责是协助政教处组织实施学期工作计划；召集本年级全体班主任或任课教师会，指导班主任开展工作，组织好班主任的业务理论学习，协调全年级班主任工作；组织、调配各班班委和年级学生干部，帮助学生提高自治水平；组织、召开年级学生大会，开展爱国主义和组织纪律诸方面的教育；了解优秀学生和表现较差学生的情况，向政教处提出奖惩意见；协助共青团、少先队搞好思想建设和组织建设，协助体育学科、总务处开展好本年级的体育卫生工作；了解本年级学生对各科教学的意见和建议；学期末搞好本年级的"三好"评比工作及学生的操行评定工作。

1984 年，南开中学按照市委、市政府转发的《当前教育改革的意见》精神，结合学校实际情况深化改革，制定奖惩办法。（一）奖励：教职工在一学期中做出成绩，取得成果，除精神鼓励外，根据不同情况，设成果奖、先进奖、岗位津贴、兼职津贴和超量津贴。（二）惩罚：1. 教职工对学校集体讨论决定分配的任务或校内工作安排调动，无正当理由不服从者，不遵守国家法令者，不发岗位津贴和奖金。2. 旷职者不发当月的岗位津贴和奖金，并按旷职天数扣发工资。3. 教职工体罚或变相体罚学生，停发当月岗位津贴和奖金。并视情节轻重和认识程度，给予必要的行政处分。4. 未经领导同意，不得在校外兼课。如有发现，停发岗位津贴和奖金。同意搞协作关系的除付本人报酬外，学校按一定比例提成，纳入校长基金。

上述制度的建立和实施，确保了南开中学的教师队伍建设高起点、高起步、高水平，确保了教师在学校主体地位的发挥。在杨志行担任校长期间，学校制定的各项规章制度充分体现了杨志行的办学思路，突出了南开基础教育特色，并取得了显著成绩。

三、尝试改革创新

杨志行认为，教学是学校教育学生的基本形式，也是贯彻教育方针的基本途径，不认真改革教学，教育方针就不能落实。在杨志行的主持下，南开中学在教学方面试行改革，从 1979 年新学期开始，参加试行教育部推荐的《数学实验教材》。由教育部组织的该项教材，在北京、天津、上海、广州选择 9 个学生班开展实验，进行两轮课题研究。新教材体现高难度、高速度原则，注重通法通则，培养学生论证和逻辑思维能力及抽象能力和空间想象能力。同年，学校还引进美国加强口语训练的教材和上海高中统编教材中的理科教材，作为师生的参考。南开中学被确定为政治课改革试点学校，使用天津市统编的政治课新教材。

同年，南开中学对考试办法进行改进，达到为检查知识质量效果和调动学生积极性服务的目的。考试分为两类：一类为通常检查学生学习质量的测验，不记分；另一类为考察学生文化程度的考试，次数少些，但要记分，作为学习成绩。各科考试题目，着眼于复习和测验学生的基础知识、基本技能，也要有一定难度的题目，难度较大的题目所占的分数，可占 10% 左右。考试形式应适合各科特点，文史科和政治应有一定量理论联系实际、培养学生思考和分析问题能力的题目，或是填图、列表等题目。外语、语文应有口试，使用工具书训练等题目。数理化生应有测量、实验、现场操作等题目。在考试方面还要改进按平均分数评定成绩的办法。如学生学习成绩不断进步，即以最后一次最高的成绩作为考试成绩。如最后一次考试不如以前的，可将几次成绩平均作为考试成绩。

1980 年 1 月 3 日，杨志行赴北京参加全国教育工作会议。会后，南开中学的教学改革全面展开。杨志行反复强调端正教学思想，组织教师学习和发扬孔子的"学、思、习、行""因材施教""循循善诱""诲人不倦"，荀子的"闻、见、知、行"，《学记》中的"教学相长"等思想，以及苏联和美国学者的教育教学思想。引导教师摆脱传统教学中消极因素的束缚，克服单纯讲授知识、"满堂灌"、将学生置于被动地位的教学模式。

学校先后在语文、数学、外语等主要学科拟定提高教学质量的试行意见，尝试教育改革，具体措施归纳为五个方面。

一是从初一年级和高一年级抓起，开齐开足各门课程和课时，适当提高语文、外语、数学、物理和化学的教学标准。语文以统编教材为主，在高中和初中各年级增加若干篇补充文章，初中阶段给学生打好现代文的基础，高中阶段集中力量提高阅读文言文的能力。同时在高中和初中都增加写作练习，初中阶段注意培养学生的口头表达能力。外语适当增加补充教材和单词量，初中安排外语造句训练，高中进行外语作文训练。初中数学以统编教材为主，适当补充新的内容或实验教材。物理、化学、生物等学科针对学生实验水平低、动手能力差的缺陷，增加教学演示和分组实验，创造条件让学生课外时间到实验室做实验。

二是开设选修课，开展课外活动。学校开设选修课 20 余种，还组织学生开展学术、科技、文体等方面课外活动，成立几十个跨年级的课外活动小组。学校贯彻因材施教的思路，探讨在实行班级授课制、面向全体学生的前提下使尖子生得到培养的途径。选学课与课外小组不同，系统地教授一些知识。另外，高初中开设适应计算机使用的 Basic 语言。在讲授方法上，采取启发学生自己动脑进行探究性思考，培养学生亲自观察、亲手操作，使学生养成自己归纳、概括、总结的习惯。鼓励学生提问质疑，给学生创造条件自行设计实验方案。参加选学课由学生自愿报名，由教师择优确定。执行严格的考勤考核制度。

三是引导教师改进教学方法，提高教学质量和工作效率。主张提高每个单位教学时间的效率，要求教师从学生的实际出发进行教学改革。学校还要求每位教师认真分析研究学习成绩好、中、差三类学生各五六名，分析其学习基础、学习态度、学习方法、学习潜力、兴趣爱好以及主要学习障碍和家庭环境等方面的情况，通过典型分析，找出不同类型学生的学习规律，给予分类指导。强调发挥教师和学生两个积极性，学校对于考试内容和方式也进行改革实验，语文、外语增加口试，物理、化学和生物增加实验操作的考核。

四是加强体育和美育。体育教师严格按教学大纲要求进行教学活动，班主任主动配合组织学生参加体育达标锻炼，开展各项课外体育活动。招考新生时，学校自行加试体育考核项目，体育不及格不能升级。成立全校性体育领导小组，定期商讨体育工作。加强音乐、美术学科建设，指导教师提高课堂教学质量。成立器乐、合唱、美术、戏曲等多种课外小组，定期举办书法、美术作品展览。

五是重视劳动技术教育。本着生产劳动与公益劳动相结合，培养劳动观点与学习劳动技术相结合，校内与校外相结合的原则，安排好劳动技术课。校办工厂要办成对学生进行劳动教育的基地。学生无论是参加由政教处安排的校办工厂劳动和农业劳动，还是参加由政教处协助共青团、学生会、少先队安排的公益劳动，都要劳动前有动员，劳动中有讲课和操作实践，劳动后有鉴定和考核，劳动成绩装入学生档案，作为升学和毕业的一项依据。

1982 年，学校总结了通过研究学生来做好学生培养教育工作的经验，组织教职工学习贯彻十一届三中全会后党和国家的方针政策，特别是学习贯彻邓小平同志"教育要面向现代化，面向世界，面向未来"的重要指示和《中共中央关于教育体制改革的决定》，教育改革使南开中学的教育质量整体大幅度提升。

1983 年 8 月，在南开区教育系统开展的"巩固率、及格率、优秀率、升学率"评比活动中，南开中学高中、初中均获得全优，受到表彰。1984 年至 1985 年，学校改革传统的教学体系，坚持"四个一起抓"（德智体一起抓、好中差一起抓、文理科一起抓、课内外一起抓）。从课程设置、教学内容、教学方法、教学手段到课外活动，都立足于打好基础，着眼于培养能力、发展智力，特别是自学能力和兴趣、特长都要得到发展。在课程设置方面，把计算机列为工具课之一。在教学内容、方法和手段方面，坚持高标准、高效率、高质量的教学要求，在一些章节进行适当加深。培养学生具有科学素质、创造才能。引导教师树立新的教学质量观，以少、精、活为教学指导原则，促使教师在教材、教法改革上找出路，本着教学有诀、教无定法的精神，发挥聪明才智。

四、加强理论学习，促进教师队伍建设

1981 年以来，随着教育改革的不断深入，南开中学领导班子认识到只有组织教师系统地学习国内外先进的教育理论和教育经验，才能不断端正教育思想，树立正确的教学观和质量观，推动教育教学改革发展。杨志行指出，要学习当代世界上各教育思想流派适合我国需要的教育主张。这些理论都是力图克服旧教育思想的流弊，反映新的科学技术水平，有许多值得借鉴的地方。在加强教育理论学习研究的时候，要正确认识我国教育存在的失误和走过的弯路，它们毕竟是社会主义性质的教育，经过长期实践形成的这些经验、理论，应成为指导我们工作的基本理论。我们必须认真研究自己的经验理论。

杨志行提出学校要组织教师学习教育理论。一是提高教师学习自觉性，积极培养学习骨干；二是贯彻理论联系实际原则，努力做到"教、学、研三

结合"；三是建立必要的学习制度。为此，学校对理论学习做了具体安排：1981 年，要求研究各科知识结构和改进教法，本学年要突出学习《布鲁纳的课程论初探》《赞可夫的教学思想》、教育学广播讲座《教育过程的特点》。以学科组或年级备课组为单位安排学习讨论。学校举办两次学术讨论会。1983 年，提出年内学完《教育学参考资料》《试论学习的认识过程》（胡克英）、《巴班斯基论十大教学原则》（王义高）、《青年学生思想政治教育过程的规律》（曹德聪）、《现代领导艺术》（刘吉）、《论学习的科学管理》（齐亮祖）、《学校管理的原则和方法》（陈存彬）。1984 年 8 月前，教育理论学完《教育心理学》《和教师的谈话》《给教师的一百条建议》《教育学参考资料》。方法以自学为主，定期择专题集体讨论。学校还提出各阶段学习教育理论要达到的提高自身素质和指导工作的目标。

学校还组织教职工学习十一届三中全会后党和国家的各项方针政策，1983—1984 学年度安排学习《邓小平文选》，在通读的基础上重在要求学好与教育工作关系密切的《尊重知识，尊重人才》《在全国教育工作会议上的讲话》《关于科学和教育工作的几点意见》《教育战线的拨乱反正问题》等篇目。学校抓住一些主要问题，深入学习，组织以学科、处室为单位或全校性的讨论会。通过认真学习，教职工解放思想，要求进步，积极性真正调动起来。

1983 年 3 月，学校制定《教研组建设的条件》，规定教研组是学校学科基层教研组织，是有共同奋斗目标、有核心骨干、有工作纪律的教师集体。各学科的教研组是教学研究组，也是开展教育理论学习，培训、提高教师的阵地。充分发挥教研组的作用，对培养教师队伍，集中群众智慧，提高教学质量起着重要作用。学校规定的教研组的具体工作任务包括：推动日常教学工作，进行教改实验，安排组织教育理论学习，开展业务进修，提高教师水平。

1984 年，学校总结和推荐"教、学、研三结合"的工作方法，即教学实践、学习理论和教学研究相结合，是推动教学改革的好方法。在教学改革过程中，教师把工作中的研究专题和学习理论、教学实践结合起来，打破过去一谈教学研究就仅局限于搞几节研究课的框框。教学研究和学习教育理论结合，既深化教学研究的内容，开阔研究的思路，也有利于更深刻地掌握教育教学规律。

有计划、有目标，深入持久的理论学习，促进了南开中学教师队伍理论水平的整体提高，教职员们在学习理论过程中理论联系实际，用学到的理论指导教学实践，总结教育经验，使学校在经验总结和理论研究方面取得一定成果。

第四节　树立人生楷模，放大南开特色

建立以周恩来为人生楷模的德育教育基地 / 制定学习周恩来精神的各项具体措施 / 邓颖超视察学校并发表重要讲话 / 学习邓颖超讲话与把学习周恩来活动引向深入 / 南开精神与南开德育

一、建立以周恩来为人生楷模的德育教育基地

周恩来为国家和民族利益无私奉献、鞠躬尽瘁的爱国主义情操，为中华之崛起而读书的崇高境界，艰苦朴素的优良作风以及善于团结、以诚待人的礼仪风范，成为后世敬仰、效仿、学习的榜样。但是对南开中学来说，周恩来是伟人，又是"南开最好的学生"。所以，以周恩来为人生楷模，向周恩来学习，就成为南开中学德育教育的主线和特色之一。学校采取各种形式，组织学生开展经常性活动，宣传周恩来的思想理论、人格魅力、精神风范、品德作风，将学习和发扬周恩来精神作为南开学生前进的明灯。20世纪 70 年代末，学校筹备建立以周恩来为人生楷模的南开德育基地，开辟"周恩来同志青年时代在津革命活动纪念馆"，建立周恩来在校宿舍纪念室，缅怀周恩来的丰功伟绩。

1978 年 3 月 5 日，周恩来总理诞辰 80 周年之际，设在东楼的"周恩来同志青年时代在津革命活动纪念馆"正式开馆。全国人大常委会委员长叶剑英为该馆题写馆名。纪念馆占地 1386 平方米，馆舍建筑面积 960 平方米，复原陈列有东四讲室和理化讲室，是当年周恩来上课的教室和开展社会活动的场所。整个陈列内容分为中学时代、留学日本、五四时期、旅居欧洲 4 个

部分，展出历史图片、实物、文献 400 余件。该馆建馆 20 年间共接待观众 200 万人次。直至 1998 年 2 月 28 日，在纪念周恩来百年诞辰之际，中共天津市委、市人民政府经报请中共中央批准在天津建立的"周恩来邓颖超纪念馆"开馆，设在南开中学的"周恩来同志青年时代在津革命活动纪念馆"即告完成历史使命。

1979 年，南开中学将周恩来在南开中学学习时住过的宿舍西斋平房二排 9 室辟为纪念室。周恩来在南开中学求学期间曾住过四排 3 室、二排 9 室两处宿舍，确定周恩来在校宿舍为纪念室，拉近了周恩来与学生的距离，使抽象的伟人周恩来还原为中学生周恩来，成为具象的学习榜样。每届新生入学时，学校都要组织新生参观周恩来在校宿舍纪念室，学习杰出校友周恩来的精神，缅怀周恩来总理的丰功伟绩。

学校确定以周恩来为人生楷模作为对学生进行德育教育的主线，随后开始创建"翔宇班"，后改为创建"周恩来班"。学校充分利用周恩来在南开中学求学时于各处留下的成长足迹：上课的教室、宿舍，体育锻炼的操场，毕业证存根、作文、作业等，构成学习周恩来的教育环境，使周恩来离学生很近，使周恩来成为贴近学生学习和生活的鲜活而具体的榜样。

二、制定学习周恩来精神的三项举措

南开中学积极创建以周恩来为人生楷模的学习教育基地，在奠定向周恩来学习的物质载体的同时，还从精神层面制定了三项举措。

一是，1979 年 1 月 8 日，南开中学党支部做出《关于学习周恩来中学时代学习精神的决定》，每年 3 月 5 日周恩来诞辰纪念日举行纪念活动。总结交流先进经验，表彰有贡献的教工和德智体全面发展的学生。恢复周恩来在校学习生活过的部分旧址，将周恩来住过的二排 9 室宿舍、演讲开会的场所思敏室等处设为学校荣誉室。在礼堂和学校南楼分别安放周恩来青年时期石膏像，在新楼门厅上竖立周总理 1957 年给学校来信的标语牌。通过编印《周恩来同志在南开学校》、参观"周恩来同志青年时代在津革命活动纪念馆"等教育在校师生。设立"荣誉室""周恩来班""光荣簿"，1984 年南开中学 80 周年校庆之际，制作 1000 枚"最高荣誉奖章"，凡对本校各项工

作做出突出业绩的教职员工、学生和校友，由校长授予南开最高荣誉奖章。学校教育学生学习周恩来"为中华之崛起而读书"的崇高理想，明确学习目的，为祖国建设而读书。为学校争得荣誉，各科学习成绩优异，为集体作出突出贡献的同学，由校长陪同在周恩来像下合影。语文课组织学生学习周恩来的诗词、文章。学校号召全体师生以周恩来为榜样，学习周恩来精神，为实现四个现代化贡献力量。

二是，自 1979 年起，学校在新生入学后集中开展学习周恩来的教育活动，并成为惯例。每学年新生入校后，发给每人一枚周恩来纪念章，一封周恩来 1957 年来信的影印件和《青年时期周恩来》一书。组织新生参观"周恩来同志青年时代在津革命活动纪念馆"，并作周恩来在校学习时的事迹报告，带领学生参观周恩来在校学习期间住过的宿舍。学生通过馆内大量照片和实物，感受周恩来学生时期的学习生活和其在天津从事革命事业的历史业绩。学校还组织新生学习《周恩来同志在南开学校》资料。该资料汇集周恩来学生时代的小故事，系统介绍青年周恩来在南开中学思想品德、学习、体育锻炼和社会工作方面奋进的真实生活。新生通过学习，不断提高思想觉悟和树立远大的共产主义理想信念。

三是，1979 年 3 月 5 日，南开中学隆重举行纪念周恩来诞辰 81 周年暨表彰先进大会。会议主席团成员为杨志行等 42 人。会上，学生会宣传部部长孙湘雯朗读《周恩来同志在南开学校》；副校长朱达宣布"先进教职员工""三好学生""三好先进集体"名单，共有 54 名教职员工、8 个"三好班集体"和 5 个争先进争上游班集体受到表彰，233 人获得"三好学生"的称号；特级教师孙养林代表教师发言；高一（5）班金超代表"三好学生"发言；校长、党支部书记杨志行讲话。此后学校确定，每年 3 月 5 日周恩来诞辰纪念日前后举行大会，简称"三五"表彰大会，旨在怀念周恩来总理，号召南开学子以周恩来为人生楷模，形成惯例。

周恩来是南开中学的杰出校友代表，是南开精神的具体形象。南开中学重视挖掘学校优良传统教育资源，从 20 世纪 80 年代开始，学校提出"学习周恩来为成人做准备"，包括知识准备、身体准备、价值观准备、文才准备、口才准备、能力准备、社会准备、人格准备。至此，全校师生学习周恩来的活动经年累月、如火如荼地开展起来。

三、把学习周恩来的活动引向深入

1981 年，南开中学针对社会上出现的"信念危机"，对学生加强共产主义理想信仰的思想政治教育。学校把共产主义思想教育、党的基本知识教育和向周恩来学习的革命传统教育结合起来，提出以周恩来为榜样。通过教育，学生中的积极分子在政治上积极要求进步，严格自我要求，紧密靠拢组织，提出入党申请。1981 年起，学校党支部陆续收到 200 余名学生的入党申请书，每学期为学生申请人安排 2—3 次党课，并组织开展专题讨论，党员教师主动深入到学生入党申请人中去做工作，与他们谈心，帮助他们进步。学校引导入党申请人把共产主义理想与日常学习、工作联系起来，从小处着眼，在日常学习和工作中提高思想觉悟，在学校组织的各项活动中经受锻炼和考验。学校不只是着眼于发展学生党员，而是通过发展学生党员启发教育和带动大多数学生认清方向，了解党的性质和任务，启发学生树立共产主义信念，在政治上选择正确的道路，自觉为"四化"建设做贡献。

1983 年 9 月 6 日，全国政协主席邓颖超专程来天津看望南开中学师生员工。上午 11 时 25 分，邓颖超在天津市委第一书记陈伟达、市人大常委会主任张再旺、市政协主席陈冰等陪同下步入瑞廷礼堂接见全校师生员工，受到师生员工的热烈欢迎。在长达 40 分钟的讲话中，八旬高龄的邓颖超赞扬南开中学提倡的"一主三自"精神，热切地希望青年"不仅要做四化的建设者"，而且要做"四化的骨干""四化的先锋队、突击手"，鼓励学生做到"身体好、学习好、工作好"，"有理想、有志气、有道德、有知识、有才干、有专长"。

在邓颖超视察南开中学后，南开中学党总支做出《关于贯彻落实邓颖超同志讲话精神的决定》。要求：（一）把邓颖超同志的讲话印发给全校师生员工，组织大家学习讨论。（二）作为一项传统教育措施，每年高、初中新生入校，在参观周恩来纪念馆的同时，学习邓颖超同志的讲话。（三）在向新生赠送"周恩来纪念章"、周恩来总理 1957 年来信影印卡片的同时，赠送邓颖超同志的讲话和照片。（四）按照邓颖超同志勉励同学们的要求，设立为"四化"做贡献的奖状或奖章，奖励在四个现代化建设中做出优异成绩或贡献的个人和集体，表彰"五讲四美三热爱"活动中的先进个人，并将他们的名字载入南开中学光荣簿。

《关于贯彻落实邓颖超同志讲话精神的决定》的做出与贯彻执行，标志着南开中学自1978年开展的以周恩来为人生楷模的德育教育上升到新的层次。学校用这一有利时机，引导学生把邓颖超的讲话精神落实到实际行动中。用每周升旗仪式半小时的时间，由各班学生代表轮流在全校师生面前谈学习周恩来的体会，谈理想和对一些具体问题的看法。在班会、团队活动和课外活动期间，学校组织学生用写演讲稿、手抄报、墙报的形式学习周恩来精神，达到自我教育的目的。学校还进一步提出以周恩来为榜样，像周恩来那样学习，像周恩来那样全心全意为人民服务，像周恩来那样对党的事业忠心耿耿。

南开中学以学习周恩来革命精神为主线，以对学生进行共产主义教育为重点的南开特色德育。坚持把学习和继承周恩来的伟大思想、忠于祖国和人民的高尚品质、坚定勇敢的革命精神作为德育的主要内容并形成制度。通过向周恩来学习，使学生树立正确的人生目标，树立远大革命理想、共产主义人生观和世界观。

四、传承南开精神是南开德育的重要组成部分

爱国主义是南开教育的灵魂。南开中学自创办起，就与中华民族的命运紧密相连，与中国近现代教育的变革紧密相连。百余年来，南开中学秉承爱国、敬业、创新、乐群的南开精神，倡导学有所长、全面发展的办学理念，在中国革命、社会主义建设和改革开放的各个时期，务实求真，育人教书，奉献社会。

1978年，随着社会形势的变化，南开中学注意了解不同层次、不同年龄的学生在不同时期思想和心理上的变化特点，积极开展思想政治教育。教师通过与学生谈话，看学生的板报、手抄报、周记、作文、政治课作业和思想汇报等途径了解学生，针对学生对当前国内外形势了解不深、对党和政府方针政策理解偏差等问题，对学生进行形势教育和国情教育。学校领导认真

备课，每月利用一次校会的时间给学生讲解有关方面形势，做到时间和教育内容的两落实。学校根据教材的内容，在各年级的政治课教学中，每学期安排10课时的形势教育内容。组织学生通过开展读报、评报活动使学生自觉受到教育。学校邀请吉鸿昌烈士的女儿吉瑞芝以及归侨教师给学生作报告，组织学生到儿童福利院和天津新港参观。发动学生通过调查比较居民家庭生活的变化，了解改革开放后国家建设事业和人民生活水平的提高。在国情教育中，学校坚持实事求是，正面教育，以理服人，围绕"只有社会主义才能救中国""只有社会主义才能发展中国"等问题，组织开展班会、演讲、座谈、黑板报等活动。

1979年，学校结合政治课的教学内容，按照学生不同阶段年龄、心理与生理特征，实行思想品德教育系列化。学校以周恩来在校的事迹为主要教育内容，就不同阶段学生思想品德教育的形式和内容进行探索和研究。初一年级，侧重进行集体主义教育，做好中小学的衔接。初二年级，侧重进行法制教育，落实好少年向青年初期过渡的青春期教育，增强学生的自觉意识。高一年级，重点进行人生观教育，强化学生的集体主义精神，形成良好的自觉意识和严谨的自学习惯和自治能力。高二年级，运用辩证唯物主义观点，教育学生树立正确的人生观和世界观，按自觉、自学、自治的精神严格要求学生。初三年级和高三年级，主要是进行毕业前的职业理想教育。几个阶段互相呼应，互为补充。各阶段、各层次的思想品德教育都注意使理想教育与纪律教育相结合，理想教育与劳动教育相结合，逐步树立学生正确的人生观和理想信念。初二年级组长钱炳宁针对初二易变的特点、加强思想教育工作的几点做法的论文在南开区中学政教、班主任、政治课研究会第二届年会上宣读。

南开中学从学生实际出发，加强理想、法制、劳动和纪律教育，坚持社会主义道路和坚持党的领导的教育。学校还在政治、历史、地理、语文等学科的教学中，利用教材内容开展形式多样的爱国主义教育。历史课上，教师向学生介绍百年来天津遭受帝国主义侵略的史实，编辑课外刊物《历史导报》，发动学生查阅资料，对《爱国主义是社会主义的巨大精神财富》一文中出现的80多位历史人物进行简介并连载在学校板报上；学校组织学生进行社会调查，了解家庭在新中国成立前后政治、经济方面的变化，体会社会主义制度的优越性；举办历史专题讲座，让学生了解新中国成立前南开中学地下党组织坚持斗争的历史和新中国成立后天津的巨变；组织召开"社会主义好""祖国颂""没有共产党就没有新中国"演讲会和主题班会，提升学生分析问题的能力、组织材料和口头表达的能力。开展"纪念鸦片战争150周年知识竞赛"，以增强学生对历史、对党、对社会主义的认识。组织观看《群芳谱》《都市四重奏》等影片及开展影评活动，引导学生提高辨别是非的能力。

1980年9月，南开中学注重加强对于学习尖子生的思想政治教育。鉴于高中部招生开始在全市范围内择优录取，招进来的学生普遍文化素养好，求知欲旺盛，上进心强，一些尖子生思想灵活，学习效率高，学校因材施教，对尖子生开展实验性教育，把加强思想政治教育作为重要的举措。学校注重在尖子生中开展"学习周恩来，过好中学生活"的活动，教育学生要像周恩来那样为了中华之崛起而读书。对少数尖子生忽视政治学习等问题，给予及时的教育引导，对思想上表现好、学习上取得优异成绩的，给予表扬和一定奖励。对于取得突出成绩的，授予"周恩来奖章"，登入全校学生光荣簿。学校在思想政治方面对尖子生严格要求，对其缺点和错误从不迁就容忍，有时校长亲自找他们谈话，做深入细致的思想工作。尖子生思想觉悟的提高影响到其他学生，很多学生受到启发，政治上积极要求进步。

1983年10月，为纪念南开中学80周年华诞，南开中学1960届校友、时任地质矿产部副部长温家宝撰文《南开精神　永放光芒》，对如何继承和发扬南开精神进行了总结和阐述，他在文中写道：

　　南开精神首先是革命精神。南开中学具有光荣的革命传统。敬爱的周总理早年在南开的革命活动，马骏等许多革命先烈的事迹，我们为母校曾经培育过这样多的无产阶级革命家而感到自豪。解放以后，在党的领导下，南开中学是十分重视德育的。学校的共青团组织充分发挥了团结、教育青年的作用，在青年学生中有很高的威信。我清楚地记得，在中学学习期间，我们许多同学不仅努力学习文化知识，而且重视学习马列和毛主席著作，关心时事政治，追求进步。可以说，中学时期是我树立共产主义理想和革命人生观的重要时期。这个时期在南开中学所接受的思想教育，为以后参加革命工作打下了良好的基础。

南开精神是严谨的治学和刻苦的学习精神。南开的教学质量一直是比较高的。南开中学有很多具有渊博学识和丰富教学经验的老教师，也有不少解放后培养的又红又专的中青年教师，他们那种一丝不苟的治学精神和兢兢业业的工作作风给我留下了难以磨灭的印象。南开中学的学生学习是很努力的，学校要求也是非常严格的。南开中学不仅给我们打下了良好的文化基础，而且培养了我们分析、解决问题的能力。这些知识和技能至今在工作岗位上都还离不开。

南开精神是朝气蓬勃的精神。南开中学的课余生活是丰富多彩、生动活泼的。学校非常重视体育。田径、篮球、棒球、火棒操等体育活动发展得很普遍，常常在全市中学比赛中名列前茅。在团组织和学生会的领导下，学校有各种科技、文艺社团，如航模社、话剧队、合唱团等。周末有社团活动，学期有汇报演出。通过这些活动，使学生增强体魄，丰富知识，活跃生活，陶冶情操。

我的母校已经走过了八十年的历程。她不仅为国家培育了数以万计的各方面的人才，而且在办学中形成了一种精神——革命的、科学的、朝气蓬勃的精神。这是在党的领导下，新型的社会主义学校所应具有的精神。

第五节　培养"三自"能力，回归德智体全面发展

形成新时期南开德育特色 / 强化能力教育，继承和发扬南开特色智育 / 弘扬南开体育的优良传统 / 社团活动的恢复与制度化、常规化发展 / 坚持素质教育，重返在全国基础教育领域的领先地位

一、构建南开特色的德育教育模式

南开中学坚持使学生德、智、体全面发展的方针，致力于对学生的素质教育。以德育为首位，以教学为中心，以体育为载体，三者同步和谐，构建素质教育模式。学校坚持经常的学生思想教育，促使学生的觉悟和综合素

质显著提高。学校注重弘扬南开体育传统，认真抓好体育教学，积极开展群众体育活动，通过竞赛培育学生的体育精神。学校注重开展形式多样的社团活动，让学生通过课外实践锻炼组织能力，培养专业兴趣。学校把学生参加农业生产劳动和军训作为制度，经常结合课程组织学生参加各种社会实践活动。

1981 年，杨志行强调，必须坚持坚定正确的政治方向，办社会主义学校，培养为社会主义建设服务的人才，始终重视抓好德育工作。要依据德育大纲，按照培养目标的要求，确定各年级学生思想政治教育要点，同时结合学生思想实际，突出学校革命传统优势，形成由浅入深的、分层次成系列的德育工作体系。

这一时期南开中学德育工作基本形成自己的特点，表现为四个方面：一是坚持一贯把德育摆在首位。抓德育有健全的领导体制，有优良的德育师资队伍，有时间和经费保证。二是德育内容突出时代特征。做到学习内容系列化，教育活动制度化，教育形式多样化、环境化。三是教育方法重视主体。强调在学校干部和教师的主导作用下，让学生自己教育自己、自己管理自己。围绕学校办学指导思想，把施教基点放在教学班、落实到学生身上。充分发挥学生干部的作用，发动学生做群众性思想工作。四是教育途径内外结合。根据学校的工作思路，科学安排校内、校外活动，使学校内外教育并重而又相互结合。教育活动以学校为主阵地，以课堂教学为主渠道，以政治课教学为主学科，不断优化学校德育环境。同时重视开发和利用课外德育资源，实行学校、家庭和社会教育三结合。

1982 年 5 月，南开中学制定《天津市南开中学生产劳动课教学大纲》，强调在劳动中对学生进行思想教育。学校对学生劳动提高要求，严格管理，在劳动期间工人师傅和班主任教师共同对学生进行"四讲""三严""二评"和"一奖"教育活动。"四讲"即结合工农生产公益劳动内容及校办工厂的产品价值，讲个人劳动与社会发展的意义；结合校办工厂、农村的发展及学校建设讲艰苦奋斗的优良作风；结合工人农民在平凡劳动中的高尚品质，讲劳动光荣；结合劳动成果的来之不易讲勤俭节约、爱护公物。"三严"即严格劳动管理，劳动前要分工明确，安排具体，劳动中要有检查，每日劳动后要有记录；严格劳动纪律，班前要讲安全，班中注意安全，做到安全生产；班主任要与工人师傅共同对学生进行教育，并能自觉严格要求自己，以身作则参加劳动，为学生作出表率。"二评"即每日一小评，班后要及时表扬好人好事，批评不良倾向；周末劳动后要进行总评，个人作总结，小组评议，教师与工人师傅作鉴定。"一奖"即在总评的基础上评选出"劳动积极分子"和劳动先进班集体，以资鼓励。每学期表扬奖励先进个人，与先进班集体和全校"三好学生"表扬同时进行。《大纲》具体规定各个年级劳动内容和劳动时间，根据学生年龄、体力安排清扫校园、修整操场、整理图书、油漆栏杆、铺设路面、房屋刷浆、绿化植物、管理花木等服务性劳动。

1983 年开始，学校在不同年级开设不同内容的生产技术课。对参加劳动的学生，学校每学期安排 6 节生产技术课，一月两次课，每次两课时，全年 12 课时。初二年级以木工劳动为主，高一年级以机加工为主，高二年级以化工、电子为主。生产技术以课堂教学的形式，安排专业人员讲解，结合实物边讲边看边做。例如在讲授车床构造的课堂上，教师把学生 10 人分为一组，对车床的型号、牌名、床体、动力、传动、主轴、变速箱、卡头、刀架、开关及操作规程进行一一讲解，学生边听边看，引起劳动兴趣。学校设置生产教育处加强对学生的劳动教育和管理，制定评比、奖励、批评、小结等管理制度，保证劳动教育各项要求的落实。学生通过力所能及的劳动，不仅培养劳动能力、增强集体荣誉感，而且逐步养成爱劳动的良好习惯，树立自觉的劳动态度，培养劳动人民的感情。

二、继承和发扬具有南开特点的智育教育

南开中学继承和发扬优良的办学传统，以教学作为教育学生的基本形式和贯彻教育方针的基本途径。教学的基本要求是，依据大纲，抓住教材，深挖内涵，适当外延。在端正教学思想的同时，有计划有步骤地开展改革，引导教师改进教学方法。学校始终认真抓好教学管理，把教学管理看成是一门科学，改革不适应的管理体制使其科学化。同时，把开展课外活动作为教育教学工作的一部分，课内打基础，课外发展兴趣和志趣，课内外相结合培育人才。

南开中学在修订学校工作规划纲要时明确规定智育工作的主要指标。要求以教学大纲为主，使学生不但掌握基础知识、基本技能，而且发展智力、培养能力，培养优良的情感、意志、性格。对于主要学科的要求是：（一）数学、物理、化学、生物，要掌握教学大纲所要求的内容，培养学生逻辑思维能力、空间想象力、辩证唯物主义观点、解题能力，解题要准确、迅速、规范、灵活。理、化、生要特别注意培养学生的实验能力。（二）语文，通过中学六年培养，使学生具有较高的阅读与写作能力，初中阶段基本掌握现代文，高中一、二年级着重培养文言文的阅读能力，高三语文改为选修。学生毕业后升入大学的，可以轻松学习大学一年级语文；参加一般工作的，能够基本满足工作需要。（三）外语，通过六年培养使学生掌握 4000 单词和基本语法知识，具备阅读一般文艺书籍的能力，能用外文写短文、日记、书信。升入大学的不再进修第一外语。（四）其他各学科，要参照教学大纲，分初、高中两大阶段订出主要要求，分年级订出落实的措施。

1980 年，化学学科教师认真研究在教学中调动学生学习主动性的方法和途径，逐步摸索出边讲、边实验、边讨论的"三边教学法"。把验证实验变为探索性实验，把注入式教学变为启发式教学，使学生从被动学习变为主动学习。化学学科教师还积累总结出"采用多种课型、培养学生学习能力"的经验，概括出"八种课型"等一套培养学生学习能力的经验，还有"引导探索课""四段教法课""自学课""实验设疑课"等，以适应不同教学内容、要求和教学对象，达到培养学生学习能力的目的。

1983 年，南开中学切实加强教学工作。在初中的数学、语文、外语等学科进行教学改革实验，高中的数学、语文、外语、物理、化学、生物等学科开设选修课，每个年级都开设劳动技术教育课，一些年级还开设职业技术教育课。

1979 年至 1986 年，南开中学教师孙养林受天津市委文教部委托承担的培育生物学尖子生尝试工作取得明显成效。该项试验性教学主要在生物选修课上进行，目的是为培养专业从事生物学工作的人才做准备。授课内容包括：生物学知识补缺，讲解细胞、植物动物的组织、植物的基本构造、无脊椎和脊椎动物与遗传等内容。让学生做试验，重点进行细胞、组织、根茎叶及一些动物的观察，要求观察后画简图。学习生物学相关的外语，除讲课时讲解的专业英语单词要求背诵、考试时要求默写外，选读从浅到深的英文生物专业的文章。1986年，该项工作结束，先后有15人考取与生物学相关的高等院校，其中7人获博士或硕士学位、4人出国深造。该项工作受到天津市委和市委文教部的肯定和鼓励。

1984年，南开中学将教学质量科学化管理作为教学工作的一项重要内容。学校领导认为，教学管理是一门科学，是提高教学质量的重要手段，是新的教学体系的重要组成部分。要求坚持以往行之有效的制度、规范，通过试点，摸索用计算机统计考试成绩的方法，将结果迅速传递给教师，便于及时调整教学。经过努力，实现在毕业班级采用计算机进行统计分析，一方面是手段的改变，更主要的是认识上的转变、教学思想的转变。由于教学要由传统的封闭式转向现代的开放式，教学质量管理也要相应由汇报总结型转向指导服务型，是新的教学体系改革的一个重要组成部分，必须与教学改革的其他部分同步进行。

学校教务处在制定教学要求时，进一步确定尖子生的培养计划。要求培养尖子生在时间上要有保证，内容上要体现系统、提高、加深，人数要有所限制，一般地说，高中有10—20人，初中可略多。对尖子生的培养要有考核，要指定辅导教师，各学科要确定培养项目，并有一名组长专门抓这项工作，要把尖子学生的培养纳入课表，定为选修课。

在尖子生培养计划的带动下，南开中学制定措施激励学习成绩优秀学生。（一）选修课，选编教材，每周2课时，有考勤、考核，并将考核成绩记入学籍簿。（二）提高班，按照大纲系统，就教材内容加深加宽的知识开展专题讲座，每周一次、2课时。（三）单兵教练，对于尖子生中的优秀者，教师指定自学资料，在免修课程时间，学生到资料室、阅览室自学，由教师个别辅导。（四）参加社团活动，培养学习兴趣和志向，促使学生个性得到发展，每周活动2次、每次2课时。（五）发给特需阅览证和图书借阅证。（六）开放实验室，提出实验项目，经教师许可后，学生可到实验室进行操作，要求写出实验报告或小论文。（七）课后练习和考试要求，要求学生不能满足一种解题方法，章节学习后要做小结，考试后进行试卷分析。（八）在全校推广成绩优秀学生的学习方法、经验和体会。对个别学习突出的学生，允许某门功课免修或提前毕业。1981 年，学校允许 12 名高二年级学生提前考大学，1 名 15 岁的学生考上中国科技大学少年班。绝大多数尖子学生在德智体诸方面得到发展，各科学习成绩优秀，在国内外竞赛中取得佳绩，高中毕业后全部考入重点大学。

南开中学每年都召集在高考中取得优异成绩的学生、学习方法有特色的学生、有经验可总结的学生座谈，让他们在离开母校前把好的学习方法留给母校。这些学生通过总结学习方法和习惯，从不同角度回答了中学生在学习实践中经常遇到的问题，对他们的好方法，经过筛选后汇集成经验文集《学习方法笔谈》，印制成册，发给在校的学生，供大家交流、参考，取得好效果。1982 年高考理工科第一名程诗秋等 4 名学生的经验还曾被天津人民广播电台采用。根据学科特点，注重提高学生的自学能力，使学生不但学会，而且会学，着力培育学生分析问题和解决问题的能力，是南开中学智育教学的重要特征。

南开中学在培养教育学生的过程中注重研究学生，学校总结了通过研究学生来做好学生培养教育工作的经验。教师们充分认识到研究学生是做好学生培养教育工作的一个重要途径，所以各学科都对研究学生的工作非常重视。在研究学生的过程中，教师选择 20% 左右的学生（包括好、中、差）建立研究学生的《学生学习卡片》，把学生从思想到知识的情况作为素材积累，作为教师研究学生的主要依据。在研究学生方面采取的办法主要有：采取面对面的谈话和辅导来进行了解。通过各种渠道积累素材，并建立学生的《学生学习卡片》，其中包括智力因素与非智力因素的内容，教师要对学生情况做到胸中有数，从中研究出学生的学习规律，进行有针对性的、有的放矢的帮助，提高他们的学习效率。在这个过程中要做到热情关怀、启发自觉、耐心诱导、具体帮助。

三、弘扬南开注重体育教育的优良传统

20 世纪 70 年代末至 80 年代，南开中学将体育卫生工作列为学校年度或学期行政计划的重要内容。1978 年，对体育工作的要求包括：培养学生自

觉锻炼身体的习惯，争取体育锻炼标准合格人数达到 40% 左右，并培养出成绩较好的运动队 2—3 个；提高学生保健知识水平，对女生进行妇女卫生知识教育，对男女生都要进行保护视力的教育。主要措施：体育课严格按照教学大纲教学，教师要备好课，教学目的明确；要上一定的军事课，进行军事教育；开展群众性体育活动，保证每个学生每天至少有一小时活动时间，每月由体育学科总结各班体育活动情况，作为评选优秀班集体和"三好学生"的条件之一；重点抓好篮球、女垒、乒乓、田径运动队，学期内争取接近或达到市级水平；卫生室要普查视力，对学生进行保护视力教育，培养典型，推广先进经验，逐步建立学生健康卡片，要指导师生预防多发病、常见病，指导师生改进环境卫生面貌，对教室、办公室、教师宿舍及临建房进行定期消毒。

1981 年，学校提出要面向全体学生，提高体育课教学质量，开展群众体育卫生活动，搞好新的体育锻炼标准，保护学生视力为重点，不断增进体育锻炼自觉性和健康水平。体育教学要严格备课制度，加强对所教学生身体素质和健康状况的调查研究，狠抓基础知识教学和基本技能、技术的训练，加强学生的组织纪律观念和锻炼顽强意志的培养，改进教学方法，采取有效措施，做到单元教材过关，使 75% 的学生做到体育动作正确，基础知识熟练，并学会用科学方法锻炼身体，有 80% 的学生体育课成绩达到优良，体育课及格率达到 98%，全部体育课达到市里的要求。开展群众性体育活动，学生每天活动基本达到一小时，认真提高广播操的质量，组织好课外体育活动，以新体育锻炼标准为重点，使学期达标率达到 60%—65%、年度达标率达到 70%—75%，年级组、班主任要密切配合。

1983 年 1 月，学校就《南开中学五年工作规划纲要（1980—1985）》提出修正补充方案，对体育工作提出明确的指标要求。（一）按照教学大纲要求，搞好体育课教学，继续搞好达标活动，学生达标率 90%，培养学生养成爱好体育的习惯，并且至少有一项体育爱好。开展好班级体育活动，在全校建立运动队、争取达到区级水平和市级水平、形成本校的代表性项目等方面，都有数量的要求。（二）保护学生视力，使近视率下降到一定百分比，提高学校环境卫生水平。（三）培养学生个人卫生习惯，衣帽整洁，刷牙、洗澡，个人带手绢。（四）培养学生正确、健康的审美观点。

1983年11月至1984年7月，南开中学开展"体育卫生优秀班级"评比活动。全校各班级、全体同学均参加评比。体育课、达标、视力、出勤、生长发育均被列为评比内容，并提出评比标准，同时对体育课优良率、达标率、全班视力不良患病率、全班视力不良新发病率、全班病假率、生长发育基本指数提出数据计算方法。针对评比奖励，规定凡符合五项指标要求的班级，学校授予体育卫生优秀班级证书，并作为评选优秀班集体的条件之一，登校光荣榜；凡个人符合体育成绩良好、达标及格、视力不减退、请假不超过5课时、生长发育不低于市颁标准的学生，发体育卫生优秀证书，并列为评选"三好学生"的条件之一；优秀班级的班主任，可作为评选优秀班主任条件之一。活动规定，两个学期期末都要有统计数据，第一学期初评，第二学期总评，并在全校大会表彰优秀班级和个人。

同期，南开中学建立健全体卫组织机构和指挥系统。在主管校长领导下，设立由教务、政教、总务、团队干部，以及校医、体育学科组长组成的体卫工作领导小组，由一名干部负责全面的日常体卫工作，各年级由年级组长负责，各班级由班主任和文体委员、生活委员负责，确保体卫工作一层抓一层、层层有人管。还在校长统一指挥下，实行全校、各年级、各班级工作一盘棋，统筹安排体卫工作。体卫工作领导小组按照学校的总体要求，制订工作计划，具体安排每一学期的工作，使体卫工作课表化。体卫组下设机构的工作人员，落实岗位责任制，其他相关行政部门，要积极配合开展相关工作。学校确保每个学生每天活动达到一小时，两课、两操、两活动正常开展。在学校"一主三自"办学方针的基础上，提出体卫工作"两自、两高、三多"的群体活动要求：各班在组织各项体育活动时，要做到"自治"，每个学生在参加体育锻炼时要做到"自觉"；课外活动的质量要高，广播操的质量要高；达标人数要多、竞赛活动要多、学生素质提高的人数要多。为此，学校将各年级课外活动以班级为单位，纳入每天第六节、第七节课进行安排，班主任老师不再跟班，由学生干部自行组织，体育教师负责指导，切实做到时间、内容、场地、器械、辅导教师五个落实。

南开中学提出"三化、四结合、三个为主"的方法，使学生课外体育活动的组织逐步制度化。"三化"是指活动时间课表化，基本上保证学生每天一小时的体育活动时间；组织活动形式多样化，以班级、年级和全校等组织形式进行活动，以社团、讲座、竞赛等方式开展活动；竞赛活动制度化，每年春季、秋季各举办一次田径运动会，此外还组织广播操、校操比赛，"三六杯"足球和排球班级年级赛，"五虎杯"篮球赛，冬季长跑等比赛，以及拔河、跳绳等小型多样的比赛。"四结合"是指群众体育活动与教学内容相结合、与达标测验相结合、与运动队训练相结合、与各项竞赛活动相结合。"三个为主"是指，开展活动以班级和个人活动为主，竞赛活动以学校传统项目为主，运动队训练以校代表队为主。学校体卫处负责设计体育活动时间，教务处负责安排，全校各部门协同保证落实。学校合理安排体育活动时间，确保学生每天有一小时体育锻炼，每个班级每周均安排三节体育课、二次集体活动、二次锻炼小组活动，每天坚持做广播操、眼睛保健操和校操。学校德育处、团委、体卫处还利用假期，有计划地组织学生参观、远足、爬山等体育活动。在此基础上，各班级成立篮球、足球、排球、田径等代表队，每年春秋两季的运动会参加比赛人数超过 1000 人。

　　由于学校常年积极开展群体活动，保证学生活动时间，实行严格科学的管理，学生的体质有明显的提高，学校体育锻炼标准合格率、优秀率逐年提高，在全市名列前茅。1980 年 9 月 4 日，为贯彻"两全三高"的要求，南开中学教务处、体育组制定《体育课课堂常规》。天津市教育局将该规定转发全市各中学。1980 年 11 月 27 日，《天津日报》报道南开中学重视学生体育锻炼的情况。1982 年 4 月 7—9 日，南开中学在南开区中小学春季田径运动会上荣获高中组团体总分第一名。1982 年 10 月，南开中学在南开区中小学秋季田径对抗赛中荣获高中组第一名。1983 年 1 月，在全校学生中开展"体育卫生优秀班级"评比活动，毕业班学生体育达标率为 91.3%（1980 年为 62%），连续居全市第一。1984 年 3 月 5 日，南开中学兴建体育馆，为提升体育教学水平进一步奠定物质基础。

四、社团活动回归健康轨道

　　1978 年以来，南开中学学生课外活动回归到健康的轨道。南开中学被确定为天津市首批示范学校和教育部重点中学后，面向全体学生，巩固和扩大原有学术社团。学生社团组织达到 31 个，参加各种社团活动的学生 600 余人。学校举办各科专题讲座，结合科技月开展"小论文""小发明创造"活动；对初三年级以上学生，课外开放理、化、生实验室，鼓励学生在课外实验中自拟方案、自由实验、独立学习，提高解决问题的能力。学校将课外活动时间"课表化"，使学生在课余时间有效利用第二课堂，自己管理自己，钻研、探索、创造的氛围贯穿于整个课外活动。学校从不满足社团活动的成果，为进一步提高社团和科技活动的辅导水平，杨志行还特邀天津市先进课外活动辅导员、九十八中学教师董志刚到南开中学传经送宝。

1982 年，教务处在全国科技活动先进单位表彰大会上发表《坚持课外活动的探索与改革》，撰写题为《让科技蓓蕾满校园》的文章，认为开展课外科技活动有利于培养青少年的科技兴趣和志趣，丰富知识，开发能力，有利于尽早发现和培养人才苗子。

1983 年，南开中学重视开展学生社团活动。恢复和扩大计算机、无线电、航模与气象等 25 个学生社团组织，全校三分之一的学生分别参加各种社团活动。

1984 年，南开中学制定《南开中学社团章程》，就社团建设和管理作出规定。（一）社团的性质：群众性、知识性、教育性。群众性，自愿参加、自觉组织、自学为主、自己管理；知识性，以一门基础科学、技术科学、人文科学、文艺、体育为主要活动内容；教育性，各项活动应达到一定的教育目的，发展学生的观察能力、思维能力和实际操作能力。同课堂教学相辅相成，发展个性和特长，培养社员有一定的创造精神。（二）社团的任务：结合各学科特点，开展各种形式内容的活动，培养学生对某一学科的兴趣和志向；丰富知识，扩大视野，社团活动内容可超出教学大纲，起点高、难度高、活动质量高；发现、培养一技之长的尖子，引导他们的个性健康发展；担负向社团以外的学生进行科学、文艺、体育方面的普及任务；社团应培养其成员自治自理、从事社会工作的能力。（三）社团组织结构设置：体现出打破班级界限、年级界限、师生界限、男女生界限的交往跨度；社团活动的多样性、社团管理的全面性、社团辅导的专业性、社团结构的交叉性，吸引众多学生，通过社团活动增进师生情、同学情，以保持社团成员的继起性、社团组织的延续性。

南开中学在整体高素养教育办学理念下，倡导学生自学、自治、自律，形成主动发展的体验教育机制，大批学生成为理科特长生、文科特长生、体育特长生、艺术特长生，学校亦是全国体育工作先进学校、艺术特色学校、全国现代教育技术实验学校、中央教科所科研基地，并有较高的专业水平。学校广泛开展课外活动社团、提高班、选学课、职业技术教育课、多种形式的课外科普活动，组织学生观看科教片、录像、幻灯，举办各种讲座、咨询活动和科技竞赛，开展小制作、小发明，设立科技板报专栏，组织科技书籍展阅指导。

学校注重对学生技法和鉴赏能力的培养，积极开展美术、书法等活动，在天津市、南开区举办的多次数理化竞赛、作文比赛、讲演比赛、科技小发明、小制作、小论文比赛中，南开中学学生获得好成绩。1983年起，每年第四季度开展"科技月"活动、"争做爱科学先进班级和爱科学青少年百分赛"。到20世纪80年代中期，学生的课外活动已经纳入到学校整个教育结构中。社团发扬和体现南开特色，处理好普及与提高、开发智力与培养能力、基础知识与科学技术的关系，成为对课堂教育的重要补充。参加社团和兴趣组人数1257人，占在校生总数的91%；社团总数与60年代持平，其中科技性社团数量快速增加，占社团总数的76%，参加社团人数达到494人，辅导教师47人。

五、教育教学质量大幅度提高

1980年至1983年，南开中学在落实第一个五年工作规划纲要的过程中，实现了教学质量大幅度提高。从高考的情况看，学生成绩更加突出。在高考的9个科目中，全校学生分科平均分数有三年是7—8个科目名列全市第一，四年间升学率为全市第一，学生升入重点大学的比例也是全市各学校中最高的。成绩突出的尖子生在全市高尖子生中所占比例很大。1982年和1983年两年间，全市共有高中毕业生95163人，高尖子生361人，高尖子生占全市高中毕业生总数的0.38%，而同期南开中学共有毕业生719人，高尖子生 150 人，高尖子生占全校高中毕业生总数的 20%，占全市高尖子生的 41.5%。

杨志行推行素质教育的思想非常明确。他一再强调，提高国民素质是基础教育的根本任务。必须改正那些助长应试教育思想泛滥、妨碍素质教育的做法，坚决执行党和国家教育方针政策和法规，严格按照课程计划开齐开足课程，不得随意搞过长的应考复习。必须禁止和取缔一切为追求升学率而办的补习班和出版的参考资料。要转变办学观念，按照教育规律办事，克服应试教育的影响，顶住来自各方面的障碍和压力。从学生身心成长实际出发，科学安排德、智、体各科教程，精讲教学内容，改进教学方法，运用行之有效的教学手段调动师生两个积极性，努力减轻学生负担。加强教育科研，推动教学改革。下大力量搞教改实验，培养先进典型，总结出高水平的数学和语文教学经验。努力提高学校领导和师资队伍素质。实施素质教育，校长和教师是关键。教育方针政策和现代教育理论应该是校长和教师的必修课程。加强社会宣传，形成全社会重视教育、关心教育的氛围。宣传实施素质教育的先进学校和人物，扩大素质教育影响，发挥正确的舆论导向作用。

南开中学坚持素质教育的一个重要举措就是倡导学生在日常学习生活中发扬"自觉、自治、自学"的精神，进而实行学生自主管理。培养"自觉"精神，使学生自觉地高标准严要求，自觉地从多方面锻炼和塑造自己，自觉地发扬主人翁精神，积极参加校内外的各项活动，积极进取，努力成为骨干，为学校争光；培养"自治"精神，使学生在日常生活中注重自我约束，自我管理，培养责任意识，提高管理和服务能力，乐善好群，遵纪守法，讲求公德，注重效率，努力成为对社会有所建树的人才；培养"自学"精神，使学生在自觉学习的同时，掌握科学的学习方法，不仅自己学习成绩好，还要会辅导他人，会寻求帮助，会借鉴工具，会解决难题。为此 1980年 10 月，南开中学制定《培养学生"自觉、自治、自学"的基本要求（试行方案)》，建立学生自我管理机制。1981 年，政教处按照全国《中学生守则》和《小学生守则》的要求，在学生中大力开展纪律品质教育和监督检查，认真推行学生守则。1982 年，政教处拟订《"三好""三自"优秀班集体条件》，规定凡被评为"三好""三自"优秀班集体的，在周恩来像前合影，成绩突出者给予全班记功。这些措施对培养学生的自觉性和自治、自学能力，形成良好习惯和学风，起到促进作用，收到显著成效。

1980年7月，南开中学应届毕业生484人全部参加高考，431人被大学录取，录取数占毕业生总数的88.5%，在全市重点中学中位居第一。其中，报考外地院校的学生占到升学人数的26.7%。

1981年8月18日，《天津日报》报道，15岁的南开中学高一学生苏恺，以478分的统考成绩考入中国科技大学，成为天津市第一位少年大学生。同年，生物教师孙养林辅导学生研制的"生物教学显微投影箱"获天津市第三届青少年科技作品一等奖。

1982年7月，南开中学高中毕业参加高考的学生362人。其中，被大专院校录取344人，占毕业生总数95%，为全市第一。3名考生分获天津市理工类高考第一名、第三名和外语第三名。高三年级评选出"三好学生"123人，市级"三好学生"69人，市级优秀学生干部4人。

1983年8月，南开中学学生高考总分600分以上的6名，高三毕业生9科平均成绩和重点大学升学率，均位列全市第一。高三年级评选出"三好学生"226人，市级"三好学生"63人，市级优秀学生干部13人。

1984年7月，天津市高等学校招生试行以考试为主、辅以推荐的方法。南开中学等11所中学与南开大学、天津大学、天津师范大学挂钩，由中学向大学推荐德智体一贯优秀的高中毕业生。被推荐的学生参加统一考试后，凡总分达到第一、第二批控制分数线者，录取时不受投档比例限制，优先提供档案，由三所大学审查录取。

这一时期的南开中学毕业生，是在改革开放后成长起来的新一代，具有鲜明的时代烙印。各届毕业生中科技人才辈出，成为在各条战线上奋发进取的骨干力量。学校通过深入落实两年整顿计划和第一个五年工作规划纲要，取得显著的成绩。不但把南开中学从"文革"的乱象中矫正过来，而且使南开中学的教育教学质量大幅度提高，恢复了南开中学作为全国重点中学在基础教育领域的领头地位，对全国的基础教育起到一定的示范作用。

1978年至1984年，是新中国成立后的南开中学非常重要的6年，特别是贯彻执行《南开中学五年工作规划纲要（1980—1985）》以后的4年更是举足轻重。在杨志行的主持下，《规划纲要》在办学要求、培养目标、各项工作的主要指标上都作了明确规定，形成了南开中学"两全三高，一主三自，三个建设，四个培养，一个形成"的办学思路。在此期间，杨志行坚持贯彻党的教育方针，坚持育人教书，坚持实施素质教育，坚持探索推进中国特色社会主义教育事业，为南开中学的发展、为新中国普教事业作出重要贡献。

《南开中学五年工作规划纲要（1980—1985）》为南开中学描绘了一幅可持续发展的美好蓝图，体现了新中国南开中学的办学理念，成功地实践了杨志行的教育思想。杨志行前后主政南开中学26年，从教60年，曾三进三出南开中学，这是他最后一次进南开中学执掌学校，是他教育生涯中非常重要的时段。杨志行在讲话和撰文中多次强调，在工作中坚持贯彻党和国家的教育方针，这种坚持不仅体现了杨志行作为共产党人所具有的坚强的党性，更成为杨志行多年从事教育工作的特点和亮点。

这份《规划纲要》中的办学思路体现了那个时期基础教育的共性特征，涵盖了对所有重点中学的工作要求，南开教育的个性化特征还可进一步凸显。杨志行之所以这样做，当是以当时的南开中学为操作平台，有意摸索对重点中学有普遍意义的办学思路，并非仅对南开中学有指导意义。其实，杨志行对如何继承南开传统有过深入的思考，早在1962年就曾肯定老南开中学在某些办学方法方面有吸取的价值。1980年的时候，囿于整个社会大环境的制约，尚在不断解放思想、深化认识的渐进过程中。

第十章　改革发展（1984—1994）

1985 年至 1994 年，杨志行提出的"两全三高""一主三自""三个建设""四个培养"等办学思路得到了其后历任校长的传承、完善和发展。

这一时期的教育实践证明，杨志行提出并初步实践的办学思路经过改革开放的历史检验，成为新时期中国基础教育的成功范例，不仅为南开中学的进一步发展奠定了基础，更为其后的历任校长的主政作为擘画了空间。

王淑玲、纪文郁长校期间，深入贯彻《中共中央关于教育体制改革的决定》，用改革激发办学活力，使改革成为其时南开中学各项工作的主旋律和南开教育的灵魂。可以说，改革使南开中学的教师队伍建设水平不断提升、教育教学水平迅速提升、学生质量大面积提升、学校硬件设施水平显著提升，实现了南开中学的快速发展。上述这些方面成为这一时期南开中学校史上的亮点，也是两位校长对历史做出的交代。

1987 年，南开中学着手进行学校教育管理体制的改革尝试，成立了高规格的南开中学咨询委员会第一届理事会。1984 年 3 月 5 日，南开中学建成历史上第一座体育馆。1989 年 9 月，新建的西楼交付使用。1989 年，南开中学被确定为天津市第一批整体改革试点校，实行校长负责制和教职工聘任制。1991 年，学校落地重修了北楼。1993 年，在经历了漫长的努力之后，南开中学大操场终获回归。

以改革为手段，搞活学校各项工作，积极争取资金，促进学校基本建设水平的提升，创造条件大力改善办学环境，成为这个时期的突出特点。尤其是大操场的回归，为以后南开中学的建设与发展提供了宝贵的空间。

第一节　秉承办学思路，改革激发活力

制定并实施第二个五年规划，用改革激发办学活力 / 成立南开中学咨询委员会，实行校长负责制、教职工聘任制 / 改革成为开拓发展南开教育的灵魂

1985 年至 1994 年，王淑玲、纪文郁先后担任南开中学校长，两任领导班子秉承杨志行提出的办学思路，提出"全面发展、学有特长、提高质量、办出特色、振兴南开、走向世界"的办学理念。制定出教育体系系列化、教学体制整体化、管理体制科学化的整体改革方案。

一、制定第二个五年规划，突出改革亮点

1985 年，在完成南开中学第一个五年规划的基础上，在时任校长王淑玲、党总支书记纪文郁的主持下，学校制定了第二个五年工作规划（1986—1990）。第二个五年规划提出根据《中共中央关于教育体制改革的决定》中的有关人才的要求，从教学体系、教育体系、管理体制进行全面的改革试验，进一步探索教育教学和管理的规律，积极努力把南开中学办成高质量、有特色、有良好校风和设备基本现代化的第一流的重点中学，面向世界，积极参加国际学校间的相互交流，使学校培养的学生成为适应对内搞活、对外开放的合格学生。

规划分为三个部分，即办学的基本要求和培养目标、为达到上述要求采取的主要措施、工作步骤。在第一部分办学的基本要求和培养目标中，对学校领导提出了"全面贯彻教育方针，处理好全面发展和培养个性的关系，使全体学生在德、智、体、美、劳动技术教育诸方面得到健康的发展"的要求；对领导和教员提出了"懂教育科学，按照教育规律办事，坚持把思想教育放在首位，并体现以教学为中心，进行教育、教学、管理的改革实验，使三者和谐发展，同步进行"的要求；对学生的培养提出了"应把学生培养成政治表现好、文化素质高、身心修养好的适应 21 世纪要求"的建设目标。

在为达到上述要求采取的主要措施中，提出：（一）改革政治课，将课外政治活动、团队工作与班主任工作紧密配合，形成统一的思想教育体系。通过对学生进行四项基本原则教育和革命传统教育，加强对班主任和学生干部队伍的培养，切实加强劳动教育，锻炼学生的"三自"能力，使学生树立正确的世界观、人生观、价值观。（二）改革有关教学体系，提出调整课程设置、教学内容引深加宽、考试方法三结合（口与笔、理论与实践、开与闭）、广泛开展课外活动。（三）进一步实现体育卫生的科学化。（四）完善物资设备，对图书、教育改革的现代化设备、基本建设提出建设目标。（五）加强师资队伍建设，进一步改善生活、工作条件。（六）健全管理体制和办事机构，明确提出实行党总支领导下的校长负责制，建立民主办校制度，办事机构人员要精干，进一步完善学校各类人员岗位责任制。

第二个五年规划突出了改革主题，使改革成为激发教职员工活力的原动力。该规划与第一个五年规划的框架基本一致，尤其是办学基本要求和培养目标方面高度相连。并适应时代发展要求，针对学校人才培养的更高目标，以及人员和机构管理中出现的问题，提出改革政治课、调整课程设置、引深加宽教学内容、体育卫生科学化，以及实行党总支领导下的校长负责制、民主办校、完善各类人员岗位责任制等。此外，该规划中提出培养"适应对内搞活、对外开放"的合格学生、"适应21世纪要求的建设者"等，体现出鲜明的时代特征。

二、实施第二个五年规划，用改革激发办学活力

按照第二个五年规划的要求，南开中学领导全面贯彻教育方针，处理好全面发展和培养个性的关系，使全体学生在德、智、体、美、劳动技术教育诸方面得到健康发展。领导和教职员深入学习教育科学，进行教育、教学、管理的改革实验，使三者和谐发展，同步进行。教育体系系列化、教学体系整体化、管理体制科学化的改革方案具体化，成为可实际操作的教育教学举措。

（一）在教育体系系列化方面，突出思想品德教育，开展政治课改革，并通过多种形式，形成德育工作网络。学校成立政治课改革领导小组，下设

教材教法改革组、考试内容和评定成绩研究组、探讨各科教学如何与政治课教学紧密配合科研组。改革教学内容，将教材内容与学生的思想实际相结合。改革教学形式，结合课堂教学，通过报告、宣讲会、讨论会等形式引导学生全面客观看问题。改革考试方法，采用口试与笔试相结合、开卷与闭卷相结合、理论学习与实际表现相结合的办法，由班主任、任课教师、学生评议打分。

针对不同年龄段学生，实行思想品德教育系列化。初一年级结合公民课，进行集体主义教育；初二年级针对青春期，进行《中学生守则》教育，加强对学生意志力、自治力的培养；高一年级侧重进行人生观教育；高二年级着重培养学生的世界观、人生观；初三、高三年级在强化"三自"教育的同时，引导学生在理想、信念、前途、目标，追求正确的人生观、幸福观和道德观上下功夫，培养高尚的道德情操和勤奋读书、振兴中华的献身精神。

切实加强劳动教育。结合学生发展和校办工厂实际，安排初二、高一、高二学生参加学工劳动。此外，初一年级参加建校劳动，初三、高三参加学农劳动。每学期劳动时间为一周。劳动期间，按学校自编劳动教育大纲和教材，对学生讲授2—4节技术课。此外，还利用节假日组织师生参加社会服务性劳动和咨询工作。

文、史、生物教学改革与政治课教学改革配套进行。高一、高二语文课与政治课教学相配合，组织学生走出校园，开展社会调查。历史则结合教材内容，规定了德育的侧重面。生物学科配合青春期教育，自编了教学纲目和教材，各年级的青春期教育纳入课表、进行考核。

（二）在教学体系整体化方面，更新教育观念，改革课程设置、教学内容、教学方法、教学手段、考试形式，开展课外活动和教学质量科学化管理。各学科在抓好常规教学的同时，积极慎重开展1—2项带有导向性的教学、研究、实验项目。学校依据教学大纲，抓住教材深挖内涵，适当外延，课堂教学遵循"最近发展区"的理论，做到有密度、有难度、有新意。

学校广泛开展课外活动，通过社团、提高班、选学课、职业技术教育课、多种形式的课外科普活动等，大力培养学生的兴趣与爱好，发展学生特长。在课外活动中，学校有针对性地培养尖子生。学校注重教学质量的科学管理，利用计算机统计分析考试成绩，教学质量管理由汇报总结型转为指导服务型。

（三）在管理体制科学化方面，建立管理系统，深化管理改革。学校建立管理学校的决策、执行、监督三大系统。由党总支与校长办公会议商议学校全局性的改革工作；健全办事机构，分工明确，各负其责，负责将校长办公会的决定按照工作系统进行落实；教代会参与审议学校的重大事项，监督工作方向。

学校深化管理体制改革，实施以量化为基本特征的教职工岗位责任制和评估，结合学校的经济力量和教工实际完成的工作量，兑现相应的经济待遇。同时，提出科学的质量要求标准和评估办法，将课堂教学检查、教案及学生作业批改情况的检查、学生各阶段考核成绩的分析、学生的反馈意见、教师工作态度五个方面情况，通过科学评定和计算分别转化为量，再进行综合评定，从而全面评价教师的教学工作。

三、成立咨询委员会，实行校长负责制、教职工聘任制

1987 年，南开中学进行学校教育管理体制的改革尝试。同年 9 月 9 日，天津市南开中学咨询委员会第一届理事会成立。会议通过《天津市南开中学咨询委员会章程》，推选全国政协副主席、全国工商联主席胡子昂，民进中央名誉主席、著名教育家叶圣陶，全国政协副主席、民革中央主席屈武为名誉理事长；全国政协常委、民盟中央副主席叶笃义，全国政协常委、民进中央副主席陈舜礼为名誉理事；选举天津市政协副主席、南开校友总会会长黄钰生为理事长；选举天津市人大常委会副主任、南开校友总会副会长杨坚白，全国政协委员、天津南开中学校友会理事长申泮文为副理事长；朱达为秘书长。

同年 12 月 30 日，南开中学咨询委员会正式筹建"南开中学发展基金"，决定增加理事和理事单位，聘请王金鼎、凌肇元为理事，天津市电子仪表局为理事单位、时其林为理事单位代表。1988 年 5 月，聘请中央人民广播电台夏青、南开区教育局张广洋为理事。1989 年 9 月 11 日，校长办公会通过《天津市南开中学发展基金会章程》。

这一改革尝试，由于社会改革开放程度和上级主管部门对南开中学改革的认知度不足，支持举措不力，使得南开中学咨询委员会第一届理事会仅举行了两次理事会会议，未能取得实质性的成效，第二次理事会提出筹建"南开中学发展基金"组织的倡议也未见实施。

上述挫折并未影响南开中学继续把改革推向深入。1989 年是南开中学第二个五年规划的第四个年头。当年 3 月，天津市人民政府批转市教育局《关于天津市中小学整体改革试点工作有关问题的请示》，确定天津市首批整体改革试点校名单，南开中学被列为第一所试点校。1989 年 5 月，南开中学实行校长负责制，天津市教育局任命南开中学党总支书记纪文郁兼任校长。此后五年里，通过加强领导班子和骨干队伍建设、实行教职工聘任制、提高师资队伍素质、开展教育教学研究、有计划地实行改革等方式，快速推进学校发展。

南开中学加强领导班子的制度建设，如议事制度、谈心制度、生活会制度、集体领导分工责任制等，还制定了干部兼课的规定。学校坚持依法治校，保证了工作的顺利进行。同时，学校抓住骨干，建立了以年级组、学科组和处室为单位，以党小组为核心的党、政、工、共青团和民盟的思想政治工作网络，制定了年级组长、学科组长、党小组长和各处室的工作职责，明确任务，分工合作。

1991 年，学校教师管理体制由学科组制改为年级组、学科组并存制度。同时，根据市人民政府津政发〔1989〕28 号文件精神，深入开展整体改革试验，实行校长负责制、教职工聘任制、结构工资制。学校继续实行岗位责任制，实行教职工工作考核评估办法，摸索建立了符合学校发展实际的教师、干部和职工的职称系列。一方面建立合理的教师队伍结构，结合实际，小学科以 1—2 名特级教师、大学科以 3—5 名特级教师为核心，明确老中青教师责任；另一方面，为了激发教师工作积极性，学校自筹资金，建立自身职称系列，注重既教书又担任班主任工作的教师。同时强调服从工作需要，鼓励教师挑重担。这一评定方式，打破了论资排辈的职称评定模式。在聘任过程中，对多数教师实行聘任制，受聘者浮动学校工资一级；对不能很好履职者做思想工作，改进不大的予以警告，仍无改进的改为预备聘任；进校三年的大学生和工作较差者实行预备聘任，预备聘任者浮动学校工资半级，成绩突出者可提前正式聘任，到期无进步者不予聘任。因编制所限，本人不能适应教学工作要求的少数人，不予聘任，安排其他工作。

改革推行后，学校筹资重奖工作业绩突出的个人和集体。1993年3月，学校对主管高、初中毕业班的聂炳骧、孙成湖给予2万元的奖励，对校办工厂给予1.5万元的奖励，由他们全权支配奖金，用于奖励有功人员。

此外，学校加强基础工作，开展教育教学研究。学校在培养高质量有特长的优秀学生上下功夫。在1991年高一年级有计划地开展改革。外语采取按程度分班，数、理、化等科开设课外选修，同时进行教材改革与调整，对少数尖子生进行统一授课、分别训练。

在这一阶段的发展中，南开中学一方面大刀阔斧地进行校内的职称评定、教师聘任制度改革，打破论资排辈和"大锅饭"，奖勤罚懒，激励教师积极性；另一方面，通过咨询委员会，汇聚各方面力量，为学校的发展提供智力支持。

四、改革成为开拓发展南开教育的灵魂

第二个五年规划的施行过程，是学校推行改革的进程。南开中学针对时代发展实际和教师教育教学、学生学习发展实际，深入开展教学改革，提高教学质量，激励教师的工作积极性，取得显著成效，作为天津市改革试点学校，为全市教育改革做出了样子，积累了经验。根据本校实际，学校建立决策系统、执行系统和监督系统，使改革成为南开教育的灵魂。

党总支与校长办公会议商议学校全局性的改革工作，决定全方位、整体化改革措施，把学校办成高质量、有特色、有良好校风、设备基本现代化的第一流的学校。为了发扬南开精神，与时俱进，制定了"全面贯彻教育方针、面向全体学生、高标准、高效率、高质量"，"充分发挥教师的主导作用，培养学生自觉、自学、自制的精神和能力"，"建设领导班子、教师职工队伍，科学管理制度"，"培养良好的学风、教风、工作作风、校风"的目标，明确提出了坚持教育体系、教学体系和管理体制同步和谐发展的科学化基本决策。

通过改革，建立健全了办事机构，主要处室有校长办公室、教务处、德育处、总务处、生产教育处和保卫处。这些处室分工明确，职责清楚，各司其职，各负其责，把校长办公会的决定按工作系统加以落实。通过改革，建立了民主的办校制度，增加了工作透明度。学校教代会参与审议学校的重大事项，监督办学的指导思想和大方向。各党支部、教工团、民主党派起保证作用。各学科成立了党政工团和民主党派的思想工作网络，提高了教科研活动质量。通过改革，决策、执行、保证、监督的相互制约，初步形成党政分工、团结协作、互尊互谅、积极补台、荣辱与共、肝胆相照的校园氛围，提高了管理工作的效能，使学校中心工作的改革有条不紊地深入进行。通过改革，建立起强有力的管理队伍和师资队伍。学校领导班子坚持学习政策理论和教育理论，更新教育观念，在对改革的认知上取得共识。在各项工作中校级和中层领导起到表率作用，为学校整体改革起到引领作用。通过改革，一支富有创新精神的骨干教师队伍逐渐形成，使全体教职员工认同改革是时代的需要，是国家对创新型人才的迫切要求，认识到提高自身的师德修养和教学能力是迫在眉睫的首要任务。

改革还促进了学校的基本建设水平的提升。由于上级调拨的资金有限，学校利用自筹资金按阶段分别更新了理、化、生的实验仪器，语言教学设备，电化教学的演播室进行改造。音、美教室增设了必要的设备，如管弦乐和打击乐器等。改建化学分组实验室，还建了一间分析天平室供师生搞科学研究使用。物理实验室分力、热、声、光、电专用。理、化、生实验室的改造均遵循以学生发展为本的思想，学生提出研究课题经老师审核、学校批准可到实验室做试验，以利提高学生动脑、动手能力。阅览室分为初中和高中两个大阅览室供学生使用，教师阅览室对免学某一门课程的优秀学生开放，还新建了一间外语视听阅览室，主要为外语教学及各科教师提供声像资料所设。

1984年3月5日，南开中学建成历史上首座体育馆。该馆坐落在北院长廊西侧。建筑面积1000平方米，场地700平方米，附属房300平方米。框架结构，场地层高12米，净空约10米。房顶为球网架结构，该设计为当时天津市首例。体育馆主要用于篮、排、羽、乒乓球类比赛及一个班规模体育课。该体育馆成为学校的体育运动中心，保证了师生体育活动的开展，促进了学生和教职员工体育素质的提高，弥补了学校操场欠缺的困难。

1989年9月，新建的西楼交付使用。西楼系综合楼，由天津市教育局和国家教委投资兴建，占地面积802.8平方米，建筑面积3080平方米。建筑整体四层，局部五层。作为生活楼，一层为学生食堂，二层为教工食堂和教师公寓，三至五层为学生集体宿舍，可容纳约400名学生住宿。食堂伙房使用煤气和先进的灶具。

1991年，学校落地重修北楼，墙面由红砖恢复为原来的青砖，楼面由两层相连的单拱改为原来的双拱，并加封闭式窗户，基本恢复了1907年北楼初建时的建筑风格。2005年8月31日，北楼被天津市列为特殊保护历史风貌建筑。

1993年，南开大操场回归南开中学，为学校的发展提供了珍贵的空间。其后，南开中学恢复为南北院两个校区，在北校区西后院建设翔宇楼，在南校区建设体育中心、传鉴楼、综合楼，除了得益于天津市创建示范学校的政策外，从1962年开始的几届校领导和各界校友坚持为南开大操场回归所作的多方奔走和努力，为南开中学获得进一步发展空间起到至关重要的作用。原副校长王荫槐就曾感叹："要不回大操场死不瞑目。"

南开大操场本来是南开中学的重要组成部分。1937年日本侵略者轰炸南开中学，大操场遭到破坏。1945年南开中学复校，由于经费拮据，大操场无力恢复而暂时荒废。1954年大操场被天津市南开区占用，改称南开体育场。由于隶属关系改变，南开中学体育教学和体育活动局限于北院的西后院小操场。自1962年起，学校经过酝酿，提出归还南开大操场的要求。经过人民代表提案，校友和有关方面人士奔走争取，1993年3月，天津市领导批准将南开体育场归还给南开中学，南开区另建体育场。1994年7月，经天津市人民政府研究确定，南开大操场正式归还，并进行整修，更名南开中学操场。

回顾往事，正如南开中学原校长王淑玲在《20世纪80年代南开中学教育智慧之回顾》一书中所说："南开中学之所以能取得优异成绩，体现了南开战斗集体的共同努力，南开的光彩是集体智慧和努力奋斗的成果与结晶。"

第二节 继承南开传统，形成德育特色

以学习周恩来精神为德育主线／突出南开中学的德育特色／结合政治课改革，实施思想教育／让德育工作适合青年学生年龄特点

1979 年 1 月，南开中学党支部印发《关于学习周恩来中学时代学习精神的决定》，在全校师生中深入开展学习周恩来精神的教育。此后，南开中学历届领导班子坚持把学习周恩来精神作为德育的主线，不断升华德育教育的水平。

一、以学习周恩来精神为德育主线

一是建立周恩来总理铜像，缅怀周恩来的丰功伟绩，用周恩来的光辉形象教育激励师生员工。1984 年 4 月 16 日，南开中学向天津市教育局请示，拟在校园内建立周恩来总理铜像。市教育局党委以〔1984〕津教党字 30 号文件形式向中共天津市委请示报告。1984 年 5 月 23 日，中共天津市委办公厅发出津党厅〔1984〕49 号文件函复天津市教育局，同意在南开中学建立周恩来总理铜像。1985 年 8 月 24 日，中共中央办公厅秘书局将中共中央总书记胡耀邦 1985 年 8 月 22 日为即将建立的周恩来总理铜像题写的"青年楷模"墨迹送天津南开中学，并要求"不要发消息，不要登报宣传"。1986 年 3 月 6 日，中共中央宣传部以中宣发函〔1986〕49 号文件《关于同意在南开中学建立周恩来同志纪念铜像的复函》函复天津市委办公厅，来函表示"经中央领导同志批示，同意按现行方案在天津市南开中学建立周恩来同志铜像"。

1986 年 5 月 4 日，南开中学隆重举行周恩来总理全身铜像揭幕仪式，这是全国第一座周恩来全身铜像。背景墙上镌刻着中共中央总书记胡耀邦为周恩来总理铜像题词"青年楷模"的金色大字。中共中央政治局委员、天津市委书记倪志福代表中共中央为铜像揭幕，市委副书记吴振在揭幕大会上讲话，市人大常委会副主任杨坚白致辞，天津市领导同志和全校师生及部分校

友共 2000 余人参加了揭幕式。校长王淑玲主持了揭幕仪式。

周恩来铜像由著名雕塑家傅天仇教授设计、雕塑，北京机电研究院铸造研究所浇铸，天津市客车厂援建。铜像高 2.96 米，为周恩来 20 世纪 50 年代回母校时在校园里漫步的形象。周恩来身着薄大衣，倒背双手，面含慈祥的笑容，呈亲切地与南开中学师生谈话状。铜像建在 1.5 米高的黑色大理石底座上，底座呈南开校徽的八面形，正面镌刻着周恩来生卒年月，背面镌刻的碑文介绍周恩来对南开母校的关心和热爱之情。铜像的背景为大理石贴面的白色弧形墙体，造型为一面旗帜，最高处 3 米，最低处 1.5 米，寓意周恩来是南开校友的楷模和旗帜。墙体一侧镌刻着胡耀邦题写的"青年楷模"四个镏金大字。墙体正面镌刻着周恩来总理 1957 年 5 月 4 日给南开母校学生会和青年团来信的全文。周恩来总理铜像铭文由南开中学 1966 届校友、书法家曹柏崑书写。铭文如下：

> 周恩来（一八九八年三月五日——一九七六年一月八日），中国共产党、中华人民共和国主要领导人之一，中国人民解放军创建人之一。他是杰出的革命家、政治家、军事家和外交家。
>
> 周恩来同志于一九一三年八月二十日至一九一七年六月二十六日在我校读书，在四年的学习生活中，他勇于探索，刻苦读书，尊敬师长，团结同学，全面发展，品学兼优。他以"中华之崛起"为己任，在学期间即积极从事革命实践活动，为他后来成为伟大的无产阶级革命家奠定了基础。周恩来同志的伟大的革命实践和思想品德，给母校留下了十分宝贵的精神财富。它不仅是我南开中学的楷模，也是全国青年的楷模。
>
> 周恩来同志十分关心南开母校发展情况。一九一九年，周恩来同志在给留日南开同学会的信中说："我是爱南开的。"这充分表达了他对母校的热爱之情。一九五一年二月二十四日，周恩来同志来校视察，在礼堂和在校全体师生见面并作了热情讲话，广大师生员工倍感亲切，深受鼓舞。一九五七年五月四日，周恩来同志给我校青年团、学生会写来亲笔信，为青少年的健康成长指明了方向。

为缅怀周恩来同志的丰功伟绩，继承周恩来同志的革命遗志，铭记周恩来同志对母校的关心与期望，特敬立周恩来同志铜像于南开校园。

敬爱的周恩来同志永远和我们在一起。

天津市南开中学　敬立
一九八六年五月四日

周恩来总理铜像最初设立在南开中学北院中楼西南侧的空地上。1998年因校园整体规划、拆除中楼后，铜像移至瑞廷礼堂南侧的绿地中。

二是以纪念周恩来诞辰为契机，持久地开展学习周恩来活动。学校规定每年3月5日举行纪念周恩来总理诞辰暨以周恩来为人生楷模主题校会。在会上举行以周恩来为人生楷模宣誓仪式，命名"周恩来班"并颁发证牌。1992年4月3日，国务院副总理邹家华给天津南开中学发来贺信。写道："我作为南开的老校友，衷心祝愿南开中学的同学们健康成长，不辜负周总理等老一辈无产阶级革命家的殷切期望，立志成才，长江后浪推前浪，一代更比一代强，将来承担起建设和保卫国家的重担，使我们伟大的社会主义祖国永远屹立于世界的东方。"1993年3月5日，南开中学集会隆重纪念周恩来诞辰95周年，邀请周总理办公室原主任罗青长专程来津出席大会并讲话，具体引导学生向周恩来学习。

三是用校内周恩来铜像、周恩来宿舍纪念室等设施开展教育活动。组织学生瞻仰周恩来铜像，参观周恩来邓颖超纪念馆、周恩来宿舍纪念室，收听有关周恩来的报告，举行"学习周恩来在校时的表现，过好中学生活""学习周恩来，为中华崛起而读书"等主题班会活动。

四是充分挖掘学习周恩来的教育资源，扩大学习周恩来活动的内涵。每年清明节举行"缅怀敬爱的周总理，悼念南开英烈"的清明祭扫活动，利用周恩来总理铜像和四烈士纪念碑向学生进行爱国主义和革命传统教育。1992年7月11日，邓颖超同志病逝，学校党总支作出决定，号召全校师生认真学习和落实邓颖超来校讲话精神。

二、传承南开精神，突出南开德育特色

1986 年 4 月 5 日，由全国政协和国家教委联合举办的纪念张伯苓先生诞辰 110 周年大会在南开大学举行。国务院副总理李鹏出席大会并讲话，充分肯定张伯苓作为著名的爱国教育家、勇于改革的实践家，教育实践和教育主张是一份重要的遗产，人民将永远记住他的功劳。南开中学党总支书记纪文郁在会上发言。此后，以弘扬、传承"允公允能，日新月异"校训为代表的南开精神，成了南开中学德育教育的突出特点。

一是重提"允公允能，日新月异"的南开校训，正确认识并传承私立南开中学的办学经验。1987 年，纪文郁、王淑玲合撰《学校管理工作科学化的探讨》一文，肯定了私立南开中学的教育管理特点，认为南开中学在旧中国有一定的声誉，这和爱国教育家的办学思想是分不开的。这篇文章揭开南开中学公立以后重新认识校训、践行校训的序幕。1989 年 10 月，校长兼党总支书记纪文郁为建校 85 周年纪念专刊撰文，明确提出继承"允公允能，日新月异"的南开精神。纪文郁还将"允公允能，日新月异" 8 个大字写成条幅悬挂于校长办公室，这是南开中学自改制公立办学以来，第一次在学校彰显校训。

二是牢记历史，弘扬南开中学的爱国主义传统。1987 年 5 月 3 日，由 1936 届校友发起并集资兴建的四烈士纪念碑在南开中学校园落成。为纪念革命先烈吴祖贻、张炳元、田文菀、岳岱而建立的四烈士纪念碑，由中共中央顾问委员会副主任薄一波题写碑名。刘子厚等老同志到校参加揭幕式。20 世纪 80 年代后期，凡入校的每一名教师和每一名学生的"必修课"就是熟识南开校史，继续沿着爱国主义的方向阔步前行。

三是纪念严修、张伯苓，缅怀先贤创建和发展南开学校的丰功伟绩。1990 年 4 月 2 日，南开中学、南开大学、第二南开中学、南开校友会集会，纪念南开学校创办人严修诞辰 130 周年，深切缅怀爱国教育家严修的卓越建树和重大贡献。同年 5 月 19 日，天津市委宣传部批复同意南开中学在范孙楼中厅竖立严修半身汉白玉胸像。此前，1988 年 3 月 15 日，南开中学召开座谈会，纪念著名教育家喻传鉴诞辰 100 周年。到会老校友深情追忆喻传鉴为南开中学建立的卓著功勋，讨论喻传鉴先生教育思想。1988 年 9 月 10 日，

南开中学举行座谈会和全校大会，庆祝第四届教师节暨庆贺杨坚白先生从教55周年。会议高度评价杨坚白先生终生从事教育事业的成绩，特别是在南开中学转型中作出的卓越贡献。

四是挖掘自身教育资源，创建南开师生和南开校友的精神家园。各届南开校友捐建纪念钟碑，在伯苓楼前铺设"老三街"，栽种纪念树，学校建桃李园，等等。学校始终注意挖掘自身的教育资源，坚持南开德育教育特色，以学校杰出校友、优秀毕业生为学习榜样，建造南开人的精神家园。

三、结合政治课改革实施思想教育

1986年，南开中学被列为政治课改革学校后，注重有效地实施思想政治教育。由于中学政治课旧教材的部分理论内容脱离学生思想实际，学生感到教材枯燥乏味，收获不大，学生对"坚持四项基本原则"和"对内改革，对外开放"等问题存在模糊认识。学校结合教材内容，将政治课教学中学生的思想实际、行为表现结合起来，充分发挥主体和主导作用，收到良好的教育效果。

政治教师在政治课教学中专题讲解坚持中国共产党的领导和社会主义制度比资本主义制度优越等。历史教师配合这些内容讲解"中国近代史"和"天津近代史"，组织学生参观"天津简史展览"、天津历史博物馆和外国租界地旧址。语文教师组织学生参观天津经济开发区，访问沿海渔民，用现代化建设成就来教育学生，用事实证明中国共产党的领导是能建设成中国特色社会主义的。政治课上还通过报告会、宣讲会、讨论会的形式引导学生全面客观地看问题，弄清思想中存在的模糊认识，从而避免简单思想灌输，满足学生自己讨论、自主学习的需求，达到理论联系实际和提高学生思想觉悟的目的。

南开中学政治学科在特级教师张祥林和几任学科组长的带领下，刻苦学习，不断提高自身的理论水平和思想道德水平，立场坚定、旗帜鲜明。积极开展教学研究，大胆进行教改实践。政治学科发挥德育工作主渠道作用，重视发挥课程导向和铸造的功能，帮助学生客观辩证地看待事物、确立坚定正确的政治方向，为培养社会主义思想品德奠定基础是每一位政治教师的责任和使命。政治课教材的内容涉及的范围广，变化快，政治课教师一直坚持深入钻研教材、紧密联系学生思想实际，教学深入浅出。为克服理论本身枯燥、教学资源的滞后问题和适应时代发展的要求，政治教师进行艰苦的探索，不断超越自己。

政治学科积极探索政治课教学改革，在教材、教法、考试等方面不断创新。1986 年，天津市政治学科先行一步成为全国政治课改革试点之一。南开中学领导高度重视并大力支持成立改革领导小组，政治学科在教师于文华的组织下积极探索改革教学内容、教学形式和考试方法。1987 年政治学科先后走访上海的华东师大二附中、苏州中学等重点中学，学到很多教育教学的宝贵经验。2000 年后，政治学科大胆尝试"让出课堂时间"的做法，调动学生学习的积极性和主动性，通过学生自编小品等方式，理解相关理论。

政治学科还重视开发和利用各种教学资源，积极开展社会实践。教师曲莹在《经济常识》关于企业知识的教学时，带领学生到天津电线总厂参观调查。与德育处、团队活动结合，政治教师带领学生到静海县大丰堆 2730基地学农劳动时开展实地调查。利用学农劳动教会学生用辩证的眼光看农村社会的变化，坚定学生走社会主义道路的决心和信心。

四、让德育适合青年学生年龄特点

20 世纪 80 年代末 90 年代初，南开中学坚持以周恩来革命精神为主线的德育工作的传统做法，通过多种形式的活动，让每个学生都受到生动的革命传统教育。加强对学生的管理和文明礼仪教育，巩固良好的校风。德育处确定德育工作的指导思想和主要工作，对加强爱国主义教育、日常行为规范的养成教育、能力训练、心理素质培养等提出具体要求。

开展在新形势下向雷锋学习活动。1989 年 3 月 2 日，雷锋连第十三任指导员欧阳华初在南开中学礼堂作首场《雷锋仍然是时代的一面旗帜》专题报告，回答在改革开放的新形势下还要不要学习雷锋和怎样学习雷锋的问题。1990 年，学校举办"学雷锋，学赖宁，争做优秀中学生"活动，组织学生走向社会，参加社会实践。学校建立包括养老院、公共交通三场、食品街在内的 30 多个实践地点，做到人人有实践岗位、班班有实践基地。学生定期到工厂、商店、机关参加学雷锋做好事活动。学校还组织学生进行社会调查，了解工人、农民、知识分子建设社会主义的积极性，了解改革开放和发展社会主义商品经济的特点，在活动中养成热爱劳动的习惯，培养助人为乐的品质。学校还组织高二学生到解放军营房体验部队生活，邀请雷锋所在连队的指导员、空军部队学雷锋标兵张文清夫妇以及各行各业的劳动模范到学校作报告，与学生座谈。全校组织学雷锋小组 79 个，近千人次拾金不昧，拾物交公 500 多件，收到校外表扬信、感谢信 8 封。同年，全校涌现出"三好学生"387 名，区级"三好学生"68 名，其中 27 人被评为市级"三好学生"，7 人被评为市级优秀学生干部；涌现出 15 个"三好班集体"，其中 2 个被评为区级"三好班"。20 余名高中学生向党组织递交入党申请书。

开展集体主义思想教育。1991 年，结合贯彻《中学生守则》和《日常行为规范》开展"五讲四美"活动。提高学生的集体观念、民主意识，使学生正确处理个人和集体的关系，摆正个人在集体中的位置，使个人利益服从集体利益，在集体生活中使个人得到发展。学校在集体主义教育活动中，尊重学生的主体地位，调动学生的主观能动性，要求学生从个人做起，由现在做起，参与集体事务，培养集体主义精神。学校加强学生组织建设，特别是对学生会、班委会的指导和监管。各级学生干部定期改选，避免少数学生长期做干部负担过重的现象。鼓励学生自荐当干部，自愿服务集体，给大多数学生当干部受锻炼的机会。在班级里，形成人人有事做，事事有人做，每个人成为学校和班级的主人，从而提升学生主人翁的意识。学校努力创造机会和条件，放手让学生大胆实践，提高自主管理的水平。全校性的黑板报、广播宣传活动、卫生检查评比、歌咏比赛、演讲比赛、文艺会演、智力比赛、请专家学者作报告以及公益劳动等，全部由学生会策划、组织和执行。各班的班委会组织学生编墙报，办小图书馆，开展课外科技活动和文体活动，组织本班社会调查、假日旅游以及学雷锋活动。学生会和班委会还主动建议学校搞建校劳动等。学生食堂、宿舍由食堂委员会、宿舍委员会组织学生管理。学生体会到自己是学校的主人，应该起到主人的作用。实践证明，在学生参与管理下，学校各方面工作发生质的变化。通过连续几年开展"我为集体做贡献"和"十面红旗"竞赛活动，绝大多数学生在处理个人利益和集体利益上有明显进步，劳动观念和集体意识加强，自觉做好事、参加建校劳动的学生与日俱增。

第三节　进行教学体系整体化改革，促进教学科学化管理

> 以教育教学为中心，改革不适应的教学管理体制使其科学化／进行教学体系整体化改革／改进教育方法，完善教学管理体系／严格执行教学大纲，确保智育工作目标达标／积极开展学科建设，更新教学观念，促进教师队伍整体水平的提高

1984 年以来，南开中学将教学质量科学化管理作为教学工作的一项重要内容。学校领导认为，教学管理是一门科学，是提高教学质量的重要手段，是新的教学体系的重要组成部分。为实现高质量的教学管理，学校以教育教学为中心，抓好三件事情：一是加强教研和基础工作，严格按教育自身的规律办事，力求发展、提高、创新。二是规划、培养和建立一支师德好、既懂教育理论又精通自身业务、政治素质和业务素质都优秀、年龄结构上老中青三结合的队伍。三是切实加强学校物质基础的建设。教学的基本要求是：依据大纲，抓住教材，深挖内涵，适当放宽外延；有计划有步骤地开展改革，引导教师改进教学方法；学校始终坚持抓好教学管理，改革不适应的管理体制使其科学化。

一、进行教学体系整体化改革，提高教学质量的管理水平

1984 年至 1985 年，南开中学改革传统的教学体系，坚持德智体一起抓、好中差一起抓、文理科一起抓、课内外一起抓的"四个一起抓"。在总结经验的基础上，从学校的实际出发，从课程设置、教学内容、教学方法、教学手段到课外活动，都立足于打好基础，着眼于培养能力，发展智力，特别是自学能力和兴趣、特长都要得到发展，以适应新的技术革命的需要。在课程设置方面，为迎接新的技术革命的挑战，开始在学生中普及计算机技术，逐

步达到凡毕业学生必须掌握计算机基本原理和程序设计的基本能力，把计算机列为工具课之一。

在保证高质量的基础教学的同时，增加选学内容，除原开设的 8 科选学课程外，又开设音、美、书法、电工等课程。在教学内容、方法和手段方面，坚持学校提出的高标准、高效率、高质量的教学要求，根据学生的可接受程度对一些章节进行适当加深。用先进的科学知识充实教学领域，用先进的教学理论改革教学方法，积极主动地利用现有设备和条件，开展教学活动。为提高不同类型学生的学习效率，教师认真研究学生的学习规律，做到因材施教，使"三自"精神体现在学习上。不断提高课堂教学的吸收率，满足学生获取最新信息的要求。

培养学生具有科学素质、创造才能。使德智体"四率"（巩固率、及格率、优秀率、升学率）达到优良水平，以适应未来的需要。在课外活动方面，每周抽出两个半天不排课，进行课外活动，使课外活动在整个教育结构中成为教学形式的重要组成部分。为完成以上的改革内容，在教学中注意用新的教育理论武装头脑，改变旧的教学观，树立新的教学质量观，以少、精、活为教学指导原则。在课堂教学中提出"科科要有教改课题，人人要有实验项目"，促使教师在教材、教法改革上找出路，本着教学有诀、教无定法的精神，发挥广大教师的聪明才智。把培养学生自学能力放在战略地位，培养学生摸索创新的精神，在考查的方法上坚持实践观点，增加动脑、动口、动手的考查项目，在考试改革中摸索经验。

1985 年，南开中学在贯彻第二个五年规划过程中认真落实教学研究实验项目。学校要求各学科在抓好常规教育的同时，积极慎重地搞一两项带有导向性的教学、研究、实验项目。语文学科在初中组多读现代文，高中组搞文言文虚实词用法的计算机辅助教学索引等项目。数学学科坚持高起点、早渗透的做法，从初一年级第二学期开始几何初步，初一代数有关内容寓含着论证，从初一起抓逻辑思维能力的培养，采取按双向表出题测试。外语学科在初中年级侧重听说，并进行听力测验，高中年级侧重读写，并广泛试验应用标准化试题，促进学生加强听、说、读、写、译的能力和分析问题的能力。物理、化学、生物学科搞结构化教学，加强实验能力的培养，变验证性实验为探索性实验，增加实验考核。增设语文、数学、物理、化学、生物、计算机等选修课。学校在教育理论指导下制定多项教学科研项目。

1987—1988 年度，南开中学全面推进教学体系整体化改革。从新的人才标准出发，更新教学观念，合理安排教学内容和教学方法、手段、考试等系列环节，使课内课外有机结合，构成教学体系的优化结构，产生最优效应。各学科在突出抓好常规教学的同时，积极、慎重、稳妥地搞一至二次带有导向性的教、学、研实验性的改革项目。

学校在教学改革中坚持"四个结合"，即传授知识与思想品德教育相结合，教师主导与学生主体地位相结合，启发式教学与使用现代化教学手段相结合，打好基础与培养能力相结合。在教学体系整体化改革中特别注重教学科研工作，先搞一文（历史）一理（化学）的教育纲要，参加教育学会研讨，以此带动其他学科，特别开好语文、数学、外语的教学研讨会，引导其他学科举行教学研讨会，在量化评估教学标准的基础上开展质化的评估。在改革中制定具体措施，治理薄弱环节，落实各个有关项目，总结经验，推动教学质量的大幅度提高。

二、改进教育方法，完善教学管理体系

1988 年，南开中学提出"狠抓课堂 45 分钟"，加强教学常规管理。要求师生首先要把课堂教学搞好。主要做法是，对备课、讲课、辅导考察等教学过程的各个环节分别明确提出要求；通过特级教师的观摩课，中、老年教师带青年教师以及骨干教师的专题辅导，加强对青年教师的培养；加强教研活动，加强学科间的横向联系，相互启发，相互借鉴；加强学习方法的教育，注意能力的培养；加强尖子生与差生的个别辅导与提高，落实"全面贯彻教育方针，面向全体学生""高标准、高质量、高效率"的基本要求。围绕学校总体改革，加强教改的探索。加强改革的计划性、连续性和实用性，注意各学科教学改革的整体系列。

1990 年，学校认真落实改革课堂教学、提高课堂教学质量的基本要求。教务处会同各学科，狠抓基础知识和基本技能"双基"训练，落实学校关于课堂教学的各项常规要求，严格章节把关检查，部分年级由学校统一命题检

查教学效果。加强教与学两个方面的信息反馈，发现问题及时解决。数理化等学科着手题库计算机软件输入程序设计，并开展试点工作。生物学科完成高中青春期教材的编写，积极探索总结"验证型""并进型""探索型""边讲边试型"等实验教学方法。积极开展各种形式的课外活动，培养特长生和优秀生，注重提高学生的能力。语文学科开展的课本剧排演活动受到学生的欢迎。

1991年，学校总结以往所做的工作，反对在教学中加大作业量，加班加点，加重学生负担等不正常的做法，主张提高单位教学时间的效率，引导教师从学生的实际出发进行教学改革。要求每位教师认真分析研究学习成绩好、中、差三类学生各五六名，研究其学习基础、学习态度、学习方法、学习潜力、兴趣爱好以及主要学习障碍和家庭环境等方面的情况。通过典型分析，找出不同类型学生的学习规律，给予分类指导。在教学过程中，充分发挥师生的积极性。学校坚持把考试作为检查教学的重要手段，同时坚持对考试内容和方式进行改革实验。首先是减少考试次数，除每学期期中和期末两次学校安排的考试外，主科教师只能在期中、期末各搞一次一节课时间的随堂测验。在考试内容上，规定基本不超纲。考试方法根据不同学科的特点，采取口笔结合，理论与实际结合，开闭卷结合的方法，部分班语文、外语课增加口试，物理、化学、生物考核增加实验项目独立操作能力的考核。

通过实践，到1991年底，南开中学改革教育教学管理体系初具规模。该体系核心内容是，建立在校长的领导下，以主管教育教学的副校长为主，由教务处、德育处、年级组长、学科组长、教研员、备课组长等组成的教育教学管理体系，明确职责，明确分工。通过该体系把各科教师组织起来，开展教育教学研究，加强基础工作并有计划地推行改革。

领导坚持深入教学及时指导工作，具体做法是：校长和主任每学期都要下到一个教研组（学科）和一个年级，有条件的必须兼课。这一内容列在工作计划中，领导班子内部每个学期的期中要检查，期末要汇报。在经常工作中，根据教学计划的要求，要集中一段时间安排听课，总结经验，发现问题，推动计划的深入落实。主任每月要配合校长听取一两个教研组长的汇报；教务处每月与学生会干部一起，听取一两个年级学生学习情况的汇报。

对领导深入教学发现的情况，经过研究后，或交有关教研组去办，或在月总结会（期中分析会）上，对工作计划中的某些要求进行调整，使其更加明确和具体，以便保证计划的落实。

三、严格执行教学大纲，确保智育工作目标达标

20世纪90年代初期，南开中学为更好地落实教学大纲，实施了新的智育工作目标：以教学大纲为依据，对有些方面和有些学生，适当高过教学大纲，使学生不但掌握基础知识和基本技能，而且还可以达到发展智力、培养能力、培养良好的情感和意志的目的。

一是数、理、化、生、计算机等学科，掌握教学大纲所要求的内容以后，部分章节可适当超过大纲要求（由教研室会同各学科研究确定）。培养学生逻辑思维能力、空间想象力、辩证唯物主义观点、解题能力（准确、规范、迅速、灵活），以实验为基础的理、化、生学科要特别注意培养学生的实验能力。二是语文，使学生具有较高的阅读与写作能力，学科拟出各年级的具体要求，学生毕业后准备升入大学的，可以轻松进修大学一年级的文学课程，参加工作的能基本满足工作需要。三是外语，使学生掌握一定数量单词和基本语法知识，争取较多的学生能完成第一外国语的目标，其他学生达到高考要求水平。其他，历史、地理学科除按大纲要求外，特别要结合进行近现代史和国情教育。音美除进行基本的训练外，要加强美育教育并注意特长生的培养，高中开设音乐选修课。

1991年，南开中学总结严格执行教学大纲的教务工作经验。在教学工作中，学校坚持严格执行国家制定的各科教学大纲，每学期开学之初，各科教研组内组织学习，明确本科教学的目的任务和要求，拟出个人的教学计划；期中、期末结合复习重温教学大纲，出好试题；学期结束前要回顾工作，写好个人教学小结。

遵循教学大纲，学校强化教学工作目标管理，稳定教学秩序。教学计划一经批准，不得随意变更，功课表不得任意调换，如有必要须经领导批准，由教务处下达调课单方得变更；教师缺课，由教务处安排专门时间补课。在教学上从实际出发，做好结合和引导工作，决不丢下"双基"，不搞形式主义的一套。语文实行单元教学，提高学生的阅读能力、分析能力和写作能力。坚持在起始年级开设计算机课，使学生掌握初步的上机技能和编制程序的能力。高一年级的外语教学，落实按实际水平分班。实验教学不仅按大纲要求开足开满，而且创造条件变验证性实验为探索性实验，根据教学需要与实际可能增加演示实验，相应改革实验考核，开阔学生知识视野。各学科教学过程注意渗透对学生的学法指导。

1992 年，学校继续深化教学改革，努力发挥教学特色。初中注重打牢基础、狠抓"双基"、强化训练。高中确保全面完成会考的要求。针对一度出现的课堂教学随意性的苗头，学校提出目标教学管理，采取全面提高教学质量管理的措施。建立学科、单元和课堂三级目标教学系统。在学生中通过各种目标和途径，开设"学习学"课程，初一年级作为正式课程列入课表，有专职教师授课，对形成学生良好的学习素质、逐步形成科学的学习方法起到积极的作用。在高中开设通法和学科学法介绍课，受到学生的欢迎。

1993 年，学校在提高课堂教学质量的前提下，注重对学生潜能的开发和特长的培养。初步形成实施目标教学管理、落实课堂教学要求的管理模式。在教学管理方面，更新课程观念，以教学科研为先导，以改革教学方法为手段，以完善教学管理为保证，培养学生能力，提高教学质量。试办初中数学提高班和高中理科实验班。主要学科进行单元结构目标教学大纲的编写工作。成立教学实验研究中心，大力加强实验教学，补充完善基础实验教学仪器和设备，严格规范要求培养实验动手的能力。积极开展常规及计算机辅助教学手段的研究，各教室重新配置投影幻灯，常规辅助教学手段受到教师的重视，普及率有较大提高。建立以优秀特长生导师制为主要形式的理科特长生培养机制。

四、积极开展学科建设，促进教师队伍整体水平的提高

1985 年，南开中学在实施第二个五年规划过程中，为建立一套调动教师积极性，激发教师创新精神和才能的机制，促使教师比学赶帮，全面发展，结合教学需要，提出教研项目，由学科教研组承担。以学习教育新理论为指导，制订计划，探讨研究要解决的课题，包括怎样培养学生的自学能力

和创新精神。组内定期组织大家互相听课、评课。及时推广经验，对有争议的问题亮明观点，留待以后探讨，由此带动教研活动深入开展，提高教师整体素质。

1989 年，学校把加强学科组的建设列入当年的工作目标，通过增强学科核心小组的凝聚力，加强学科工作的计划性、加强对青年教师的培养与提高，强化教学队伍的基础建设。学科教学目标在体现学科特点的基础上，突出学科发展规划和总体教学要求；规定年级教学衔接条例，确定学科能力和学法要求，制定学生培养目标等。课堂教学的目标，强调教学目标落实的规定性措施和教与学的规范要求，形成由教务处统一管理，学科、单元和课堂三级教学目标有机结合的整体教学目标体系。

在整体改革方案中，学校对主要学科提出要求：（一）语文学科：要制定出提高语文教学质量三年规划。通过中学 6 年培养，使学生具有较高的阅读和写作能力，初中阶段基本掌握现代文，高一、高二年级着重培养文言文的阅读能力，高三年级做全面总结提高，使学生毕业后升入大学可以轻松学习大学语文，参加工作能满足一般工作要求。（二）外语学科：要制定出提高外语教学质量 3 年规划。通过 6 年培养使学生掌握 4000 个单词和基本语法知识，具备阅读一般文艺书籍能力，能用外文写短文、日记和较强的口语能力，升入大学后外语基本过关。（三）数学学科：要制定出提高数学教学质量 3 年规划。要掌握教学人纲所要求的内容，有些章节可适当超过（年级备课组定出统一要求）。要培养学生逻辑思维能力、空间想象力、解题能力（要准确、迅速、规范、灵活）和辩证唯物主义观点。（四）理、化、生等以实验为基础的学科：要掌握教学大纲要求，也可在部分章节适当提高，同时要特别强调加强实验教学，培养学生的能力。（五）其他学科分别按照大纲要求做出规划。

1991 年，学校对一些学科进一步提出要求，用结构教学提高学生获取知识的速度和质量，使教学处于主动地位。学科的基本结构，就是该学科的基本概念、基本原理、基本方法以及相互之间的联系。每个学科有其整体结构，教学中要强调结构，掌握好结构就能够掌握知识大厦的钢梁骨架。基本结构，也可以说是普遍适用的道理和方法，即通性通法。重视学科基本结构的教学，使之成为学生自己的思想、自己的观点和熟练的技巧，从而提高学生对该学科的理解和感悟，有利于提高学生分析问题和解决问题的能力。

五、更新教学观念，注重能力智力培养

1985年，学校认真实行第二个五年规划中关于"更新教学观念，改革课程设置、教学内容、教学方法、教学手段、考试形式、课外活动，并使教学质量的提高得到科学化管理的保证"的要求，在学生可接受的前提下，开设与现代技术有关的选修课。在初中一年级增加计算机必修课和书法课，高中增设激光选修课。在教学大纲范围内，适当增设一些与课本知识联系密切的内容，作为课本知识的延续和补充。教学内容依据大纲，抓住教材，深挖内涵，适当外延，丰富课堂教学的内容，开阔学生的知识视野。

在教学方法上坚决摒弃"填鸭式"，贯彻启发式原则，注意继承中外传统教学方法中有益的东西，同时吸取当前一些新教学论的合理部分，不仅教给学生扎实的基础知识，而且注重培养能力，发展智力。积极开发、引进先进的教学手段，让电化教学、计算机教学软件在辅助课堂教学的过程中充分发挥作用，语文、数学、外语、生物、化学、地理等学科把微机引进课堂，进行有益的试验。学校重视实验学科的实验课，理、化、生三科增加演示实验和分组实验，以期多给学生动手操作的机会，提高动手操作的能力。在考核方法上，各学科的考试方法结合本科特点进行大胆尝试。理、化、生增加实验考核，体育课增加基础知识的考核。学校课外活动共组织社团及课外活动小组48个，全校85%的学生参加活动，通过多种性质的课外活动，培养学生的兴趣、爱好和开拓创造精神。此外，实行优秀学生允许免修某门课程、允许在高二年级提前毕业的制度。

1985年5月，南开中学尝试利用计算机辅助教学。高一年级教师黄玉坤、顾建芳、张冠仁在化学课讲解"电子云""核外电子的运动状态"时，运用计算机教学，取得良好效果。此前化学课在讲"电子云""核外电子的运动状态"时，要靠不少图表和幻灯片，教师费很大力气讲解表述，学生才能粗浅理解。通过计算机屏幕展示，学生能够清楚地看到电子在核外运动的状况，很容易理解电子如何运动和形成电子云，直观、立体感强，学生仅用

20 分钟时间即可理解，而且印象深刻，收到良好效果。

1986 年，数学学科在起始年级增设计算机课程为必修课。同年 12 月 3 日，语文教师赵永年在高一（6）班利用电子计算机进行文言文单元练习课，尝试把现代化教学手段引进语文课堂教学。教师根据教学的需要编制出配合文言文教学的软件，确定教学内容的范围、重点及总结归纳的时间，利用计算机做练习，巩固所学的知识。该项实践表明，在语文教学中通过计算机辅助教学来进行分析、对比、总结、归纳，对提高教学质量起到很大的促进作用。

1987 年 7 月，南开中学在全国中小学外语研究会年会上发言，介绍计算机作为现代化的辅助教学手段，弥补录音机、电视机等教具的不足，为学生更好地自己动手动脑学习创造条件。外语学科与南开大学计算机研究所合作，将高中一年级英语教学的内容输入电脑，为中学外语教学开辟新的途径。学生通过自己操作可掌握每课教材中的词语、句型、课文的重点难点及有关语法知识。可以针对自己知识的欠缺与不同需求，自由选择不同的内容和项目进行练习，还可以自动换题、自动评分，自测学习效果。

第四节　建立工作网络，优化体育教育

提升体育的规范化、制度化、科学化程度 / 开展健康教育和常见疾病预防工作 / 体育教育以增强学生体质为主题 / 改革教学方法 / 加强体卫科室基本建设

南开中学认真贯彻德育、智育、体育全面发展的方针，发扬重视体育的光荣传统。学校在抓好课堂教学的基础上，开展丰富多彩的课外体育活动，体育的规范化、制度化、科学化程度不断提高。认真落实教育部关于体育的相关规定，一方面加强对学校体育卫生工作的领导和组织，加强师资队伍建设，完善体育场地设施，深化体育课教学改革，不断提高体育课教学质量，另一方面发挥学生的自觉性，提高学生的参与意识，营造健康向上的校园体育氛围，使每名学生都成为南开体育的实施者、参与者、受益者。

一、提升体育的规范化、制度化、科学化程度

20 世纪 80 年代，南开中学建立健全体卫组织机构和指挥系统，以促进体卫工作扎实开展。在学校"一主三自"办学思路的基础上，体卫工作提出"两自、两高、三多"的群体活动要求。1991 年学校成立体卫处，1993 年 12 月改为体卫办公室，同时发挥体育教研组、卫生保健大夫的作用，积极开展工作。以体卫处为主体，组建学校体卫工作领导小组，逐步形成体卫工作的领导机构和工作网络。体卫处下设体育场管理组、体育教研室和学生卫生室。实现体卫连线，归口管理，形成系统，层次畅通。

全校形成三个层次、纵横两条线的领导网络。上层有主管校长，中层有体卫主任、体育教师、保健大夫，基层有年级组、班委、团队和各种体育协会。纵线由校长牵头，将《学校体育工作条例》的要求一贯到底；横线由年级组长、任课教师负责，将体育工作条例内容全面落实。学校建立三级考核、检查、评估制度。班级根据活动内容进行自查，年级依照活动计划进行检查，学校根据《条例》内容全面评估检查体育工作。

学校建立体卫工作制度，以体育科研带动教学，实现体育教学与群体活动的制度化、规范化、科学化。学校对体育学科、卫生室各项工作实行目标管理，制订职业道德规范，引进竞争机制，建立各项奖惩制度，做到定岗、定量、定责。（一）结合学生、场地、器械、卫生条件的实际情况，进一步修改充实规章制度。（二）围绕学生健康提出规范要求。（三）提出五项科学化要求。包括合理地安排教学进度和体育课适宜的运动量、密度；根据青少年和女生的生理、心理特点安排体育课、课外活动等；探讨健康分组，妥善安排病残学生；体育课、课外活动、食堂卫生的医务监督；矫治学生视力及治疗的科学试验。

1986—1990 年南开中学第二个五年规划中，对于体育卫生工作提出"要保持第一个五年规划期间形成的优势，进一步努力实现科学化"的要求。要搞好体育课的教学改革，注意引入声像教学工具。继续搞好达标活动，使学生达标率占学生总数的 98%，培养学生养成爱好体育的习惯，并且至少有一项体育爱好，养成自觉锻炼的好习惯，开展好班级体育竞赛，在学校建立有传统项目的运动队，争取在区级比赛中进入前三名，力争在市级比赛中取得优异成绩，形成学校过硬的传统项目。同时，提出保护学生视力，定期检查，进行宣传教育，采取必要措施，使近视率比入学时有所降低。此外，还提出要加强体育课与食堂卫生监督工作，以保证学生合理的运动量和营养的需要，并定期体检，预防常见病和传染病。

二、开展健康教育和常见疾病预防工作

20世纪八九十年代，南开中学积极开展健康教育和常见疾病预防工作。学校将健康教育纳入教学计划，在初一年级开设健康教育课，由保健大夫和体育教师担任授课教师，其他年级也根据体育教学大纲要求进行健康教育。学校不断改善卫生环境和教学卫生条件，对学生进行良好卫生习惯教育，加强传染病、常见病的预防和治疗，积极开展防治近视眼工作。学校教学卫生条件符合相关要求，教室采光、照明、黑板、课桌椅的设置符合国家有关标准；厕所、洗手设施合理满足学生的使用；住校生住宿、洗漱、洗澡条件基本合乎要求；环境卫生、校园绿化比较突出，1990年后曾两次获市政府表扬。

学校通过课堂授课、广播黑板报宣传等方式，对学生进行良好卫生习惯教育，杜绝随地吐痰、乱扔纸屑、喝生水等不良习惯，形成以讲卫生为荣的风气。在全校开展的五项评比中，环境卫生、个人卫生为重要条件之一。学校认真贯彻执行传染病防治规定，在校医组织、班主任配合的机制下，对急性传染病给予有效的控制。学校每年组织学生体检，及时发现问题，进行有效的预防和治疗。

1991年、1992年，先后两次为近2600名学生投药驱除蛔虫，取得良好效果。20世纪90年代初，围绕防治近视眼的工作，学校采取措施努力减轻学生学习负担，取消早自习、晚自习，控制作业量和考试次数，减轻学生视力疲劳，通过主题班会、黑板报、广播、家长会、知识竞赛等形式进行用眼卫生教育，建立视力自测点，敦促学生认真做好眼睛保健操，使学生患近视比例得到有效控制。

三、改革教学方法，提高体育课教学质量

20 世纪八九十年代，南开中学体育教师运用体育统计的方法，对于工作中积累的数据进行分析处理，在此基础上改革教学方法，提高体育课教学质量和学生的身体素质。每逢新生入校，体育教师都要有计划、有目的地进行学生身体形态、机能和素质等方面的测试，在统计上述数字的基础上，比对天津市同年龄组学生身体发育和素质指标，根据学生的实际情况进行分组教学，从而使不同类型的学生都得到进步。体育学科教师注意掌握不同年龄段学生身体发育规律，加强体育投资，为处于发育旺盛期学生提供更多的锻炼机会。此外，还根据身体发育情况，为学生选用最佳的锻炼项目，从而使学生体质得到增强。

学校对教材进行创新，对教法大胆突破，收到良好效果。学校在原中学大纲的基础上，根据学校实际，以篮球、跨栏为主要内容，编写具有南开特色的体育教学大纲。该大纲系统性强，学生能在短时间内完成，85% 以上学生满意。学校进行单元结构教学法的试验，以及按健康分组的"复式教学法"的试验，并在完善改革传统教学方法的基础上，创新体育锻炼方法和学生的体育学习方法，逐渐形成适应南开学生实际情况的方法体系，使体育教学质量逐年提高，学生掌握体育知识的合格率、各类运动素质合格率、毕业生体育合格率均达到 100%。由于教材、教法的改革，学校体育教学逐步实现制度化、规范化、科学化。

南开中学执行新的课程设置和活动时间安排，确保每名学生每天活动一小时，同时用科学的方法评价体育教学。体育学科克服师资力量不足和场地器械方面的困难，改革体育课程设置，将每班每周两节体育课增加为三节，采取重点授课和根据学生个体情况上选修课的方法，并通过"两操两活动"、晨训、课间小型多样的群体活动等，保证学生每日一小时的锻炼。1988 年达标为 98.1%，优秀率 20%，优良率 88.5%。1992 年在高中开设体育选修课，使每个学生掌握一项体育专项技能。学生体质逐步增强，达标率逐年提高。

四、加强体卫科室基本建设

南开中学重视加强体育学科建设，致力于建立一支体卫工作骨干队伍，加强体卫科室的思想建设和业务培训，引导教师忠诚于社会主义体育事业，树立对学生全面负责的思想。体育学科建立以党小组为核心，由学科、工会、共青团三方面组长组成的思想工作网络，建立奖惩制度，各项工作有计划有安排有指标，分工明确，各负其责。坚持选用思想品质好、受过高等教育、有体育专项特长的人担任体育教师。重点抓好对青年教师的培训，发挥中老年教师传、帮、带的作用，通过互帮互学等形式，帮助青年教师提高业务水平。

体育教师严格按照教学大纲要求进行教学活动，创新教材，在原中学大纲的基础上，根据学校和学生实际情况，将篮球、跨栏等作为主要项目，编写具有南开特色的教学大纲。在教法上大胆突破，进行单元结构教法实验和按健康分组的"复式教学法"试验，教学效果良好。学校在课程设置和活动安排上，努力达到每个学生每天活动一小时。体育学科积极进行教学体制改革，推行岗位责任制，进行基本工作项目的资料积累，诸如学生身体素质，基本数字的统计、分析，建立学生健康卡片，疾病预防档案，防治视力不良实验的对比情况等。

体育学科每年有计划地开展教育教学研究工作，组织开展教育理论和教学经验学习，从学校实际出发确定研究题目，边调查边试验边总结，不断提高教师的认识水平和教学能力。学校经常与市体委、体育学院、市教研室等开展协作交流，使教师及时了解学科发展的最新动向，掌握体育教学现代化信息和技术。

1988年，体育学科被评为南开区级先进集体。学校先后获得全国体卫工作先进集体、市级体卫工作先进集体、市级教学活动群体、广播操达标先进单位、区级体卫工作先进集体等称号。1993年，南开中学获得全国中学贯彻《学校体育工作条例》优秀学校荣誉称号。

第五节　改革取得丰硕成果，学生素质大幅提升

　　坚持素质教育，使教育教学面向全体学生 / 学生参加各类竞赛，获
得优异成绩 / 学生参加高考，取得优异成绩

　　这一时期的南开中学明确追求，教育要立足于提高整个国民素质，学
校要坚持素质教育，使教育教学面向全体学生，对每个学生都尽力培养。充
分发挥学生的主体作用，全面提高学生思想品德、文化科学和身体、心理及
劳动技能素质，夯实学生素质基础，培养能力，发展个性，培养出合格的跨
世纪人才。

一、学生参加各类竞赛获得优异成绩

　　1986 年，南开中学高三年级学生李平立在中国数学会和南开大学共同
举办的首届全国中学生数学冬令营活动中，以 115 分（满分为 120 分）的优
异成绩获得竞赛第一名，入选全国数学集训队。同年 7 月，李平立经南开
区、天津市和全国数学冬令营层层选拔，出国参加在波兰华沙举行的第 27
届国际中学生奥林匹克数学竞赛，并荣获金牌。

　　1988 年，高三年级学生王健梅在第 29 届国际中学生奥林匹克数学竞赛
中获银牌。天津市教育局决定，向王健梅颁发奖学金 500 元，重奖南开中学
1 万元。市教育局肯定南开中学在大面积提高教学质量的基础上培养优秀生
工作中取得的成绩，号召全市中学生向李平立、王健梅学习。王健梅被保送
到北京大学数学系深造。

　　1988 年，学生曹堪宇获得全国第四届中学生物理竞赛天津赛区一等奖；
学生张虹获得全国高中数学联赛天津赛区一等奖。1990 年，学生段希纯获
得全国第二届高中学生力学竞赛一等奖，学生孙永恺获得全国中学生化学
竞赛天津赛区一等奖。1991 年，学生李斌涛获得全国高中数学联赛天津赛
区一等奖。1992 年，学生谭婷婷获得全国少数民族中学物理竞赛一等奖。
1993 年，学生张彀获得全国第七届发明展金奖，学生丛乐获得全国高中数

学联赛天津赛区一等奖，学生王昱、王瑞、孙希获得全国初中应用物理竞赛一等奖，学生武津伟、张林、欧新明、姜珍、钟玉冬、陈津颖、袁建军获得全国第十届中学生物理竞赛天津赛区一等奖，41名学生获得全国学科竞赛天津赛区一等奖。1994年，6名学生分获全国发明奖金奖1枚，北京国际发明展银牌1枚，全国青少年发明展金牌3枚、银牌1枚。

二、高考取得优异成绩

1984年8月，南开中学参加高考的学生264人，升学率99.6%。学生陈卓以571分获得天津市高考文史类第一名，张云强以557分获第三名；学生张丽蓉以602分获天津市高考理工类第三名。

1985年8月，南开中学参加高考的学生267人，升学率99.6%。学生张晓斌以554分获得天津市高考文史类第一名。周宜勇、何珉、李晶、烟东、郑闯、冯祖鸣、周雷、孙涛、金锐、冯骞、刘宏、卢芸、周晓征、李远、周国彤、赵路文、赵亦俊等17名学生被学校保送到理工类高等院校。

1986年8月，南开中学参加高考的学生280人，升学率93.5%。学生刘志泷以546分获得天津市高考外语类第一名；黄祯以573分获得天津市高考文史类第二名；王予彤以630分获天津市高考理工类第三名。孙向中、杨柳、白荣亮、赵建强、邢婉丽、李平立、陆晨、李涛、张云赞、马晖等10名学生被学校保送到高等院校。

1987年8月，南开中学参加高考的学生273人，升学率88.27%。学生苏红以663分获天津市高考理工类第一名，王炼以620分获第二名，刘颖以619分获第三名；孟艳欣以556分获天津市高考文史类第二名；马捷以560分获得天津市高考外语类第二名，张瑞以511分获第三名。朱军、冯宇、吴迪、董堤、黄宝华、张青、周暐、安中、陆冬、徐红等10名学生被学校保送到高等院校。

1988年8月，南开中学参加高考的学生281人，升学率98.2%。学生冯彦以639分获天津市高考理工类第一名，吴怀军以630分获第三名；信跃升以580分获天津市高考文史类第一名，孙钊以575分获第二名；胡静以567分获天津市高考外语类第三名。张元晖、王健梅、李杰、胡蜀斌、王晓磊、王卓、冯晓宇、谷丽颖、王媛等 9 名学生被学校保送到高等院校。

1989 年 8 月，南开中学参加高考的学生 282 人，升学率 96.45%。学生田琳以 659 分获天津市高考理科第一名，边昆以 641 分获第三名；王文颖以 567 分获天津市高考文科第二名。9 名学生被学校保送到高等院校，均为理工类。

1990 年 8 月，南开中学参加高考的学生 280 人，升学率 98.91%。7 名学生被学校保送到高等院校。

1991 年 8 月，南开中学参加高考的学生 273 人，升学率 98.5%。学生郭阳以 648 分获天津市高考理科第一名，学生叶青和张佶以 632 分并列获第三名；陈宇以 564 分获天津市高考文科第二名。9 名学生被学校保送到高等院校。《天津日报》报道，南开中学教育质量全市领先。1991 年高考成绩 600 分以上的学生共有 43 人，占全市达到 600 分以上学生总数的 45%。理科 230 名毕业生全部达到市招生办公布的本科录取分数线，其中，219 人超过重点大学录取分数线。在达到文科本科录取线的 38 人中，36 人跨越文科重点大学分数线。

1992 年，南开中学参加高考的学生 277 人，升学率 99.64%。9 名学生被学校保送到高等院校。理工类考生达到大学本科录取线的占 97.6%，达到重点大学本科录取线的占 92.89%；文史类考生达到大学本科录取线的占 96.95%，达到重点大学本科录取线的占 95.45%。1993 年，南开中学参加高考的学生 263 人，升学率 100%。14 名学生被学校保送到高等院校。1994 年，南开中学参加高考的学生 271 人，升学率 100%。16 名学生被学校保送到高等院校。

教育是一种成果显示相对滞后的事业。当经历了岁月的磨砺后，这一时期的南开学子迎来收获期。1993 届毕业生王亚愚，在中国科技大学毕业后进入美国普林斯顿大学学习，获博士学位，随后在加州大学伯克利分校任教。曾在 2006 年获青年物理学家最高奖，2013 年在一项世界瞩目的物理学研究中，他作为清华大学实验团队主要成员之一，首次从实验中观测到量子反常霍尔效应，被杨振宁先生评价为"诺贝尔奖级的发现"。

第十一章　乘势而上（1994—2010）

　　1993 年末至 2011 年，康岫岩、杨静武先后出任校长。这一时期，南开中学的发展遇上了好的时机、好的社会发展背景，尤其是遇上了党的好政策。南开中学审时度势，顺应天津市委、市政府"大力发展基础教育，加快教育布局调整和示范性高中建设"的大趋势，乘势而上，快速发展，不断拓展办学空间。

　　学校树立"整体高素养教育观"，实施高素养教育的"大课程观"和人人都是德育工作者的"大德育观"，突出南开中学自身特色，弘扬"允公允能，日新月异"的南开校训，确立"以周恩来为人生楷模"的人生观教育为德育主线，健全办学目标，以课程为核心推动教学改革，使学校教育教学整体水平得到新的提升。

　　这一时期，南开中学的改革探索不断。1995 年，在课程改革方面有所突破，建立以"白色、绿色、蓝色"为代表的三色板块式课程体系。1997 年，学校首批开设的校本课程任意选修课，南开中学正式被天津市教育局选定为新课程实验全国样本校。1999 年，实行"学年学分"与"绩优学分"相结合的学分制管理办法。

　　同期，开展了大规模的校园建设。1995 年 10 月奠基兴建翔宇楼，1997 年 9 月投入使用，中共中央总书记、国家主席江泽民题写了楼名。还兴建了体育中心、南英楼、综合楼，修缮了文物保护建筑范孙楼、瑞廷礼堂等，建成连接南北两院、横跨南开二纬路的全封闭钢制天桥。校园由原来占地 3 万余平方米、只有北院一个校区，发展到包括南北两院在内、共占地 7.6 万平方米。南开中学示范校建设取得显著成效。

2004年，南开中学迎来并隆重庆祝建校百年华诞，学校以此为契机，总结过往，开拓未来，为南开中学新世纪继续辉煌积蓄力量。

以上这些方面构成了南开中学在这一时期独具特色的亮点，为南开中学的下一步发展奠定了基础，提供了借鉴，积累了经验。

第一节　顺应发展趋势，推行整体高素养教育

提出"整体高素养教育观"，成为引领南开中学发展的理论 / 提出育人目标、建设目标和治校方略 / 树立实施整体高素养教育的"大课程观"和人人都是德育工作者的"大德育观"

1993年12月，康岫岩担任南开中学校长。在其任期内，认真解读南开精神，努力传承南开精神，使南开精神在新的历史条件下得以弘扬。组织制定并实施了第四个、第五个五年规划，向着世界著名一流学校的目标大踏步前进。她在总结南开中学办学经验的基础上，结合新的社会历史条件，提出"整体高素养教育观"，成为引领南开中学发展的理论，其本人也被评为"中国当代教育家"。在党和政府的大力支持下，南开中学获得长足的发展。

一、树立"整体高素养教育观"

"整体高素养教育观"是在汲取南开中学前五任校长办学经验的基础上，结合学校发展和学生实际提出的。该观念在20世纪90年代初至21世纪前10年的十几年里，成为南开中学办学的主导思想。

"整体"包括三层含义，一是强调教育目标与教育过程的完整，兼顾身体、心理、社会文化各个层面，德、智、体、美各个方面；二是强调学生覆盖面，要面向全体学生，正视学生差异，使每名学生在原基础上得以提高；三是强调教育目标与教育结果，实现人才门类多样。"素养"指素质的养成过程。"整体高素养教育"是从立体维度看待学生的整体和谐发展。

为此设计了整体高素养育人模型，包括三个方面的内容。第一个方面是思想品德，对人的发展起到导向、动力和保证作用，思想品德包括信仰、

公德、法纪。第二个方面是能力，其中包括潜在能力（含创新意识和学习能力）、现实能力（含技能和知识）。第三个方面是对人的整体发展起保障作用的性情（含兴趣、性格、情结等）、体能（含耐力、灵活、速度、力量等）、体态（包括体形、无病等）。

在"整体高素养教育观"的指导下，学校紧扣时代发展的脉搏，提出"让南开的教育为学生终身学习、终生发展奠定坚实基础，使其有强烈的社会责任感，有健全的身躯及心理品质，科学素养、人文素养兼备，创新思维、实践能力两翼齐飞，为社会主义祖国的昌盛，人类社会的和平、发展，培育拔尖、创新型后备人才"的育人目标，"内抓改革，外创条件，锲而不舍地奋斗，力争在2010年达到有中国教育特色的世界著名学校"的建设目标，"弘扬南开精神，以德立教，严谨治学，学生为本，注重创新"的治校方略。"整体高素养教育观"传承了"两全三高""一主三自"等办学思路，发挥了教师的主导作用和学生的自主学习热情，为学生的学有所长、全面发展创造了条件。

在教学实践中，学校逐步形成了多元课程、学分评价、教学相长的教学特色。学校自1997年开始，建立了以"白色、绿色、蓝色"为代表的三色板块式课程体系，其中白色代表国家级课程的必修类学科课程，绿色代表校本课程的任意选修课和活动类课程，蓝色代表形式上没有教师指导、完全由学生自己安排的自修、研究性课程。自1997年起，学校首批开设的校本课程任意选修课33种，此后陆续增加了20余种课程，2006年之后，又陆续增加了10余种课程。同时，学校建构了南开中学网上研究性学习平台，使研究性学习的选题、分组、控制学习流程、教师指导等基本实现通过网络完成；学校引入学分制，实行"学年学分"与"绩优学分"相结合的学分制管理办法。

二、整体实施高素养教育

2008年8月，杨静武担任南开中学校长。南开中学继承南开精神，弘扬南开传统，在教育教学中树立实施整体高素养教育的"大课程观"和人人都是德育工作者的"大德育观"。

在树立"大课程观"方面，充分利用课堂，扩大学生的知识面，培养学生科学和人文素养，提高学生的创新和实践能力，并利用国际交流的机会扩大师生的国际视野。学校从课程切入，根据素质教育目标的需要，设计学生在校期间的全部教学内容，将设计的内容课程化，实行大课程、大课表，以课程为载体使教育内容得到落实，以学科课程、选修课程、活动课程、隐形课程为主要形式，全校设置一个大课表，每一课程有时间、空间、人员、教案的保证，全部课程分系统管理，活动课和选修课实行学分制，有反馈，有评价，保证课程质量。

学校的教学以"课程改革为核心，以推广多媒体教学手段为工具，以提高课堂教学效益为重点，以培养学生思维能力、动手能力、创造能力为目标"。学校倡导研究性学习，构建以学生为主体，自学、自治、自律的主动发展机制。在教学过程中，教与学结合，知识与能力结合，在学生培养上坚持整体高素养教育，以学生为主体，促使其自学、自治、自律，构建生动、主动的发展局面。经过几年的实践，学生的研究性学习和课外科技创造发明活动结出硕果。

在贯彻"大德育观"方面，学校德育的理念是人人都是德育工作者，处处都有德育工作。学校要求每名教师和学生都要熟悉校史，熟悉校训、校歌、容止格言，使学校的传统文化成为师生行为的准则。为了做好德育工作，学校抓了两支队伍的建设，即全校教职工要以德立教，班主任与德育、团队老师要提高德育艺术；开展好三个阵地的建设，即家长学校、少年团校、青年党校，以培养有政治责任感的学生骨干，协调家庭与学校的教育同步；学生分期在四个实践基地中学军、学农、为社区服务、了解革命老区；对全校学生的思想品德教育活动分学校组织、年级组织、班集体组织，并纳入大课程中。

学校秉持"以周恩来总理为人生楷模，树立正确的世界观、人生观、价值观"这一主线，组织开展六项系列内容的、每学年不少于24项的活动。六项系列内容包括：爱国主义与集体主义教育、政治方向系列教育、良好行为习惯纪律养成教育、法制教育、健康心理品质系列教育、热爱劳动系列教育。浓厚的爱国、乐群、敬业、文明的风气，强烈的崇尚科学、不断进取的责任感，营造出南开中学特有的氛围。这种氛围，使爱国主义成为南开师生共同的价值观，使广大师生具有爱国之心、报国之志，努力积累效国之能。

第二节　抓住机遇，开展大规模校园建设

中共中央提出科教兴国战略，南开中学发展遇上好时机／作为示范校典型，校园建设取得显著成绩／兴建翔宇楼投入使用／修缮文物保护建筑

1994年至2014年，恰逢中共中央提出科教兴国战略，大力推进教育事业，也是天津市委、市政府加大教育投入和教育布局调整力度，促进基础教育在高水平上均衡发展的十年。天津市委、市政府的领导对教育非常重视，尤其对南开中学格外关怀；天津市各级各部门也以多种方式关心和支持南开中学的发展；所有关心南开中学的各级领导、校友、师生同心协力，大力支持南开中学的发展。

一、开展示范校建设

这一时期，南开中学在天津市委、市政府和有关部门的支持下，在学校领导和全体教职员工的共同努力下，校园建设取得了显著成绩。兴建了翔宇楼、体育中心、南英楼（今名传鉴楼）、综合楼，整修了范孙楼、瑞廷礼堂等。校园由原来占地3万余平方米、只有北院一个校区，发展到包括南北两院在内、共占地7.6万平方米；学校建筑面积由仅北院的3万余平方米，发展到现包括南北两院建筑面积6万余平方米。

1999年，天津市委书记张立昌提出要"再建几所南开、耀华式的学校"，拉开了天津市示范高中建设的帷幕。作为示范典型，南开中学乘势先行一步。

1999年6月30日，南开中学南院绝大部分承租者撤出，南院的回归使南开中学有了继续扩大办学规模、重新规划校园布局、再建一些教育教学设施的机会和可能。

2000 年 10 月 18 日，天津市委、市政府在南开中学召开中小学布局调整领导小组第九次会议，专题调研解决南开中学发展面临的问题。在这次会议上，市领导作出决定，推动南开中学示范校建设，消防九中队和南开四马路煤厂迁出，拓宽南开二纬路，建设一座连接南北两院的过街天桥，并对文物保护建筑范孙楼、瑞廷礼堂进行保护性修缮。

2001 年，在市领导的关心下，经过多方协调，消防九中队、南开四马路煤厂等单位迁出。同时，连接南开中学南北两院、横跨南开二纬路的全封闭钢制天桥建成。专为一所中学修建过街天桥，这在全国教育领域尚属罕见。

2001 年 3 月 15 日，天津市教委下达《关于天津市南开中学建设示范高级中学项目建议书的批复》，同意南开中学建设示范高级中学项目立项；学校建设规模为 48 个教学班，项目选址在南开中学南院校区内建设。

2002 年 1 月 4 日，天津市政府召开第四十七次常务会议，确定 2002 年改善城乡人民生活 20 项工作。其中涉及城市的教育工作包括继续扩建南开、耀华、一中等 5 所市属示范高中校。1 月 7 日至 9 日，市领导主持召开天津市学校布局调整领导小组会议，原则同意南开中学的扩建方案。4 月，市领导与 10 部委领导到校调研南开中学二期扩建工作。6 月，南开中学南院综合楼动工。

2002 年 10 月 12 日，教育部在天津市召开全国高中发展与建设工作经验交流会。市长李盛霖致辞。教育部部长陈至立讲话。与会代表参观了南开中学、耀华中学等 18 所示范校，盛赞天津市示范高中校建设。

二、兴建翔宇楼

在大规模校园建设中，南开中学的每一项成绩都是天津市委、市政府关怀支持的结果。1995 年，市政府从教育附加税中分配 1500 万元资金给南开中学建新综合楼。该楼由天津建筑设计院的副总工程师王振刚设计，于 1995 年校庆日奠基。

在市委、市政府的关怀下，1996 年该楼主体工程完成，1997 年竣工落成，命名为翔宇楼。1997 年 3 月，在周恩来总理诞辰 99 周年前夕，中共中央总书记、国家主席江泽民为以周恩来的字翔宇命名的翔宇楼题写楼名。1997 年 9 月新学期伊始，翔宇楼投入使用。1997 年 10 月 18 日，南开中学举行庆祝翔宇楼落成暨纪念南开中学校庆 93 周年大会。

翔宇楼整体的设计俯瞰呈现一个"日"字，既寓意学校是充满阳光之地，又暗合"日新月异"之校训；建筑风格中西合璧，与 20 世纪初所建的伯苓楼与范孙楼的风格相似，以示历史的传承，同时寓意南开办学以中为本、兼收西学；高大的台阶和罗马柱，寓意南开学子不断攀登高峰，成为栋梁之材。内部功能设计体现以学生为本，把教学楼最好的位置留给学生教室。布局满足了多项教育教学功能的综合性需要，各功能区既相互联系又相对独立，进行了合理的功能分区。

三、修缮文物保护建筑，加强校园文化建设

1997 年 5 月 21 日，天津市教育局下发《关于建立全国重点文物"南开学校旧址"保护工作小组的通知》，市教育局办公室主任傅庆东任组长，南开区文化局局长米新华、南开中学校长康岫岩任副组长，日常工作由康岫岩负责。1998 年 12 月，经天津市有关部门批准，学校将 1919 年肇建，1973 年重建，但已不是原样的中楼拆除，重新统筹规划校园布局。

1998 年，经上级有关部门批准，学校以"修旧如旧"的方式修缮了范孙楼和瑞廷礼堂。范孙楼是中国建筑史上的一个典范，具有中西合璧的建筑风格，科学的几何比例，稳重合理的布局，具有不同风格的四个楼面设计，使其从哪一个面观察，都有特点。瑞廷礼堂外观朴实、端庄，内部华美、典雅、和谐、凝重，礼堂分为上下两层，从人数容量、视觉角度到建筑思想和设计风格，虽建成已 60 余年，建筑风采依旧。

1999 年，学校将南开中学校园的第一栋教学楼东楼命名为伯苓楼，以纪念南开中学首任校长张伯苓先生，并请国际著名物理学家、校友吴大猷先生题写楼名，由中国科学院院士、南开中学校友会原理事长申泮文先生撰写楼志。

同年，学校将新中国成立后建造的第一栋教学楼命名为含英楼，采纳的是老教师凌则需的提议。提议的依据是，1915 年举行全校国文汇考（作

文比赛），周恩来所在班获得第一名，校董严修亲笔书写"含英咀华"匾额以示奖励。1916年在全校国文汇考中，周恩来以《诚能动物论》取得全校第一名，无愧严修的褒奖。

第三节　继承老传统，创建南开人的精神家园

"大德育观"与"主动发展观"构成德育工作的"双基"/学生课余时间走出校园，开展义工活动/以周恩来为人生楷模的教育成为德育工作的优良传统/让校训、校歌、容止格言深入南开学子心中/创建南开人的精神家园

这一时期，南开中学以德育工作的基本框架为基础，比较稳定地开展德育工作。学校教学工作有基本知识、基本技能的"双基"。德育工作亦有"双基"，这就是教师的"大德育观"与学生的"主动发展观"。

一、以基本框架为基础，稳定地开展德育工作

南开中学"大德育观"的内涵是人人都是德育工作者，处处都有德育工作。"主动发展观"的内涵是自学、自治、自律，贯穿以学生为本的教育思想，简称"一主三自"。以学生为主体，教师在设计教育过程中，促进学生形成自学、自治、自律的能力。

自学：主动求知，学习制订适合自身的学习计划、学习方法，学会自我心理调节。

自治：对学生个体而言，会自我料理生活，自我调控落实好计划，会与他人正常交往；对学生群体而言，在教师的指导下，学生自己形成管理队伍，组织各项活动，规范行为。

自律：培养学生在正确价值观指导下的行为约束能力。逐渐形成"慎独"。自律是由他律转化而来的。要经过一个过程：有人监督，需要意志力才能做到；无人监督，但需要意志力能做到；无人监督，不需要意志力也可以做到，成为习惯，即达到自律。

在"大德育观"与"主动发展观"这个"双基"要求下，学校构建了一个德育实施网络：抓住一条主线，以两支队伍为骨干，占领三个阵地，在四个实践基地中体验，用五项制度促进发展，实施六项系列教育。具体来说，以周恩来为人生楷模的人生观教育为主线；以班主任队伍和学生干部队伍作为实施德育的骨干队伍；通过少年团校、青年党校、家长学校占领学生思想中的道德阵地、政治方向阵地，引导父母在家庭教育中重视孩子的品德；设计了学生的革命传统教育、学农、学军、社会活动四个实践基地；学生体验做管理组织者，用班干部轮换制、高年级任低年级辅导员制、校园管理班制、学生校长助理制、社区联络员制五项制度促进发展；实施爱国主义与中华民族精神教育、政治方向教育、集体主义教育、文明行为养成教育、法制教育、诚信教育六项系列教育。

为了培养学生为人民服务的感情与责任意识，吕宝桐与马健、王志辉等德育处和团委的同志一起将社区的服务发展为义工制。每个学生每年要在社会上做86小时义工。其中寒假30小时、暑假30小时、周六或周日22小时。学生自己联系义工的地方，联系的过程就是他在社会中的锻炼。义工完成情况由被服务单位开出证明。每个班集体设有学生监督员，以衡量"诚信"的表现。

1995年2月23日，南开中学成立青年志愿者协会。当天，共青团中央书记处书记袁纯清到津看望参加青年志愿者新春献爱心活动成员，在张文清诊所看望了正在利用寒假时间开展志愿服务活动的南开中学志愿者。数年来，青年志愿者们照顾孤老户，为世乒赛场馆拆洗了观众席座套，为纪念馆做义务讲解员，等等。2001年，南开中学试行"义工制"，要求学生利用课余时间走出校园，在社会上开展义工活动。规定每名学生全年要完成82小时义工，具体时间分配为每学期16小时、暑假30小时、寒假20小时。后调整为50小时义工，即每学期8小时，寒假14小时，暑假20小时。要求班班有义工活动基地，人人有岗位。通过实行学生联络员制、班级指导教师制及学分制对学生义工活动进行管理。

2006年，南开中学高二（12）班学生在鹤童养老院进行的义工活动被中央电视台《新闻联播》报道。学生们到医院导诊处做引导、慰问农民工并为其子女讲课、到体育馆做场监、到交通路口做交通协管、到商场进行义卖、对内环线盲道修建状况进行调查等。周恩来邓颖超纪念馆、平津战役纪念馆、图书大厦、市图书馆、养老院、福利院、汽车站、居民社区，都成为南开中学学生长期服务的基地。涉及社会实践活动的单位达 260 多个。寒假期间，高一、高二年级 25 个班级的学生开展义工活动，参加活动班级占所在年级班级总数的 89.3%，参加活动人数为所在年级人数的 89.4%。

义工完成取得学分，没有义工学分不能升级。在上述德育实施网络的框架下，一年 12 个月中，不间断地设计了南开中学一套德育"必修课"。其中校级组织的全校学生都要参加的大活动有 25 项，再加之各年级有针对性的活动就更多了。像教育部规定的文化必修课一样，学生都要参加德育"必修课"。

二、让学习周恩来成为南开德育传统

在"大德育观"的要求下，构建了一个德育实施网络，学校抓住以周恩来总理为人生楷模的人生观教育为主线。捉住各种由头，组织向周恩来学习活动，这些活动扩大了向周恩来学习活动的内涵，不断把此项活动引向深入。

周恩来曾于 1957 年就"红五月大联欢"致信南开中学团委、学生会，为了使这件事成为南开的传统，南开中学自 1994 年后，每年举办"红五月大联欢"。1997 年，南开中学团委、学生会给中共中央政治局常委、国务院总理李鹏写信，邀请李鹏参加 5 月举行的"红五月大联欢"活动。4 月 22日，李鹏给南开中学学生会写来亲笔信："欣闻贵校学生会和团委将举行红五月大联欢活动，谨向你们表示热烈的祝贺并望获得圆满的成功。南开中学为中国的革命事业和建设事业，为科学技术进步培养了大批优秀人才，英雄辈出，功不可没，希望你们继续发扬南开的优良传统，为建设有中国特色的社会主义事业培养更多的优秀人才。"

1997 年 5 月 4 日，南开中学在瑞廷礼堂举行"红五月大联欢"活动。天津市领导张立昌、李建国、王鸿江等出席活动。团市委，市教委，市教育局，南开区委、区政府负责同志，市内六区教育局局长、团委书记，市重点大学、中学的学生会主席与南开中学师生，共计1500余人参加了此次活动。会上，天津市委书记张立昌讲话，校长康岫岩宣读了国务院总理李鹏写给南开中学学生会、团委的亲笔信。

2002年5月8日，中共中央政治局常委、国务院副总理李岚清在南开中学考察时，学生代表递呈邀请信请李岚清参加南开中学"红五月大联欢"。5月15日，李岚清给南开中学学生复信，写道："南开中学的同学们：读到你们充满热情和朝气的来信，我感到十分高兴。南开中学是一所具有光荣革命传统、历史悠久的学校，希望你们以革命前辈为学习楷模，继承和发扬优良传统，珍惜学习的机会，树立远大理想，认真学习科学文化知识，使德智体美诸方面得到全面发展，将来为祖国建设和中华民族的伟大复兴作出贡献。"

确定3月5日为学校一年中的表彰大会，表彰一年来德、智、体、美各方面表现突出或取得优异成绩的个人和集体，并隆重命名"周恩来班"。3月5日不仅是周恩来总理诞辰，也是毛泽东主席"向雷锋同志学习"题词的纪念日。利用这个背景将纪念和学习活动结合起来，可以进一步丰富"以周恩来为人生楷模"教育活动的内涵。一位是共和国的总理，一位是普通的士兵，但是他们有着共同的精神境界和人格风范，都是南开学子学习的榜样。南开中学"周恩来班"与沈阳军区抚顺某部"雷锋班"建立共建关系，学生与战士通过面对面交流、书信往来和网上论坛等不同形式，畅谈人生理想。

三、让校训、校歌、容止格言深入南开学子心中

1994年7月，即将付梓的《天津市南开中学建校九十周年纪念专刊》将代表南开文化的校训、校歌、校色摆上重要位置。其后，学校组织学生唱校歌，每逢活动必唱。宣传容止格言，并在东楼恢复容止格言和整容镜，在翔宇楼大厅悬挂容止格言和整容镜。

南开校歌诞生于20世纪20年代，明确唱出"渤海之滨，白河之津，巍巍我南开精神"。改革开放以后，学校逐步解放思想，南开精神不断发扬光大，南开精神得到传承。南开精神从内涵上说是以爱国、乐群、敬业为己任，崇尚科学，追求发展。南开精神成为团结师生的凝聚力、向心力，成为

学校之魂，成为师生共同的价值观。

1994 年以后，新教师、新学生一入校即开始"入轨教育"。入轨就是入南开精神的轨道。学校确定育人的目标是"让南开的教育为学生终身学习、终生发展奠定坚实基础，使其有强烈的社会责任感，有健全的身躯及心理品质，科学素养、人文素养兼备，智商、情商皆高，创新思维、实践能力两翼齐飞，为中华民族的复兴，社会主义祖国的昌盛，人类社会的和平、发展培育拔尖、创新型后备人才"。为达此育人目标，注重七个方面的建设：名师工程、构建德育实施网络、教学整体改革实践、科学实施学校管理与人事劳资管理、科学地训练陶冶出健康的身心、开展国际交流整合中外教育之长、校园文化建设。

这七个方面的建设都体现了南开精神，更加有利于锻造南开精神，并通过对学生的教育训练，弘扬光大了南开精神。走进南开校园学习的学生、工作的老师，很快就会融入一种氛围：浓厚的爱国、乐群、敬业、文明的风气，强烈的崇尚科学、不断进取的责任感。

四、缅怀严修和张伯苓，创建南开人的精神家园

1990 年 4 月 2 日，南开中学、南开大学、第二南开中学、南开校友会在瑞廷礼堂举行大会，隆重纪念南开中学创办人严修诞辰 130 周年，深切缅怀爱国教育家严修的卓越建树和对南开中学早期办学的重大贡献。南开师生、严修亲属代表和校友 2000 余人参加大会。

1996 年是爱国教育家张伯苓诞辰 120 周年。3 月 22 日，南开中学举行纪念张伯苓诞辰 120 周年报告会。4 月 5 日，在瑞廷礼堂举行纪念张伯苓诞辰 120 周年话剧、京剧演出活动。1999 年，将东楼命名为伯苓楼。

2000 年 4 月 2 日，南开中学举行纪念严修诞辰 140 周年座谈会。南开中学、第二南开中学负责同志，南开中学校友会、南开校友总会代表和严修先生亲属聚集一堂，共同缅怀爱国教育家严修发展近代教育、兴学育才的卓著功业。

学校注重挖掘自身教育资源，着力创建南开师生和校友的精神家园。1994 年 10 月 16 日，南开中学隆重举行建校 90 周年庆祝典礼。在校师生和

来自世界各地的南开校友 1 万余人在大操场上集会。全国政协副主席、南开校友孙孚凌、万国权，市领导聂璧初、庄公惠等到会祝贺。学生表演大型团体操。以张学良胞弟、南开校友张学森为领队的台北市天津同乡会的演艺界知名人士组队，与天津演艺界名人联袂演出话剧《一元钱》。1967 届校友、天津市旅游局局长孙海麟主持摄制的电视专题片《情系南开》举行首发式。1999 年 10 月 18 日，南开中学师生及海内外校友 2000 余人隆重集会，纪念南开中学建校 95 周年。南开校友温家宝、邹家华、吴阶平、孙孚凌、万国权及陈至立、张立昌、刘峰岩分别题词。2004 年，南开中学举行百年庆典。2009 年 10 月 16 日，南开中学在瑞廷礼堂举行继往开来、为祖国培育拔尖创新型人才誓师大会，庆祝建校 105 周年。市委书记张高丽致信祝贺。全国政协副主席陈宗兴、市政协主席邢元敏、市人大常委会副主任张元龙、市政协副主席张大宁、市委教育工委副书记杨桂华、市教委副主任黄永刚出席大会。

1994 年，在学生中广泛开展"以科学家为榜样，从小树立远大理想，为祖国奋发读书"的活动。全校 35 个教学班分别与中国科学院、中国工程院的院士建立固定联系，这些科学家利用工作之余走进南开中学。他们现身说法，讲述当年在南开刻苦学习、积极实践的生动事例，激发在校学生热爱祖国、热爱家乡的感情和发奋学习的自觉性。学校还在教学楼显要位置悬挂南开杰出校友的照片，通过一次次报告会、演讲会、座谈会，很多学生树立"今日我以南开为荣，明日南开以我为荣"的信念，找到个人奋斗的目标和努力的方向。

1995 年适逢中国人民抗日战争胜利 50 周年。8 月 26 日，南开中学举行纪念抗战胜利 50 周年、牢记校史大会暨 1995—1996 学年度开学典礼。典礼上，校长康岫岩讲话，校友申泮文介绍了日寇轰炸南开中学的经过。9 月，校学生会主办的"南中抗战史料展"展出。

2005 年 9 月，适逢天津南开中学在抗日战争胜利后复校 60 周年，学校举行了主题校会、大型签名纪念、征文等多项活动，南开中学校刊《新敬业》出版纪念专刊，《天津日报》等进行了专题报道。此外，请校友张致祥、吴阶平、申泮文、孙大中、陈茹玉、何炳林等老干部和科学家来校与学生见面，对学生进行鲜活的爱国主义传统教育。

2009 年 10 月 16 日，中国科学院院士、火箭专家、85 岁高龄的南开中学校友梁思礼专程回到母校。他在与师生座谈时，回忆了乃父梁启超 92 年前在南开中学关于"青年精神"的谈话，讲述了自己对"青年精神"的理解。

此外，南开校友重新捐赠纪念钟碑，栽种纪念树，学校新建桃李园，等等。学校始终注意挖掘自身的教育资源，坚持南开德育教育特色，以学校杰出校友、优秀毕业生为学习榜样，建造南开人自己的精神家园。

第四节　以课程为中心，推动教学改革

> 教学改革的突破口是课程 / 建立"白色、绿色、蓝色"三色板块式课程体系 / 南开中学成为新课程实验全国样本校 / 试行学分制管理，受到全国高中学分制研讨会的肯定，推动家长教育观念的转变 / 优化体育教育，形成体卫工作的领导机构和工作网络 / 创造课外体育活动"三化、四结合、三个为主"的方法

教育要随着时代的发展注入新的理念，应该如何掌控千变万化的教育教学工作？这一时期，学校领导经过反复思考，认为学校课程的内容、课程的设置实际上反映和决定了教学改革的走向，是教学改革深入发展的"牛鼻子"，教学改革要继续向深入发展，突破口应该是课程。于是，找到了一个"万变不离其宗"的教改原则，这就是以课程为中心。

一、建立"白色、绿色、蓝色"三色板块式课程体系

1994 年在纪念南开中学建校 90 周年时，南开中学总结了学校在"强化课堂教学的目标管理，搞好分层次教学"方面所做的工作：一切从学生的实际出发，因材施教；以单元结构目标教学为中心，规划学科整体目标教学，落实课堂教学目标；实行按程度编班、分层次教学，起始年级开设特长班、理科实验班，加强教学的针对性；强化基本训练，严格对教与学的规范要求，培养学生良好的学习习惯与思维方法，强调深入剖析知识结构的内涵与

外延，引起学生学习基本概念与规律的兴趣。课堂教学坚持适当的高起点、合理的大密度和可行的高速度。开设外语选修课和计算机语言的选修课。改革实验教学，单列实验能力的考核，扩展实验项目，增加投入增设中学与大学接轨的实验内容。试行考试改革，严格章节、年段达标要求，学校组织统一命题，确保考题质量和考试效果。

1995年下学期，南开中学课程改革方面有所突破，建立以"白色、绿色、蓝色"为代表的三色板块式课程体系，该体系的基本内涵是：

白色板块代表必修类学科课程，属于国家级课程，完全按国家教育行政部门的规定和要求执行，其课时、科目、内容、要求、任课教师和学生不得突破和更改，该时空板块仍然实行以教师为主导、以学生为主体的班级授课制，以提高课堂效率为突破口。

绿色板块代表任意选修课和活动类课程，属于校本课程，由学校根据学生的需求和学校的自身条件自行安排，在教师的组织指导下，由学生自己选择。该时空板块打破班级界限，以年级为单位组织，以扩展学习知识面、提高学生多方面能力、鼓励个性和特长发展为目的。

蓝色板块代表自修课，形式上没有老师指导，完全由学生自己安排。为学生提供可以完全自由支配的时空条件，以培养学生自选、自控、自学、自主、自立能力为目标。

白色板块、绿色板块、蓝色板块的三大时空板块科学搭配、统筹安排，使必修类学科课程，任意选修课、活动类课程和自修课都有了各自的时空保障，都能保证落实，为学生的特长发展提供可选择的余地和机会，为学生整体素养的全面发展提供了更好的时空条件。

二、被选定为新课程实验全国样本校

"白色、绿色、蓝色"三色板块式课程体系在逐步实验推进过程中，1997年7月，南开中学被天津市教育局选定为新课程实验全国样本校。学校决定以"白色、绿色、蓝色"三色板块式课程体系为基础，深入研究，不断完善，抓住机遇，乘势而上。

高中新课改教学大纲包括国家、地方和学校三个层面的课程。其中白色板块必修课程的管理与实施，按照以往熟悉的常规进行。绿色板块的校本选修课程如何开得门类多样，有实效，受学生欢迎，则取决于授课教师及校本教材。学校提出了安排绿色板块必须坚持"三个有利于"的观点，即有利于适当补充中学阶段学生知识面的不足和能力的弱点，这是针对旧的课程安排暴露的弊病和不足确定的；有利于发展学生的个性和特长，这是依据学生身心发展的规律和特点确定的；有利于发挥学校的特色和教师的特长，这是依据学校的现状、条件和办学目标确定的。

为保证高中新课程试验的科学性，使其能真正得以落实，学校确立了"大课程观"，进一步实行和完善大课程计划，将学生在校的全部活动时间和内容课表化，在管理上进一步科学化、规范化。

在高中课程改革试验的第一年，学校开设 33 种任意选修课，包括地缘政治、世界纵横谈、高能物理、生命科学、中华文化巡礼、古典诗歌选讲、化学与物质、走遍美国、数学与思维科学、心理健康与人的发展、奇妙的化学世界、科技漫谈、艺术鉴赏、书法与鉴赏、戏剧、球类、田径、科技制作、实验操作、科技英语、舞蹈学与应用、实用电子技术、天文、中国古代文化系列、Look ahead（展望未来）、论辩、围棋、编织、民乐铜管乐、手风琴、声乐。

学校开设的校本课程以教师和学生为参与主体，以"学校特色、教师特点、学生特长"为立足点，凸显人文性、地域性、独特性，紧跟时代脉搏、紧跟科学发展进程。随着教师队伍开设选修课能力的提高，随着校本课程教材的进一步完善，后两年又陆续增加了以下课程：欧美文学简史、意大利语、生命科学、心理学、计算机英语、德语、机械制图、北方曲艺、历史拾趣、气象观测、大爆炸和宇宙膨胀、电子管放大器制作、英美概况（英语）、物理学史、蓝色星球、孙中山思想研究、文物鉴赏、机器人的设计和制造、中国京剧简史、欧盟简介、英国国家文化与习俗、身边的力学、数字电路、英文诵读百篇。

三、试行学分制管理

这一时期南开中学高一学生入学后，都会接到一份《南开中学选修课课表》，上面有选修课的科目、时间与地点。各类不同性质和内容的课程陆续开设，学生在选择，在品评。学校也在不断进行教学反馈，什么样的课程最受学生欢迎，什么的课程应该取消，应该再为学生提供什么样的新课程，学校在课程改革的深化过程中，也在选择、比较、鉴别。

从参加高中课程改革开始，选修课和活动课在鉴别中不断地充实，在选择中不断地改进，在比较中不断地完善。学生在这不断地比较、选择、鉴别中成长、成熟，教师对课程改革的认识也在不断地比较、选择、鉴别中深化、升华。

1999年，经教学管理部门的认真研究，结合我国高中实行高考的现状，确定南开中学实行"学年学分"与"绩优学分"相结合的学分制管理办法。"学年学分"指的是，以学年为单位，规定每个学生必须达到一个基本学分，若未达到需要在高一年级进行补修。"绩优学分"指的是，若某一门选修课取得突出的成绩，可以给予奖励学分。

《南开中学学分制管理办法》中规定：必修课中的学科类课程仍然采用以实施多年的学年成绩管理，成绩合格后给予相应学分；选修课和综合实践活动课则实行"学年学分"与"绩优学分"相结合的办法。选修课和综合实践活动课采用学分制管理卡进行管理，学生选学某门课或参加某项综合实践活动课时，持"南开中学学分卡"上课，通过记录活动次数和表现给予这门科目的基本学分。

各类课程的学分比例根据天津市普通高中课程安排中各类课程的课时比例确定。每一科目学分的计算，原则上以每学期每周授课一节为1学分。经核算，高中学生学年的全部课程总学分为74分。学年学分没达到基本要求时，需在暑假期间通过教师指导与学生自学相结合的方式对未通过的科目辅修，并在开学前给予一次补考机会。若仍未通过，需在第二个学年重修。对学有余力的学生，可申请参加上一年级必修科学年考试，如果通过即可取得该科上一年级学分，升入上一年级后可免修该科，如果上一年级基本学分全部取得，即可跳级。

2002年举行的全国高中学分制研讨会肯定了南开中学的尝试。南开中学经过四年的实践，证明"学分制"与原有的"学时制"相比较有着明显的优势：一是改变学生及家长只重视高考科目，忽略其他选修科目的局面；二是使学生在高中就开始学会对课程的选择，为今后更容易适应大学的学分制管理打下良好的基础；三是为学校办学特色、教师教学特色的发展提供更大的发展空间；四是有效避免学生因少量科目不理想而造成的自卑心理，争取绩优学分（因某一科非常突出而加分），以长补短，使身心健康发展。

实施学分制管理，在南开中学整体素质教育深入发展的形势下，是对教育教学管理制度的一种完善和补充，有利于学生在全面发展基础上的个性发展，有利于学生特长发挥和创新意识的形成。

高中实施的学分制也推动了家长教育观念的转变，使他们开始意识到，选修课、研究性学习、社会实践活动是自己的孩子在高中阶段应该而且必须积极参与的学习过程，这些对孩子今后的发展无论是从实际意义上还是从完成高中学业的意义上都是必不可少的。

四、优化体育教育，打造校园体育氛围

南开中学在重视课程改革的同时，继续优化体育教育。南开中学是全国体育工作先进学校，据南开区教育局体卫科《1995 年南开区中学〈国家体育锻炼标准〉达标统计》显示，南开中学 1995 年体育达标总分为 414.22 分，达标率为 98.31%，优秀率为 25.3%。当年，学校先后组织了校内乒乓球比赛、秋季田径运动会、"三六杯"足球赛和排球赛、冬季长跑比赛等校园体育活动。1996 年 4 月，南开中学体育学科被中华全国总工会评为全国五一劳动奖章先进集体。体育学科获天津市第四届优秀课评选一等奖，9 名体育教师获区级教案评选一等奖，3 篇体育科研论文参加全国青年论文评选。高中、初中篮球队分获市级第一名、第三名，乒乓球队获全市第二名，南开区中小学运动会获团体冠军。当年 10 月，全国 14 省市体育教研会在南开中学举行。1997 年，南开中学体育学科被评为天津市特等劳动模范集体。

南开中学自建校起，就注重通过体育强健学生的体魄。进入 20 世纪 90 年代，学校依然重视体育，健全体卫工作领导和组织系统。学校成立体卫处，组建学校体卫工作领导小组，形成体卫工作的领导机构和工作网络，逐步实践体卫工作制度化规范化科学化。对于学校体育而言，大致可分为三部

分内容，即课堂体育教学、课外体育活动、运动竞赛。南开中学体育学科正是紧紧抓住了这三个方面的内容，使南开体育的优良传统得到发扬。

在课堂教学方面，体育学科始终坚持执行课堂常规，在课堂教学中强化学生的主体意识，引入目标教学思想，实施"浮动分组"，强调个性化教学；改革课程设制，将每班每周两节体育课增加为三节体育课；改革教法和教材，在原中学大纲的基础上，以篮球和跨栏为主要内容，编写了具有南开特色的体育大纲；实行结构化考试，运动体育统计方法，有针对性地关注每个学生的身体状况，为学生选择最佳的锻炼项目。从1991年至2001年的10年间，南开中学体育组教师王肇敏、李忠、孙博、吴梦昀、吴海明、王伟等，在中日韩国际交流课评比和天津市、全国14省市的体育优秀课、目标教学课评比中，获得一等奖。

在课外体育活动方面，体育学科延续20世纪90年代初期提出的"三化、四结合、三个为主"的方法，即活动时间课表化，组织活动形式多样化，竞赛活动制度化；群体活动与教学内容相结合、与达标测验相结合、与运动队训练相结合、与各项竞赛活动相结合；开展活动以班级和个人活动为主，竞赛活动以学校传统项目为主，运动队训练以校代表队为主。由于常年积极开展群体活动，学生体质明显提高，学校体育锻炼标准合格率、优秀率逐年提高，在全市名列前茅。

在运动竞赛方面，南开中学成立高水平运动队，并对运动队训练施行五项目标管理，运动队成绩优良，为国家输送了优秀体育后备人才。学校于1987年成立了高水平篮球队、区级传统田径队。此后，学校还成立了女子排球队、游泳队等运动队。学校将运动队训练和管理纳入教学轨道，安排有技术特长、具有一定训练水平的教师担任教练，制定训练目标及管理办法，做到训练有学期计划、阶段计划，有训练日志，建立了训练检查、验收制度，并对运动员思想品德、学习成绩、日常生活等进行全面管理。学校确定了每周早操6次、训练课4—5次的训练时间，教练经常与班主任互通情况，在训练中要求班主任给予支持，期末由教练和班主任共同给运动员作出全面鉴定。南开中学加强对运动员的思想管理，严格训练，注意德智体全面发展，向国家输送合格的体育运动后备人才。学校的男子篮球、女子排球在全市比赛中摘金夺银，多名学生被选拔进入天津市中学生代表队，参加全国比赛。

第五节　利用改革优势，扩展南开教育外延

　　加快南开中学教育的国际化进程，国际交往更加活跃 / 吸纳企业资金联合办学，组建南开中学石化分校，建立南开翔宇学校

　　南开中学教育教学的外延不断扩展，1987 年 7 月，经天津市政府及教育部门批准，南开中学建立国际部。该部承担学校国际交流，为外籍学生提供初中、高中学历教育及汉语培训、短期文化教育等任务。1987 年招收第一批外国学生。1994 年 3 月，南开中学与天津石化培教中心联合办学，在原石化一中高中部基础上组建南开中学石化分校。同年 7 月，吸收广东省山河实业公司资金，建立民办公助学校南英中学。1997 年 10 月，南开中学吸收天津市浩天房地产开发有限公司资金合作办学，南英中学更名为南开翔宇学校。

一、以国际部为舞台，向全世界展示南开教育

　　进入 20 世纪 90 年代，特别是 1994 年以后，到南开中学就读的外籍学生人数逐年增加，2005 年共有来自日本、韩国、新加坡、德国、澳大利亚、美国 6 个国家和我国港、澳、台地区的学生在国际部学习。通过多方的共同努力，国际部自 2001 年至 2005 年，外籍学生人数以年平均上涨 15% 的速度递增。其组成结构同时发生明显的变化。学生由最初因家长在津工作而申请到南开中学学习，发展到专程来南开中学求学。而且专程来校求学的学生比例在逐年提高，2005 年专程来校求学的学生数量占到外籍学生总数的 53%。

　　几年里，国际部按照教学规律，摸索构建了一整套中学对外国学生教育的课程体系，逐渐形成了一套科学、成熟的教育教学模式。在国家规定的课程体系中，突出了汉语的教学，加强了英语的教学，增加了有利于学生个性的选修课程，等等。实践证明，这一课程体系是家长欢迎，学生受益，而

且为学生的长远发展奠定基础，注入活力。

国际部教学强调在对外籍学生的教育评价与管理上，以激励为主，充分发挥学生在评价中的主体作用，不做"横向比"，强化"纵向比"。比如对某国学生，教师组织学生讨论，评选出某国人的十大优点，张贴出来，并在此基础上结合南开传统的行为准则，制定某国学生的基本行为准则，使学生成为评价准则的制定者，激励学生在日常学习和生活中自我约束，激发了学生的竞争意识，使教师的管理更有实效。外籍学生在南开中学不仅学业成绩和个人修养等方面取得进步，而且感到在中国的生活充实而幸福，心中充满对南开、对中国的热爱。

外籍学生汉语水平逐年提升，2001 年达到汉语六级水平的学生占总数11%；2002 年达到汉语六级水平的学生占 23%；2003 年达到汉语六级水平的学生占 32%；2004 年达到汉语六级水平的占学生总数 40%。其中，还有数人获汉语水平九级、十级证书。通过国家汉语水平考试的学生人数以年平均上涨 11% 的速度逐年递增。教育部规定汉语三级水平就可进入中国理、工、农、西医类院系学习；六级水平可以进入中国文、史、中医类院系学习。

2007 年，南开中学有来自 8 个国家的外国学生 163 人，覆盖 6 个年级。国际部将原来全天插入各班听课的学生变为半日返回国际部单独授课，在原有 A、B、C 三个等级汉语班的基础上增设汉语 D 班层次。针对 80% 以上的学生希望在中国升入大学的要求，国际部确定以北京大学为录取国际学生编制的复习资料作为授课参考教材。

外籍学生从南开中学毕业后，有的回本国上大学，有的考入中国的清华大学、北京大学、南开大学、天津中医学院、北京中医药大学、天津师范大学、北京电影学院等高等院校继续深造。现在，南开中学国际部不仅承担着南开中学的国际教育工作，而且负责全校各项国际交流活动的组织和安排工作，同时成为全校双语教学的教科研中心。

2007 年，南开中学被国家汉语推广领导小组命名为"汉语国际推广基地"。是年，学校派出 15 个师生团赴美国、加拿大、德国、新加坡、韩国、泰国以及中国香港、台湾等地交流，15 名教师和 166 名学生参加交流。学

校和美国加利福尼亚州圣何塞州立大学国际部、密歇根州底特律市 Detroit
County Day School 签署友好协议。德国巴伐利亚州教育部与南开中学合作
在慕尼黑地区 8 所中小学开展汉语教学。学校派出国际部主任马桂芝前往德
国教授汉语，并筹办德国"汉语教育中心"，获得国家汉办的经费支持。学
校办学得到意大利驻华使馆的大力支持，意大利政府无偿为南开中学派遣意
籍教师，开设意大利语选修课。接待美国、加拿大、德国、澳大利亚、新
加坡、韩国、日本、法国、俄罗斯、乌克兰以及中国香港、台湾地区教育
交流团 16 个；接待来自 20 多个省市的 40 多个学访团，到校参观人数超过
5000 人。

二、吸纳企业资金联合办学

南开中学教育教学外延扩张的另一项举措就是与企业资金联合办学。

20 世纪 90 年代初，市场经济全面启动，学校发展面临着新的考验与问
题。这集中体现为两方面的矛盾，一方面是社会上广大家长让孩子接受优质
教育的愿望、升学的需求愈益强烈，而南开中学招生规模有限；另一方面是
社会上一部分先富起来的人愿意出资兴办教育，而南开中学面临经费不足的
尴尬。

1993 年 2 月，中共中央、国务院发布《中国教育改革和发展纲要》，提
出"改变政府包揽办学的格局，逐步建立以政府办学为主体、社会各界共同
办学的体制""对社会团体和公民个人依法办学，采取积极鼓励、大力支
持、正确引导、加强管理的方针""鼓励和提倡厂矿企业、事业单位、社会
团体和个人根据自愿、量力原则捐资助学、集资办学"。

面对招生工作的压力和办学资金的短缺，南开中学为满足更多学生接
受南开教育的愿望，同时补充学校教育经费的不足，拟定建立民办公助学校
南英中学。

1994 年 7 月 12 日，天津市教育局津教字〔1994〕56 号文批复南开中
学，同意建立南英中学，并确定该校为由南开中学帮助兴办的民办公助普通
初级中学。该校吸引广东省山河实业公司资金，当年招收初中部一个班级共
40 名学生。为了让南开优质教育资源走出去，使更多学生受益，同年 3 月

南开中学与天津石化培教中心的联合办学得到天津市教育局的批复同意，南开中学在原石化一中高中部基础上组建南开中学分校，校名为南开中学石化分校。

1995—1996 年，天津市民办公助学校增幅达到高峰。其中以重点校、示范校为依托建立的民办公助学校，成为缓解入学高峰、满足群众择校需求、解决公办校办学经费不足的主力。家长和学生也青睐这些重点校、示范校的"校中校"。

1997 年 10 月，国务院颁布《社会力量办学条例》，南开中学将组建民办学校这一事项提上日程。经过学校的多方考察，天津市浩天房地产开发有限公司最终成为合作者，并投入资金启动学校一期建设。南英学校更名为南开翔宇学校。

1999 年，天津市教育局确认南开翔宇学校为民办学校，并准许增设高中部。此后，南开翔宇学校逐步发展成为小学部、初中部、高中部、国际部齐备的民办学校。南开中学占有南开翔宇学校 40% 股份。南开翔宇学校借居于南开中学南院校舍，调用数十名南开中学教师任课，成为名副其实的"校中校"，在一定程度上挤占了南开中学的教育资源。随着南开翔宇学校规模的扩大，校舍、师资、管理等方面的压力随之显现出来。

2011 年以后，经协商，南开翔宇学校从南开中学南院校区迁出，迁至河西区梅江南新校区。南开中学校舍不足的问题得以解决，南开翔宇学校与南开中学分离。

南开翔宇学校是时代的产物。该校为缓解南开中学的经费压力，为更多学子提供接受南开教育的机会，发挥了积极作用。南开翔宇学校依靠南开中学的教育品牌和资源优势，平稳度过起步期，进入发展期。南开翔宇学校的教育教学水平、学生中高考成绩，在天津市民办公助学校中位列第一梯队。

2008 年 7 月 21 日，原天津浩天集团董事长王小毛涉嫌受贿、偷税一案，在天津市第二中级人民法院开庭审理。此前的 2005 年，王小毛被南开中学选择为办学合作伙伴，身兼南开翔宇学校董事长。王小毛犯罪获刑，给南开中学和南开翔宇学校的声誉带来负面影响，成为其时南开中学教育教学外延扩张中的教训。

第六节　百年校庆系列纪念活动

从学校到校友一起筹划百年校庆纪念活动／南开中学、南开大学举办"百年南开"展览／摄制大型电视纪录片《百年南开》／摄制电视连续剧《张伯苓》／百年南开纪念碑和南开先贤铜像落成／纪念大会与系列活动

2004 年是南开中学建校 100 周年，为展示南开中学百年来的办学成果，总结办学特色和规律，展望南开未来的发展，为南开下一个百年辉煌奠定基础，南开中学从学校到校友筹划开展了百年校庆系列纪念活动。

一、举办"百年南开"展览

2004 年 4 月 28 日，纪念南开中学建校 100 周年活动拉开帷幕。由天津南开中学、南开大学、中国国家博物馆联合举办的"百年南开"展览在国家博物馆一楼大厅举行隆重的开幕仪式。天津市委书记张立昌，全国政协原副主席孙孚凌，天津市委副书记、市长戴相龙，天津市委副书记邢元敏，全国人大外事委员会副主任吕聪敏，教育部副部长吴启迪，文化部副部长周和平等出席开幕式，并在开幕式后参观了展览。开幕式由南开大学党委书记薛进文主持。南开中学校长康岫岩在开幕式上致辞。数百名南开校友和南开师生参加了开幕典礼。

开幕式前，张立昌会见了前来参观展览的嘉宾。他说，百年南开的发展史，是我国近现代教育发展的一个缩影。100 年来，南开学校以其爱国主义的光荣传统、独特的办学理念和管理方法、令人瞩目的办学成绩享誉中外，具有很高的知名度。一代又一代南开学子走出校门，走向社会，为民族的振兴、国家的富强和人民的幸福拼搏奋斗，作出了巨大的贡献。他希望南开学校以百年校庆为契机，认真总结经验，大力弘扬南开精神，树立更高标准，追求更高水平，努力建设世界一流中学和国际知名高水平大学。

展览期间，南开系列学校的各届校友、首都部分大中小学生，以及国内外游客慕名前来参观。重庆南开中学、自贡蜀光中学也分别派人参观展览，并送来了花篮，表达了对百年南开的敬意和祝福。展览的讲解员，则由经过层层选拔的南开大学、南开中学的在校生担任。

展览以"巍巍南开精神"为主题，以"以铸以陶育英才"为主线，分序言、私立南开学校的创办与发展、新中国新南开、创建世界著名的一流中学和创建国际知名高水平大学等五个部分，旨在探索南开系列学校百年来长盛不衰的规律，总结南开百年特色独具的教育理念和办学理念，服务当前和未来教育发展。

在 1400 多平方米的展览大厅内，共展出照片 500 多幅，文物档案 200 多件。用实物、图片等多种珍贵的历史资料及现代化多媒体展览手段，首次向世人全方位展示了南开学校百年演进的历史进程，刻画了一代代南开人为实现救国强国理想而进行的艰难探索，总结了南开学校百年来独具的特色和取得的光辉业绩。展览重点展示了部分党和国家领导人对南开学校发展所作的重要批示和题词，以及周恩来、陈省身、吴大猷、曹禺等著名校友在校期间的珍贵档案和南开学校重大教学科研成果等文物。其中，周恩来南开中学毕业证存根、周恩来入南开大学登记表、20 世纪 80 年代温家宝同志给母校的题词等珍贵档案均为首次向公众公开展览。展览中，还复原了周恩来在南开中学就读时的教室场景。

二、大型电视纪录片《百年南开》问世

2004 年 9 月，大型电视纪录片《百年南开》拍摄完成，并先后在天津卫视和中央电视台中文国际频道播出。

拍摄这部电视纪录片的最初构想，产生于 2002 年 2 月 3 日在南开中学召开的酝酿南开中学百年校庆纪念举措的会议上。会议召集人是 1967 届南开中学校友、时任天津市副市长孙海麟。南开中学领导成员、校友代表和天津电视台负责人参加会议。到会同志一致认为电视片是纪念校庆、宣传南开的有效形式，决定制作南开中学百年校庆的电视纪录片。在其后的几次会议上，确定电视纪录片定名《百年南开》，审定摄制大纲。此后两年半的时间

里，编创人员行程 8 万余公里，采访 200 余人次，拍摄素材 180 多个小时。受访者中，既有天津南开中学、南开大学、第二南开中学师生，也有重庆南开中学、自贡蜀光中学的校友；既有年过百岁的周恩来同级同学卢开津，也有 20 岁出头的，就读于普林斯顿、斯坦福等名校的年轻校友。其间，温家宝总理为该片题写了片名。

大型电视纪录片《百年南开》总顾问赵启正、刘胜玉，总监制、出品人孙海麟，总编导李家森，总撰稿周鸿飞。全片分为 7 集，以时间为序依次是 "教育报国" "含英咀华" "风雨同舟" "沙坪岁月" "寸草报晖" "春风桃李" "日新月异"。电视片集中反映了南开中学的悠久历史和以爱国主义为精髓的南开精神。电视片内容丰富，资料翔实，覆盖了南开系列学校，而且没有停留在单纯凸显南开学子的精英人物，同时关注了在不同岗位上默默奉献的南开学子的普通劳动者。电视片制作运用了全新的技术手段，增强了艺术感染力。

《百年南开》拍摄过程中，各地南开校友会和广大校友为拍摄提供了多方面帮助，感人至深。在长达两年半的时间里，摄制组中的南开校友成员排除各方面困难，弘扬南开精神，做了大量工作；担任编导、摄制的天津电视台电视工作者，则科学合理地安排工作时间，为了准确生动地表现南开百年历史的内涵，认真学习研读历史资料，成了 "南开通"。特别是在 "非典" 肆虐期间，校友和电视工作者坚持开展工作，确保电视片按时完成。

2004 年 9 月 8 日，大型电视纪录片《百年南开》新闻发布会举行。天津市委副书记刘胜玉，市人大常委会副主任张元龙，副市长孙海麟，老同志张昭若，中国科学院院士、南开校友申泮文等出席新闻发布会。刘胜玉指出，电视纪录片《百年南开》的拍摄是天津文化建设的一件大事。这部电视纪录片真实地反映了南开系列学校的发展史，既是对南开百年的纪念，也是对民族精神的弘扬。他强调，南开精神是我们的宝贵精神财富，要进一步加强对南开精神的研究和宣传，更好地弘扬先进文化，促进天津教育和文化事业的发展。

《百年南开》在天津卫视和中央电视台中文国际频道播出后反响强烈，创造了天津卫视的收视率最高纪录，许多观众观后按捺不住激动的心情，通过打电话或写信的方式表达观后感受。《百年南开》后在 2007 年举行的"中国文献纪录片 20 年盛典"中获得优秀作品奖。参与该片制作的总编导李家森，执行编导宋扬、方颖被南开中学授予荣誉校友称号。

本片拍摄之初，编创人员即以开阔的视野确定把《百年南开》做成文化品牌，以电视纪录片为主，完成光盘、访谈文集、纪念画册系列作品。2004 年 6 月起，《百年南开》系列作品陆续由中国社会出版社出版，南开中学 1967 届校友冯义龙担任责任编辑。该系列作品成为献给南开百年校庆的厚礼。

三、电视连续剧《张伯苓》摄制完成

2004 年 7 月 31 日，20 集电视连续剧《张伯苓》在北京钓鱼台国宾馆召开全国首映新闻发布会。全国政协原副主席万国权、孙孚凌，科技部副部长程津培，天津市人大常委会副主任张元龙，国家广电总局、天津市和南开大学、南开中学、重庆南开中学等有关方面负责同志，以及来自海内外的南开校友代表和严修、张伯苓先生的亲属代表，剧组主创人员等近 200 人出席了新闻发布会。

在迎接南开百年校庆之际，电视连续剧《张伯苓》艺术地再现了张伯苓先生创建南开系列学校的艰难历程和他为民族教育事业百折不挠、矢志不移的壮丽人生，充分展示了张伯苓先生强烈的爱国主义精神、高尚的道德情操和人格魅力。

电视连续剧《张伯苓》总顾问刘胜玉，总监制肖怀远，总编剧周振天，导演周友朝，剧中张伯苓由著名影视演员唐国强饰演。全剧在拍摄过程中，编、导、演等各个环节精益求精，一丝不苟，以宏大的视野和细腻的手法，成功塑造了张伯苓这位近代杰出的爱国教育家的光辉形象。整部电视剧主题深刻、情节生动、人物丰满、真实感人，得到了国家广电总局、全国重大革命历史题材影视创作领导小组和有关专家学者的充分肯定和高度评价。

四、百年南开纪念碑和南开先贤铜像

2004 年 10 月 6 日，百年南开纪念碑和南开学校创办人严修、张伯苓铜

像及杰出校友周恩来青年时期铜像，在南开中学东侧的翔宇公园落成揭幕。

翔宇公园所在地即原来南开中学东侧的平房区，是一片 40 余亩的"三角地"。地域内有大量旧平房，环境较差。2003 年 7 月 22 日，天津市委副书记邢元敏主持召开学校布局调整领导小组第五次会议，市委常委、市委教卫工委书记陈超英，副市长陈质枫、张俊芳出席会议。会议听取南开中学关于改善学校以东环境问题的汇报，并就相关问题进行研究，议定由陈质枫牵头，召集有关部门研究该地域规划和建设问题，力争 2004 年 10 月前竣工。

2004 年 10 月初，翔宇公园建设竣工并对外开放。公园以南开杰出校友周恩来的字"翔宇"命名，成为天津内环线上最大的开放式文化休闲公园，并充分体现南开中学深厚的文化底蕴。翔宇公园的中心建筑是一座红色的栋梁雕塑，为"南开"二字的变形体，像参天大树一般挺拔向上，象征着南开中学的莘莘学子将成为祖国未来的栋梁之材。

10 月 6 日，由南开校友捐资兴建的百年南开纪念碑和南开学校创办人严修、张伯苓铜像及杰出校友周恩来青年时期铜像在翔宇公园内落成揭幕。中国科学院外籍院士、南开校友陈省身为百年南开纪念碑题写碑名，南开大学副校长、南开校友陈洪撰写碑记。该项工程由南开中学 1960 届校友史学仁发起并总其成，1967 届校友冯笪协助推进。纪念碑由 3 块方碑排列而成，分为"形说南开""字说南开""图说南开"三部分，造型似"100"，寓意南开百年历程。碑长 20.04 米，高 4.8 米，寓意着 2004 年兴建和南开学子由四面八方来，学成后到四面八方去。碑的正面 5 幅浮雕"兴学救国""伟哉公能""校园蒙难""弦诵未辍""我爱南开"，反映了南开学校走过的百年历程。浮雕文字说明由南开校友周鸿飞撰写。碑的背面为南开校训、校歌和容止格言，以及著名校友、知名人士对南开学校的评价。捐资者名单按届别排序，名列第一的是国际数学大师、南开大学 1930 届校友、93 岁的陈省身先生，时任国务院总理、南开中学 1960 届校友温家宝名列名单二排右数第 5 位。

五、纪念大会与系列活动

2004 年 10 月 16 日上午，南开中学建校 100 周年、南开大学建校 85 周年纪念大会在南开中学瑞廷礼堂隆重举行。天津市委书记张立昌出席大会，并亲切会见与会嘉宾和校友代表，代表市委、市政府向南开中学、南开大学的全体师生员工和海内外校友表示热烈的祝贺。全国政协原副主席、南开校友孙孚凌、万国权，市委副书记、市长戴相龙，国务院新闻办主任赵启正，科技部副部长程津培，教育部高校设置评议委员会主任张孝文等出席会议。

上午9时30分，纪念大会在庄严的国歌声中开幕。张孝文宣读了教育部的贺信。南开中学校长康岫岩、南开大学党委书记薛进文分别致辞。中国科学院院士刘东生、美国旧金山海湾区南开校友总会会长林升恒分别代表海内外校友致辞。南开大学博士生导师石峰、南开中学学生会主席陈晨分别代表在校教师、学生发言。

受张立昌的委托，市委副书记邢元敏致辞，代表中共天津市委、天津市人民政府，向两校全体师生员工和海内外校友表示热烈祝贺。他说，100年来，南开学校秉承"允公允能，日新月异"的校训，发扬"爱国、敬业、创新、乐群"的优良传统，培养了周恩来总理为杰出代表的一代又一代国家栋梁。新中国成立后，特别是改革开放以来，南开大学和南开中学认真贯彻党的教育方针，坚持社会主义办学方向，努力提高教育质量和科研水平，为全国和天津的发展作出了重要贡献。希望南开师生以校庆为契机，大力弘扬南开精神，借鉴、吸收国内外先进的办学方式和管理经验，努力建设世界著名一流中学和国际知名高水平大学，为实施科教兴国战略和人才强国战略作出新的更大的贡献，再创新的辉煌！

市领导同志王文华、张元龙、孙海麟、周绍熹和乔富源、何荣林，老同志张再旺、聂璧初、刘曾坤、何国模、钱其琛、王鸿江等出席会议。两院院士、南开校友叶笃正、申泮文、张滂、梁思礼、刘宝珺、王大中、王静康等，国家及市有关部委办的同志，各方面知名人士，以及南开系列学校创始人和先贤严修、张伯苓、王益孙、喻传鉴等先生的亲属代表也出席纪念大会。南开大学、南开中学师生代表，天津第二南开中学、重庆南开中学、自贡蜀光中学的代表，天津市及各地大学、中学的代表参加了大会。大会在雄壮的南开校歌中结束。会后，各届校友安排了不同的联谊活动。

校庆期间，学校开展了各种精彩纷呈的庆典活动。数千校友回到母校，共庆南开百年华诞，共享南开人的欢乐时刻。10月15日，以"人才培养与社会进步"为主题的"百年南开"高峰论坛分别在南开中学、南开大学举行。10月16日，南开中学校史馆开馆，全国政协原副主席、南开中学校友孙孚凌，全国政协原副主席、南开中学校友万国权为校史馆揭幕。校史馆坐落于学校现存的建设时间最早的建筑物伯苓楼，分为5个展室和周恩来专题展室，利用大量珍贵的照片、文字和实物等历史资料，真实反映了南开中学的百年发展历程。校史馆内还建有南开中学创始人之一、爱国教育家张伯苓的校长室复原室及杰出校友周恩来在南开中学就读时的教室复原室。同日，南开中学和校友共同筹办的百年校庆书画展在范孙楼开展。

10月17日晚上，南开中学与天津电视台联合举办的"百年南开 永远年青"庆祝晚会在南院大操场举行。晚会为南开百年校庆画上圆满句号。

百年校庆系列活动的开展和相关文化成果的问世，为总结南开的办学经验，进一步扩大南开的影响力，凝聚海内外南开校友感恩母校、回报母校的情怀，发挥了巨大而深远的作用。在筹备校庆的过程中，南开历届校友积极参与，为相关活动和成果的开展、制作，做了大量艰苦细致的工作，践行传播了南开精神。

六、育才硕果累累，学生屡创佳绩

"春华起南开，秋实献九州"。纵览南开中学百年历史，南开学子始终站在时代的潮头，用生命和热血书写对国家与民族的忠诚。杨坚白在总结南开教育时曾说，"允公允能，日新月异"的南开精神"培育了成千上万的青春少年，他们走进社会都成为利国利民的有用之人、栋梁之才。南开中学对国家对民族的贡献，蜚声中外，这样的名气从哪里来？得之于南开校友足迹遍天下，广大校友在社会各个角落多有使人爱慕的表现，无论在政治上、学术上、艺术上、体育上都有堪称魁首的人才"。

1937年，张伯苓向南开毕业生讲话时曾说："你们好比是要出厂的产品，我是工厂厂长，我要严格掌握质量，不准废品出厂，因为我不严格，对你们和国家都没好处。"100年来，张伯苓的讲话被反复验证。南开中学百年办学的最大成绩，是为国家和社会培养了大批"公能"兼具、德才兼备的优秀人才。他们中有大量的精英，也有无数默默无闻、脚踏实地工作在本职岗位上的普通劳动者，他们都是国家需要的合格人才。

进入新时期，南开中学优质的基础教育硕果累累。南开中学高中实行在全市范围内择优录取后，一批批文化基础好、求知欲强的尖子生进入南开中学。20世纪80、90年代至21世纪初叶，南开中学多名学生在国际中学生学科奥林匹克竞赛中摘金夺银。1997年，学生王晨扬获第28届中学生国际物理奥林匹克竞赛金牌，学生刘媛获第14届全国中学生物理奥林匹克竞赛一等奖，并进入国家集训队。1998年，学生刘媛获第29届国际中学生物理奥林匹克竞赛金牌，并获世界最佳女选手称号。1999年，学生吕莹获第16届全国中学生物理奥林匹克竞赛决赛一等奖，并进入国家集训队。2001年，学生吕莹获第31届国际中学生物理奥林匹克竞赛金牌。2005年，学生李安获第36届国际中学生物理奥林匹克竞赛金牌。2007年，学生宫鹤获全国中学生数学奥林匹克竞赛一等奖，并进入国家集训队。一大批学生在学科竞赛中获得国家级奖励，每年均有数十名优秀毕业生进入清华、北大和世界前一百名学校。这些新涌现的优秀学生的共同特点是，思想解放，知识结构新，不安于现状，创业意识强，创新精神强烈，大多有出国留学和海归经历。他们愿意报效祖国，愿意干出一番事业。但他们与老学长、老前辈相比，还没有较大的名气。他们正在历练，他们还在路上。

第十二章　办学创新（2010—2024）

走过了100余年办学征程的南开中学，面对飞速发展的时代，只有与时俱进，才能继续引领中国基础教育的发展。

2011年10月25日下午，时任中共中央政治局常委、国务院总理、南开中学杰出校友温家宝回到母校，他在瑞廷礼堂与南开师生谈心时讲道："南开培养了我，南开是我心里的一块圣地，我是爱南开的。过去如此，现在依旧，而且愈发强烈。南开精神像一盏明灯，始终照亮着每一个南开人前进的道路。我愿同师生们一起奋斗，做一个无愧于南开的南开人！"

一代代南开人弦歌不辍，铸就了南开教育的辉煌，新时期的南开人不辱使命，继续谱写南开教育的新篇章。2010年起，南开中学开启教育管理体制改革的创新实践，成立南开中学理事会。在南开中学理事会的领导下，学校面对新机遇，迎接新挑战，积极探索创新人才培养途径，坚定不移地实施素质教育，深入挖掘推动南开中学发展的优质资源，摸索在新形势下历史名校可持续发展的实践经验。

这一时期南开中学各项工作的突出亮点是，发掘历史资源，坚持改革创新。早期南开中学为了实现育才报国的办学目标，追求"模范"品位的努力是多层面全方位的，其进步性精华可资今日办学参考。南开中学理事会珍视历史资源，以总结并发掘这些历史资源为己任，将其作为办学思路的切入点之一，呈现出前所未有的局面。

2014年10月，南开中学迎来建校110周年纪念日。在这个重要的历史节点，南开中学理事会和学校领导班子以庄重和节俭为基调，回顾历史，总结经验，保持冷静，继续前行。学校编辑出版《天津南开中学志》《天津南开中学办学实践与特色》和"周恩来南开中学丛书"，举行纪念大会，举办国际基础教育校长论坛，主办国际中学生科学大会，校园文化建设成果空前丰硕。南开校友温家宝学长关于"一定要把南开办成中学模范"的校庆题词，更让今日南开的发展，承续南开先贤的追求，南开人任重而道远。

第一节　成立南开中学理事会

> 建立理事会决策的管理体制 / 组建专家型的理事会团队 / 实行理事会领导下的校长负责制，推行有南开特色的素质教育 / 探索公立学校增强办学活力的体制改革之路

2010 年 3 月 5 日，第十一届全国人民代表大会第三次会议在人民大会堂举行。国务院总理温家宝在会上作《政府工作报告》，指出：要全面实施科教兴国战略和人才强国战略，优先发展教育事业，大力推进教育改革。要对办学体制、教学内容、教育方法、评价制度等进行系统改革；坚持育人为本，大力推进素质教育；探索适应不同类型教育和人才成长的学校管理体制和办学模式，提高办学和人才培养水平。

一、得社会之关注，探管理体制创新之路

在天津市委、市政府的领导下，南开中学贯彻《国家中长期教育改革和发展规划纲要》中关于深化教育体制改革，开展现代学校制度创新试点的有关精神，开始积极探索现代学校管理制度改革。2010 年 3 月 16 日，天津市委常委、市委教育工委书记苟利军，副市长张俊芳到南开中学宣布天津市委、市政府决定：在南开中学进行基础教育学校管理体制改革试点工作，成立天津市南开中学理事会筹备组，筹备组由天津市人大常委会原副主任、南开中学校友孙海麟任组长，成员由天津市教委主任靳润成、南开中学校长杨静武组成。

决定宣布后，孙海麟到南开中学主持理事会筹备工作。孙海麟，1946年出生，天津市人。中共十五大代表，十一届全国人大代表。天津师范学院

数学系大学普通班毕业，天津大学工商管理专业在职研究生学历，清华大学高级管理人员工商管理硕士。曾任天津市河西区教育局干部；共青团天津市委学校部部长。1983 年 9 月起，历任共青团天津市委副书记、市青联主席，主持团市委工作；天津市体委副主任，党委常委。1991 年 2 月起，先后任天津市旅游局党委书记、局长，天津市塘沽区委副书记、区长、区委书记。1998 年 5 月起，先后任天津市副市长、天津市委常委，市政府党组副书记，市委政法委副书记。2007 年 2 月起，先后任天津市委常委，天津市人大常委会副主任、党组副书记。

孙海麟在任期间主持的县区经济、水利建设、信访工作卓有成效；打造的天津女排精神成为城市名片；担任北京奥组委委员、北京奥运会天津赛区领导小组组长，建设奥林匹克"水滴"工程，圆满完成火炬接力和赛事组织。孙海麟系天津南开中学 1967 届高中毕业，在校时曾任校学生会主席。他关心母校发展，重视南开文化，策划并领导完成电视专题片《情系南开》、大型电视纪录片《百年南开》、图书《感念南开》《杨志行传》《中国奥运先驱张伯苓》《津门教育家杨坚白》等南开题材作品。

在孙海麟主持下，2010 年 4 月 1 日，爱国教育家严修诞辰 150 周年纪念活动隆重举行。市委书记张高丽作出批示。市人大常委会主任刘胜玉，全国人大常委会委员、全国人大教科文卫委员会副主任委员程津培，市人大常委会副主任张元龙，市政协副主席张大宁，以及南开中学、南开大学、天津第二南开中学、重庆南开中学、自贡蜀光中学的负责同志出席在瑞廷礼堂举行的纪念严修先生诞辰 150 周年纪念大会。副市长张俊芳讲话，希望南开中学抓住历史机遇，创新管理体制机制，努力培养大批拔尖创新型人才。

南开中学进行的管理体制改革工作受到各级领导同志的格外重视。2010 年 5 月 18 日，时任中共中央政治局委员、天津市委书记张高丽到南开中学调研；6 月 2 日，天津市委常委、市委教育工委书记苟利军到南开中学调研；6 月 26 日，孙海麟在天津迎宾馆向前来检查工作的教育部部长袁贵仁汇报工作。在各级领导的支持和社会各界的关注下，经过三个多月紧张积极的筹备，2010 年 6 月 11 日，天津市教委批准同意天津市南开中学成立理事会。

2010 年 7 月 1 日晚上，天津市委书记张高丽会见了出席南开中学理事会第一次会议的全体人员。他祝贺此次会议即将召开，希望理事会认真学习贯彻《国家中长期教育改革和发展规划纲要》，要把天津市南开中学办成全国教育改革创新的示范校。陪同会见的有市委常委、市委教育工委书记苟利军，市委常委、市委秘书长段春华，副市长张俊芳等。

2010 年 7 月 2 日上午，天津市南开中学首届理事会第一次会议举行。会议由南开中学理事会筹备组组长孙海麟主持，理事会筹备组推荐的首届理事会成员参加会议。孙海麟向与会人员介绍推荐提名的理事名单，以及拟聘任的荣誉理事和顾问名单。会议对理事长、副理事长、理事的建议名单进行了表决，选举孙海麟为天津市南开中学理事会理事长；程津培、于再清、王静康为理事会副理事长；张元龙、张大宁、靳润成、陈洪、廖理、王博、杨静武为理事会理事。会议对荣誉理事和顾问的建议名单进行了讨论，一致同意推选王大中为天津市南开中学理事会荣誉理事长；申泮文、杨志行、叶笃正、梁思礼为理事会荣誉理事；赵启正、顾明远、吴敬琏为理事会顾问。

会议上，新产生的南开中学首届理事会对拟定的《天津市南开中学理事会章程（讨论稿）》进行了热烈讨论。理事会法律顾问矫捷宣读了《章程（讨论稿）》。理事会成员就《章程》中提出的理事会成立背景、工作宗旨、组织构成、议事规则，以及学校的培养目标、发展道路等问题提出了不少建设性的意见和建议。理事们提出，教育改革要适应国家经济社会管理体制改革的要求。教育要面向现代化，面向世界，面向未来。教育要培养学生德智体美劳全面发展。要以育人为本，注重培养学生综合素质，使学生成为社会主义建设事业的优秀人才。要逐步建立中国特色社会主义教育体系，把继承优良传统与发扬时代精神结合起来。要在贯彻规划纲要方面走在全国前列，要做教育改革创新的试验校、示范校。努力争取做教育改革特区。经过充分讨论，会议决定原则通过《天津市南开中学理事会章程》，同时将根据理事会成员提出的建议对《章程》进行修改完善，经理事认可后授权理事长签发。

会议最后，理事长孙海麟讲话。他表示，当选理事会理事长倍感荣幸又责任重大。一定要高质量地完成市委、市政府决定在南开中学成立理事会的战略部署，贯彻"先行先试"的改革要求，积极探索学校教育管理体制创新，推进并完善理事会领导下的校长负责制，带领广大师生推动南开中学更好更快发展。

根据理事长在首届理事会第一次会议上的提议，2010年9月3日下午，天津市南开中学理事会成立大会在瑞廷礼堂隆重举行。大会由南开中学理事会副理事长、全国人大常委会委员、中国科学院院士程津培主持，南开中学理事会理事长孙海麟，南开中学理事会荣誉理事长、清华大学原校长王大中，荣誉理事、中国科学院院士申泮文，荣誉理事、天津市教育局原副局长、南开中学原校长杨志行，南开中学理事会顾问、中国教育学会会长顾明远，南开中学理事会副理事长、中国工程院院士王静康，理事、天津市中医肾病研究所所长张大宁，理事、北京大学哲学系主任王博等出席会议，南开中学师生参加大会。

大会宣读了天津市教委《关于同意成立天津市南开中学理事会的批复》，并向与会人员介绍了南开中学理事会组成情况，以及荣誉理事长、荣誉理事、顾问和理事简况。大会宣读了南开中学理事会聘任杨静武等同志为南开中学校长、副校长的决定，向他们颁发聘书。还宣读了授予杨志行同志为南开中学终身名誉校长的决定，向杨志行颁发荣誉证书。

二、诚邀教育精英和杰出校友，组建专家型决策团队

天津市南开中学理事会的成立，开启了南开中学办学模式和管理体制改革的全新探索。在首届理事会第一次会议上，选举产生南开中学理事会成员，他们精通教育，熟悉南开，共同组建成一支专家型决策团队。这支团队由热心基础教育、关心支持南开中学发展的杰出校友、知名教育家组成，并且由一些关心南开中学发展的社会知名人士担任荣誉职务和顾问。在首届理事会成员中，有王大中荣誉理事长、申泮文荣誉理事、叶笃正荣誉理事、梁思礼荣誉理事、吴敬琏顾问等德高望重的老学长；有在南开中学先后担任校长26年、被授予南开中学终身名誉校长的杨志行荣誉理事；有顾明远顾问这样的教育大家；有程津培副理事长、王静康副理事长、赵启正顾问、张元龙理事、张大宁理事等著名校友；还有于再清副理事长、廖理理事、王博理事等知名学者。这些名师大家以对国家教育事业的热心和对南开中学的关爱，拨冗参与南开中学理事会工作，作为学校发展的"智库"，为学校发展"把舵"。

首届理事会成立后，不断加强自身建设，积极将更多关心南开、热爱南开、支持南开的各界杰出人士吸引进来。2011年6月，马跃美调任南开中学校长。马跃美，1962年出生，南开中学1980届高中毕业，曾任天津医科大学教务处处长、继续教育学院院长兼党总支书记、广东路校区管委会主任，博士，教授。2012年5月，理事会聘请饶子和、白岩松、金一南任南开中学理事会荣誉理事，聘请马跃美任南开中学理事会理事；2014年4月，聘请廖心文任南开中学理事会荣誉理事，聘请王璟、周鸿飞任南开中学理事会理事。

截至2014年7月，除工作变动、病故的成员外，南开中学首届理事会成员共计23人，他们是：荣誉理事长王大中，荣誉理事申泮文、梁思礼、饶子和、白岩松、金一南、廖心文，顾问赵启正、顾明远、吴敬琏，理事长孙海麟，副理事长程津培、于再清、王静康，理事张元龙、张大宁、靳润成、陈洪、廖理、王博、马跃美、王璟、周鸿飞，法律顾问矫捷。

首届理事会成员都是各个领域的精英，工作异常繁忙，但对于南开中学的工作均给予极大的支持，尽心竭力为南开中学的发展献计出力。在每届理事会会议上，与会人员都为学校发展出谋划策，提出的建议既高瞻远瞩，又脚踏实地，为学校的发展决策提供了智力支持。荣誉理事长王大中关注并支持南开中学的管理体制改革，并多次就学校改革发展的长效机制与理事长孙海麟进行探讨。在副理事长程津培的努力下，学校先后与复旦大学、南京大学、浙江大学、哈尔滨工业大学、西安交通大学、中国科学技术大学、上海交通大学、北京航空航天大学等重点高校签署了人才培养合作协议。在这些高校的协助下，创建了南开中学体验创意中心，为学生的科学探索提供了高水准的平台。在赵启正顾问的指导下，南开中学学习研究周恩来活动蓬勃开展，成果丰硕。荣誉理事白岩松参与策划南开中学建校110周年纪录片《南开与中国》的拍摄。自南开公能讲坛开办以来，有13位理事会成员到校为师生进行精彩报告，极大地拓宽了学生的视野。

三、积极履行理事会工作职责，推动学校教育教学改革

根据理事会章程规定，理事会是南开中学的最高权力机构，南开中学实行理事会领导下的校长负责制。理事会的工作宗旨是遵循基础教育的规律，着眼于世界教育发展趋势，面向现代化、面向世界、面向未来，实施素质教育，以育人为本，坚持立德树人，探索与建立有利于南开中学创新和发展的现代学校管理体制和机制，充分调动社会各方面力量关心和支持学校发展，增强办学活力，把南开中学建设成为具有中国特色、世界一流、在国内外有影响的高水平学校，为国家的经济社会发展培养造就更多的德智体美全面发展的优秀人才。

从成立之日起，南开中学理事会就注重自身的规范化建设，依法民主履行职权。根据理事会章程的规定，理事会对南开中学的重大事项享有决策权，行使的职权包括：研究确定南开中学的办学宗旨、发展战略及中长期改革发展规划；审议批准南开中学年度发展计划、目标任务并指导、监督其实施，对是否达到计划目标进行评估，并在此基础上调整发展方案；监督国家规定的教育课程方案及推进素质教育的各项任务的有效实施，审查学生在综合素质评价和学业水平考试的表现情况；研究和确定促进学生的精神、道德、情绪以及个性方面的发展方案，确保学校能为所有学生提供适合的教育；审议批准学校的重大结构调整、重点机构设置方案和重要规章制度等；审议批准学校的年度财务预算，监督学校的各项主要开支；聘任及解聘校长，报市教委批准；支持、监督和考核校长工作，听取校长年度述职报告，对校长年度履职情况进行评价并实施奖惩；学校其他重大事项的决策。

南开中学理事会实行民主集中制，主要通过召开理事会会议，对学校重大事项进行讨论，由理事会集体作出决议，并监督实施。自2010年至今，在理事长孙海麟的带领下，理事会积极履行职责，解放思想，凝聚智慧，进行了许多开创性的工作。南开中学理事会作为学校的最高行政权力机构，根据国家对人才培养的需求，按照上级主管部门对南开工作的要求，结合南开中学的教育实际，代表国家领导学校工作，对学校工作实行了强有力的领导。在理事会的领导下，学校管理体制不断完善，完成校长和副校长的聘任，并对行政领导班子进行考核。在南开中学滨海生态城学校建设、南开翔

宇学校迁出南开中学校园、南开区政府人防办公室迁出南开中学校园等问题上，理事会都很好地发挥了维护南开中学核心利益、维护南开中学办学声誉的重大作用。

四、在实践中探索百年名校的创新发展

南开中学理事会的成立，是推动南开中学教育发展的一场深刻变革，也是为基础教育历史名校改革的破冰之旅。这是新中国公办学校的原创性改革实践，是南开教育的自主创新。经过几年的积极探索，南开中学理事会始终坚持科学发展的态度，既不搞无的放矢的盲目行为，也不搞急于求成的立竿见影，理事会各项工作在全社会各方面的关注与支持下，稳步推进，日趋规范，不断成熟，并逐渐形成了以下共识：

（一）理事会的首要职责是办好南开中学，推动学校的改革创新。南开中学在中国基础教育领域有重要的地位，办好南开中学是社会各界的期待，也是南开中学管理者的责任。近年来，南开中学实行理事会领导下的管理体制改革，目的是推动南开中学的教育创新，继续提高南开中学的育人质量，继续保持南开中学在基础教育中的领先地位。南开中学理事会立足于南开中学的实际，寻求植根于南开中学历史文脉的改革策略和创新手段，加快南开中学发展步伐。只有把南开中学办好，让人民满意、让社会放心，南开中学才能继续引领中国基础教育的发展，为教育改革积累宝贵的实践经验。

（二）理事会的突出特色是推行校本管理，增加学校活力，推动学校特色发展。不断扩大办学自主权，改变千校一面是近年来教育改革的总体趋势。南开中学实行理事会的领导就是在探索公立学校如何在国家统一管理的背景下增加办学活力。南开中学理事会代表国家领导学校工作，规划学校建设，监督学校事务，研究和解决学校发展的重大问题。在学校上级领导和学校内部行政领导之间开拓工作范围，完成上级宏观指挥难以落实、学校行政难以全局把握的有关工作。

（三）理事会的最大优势是能够广泛争取社会各方面的支持，拓展教育资源。学校发展的动力在创新，创新离不开对现有模式的突破，而突破需要

社会的广泛参与和监督。理事会成立以来，积极争取到各级主管部门的支持，率先在招生模式、培养方式等方面进行大胆实践。理事会成员作为各自所在领域的精英，凝聚社会各方面的资源，积极参与南开中学的发展建设。在理事会的指导下，学习研究周恩来小组、南开中学教育基金会、南开校史研究中心等机构有序运转，在筹集社会善款奖励优秀师生、推动学校文化建设方面取得突出成绩。正是引入丰富优质的社会资源，南开中学的办学才有了更坚实的物质基础，办学的思路得以拓宽，办学环境得以优化，学校在回报社会的同时，也得到社会对其价值的认可。

南开中学理事会所开展的工作许多都是开创性的，没有经验可循，但其始终坚持"南开传统，时代精神，国际视野"的办学主旨，认认真真地思考，踏踏实实地实践，努力使南开中学的发展具有前瞻性和可持续性，能够面向未来，适应社会，服务国家。几年来的实践表明，理事会的领导作用在学校发展建设中不断凸显，以理事会为领导的国有全资学校管理初步显现了体制优势，即校本管理优势，改革设计优势，拓展资源优势，层次便捷优势，综合素质优势，特色发展优势，南开中学理事会这一崭新的公办学校的管理体制能够为历史名校在更高起点上的可持续发展提供改革创新的宝贵经验。

第二节　学习研究周恩来提升到新水平

创建周恩来班，传承并发扬周恩来精神 / 成立学习研究周恩来小组，追寻南开精神的"DNA" / 深入发掘中学时代周恩来成长轨迹，编辑出版"周恩来南开中学丛书" / 以纪念周恩来入学南开中学 100 周年为契机，把学习周恩来活动推进到新水平

天津南开中学是敬爱的周恩来总理的母校，周恩来是南开中学最杰出的校友。2010 年 8 月 25 日，全国政协常委、全国政协外事委员会主任、南开中学 1958 届校友赵启正曾说，南开精神的具体形象就是周恩来，想到他的人格、他的贡献和他的伟大，就会知道拥有这样"南开精神的 DNA"，将

使我们无往而不胜，就能够为国家、为人类做更多的事情，这就是南开人与别人不同的资源。

一、"以周恩来为人生楷模"，激励南开学子成长成才

"以周恩来为人生楷模"一直是南开中学师生的人生信条和理想目标，不断激励着一代又一代的南开学子成长成才。在南开中学的校园里，至今保留着周恩来上学时的教室、宿舍、毕业证书存根。校园中矗立着的周恩来铜像每天默默注视着南开学子的进步和成长。

从改革开放之后的1979年至今，每年3月5日，南开中学都要召开纪念周恩来诞辰暨表彰先进大会，在各方面取得优异成绩的集体和个人在大会上接受表彰。选择周恩来诞辰的3月5日来表彰先进，是希望南开学子能够时刻以"周恩来为人生楷模"，以周恩来精神激励南开学子取得更突出的成绩。

从2003年开始，每年的"三五"表彰大会上又增添了一项内容——命名"周恩来班"。"周恩来班"是南开中学班级的最高荣誉，每年评选一次，学校制定出《"周恩来班"创建条例》，申报班级要经过严格的评估和考核，争创"周恩来班"，成为全校优秀班集体奋斗的目标。自开展创建"周恩来班"活动以来，已有21个优秀集体先后获得"周恩来班"荣誉称号，"像周总理那样学习，像周总理那样工作，像周总理那样活着，成为周总理那样的人"已经深深扎根于每一位南开学子的心中，成为他们奋发进取的不竭动力。南开中学的"周恩来班"创建活动成为全国创建"周恩来班"的数百个单位的缩影，它把学习伟人精神同德育活动结合起来，是今天弘扬社会主义核心价值体系的有力抓手，作为周恩来总理的母校，通过创建"周恩来班"活动，传承并发扬周恩来精神，坚持"以周恩来为人生楷模"的教育主线，成为今日南开人的荣耀和使命。

二、追寻南开精神的"DNA"，成立学习研究周恩来小组

南开中学理事会成立后，理事会高度重视学校一直坚持开展的"以周恩来为人生楷模"的教育活动，并根据1958届校友赵启正的建议，组建学

习研究周恩来小组，将学习研究周恩来活动向更深层次、更高水平推进。

2010 年 8 月 25 日，学习研究周恩来小组成立，赵启正任荣誉组长，孙海麟任组长。同时，聘请周恩来总理亲属、全国政协委员周秉德，周恩来总理秘书、武警指挥学院原副院长纪东少将，周恩来总理卫士、中央警卫局原副局长高振普少将，天津市北辰区人大常委会原副主任、全国人大代表邢燕子，天津市宝坻区政协原主席侯隽，今晚传媒集团社长、总编辑贾长华，天津日报社总编辑王宏等人担任学习研究周恩来小组顾问。

在成立大会上，学习研究周恩来小组组长孙海麟强调了学习研究周恩来总理和成立学习研究小组的三方面重大意义：一是更好地缅怀和纪念周恩来总理；二是向周恩来总理学习，以周恩来为人生楷模；三是成为全国相关领域学习研究周恩来总理的最权威单位。孙海麟要求全校师生深入扎实地开展学习研究周恩来小组的活动，着重学习周恩来为国家和民族利益无私奉献、鞠躬尽瘁的爱国主义情操；学习周恩来"为中华之崛起而读书"的崇高思想境界；学习周恩来为人民服务的高尚品质；学习周恩来艰苦朴素的生活作风；学习周恩来稳健持重、不卑不亢的礼仪风范。同时，强调研究要有规划，要突出重点，要出精神成果；要求真务实，严谨细致；要找准切入点和突破口；要整合资源，形成合力；要坚持不懈，持之以恒。

在成立大会上，学习研究周恩来小组荣誉组长赵启正以《追寻南开精神的"DNA"》为主题，为全校师生作了极其精彩的报告。他满怀深情地回忆了自己在南开中学的生活，并就学习研究周恩来提了很多建设性的意见和有益的指导。他在讲话中指出，南开中学成立学习研究周恩来小组最有资格、有最现实的可能，因为南开中学有历史资源，有老师和同学们的愿望做基础，他希望同学们要保持南开的"DNA"那就是南开精神——"允公允能，日新月异"，同时要努力向长者学习、向书本学习。讲话结束后，赵启正还与在场的师生进行了精彩的对话，对话中流露的智慧和真情激起了会场上热烈的掌声。

学习研究周恩来小组是南开中学师生和校友组成的群众性学术团体，在学校理事会的指导下开展工作。学习研究小组的工作宗旨是充分利用学校现存的丰富史料，并与相关机构、团体合作，搜集、整理、学习、研究周恩来青少年时期的成长轨迹，学习周恩来的理论思想、人格魅力、精神风范、品德作风，弘扬周恩来精神，引导广大师生以周恩来为人生楷模，为国家的经济社会发展培养造就更多的德、智、体、美全面发展的优秀人才。

学习研究周恩来小组成立后，南开中学"以周恩来为人生楷模"的教育活动进一步规范化，更加接地气，活动效果显著提升，学习研究小组积极开展并指导各项学习研究周恩来活动。2013年1月8日，学习研究周恩来小组举行学习研究周恩来成果汇报会，高二（2）班学生石添硕汇报学习体会时说："通过学校为我们搭建的平台，我有机会探索、学习周恩来精神。作为学习研究周恩来小组的成员，在学习周恩来精神的过程中，我有幸聆听了唐家璇、廖心文等长者对周恩来精神的解读；我选修了《以周恩来为人生楷模》课程，通过阅读我校的教育读本以及老师提供的其他文献资料品读总理精神；我还在周恩来邓颖超纪念馆长期担任义务讲解员，进一步加深了对周恩来精神的体悟。"

三、挖掘中学时代周恩来成长轨迹，编辑出版教育书籍

周恩来是从南开中学走上波澜壮阔的人生道路，南开中学的求学经历是青年周恩来重要的成长阶段，在南开中学接受的教育也对周恩来伟大的一生产生了重要影响。所以，深入挖掘中学时代周恩来的成长道路和思想轨迹，将使人们更深刻地了解一代伟人，更深刻地感悟南开精神，更全面地把握教育的力量。在开展学习研究周恩来活动的过程中，南开中学积极挖掘周恩来青年成长轨迹，通过整理出版各类刊物，将学习周恩来精神的活动推进到新的水平，为南开学子学习校友榜样提供权威而鲜活的教材。

2011年11月25日，由天津南开中学编写组编撰、天津教育出版社出版的《以周恩来为人生楷模教育读本》首发式暨新闻发布会在南开中学举行。赵启正校友发来贺信，天津市委常委、宣传部部长成其圣亲临会议并讲话。《教育读本》以周恩来在南开中学活动为主体内容，它的出版标志着南开中学第一次有了学习周恩来的校本教材；是第一本经中央文献部门审查通过的介绍周恩来求学南开的权威文本；是第一本经国家新闻出版总署审批的介绍周恩来成长足迹的正式出版图书；是第一次由南开教师和校友合作完成

的校园文化工程。《教育读本》的文化品位和教育价值超越了南开中学校园，不仅惠及南开师生，还将对天津市乃至全国各界读者学习研究周恩来精神产生重大的教育意义。

2012 年暑假，在理事长、校党委书记孙海麟的倡议下，南开中学语文学科教师利用暑假编写了《周恩来南开中学作文笺评》，此书首次将周恩来中学时期 52 篇作文辑录成册，使中学时代周恩来走近当代青少年。此书编写的依据是遗存至今的周恩来南开中学时期的 52 篇作文手稿，它是周恩来1920 年 10 月 18 日在旅欧出国前夕亲手整理，装订成册，在封面手书"南开校中作文"，然后交由好友代为保存。新中国成立后，这些经历了战争年代风风雨雨的手稿，由好友的后代完好地送回。周恩来总理逝世后，邓颖超同志将这些作文手稿交由中国革命博物馆收存，成为今天学习和研究周恩来的弥足珍贵的历史文献和精神财富。但是，由于周恩来南开中学期间的作文多用文言文写作，且超出当今同龄人的思想和文化水平，致使这些作文深藏于南开史料堆，未能有效地传播和利用。

《周恩来南开中学作文笺评》用现代汉语对作文手稿加以文字注释和背景解读，使青年周恩来的思想和文化成果走进当代青年的生活，凸显中学时期周恩来独有的思想锐气、文化修养和人格魅力，为提升当代青年的综合素养发挥示范、警策和促进作用。该书与中央文献研究室第二编研部合作编著，并经该部审核，由人民出版社出版发行。2013 年 2 月 27 日，该书的首发式暨新闻发布会在北京钓鱼台国宾馆举行。全国政协常委、外事委员会主任赵启正，国家新闻出版总署副署长邬书林等到会并讲话。在中国书刊发行协会主办的全行业优秀畅销书评选活动中，此书被评为"2012—2013 年度全行业优秀畅销书"。

在出版《以周恩来为人生楷模教育读本》《周恩来南开中学作文笺评》的基础上，南开中学继续推进研究和宣传中学时代周恩来的工作。2013 年，南开中学再与中央文献研究室第二编研部合作，着手将周恩来在校期间发表在校园刊物及参加作文比赛的 53 篇文稿，汇编成《周恩来南开中学习作释评》，由周恩来思想生平研究会会长廖心文撰写序言；同时，根据赵启正校友的建议，精选《周恩来南开中学作文笺评》《周恩来南开中学习作释评》

两书中具有言论色彩的 57 篇文言文习作，以现代白话文的形式呈现，汇编成《周恩来南开中学论说文集》，由赵启正撰写序言。以上两本书均由人民出版社出版。还进行《周恩来青少年论说文集》英、日、法文版编译，由新世界出版社出版。

上述书籍的编写和出版，形成"周恩来南开中学丛书"，这是南开中学对杰出校友周恩来的最好怀念，也是南开中学为弘扬周恩来精神、传播先进文化作出的积极贡献。

四、学习弘扬周恩来精神，拓展提升教育新形式

伴随着学习研究周恩来小组的成立，以及"周恩来南开中学丛书"的出版，学习研究周恩来有了规范的组织机构和权威的文本载体，南开中学"以周恩来为人生楷模"的教育活动提升到更高的水平，学校积极抓住各种有利教育时机，挖掘更多的教育资源，以更新的教育形式，大力弘扬周恩来精神。

2013 年 8 月 19 日，在南开中学周恩来中学时代纪念馆，一些校友坐在周恩来蜡像旁体验与周总理同桌。当日是周恩来入学天津南开中学 100 周年纪念日，周恩来中学时代纪念馆、天津南开中学校史馆建成开馆。两馆位于南开中学伯苓楼，一楼设立天津南开中学校史馆，共设展室 4 间和张伯苓办公室复原场景，由邹家华同志题写馆名。二楼设立周恩来中学时代纪念馆，由温家宝同志题写馆名，设有童年生活、南开最好的学生、早期革命活动、在南开上学的教室、人生楷模 5 个主题展室，展出百余件珍贵实物和 200 多幅历史图片，还原了 1913 年 8 月至 1917 年 6 月周恩来在南开中学就读期间的场景。

同一天，南开中学隆重举行周恩来入学南开中学 100 周年纪念大会，以表达南开师生、校友对周恩来总理的崇高敬意和深切怀念。大会由校长马跃美主持，出席大会的领导和嘉宾有：天津市委常委、教育工委书记朱丽萍，副市长曹小红，周恩来思想生平研究会会长廖心文，中国科学院院士、南开中学理事会荣誉理事梁思礼，南开中学理事会理事长、校党委书记孙海麟，全国政协常委、中国科学院院士、南开中学理事会副理事长程津培，市

政协原副主席、南开中学理事会理事张大宁，市政协原副主席、南开校史研究中心理事长何荣林，市教委主任王璟，中央警卫局原副局长、周恩来卫士高振普，周恩来亲属周秉德、周秉建、周国镇，南开校史研究中心副理事长吕培天，兰州市副市长戈银生，天津市科委主任赵海山，天津外国语大学党委书记李虹，天津体育学院党委书记李克敏，天津市滨海新区教育局局长荆洪阳，天津市南开区教育局党委副书记兰锋，南开中学教育基金会理事白少良，今晚传媒集团原社长、学习研究周恩来小组顾问贾长华，周恩来邓颖超纪念馆副馆长李爱华等。南开中学师生代表、来津参加全国第七届周恩来班、邓颖超班经验交流座谈会的全国50余所学校的代表和天津市60多所学校的师生代表1500余人参加大会。

大会上，南开中学高二（4）班学生王海容，南开中学理事会理事长、校党委书记孙海麟，市委常委、教育工委书记朱丽萍先后发言。孙海麟在主题发言中，介绍了周恩来在南开中学求学时的情况和周总理对南开中学的关心和爱护，汇报了南开中学近年来坚持"以周总理为人生楷模"的教育活动中开展的工作和取得的成绩，强调要继续大力弘扬周恩来精神。朱丽萍在讲话中希望南开中学和社会各界进一步深化对周恩来崇高精神的发掘和研究，牢牢把握立德树人这一根本任务，提升教育质量这一生命线，实施素质教育这一重点，建设美丽校园这一关键，全面深化改革，努力成为全市乃至全国基础教育的排头兵。

纪念大会结束后，纪念周恩来入学天津南开中学100周年诗文朗诵文艺演出举行。演出中，学生朗诵了周恩来在南开中学求学时所写的作文《一生之计在于勤论》《春日偶成》《人生最宝贵者，无过于光阴》《次皞如夫子〈伤时事〉原韵》《海军说》等篇章。天津交响乐团著名指挥家易娟子指挥南开中学管弦乐团、天津舞蹈家协会主席刘颖指导南开中学舞蹈团、天津歌舞剧院首席指挥家董俊杰指挥南开中学民乐团、南开大学教授孟超美指导南开中学合唱团，分别演出了脍炙人口的节目。特型演员刘劲也亲临现场奉献了精彩的演出。

在纪念周恩来入南开中学100周年之际，全国第七届周恩来班、邓颖超班经验交流座谈会也在南开中学举行。此次座谈会由全国周恩来思想生平研究会、周恩来邓颖超研究中心主办，天津南开中学承办。会上，天津南开中学、福建石狮一中、北京中关村一中、天津耀华中学、东北育才中学、江苏翔宇教育集团等单位作了典型发言，与会代表围绕"学习周恩来精神 构筑青年学生的中国梦""以周恩来为人生楷模"德育目标的实现途径等话题展开讨论，并就各校开展创建"周恩来班""邓颖超班"教育活动经验进行分享交流。

纪念周恩来入学南开中学 100 周年纪念活动将近年来南开中学学习研究周恩来的教育活动推向高潮。近年来，学校的各项教育活动都紧紧围绕"以周恩来为人生楷模"的教育主线。2012 年 9 月 6 日，在全国政协主席邓颖超到南开中学看望师生 29 周年的日子里，南开中学启动创建和命名"邓颖超班"活动，在高中部多年开展创建"周恩来班"的基础上，在初中部开展创建"邓颖超班"的活动，表彰各方面表现突出的班集体，激励更多班级的同学传承周恩来精神，首届"邓颖超班"称号被授予八年级（2）班。

近年来，南开中学邀请与周恩来总理有工作关联，以及研究周恩来的专家学者做客南开公能讲坛，从 2010 年 8 月至今，先后邀请到周恩来总理的秘书纪东、原国务委员唐家璇、中国中共文献研究会周恩来思想生平研究会会长廖心文、国防大学战略研究所所长金一南、军事科学院世界军事研究部副部长罗援、中央警卫局原副局长高振普、全国政协原副秘书长赵炜作了学习和弘扬周恩来精神的专题报告。

这一时期南开中学"以周恩来为人生楷模"的教育，比前一阶段同类活动的发展更加接地气。此前学校虽然建立了教育基地，制定了相应举措，但学习周恩来多处于向伟人学习的抽象阶段。学校向学生讲述的是革命家周恩来、党和国家领导人周恩来，而不是南开中学学生的周恩来。这就容易弱化周恩来这个楷模对南开学子引领的比照性，使周恩来楷模形象与在校学生心灵对接不足。随着将周恩来楷模形象拉近在校学生，这一缺憾得到弥补。

经过各方面的共同努力，学习研究周恩来已经成为南开中学校园文化的重要组成部分，在一定意义上说，周恩来精神和品格就是南开精神的典范。在当今这样一个思想多元的文化背景下，在一个市场经济活跃的社会环境中，周恩来的伟大精神正是当代青少年不断提高自身的人格修养，丰富自身的人格世界，完善自身的人格结构，实现成功人生必须拥有的精神动力，也是我们时代最需要传递的正能量。

第三节 致力于培养创新型人才

改革招生制度，面向全国部分省市，自主招生／积极探索创新型人才培养途径／与多所重点高校合作，创建素质教育新载体／激发智育潜能，建立体验创意中心／发展美育教育，建立艺术中心

"为什么我们的学校总是培养不出杰出人才？"这是沉重的"钱学森之问"，也是一位著名爱国科学家最后留给我们的深沉思考。如何回答"钱学森之问"，是当前中国教育改革与发展的核心话题。作为中国基础教育的一所名校，近年来南开中学根据社会发展趋势和教育发展需要，致力于探索学生潜能开发与未来成才的教育模式，将培养学生的创新意识和实践能力作为人才培养的重要任务，创设各种有利条件，努力培养德智体全面发展、具有创新发展潜能的后备人才。

一、集天下英才，探索招生体制改革

"集天下英才而育之"是南开教育的不懈追求。在南开中学理事会的领导下，从 2010 年秋季开学开始，初中招生由之前完全由南开区推荐生源转变为部分生源由学校自主面向全市招生；高中招生由之前只面向天津市招生转变为面向全国部分省市自主进行招生。

面向外省市招生使得南开学子获得更多元化的学习生活环境，为提高人才培养质量奠定良好基础。2010 年，学校面向河南郑州、内蒙古巴彦淖尔两地优秀初中毕业生。2011 年，扩大招生范围，从河南郑州录取 29 名学生，从内蒙古巴彦淖尔录取 19 名学生，从内蒙古呼伦贝尔录取 12 名学生，从山东济南和潍坊录取 38 名学生。2012 年 11 月 14 日，南开中学与甘肃兰州签署教育合作交流协议，确定从 2013 年秋季开始从甘肃兰州招收优秀初中毕业生。2013 年，共面向四省市招收优秀初中毕业生 120 人。来自四面

八方的优秀学生与天津学生混编班级，共同学习生活，开阔了学生们的视野，更促进了人才培养质量的提升。

与此同时，南开中学初中招生改革也在稳步推进。自 2010 年面向全市招收优秀小学毕业生之后，从 2011 年起，将从全市招生选拔的优秀小学毕业生组建拔尖创新人才早期培养实验班，对其进行六年一贯制南开教育培养实验，并研究制定《南开中学拔尖创新型人才六年制实验班教学实施方案》，不断完善了六年一贯制的培养机制，确保人才培养的质量。中学六年是对学生人生观的形成产生重要影响的关键时期，六年一贯制教育培养将使学生获得更充分的南开教育影响，并在一定程度上减少应试教育的干扰，为学生整体素质的提升创造更理想的空间。

二、敢为人先，积极参与创新人才培养实验

创新人才的培养需要教育的改革创新。天津市委、市政府根据教育改革发展的需要，根据南开中学自身发展的实际，自 2010 年起在南开中学进行学校管理体制机制改革，成立理事会，实行理事会领导下的校长负责制，这是贯彻落实《国家中长期教育改革和发展规划纲要》和《国家中长期人才发展规划纲要》的具体措施，是适应国家行政管理体制改革要求，创新教育发展模式的积极探索。

学校管理体制改革的大幕开启后，理事会积极带领全校师生先行先试。2010 年，天津市委、市政府批准南开中学作为基础教育改革实验基地，同年教育部教育改革领导小组批准南开中学作为国家教育改革项目"探索建立拔尖创新人才培养基地"试点单位。2013 年 3 月 10 日，南开中学还与西安交通大学签署合作协议，在南开中学设立"西安交通大学少年班培养基地"，该班为西安交大在北方设立的唯一的培训基地，少年班学生将在南开中学进行一年预科学习，完成高中大部分课程内容的学习，首批 30 余名预科班学生已于 2014 年 7 月顺利完成在南开中学的学习。

三、联手共赢，与重点高校合作培养创新人才

以往中学阶段教育的评价往往是以升学率为标准的，这势必就造成了

众人围着高考指挥棒转的应试教育现象，这样培养出来的学生往往得不到大学以及社会的认可，但中学又无能为力。为改变这一现象，2010年6月，孙海麟理事长向来津参加会议的教育部部长袁贵仁汇报工作时提出，拟与大学开展创新人才培养的合作。袁贵仁部长说："你们与大学衔接的想法是对的。教改实际是大学先改，中学跟着改。要大手拉小手。要请大学院士给中学生经常通俗地讲讲科技前沿的东西。"

根据袁贵仁部长提出的"中学教育改革要跟随大学教育改革的步伐"的建议，并根据《国家中长期教育改革和发展规划纲要》中提出的"探索高中、高等学校拔尖学生培养模式"的要求，南开中学理事会加强与著名高校的沟通和交流，开始着手探索实施全面素质教育和与大学联合进行创新人才培养的途径。

在副理事长程津培院士的热心联系和陪同下，自2010年10月起，南开中学理事会理事长孙海麟带领相关人员，密集访问了复旦大学校长杨玉良、中国科技大学校长侯建国、上海交通大学校长张杰、清华大学校长顾秉林、北京大学校长周其凤、浙江大学校长杨卫、南京大学校长陈骏、哈尔滨工业大学校长王树国、西安交通大学校长郑南宁、北京航空航天大学校长怀进鹏、清华大学校长陈吉宁等国内著名高校校长，并与多所高校签署人才培养合作协议，探索中学教育与大学教育合理衔接、共同开展创新人才培养实验的具体办法。

2010年12月22日，南开中学与复旦大学签署了《人才培养合作协议书》，成为天津市第一家与大学签署合作协议的中学。复旦大学杨玉良校长表示，复旦大学与天津南开中学都是具有百年历史的著名学校，随着经济科技的不断发展，人才越来越成为战略性资源，我们两校合作，就是要优势互补，共同探索人才培养的新模式，为促进教育事业科学发展作出贡献。根据合作协议，双方将在拔尖创新人才的培养上加强大学与中学的衔接，积极开展创新人才培养实验。对于考入复旦大学就读的南开中学毕业生，南开中学将继续对其成长进行跟踪，以探索更有利于人才成长的教育方式。大学毕业后，双方将共同对学生发展进行跟踪，支持其进一步成长。双方在师资培养、学生管理等方面将互相借鉴经验，定期组织师生互访；复旦大学教授将深入南开中学作学术报告，同时南开中学学生将赴复旦大学参加夏令营等活动。双方还将共同促进国内知名大学与著名中学的深层次合作，推动拔尖创新人才培养。

此后，南开中学与一些高等院校陆续签署人才培养合作协议，按照时间顺序依次是，2011 年 1 月 24 日与南京大学签署，2011 年 3 月 14 日与浙江大学签署，2011 年 5 月 26 日与哈尔滨工业大学签署，2011 年 6 月 23 日与西安交通大学签署，2011 年 7 月 18 日与中国科学技术大学签署，2011 年 11 月 16 日与上海交通大学签署，2011 年 12 月 13 日与北京航空航天大学签署，2012 年 1 月 4 日与天津外国语大学签署。其后，2013 年 3 月 10 日，南开中学与西安交通大学签署协议，联合开办"西安交通大学少年预科班"；2014 年 5 月 17 日，南开中学与南开大学签署协议，联合组建南开"公能"英才班；2014 年 5 月 25 日，南开中学与天津大学签署协议，联合启动"未来杰出人才领军计划"。

从 2010 年 12 月至 2014 年 5 月，复旦大学校长杨玉良、浙江大学校长杨卫、哈尔滨工业大学校长王树国、中国科学技术大学校长侯建国、上海交通大学校长张杰、北京大学校长周其凤、清华大学副校长袁驷、天津大学校长李家俊、南开大学校长龚克等先后访问南开中学，并为南开师生进行了精彩的演讲。

在对重点高校的考察访问过程中，理事长孙海麟敏锐地注意到高校拥有庞大而优质的实验室资源，如将这些优质教育资源系列化、集成化引入中学校园，将使得中学和高校共同承担起人才培养的责任，并根据高校所掌握的人才需求指导中学的教育改革；可以为学生提供一个接触前沿科学、激发科学兴趣的阵地，提高学生的动手参与能力，并可以满足学生多样化、多层次的教育需求，为学有余力的学生提供更多的科学探索平台。

2011 年 10 月，中国科学院院长白春礼在做客南开中学公能讲坛时强调：要培养创新人才，回答"钱学森之问"，就要从娃娃抓起，形成人才培养的"价值链"，其中，中学阶段的重点是"走进实验室、把科学机能和训练结合起来"。于是，南开中学逐步形成了重要的工作思路：在大学的智力支持下，由南开中学提供场地并自筹资金，建设代表国内科技先进水平，反映前沿科技的高端实验中心，通过展示与体验，激发学生的科学兴趣；通过实际操作，培养学生的动手、动脑能力，激发他们的创新创造思维。

四、用创意激发智慧，建设南开中学体验创意中心

培养学生的动手动脑及实际工作能力，对学生进行体验式的科学教育是南开中学曾有的传统。根据南开校史记载，1929年为纪念校父严修先生，由校友捐资筹建的范孙楼，最初的功能即为南开中学科学馆。1932年，时任中学部主任张彭春先生和教务主任喻传鉴先生自美国考察教育回国，即拟定"二年计划"进行校务改革，重点是建设小规模工厂，对学生进行职业教育和训练。当时建成的工厂就有铁工厂、木工厂、印刷工厂、制陶工艺班等。1935届毕业生、中国科学院院士叶笃正、申泮文等后来都曾忆及中学时代在校办工厂参加手工劳动对他们成长成才的积极影响。

南开中学作为一所中学，寻求与大学的合作，特别是与国内一流重点大学的合作，是非常不容易的。在多次实地访问、反复谈判的过程中，合作共建实验室的构想逐步实现。经过整体布局，各高校指导建设的实验室集中在南开中学体验创意中心，2012年3月1日，中国科学技术大学校长侯建国、天津市政协副主席饶子和共同为体验创意中心揭牌。

体验创意中心陆续设有16间实验室，分别是：由西安交通大学副校长程光旭统筹设计的"传统工坊""现代工坊"、由南开大学原校长饶子和院士统筹设计的"分子生物学实验室"、由中国科技大学校长侯建国统筹设计的"量子信息与量子光学实验室"和"语音处理实验室"、由北京大学校长周其凤统筹设计的"有机化学实验室"和"无机化学实验室"、由哈尔滨工业大学校长王树国统筹设计的"航天体验馆""机器人设计实验室"、由上海交通大学设计的"船舶与海洋工程实验室"、由清华大学设计的"计算文化与系统实验室"、由天津大学设计的"建筑空间艺术实验室"、由北京航空航天大学设计的"航空模型实验室"、由南开中学教师设计使用的"南开书院""陶艺坊""录音棚"等。

将如此多高水平的实验室集中到一起，是南开中学推进素质教育的大手笔，更是一个前无经验可循的大胆实践。南开中学体验创意中心的建成，改变了许多南开学生课余之后的选择，成为南开中学全面实施素质教育的重要途径。学生有了更多的实验室开展自己感兴趣的科学探索，更爱上选修课，他们在体验创意中心获得了知识，更收获了快乐。

在传统工坊里，学生制作的各种成品挂满了这个不足 60 平方米的实验室：板凳、笔筒、胸牌、仿制汽车、孔明锁、有机玻璃小葫芦……这里成为学生动手实践、充分发挥想象力的自由空间，他们在这里不仅学到了相关的技术，也学到了手脑并用和与人合作。而现代工坊的设备不仅让学生觉得有趣，更使学生感觉到前沿。3D 打印是当今技术领域的一个前沿，学生走进现代工坊会惊奇地发现实验室内也有一台 3D 打印机，并且学生自己也能利用这台打印机设计自己的作品，去亲身体会现代科技的无穷魅力。

创意体验中心不仅有高端技术，还有陶艺坊和录音棚，以及建筑艺术室。这些实验室总是人满为患，学生们珍惜在这里每一分钟宝贵的学习时间。陶艺坊的展品架上摆满了学生的作品，虽然这些作品谈不到完美，但在质朴中所流露出来的灵性，仍然能使你看到那一颗颗充满创造力的年轻的心。录音棚也是学生向往的地方，高二（1）班同学利用一个月的时间，为盲人录制语音书，他们站在话筒前饱含深情地朗读着文学作品、世界名著，也将爱心传递给他们，使他们感受到真情与温暖。

南开中学体验创意中心是常规实验室的有力补充，学生们通过有创意的实验，在实践中锻炼知识的综合运用能力，使课堂中讲授的重要理论和概念得到进一步的验证和巩固，并进一步扩大了知识面，有效培养了学生严谨认真的科学态度，以及独立思考分析问题、创新解决问题的能力，使学生在创意中体味快乐、在创新中形成自我、在创造中实现价值。

2013 年，南开中学高三年级周小洲等四名学生在化学竞赛中成绩优异，入选天津代表队。在长达三个月的准备全国比赛的过程中，创意体验中心有机和无机实验室成了他们训练的大本营。他们从早到晚泡在实验室，进行着各种实验的培训，最终周小洲以实验天津第一名的好成绩获得全国金牌。

体验创意中心的建成不仅仅是南开中学学生的福地，也受到了南开教师的欢迎。在这里，学生们发现，老师不仅仅会教书本知识，更有着深藏不露的专业特长。南开教师组织学生在体验创意中心里开展活动的过程中，也被鞭策着不断学习，教学相长，督促教师掌握更多的科技前沿知识，了解世界科技发展的新趋势，以更好地承担起教书育人的责任。

南开中学体验创意中心的实验室，多由国内知名大学或科研机构结合中学生情况进行设计，成为各大学及科研机构与中学进行合作人才培养的纽带。未来，各高校将不定期派遣相关技术专家来校对师生进行指导，南开中学师生也将不定期访问这些大学或科研机构，学习相关知识与操作技能，在他们的帮助下形成有针对性和指导性的实验室教学的校本教材。此外，指导实验室建设的高校也会通过实验室的运行，了解中学教育的情况，并指导中学的素质教育，而在体验创意中心表现突出的学生也会得到重点高校的提前关注和青睐。

南开中学体验创意中心的成功运行受益于天津市政府的财政资助，以及重点高校的智力支持。在边建设、边调整，边运行、边完善的过程中，南开中学体验创意中心坚持"在创意中体味快乐、在创新中形成自我、在创造中实现价值"的教学理念，越来越突出地显现出其巨大的教育威力和吸引力。2012 年 9 月，国际著名创意产业专家、英国经济学家约翰·霍金斯到南开中学体验创意中心参观，在看了先进的教学设备和学生奇思妙想的创意作品后，这位被称为"创意产业之父"的老人兴奋地说："我希望成为南开中学的学生！"

五、用艺术激发潜能，建设南开中学艺术中心

"最永久的发明创造都是艺术与科学的嫁接"，这是苹果公司前 CEO 乔布斯给我们留下的一条经验，这也启示我们培养拔尖创新人才不能缺少了艺术的熏陶。在紧锣密鼓进行体验创意中心建设的过程中，另外一个创意正在理事长孙海麟的头脑中成形。

2011 年，在对学校艺术教育工作进行总结的基础上，理事会决定将南开中学北楼改造建设成为南开中学艺术中心，进一步提升艺术教育工作的质量和水平。2011 年 12 月 16 日，南开中学在瑞廷礼堂举行艺术中心启用暨南开中学首届电影节颁奖仪式，天津市委常委、市委教育工委书记苟利军出席，并为南开中学艺术中心揭牌授旗。

南开中学艺术中心由合唱团、交响乐团、民乐团、舞蹈团、话剧社、京剧相声社、电声乐队等 11 个艺术社团组成，并聘请姜宝林、李启厚、刘颖、易娟子、孟超美、董俊杰、赵华等艺术家及专家作为各社团的艺术总监。

艺术中心成立后，有力地推动了南开中学艺术教育活动，充分发挥其在提升南开学子艺术修养中的作用，为学生自主开展艺术活动提供了舞台。近年来，南开中学先后组建起高水平的管弦乐团和舞蹈团，南开中学学生合唱团、民乐团、舞蹈团等艺术社团在全国和天津市文艺展演中取得了优异成绩。而由学生自己组织的电影节也成为近年来最受学生欢迎的校园文化活动，每届电影节从搜集脚本到拍摄制作、成果展示，完全由学生自编、自导、自演。通过举办电影节，开阔了眼界视野，提高了审美情趣，学生们也在互相配合过程中体验着成长的快乐。

第四节　开设南开公能讲坛

开阔学生视野，开设功能讲坛 / 邀请名人讲演，传递人生思考 / 引导学生积极参与，提问互动，深入探讨

实施素质教育是教育工作的主题，坚持促进全面发展的素质教育始终是南开教育的主旋律。作为培养人的事业，教育最重要的任务是塑造美好的人性，培养健全的人格，使学生拥有美好的人生。但是，完全将教育放在课堂上显然不能实现它的丰富性，在学生智能的多元性日益被重视的今天，离不开榜样的引领。为了开阔学生视野，领略名师大家的风范，2010年 8 月开始，由理事会主导开设南开公能讲坛，并逐渐成为南开中学的教育品牌。

一、赓续传统，打造南开素质教育新平台

在教育改革实践中，南开中学把继承南开传统作为加强素质教育的重要基础。为培养具有"公能"禀赋的优秀人才，南开中学从建校初期，就采

取了许多不同于旧学校的办学方式，邀请社会知名人士到校演说就是其中之一。南开中学在教育改革的进程中，传承办学的成功经验，于 2010 年 8 月邀请全国政协常委、全国政协外事委员会主任、1958 届校友赵启正以《追寻南开精神的"DNA"》为题，拉开今日南开中学邀请知名人士到校演讲的大幕。

根据中央电视台著名主持人敬一丹的建议，邀请知名人士到校演讲可以确定一个讲坛名称，以保证该项活动的系列化。根据有关人员的建议，在"修身讲堂""紫藤讲坛""南开公能讲坛"等备选名称中，最终选定"南开公能讲坛"这一冠名。"南开公能讲坛"取自南开中学校训"允公允能，日新月异"，反映南开中学的"公""能"教育方向和培养南开学子具有报效国家之志向与服务社会之能力的教育宗旨。

南开中学高度重视南开公能讲坛的组织工作，严谨有序，分工明确。理事长孙海麟亲自邀请每一位主讲人。理事会办公室设专人与主讲人进行联络沟通，并将讲座的有关资料在讲座前通过展牌等形式向师生介绍。学校德育处负责学生的组织，保证每个年级的学生每个月参加一次公能讲坛的活动。主讲人到校讲座时，都要安排参观校史馆、参观校园、签名题字等环节，向主讲人宣传学校，以便加深主讲人对南开中学的了解，从而在更广的范围内获得更多的社会关注和支持。

南开公能讲坛以服务于学校的教育教学为宗旨，以不影响正常的教学活动为原则。每年度公能讲坛的开设计划均提前安排，讲座次数安排在12—14 次，讲座时间均为学生必修课以外的时间，讲座时长设定为学生注意力集中较好的一个小时。每次讲座都安排半个小时左右的互动环节，鼓励学生大胆提问。每次公能讲坛都安排学生记者跟踪采访主讲人，以此锻炼学生的综合能力。

二、大家云集，南开学子与成功者面对面

截至 2024 年 4 月，南开公能讲坛已成功举办 140 讲，一场场精彩的讲座，组成了一次次令人难忘的南开公能讲坛精神盛宴。

南开公能讲坛历次讲座一览

	主讲题目	日　期	主讲人
1	追寻南开精神的"DNA"	2010.8.25	赵启正
2	《国家中长期教育改革和发展规划纲要（2010—2020）》和人才培养	2010.9.3	顾明远
3	发扬传统，深化改革，再创辉煌	2010.9.3	王大中
4	我在《焦点访谈》栏目	2010.9.16	敬一丹
5	学会面对，学会成功	2010.9.22	白岩松
6	弘扬周总理精神风范，树立正确人生价值观	2010.10.15	纪　东
7	和南开学子的对话	2010.10.25	奈斯比特
8	中国的国家安全形势	2010.12.22	金一南
9	创新人才的培养	2010.12.22	杨玉良
10	践行中国特色的教育理念	2011.3.14	杨　卫
11	也谈全球气候变化及其对人类的影响	2011.3.30	程津培
12	国际体育为政治斗争和外交服务	2011.5.2	于再清
13	中国式心灵之爱与宽容	2011.5.19	王　博
14	科学与人生	2011.5.26	王树国
15	浅谈周恩来的外交思想	2011.9.2	唐家璇
16	和同学们谈谈通货膨胀	2011.9.15	吴敬琏
17	宇宙的诞生及其演变	2011.9.21	斯穆特
18	科技发展态势与未来展望	2011.10.11	白春礼
19	北京大学和我的教育理念	2011.10.21	周其凤
20	我做《中国新闻》主播	2011.10.28	徐　俐
21	教育发展与创业人生	2011.11.22	廖　理
22	自强不息，修琢人生	2011.12.12	袁　驷
23	从哥白尼的日心说谈起	2011.12.22	龙以明
24	苦难辉煌——对国家和民族命运的思索	2011.12.27	金一南
25	创新与创新人才培养	2012.3.1	侯建国
26	做健康的主人	2012.4.1	张伯礼
27	青年知识分子应负起中华民族伟大复兴的使命	2012.4.10	顾明远

	主讲题目	日　期	主讲人
28	成长道路上的故事	2012.5.3	白岩松
29	成功的四大法宝	2012.5.18	邓中翰
30	近代的中国与世界	2012.5.25	于　沛
31	探索宇宙奥秘	2012.6.12	张　杰
32	神奇的材料世界与材料科学	2012.6.15	李家俊
33	中国的崛起	2012.8.30	张维为
34	生平·思想·风范——漫谈周恩来	2012.9.11	廖心文
35	书法与人生	2012.10.11	曹柏崑
36	气候变化与冰冻圈科学——兼谈我的科学探险生涯	2012.10.15	秦大河
37	生命科学前沿和制高点	2013.2.26	饶子和
38	怎样做一个保护生命的科学家——科学精神与素质	2013.3.19	王　夔
39	中华之崛起与国际竞争力	2013.3.26	冯志江
40	弘扬周恩来精神	2013.4.1	罗　援
41	谈谈宪法	2013.4.9	李适时
42	波音和中国	2013.4.23	马爱伦
43	电视新闻主持人	2013.5.22	鲁　健
44	中国梦：从民族救亡到民族复兴	2013.8.19	金一南
45	我在周恩来、邓颖超身边工作的日子	2013.9.6	赵　炜
46	学习周恩来精神，全心全意为人民服务	2013.9.24	高振普
47	全球视野和大国青年	2013.10.11	袁　明
48	化学改变世界	2013.10.15	周其林
49	感悟生活，走向成功	2013.11.29	刘芳菲
50	腹有诗书气自华——古典诗词与人文修养	2014.2.21	蒙　曼
51	漫谈国学	2014.2.28	陈　来
52	读书与人生	2014.3.18	葛剑雄
53	中国海洋战略以及南海、东海问题的前世今生	2014.3.28	王晓鹏
54	中法文化交流	2014.4.4	舒　乙
55	我的求学之路	2014.4.8	陈　洪

	主讲题目	日　期	主讲人
56	信息科技漫谈	2014.4.25	龚　克
57	读书的意义	2014.5.4	白岩松
58	当我是一个新人	2014.9.12	张泉灵
59	中国的探月梦	2014.9.16	欧阳自远
60	我在南开中学的日子	2014.10.14	温家宝
61	老舍先生对当代的价值	2014.12.4	舒　乙
62	隋富唐强——大国梦与人文精神	2015.3.12	蒙　曼
63	神奇的汉字给我们的启发	2015.3.27	李如龙
64	南海问题的现状及解决前景	2015.4.10	王晓鹏
65	伟大也要有人懂——青年读马克思	2015.4.17	韩毓海
66	我所知道的周恩来和邓颖超——与天津南开中学同学座谈	2015.5.8	周秉宜
67	世界军事高科技竞争与吾辈的责任与使命	2015.5.15	李　莉
68	我国安全环境与战略选择	2015.5.22	杜文龙
69	《资本论》与中国道路	2015.9.18	韩毓海
70	武则天的逆境与成功	2015.9.22	蒙　曼
71	中国空军	2015.10.16	李国强
72	历史必由之路——从我父亲母亲的人生经历谈起	2015.10.27	林炎志
73	生命的星球	2015.11.10	施一公
74	学习老一辈革命家，做中国特色社会主义合格接班人	2016.3.4	闫建琪
75	读《共产党宣言》	2016.3.15	韩毓海
76	埃德加·斯诺对中美关系的影响	2016.4.5	孙　华
77	唐太宗与贞观之治	2016.4.15	蒙　曼
78	世界军事高科技竞争与吾辈的责任和使命	2016.5.13	李　莉
79	互联网金融助梦想成就现实——两个中学生的音乐之路	2016.5.17	廖　理
80	我与邓妈妈的缘	2016.9.2	黄　薇
81	伟大也要有人懂——一起来读毛泽东	2016.9.14	韩毓海

	主讲题目	日　　期	主讲人
82	那些年，我们一起追过的"20"——我国航空武器新发展	2016.9.20	杜文龙
83	加强自主创新，推进先进核能技术的发展	2016.10.11	王大中
84	红军长征中的彭雪枫	2016.10.28	彭小枫
85	贤相狄仁杰	2016.11.8	蒙　曼
86	中国的探月梦	2016.11.15	欧阳自远
87	爱因斯坦的哲学和宇宙大爆炸	2016.12.2	何香涛
88	朱德的成功之道	2016.12.16	左智勇
89	忆小平，励心志	2017.2.16	姜淑萍
90	陈云的读书生活	2017.2.28	熊亮华
91	修养楷模——刘少奇的故事	2017.3.10	王玉强
92	个人、理想与国家	2017.3.15	罗　援
93	说不尽的南怀瑾	2017.3.31	南国熙 古国治
94	想象决定创造——科学与艺术的紧密关系	2017.4.7	邓国源
95	诗歌中的唐代女性	2017.4.18	蒙　曼
96	战略对话	2017.4.28	戴秉国
97	生活中的辩证法	2017.5.4	白岩松
98	我的父母与南开中学和郭中鉴烈士	2017.5.26	唐闻生
99	学以成人	2017.9.7	王　博
100	海权的形成与演进	2017.9.15	杜文龙
101	学习周恩来，心怀祖国，放眼世界	2017.10.20	章百家
102	当前国际形势和中国特色大国外交	2017.12.8	苏晓晖
103	周恩来与中华民族伟大复兴	2018.3.5	曹应旺
104	唐诗的人文精神	2018.3.23	蒙　曼
105	世界军事形势和中国国家安全	2018.5.11	李　莉
106	用"双牵引"助力军民融合深度发展	2018.9.14	杜文龙
107	周恩来、邓颖超对亲属的严与爱	2018.10.17	周尔均 邓在军

续表

	主讲题目	日　期	主讲人
108	新体制雷达——信息世界的千里眼	2018.10.26	龙　腾
109	科学的三生三世及 C 位学业规划	2018.11.14	朱世平
110	中国的探月梦	2019.3.14	欧阳自远
111	我在现场	2019.3.19	陶跃庆
112	百年五四，青春少年	2019.5.5	白岩松
113	唐玄宗的政治得失——从开元盛世到安史之乱	2019.5.10	蒙　曼
114	大国竞争背景下的国际形势与中国国家安全	2019.5.14	李　莉
115	宇宙中的地球	2019.5.15	陈　骏
116	空客与中国——共赢的战略合作伙伴	2019.9.20	徐　岗
117	青蒿素启示录	2019.9.24	廖福龙
118	我国安全环境与战略选择	2019.10.11	杜文龙
119	传红色基因，育时代新人	2019.12.17	张　军
120	生物武器、生物战与国防安全——疫情下生物安全忧思录	2020.10.9	杜文龙
121	承前启后的嫦娥五号	2021.3.16	欧阳自远
122	毛泽东是怎样读书的	2021.3.19	陈　晋
123	浦东开发告诉了我们什么	2021.4.2	赵启正
124	走进电磁世界	2021.4.6	苏东林
125	对"五育"的思考	2021.4.23	白岩松
126	阿富汗：帝国坟场	2021.9.14	杜文龙
127	大国外交，爱国敬民	2021.9.27	李肇星
128	小说家的学习经验	2021.10.15	龙　一
129	周恩来总理与南开中学	2022.3.4	孙海麟
130	音乐与我们	2022.10.25	易娟子
131	花鸟画之美	2022.11.11	贾广健
132	怎样学习体会毛泽东诗词	2023.4.7	陈　晋
133	现代奥林匹克运动	2023.4.14	于再清
134	开发月球，移民火星	2023.5.9	欧阳自远

	主讲题目	日　期	主讲人
135	我国安全环境与战略选择	2023.9.5	杜文龙
136	文明交融与传统再造——希腊化时期的埃及	2023.10.10	颜海英
137	新时代下的中国与世界	2023.10.20	林炎志
138	绿色动力助力实现"双碳"目标	2024.3.12	金东寒
139	周恩来与中国式现代化	2024.3.22	杨明伟
140	横看成岭侧成峰——东坡事业与东坡精神	2024.4.7	蒙　曼

做客南开公能讲坛的主讲人都是各个领域的名师大家，这些主讲人怀着对敬爱的周恩来总理母校的深厚感情，在百忙之中莅临南开中学，将他们对新思想新知识新问题的研究和对人生的感悟带到南开中学校园，为南开中学师生带来了精神营养。主讲人中既有两院院士、重点高校校长等科学家、教育家，也有前国务委员唐家璇、全国政协常委赵启正等领导同志，还有著名经济学家吴敬琏、教育学家顾明远、未来学家奈斯比特、诺贝尔物理学奖得主乔治·斯穆特等国内外著名学者，以及国防大学战略研究所所长金一南，央视著名主持人敬一丹、白岩松、徐俐、鲁健、刘芳菲、张泉灵等公众人物。

南开公能讲坛所邀请的主讲人规格之高，令许多兄弟学校羡慕。顾明远、金一南、白岩松等人更是在短短的四年时间内多次做客公能讲坛，着实令人对南开公能讲坛的魅力刮目相看。这些主讲人都是各个领域的精英，他们的演讲或对话，展示了他们对世界的认知，对社会的关注，对科学的探索，对教育的理解，不仅使南开师生获得了知识上的提升，开阔了视野，更启发和鼓舞着师生不断去探索"公能"教育的真谛。这些讲座的内容大致可分为：

——品德教育类，如《追寻南开精神的"DNA"》《弘扬周总理精神风范，树立正确人生价值观》《我在周恩来、邓颖超身边工作的日子》《青年知识分子应负起中华民族伟大复兴的使命》《苦难辉煌——对国家和民族命运的思索》《中国梦：从民族救亡到民族复兴》。

——科学探索类，如《宇宙的诞生及其演变》《从哥白尼的日心说谈起》《气候变化与冰冻圈科学——兼谈我的科学探险生涯》《怎样做一个保护生命的科学家——科学精神与素质》《化学改变世界》《信息科技漫谈》《中国的探月梦》。

——人文社科类，如《中国的国家安全形势》《中国式心灵之爱与宽容》《和同学谈谈通货膨胀》《教育发展与创业人生》《中国的崛起》《书法与人生》《全球视野和大国青年》《腹有诗书气自华——古典诗词与人文修养》《漫谈国学》《中法文化交流》《中国海洋战略以及南海、东海问题的前世今生》《老舍先生对当代的价值》。

——教育研究类，如《〈教育规划纲要〉和人才培养》《创新与创新人才培养》。

——成功励志类，如《学会面对，学会成功》《自强不息，修琢人生》《成功的四大法宝》《成长道路上的故事》《读书与人生》《我的求学之路》《当我是一个新人》。

经过四年多的探索和积累，南开公能讲坛使南开师生拥有了难得的与大师面对面交流的机会，极大地拓宽了师生的视野，增强了求知欲和进取心，是对课堂教学和课外教育的发展和补充，成为南开中学素质教育的又一重要载体，显示出强大的教育功能：

（一）发挥榜样引领作用，让德育活动更加亲切自然。树立榜样、追寻偶像，这是中学生的普遍特点。而选择什么样的榜样，让中学生追什么"星"，这是德育的重要课题。南开公能讲坛邀请的主讲人都是各个领域的领军人物，他们的专业知识、人生阅历、成功足迹，深深地吸引着渴望成功的南开学生。

在南开公能讲坛上，许多主讲人以自己的亲身经历和体会，向学生们传递了人生的智慧和思考。例如，在2012年第二次登上南开公能讲坛的白岩松，他以"好人和坏人""输和赢""有用和没用"等问题的探讨给学生以启迪；邓中翰院士结合自己的求学之路和成长经历，总结出人生成功的四大法宝。还有一些主讲人结合自己的研究专长，向学生们介绍了当前世界和中国的发展形势，增加了学生们正确看待社会的正能量。例如，国防大学战略研究所所长金一南将军，他以丰富的史实、独特的视角、富有感染力的语言，带领学生走进血雨腥风的年代，思索国家和民族的命运。这些讲座的内容可以说都是最好的德育课程，学生们在亲切朴实的讲述中，分享了成功者的思考方式，感悟到成功者对待历史、对待世界、对待生活的态度，知情意行的德育转化自然而然地达成。

（二）以课堂外的通识教育弥补课堂内素质教育的不足。南开中学要培养的拔尖创新人才必须是一个人格完整的人，人格的完整性首先源于知识的完整性。通过南开公能讲坛，南开中学寻找到了在中学开展通识教育的平台，更加注重综合培养学生的人文精神和科学精神，使学生不仅能够在考试中脱颖而出，更重要的是拥有更宽阔的视野和深刻的思考。

在南开公能讲坛上，许多主讲人根据中学生的特点，介绍前沿科技知识，使学生初步领略科学研究的魅力。例如，中国科学院院长白春礼向学生们介绍了最新的科技发展态势和未来的状况；中国科学技术大学校长侯建国从显微镜的发展谈到科学与技术的创新；上海交通大学校长张杰以物理天体与太阳耀斑、暗物质的探测、中微子振荡测量等为例，讲述了科学探索的过程；中国气象局原局长秦大河则通过一组组照片，回顾了国际徒步横穿南极大陆科学考察活动。从这些科学家身上，学生体会到他们心中充溢着对国家和社会的责任感。

南开公能讲坛的讲座不仅仅注重学生科学精神的培养，学生们也听到了著名经济学家吴敬琏教授娓娓道来通货膨胀的原因和影响；听到了哲学家王博教授对中国传统文化的解读；听到了新闻主播徐俐讲述外表光鲜的主持人背后不为人知的故事；听到了医学家张伯礼院士讲解什么是健康的人，为什么要做健康的人以及怎样做健康的人；听到了书法家曹柏崑教授对人生和书法的深刻体会；听到了《百家讲坛》最年轻的主讲人蒙曼教授所描述的诗情画意；听到了海洋问题专家王晓鹏老师所阐述的南海、东海问题的前世今生。

南开公能讲坛让学生们有了不同于课堂教学的体验与收获，在这里获得的不仅仅有知识，更重要的是培养了一种眼光、一种思维能力。

三、共享资源，推进先进文化的传播

南开公能讲坛的举办，将丰富的社会资源引入学校，但学校并不仅仅把主讲人当作公能讲坛的主角，学校始终把学生作为这种教育载体的主人。

在南开公能讲坛的组织过程中，学校引导学生积极参与，从而锻炼学生的综合能力。例如，每期公能讲坛都设有现场学生的互动提问环节，那些大胆并展露睿智的提问，超出同龄人的思维，展现出年轻南开学子的风采和公能讲坛的价值空间，极好地锻炼了学生的胆量和表达能力。同时，每期公能讲坛都设有学生记录员，这也是对南开教育传统的一种继承。梁启超1917年2月28日到南开中学演说和蔡元培1917年5月30日到南开中学演说时，记录者就是其时求学南开的周恩来。学生记录员全程记录主讲人的演讲，并要请主讲人签字确认，以此锻炼学生的理解能力、速记能力、沟通能力和应变能力。此外，学生记者对每位主讲人的面对面采访也时常闪现出智慧的火花，每次公能讲坛结束后的校报校刊上，总会刊发一些学生对讲座主题的深入探讨，从而将公能讲坛的教育功效延伸和拓展。

南开公能讲坛的受益者不仅仅是学生，教师也从中受益匪浅，许多老师会提前安排好自己的工作，不放过每一次听讲座的机会。许多学科组还会把相关的讲座内容作为学科教研的主题，一些年轻教师在互动环节也踊跃提问，去争取与名家大师对话交流的机会。

南开公能讲坛的举办，激起了在校师生的热烈反响，也受到学生家长的欢迎，越来越多的校外人士也开始关注南开公能讲坛。一些校友经常回母校听讲座，以南开公能讲坛凝聚校友，也成为近年来南开中学校园文化的一个缩影。

为使南开文化走出校园，将南开公能讲坛的成果升华为全社会共享的资源，南开中学已经编印了《南开公能讲坛录》第一辑至第十二辑，使得讲座的内容实现了二次传播，这充分发挥了南开公能讲坛的辐射教育作用，有益于在更大的范围内推进教育改革、有益于培养创新人才、有益于社会主义文化的发展繁荣。

第五节　精心打造校园文化

　　传承南开文化，把研究校史作为研究南开办学经验的突破口 / 建设南开校园文化景观，注重对学生在潜移默化中熏陶

　　一所优质学校的发展离不开学校文化，学校文化是一所学校对教育本质的理解与反思，是学校发展的灵魂。南开中学积淀了厚重的历史文化，形成了超越时空的学校精神，只有继续传承学校文化和学校精神，才能继续推动学校的发展。

一、让成功的办学经验在传承借鉴中激励人

　　教育的改革创新要把握好继承与发展的关系，面对南开中学百余年办学经验积累而成的教育宝库，要充分挖掘南开独有的教育资源，在继承的基础上发展，在发展的过程中继承，为基础教育事业的发展提供可资借鉴的经验。

　　南开中学把研究南开校史作为研究办学经验的突破口。2010 年 10 月 15 日，天津南开校史研究中心成立，这为学习、研究、传播南开传统、南开文化提供了一个重要的载体和平台。在南开校史研究中心的组织下，全校教职员工共同参与，陆续编辑出版了《南开校史研究丛书》第一至十七辑，编纂出版了《天津南开中学年鉴》2011 卷至 2020 卷，编修出版了《天津南开中学志》《天津南开中学史》，编辑出版了《杨志行教育文集》《天津南开中学办学实践与特色》，协助编辑出版了《以周恩来为人生楷模教育读本》和"周恩来南开中学丛书"，还编印了校园读本《"中学之模范"征文汇览》《百年左景福》《百年孙养林》《百年陈东生》。对校史资料全面、深入的挖掘和整理，为学校领导、广大师生，以及各界校友提供了学校历史沿革和现状的权威解读，为南开中学在当今时代背景下的发展定位、战略规划、管理改革、学科建设等一系列重要问题提供可靠的历史依据。

　　南开中学的办学历史凝结着南开中学办学的成功经验，通过对校史的

研究，有利于广大师生形成对校情校史的共识，促进学校凝聚力、向心力的形成，有利于加快创建中国特色、世界知名高水平中学的步伐。而通过近些年南开中学的教育改革实践，也可以归纳出推动南开中学等名校可持续发展的重要经验：

（一）在全面实施素质教育的过程中，探索创新人才培养。素质教育的核心是解决"培养什么人，怎样培养人"的根本问题。南开中学开展的各项育人活动始终以提高学生的综合素质为宗旨，以培养学生的社会责任感、创新精神和实践能力为重点，培养具有更广阔视野、德智体美全面发展的合格公民。近两年，经常听到家长这样议论："就凭南开中学高规格的公能讲坛和高端实验室，让孩子在这里上学就值得！"这说明，一所学校的社会声誉和育人质量，不能仅以分数简单衡量，学生的素质提升是社会和家长的热切期盼。

（二）立足校情，在继承中创新教育方式，在创新中传承学校文化。一所学校的长期发展，离不开其特有的文化传统，需要植根于其文化沃土。南开中学校训"允公允能，日新月异"突出地体现了南开中学丰厚的文化积淀。从早期南开中学邀请社会知名人士到校演讲，到今日开设南开公能讲坛；从早期南开中学开设"社会视察课""实践操作课"，到今日建设"南开中学体验创意中心""南开中学艺术中心"，南开人始终坚持立足优良的办学传统，并为传统注入时代精神，日新月异，与时俱进。

（三）发挥主观能动性，敢于创新，统筹兼顾，重点突破。回味近年来南开中学进行改革创新的各项举措，令人感受到南开中学的魄力和决心，而这背后正是难以言尽的艰辛探索。在学校无法完全摆脱传统管理体制的制约，无法完全超脱于应试指标的压力下，南开中学积极寻求政策支持，敢于迎难而上，以长远的眼光和高度的责任感，将改革人才培养模式作为重点工作，认真研究人才培养规律，让学生拥有更广阔的发展空间。事非经过不知难，正是有着对创新人才的渴望，南开中学教育改革才取得有实效的成绩。

（四）引入充足的社会资源，通过开门办学提高教育活力。南开中学的发展充分表明，一所优质学校的成长离不开社会的支持。学校不能脱离于社会而存在。寻求更多社会教育资源的协助，走到社会上拓展学校办学思路和培养模式，对于学校的可持续发展具有重要意义。当前的教育改革，正在从适应供给约束型教育发展，逐步进入需求导向型的教育发展新阶段，南开中学将优质的社会资源引入校园，使得办学视野更加开阔、办学水平进一步提升，这样的育人方式与社会需求更紧密地对接，学生在生动活泼的教育活动中得到更适合的发展。

二、让校园文化景观在潜移默化中熏陶人

南开中学是南开系列学校的发祥地，百余年发展变迁，校园环境充满厚重的文化氛围。1996 年 11 月 20 日，南开中学校园作为南开学校旧址，被国务院公布为"全国重点文物保护单位"。为了更好地发挥环境育人的功能，2010 年以后，对校园景观进行了高标准的改造和完善，使校园景观成为南开学子及社会各界缅怀伟人、感念历史的生动场所。

2010 年 7 月，在天津市规划局、市容委的支持下，南开中学聘请天津建筑设计院对学校北校区进行整体规划，以周恩来总理铜像为中心，提升长廊以东主景区的绿化结构。经过一个暑假的施工改造，校园内新植入若干高大粗壮的落叶乔木；面向校门处安置一座重达 60 吨，并刻有南开公能校训的泰山景观石；富有南开特色的长廊修葺一新，并恢复为相对完整的整体；校园内安装景观路灯、园林灯、地射灯等三个层次的夜间照明设施。

伴随校园绿化改造，复建了南开中学首届毕业生捐建的纪念井。该纪念井原是由梅贻琦、张彭春等 33 位校友于 1918 年毕业 10 周年之际为母校捐建的，寓意饮水思源，感念母校的培育之恩。复建的纪念井高约 40 厘米，井口直径约 50 厘米，井后靠墙矗立牌坊，其上书有"光绪三十四年第一班学生毕业纪念"，并由右至左依次镌刻南开中学首届 33 名毕业生的名字。2010 年 10 月 14 日举行了纪念井落成仪式。

与此同时，恢复扩建了南开校友英烈纪念碑。该纪念碑原名四烈士纪念碑，由薄一波题写碑铭，系为纪念在民族解放战争中献身的南开学子田文莼、张炳元、岳岱、吴祖贻四烈士而设立。恢复扩建中，将纪念碑迁回原址，围筑墙状碑体，将五四运动以来的马骏等 59 位南开校友英烈镌刻其上，以激励当代南开学子向英烈学习，为国家和民族无私奉献。该工程在 2019

年 10 月 14 日举行了纪念碑恢复扩建落成仪式。

2011 年，学校继续对校园景观进行提升改造，继续美化绿化校园景观，在校园内设立"我是爱南开的""容止格言"景观石碑，提升瑞廷礼堂功能，完成伯苓楼、含英楼、北楼等楼宇的改造。伯苓楼进行加固改造后作为南开中学校史馆使用。含英楼在加固改造中，对其外檐进行装饰，使其与校内其他历史建筑风格相协调，加固后的含英楼作为行政办公和体验创意中心实验室使用。根据学校整体安排，北楼由教学楼改为艺术中心，根据学生艺术社团活动的特点和要求，对其进行装饰改造，完善内部功能，改造完成后成为集美术、音乐、舞蹈、合唱、乐队等各功能教室于一体的专用建筑，为学生提供更好的艺术教育环境。

在校园景观改造中，规划设计始终以周恩来总理铜像为中心，在 2010 年将周恩来总理铜像背景墙改为白色大理石为底，上面镶嵌金字的基础上，2011 年在总理铜像前走道左侧添置休憩座位，右侧镶嵌反映周总理一生光辉业绩的铜板纪念浮雕。纪念浮雕于 2011 年 3 月 4 日建成，共 12 块，分别反映的画面为：南开学生周恩来、周恩来发起组织敬业乐群会、新剧《仇大娘》中的周恩来、1917 年周恩来给同学的赠言、1914 年的周恩来、周恩来毕业评语、周恩来在柏林万赛湖留影、黄埔军校政治部主任周恩来、外交家周恩来、周恩来与毛泽东在中央人民政府委员会会议上、周恩来和邓颖超在中南海西花厅、周恩来永远活在人民心中。这组纪念浮雕激励南开师生以周恩来为人生楷模，情系南开，心系祖国。

2013 年 8 月 19 日是周恩来总理入学南开中学 100 周年纪念日，在举办系列纪念活动的同时，南开中学复建了第十次毕业生（周恩来所在届次）捐建学校的纪念钟亭。该纪念钟亭原位于东楼（今伯苓楼）一侧，意在纪念母校培养教育之恩，后被毁于战乱。复建的纪念钟亭由 19 位基金会理事及有关贤达捐资复建，由天津建筑设计院设计，钟亭的形制大体按原貌设计，仍为二层亭式建筑，钟亭高 4.96 米，铜钟钟体直径 560 毫米，高 400 毫米。2013 年 8 月 19 日，纪念钟亭复建落成仪式举行。

同一天，由清华大学美术学院设计，经过 81 天施工改造的周恩来中学时代纪念馆和天津南开中学校史馆也正式开馆。南开中学还特别制作了周恩来小型纪念铜像，纪念铜像分为全身像和半身像两款，全身像反映周恩来总理形象，半身像反映中学时代周恩来形象。两款铜像均为南开中学校友、著名蜡像大师尔宝瑞设计，由万顺集团全额资助设计制作。

为了缅怀南开创办者的历史功绩，南开中学还在校园中敬立严修、张伯苓铜像，并将南英楼命名为"传鉴楼"。2013 年 10 月 15 日，在纪念建校 109 周年的日子里，严修、张伯苓铜像落成仪式和传鉴楼命名暨喻传鉴铜像揭幕仪式隆重举行。严修、张伯苓铜像位于南开中学北院北楼东端廊前，正面远眺范孙楼，左侧紧邻伯苓楼，由南开中学 1980 届全体校友和南开中学教育基金会捐资敬立。传鉴楼位于南开中学南院，原为建于 20 世纪 90 年代的教学楼。喻传鉴是南开中学第一届毕业生，终身服务于南开教育，作出了卓越的贡献。南开中学 1966 届校友、书法家曹柏崑为传鉴楼题写楼名，喻传鉴亲属捐赠的喻传鉴铜像安放在该楼前厅，1948 届校友张国贤撰写铜像基座铭文。

第六节　要把南开办成中学模范

> 对于历史的最好纪念，是总结并传承历史经验／温家宝学长的新嘱托："一定要把南开办成中学模范"／南开中学第二届理事会成立／丰富多彩的 110 周年校庆纪念活动／校园文化建设再结硕果

伴随着教育管理体制改革进入第五个年头，南开中学迎来了第 110 个生日。与十年前的百年校庆相比，此时南开中学的各项工作处于历史的新高，被社会各界赋予更多的期待。全体南开人以纪念建校 110 周年为契机，回顾历史，总结经验，保持冷静，继续前行，以高昂的姿态迎接新的征程。

一、总结办学经验：探索创新，沃土耕耘

对于历史的最好纪念，就是总结并传承行之有效的历史经验。早在着手筹备南开中学 110 年校庆的时候，学校理事会经过深入思考，决定组织力量，搞出南开中学的"史志"和"经验"。努力研究南开办学的实践，编辑

出版《天津南开中学办学实践与特色》，是很有意义的文化工程。

南开中学作为一所老校、名校，在110年的漫长办学实践中历经坎坷，克服了无数意想不到的困难，表现出顽强的生命力，成功地为国家培养了一代又一代栋梁人才和普通劳动者，创造积累了诸多宝贵的经验，形成了南开的办学传统和特色。研究南开中学的办学实践和特色，不能停留在宏观的层面和感性认识的水平，要逐步加以细化，并不断提高到理论水平。

那么，南开中学办学顽强的生命力源自哪里？南开优秀的办学传统和特色是什么？南开办学实践是如何体现教育工作的规律的？南开的实践和做法对当前基础教育有什么参考价值？《天津南开中学办学实践与特色》努力把这些思考梳理、提炼出来奉献给社会，奉献给从事基础教育工作的同人和朋友们。

在本书成书的过程中，由南开中学原副校长李信主持的教育科学研究组的各位同志努力收集资料，走访了许多老领导、老教师，对南开学校的工作认真进行了反复的思考和研究，经过去粗取精，去伪存真，紧紧抓住南开办学思想和办学实践、办学特色这条主线，确定了八个板块，即南开中学育人的基本经验、严修张伯苓杨坚白杨志行的教育思想、南开中学德育工作的特色、南开中学的智育、南开中学的体育、南开中学的课外活动、南开中学的社会实践活动和南开中学的教工队伍。在每个板块中又附录了若干文章，以使各个板块的内容更加充实、更加客观，衬托主题更加鲜明。

在天津南开中学建校110周年前夕，《天津南开中学办学实践与特色》一书出版并与读者见面。这是南开中学多年来教育教学、行政管理、师资队伍建设实践做法的回顾和总结，是研究旧社会私立教育和新中国公立教育方法与体会的有益尝试。

为了真实记载一代代南开人的无私奉献，充分展示一位位南开教师的教育教学成果，学校行政领导班子组织编写了《纪念南开中学建校110周年教育教学成果系列丛书》。编写该丛书的初衷是为了总结南开中学百年校庆以后十年来教育教学的经验和成绩，收集南开师生近十年来教育创新、教学改革的印记和业绩，为南开中学2004—2014年十年的办学历程保存鲜活的第一手资料。

该丛书分为五个分册，分别从德育、教学、科研、竞赛和国际交流五个方面反映南开中学精心办学、锐意改革的前行步伐，引导当代南开人传承南开精神，发扬南开的奉献精神和开拓意识。五个分册为《德育工作卷》《教学论文卷》《课堂课题卷》《学生竞赛卷》《国际交流卷》。在全书编纂过程中，编撰人员再一次近距离地感悟由南开师生传承发扬的南开精神、"允公允能"的精神风貌和"日新月异"的创新意识。大家为能作为参与辑录南开中学教育教学办学历程的践行者深感欣慰和骄傲。

该丛书的整体策划、内容选择、材料收集、编纂设计得到全校师生的全力支持，丛书编委会全体成员争分夺秒、倾心投入，克服了编辑时间紧、材料收集难的困难，团结协作，在天津南开中学 110 周年校庆前付梓刊印。

二、南开中学第二届理事会成立：深化改革，砥砺前行

把南开中学建成中学模范，这需要南开中学以更大的勇气和魄力，以更扎实的实践和探索，推动学校在继承中创新和发展。自 2010 年南开中学首届理事会成立以来，南开中学在教育改革创新上取得了显著的成绩，学校的办学思路更加明确，办学特色更加鲜明，办学成绩进一步提升。经过五年的不懈探索，首届理事会顺利完成各项工作任务。根据理事会章程的规定，南开中学理事会在 110 周年校庆前夕进行理事会换届。

2014 年 10 月 16 日上午，天津市南开中学第二届理事会第一次会议在南开中学举行。理事会成员王大中、饶子和、白岩松、赵启正、孙海麟、程津培、王静康、张元龙、张大宁、陈洪、马跃美、周鸿飞等参加会议。南开中学副校长吕宝桐、李宝贵、马健、张娜，校长助理潘印溪、王文昌，工会主席王伟，学生会主席卢礼威等列席会议。

南开中学首届理事会理事长孙海麟主持会议，并代表理事会作工作报告。工作报告全面回顾了南开中学理事会自 2010 年成立以来，带领全校师生积极贯彻落实《国家中长期教育改革和发展规划纲要》，高举改革创新大旗的实践历程，系统总结了五年来理事会积极履行办好南开中学的首要职责，坚持校本管理的突出特色，发挥资源拓展的最大优势等实践经验，并对理事会的发展建设进行宏观部署。

工作报告总结了过去五年中南开中学在理事会的领导下开展的三个方面重要工作：（一）致力于提高人才培养质量，在理事会的领导下，坚持立德树人，拓展素质教育形式，构建创新人才培养体系；（二）致力于传承学校历史文脉，在理事会的领导下，深刻总结办学成功经验，挖掘特色教育资源，丰富百年积淀的校园文化；（三）致力于摸索教育改革创新，在理事会的领导下，先行先试，为教学改革和管理体制改革积累丰富的实践经验。

孙海麟强调，在未来的工作中，要倍加珍惜一代代南开人共同打造形成的历史文化和办学声誉，继续探索历史名校的可持续发展之路；要倍加珍惜今日南开中学实施素质教育的成果，继续探索创新人才培养的途径和规律；要倍加珍惜近年来学校管理体制改革积累的经验，继续探索理事会工作的长效机制。在未来工作中，南开中学理事会要不断加强自身建设，依据理事会章程管理学校事务，加强对学校办学方向的战略领导、重大事项的决策领导、行政工作的监督领导和育人质量的评估领导，自觉提高教育管理的领导水平。

工作报告结束后，与会人员对工作报告进行认真审议，并结合学校工作进行了积极讨论。与会人员在讨论中对工作报告给予了充分肯定，并对修改报告提出了很好的建议。同时，围绕扩大办学规模、加强素质教育等方面，与会人员发表了各自的办法。经过认真审议，与会人员一致同意通过理事会工作报告。

工作报告审议结束后，进行了天津市南开中学第二届理事会领导成员的选举。孙海麟理事长介绍了第二届理事会选举的筹备工作，并向大会提交业已进行意见征询的第二届理事会预选名单。经过表决，顺利产生了新一届理事会。这届理事会成员是，荣誉理事长王大中，荣誉理事饶子和、白岩松、金一南、廖心文、欧阳自远，顾问赵启正、吴敬琏，理事长孙海麟，副理事长程津培、于再清、王静康，理事张元龙、张大宁、陈洪、廖理、王博、马跃美、周鸿飞，法律顾问矫捷。

经过高效率的工作，会议圆满完成各项议程。会议强调，南开中学第二届理事会要继续努力，带领全校师生解放思想、凝聚力量，努力担当起中国基础教育的领跑者，使南开中学的发展具有前瞻性和可持续性，能够面向未来，适应社会，服务国家，为创办具有中国特色、世界水平的现代基础教育作出更大的贡献。

三、110周年校庆纪念活动：继往开来，月异日新

在南开人的共同期待中，南开中学建校110周年纪念日到来。天津市委书记孙春兰对此作出重要批示：在南开中学建校110周年之际，谨向全校师生员工和广大校友表示热烈祝贺。南开中学秉承"允公允能，日新月异"的南开精神，为国家和天津培养了大批优秀人才，成就享誉中外。希望你们继续发扬优良传统，勇于开拓创新，谱写南开中学发展的新篇章，为建设美丽天津、实现中国梦再铸新辉煌。

2014年10月17日上午，南开中学喜气洋洋，古朴的校园焕发着青春的光彩。瑞廷礼堂中，各界人士济济一堂，"纪念天津市南开中学建校110周年暨发行《周恩来南开中学论说文集》大会"隆重举行。天津市委常委、市委教育工委书记朱丽萍，副市长曹小红，南开大学校长龚克，南开中学理事会荣誉理事王大中，理事会顾问赵启正，理事会理事长孙海麟，理事会副理事长程津培、王静康，理事会理事张元龙、张大宁、周鸿飞，以及老校友梁思礼、何荣林等出席大会。南开中学师生，南开校友代表，南开大学、天津第二南开中学、重庆南开中学、自贡蜀光中学的代表，以及爱国教育家严修、张伯苓等的亲属代表，天津市及国内外中学的师生代表参加了大会。

纪念大会由南开中学校长马跃美主持。副校长吕宝桐宣读了国务院副总理刘延东、国务院原副总理邹家华、天津市委书记孙春兰发来的贺信或批示。天津市委常委、市委教育工委书记朱丽萍，南开中学理事会理事长、校党委书记孙海麟，南开大学校长龚克，重庆南开中学校长田祥平，北京四中校长刘长铭，南开中学学生会主席卢礼威，国务院新闻办公室原主任、南开中学校友赵启正先后致辞、讲话。

朱丽萍在致辞中说，110年来，南开中学桃李广植，人才辈出。希望南开中学争当深化改革和教育创新的排头兵；希望全体教师争当人民满意的好老师；希望青年学生争当践行社会主义核心价值观的先锋队，努力成为中国特色社会主义事业的合格建设者和可靠接班人。

　　孙海麟在致辞中总结了南开中学百余年积淀形成的特有的办学模式和文化传统，一是借助各界贤达社会力量办学，依靠党和政府领导大力扶持发展教育；二是为民族救亡、民族复兴办教育，依靠教育家按教育规律办教育；三是依靠聚集人才办教育，依靠强大师资团队办教育；四是以爱国忠诚为特色，以全面发展为指针，大力培养公能兼具、文理兼修的优秀人才。他强调，南开中学110年来走过的道路和取得的业绩，是值得自信自豪的，南开中学的事业是历史的、也是世界的。我们既要有办学模式的自信、办学道路的自信，还要有南开文化传承与创新的文化自觉。在教育发展与改革的进程中，不能满足于做一个跟随者，而要努力实践，大胆创新，成为一个引领者，这就需要作出长期不懈的艰辛努力与探索。

　　赵启正以《我们的人生由南开始发》为主题发表讲话。他强调了中学教育对人生成长的重要意义，并以生动的事例讲述了南开中学对学生发展的重要影响。他特别对《周恩来南开中学论说文集》的出版表示祝贺，号召同学们认真阅读学习这本书，以周恩来为人生楷模，努力具有他那样的志气、他那样的国家责任感、他那样的修身养性、他那样的勤奋好学。

　　纪念大会结束后举行了精彩的文艺演出。南开中学理事会荣誉理事白岩松与南开中学学生郑嘉哲、张艺凡担任文艺演出的主持人。学校党委常务副书记、副校长吕宝桐为总策划，德育处主任助理徐广玉为策划，语文学科教师土蕊进行脚本创作，并聘请天津市舞蹈家协会主席、南开中学舞蹈团艺术总监刘颖为总导演。演出中，白岩松深情讲述了南开中学在国难中建校并发展的历史，学生张翊轩表演配乐朗诵《海军说》，学生舞蹈团表演舞蹈《多娇》《女儿花》，学生合唱团演唱《你是这样的人》《老师我想你》，学校管弦乐团和民乐团分别演出管弦乐合奏《红旗颂》和民乐合奏《庆典序曲》。南开中学师生编排了音乐快板《欣欣校园》。澳大利亚悉尼女子书院师生带来苏格兰风笛合奏。精彩而富有韵味的节目赢得各界来宾和师生的赞誉，为110周年校庆锦上添花。

　　纪念大会和文艺演出是110周年校庆的最高潮，而围绕纪念110周年校庆，南开中学还举办了一系列丰富多彩的纪念展示活动。

　　10月13日至17日，第十届国际中学生科学大会在南开中学举行。国际中学生科学大会是 2005 年由新加坡华侨中学、中国香港圣保罗男女中学、中国台湾晓明女子中学、澳大利亚哈钦斯中学和中国天津南开中学发起，2011 年意大利威尼斯马可·福斯卡里尼中学加入，每年一次轮流主办的交流活动，已成为各参与国和地区中学生交流科学探究经验、建立友谊的良好平台。本届大会有来自中国、俄罗斯、墨西哥、新加坡、美国、意大利、澳大利亚、日本、印度、英国等 12 个国家和中国台湾、香港地区的师生代表100 余人参加，各国学生以"科学—创意—生活"为主题，在学习科学知识的同时，积极探索运用所学知识创造性地解决人类生活遇到的问题。南开中学学生的研究性课题《烹调油烟对于果蝇生理机能影响的研究》《天津市高中校园 PM2.5 浓度影响因素探究》《楞次定律和电磁弹射的研究》参加了本届大会交流。南开中学校友赵勇博士、王亚愚博士分别到会作了《量子遇上比特》《高温超导介绍》的科学讲座。

10 月 16 日上午，南开中学教学展示活动举行。为展示南开中学教学特色，展现南开中学教师风采，突出教学为学校工作的核心，校庆期间学校以"多元互动——构建有效课堂"为主题，组织了教学展示活动。语文学科程滨、数学学科张广民、化学学科曹喆、地理学科梅宏柱、英语学科裴爽等五位老师在录播教室、专用教室、实验室进行展示，来自天津市以及外省市的40 余位校长进行了观摩。南开教师的教学特色、教学方法，学生学习方式、教学硬件条件等得到听课人员的高度评价。

10 月 16 日下午，南开中学 2014 年秋季运动会举行。开幕式上，由学生、教师、校友组成的 68 个方阵依次入场，学生进行了啦啦操、火棒操、武术、航模等表演。开幕式结束后，举行学生 4×100 米接力赛决赛，南开师生队与南开校友队进行了精彩的足球友谊赛。

10 月 17 日下午，南开中学举办国际基础教育校长论坛。此次论坛的主题是"以国际视野培养创新型人才"，南开中学校长马跃美主持会议，南开中学理事会理事长孙海麟致欢迎词，天津市教委副主任孙惠玲致辞。来自中国、美国、澳大利亚、奥地利、英国、墨西哥、俄罗斯、意大利、新加坡、日本 10 个国家的数十所中学校长、师生代表，以及天津市教委领导、天津市教育科学院专家 200 余人参加论坛。论坛上，各国教育工作者围绕"以国际视野培养创新型人才"的主题共同研讨，澳大利亚悉尼女子书院、中国台湾台北私立复兴高级实验中学、天津南开中学、北京鼎石国际学校、天津惠灵顿国际学校的校长作为主讲嘉宾和大家分享他们的理念和经验。

10月18日，各届校友返校活动顺利举行。7000余名校友从世界各地和祖国的四面八方回到母校，为110岁的南开中学庆生。学校领导热烈欢迎校友返校，南开中学理事会理事长、校党委书记孙海麟，学生会主席卢礼威，1948届校友张国贤先后致辞，校友与在校师生共同表演了精彩的文艺节目。校友返校活动凝聚了人心，久别重逢的南开人在母校看演出、叙友情，师生团聚，倾诉衷肠，感受到回家的亲切和温馨。

校庆前后，南开中学校友会还组织了1954届校友的聚会活动、"十二把铁锹闹革命五十周年"纪念活动，编印完成《天津南开中学校友名录（1904—2014）》。据统计，截至2014年6月，南开中学110年间，走出校友60385人（新中国成立前12205人，新中国成立后48180人），先后任教的教师2226人（新中国成立前1172人，新中国成立后1054人）。

四、校园文化建设再结硕果：中国有我，精神传承

南开中学110周年校庆是一个新的里程碑，在这个历史节点，南开人总结历史，展望未来。而在筹办丰富多彩的活动的同时，南开人又进行了一批文化建设工程，努力为后人留下更多的精神财富。

为110周年校庆献礼的文化建设成果首推《天津南开中学志》的出版发行。南开中学作为百年名校，积淀深厚，人才辈出。为传承优秀历史文化，增强学校文化软实力，2010年10月，南开中学理事会提出编写统一的南开中学校史，后正式决策编修《天津南开中学志》。该志时间断限为1904—1994年，全志110万字，全面、系统地记述了南开中学90年的历史进程，并附有简明记载1995—2014年发展状况的"卷外辑要"。编修人员历时4年，七易其稿，攻克无数困难，终于成就南开中学史上这桩重大的文化建设工程，填补了历史的空白。《天津南开中学志》凝聚了全校师生、校友和各界的共同努力，成为今日南开人创造校园文化、传承南开文脉的崭新实践，

也成为天津市的第一部学校志。

与编修《天津南开中学志》比肩推进的另一项文化建设工程，是"周恩来南开中学丛书"的编辑出版。在南开中学 110 周年校庆之际，南开中学与中共中央文献研究室第二编研部继 2013 年编辑出版《周恩来南开中学作文笺评》之后，再次合作编辑，由人民出版社出版《周恩来南开中学习作释评》和《周恩来南开中学论说文集》，引起强烈反响。2014 年 10 月 13 日上午，《周恩来南开中学习作释评》《周恩来南开中学论说文集》首发式暨新闻发布会在人民大会堂重庆厅举行。中共中央文献研究室主任冷溶、副主任陈晋，天津市政协副主席魏大鹏，周恩来邓颖超秘书、全国政协原副秘书长赵炜，周恩来卫士、中央警卫局原副局长高振普，周恩来总理亲属等出席座谈会。会议由南开中学理事会理事长、校党委书记孙海麟主持。中央文献研究室、人民出版社、天津南开中学等有关单位的领导、专家学者、知名人士、南开中学师生和媒体代表共 120 余人出席。首发式上，赵炜同志作了满含激情的讲话。中央文献研究室原室务委员、周恩来思想生平研究会会长廖心文，人民出版社副总编辑于青，南开中学校长马跃美，南开中学教师韩文霜、万庆刚，南开中学学生王国鉴先后发言。

《周恩来南开中学习作释评》和《周恩来南开中学论说文集》的出版，既有重要的文献价值，又对教育和引领当代青年成长有重要意义。这两本书与《周恩来南开中学作文笺评》，肩负起发掘周恩来在南开中学求学期间的思想轨迹和成长路径的文化建设重任，三本书组成"周恩来南开中学丛书"，连同此前编辑出版的《以周恩来为人生楷模教育读本》一起，成为当今全国青少年和全社会了解伟人成长足迹，进一步学习和弘扬周恩来精神的权威文本。

2014 年 11 月 4 日，南开中学召开了文化建设成果小结会。到会人士认为《天津南开中学志》和"周恩来南开中学丛书"两个南开校园文化工程血脉相通，使命相连，同是传承南开文脉的力作，同是凸显模范目标的文本，同是填补历史空白的壮举，同是践行强国梦想的好书，同是创造校园文化的实践。发言同志认为，近年来南开中学变化是多方面的，最本质的变化是激活了南开的文脉，找回了南开的魂魄，弘扬了南开精神。

在 110 周年校庆前夕，由南开中学和天津广播电视台联合摄制完成了电视纪录片《南开与中国》，并于南开中学校庆期间在天津卫视和天津电视台国际频道、科教频道与观众见面。这是继 1994 年与天津电视台合作拍摄电视专题片《情系南开》、2004 年与天津电视台合作拍摄电视纪录片《百年南开》之后，南开人再度与电视工作者的合作。

《南开与中国》分为上下两集，以纪实的手法，跳出以编年史铺陈编排的窠臼，从学校与国家关联的崭新视角切入，诠释了 110 年来南开中学与国家的命运紧紧联系在一起，坚持为国育才、实施素质教育的办学之路，全片气势磅礴，底蕴厚重，寓理于史，思辨性强，具有启迪当今教育改革的现实意义。

这部电视纪录片的制作凝结了关心、热爱南开的各界人士的智慧和心血。中央电视台著名主持人白岩松为该片选题进行策划。在历时两年多的拍摄中，摄制组走访数十位南开校友，搜集大量的文献资料，采用最先进的制作技术，给人耳目一新的感觉，成为献给南开中学 110 周年校庆的一份文化厚礼。

除了上述文化建设成果，校庆期间南开中学还先后出版、编印了《杨志行教育文集》《天津南开中学办学实践与特色》《纪念南开中学建校 110 周年教育教学成果系列丛书》（包括《德育工作卷》《教学论文卷》《课堂课题卷》《学生竞赛卷》《国际交流卷》5 卷）、《南开中学校园景观》《南开箴言印谱》等成果。这些文化建设成果，既是一代代南开人爱国育才伟大实践的经验结晶，又是今日南开精神传承特色发展的精彩诠释。一位退休教师说，南开中学 110 年校庆的突出特色，是展示了实在的文化建设成果，有自己的东西。

110 年的教育积淀，对于天津南开中学，不仅是收获，更意味着传承和超越的使命。回顾办学历程，南开人深切感到，南开中学的蓬勃发展，离不开允公允能、爱国报国的远大志向；离不开追求卓越、日新月异的进取精神；离不开自强不息、弦歌不辍的执着追求；离不开同心同德、乐群和谐的凝聚力量。

展望未来南开中学的发展，南开人决心高举改革创新大旗，坚持育人为本，传承南开精神，坚持南开风格，遵循教育规律，坚定走南开道路，创办富有中国特色、具有世界水平的优质中学教育。南开师生将共同面对机遇与挑战，以中国有我的襟抱和脚踏实地的努力，共同创造南开中学更加辉煌的明天！

第七节　迈出新的发展步伐

坚守南开教育初心 / 庆贺南开中学建校 115 周年 / 度过"停课不停学"时期 / 保持办学的模范水平 / 迎接南开中学建校 120 周年

南开中学 110 周年校庆活动后，学校党政领导班子进行调整，新的领导成员相继就任领导岗位。2016 年 10 月，刘浩同志任天津市南开中学党委书记、副校长。2018 年 8 月，刘浩同志任天津市南开中学校长、党委副书记。2018 年 11 月，李轶同志任天津市南开中学党委书记。其间，王文昌同志任天津市南开中学副校长，后任党委副书记、副校长；陈媛同志任天津市南开中学纪委书记，后任副校长；李德志同志任天津市南开中学副校长；王悦同志任天津市南开中学纪委书记。

刘浩，天津市人，1989 年毕业于天津师范大学历史系，1999 年在天津师范大学史学理论与史学史研究生课程班结业，历史正高级教师，特级教师，曾任天津市实验中学副校长，天津市复兴中学党总支书记、副校长，天津市复兴中学校长、党总支副书记。李轶，女，广东兴宁人，1989 年毕业于天津师范大学数学系，2004 年在东北师范大学教育技术学（教育信息技术）专业研究生课程班结业。数学正高级教师，曾任天津市汇文中学副校长，天津市第二十中学副校长，后任天津市第二十中学党委书记。

学校党政领导班子调整后，两位主要领导同志带领党政一班人进入角色，在天津市委、市政府和天津市教育两委的领导下，坚守"作中学之模范"的教育初心，继续弘扬南开精神，努力办好富有中国特色、具有世界水平、符合时代要求、适合未来人才成长需要、让人民满意的优质基础教育，续写了南开中学的新篇章。

一、坚守南开教育初心

南开中学从创办初期起，就确立"作中学之模范"的教育初心，形成"允公允能，日新月异"的校训，锻造"巍巍我南开精神"，注重对学生进行爱国主义教育和素质教育，培养学生全面发展，形成闻名海内外的南开中学教育品牌。随着时代的发展，在传承的基础上不断创新，将与时俱进落实到日常教育教学中，成为学校党政领导班子的追求。

在实践探索中，学校党政领导班子从坚守教育初心与认识时代特点的结合上，准确地把握住南开中学办学方向的全局，树立大思政观，弘扬新时代公能精神，以改进课程思政工作为提高学校工作的切入点，将课程思政工作提升到引领学校教育发展方向的高度，努力挖掘各个学科的育人功能与价值，确立"学校一切皆课程，一切课程皆育人"的理念，形成"三全育人"（全员育人、全程育人、全方位育人）的新局面。校长刘浩强调："课程思政工作必须与教育教学改革相结合。"党政领导班子集中全校教师的智慧，发挥骨干教师的带动示范作用，调动全体教师参与课程思政建设的积极性。党政领导班子成员和全体中层干部下沉到各个年级、各个学科，通过听课、研讨、分析教案，引导全体教师采用行之有效的教育教学手段，改革和克服传统的"灌输式"教学模式，布置形式多样的课后练习，减轻学生的作业负担，使提升课程思政工作取得了实效，涵养起南开学子在中国特色社会主义新时代的家国情怀。

南开公能教育注重以爱国主义教育为魂，新的党政领导班子坚持以南开公能精神为源，打造公能教育教师团队，探索新时代学校育人实践高质量特色化发展的南开公能之路，形成以爱国主义教育为核心，实施公能贯通的楷模教育，确立"以周恩来为人生楷模"的特色教育主线，深入开展创建"周恩来班""邓颖超班"教育活动；以课程建设为载体，研制公能融合的特色课程体系，将各项教育活动纳入课程化管理，通过开设近百个校本选修课、学生社团等方式拓展课程资源，培养学生"爱国爱群之公德""服务社会之能力"；以南开公能讲坛为阵地，全方位开阔学生视野，引发学生对国家和人生未来的思考。在实践探索中，形成党委统一领导、党政齐抓共管、部门协同配合的思政育人体系。党委书记李轶以《赓续红色血脉　坚定理想信念》和《颂百年风华　育时代新人》为题讲专题党课，各位校级领导以及党支部书记也都讲专题党课，为公能教育注入不竭的动力。

南开公能教育注重开启学生的社会实践之门，新的历史时期南开中学积极开展劳动教育、国防教育，组织七年级、八年级学生开展为期一周的学农劳动，组织高二年级学生参加"爱祖国爱劳动爱学习"主题劳动教育活动，组织师生走进天津长芦汉沽盐场、海鸥手表博物馆、桂发祥十八街麻花等天津市知名工业企业，亲身感受天津近现代经济发展历程和成就，感受历史天津、文化天津、魅力天津。还组织开展了劳动技能创意赛、学生食堂开放日、"粽叶飘香品端午，相聚南开话传承——感悟传统，'粽'享未来"等一系列活动，培养学生动手能力和劳动技能。学校坚持组织开展义工志愿服务活动，在博物馆、图书馆、大剧院、交通枢纽、养老院等场所都能经常看到南开学子志愿服务的身影。

南开公能教育注重建设南开特色的校园文化，新的历史时期南开中学不间断地致力于打造校园文化。在此前校园文化建设的基础上，2015年敬立邓颖超青少年时期铜像，敬立海棠花忆石碑，镌刻周恩来跟武术家韩慕侠习武铜板浮雕，竖立南开中学被侵华日军轰炸纪念雕塑。2016年大型油画《周恩来总理视察母校南开中学》揭幕，新建西斋严修纪念室、张伯苓纪念室和知名校友彭雪枫纪念室、吴阶平纪念室，连同此前已有的周恩来在校读书时的宿舍、周恩来马骏五四运动纪念室、温家宝在校读书时的宿舍及梅贻琦纪念室、曹禺纪念室、叶笃正纪念室，构成一组爱国教育的纪念设施，后被命名为"南开中学思政课实践教学基地"。2017年举行"周恩来与教育"国际研讨会，纪念周恩来于南开中学毕业100周年，周恩来思想生平研究会会长闫建琪出席并讲话；编撰《周恩来南开中学岁月》，由中央文献出版社出版，该书首发式暨新闻发布会在人民大会堂举行，全国政协常委、中国科学院院士程津培等讲话，天津市委常委、市委教育工委书记陈浙闽发来贺信；同年还在校园竖立两块大型泰山石，分别刻有周恩来中学毕业时给同学的赠言"愿相会于中华腾飞世界时"，以及温家宝为学校的题词"南开永远年青"。2018年3月1日，中共中央召开纪念周恩来诞辰120周年座谈会。南开中学代表、周恩来思想生平研究会顾问孙海麟应邀出席会议。2018

年为纪念周恩来诞辰 120 周年，南开中学与中国国际文化交流中心、教育部思想政治工作司、共青团中央宣传部、中共天津市委宣传部合作，在南开校园举行"相会于中华腾飞世界时·中华经典颂恩来"大型诗歌咏诵会。南开中学注重环境的育人功能，通过校园文化建设，把校园打造成博物馆式的学校，使学生每天都置身于浓郁的爱国成长氛围之中。

近年来，南开中学屡获荣誉：2015 年被评为天津市师德建设先进单位、第一批全国学校体育工作示范学校，学校团委被评为天津市五四红旗团委。2016 年被评为首批全国中学志愿服务示范校、全国科技教育创新优秀学校、全国首批中学生志愿服务示范学校。2017 年被中央文明委评为第一届全国文明校园，同年被评为第一届天津市文明校园、天津市优秀青年志愿者集体、天津市科学素质教育十佳学校。2018 年被评为首批优秀市级绿色校园、天津市依法治校示范校。2020 年通过国家级复验，再次被评为全国文明校园，学校关工委被评为全国优秀关工委，学校团委被评为全国五四红旗团委。

二、庆贺南开中学建校 115 周年

伴随着庆祝中华人民共和国成立 70 周年的到来，2019 年 10 月 17 日，南开中学迎来建校 115 周年纪念日。南开中学素有逢五逢十举行大型校庆活动的传统，为了迎接 115 周年校庆，南开中学领导班子有序推进筹备工作。

早在 2018 年 3 月，南开中学领导班子即决策与周恩来思想生平研究会合作编撰《周恩来南开中学故事》，以多年来完成的周恩来南开中学史籍成果为基础，根据周恩来中学时代史料编创成若干故事，形象地再现青年周恩来经历的成长与磨砺，为南开学子和当今青少年提供一本具有楷模意义的新书。2019 年 9 月，在南开中学建校 115 周年纪念日到来之前，《周恩来南开中学故事》如期问世，首发式暨新闻发布会在人民大会堂举行。该书由周恩来思想生平研究会和天津南开中学编著，由人民出版社出版。

2019 年 1 月，学校编辑出版《走进天津南开中学》，通过校园景观展示，凸显南开中学办学史和南开精神，为此组建该书编委会，孙海麟任主任，李轶、刘浩任副主任，李轶、刘浩担任主编。同时决策编印《天津市南开中学

115 周年校庆纪念文集》，组建了编辑班子，刘浩担任主编。经过紧锣密鼓的运作，前者由人民出版社出版，后者在校内印制。在纪念文集里，刘浩撰写《坚守南开教育初心　办好优质中等教育》专文，同时刊载 2015 年南开中学党委作出的《关于深入学习周恩来的精神和品格的决定》。

2019 年 10 月 16 日，纪念南开中学建校 115 周年大会在瑞廷礼堂举行。全国政协原常委、全国政协原外事委员会主任、国务院原新闻办公室主任赵启正，科技部原副部长、中科院院士程津培，南开大学党委书记杨庆山，南开大学原党委书记、南开校友总会理事长薛进文，全国政协原常委、天津市人大常委会原副主任张元龙、中科院院士龙以明等校友和嘉宾、南开师生共 1500 余人出席大会，孙海麟代表学校讲话，龙以明代表校友发言，共为南开中学庆贺 115 周岁生日。

纪念大会结束后，举行了大型纪念油画《使命》揭幕仪式和南开中学英烈纪念碑悼念献花仪式。中共中央政治局原常委、国务院原总理温家宝为大型纪念油画命名并题字"使命"、为南开中学扩建修缮的英烈纪念碑题字"南开中学英烈纪念碑"。孙海麟、李轶、刘浩邀请到场来宾，一同参与《使命》揭幕仪式并向纪念碑敬献鲜花。

同日，还举行了"天津市南开中学宇宙探索馆"建成剪彩仪式。根据南开中学整体发展规划，2019 年按照规范流程设计、逐步施工建设的宇宙探索馆，于 10 月 16 日正式开馆。南京大学原校长、地球化学家陈骏院士为宇宙探索馆题写馆名，程津培院士为宇宙探索馆揭幕。该馆同时也是天津市校园信息化建设的典型案例，并向建校 115 周年献礼。

校庆纪念大会结束后，在瑞廷礼堂举行了文艺演出，演出节目全部由在校师生和各界校友编排，他们用灵动优雅、热烈完美的艺术表现力，为母校 115 岁生日献礼，表达了对南开中学的深情厚意。当天有 5000 余名各界校友返校，他们回忆在校求学情景，感恩母校培养，赞叹母校发展的新成就，表达了对南开中学的拳拳热爱之情。

校庆活动前夕，10 月 15 日下午，南开中学理事会以建校 115 周年为主题召开了会议，对学校前一阶段工作进行总结，对未来发展作出规划。

继 2014 年建校 110 周年时统计历届教师、校友数字之后，2019 年南开中学校友会再次精心进行统计。截至 2019 年底，先后共有 2512 名教职工在南开中学任教。其中，1904 年至 1948 年底，有 1172 名教职工任教；1949 年至 2019 年底，有 1340 名教职工任教。截至 2019 年底，南开中学先后共培养学子 68096 人。其中，1904 年至 1948 年底，共培养学子 12205 人；1949 年至 2019 年底，共培养学子 55891 人。

通过 115 周年校庆活动，表达了全校师生及校友不忘建校初心，牢记教育使命，秉承南开精神，永远走在时代前列，把南开中学办成中学模范的决心。

三、度过"停课不停学"时期

新冠疫情发生时，南开中学响应上级号召，2020 年 2 月 5 日着手制定"停课不停学"的具体工作方案，学校领导班子大力组织并发挥德高业精的教职工队伍的作用，迎接挑战，积极战"疫"。面对疫情，南开中学师生同心协力，众志成城，停课不停学，度过了难忘的战"疫"期。

在疫情面前，南开中学的教师们通过各种形式开展"停课不停学"的网络教学，初三、高三毕业年级的教师们利用微信、QQ、腾讯会议等交流工具建立群组，与学生保持联系，答疑互动，全天候无微不至地帮助学生积极备考。非毕业年级的教师们通过网络平台开展教学，并开设心理健康、体育健康和艺术课程，以帮助同学们科学战"疫"。

面对网络教学中的新问题、新挑战，南开中学的教师们各显身手。有的教师及时应变，利用现代信息技术设备，替代传统的黑板与粉笔，通过云端将一节节高水平的课堂传递给学子。有的教师利用互联网教学平台中的"答题器""快速调查"等功能以及在线问卷系统，保障师生交流，完成相关数据采集并进行分析，提升在线教学质量。

南开中学的教师们发挥区域引领的作用，积极参与"云课堂"录制工作。自 2020 年 2 月 4 日第一批次起即有教师参加录制，持续至 5 月中旬。初中、高中各年级、各学科均有教师参与录制，共呈现 43 节云课程，数量居全市中学前位。录制队伍以正高级、高级职称的教师为主体，一大批优秀青年教师参与其中，录制课程质量极高，广受好评。

南开中学的教师们在"停课不停学"期间，不断总结思考、交流互动，共有 20 位教师参加教育部组织的疫情防控期间线上教学案例征集活动，从教师专业技术角度科学战"疫"、高效战"疫"。2020 年 3 月 18 日，生物学科党支部组织党员学习相关政策法规，搜集整理冠状病毒、免疫学、生态学等相关内容视频、资料，通过微信开展线上党日活动，目的是让每位同志发挥自身学科的优势，为抗击新冠疫情贡献自己的力量。

"停课不停学"期间，不仅一线教师为战"疫"付出积极努力，学校教务、总务等各部门也为"停课不停学"做好各项保障与服务。为提升网络学习效果，教务处协同年级教师团队，克服疫情干扰，高效、安全、有序地组织教材发放工作。为迎接复课开学，总务处克服困难备齐防疫物资，对校园进行全面消杀。这都为战"疫"作出了贡献。

南开中学的学生群体也勤奋努力，积极战"疫"。大家以网络学习空间为战场，以书本纸笔为武器，展现出沉着面对重大考验的风貌。有的同学利用线上数学课掌握的统计学知识自主绘制疫情数据图表，在提升数学技能的同时，也体会到战"疫"工作者的艰辛努力以及战"疫"取得的阶段性成果。有的同学结合地理课的学习，居家通晓天下事，运笔勾勒凌云志。还有的同学用工整的"南开体"展现出每临大事有静气的优秀学子范儿。

2020 年 12 月 9 日，在天津市 2020 年基础教育"停课不停学"工作总结会上，校长刘浩代表南开中学作了典型发言，该发言全文刊登在《天津日报》上。

四、保持办学的模范水平

"作中学之模范"是南开中学创办人的办学初心，意味着在同时期的学校中，南开中学的办学宗旨、育人目标、教育教学方法、师资配备、基本建设育人成果等诸方面，都要领先于其他学校，敢为天下先。模范，不仅是南开中学的高起点，也是长久的制高点。自此，这成为南开中学安身立命的根基，延续到了南开中学建校后的第 12 个 10 年。2022 年南开中学《"公能教育"百年传统的当代传承与创新》获"天津市基础教育教学成果特等奖"，2023 年获"基础教育国家级教学成果二等奖"。

验证模范中学的终极标准是培养出模范学生。进入新的历史时期，南开中学继续致力于培养全面发展的人才，培养拔尖创新型人才，提升学生培养水平，在天津市相关评选中屡获殊荣。学生张津涵、严涛、王宇、苏晗分别被评为2015年、2016年、2017年、2018年"天津市最美中学生"。2022年起改为评选十佳中学生和十佳班集体，王冠锦被评为2022年天津市十佳中学生，高二（1）班被评为2023年天津市十佳班集体。

在传统的五项学科竞赛中南开中学长盛不衰，2015年竞赛成绩优于前一年，学生潘陈恺、桂经纬参加第29届全国高中学生化学竞赛分别喜获金牌和铜牌，潘陈恺作为天津唯一金牌得主入选国家集训队。崔圣宇、李杰宇、穆禧龙参加第31届中国数学奥林匹克（CMO）暨高中数学冬令营均喜获银牌。刘欣爽、刘畅参加第32届全国物理学竞赛均喜获银牌。卢礼威、吴奉宪参加2015年全国生物学竞赛分别喜获银牌和铜牌。

2016年，在五项学科的全国竞赛中，南开中学成绩继续捷报频传。在第32届中国数学奥林匹克（CMO）竞赛中，南开学子获得2枚银牌、1枚铜牌。在第33届全国物理学竞赛中，获得1枚银牌、3枚铜牌。在第30届全国高中学生化学竞赛中，获得3枚银牌。在2016年信息学奥林匹克全国赛中，获得2枚银牌、2枚铜牌。

2017年，南开中学拔尖创新人才培养工作整体均衡发展，在传统的五项学科全国竞赛中，预赛阶段南开中学入选天津市代表队的人数居于全市领先位置，具有明显的整体优势；南开学子共获得3枚金牌、9枚银牌、4枚铜牌，再次代表了天津市的最高水平。2017学年度中高考取得了优异成绩，特别是高考取得突出成绩。

2018年，进一步完善了《天津市南开中学学科竞赛课程管理办法》，为拔尖创新人才培养提供了保障。2018年度五项学科竞赛成绩优异，在校学生共获得全国竞赛4枚金牌、4枚银牌、4枚铜牌，其中所获4枚金牌数，再次超过天津其他中学所获金牌数之和。高考成绩在全市遥遥领先，表现突出；中考成绩优异。

2019年，学生方星竹获全国数学奥林匹克竞赛金牌并入选国家集训队，孙绍聪获全国物理奥林匹克竞赛金牌，张杰汉获全国生物奥林匹克竞赛金牌，金牌总数继续位居天津市首位，此外数学竞赛获 1 枚银牌、2 枚铜牌，物理竞赛获 1 枚银牌，化学竞赛获 2 枚银牌。4 名学生入选该年的中学生英才计划。高考、中考再创佳绩，在优质学生培养上继续保持市、区领先优势，被南开区评为该年学校办学业绩评估优秀学校。

2020 年，高水平完成拔尖创新人才培养工作。在五项学科的奥林匹克竞赛中，南开中学共获得 2 枚金牌、6 枚银牌、6 枚铜牌，潘恺霖同学进入数学国家集训队，竞赛的综合成绩继续居于天津市首位。高考、中考再获佳绩。

2021 年，在五项学科的全国奥林匹克竞赛中，南开中学获得 2 枚金牌、9 枚银牌、12 枚铜牌，金牌及奖牌总数均居于天津市首位。高考成绩突出，6 名学生进入全市前 20 名，通过高考原始分数考入清华大学、北京大学等高校的毕业生数位居全市首位。初中毕业生考入市五所学校人数占比居于同类校首位。

2022 年、2023 年，在五项学科和地球学科的全国奥林匹克竞赛中，数学竞赛 2 人获一等奖，8 人获二等奖，6 人获三等奖，3 人获女子二等奖，1 人获女子三等奖；物理竞赛 2 人获二等奖，3 人获三等奖；化学竞赛 3 人获二等奖，1 人获三等奖；生物竞赛 1 人获二等奖，1 人获三等奖；信息学竞赛 2 人获二等奖，4 人获三等奖；地球学科竞赛 1 人获二等奖，1 人获三等奖；另外，有 62 人分获各项竞赛的天津市一等奖。

2022 年高考，25 人考入清华大学、北京大学，11 人被国际知名大学录取，考入 985 院校的学生达到 82%。中考成绩继续提升。2023 年高考，顶尖水平的学生发挥出应有水平，全体学生均实现极大的增值增长，31 人考入清华大学、北京大学，全市前 40 名顶尖学生中占 10 位，近 90% 学生达到 985 学校水平。中考成绩创历史新高。

南开中学模范水准首先体现在办学质量和培养学生方面，但追求模范水准是全方位、综合性的。南开中学在重视并不断改进、提升课堂教学水平的同时，弘扬重视学生课外社团活动的优良传统，抓好高质量的学生体育、艺术团队建设，各个团队持续在全国和天津市屡获佳绩，成为体现南开学子德智体美劳全面发展的窗口。

一花独放不是春，百花齐放春满园。近年来，南开中学持续发挥自身优质教育资源的引领辐射带动作用。一是对南开系列学校，持续发挥南开中学作为南开系列学校发祥地的地位与作用，继承和创新南开文化，弘扬和培育南开精神，使南开教育品牌历久弥新。二是对天津市和其他省份的合作校、交流校、帮扶校，输出先进教育教学理念、模式和经验，特别是公能教育的大德育实施框架，对上述学校产生重要促进作用。三是对南开区全域，南开中学的德育实施框架、"以周恩来为人生楷模"主线教育等实践，被南开区教育局借鉴并推广普及，产生良好的社会反响和教育效益。

继 2021 年、2023 年南开中学面向全社会敞开校门，举办公能教育成果展示暨"共赴海棠之约，触摸南开春天"的海棠节活动之后，2024 年 4 月 6 日，南开中学再度迎来海棠节，有志青少年和各界人士走进积淀百余年育人传统的南开校园，一睹海棠花开满园的盛景，感受南开中学乐育英才的文化氛围，在耳闻目睹、口口相传之中，南开中学的教育理念得到广泛传播。从此，海棠节成为南开中学校园特有的节日。

五、迎接南开中学建校 120 周年

南开中学建校 120 周年纪念日正在向南开人走来。南开中学素有重视校庆活动的传统，校庆活动不仅是南开人慎终追远的载体，而且具有温故知新、更上一层楼的激励作用。在进入中国特色社会主义新时代的当下，校庆活动更成为南开人的"加油站"。

早在 2021 年 11 月 30 日，南开中学理事会理事长孙海麟就主持召开了纪念南开中学建校 120 周年相关工作讨论部署会。会上，孙海麟对相关工作进行了部署，包括校庆电视片的拍摄制作，敬立制作新中国南开中学教育家铜像，敬立制作南开中学院士浮雕墙，编纂出版南开中学年鉴，明确了工作分工和推进要求。

2023 年 6 月 26 日，成立南开中学 120 周年校庆筹备工作小组并召开第一次会议。校庆筹备工作小组由孙海麟挂帅，学校领导班子成员、有关部门负责人、教育基金会和校友会负责人为筹备工作小组成员。从那时起，截至 2024 年 6 月，校庆筹备工作小组召开了多次会议，策划并部署了迎接校

庆的诸项举措，有的项目如新中国南开中学教育家杨坚白、杨志行铜像已敬立，院士浮雕墙已落成，其余校庆筹备工作正在有序运行。

归纳起来，迎接南开中学 120 周年校庆的主要举措包括：

——新建"严范孙纪念馆"；

——新建南开中学院士浮雕墙；

——摄制电视纪录片《青春南开》；

——编辑出版《天津南开中学人物志》；

——编辑出版《严修传》；

——完成电影《一代人师严修》后期工作，定档教师节期间公映；

——编辑出版《天津南开中学史（1904—2024)》；

——编辑出版《天津南开中学年鉴 2020》《天津南开中学年鉴 2024》；

——编辑印制《南开公能讲坛录》第十二辑；

——编辑出版《南开中学 120 年》；

——编辑印制《南开中学建校 120 周年纪念文集》；

——编辑印制《南开中学 120 年校友名录》；

——编辑印制《南开中学校友通讯》；

——完成南北两院体育场地的升级改造；

——策划筹备建校 120 周年纪念大会和文艺演出。

在全校师生员工和各界校友、专业人士的共同努力下，南开中学建校 120 周年纪念活动必将精彩纷呈，南开中学必将开创新的历史，人们对此充满期待。

天津南开中学大事年表

1898 年

3 月 25 日　严修卸任贵州学政回到天津。

9 月 20 日　戊戌变法失败后严修官职悉被免去，预备全家回津。

10 月 29 日　严修辞官，在家宅设学馆。请张伯苓来教子侄 5 人。

1899 年

张伯苓将体操引入授课内容，创办中国最早的学校体育课。

1900 年

7 月　八国联军入侵天津，张伯苓携眷避居严修寓所。

1901 年

春　严修与林墨青率严氏家馆学生 11 人誓于严宅北书房。

春　张伯苓兼理王奎章家馆，每日上午至严馆，下午至王馆，分别授课。

1902 年

8 月 10 日　严修偕长子智崇、次子智怡赴日本考察。

11 月 27 日　严修自日本考察归来。

冬　严修在家宅设女塾。张伯苓教授算术、英文等课程。

1903 年

3 月 16 日 严氏家馆的英文夜馆开学。

6 月 张伯苓赴日本参观大阪博览会并考察教育，购买理化仪器多种而归。

12 月 1 日 张伯苓在严馆开讲三角，每周讲两小时。

12 月 3 日 张伯苓在严宅为严修讲英文文法。

1904 年

5 月 28 日 严修、张伯苓赴日本考察教育，历时两个半月。

10 月 16 日 在严馆和王馆的基础上，成立私立中学堂。

12 月底 校名改称私立敬业中学堂。

1905 年

2 月 10 日 《大公报》报道天津学校教育情况，介绍私立敬业中学堂。

7 月 直隶总督袁世凯参观敬业中学堂，捐建筑费银 5000 两。

12 月 6 日 严修任学部右侍郎。

是年 私立敬业中学堂改称私立第一中学堂。

1906 年

2 月 邑绅郑菊如捐出南开洼的十余亩土地供私立第一中学堂使用。

7 月 师范班学生毕业，学制两年，毕业生有 10 人。

8 月 20 日 本校在南开洼的新校舍开工建设。

10 月 21 日 天津第四次青年会运动会举行，私立第一中学堂参赛。

是年 严修转任学部左侍郎。各省学政改为提学使。

1907 年

2 月 13 日 私立第一中学堂迁入南开洼新址。新校舍建起东楼与北楼。

5 月 东三省总督徐世昌来校参观，捐银 1000 两。

10 月 24 日 张伯苓在天津学界第五届联合运动会闭幕典礼和颁奖仪式

上发表《雅典奥运会》的演说。

10 月 28 日　校名改称私立南开中学堂。

12 月　张伯苓率领 11 名选手参加在南京举行的江南第一次联合运动会。

1908 年

3 月　新校舍起建宿舍一所。

7 月 10 日　私立南开中学堂首届 33 名学生毕业。

8 月 19 日　张伯苓赴美国参加第四次世界渔业大会并考察教育。

11 月 4 日　张伯苓赴欧洲考察教育，亲临英国伦敦第四届奥运会现场。

1909 年

1 月　张伯苓归国，仍任本学堂监督。

10 月 13 日　张伯苓发表《中国与国际奥委会》讲演。

10 月 21 日　私立南开中学堂公演张伯苓自编自导自演的新剧《用非所学》。

1910 年

2 月　直隶提学使卢木斋由公款拨助私立南开中学堂经费每月银百两。

6 月 12 日　由南开中学堂主办的天津学界首次联合音乐会在李公祠公演。

10 月 10 日　南开中学堂校庆 6 周年，演出严修编撰的新剧《箴膏起废》。

10 月 18 日　张伯苓等发起的第一次全国学界运动会在南京举行。

1911 年

3 月　天津客籍学堂、长芦中学堂并入南开，校名一度改为公立南开中学堂。

6 月　购校址旁华兴公司隙地 30 亩。

10 月至 11 月　武昌起义爆发，南开中学堂暂行停课。

11 月 5 日　张伯苓兼任清华学堂教务长半年余，后辞职返津。

1912 年

1 月 1 日　本年起，本校成立纪念日定为公历 10 月 17 日。

4 月　私立南开中学堂校名改为私立南开学校，张伯苓任校长。

7 月 8 日　北京政府教育部召开全国临时教育会议，公推张伯苓为临时主席。

10 月 19 日　张伯苓主持天津学校运动会在南开操场举行，南开学校获总分第一名。

11 月 13 日　邀请卢木斋、严修、王少泉为南开学校董事。

1913 年

1 月　增设高等班，分文理两班，并增设中学补习班。后高等班裁撤。

2 月　组织讲演会，每周学生自作讲演稿进行讲演。

5 月　南开学校与天津 10 所学校举行联合运动会，随后参加首届华北运动会。

8 月 19 日　周恩来入南开中学，编在一年级己三班（后改为丁二班）。

10 月 17 日　规定本年起以 10 月 17 日为南开学校周年纪念日。

1914 年

1 月 8 日　举行始业式，时有学生四五百人。

2 月 10 日　张伯苓在南开学校修身班上宣布本校新章程。

3 月 14 日　周恩来与同班同学张瑞峰、常策欧发起成立敬业乐群会，主编会刊《敬业》。

4 月 29 日　张伯苓在修身班发表题为《三育并进，不可偏废》的演讲。

5 月上旬　华北联合运动会成立，推选张伯苓等为执委。

5 月 21—22 日　南开学校选手为主的北部棒球队获得第二届全国运动会棒球冠军。

9 月 29 日　周恩来到校董严修家拜访，请其为《敬业》杂志封面题字。

10 月 17 日　举行南开学校成立 10 周年纪念会。

11 月 17 日　南开新剧团成立。

1915 年

1 月 11 日　举行始业式，张伯苓致开会词。

同月　南开学校创设贫儿义塾。

3 月初　严修为周恩来所在班亲题"含英咀华"，表彰该班作文成绩优异。

4 月 3 日　南开学生敬业乐群会、青年会、自治励学会三会联合举办聚乐大会。

5 月 7 日　张伯苓主持华北运动会，南开运动员获团体第三名。

6 月 26 日　南开学校举行第六次毕业典礼。

6 月 30 日　暑假未能归家学生组织暑假乐群会，选举周恩来任总干事。

8 月 30 日　南开学校校报《校风》创刊。

10 月 17 日　庆祝校庆 11 周年纪念会在礼堂召开，演新剧《一元钱》。

10 月 24 日　由校友梅贻琦在北京发起成立南开同学会，梅贻琦任会长。

12 月 18 日　黄炎培来津并在南开学校思敏室发表讲演。

12 月 23 日　南开学校举行毕业式。

1916 年

1 月 1 日　南开学生反对袁世凯称帝，将学校礼堂"慰亭堂"的匾额摘下。

5 月 10 日　张伯苓为国文汇考前十名学生颁奖，周恩来获全校第一名。

5 月 19—20 日　南开学校代表队夺得第四届华北运动会总分第一。

6 月 28 日　南开学校举行第八次毕业典礼。

8 月 4 日　南开学校添设专门部及高等师范各一班，张彭春为主任。

8 月 28 日　南开新剧团召开全体大会，推举张彭春为南开新剧团副团长。

9 月 11 日　二年级以下各班课程均添武术两小时，并新聘两位武术教员。

10月　张伯苓应邀赴吉林、哈尔滨、双城、安东（今丹东）、奉天（今沈阳）等地讲演。

12月23日　南开学校举行第九次毕业典礼。

是年　学生人数激增到近1000人，来自全国23个省份。校园面积扩大为150亩。

1917年

1月1日　在日本成立留日南开同学会。

4月19—20日　第五届华北运动会在南开学校操场举行。

5月1日　张伯苓担任中国总领队，出席在日本东京举行的第三届远东运动会。

5月13日　张伯苓及东京南开同学会十数人出席日本东京中国留学生恳亲会。

5月23日　蔡元培、李石曾、吴玉章等参观南开学校，蔡元培发表讲演，周恩来笔录。

6月26日　南开学校第十次毕业典礼举行。周恩来毕业证书：南开学校第三一九号。

8月7日　张伯苓为办高等教育第二次赴美国，入哥伦比亚大学师范学院研究教育。

9月23日　南运河决口之水至南开，学校停学3日。

1918年

2月　张伯苓在美国为南开中学遭受水灾募捐。

4月5日　严修、范源濂、孙子文前往美国考察教育。

8月7日　周恩来从日本回国期间到母校南开中学探望。

10月10日　南开新剧团排演张彭春创作的新剧《新村正》。

同月　1908年首届毕业生捐建纪念井。

12月24日　严修、张伯苓、范源濂、孙子文由美归国。

同月　张伯苓请魏云庄创作歌词、天津基督教青年会的美国人饶柏森配曲创作南开校歌。

1919 年

4 月 22 日　张伯苓倡导改变体育观念，体育运动宜穿短服。

5 月 21 日　周恩来致留日南开同学会的信中写道"我是爱南开的"。

5 月 28 日　直隶教育厅厅长为制止学生罢课召集天津各校校长特别会议，张伯苓出席。

6 月 9 日　马骏等人在天津河北公园领导举行全市人民大会。

8 月 26 日　马骏集合天津三四千名学生再次请愿。

8 月 31 日　请愿团返津，天津绅、商、工、学、教各界 4000 余人到车站欢迎。

9 月 25 日　南开学校成立大学部并举行开学典礼。

11 月 13 日　南开学校设立留学顾问会。

11 月 22 日　补行第 15 周年校庆纪念会。

1920 年

1 月 29 日　周恩来率领 20 余所学校学生前往直隶省公署请愿，周恩来等 4 人被捕。

2 月 4 日　为抗议军警抓捕学生，南开学校教职员发表《南开教职员敬告各界书》。

2 月 20 日　张伯苓等看望被捕的南开学生代表及各界代表。

3 月 12 日　校方不顾天津学生联合会决议，通告南开大学及中学 3 月 15 日开学。

7 月　拘留代表采取法律方式解决，马千里、周恩来、马骏等人被宣告释放。

8 月　改建图书馆。

9 月 13 日　南开学校新学年开学。

10 月 17 日　南开学校庆祝建校 16 周年。

10月18日　周恩来告别天津去上海，踏上赴欧洲勤工俭学的旅程。

10月　应严修建议，以"范孙奖学金"资助周恩来、李福景赴欧留学。

1921年

3月4日　张伯苓在南开学校全体教职员会上致开会词，并报告北京香山会议情况。

4月1日　请东南大学体育科主任麦克乐讲演《体育之要素及其与个人之关系》。

4月30日　胡适来津，张伯苓派喻传鉴到车站迎接。

5月7日　为中国受日本最大耻辱之日。全体均素食一日，各项运动及娱乐游戏皆停止。

6月26日　南开中学举行第十五次毕业典礼。

10月13日　美国驻华公使许满到南开学校参观，并受邀在大、中两部修身班讲演。

10月17日　南开学校建校17周年纪念日。

11月21日　邀请梁启超在南开大学讲演《市民与银行》。

12月3日　美国教育家孟禄博士参观南开大学及中学各部。

是年　南开学校在西南地界修筑新运动场。

1922年

2月6日　张伯苓主持南开学校开学典礼并邀请梁启超、陈哲叔讲演。

2月20日　邀请东南大学体育科主任麦克乐到南开学校指导体育运动。

3月23日　胡适到南开学校讲演《国语文学史》。

5月21日　范源濂去美国留学，辞去董事。

同月　在八里台得地700余亩，南开大学在新校址动工起建校舍。

6月14日　顾维钧公使到南开学校为学生讲演。

6月27日　南开学校举行毕业式。

7月8日　南开暑期学校开学，学生300余人。

7月30日　胡适来津一周为南开暑期学校授课。

9月4日　举行始业式。开始施行"三三"新学制。新聘舒舍予、范文澜等19位教师。

9月21日　董守义任南开学校柔软体操教员，并教练篮球及田径。

10月10日　南开大中学校全体师生举行国庆纪念会，老舍发表讲演。

10月13日　南开中学汉文讲演会成立，张伯苓、老舍等被聘为顾问。

10月17日　南开学校18周年校庆，邀请梁启超到校讲演《母校纪念与祖国观念》。

1923 年

3月11日　南开校董会决议成立女中，提议女子中学拟于本年7月开始招生。

3月18日　张伯苓接待天津女子小学毕业生联名上书的3名女生代表。

5月　在中学部建筑教职员寄宿舍楼房一座，名曰西楼。

9月　南开大学八里台新校舍落成，大学部迁移至新校舍。

9月　南开学校女子中学部开学。

10月17日　南开学校建校19周年校庆纪念。

11月底　北京大学教授李大钊等到南开学校参观。

12月21日　南开女中新校舍奠基仪式。

12月23日　南开学校董事会公推范源濂为主席。

1924 年

3月19日　由全体职员公选新剧委员5人，筹备周年纪念新剧《悭吝人》。

4月19日　邀请天津基督教青年会罗伯逊及刘明义用幻灯为初中学生讲演两性教育。

5月15日　邀请美国驻华公使舒尔曼博士到校讲演。

5月16日　以南开篮球队为主力的华北代表队获得全国篮球冠军。

6月15日　南开学校校董会常会同意范源濂提议，本校各部名称对外应分立，对内仍用南开学校大学部、中学部、女子中学。

同月 实行"三三"新学制后的南开中学高中学生第一届毕业。

9月3日 南开中学秋季始业式。

10月17日 南开学校举行成立第20周年纪念大会。

同月 张伯苓将范文澜所著《文心雕龙讲疏》一书送请梁启超作序。

12月4日 孙中山北上抵津,因肝病未能莅校讲演,改由其秘书黄昌谷讲演。

1925年

3月19日 全校休课一日,在中学部礼堂为孙中山逝世召开追悼大会。

3月21日 南开出校同学会举行春宴会。

3月28日 南开大学、中学、女中三部举行运动会。

5月7日 国耻纪念日。南开中学、女中举行国耻纪念会。

6月5日 师生成立"五卅运动后援会"。

6月6日 师生组织讲演团外出讲演,募款援助上海工人。

10月17日 南开学校校庆纪念会。

11月26日 南开教职员体育会成立,张伯苓任会长。

11月27日 邀请陶行知到南开中学讲演《学做一个人》。

1926年

2月26日 中华教育文化基金董事会举行第一次常会,张伯苓当选副董事长。

同月 张彭春辞去清华学校教务长职务,返回南开中学任主任。

3月19日 邀请第八届奥运会400米冠军李爱锐(E.H.Liddel)到南开中学讲演。

同月 南开师生合组南开女中募款委员会,募得两万多元,起建楼房一座。

同月 将反映南开学校发展成就的资料和照片寄送美国费城博览会。

5月7日 国耻纪念日。南开学校停课一天。

5月13日 颜惠庆组织北京政府新内阁,征张伯苓为教育总长,张伯苓坚辞未就。

10 月 15 日　陶行知到南开学校参观。

10 月 17 日　南开学校举行建校 22 周年纪念庆祝会。

11 月 20 日　张学良在南开学校东三省同乡会发表《东三省非吾家私产》的演讲。

1927 年

5 月 7 日　国耻纪念日，南开中学放假。

5 月 31 日　因时局不靖，学校停课，学生可束装回里。

5 月　天津警备司令部到校逮捕教师范文澜，经严修、张伯苓协助，范文澜赴北京。

6 月 20 日　张作霖组织安国军政府，委任张伯苓为天津市市长，张伯苓坚辞未就。

8 月 27 日　张伯苓代王正廷主持第八届远东运动会开幕式。

10 月 17 日　南开中学纪念校庆原定演出易卜生《国民公敌》，遭天津镇守使禁演。

10 月 20 日　天津体育协会在南开中学召开成立大会。

10 月 26 日　万家宝（曹禺）任南开中学学生会主办的《南中周刊》出版委员会编辑。

11 月 14 日　张伯苓赴东北四省视察。归校后成立满蒙研究会（后改名东北研究会），编辑《东北经济地理》为中学教材。

11 月 22 日　张伯苓发起成立天津研究会。

11 月 23 日　部分学生聚众请愿，不满学校旷课扣分新章程，张伯苓请辞中学校长职务。

12 月 5 日　张伯苓回校复职，宣布解决南开中学风潮的 6 条办法，开除 7 名学生。

12 月 14 日　张伯苓复职后，令自治励学会停办。

12 月 23 日　南开校董会董事长范源濂逝世。

1928 年

1 月　聘张彭春为南开学校中学部主任。

2 月 15 日　南开校友、共产党员马骏被奉系军阀杀害。

3 月 18 日　南开学校董事会决定成立小学部。

8 月　南开学校小学部成立。

10 月 17 日　南开学校建校 24 周年纪念日，南开新剧团公演易卜生名剧《娜拉》。

11 月 24 日　在津南开出校同学通过组织南开校友会天津分会。

同月　为建筑南开小学校舍购地 10 亩。

12 月 8 日　南开校友会筹备委员会第一次会议召开。

12 月 11 日　周恩来到天津工作一个月，其间秘密访见张伯苓等师友。

12 月 14 日　张伯苓离津启程赴美。

1929 年

1 月 5 日　张伯苓抵达美国旧金山。

2 月 24 日　南开校友会天津分会成立，选举马千里为主席。

3 月 15 日　南开学校创始人严修逝世，享年 70 岁。

3 月 19 日　南开学校董事会讨论追悼严修事宜。

3 月 23 日　张伯苓惊悉严修逝世回复电报。

3 月 31 日　天津教育界在南开中学开会追悼严修。

4 月　南开校友拟捐款在南开中学建范孙楼，并决议塑造铜像以示怀念。

10 月 17 日　南开学校举行建校 25 周年校庆，南开新剧团公演新剧《争强》。

10 月 18 日　在南开中学中楼举行展览会。

10 月 19 日　范孙楼举行奠基仪式。

是年　南开篮球队击败亚洲劲旅菲律宾队，5 名主力队员被誉为"南开五虎"。

1930 年

3 月 1 日　马千里病逝，享年 45 岁。

3 月 8 日　在南开中学礼堂举行马千里追悼会。

4 月 4 日　分别举行南开小学校舍、南开中学范孙楼开工典礼。

5 月 10 日　南开学校大、中、女中三部在南开中学操场联合举行南开春季运动会。

5 月 15 日　中华队总代表张伯苓率中国远东运动会代表团一行 136 人赴日本。

6 月 28 日　在八里台大学部礼堂举行南开学校大学、中学、女中三部毕业式。

8 月　南开中学教务主任喻传鉴赴美国研究教育。

10 月 10 日　南开中学在大操场举行 2000 人的大校阅。

10 月 18 日　举行南开四部联合运动会。

10 月 19 日　南开学校举行范孙楼落成典礼。

12 月 24 日　张伯苓偕伉乃如赴南京，拜见蒋介石等国民党军政要人。

1931 年

2 月 9 日　南开学校董事会更名南开学校校董会。

5 月 23 日　南开中学因学生中发生猩红热病而宣布停课。

7 月 4 日　南开大、中学校 50 余人赴沈阳参加"海圻"舰沿海旅行。

9 月 13—16 日　河北省全运会预选会在南开中学大操场举行。

10 月 6 日　经学生代表向张伯苓请求，学校允诺暂垫东北籍学生经费。

10 月 13 日　学校同意加开夜班，教授东北来津学生。

10 月 17 日　以国难当头，校庆从简，停止游艺。

11 月 8 日　日本军人在天津操纵便衣队暴动，南开学校被迫停课。

12 月 7—17 日　大学、中学、女中及小学陆续复课。

12 月 16 日　因学生会组织程序问题发生纠纷，校长张伯苓等辞职，全体教员请辞。

12 月 21 日　校董会讨论后，一致挽留校长张伯苓。

12 月 28 日　长达两周的南开中学学潮平息。

1932 年

1 月 28 日　南开学校组织募捐队，汇洋 500 元慰劳官兵，支持十九路军抗日。

2 月 13 日　张彭春自美国返国，仍任中学部主任。

4 月 1 日　天津日本驻屯军骚扰南开学校。张伯苓直接与日军交涉抗议。

5 月　喻传鉴自美国返国，继续担任南开中学教务主任。

6 月 14 日　《北洋画报》载，南开学校为发展学生个性举办"一艺展览会"。

8 月 30 日　张伯苓就任国民政府教育部体育委员会委员。

9 月 18 日　南开中学校门口悬挂"收复失地"标语，驻津日军用刺刀将标语取下带走。

同月　南开中学自高中一年级起，设实验班两班，半工作，半读书。

10 月 16 日　张伯苓赴南京，参加国民政府教育部召开的体育委员会会议。

12 月 16 日　因张伯苓令《南中学生》停刊，引发学潮。

12 月 19 日　学生请愿，张伯苓宣布 5 人暂时停学，次日宣告 20 余人暂时停学。

同月　日本侵占山海关，南开中学组织慰劳队赴前线慰劳抗战将士。

是年　南开学校扩充为大学部、中学部、女中部、小学部、研究所 5 部，学生总数达 3000 余人。

1933 年

1 月 10 日　南开师生代表赴临榆县前线慰问将士

1 月 15 日　南开学校师生携纸烟、咸菜等物品赴前线慰劳。

1 月 27 日　南开学校第三次慰劳队前往滦县、玉田、迁安、丰润等地劳军。

2 月 2 日　南开学校慰劳队师生 24 人携带慰劳品赴通县慰劳二十九军。

2月10日　南开学校派出第四批师生前往长城抗日前线慰问。

3月16日　二十九军在喜峰口抗战，张锋伯等携张伯苓函北上了解抗日情况并慰问。

3月22日　南开学校师生组织慰劳救护队共45人前往战地担任救护工作并慰劳。

3月30日　南开学校师生赴通县一带看护伤兵，每星期三往返一次。

5月1日　南开学校师生等前往滦县慰劳看护三十二军将士。

5月9日　南开学校师生代表赴北平调查喜峰口等处为国牺牲将士姓名籍贯。

5月17日　为商震部在冷口与日军血战，南开学校教职员购买物资捐赠。

5月19日　驻津日军组织变乱，南开中学休课3天。

7月9日　张伯苓与河北省代表队抵达青岛参加第十七届华北运动会。

8月　南开中学高中实验班取消。

11月　喜峰口中日战事方酣，南开大学、南开中学学生代表赴前线慰劳。

是年　张彭春转任南开大学教授，中学部主任改由喻传鉴担任。

1934年

1月21日　南开校友总会常务执行委员会议定募集南开中学伯苓基金事宜。

3月9日　南开学生代表前往蓟县石门镇二十九军抗日阵亡将士墓地扫墓。

6月　南开中学举行毕业典礼。

10月10日　第十八届华北运动会在天津举行，南开学生啦啦队组字"毋忘国耻"。

10月17日　南开学校建校30周年，张伯苓宣布"允公允能，日新月异"为校训。

10月17日　举行南开中学瑞廷礼堂落成典礼。

12 月 9 日　南开校友总会复函张伯苓拟将"伯苓基金"改为"南开中学基金",为母校中学募集基金 40 万元。

1935 年

4 月 3 日　南开校友总会"三六"募捐成功,实募得 6.9 万元。

同月　南开中学举行毕业典礼。

7 月　南开中学高中学生参加韩柳墅集中军事训练。

8 月　约聘何其芳、周肖若、张仲衡为南开中学国文教员。

10 月 10 日　第六届全国运动会在上海举行,张伯苓任裁判委员会主任委员。

10 月 17 日　南开学校举行建校 31 周年庆祝大会。

11 月 27 日　张伯苓抵上海搭乘"民权"轮赴四川考察教育。

12 月 7 日　《大公报》《益世报》报道南开新剧团公演莫里哀《财狂》。

同月　南开中学部分学生南下赴南京请愿,要求立即停止内战,一致抗日。

是年　南开中学足球队主力队员和北宁队组成中华足球队,在爱罗鼎杯比赛中夺冠。

1936 年

1 月 20 日　《大公报》报道,南开校友会用公演《财狂》票款给贫户发放玉米面条。

2 月 25 日　受张伯苓派遣,喻传鉴、严伯符、宋挚民抵达重庆选购校址,筹建新校。

3 月 9 日　南开中学举行 1934 杯足球赛,张伯苓行开球礼。

4 月 12 日　喻传鉴等在重庆购地成功。

5 月 28 日　南开大学、南开中学、南开女中师生参加反对日本增兵华北的抗日游行。

7 月 30 日　南开中学教务课副主任韩叔信率教职工 14 人赴重庆。

8 月 23 日　重庆新校定名南渝中学,并举行招生考试。

8月31日 南开中学举行开学典礼，请天津市市长张自忠到校训话。

9月7日 喻传鉴主持南渝中学开学事宜。

9月10日 南渝中学举行开学式，次日正式上课。

10月17日 南开学校成立32周年，举行校庆及严修铜像落成典礼。

同月 国民政府教育部部长王世杰拟任张伯苓为四川大学校长，张伯苓坚辞未就。

12月8日 南渝中学成立董事会。

12月10日 中国军队攻克百灵庙。南开中学教师丁辅仁率学生携物赴前方慰劳将士。

12月18日 南开中学、南开女中全体学生对时局问题发出四电。

1937 年

2月 南开校友会发动"三七"募款，藉作全国校友联络之中心。

3月7日 南开校友会南京分会召开成立大会。

同月 教育部指定南开中学等全国9所学校施行五年制实验教育。

5月 南渝中学第二期工程建筑开工。

6月23日 南开校友会举行"三七"募款庆成大会。

7月5日 张伯苓应邀抵达庐山，出席第一期国是对话会。

7月28日 侵华日军占领天津。

7月29日 日军用重炮向南开学校猛烈轰击。

7月30日 日军继续轰炸南开学校。

7月30日 《大公报》《申报》《国闻周报》和路透社等均发稿报道日军暴行。

7月31日 蒋介石约见张伯苓等人，表示"南开为中国而牺牲，有中国即有南开"。

8月2日 左翼文化战线56位知名人士联名致电慰问张伯苓。

8月上旬 南开中学在南京登报通告，南开中学和南开女中的学生可以到重庆南渝中学相应班级继续学业。张伯苓家属离津。

8月中旬 南开中学教职员及学生辗转奔赴重庆南渝中学者百数十人。

同月　自贡蜀光初中校董等人函请川康盐务管理局局长缪秋杰转托张伯苓代办蜀光。

10月　部分南开中学师生辗转抵达重庆，留津大部分师生借耀华学校开办"南开特班"。

同月　张伯苓偕喻传鉴赴自贡考察教育。

10月17日　张伯苓主持在重庆南渝中学举行的复兴纪念盛会。

同月　华午晴在重庆逝世，享年60岁。

11月1日　由国立北京大学、国立清华大学、私立南开大学组建成立的国立长沙临时大学在长沙开学。

同月　关健南专职担任天津留守工作。

1938年

4月2日　长沙临时大学改组为国立西南联合大学，张伯苓、蒋梦麟、梅贻琦任常委。

同月　自贡蜀光中学校董会推举喻传鉴兼任第一任校长。

6月27日　耀华学校校长赵天麟被日本特务暗杀，"南开特班"停办。

7月8日　喻传鉴为自贡蜀光中学题写校训："尽心为公，努力增能"。

10月10日　自贡蜀光中学在伍家坝新址开学。

10月17日　南开校友总会改选，周恩来当选为执行委员。

12月　奉国民政府教育部令，准将私立南渝中学更名为私立南开中学；私立南渝中学校董会，更名为私立南开中学校董会。

是年　为了维持生计，天津留守小组人员集资办起兆祥杂货铺。

1939年

1月9日　张伯苓邀请周恩来、邓颖超到沙坪坝，向重庆南开中学师生作《论抗日必胜的十大论点》的时事报告。

1月10日　南开校友总会举行新年聚餐，周恩来以校友身份应邀参加。

1月11日　周恩来应张伯苓和南开校友会的邀请，到重庆南开中学作抗战形势报告。

同月　国民政府教育部批认重庆南开中学为天津南开中学之继续，准免重行立案。

4月2日　邓颖超派人送花篮至南开校友总会，转送津南村祝贺张伯苓64岁寿诞。

4月5日　64位校友到津南村为张伯苓祝寿。

1940年

6月9日　重庆南开中学为纪念南开校父严修，将办公楼命名为"范孙楼"。

同月　南开校友总会为抗战殉国校友建立纪念碑。

8月12日　日机狂轰滥炸自贡蜀光中学。

8月22日　日机企图炸毁重庆南开中学，炸弹位置偏移落在中轴线和附近农田。

8月25日　周恩来由延安飞抵重庆，下旬到重庆南开中学讲《中国青年运动的方向》。

9月　张伯苓参加第二届国民参政会，被选为主席团副主席。

10月17日　重庆南开中学举行南开学校36周年校庆。

12月23日　国民政府公布第二届国民参政会参政员名单，张伯苓被遴选为天津代表。

12月30日　周恩来到津南村看望张伯苓，并会见部分校友，宣传共产党的抗日主张。

1941年

3月22日　自贡蜀光中学学生迫切希望校长喻传鉴继续任职。

4月5日　重庆南开中学为张伯苓举办祝寿晚会，周恩来来校祝寿。

6月　张伯苓为自贡蜀光中学第一届高中毕业班题词："好学、力行、知耻"。

7月　张伯苓因病住进歌乐山中央医院，周恩来、邓颖超前往探视。

1942 年

2 月 8 日　中国教育学会举行会员大会，张伯苓当选为学会理事。

2 月 17 日　南开复兴筹备会首次在重庆津南村张伯苓寓所召开。

6 月　周恩来偕邓颖超到津南村拜望张伯苓。

7 月 27 日　国民政府公布第三届国民参政会参政员名单，张伯苓被遴选为天津市代表。

10 月 22—31 日　第三届国民参政会第一次大会开幕，张伯苓被推定为临时主席。

同月　中华全国体育协进会改组，张伯苓被推举为理事长。

是年　张伯苓被任命为教育部国民体育委员会委员。

1943 年

1 月 11 日　梅贻琦往重庆南开中学张伯苓寓所报告西南联大事宜。

4 月 5 日　张伯苓诞辰，全校师生及校友们齐集庆祝。

6 月　张伯苓同意喻传鉴辞去蜀光中学校长，专任重庆南开中学主任。

10 月 17 日　南开学校建校 39 周年纪念。

同月　南开校友会发动"伯苓四七奖助金"运动。

同月　昆明南开校友为母校 39 周年纪念在愉园开会庆祝并举行聚餐和游艺。

1944 年

1 月 1 日　国民政府授予张伯苓一等景星勋章。

同月　南开校友总会发起"伯苓四七奖助基金"活动。

4 月 5 日　张伯苓 70 大寿，全校师生及校友群集庆贺。

7 月 16 日　中国教育学术团体联合会开各团体代表大会，推选张伯苓为理事长。

7 月 17 日　南开学校"四七"捐款活动结束，总数超过 600 万元。

10 月 6 日　南开校友大会在重庆举行。

10 月 17 日　南开学校 40 周年校庆日，张伯苓撰文《四十年南开学校之回顾》。

10 月 17 日　天津留守小组同人用特殊方式欢度校庆。

1945 年

4 月 5 日　重庆南开中学为张伯苓 70 寿辰举行庆贺活动。

4 月 23 日　国民政府公布第四届国民参政会参政员名单，张伯苓被遴选为天津市代表。

5 月 14 日　世界传记百科全书出版社致函张伯苓，其被收入 1945 年度《教育界名人录》。

9 月 6 日　毛泽东、周恩来、王若飞前往沙坪坝津南村拜访张伯苓和柳亚子。

9 月 7 日　张伯苓赴上清寺张治中宅回访毛泽东，因毛泽东外出访问未遇。

10 月 2 日　受张伯苓委派，喻传鉴偕丁辅仁、王九龄自重庆至天津筹备南开中学复校。

10 月 6 日　天津举行欢迎新校董及还津师长校友大会。

10 月 7 日　天津南开中学暂时启用六里台"中日学院"作为校舍。

10 月 18 日　南开中学借浙江中学校址进行招考新生的工作。

10 月 26 日　天津南开校友会改选执委。

10 月 27 日　南开中学发榜，共录取新生 192 名，计高中一年级、初中一年级各两个班。

10 月 31 日　喻传鉴主持南开中学开学典礼。

11 月 7 日　张彭春到津主持南开学校接收校产工作。

11 月 20 日　关健南主持南开中学教务工作，兼主训导，专任校内事务。丁辅仁主持学校事务工作，专任校外交涉。黄钰生、丁辅仁、关健南为校务委员。

1946 年

1 月 1 日　津、渝两地南开中学建立联系。

3月1日　张伯苓致函天津市政府，请发还本校铁工厂房地产和全部机械。

3月12日　张伯苓致函天津市政府，请准将拨给南开大学、南开中学、南开女中等三校土地及校舍转呈国民政府行政院备案。

3月18日　张伯苓由上海启程赴美国治病。

3月28日　南开中学接到市教育局公文，决定以喻传鉴为代理校长名义申报备案。

4月4日　南开中学师生齐集六里台校园内和平湖南岸营造"七二林"。

4月12日　张伯苓抵美国纽约，不久即行住院治疗。

同月　正式收回南开中学旧址校舍。

5月12日　南开中学复校后第一届春运会举行。

6月4日　张伯苓在美国哥伦比亚大学被校方授予名誉博士学位。

6月9日　旅美南开校友假纽约为张伯苓补祝70大寿，老舍、曹禺朗诵祝寿诗。

同月　南开中学开始新学年招生工作。

7月25日　南开中学调整领导人员，丁辅仁代校务主任，关健南主持教务，杨坚白主持训导。

9月1日　南开中学校舍修复竣工，全部学生迁回原址开学。

12月18日　张伯苓结束在美国治病返沪。

1947年

1月29日　美国加利福尼亚州大学校长授予张伯苓名誉法学博士学位。

3月19日　张伯苓偕伉乃如离开重庆飞赴北平。

3月22日　南开中学师生举行欢迎张伯苓返津活动。

3月23日　天津南开校友在南开中学为张伯苓举行盛大欢迎会。

5月18日　南开大学进步学生演出反战话剧《凯旋》，国民党特务登台殴打演员。

5月20日　南开大学、北洋大学、南开中学等校学生罢课举行"反饥饿、反内战"游行。

9月29日　张伯苓痛悼为南开多次捐款的陈芝琴病逝。

10 月 1 日　南开中学校务主任丁辅仁病逝，享年 61 岁。

10 月 24 日　喻传鉴应召自重庆返津。

10 月 28 日　尤乃如逝世。

11 月　杨坚白与历史教师苏子白合办半月刊《天琴》出版。

1948 年

4 月 8 日　南开中学部分高中学生赴北平集体春游。

同月　南开中学进步学生建立地下党外围组织四月社。

同月　国民党当局逮捕进步学生，禁止集会结社。南开中学仍有地下党外围组织活动。

6 月 15 日　蒋介石嘱天津市市长杜建时转致张伯苓电报，敦请出任国民党政府考试院院长。

7 月 6 日　张伯苓离津赴南京，就任国民党政府考试院院长。

8 月 5 日　国民党当局公布传讯"职业学生"，杨坚白保护国文教师、中共地下党员杨得园留校任教，杨得园自此改名杨志行。

10 月 15 日　张伯苓赴南开中学参加建校 44 周年和张伯苓办学 50 周年游艺会。

10 月 17 日　张伯苓出席南开中学校庆典礼。

11 月　国民党当局加紧迫害进步学生，南开学生名列"黑名单"者相继赴河北省泊镇。

11 月 14 日　张伯苓离开南京国民党政府考试院，以养病为名飞赴重庆。

12 月　中国人民解放军发动平津战役。南开中学进行护校工作。

1949 年

1 月 15 日　天津解放。

1 月 18 日　南开中学、南开女中学生自治会与解放军某部宣传队举行联欢。

1 月 19 日　中等学校负责人携带各种清册到天津市文教部报到，登记备案。

1月27日　南开中学复课。

2月4日　杨坚白当选为校务委员会主任。

3月1日　师生员工掀起参加部队工作、解放全中国的热潮。

4月1日　天津市第一届学生代表大会在南开女中礼堂召开。

4月28日　南开中学张金泽当选天津市中小学教职员联合会主席，杨志行为理事。

8月31日　天津市委根据中央指示，发布公开党支部的决定，南开中学单独成立支部。

9月　张伯苓收到南开校友王恩来的信，信中说"老同学飞飞不让老校长动"。

10月1日　开国大典在北京举行。南开中学师生踊跃参加天津市举行的庆祝游行。

11月7日　南开中学党支部和党员正式公开。

11月21日　蒋介石、蒋经国在重庆动员张伯苓随国民党转移台湾或去美国，张伯苓请求辞去考试院院长之职。

11月23日　蒋经国再次敦请张伯苓离开重庆，张伯苓婉言谢绝。

12月9日　南开中学董事会开第七次常委会，韩幽桐为董事长。

同月　张伯苓与喻传鉴决定把重庆南开中学、小学及幼儿园献给人民政府。

1950年

1月29日　南开中学党员、入党积极分子参加天津市学校党委等举办的学习班。

同月　张伯苓在重庆津南村住所约学生座谈。

2月　余瑞徵任教导主任，主持南开中学工作。杨志行任副教导主任，主持南开女中工作。

3月9日　天津市人民政府教育局同意南开中学、南开女中统一名为南开中学。

同月　张伯苓欲返天津，致函周恩来。

5月3日　天津市人民政府教育局把南开学校教务管理的12种表格向全市推广。

5月3日　中共中央统战部电告西南局统战部并邓小平，让他们与张伯苓接洽，"助其北来"。

5月4日　张伯苓抵京，周恩来派童小鹏和秘书何谦到机场迎接。

6月　南开中学党的组织关系改归南开区委领导。

9月14日　周恩来、邓颖超在中南海西花厅设宴欢送张伯苓回天津。

9月15日　张伯苓回到天津。

9月22日　张伯苓到南开中学，杨坚白陪同参观范孙楼、礼堂、饭厅。

11月　南开中学学生纷纷表示支持抗美援朝斗争。

12月　南开中学学生100多人报名参加军事干部学校。

1951年

1月8日　南开中学开展千元劳军运动。

2月23日　张伯苓在天津病逝，享年75岁。

2月24日　周恩来总理专程赴津到张宅吊唁并送花圈。

2月24日　下午，周恩来回到母校南开中学看望师生并发表讲话。

2月26日　《天津日报》发表张伯苓遗嘱。

4月8日　在南开女中礼堂举行张伯苓追悼会。

4月20日　南开中学学生和教师向农民、市民深入宣传抗美援朝。

6月7日　南开中学师生积极响应天津市教育工会号召，发动捐款，支援抗美援朝。

6月21日　南开中学动员学生报考军事干部学校。

7月3日　南开中学被指定为接收归国华侨学生的重点中学之一。

7月11日　南开中学欢送82名学生参加军事干部学校。

9月1日　南开中学举行新学期开学仪式。

9月20日　天津市委决定重新建立学校党委。南开中学党组织归学校党委领导。

11月16日　南开中学成立新董事会，李烛尘、阎子亨分任正副董事长。

1952 年

1 月 8 日　召开全体教职员工大会，杨志行作"三反"运动动员报告。

4 月 21 日　杨坚白参加土改运动归来回校工作。

7 月 25 日至 8 月 4 日　教职员集中进行思想改造学习。

7 月　南开中学 51 名应届高中毕业生报考国家地质与采矿类专业院校被录取。

9 月 12 日　天津市委办公厅将 1920 年 10 月周恩来托付南开中学同学代为保存的南开校中作文 52 篇，报送中共中央办公厅并归还它的主人。

9 月　南开中学开始接收来自东南亚国家的华侨学生到校学习。

12 月 23 日　天津市人民政府召开私立学校接办大会，宣布接办私立中小学。

12 月 30 日　私立南开中学改为天津市第十五中学，南开女中改为天津市第七女子中学。杨坚白、杨志行任第十五中学正、副代理校长。

1953 年

1 月　南开中学开办天津市第十一干部文化中学和第二十八工人业余中学，杨坚白兼任两校校长。

同月　南开中学创建中国少年儿童队大队部。

1 月 7 日　南开中学、南开女中党支部举行最后一次支部大会，此后分为两个支部。

1 月 11 日、12 日、25 日、26 日　组织全校教职工听普希金教育学教学法讲座。

6 月 30 日　传达毛泽东关于"三好"的指示，号召学生努力争取做到"三好"。

同月　全市初中升高中时只招两个英语班，这两个英语班都在南开中学。

9 月　部分华侨学生来校就读。全校有华侨学生 300 余人。

1954 年

3 月 3 日　杨坚白、杨志行分别任南开中学校长、副校长。

9 月　温家宝考入南开中学，被分在初一（1）班，学号 5017。

是年　舞蹈队演出《苏联集体农庄舞》，荣获 1954 年天津市大中学生文艺会演一等奖。

1955 年

2 月 21 日　杨坚白调任天津市教育局副局长。

3 月 3 日　杨志行任南开中学校长。

6 月 1 日　少先队组织收到周恩来亲笔签名的信件："祝孩子们好好学习，天天向上。"

7 月　根据南开区委部署，南开中学开展肃反运动。

8 月 21 日　《天津日报》第 4 版刊登南开中学学生参观军粮城农场的照片。

1956 年

4 月 19 日　杨志行兼任四十三中校长，任期一年。

6 月 15—28 日　杨志行当选南开区委委员。

9 月　语文课分为汉语课和语文课；高三年级把政治课改为宪法课，每周 1 小时。

是年　南开中学自己购置汽船、汽车零件，用来进行"综合技术教育"。

1957 年

2 月 27 日　组织教职员工学习毛泽东《关于正确处理人民内部矛盾的问题》讲话。

4 月 10 日　周恩来在天津大学欢迎波兰政府代表团的集会上讲话，感谢南开中学给自己启蒙的基本知识。

4 月 30 日　筹备"红五月大联欢"过程中，学生发出邀请周恩来参加联欢活动的信。

5 月 4 日　周恩来派人由北京专程送来对"红五月大联欢"活动的亲笔贺信。

7 月 15 日　温家宝从南开中学初中毕业,继续考入本校高中。

7 月　高中毕业生赵忠凯赴黑龙江萝北天津庄,成为南开学子参加农业生产第一人。

8 月 25 日至 9 月 15 日　在教职员中开展反右派斗争。

11 月 14 日　杨志行作第一次整风思想检查。

1958 年

7 月　贯彻毛泽东的指示创办校办工厂,学生定期到车间学工劳动。

5 月　邢作荣调任南开中学党支部书记。

7 月 25 日　南开中学学生在教师帮助下,建成一座小土"炼钢炉"。

9 月 19 日　贯彻中共中央、国务院《关于教育工作的指示》,南开中学建立政教处。

10 月 12 日　全校开始炼钢活动,延续到 11 月初。

11 月 4 日　澳大利亚外宾到南开中学参观。

11 月 10 日　部分教职员参加海河污水改建工程劳动。

12 月 20 日　杨志行调任市教研室主任,但未免去南开中学校长的职务。

是年　周恩来对国家体委负责同志谈话时说,学校体育必须从小学搞起,我自小体弱,小时受国民教育,在南开中学常锻炼,身体好了。

是年　南开中学在天津西郊区小稍口建立农场,作为学校的学农基地。

1959 年

4 月 2 日　天津市确定一批重点中学,南开中学为市区 26 所重点中学之一。

9 月　邢作荣提出"超北京四中、赶福州一中、力争全国第一"的目标。

是年　校篮球队夺得全市中学生篮球赛冠军。

1960 年

3 月 25 日　天津市教育局批准十五中学恢复南开中学原校名。

7 月 15 日　温家宝从南开中学高中毕业，考入北京地质学院。

9 月　南开中学开始招收女生。

是年　恢复 1958 年被取消的班主任制度。

是年　数学学科获"天津市模范集体"称号。

1961 年

8 月 5 日　200 余名南开学子响应学校号召，中止学业，应征入伍。

12 月　全国人大常委会副委员长、南开中学校友林枫到南开中学视察。

是年　由于自然灾害，学校停止学生下乡参加劳动，暂停体育课、课外社团活动。

1962 年

4 月 10 日　《天津日报》报道南开中学老教师陈东生辅导青年教师潘城书事迹。

8 月　南开中学高考成绩下滑，由多年保持的天津市前三位降到第 15 位。

11 月 13 日　杨志行调回南开中学，任校长兼党支部书记。

是年　修缮和修建校舍工作提到议事日程。

1963 年

1 月　较大规模地调整教师队伍，调入一批教学骨干。

同月　陈东生、左景福等被评为市级优秀教师。

2 月 3—7 日　教育部在天津召开京津地区部分中学经验交流会。杨志行作《旧南开中学办学的一些做法》的发言。

3 月 7 日　南开中学开展轰轰烈烈的学习雷锋活动。

3 月 23 日　中共中央颁布《提高中学教育质量八项指示》和《全日制中学暂行工作条例（草案)》(《中学五十条》)，南开中学组织干部教师学习。

6月23日　南开中学 300 多名高中生下乡参加农业生产劳动。

7月　全校掀起到边疆农村建功立业的热潮。

8月12日　特大洪水威胁天津。南开中学抗洪独立连赶赴金汤桥海河抗洪前线。

8月15日　南开中学抗洪抢险第二梯队出发。

8月23日　举行新学年开学式。从本年起，南开中学初中恢复只招收男生。

10月17日　南开中学校史资料展览开幕。

是年　学生课外活动日渐活跃，社团多达 20 余个。

是年　合唱团获天津市中学生合唱大赛一等奖。足球队晋级天津市足球甲级队。

1964 年

1月31日　中层以上干部集中到六十七中学进行"五反"整风学习。

3月　根据上级指示精神，制定改进教学工作、减轻学生负担的八项措施。

5月4日　高三、初三毕业班学生到北仓革命烈士陵园举行主题祭奠活动。

7月　14 名非毕业班学生赴新疆参加边疆建设。

9月　组建南开中学上山下乡与支援边疆小分队。

同月　新教学楼建成并交付使用。

10月17日　举行南开中学建校 60 周年校庆活动。

同月　举办"南开中学校史和办校成绩展览会"。

是年　乒乓球队荣获河北省少年乒乓球赛团体冠军。

1965 年

1月30日　杨志行赴宝坻县杨家口大队看望南开中学下乡学生。

6月1日　"四清"工作队来校。

7月3日　制定减轻学生负担、贯彻"七三指示"的"十八条"。

同月　组织赴内蒙古自治区五原县下乡小分队。

同月　学校组织学生在校园里挖防空洞。

9月　组建南开中学支援边疆小分队。

同月　高二（6）班作为实验班培养学生自治能力与自学能力。

同月　学校领导研究决定进行教学改革，进一步减轻学生负担。

9月21—29日　周恩来几次谈及老南开中学注意体育训练的问题，并问及新中国成立后南开中学开展体育活动的情况。

10月7日　天津市委文教部部长王金鼎率员来校蹲点，并兼任学校工作。

10月17日　杨志行继续当选为学校党支部书记。

10月20日　"四清"工作队队长张忠诚作"四清"总结报告，"四清"运动结束。

是年　乒乓球队荣获天津市少年乒乓球赛团体冠军。

1966 年

1月　学校委派教师梁秉彝前往内蒙古五原县，看望南开中学下乡学生。

2月16日　南开中学第一次学生代表大会召开。

4月7日　张忠诚调任南开中学党支部书记。

6月2日　南开中学在校学生开始停课，陷入无政府状态，"文化大革命"波及学校。

7月上旬　一些学生以班级为单位，自发组织去津郊农村和厂矿企业参加生产劳动。

同月　天津市委派驻南开中学的工作组撤离。

8月12日　一些学生和教师先后组成各种名目的"战斗队"。

8月18日　部分学生自费乘车或骑自行车到北京大学参加批判会。

同月　南开中学一度被改称"东方红中学"。

9月　部分师生自发组成各种形式的宣传队，步行到全国各地"串联"。

是年　乒乓球队获得河北省少年乒乓球赛团体冠军和天津市八大系统

乒乓球锦标赛冠军。辛鹏获得河北省少年乒乓球赛男子单打冠军。

1967 年

1 月　部分师生继续到各地"串联"。

同月　解放军毛泽东思想宣传队（军宣队）进驻南开中学。

2 月底　赴外地"串联"的南开中学师生陆续回校。

7 月　部分师生相继开展批判党支部"恢复老南开"的活动。

10 月 14 日　中共中央通知全国大中小学立即开学，"复课闹革命"。

10 月 23 日　市内六区普通中学陆续"复课"。

秋季　南开中学招收初一年级学生。

1968 年

1 月 22 日　成立由学校领导、学生和教师代表组成的革命委员会，张忠诚为主任。

2 月　部分学生应征入伍。

4 月　部分干部和教师被关押在学校"接受批判和审查"，不准回家。

7 月　动员 1966 届、1967 届高中和初中学生去内蒙古农村和牧区插队落户。

8 月 21 日　南开中学由市教育局直属校被下放到南开区。

9 月　工人毛泽东思想宣传队进驻南开中学。

10 月 15 日　动员 1966 届、1967 届高中和初中学生去黑龙江生产建设兵团屯垦戍边。1968 年中至 1969 年初，1966 届、1967 届、1968 届高中和初中毕业生 1207 人上山下乡。

1969 年

4 月　"接受批判和审查"的南开中学干部和教师先后被解除关押。

同月　军宣队召开南开中学全体师生大会，宣布解放杨志行。

7 月　组织讨论《天津日报》刊载的《天津市市区中小学教育大纲（草案）》。

11 月　开展"学生上讲台"活动。

1970 年

3 月　天津市选调一批产业工人到中小学当教师。南开中学有了工人教师。

11 月　组织学生先后到西郊区张家窝公社和河北省霸县野营拉练。

是年　学生人数迅速增长，最多时达 74 个班，学生 4047 人。

1971 年

1 月 1—20 日　组织学生到西郊区中北斜进行野营拉练。

6 月 15—29 日　组织一年级学生进行野营拉练。

8 月 31 日　南开区师范学校成立，暂借南开中学校舍上课。

1972 年

1 月　南开中学组织师生进行思想和政治路线教育，开展"革命大批判"。

5 月 15 日　南开中学党支部进行整风。

8 月　注意加强党的领导，调动教师积极性，在教学中加强基础知识和基本技能的训练。

10 月 18 日　南开区革委会建立文教组，杨志行任副组长。

1973 年

6 月　开展宣讲"儒法斗争史"和"评法批儒"活动。

7 月 13 日　10 余名南开中学 1966 届、1967 届高中毕业的上山下乡知识青年被选拔进入天津市教师进修学院进修，6 名学生被分配到南开中学任教。

8 月 24 日　天津市革命委员会办事组外事组《外事简报》第 25 期刊发《南开中学接待外宾工作的几点体会》。

1974 年

8 月　开始"课程补缺门"活动。

9 月 20 日　1974 届初中毕业生赴毛家山小分队，赴山西省平陆县毛家山插队落户。

10 月　组织师生开展"批林批孔"，批判《三字经》《弟子规》《明贤集》等旧书活动。

1975 年

2 月　南开区教育局派调查工作组到南开中学蹲点。

同月　南开中学与天津武清国营农场藕甸大队联合筹建学农分校。

12 月　南开区在南开中学校园搭起大字报板墙，全市各单位组织前来观看。

1976 年

1 月 3 日　党支部书记、革委会主任张忠诚病逝。革委会副主任朱达主持学校工作。

1 月 8 日　校友周恩来总理逝世，享年 78 岁。

1 月 10 日　南开中学在操场举行悼念周恩来大会。

7 月 28 日　唐山发生地震，波及天津，南开中学组织展开抗震救灾工作。

9 月 9 日　毛泽东主席逝世，享年 83 岁。南开中学在教学楼外举行悼念毛泽东仪式。

10 月　南开中学师生开展批判"四人帮"活动。

12 月　郭沫若为学校展览题写会标"南开中学纪念敬爱的周总理逝世一周年展览"。

1977 年

1 月　南开中学师生隆重举行纪念周恩来总理逝世一周年活动。

10 月　由市、区拨专款重建东楼，辟为"周恩来同志青年时代在津革命活动纪念馆"。

11 月　驻南开中学工宣队撤出学校。

1978 年

1 月 11 日　南开中学被列为教育部所属的全国重点中学。

2 月 20 日　东楼重建工程竣工。

2 月 27 日　天津市委决定，将"周恩来同志青年时代在津革命活动纪念馆"交由市文化局领导。

3 月 5 日　"周恩来同志青年时代在津革命活动纪念馆"开馆。

4 月　南开中学作为首批全国重点中学，开始面向全市、全区招生。

7 月 6 日　天津市教育局决定杨志行任南开中学校长。

8 月 9 日　杨志行调回南开中学任校长兼党支部书记，拟定两年整顿恢复计划。

12 月 17 日　孙养林、陈东生被命名为天津市第一批特级教师。

是年　南开中学作为全国重点中学，确定规模轨制为 30 个教学班的完全中学。

1979 年

1 月 8 日　党支部作出《关于学习周恩来在南开中学学习时的学习精神的决定》。

4 月 24 日　杨志行任市教育局副局长、党委常委，兼任南开中学校长、党支部书记。

9 月　高中一年级新生开始，高中恢复为三年制，废除此前一度实行的两年制。

10 月 17 日　张伯苓先生骨灰安葬仪式在天津举行，邓颖超送花圈。

1980 年

1 月 3 日　语文、数学、外语三个主要学科拟定提高教学质量的试行意见。

6 月 18 日　天津市教育局将南开中学列为首批办好的 27 所重点中学之一，南开中学由市教育局直接管理。

8 月 1 日　制定《南开中学五年工作规划纲要（1980—1985)》。

9 月 4 日　教务处、体育组制定《体育课课堂常规》，由市教育局转发全市各中学。

11 月 27 日　《天津日报》报道南开中学重视学生体育锻炼。

1981 年

1 月　开始实施第一个五年工作规划，提出新时期南开中学办学思路。

5 月 6 日　赵干任南开中学党支部书记。

8 月 18 日　南开中学高一学生苏恺考入中国科技大学，成为天津市第一位少年大学生。

12 月 26 日　学校建立党总支委员会。

1982 年

2 月 23 日　《天津日报》报道南开中学正确处理重点校与一般校的关系，支援普通中学。

5 月　拟订《南开中学生产劳动课教学大纲》。

1983 年

2 月 24 日　杨志行被联合国教科文组织亚太地区教育办事处认定为普通教育专家。

3 月 5 日　南开区委批准南开中学学生潘福祥、李静（女）为中共党员，这是"文革"后在中学生中发展的第一批党员。

6 月　高中数学、语文、外语、物理、化学、生物等学科开设选修课。

9 月 5 日　南开中学与甘肃兰州一中结为兄弟校。

9 月 6 日　全国政协主席邓颖超专程看望南开中学师生员工，在瑞廷礼堂发表讲话。

10 月　地质矿产部副部长、1960 届校友温家宝为母校 80 周年校庆撰文

《南开精神　永放光芒》。

1984 年

3 月 5 日　南开中学兴建体育馆。

6 月 11 日　包括南开中学在内的全国 8 所重点中学教改研讨会在教育部成立。

7 月 4 日　天津市高校招生试行以考试为主、辅以推荐的方法。南开中学等 11 所中学与南开大学、天津大学、天津师范大学挂钩，向大学推荐优秀高中毕业生。

8 月 3 日　纪文郁任党总支书记，王淑玲任校长，霍成德、聂炳骧任副校长，赵干为顾问。

8 月 10 日　杨志行因年龄原因不再兼任南开中学校长。

10 月 17 日　举行纪念南开中学建校 80 周年活动。

1985 年

3 月 5 日　教师孙正恕将"周恩来毕业证存根"提供给"周恩来同志青年时代在津革命活动纪念馆"进行复制和展出。

同月　制定南开中学第二个五年规划。

8 月 24 日　中共中央办公厅秘书局将胡耀邦同志题写的"青年楷模"送南开中学。

9 月 18 日　南开中学与天津市客车厂签署建立厂校挂钩关系协议书，客车厂支援南开中学铸造周恩来铜像。

10 月 5 日　曹禺回母校南开中学访问。

12 月 8 日　举行纪念一二·九运动座谈会。

1986 年

3 月 5 日　举行"三五"表彰大会。

3 月 6 日　中共中央宣传部函复天津市委办公厅，同意在南开中学建立周恩来铜像。

4月4日 隆重纪念张伯苓先生诞辰110周年。

4月5日 由全国政协和国家教委联合举办的张伯苓先生诞辰110周年纪念大会在南开大学举行。国务院副总理李鹏出席大会并讲话。

5月4日 隆重举行周恩来总理铜像揭幕仪式。

7月 高三学生李平立获得第27届国际中学生奥林匹克数学竞赛金奖。

9月 南开中学校友会成立,通过《南开中学校友会章程》。

10月22日 高中学生参加修建外环线工程。

12月3日 语文教师赵永年利用电子计算机进行教学,这在天津市属首次。

1987年

2月25日 学生冯宇在全国第三届中学生物理竞赛决赛中获个人第二名。

5月3日 由1936届校友发起并集资兴建的"四烈士纪念碑"在南开中学落成。

6月21日 南开中学等八所政治课改革试点中学对应届高中毕业生进行高考答辩考试。

9月5—10日 全国8所重点中学第四次教育改革研讨会在天津南开中学举行。

9月9日 南开中学咨询委员会第一届理事会成立。

1988年

1月4日 胡蜀斌、王健梅(女)获1987年全国中学生数学联赛天津赛区一等奖。

1月9日 张元晖获首届全国中学生力学竞赛天津赛区一等奖第一名。

3月15日 召开纪念教育家喻传鉴诞辰100周年座谈会。

5月 l952届校友向学校捐赠"五虎杯"。

7月11日 高三学生王健梅(女)获第29届国际中学生奥林匹克数学竞赛银牌。

8月5日　南开中学招收外国留学生。第一位留学生是日本的山崎法道。

8月27日　天津市教育局奖励南开中学1万元，奖励南开中学学生王健梅500元。

9月8日　王致中、郗昌盛、王良调、余克定、郭成通被命名为天津市第二批特级教师。

9月10日　举行庆祝第四届教师节暨庆贺杨坚白先生从教55周年活动。

1989年

1月18日　天津市副市长钱其璈到南开中学开展谈心服务。

2月18日　学校政教处改为德育处。

3月15日　南开中学被确定为天津市首批整体改革试点校。

5月　天津市教育局任命党总支书记纪文郁兼任校长。

6月　经天津市教育局批准，聘聂炳骧、孙成湖、沈德才为南开中学副校长，杨松为党总支副书记，赵干为顾问。

7月15日　天津市教育局批准南开中学为培养男子篮球后备人才试点校。

9月11日　校长办公会通过《天津市南开中学发展基金会章程》。

同月　教师王增多发现1960届毕业生温家宝的学籍史料。

同月　西楼建成并交付使用。

10月15日　由南开校友捐赠的纪念钟碑在校园落成。

10月17日　举行南开中学建校85周年校庆活动。

同月　《解放前南开中学的教育》一书由天津教育出版社出版发行。

12月27日　1936届校友刘鉴如捐赠人民币1万元，设立"刘鉴如奖学金"。

1990年

4月2日　南开中学、南开大学、第二南开中学、南开校友会在瑞廷礼堂隆重纪念南开学校创办人严修诞辰130周年。

5月19日　天津市委宣传部同意南开中学在范孙楼中厅塑立严修半身

汉白玉雕像。

8月30日　澳大利亚墨尔本市普罗汉中学校长与南开中学商谈建立校际友好联系。

9月8日　张祥林、陈郁章被命名为天津市第三批特级教师。

9月10日　天津市教育局批复同意南开中学接纳日籍华人土田纯来校就读。

10月2日　中共中央书记处候补书记、中央办公厅主任、1960届校友温家宝回到母校南开中学探望。

同月　学生孙永恺获全国中学生化学竞赛（天津赛区）比赛一等奖第一名，段希纯获全国第二届高中生力学竞赛一等奖。

11月13日　南开中学无偿捐赠给蓟县夏家林小学的电化教学设备投入使用。

1991年

5月23日　南开中学21%的高中学生参加党课班。

8月20日　《天津日报》报道，南开中学教育质量全市领先。1991年高考成绩达到600分以上的学生共有43人，占全市达到600分以上学生总数的45%。

是年　南开中学教师管理体制由学科组制改为年级组、学科组并存制。

1992年

3月8日　进行人事制度改革，实行教师两级聘任制度。

4月3日　国务院副总理邹家华给天津南开中学发来贺信。

7月11日　邓颖超同志在北京病逝，享年88岁。学校随即组织开展一系列悼念活动。

7月30日　天津市第二教育局同意南开中学校友会开办"天津市南开中学校友会科技教育进修学校"。

1993 年

1 月 8 日　南开中学学生向第四十三届世乒赛筹委会捐款 1323.5 元人民币。

2 月 11 日　国家教委副主任柳斌到南开中学视察工作。

3 月 5 日　集会隆重纪念周恩来诞辰 95 周年。

3 月 5 日　南开中学对主管高初中毕业班的聂炳骧、孙成湖给予 2 万元奖励，对校办工厂厂长给予 1.5 万元奖励，由他们用于奖励有功人员。

3 月 23 日　天津市市长聂璧初、副市长钱其璩在南开中学召开现场办公会，决定将南开区体育场占地重新划归南开中学。

6 月 25 日　南开中学被命名为落实《中小学日常行为规范》示范学校。

8 月 11 日　南开中学高中最低录取线为 623 分，居全市首位。

9 月 9 日　为著名教育家杨坚白举行从教 60 周年座谈会。

10 月 12 日　高三学生武津伟获第十届全国学生奥林匹克物理竞赛一等奖。

12 月 23 日　南开中学组建新的领导班子，康岫岩任校长，孙成湖、李信任副校长，张祥林任党总支书记，杨松任副书记。

是年　南开中学被评为全国中学贯彻《学校体育工作条例》优秀学校、全国群众体育先进单位、全国爱国卫生红旗单位。

1994 年

3 月 5 日　召开全校大会隆重纪念周恩来诞辰 96 周年。

3 月 18 日　罗远迎任南开中学副校长。

3 月 29 日　南开中学与天津石化培教中心联合办学，名为南开中学石化分校。

5 月 31 日　国际班被天津市教育局确定为可以招收外籍人员子女入学的学校。

6 月 11 日　华耀义任南开中学副校长。

6 月 20 日　中共南开区教育局委员会授予南开中学党总支审批党员的权力。

同月　《解放后南开中学的教育》一书由天津教育出版社出版。

7月12日　天津市教育局批复南开中学，同意建立民办公助普通初级中学南英中学。

7月25日　天津市人大常委会主任聂璧初、副市长庄公惠在南开中学召开现场办公会，研究南开中学操场整修及涉及的有关问题。

8月10日　教师曾兰香被全国侨联授予"为八五计划、十年规划做贡献"活动先进个人荣誉称号。

10月7日　南开中学成立国际部。

10月16日　举行建校90周年庆祝典礼。

10月20日　教师李光森获1994年全国中小学计算机教育先进工作者荣誉称号。

11月　教务处制定《关于加强学生作业管理的几项规定》《南开中学学生学习基本要求》《南开中学教师教学基本要求》。

1995年

1月22日　南开中学首次向社会公开招聘教师。

2月23日　南开中学"青年志愿者协会"成立。

3月4日　举行纪念周恩来诞辰97周年表彰大会。

3月24日　天津市教育局决定市直属5所中学高中会考由学校自行命题并组织考试。

4月4日　第三届教代会第六次会议审议通过《南开中学1995—2000年五年规划》。

4月27日　高三（2）班高颖在首届"天津市十佳中学生"评比中获评"十佳中学生"。

4月27日　体育学科获天津市特等模范集体称号。

5月5日　张祥林任南开中学党总支书记。

5月16日　天津市计划委员会批复市教育局关于扩建南开中学科教楼项目建议书。

6月21日　南开中学被评为"全国培养体育后备人才试点中学"优秀

学校。

8月26日 举行纪念抗战胜利50周年、牢记校史大会暨开学典礼。

8月26日 梁立夫、张世云、华耀义获批天津市特级教师称号。

9月 学生会主办的"南中抗战史料展"展出。

10月6日 南开中学广播站首播。

10月17日 举行翔宇楼奠基仪式。

是年 康岫岩获全国优秀教育工作者称号。

1996 年

3月5日 召开"三五"表彰大会。

3月22日 举行纪念张伯苓诞辰120周年报告会。

4月20日 体育学科被中华全国总工会评为"1995年全国先进班组"。

5月8日 成立校消费合作社。

6月14日 学生刘媛被评为"十佳中学生"，获得奖学金1000元。

9月5日 全校师生为灾区捐款795.6元，捐衣物899件。

10月 全国14省市体育教研会在南开中学举行。

11月20日 国务院确定"南开学校旧址"为全国重点文物保护单位。

是年 首届高中理科实验班学生毕业。

是年 体育组荣获"全国五一劳动奖章先进集体"。

1997 年

1月初 温家宝为《南开中学》校刊题词："创一流学校，办一流教育"。

3月5日 举行纪念周恩来诞辰99周年暨"三五"表彰大会。高三理科实验班被学校命名为"翔宇班"。

同月 中共中央总书记、国家主席江泽民为翔宇楼题写楼名。

4月22日 国务院总理李鹏给南开中学学生会写来亲笔信。

4月29日 李宝贵代表学校体育学科出席市级劳动模范表彰大会。

5月22日 南开中学获天津市首批"三A"学校称号。

6月2日 天津市政府确定南开中学范孙楼为第三批市级文物保护单位。

7 月　学生高考成绩一次上线率为 100%。

8 月　学生王晨扬获第 28 届国际物理奥林匹克竞赛金牌。

9 月　翔宇楼投入使用。

10 月 2 日　中共中央政治局委员、国务院副总理、南开校友温家宝来校看望师生。

10 月 5 日　天津市第三届重点中学田径比赛在南开中学体育场举行。

18 日　举行庆祝翔宇楼落成暨校庆 93 周年大会。

12 月　1919 年肇建、1973 年重建的中楼拆除。

是年　高一学生齐鑫获全国信息学大赛金牌。高三学生刘媛获第 14 届全国中学生物理奥林匹克竞赛一等奖，并进入国家集训队。

1998 年

1 月 14 日　学生黄立沙获 1998 年全国高中生奥林匹克化学竞赛一等奖。

2 月　天津市教育局命名南开中学为第二批"天津市中小学艺术教育特色学校"。

3 月 4 日　天津市千余名中小学生代表汇聚南开中学，纪念周恩来诞辰 100 周年。

3 月 5 日　全体师生及校友代表隆重集会，纪念周恩来诞辰 100 周年。

5 月 4 日　举行五四表彰大会。

6 月　南开中学与中国投资银行天津分行举行联合办学签约仪式，南英学校按照南开中学模式办学。

7 月 9 日　学生刘媛获第 29 届国际中学生物理奥林匹克竞赛金牌，并获世界最佳女选手称号。

同月　南开中学取消初中部。

9 月 15 日　南开中学被命名为首批"全国中小学现代教育技术实验学校"。

9 月 17 日　教师谷明杰被授予"全国优秀教师"荣誉称号。

10 月 15 日　南开中学被评为 1997 年度天津市普教系统"3A"学校。

是年　南开学校发祥地东楼归还南开中学。

1999 年

1 月 24 日　全国人大常委会副委员长、1932 届校友吴阶平在天津迎宾馆约见康岫岩。

同月　天津市副市长俞海潮、市教育局副局长张铁志等专题研究南开中学发展问题。

3 月 5 日　举行纪念周恩来诞辰 101 周年暨"三五"表彰大会。

同月　学生温梦婷获得全国中学生外语口语竞赛决赛（高中组）特等奖。

6 月　天津市委副书记刘峰岩，市委常委、市委教卫工委书记邢元敏，副市长俞海潮，市教育局局长李闻玺等到南开中学调研。

10 月 15 日　学生吕莹获第 16 届全国中学生物理竞赛决赛一等奖，并进入国家集训队。

18 日　南开中学师生及校友 2000 余人集会纪念南开中学建校 95 周年。

同月　南开中学在南开区教育系统庆祝新中国成立 50 周年职工文艺汇演中获特别节目奖。

是年　南开中学获全国贯彻体育卫生"两个条例"优秀学校，康岫岩被评为天津市劳动模范。

是年　实施全员岗位聘任制，辞退临时工。

2000 年

1 月 18 日　南开中学被命名为第三批市级"贯彻《中小学生日常行为规范》示范校"。

3 月 3 日　举行"三五"表彰大会。

4 月 2 日　举行纪念严修诞辰 140 周年座谈会。

5 月 20 日　南开中学作为国家级培养体育运动后备人才中学，允许当年高一年级招收篮球项目男生 5 人。

6 月 8 日　学生温梦婷当选为全国学联二十三大代表。

10 月 18 日　天津市委副书记刘胜玉听取南开中学建设示范性高级中学的方案。

11 月　举行素质教育展示周活动。

12 月 28 日　国务院副总理温家宝给南开中学并天津百所中小学校学生写来亲笔信。

2001 年

3 月 2 日　举行"三五"表彰大会。

3 月 15 日　天津市教委批复同意南开中学建设示范高级中学项目立项。

26 日　中共中央政治局常委、国务院副总理李岚清在天津考察期间，召开中小学校长座谈会，听取康岫岩汇报。

4 月　学生高岳获第 17 届全国青少年信息学奥林匹克竞赛金牌。

6 月　学生张迪参加在瑞典举行的第一届世界青少年环境会议。

7 月 6 日　南开中学作为天津市实施素质教育"3A"学校受到天津市教委表彰。

7 月 10 日　学生吕莹获第 31 届国际中学生物理奥林匹克竞赛金牌。

10 月 18 日　天津市中小学布局调整领导小组第九次会议在南开中学举行。

10 月 27—29 日　由南开中学承办的全国普通高中学分制研讨会举行。

同月　学生张迪应邀参加在约旦举行的第二次世界自然保护联盟大会。

11 月　教师马健获第五届天津市普教系统"十佳青年教师"称号。

12 月　高二学生马宁赴美国留学一年。

是年　南开中学团委被团中央评为全国 18 岁成人仪式教育活动优秀组织单位。学生刘冰被评为 2000 年天津市"十佳中学生"。

是年　学校投资建设"千兆校园网"。

2002 年

1 月 4 日　天津市政府召开常务会议，确定继续扩建南开等 5 所市属示范高中校。

1 月 9 日　天津市学校布局调整领导小组会议原则同意南开中学的扩建方案。

7月30日　南开中学被命名为首批天津市中小学德育特色学校。

4月　天津市委副书记刘胜玉、副市长王德惠就南开中学二期扩建工作到校调研。

同月　师生为天津红十字会捐款5375.11元，用于建立天津造血干细胞捐献者资料库。

5月8日　中共中央政治局常委、国务院副总理李岚清考察南开中学。

5月15日　中共中央政治局常委、国务院副总理李岚清给南开中学学生复信。

6月1日　南开学子心系家乡活动开幕。

同月　南院学生宿舍楼动工。

7月　清华大学校长、1953届校友王大中来天津探望母校师生。

9月26日　晚10时许，国务院副总理温家宝轻车简从，回到母校南开中学看望师生。

10月12日　全国高中发展与建设工作经验交流会代表参观南开中学等示范校。

2003年

2月　成立教育服务中心，主抓教师培训和教育资源整合工作。

3月　南开中学独立承担的全国教育科学"十五"规划课题"天津市南开中学与高质量中等教育研究"开题，副市长张俊芳出席开题报告会。

4月　建立校内防控"非典"系统，出台、实施本校防控"非典"具体措施。

7月22日　天津市委副书记邢元敏主持召开学校布局调整领导小组第五次会议，听取南开中学关于改善学校以东环境问题的汇报。

8月4日　2003年南开中学计划招收外省市初中毕业生20人。

同月　包括南开中学在内的天津市第一批31所示范性高中校全部建成并投入使用。

9月　潘印溪、王学刚、刘森甲、康岫岩获批天津市特级教师称号。

2004 年

3 月　由南开中学学生赵斌等组成的天津代表队获全国数学奥林匹克暨第 19 届全国中学生数学冬令营银牌。

4 月 22 日　国家体育总局游泳运动管理中心命名南开中学游泳馆为"中国游泳协会天津市南开中学游泳馆"。

4 月 28 日　"百年南开"展览在国家博物馆开幕。

5 月 25 日　科技部副部长、中科院院士、1967 届校友程津培回到母校与学生座谈。

7 月 30 日　国际少年儿童艺术节中外少儿联欢活动在南开中学举行。

8 月　暑假期间，南开中学在高一、高二两个年级中开始试行义工活动。

10 月 12—14 日　天津市委书记张立昌先后到南开大学、南开中学等校调研。

10 月 15 日　举办"现代学校课程改革与人才培养"教育高峰论坛。

10 月 16 日　南开中学建校 100 周年、南开大学建校 85 周年纪念大会在瑞廷礼堂举行。

10 月 16 日　南开中学校史馆开馆，学校和校友共同筹办的百年校庆书画展开展。

10 月 17 日　南开中学与天津电视台联合举办"百年南开　永远年轻"大型文艺晚会。

同月　由天津市副市长、1967 届校友孙海麟主持创作的大型电视纪录片《百年南开》在天津电视台、中央电视台播出。

2005 年

7 月 10 日　学生李安获第 36 届国际中学生奥林匹克物理竞赛金牌。

8 月　开设近 40 门选修课，实施学分制管理。

10 月 29 日　康岫岩教育理念与实践研讨会在南开中学举行。

是年　康岫岩被教育部命名为中国当代教育家。

是年　南开中学复校 60 周年，学校举行主题校会、大型签名纪念、征文等活动。

是年　共有 200 余名外国学生进入南开中学学习。

2006 年

3 月　物理学科举行全市规模的展示课活动。

4 月　南开大学、南开校友总会联合会举办张伯苓先生诞辰 130 周年座谈会。

同月　中共中央政治局常委李长春来津视察，康岫岩汇报开展荣辱观教育情况。

7 月　学生代表张罗、侯瑀、杨雨廷、唐娟参加在新加坡华侨中学举行的第 1 届亚洲青年领袖峰会并在会上发言。

11 月　篮球队在 2006 年全国高中男子篮球联赛天津赛区比赛中获金牌。

是年　南开中学被评为全国精神文明建设先进单位。

是年　完成国家规划课题"天津南开中学与高质量中等教育的研究"。

是年　中央电视台《新闻联播》报道高二（12）班学生在鹤童养老院进行的义工活动。

2007 年

3 月 5 日　举行纪念周恩来诞辰暨以周恩来为人生楷模主题校会。

4 月 29 日　天津市学生"阳光体育"体育活动启动仪式在南开中学举行。

12 月　开展"防治艾滋病"宣传活动，对学生抽样进行问卷调查并举办专题知识讲座。

是年　南开中学获得全国教育系统先进集体。

是年　学生宫鹤获全国数学奥林匹克竞赛一等奖，并进入国家集训队。

是年　民乐队、合唱团代表天津市参加全国第二届中小学文艺展演比赛，分获一、二等奖。篮球队获全国高中男子篮球联赛天津赛区第一名。

是年　修订学分管理方案，确定《南开中学学分管理认定工作方案》。

2008 年

3 月 3 日　举行纪念周恩来诞辰 110 周年大会，举行以周恩来为人生楷模宣誓仪式。

5 月 16 日　全校师生向四川地震灾区捐款 50.35 万元。

同月　学生于向遥、韩立、刘爱因、宋歌、孙星耀获第 21 届物理世界杯竞赛三等奖。

8 月 3 日　校长康岫岩、援疆教师李游、学生安玮琪担任奥运火炬传递的火炬手。

8 月 25 日　天津市教委决定杨静武任南开中学校长。

10 月 13—18 日　第四届国际中学生科学大会在南开中学举行。

同月　开通中国知网（CNKL）基础教育文献资源总库（CFED）。

12 月 20 日　《天津南开中学报》获第三届全国中小学优秀校内报刊评选活动报刊类特等奖，校刊《新敬业》获一等奖。

2009 年

5 月 14 日　天津市教育学会高中教育专业委员会在南开中学成立。

10 月 15 日　2009 年天津市高中校长论坛在南开中学报告厅举行。

10 月 16 日　纪念建校 105 周年，"继往开来，为祖国培育拔尖创新型人才誓师大会"在瑞廷礼堂举行。

是年　南开中学获得全国精神文明创建先进集体、全国文明单位、全国百强中学、全国群众体育先进单位称号。

2010 年

3 月 16 日　启动南开中学教育管理体制改革，孙海麟任南开中学理事会筹备组组长、党总支书记。

4 月 1 日　纪念爱国教育家严修诞辰 150 周年活动隆重举行。

4 月 11 日　南开中学在海外的第一个孔子课堂——意大利威尼斯马可·福斯卡里尼中学孔子课堂挂牌成立。

5 月 18 日　天津市委书记张高丽莅临南开中学调研。

6月26日　教育部长袁贵仁听取孙海麟工作汇报。

7月1日　市委书记张高丽接见南开中学首届理事会全体理事和工作人员。

7月2日　南开中学首届理事会第一次会议举行。孙海麟当选理事会理事长。

7月27日　南开中学教育基金会成立。孙海麟当选教育基金会理事长。

8月25日　学习研究周恩来小组成立暨以周恩来为人生楷模主题教育大会举行。

9月3日　南开中学理事会成立大会举行。

9月13日　教育部副部长郝平视察南开中学。

10月8日　杨志行先生90寿辰暨教育思想座谈会举行。

10月12日　《南开中学中长期发展规划纲要》讨论稿形成并征求意见。

10月14日　首届毕业班纪念井复建、校友英烈纪念碑恢复扩建落成仪式举行。

10月15日　天津南开校史研究中心成立，何荣林任理事长。

10月16日　第六届校友会理事会第一次会议举行，张元龙当选理事长。

11月19日　话剧社当选2010年天津市优秀学生社团标兵第一名。

12月1日　天津市教委决定在南开中学建立基础教育改革实验基地并挂牌。

12月22日　南开中学与复旦大学签署人才培养战略合作协议。

是年　开展定岗定编工作。

2011年

2月初　副市长张俊芳听取南开中学建立拔尖创新人才培育基地工作方案的汇报。

2月16日　原国务委员唐家璇在中南海东花厅接见孙海麟一行。

3月4日　举行周恩来纪念浮雕揭幕仪式。

3月14日　浙江大学与南开中学签署人才培养合作协议。

5月13日　国际奥委会主席雅克·罗格致信南开中学学生。

5 月 26 日　哈尔滨工业大学与南开中学签署人才培养合作协议。

6 月 10 日　中共天津市南开区教育局委员会决定南开中学党总支改建为党委，孙海麟任党委书记。

6 月 28 日　天津市教委决定马跃美任南开中学校长。

7 月 18 日　天津市副市长张俊芳到南开中学检查工作。

7 月 18 日　南开中学与中国科学技术大学签署人才培养合作协议。

8 月 24 日　1931 届校友、99 岁高龄的卞慧新将其父、南开中学首届毕业生卞藩昌的毕业证书捐赠给学校。

10 月 17 日　南开中学校史馆举行开馆仪式。

10 月 20 日　含英楼"科技新体验示范实验室"落成并投入使用。

10 月 25 日　中共中央政治局常委、国务院总理温家宝到南开中学视察并发表讲话。

同月　教师姚卫盛当选第十届天津市"十佳青年教师"。学生刘超被评为第十二届天津市"十佳中学生"。

11 月 16 日　南开中学与上海交通大学签署人才培养合作协议。

11 月 25 日　《以周恩来为人生楷模教育读本》首发式暨新闻发布会在南开中学举行。

11 月 29 日　高中男子篮球队获得中国高中男子篮球联赛天津赛区冠军。

12 月 5 日　天津市教委党组决定马跃美任中共南开中学委员会副书记（兼）。

12 月 16 日　南开中学艺术团成立大会暨首届电影节闭幕式举行。

12 月 28 日　南开中学（滨海生态城学校）工程奠基仪式举行。

2012 年

1 月 4 日　南开中学与天津外国语大学签订国际化人才培养合作协议书。

2 月 15 日　天津市教育局原副局长、南开中学原校长、终身名誉校长杨志行逝世，享年 92 岁。

3 月 1 日　南开中学体验创意中心揭牌。

3 月 2 日　纪念周恩来诞辰暨表彰先进大会隆重举行。

3月29日　师生参加全国中学生模拟联合国大会，获得2012委员会大奖最佳学校奖。

4月15日　教师王蕊荣获全国中学语文教师基本功大赛一等奖和最佳诵读奖单项大奖。

8月3日　学生何琦获得全国青少年信息学奥林匹克竞赛银牌，并入选国家集训队。

本月　民办南开翔宇学校从南开中学南院迁出，所用校舍归还给南开中学。

11月14日　南开中学官方网站开通试运行。

11月18日　教师张广民获得第六届全国高中青年数学教师优秀课观摩与展示活动优质课一等奖。

11月25日　吕宝桐任中共天津市南开中学委员会常务副书记、副校长（兼）。

12月30日　国家体育总局授予南开中学2012年全国全民健身活动先进单位荣誉称号。

12月31日　南开区人民防空办公室从南开中学南院迁出，南院全部归还南开中学。

2013年

1月8日　学习研究周恩来小组举行学习研究周恩来成果汇报会。

1月9日　马跃美被2012中国教育家年会授予"中国好校长"称号。

1月16日　《以周恩来为人生楷模教育读本》荣获天津市优秀图书奖。

1月24日　南开中学理事会、教育基金会授予赵干、王淑玲、纪文郁、康岫岩、张祥林、田福安6人"终身教育成就奖"荣誉称号。

1月　南开中学被评为"全国全民健身活动先进单位"，受到国家体育总局通报表彰。

2月25日　学生合唱团、民乐团在第四届全国中学生文艺展演中分别获得一等奖。

2月27日　《周恩来南开中学作文笺评》由人民出版社出版，首发式暨新闻发布会在钓鱼台国宾馆举行。

2月　高一学生刘梦媛获第25届全球中学生模拟联合国大会最佳杰出代表奖。

3月5日　举行纪念周恩来诞辰暨表彰先进大会。

3月10日　乒乓球队获天津市乒乓球锦标赛7项冠军。游泳队获天津市青少年游泳锦标赛8项冠军。

3月10日　西安交通大学与南开中学联合开办的"西安交通大学少年预科班"签约。

4月9日　天津市委书记孙春兰到南开中学进行工作调研。

4月25日　教师焦鹏在第七届全国初中英语教师教学基本功大赛暨教学观摩研讨会上获初中英语优质课一等奖。

4月23日　南开中学与中国移动天津公司签署"智慧校园"战略合作框架协议。

5月17日　第27届天津市科技周开幕式在南开中学举行。

6月4日　召开迎接天津市实施义务教育学校现代化建设和实施普通高中现代化建设工作动员大会。

6月25日　天津市委副书记王东峰到南开中学调研党建工作。

7月24日　高二国际班学生田乘龙获国际中学生模拟联合国大会最佳外交风采奖。

7月　马丽坤获第11届天津市普教系统"十佳青年教师"荣誉称号。

8月19日　全国第七届周恩来班、邓颖超班经验交流座谈会在南开中学举行。

8月19日　南开中学第十次毕业生捐建学校纪念钟亭重建落成仪式举行。

8月19日　纪念周恩来入学南开中学100周年大会在瑞廷礼堂举行。

8月19日　周恩来中学时代纪念馆、天津南开中学校史馆开馆。

9月6日　举行第2届"邓颖超班"命名仪式，纪念邓颖超视察天津南开中学30周年。

同月　高三（2）班学生石添硕获第14届天津市"十佳中学生"荣誉

称号。

10 月 15 日　举行严修、张伯苓铜像落成仪式和传鉴楼命名暨喻传鉴铜像揭幕仪式。

10 月 16—17 日　接受市督导组"天津市普通高中现代化建设"评估验收。

10 月 31 日　温家宝同志向南开中学签名赠送《温家宝谈教育》一书。

11 月 7 日　第 7 届全国亿万学生阳光体育冬季长跑活动启动仪式在南开中学举行。南开中学获"2007—2012 全国亿万学生阳光体育冬季长跑活动优秀学校"称号。

12 月 13 日　天津市副市长曹小红到南开中学滨海生态城学校施工现场视察。

12 月 30 日　举行电影节"金海棠奖"颁奖典礼。

12 月　教师梅宏柱、杜江龙分获市"双优课"大赛一、二等奖。

2014 年

1 月 24 日　《天津南开中学志》评审会举行。

1 月　《杨志行教育文集》由天津教育出版社出版。

3 月 4 日　纪念周恩来诞辰暨表彰大会在瑞廷礼堂隆重举行。

4 月 13 日　游泳队在天津市青少年游泳锦标赛中获得优异成绩。

同月　举行中级教师展示课评比活动。

5 月 4 日　举行纪念五四运动暨白岩松报告会。

5 月 17 日　南开中学与南开大学签署协议，联合组建南开"公能"英才班。

5 月 25 日　南开中学与天津大学签署协议，启动"未来杰出人才领军计划"。

5 月 30 日　2014 年"红五月"校园合唱节闭幕。

6 月 1 日　高一学生郭翰文获得中国高中生美式辩论联盟上海地区赛"最佳辩手奖"。

5 月　《少年中国说：周恩来南开中学作文笺评》由商务印书馆（香港）

有限公司出版。

6 月 19 日　市教委副主任孙惠玲到天津市南开中学滨海生态城学校调研。

6 月 23 日　孙海麟拜访中国科学院院士、被誉为"嫦娥之父"的欧阳自远先生。

9 月　南开中学《高中"义工制"社区服务课程的研究与实践》荣获国家级基础教育教学成果奖二等奖。

9 月 19 日　南开中学与河北省兴隆县六道河中学签署友好学校合作协议。

10 月 13 日　《周恩来南开中学习作释评》《周恩来南开中学论说文集》由人民出版社出版，首发式暨新闻发布会在人民大会堂重庆厅举行。

10 月 13—17 日　第 10 届国际中学生科学大会在南开中学举行。

10 月 14 日　温家宝做客南开公能讲坛作《我在南开中学的日子》报告。

10 月 15 日　南开中学与天津广播电视台联合摄制的电视纪录片《南开与中国》首播。

10 月 16 日　举行南开中学第二届理事会第一次会议。孙海麟当选理事会理事长。

10 月 16 日　举行南开中学教学展示活动和南开中学 2014 年秋季运动会。

10 月 17 日　纪念南开中学建校 110 周年暨发行《周恩来南开中学论说文集》大会举行。

10 月 17 日　举行国际基础教育校长论坛。

10 月 18 日　举行各界校友纪念 110 周年校庆返校活动。

10 月 30 日　举行南开中学年鉴编委会暨南开中学年鉴 2015 卷启动会。

10 月　《天津南开中学志》由天津教育出版社出版。

同月　中国地方志指导小组办公室、天津市方志馆先后向南开中学发来捐赠《天津南开中学志》的收藏证书。

11 月 4 日　举行南开中学文化建设成果小结会。

12 月 26 日　举行南开校史研究中心第二届理事会第一次会议。

同月　举行初级教师展示课评比活动。

同月　启动实施"一师一优课，一课一名师"活动。

同月　以发布重点课题方式启动"生命教育课程"和"领导力课程"校本课程开发。

2015 年

1月7日　免去李宝贵同志天津市南开中学副校长职务，按规定办理退休手续。

1月8日　《周恩来青少年论说文集》英文版首发式暨新闻发布会在人民大会堂举行。

1月28日　台湾省台北市文教协会理事长林昭贤一行来校参观交流。

2月12日　理事长、党委书记孙海麟一行参访天津美术学院，签署教育合作协议。

3月4日　纪念周恩来总理诞辰暨表彰大会举行。

3月6日　南开中学获评天津市学校系统共青团工作先进单位。

3月12日　中央民族大学历史系副教授蒙曼做客南开公能讲坛。

3月27日　厦门大学李如龙教授做客南开公能讲坛。

同月　教师周英英、梅宏柱指导的学生科技项目获天津市青少年科技创新大赛一等奖。

同月　潘印溪、贺海龙同志任天津市南开中学副校长（试用期一年）。

4月7日　南开中学第十届论文报告会举行。

4月10日　著名海疆问题专家王晓鹏做客南开公能讲坛。

4月16日　全市数学大教研活动在南开中学举行。

4月17日　北京大学中文系教授韩毓海教授做客南开公能讲坛。

4月23日　教师焦鹏获第九届全国初中英语教师教学基本功大赛一等奖，教师朱倩妮获课堂教学优秀课展评一等奖。

4月27日　重庆市南开中学党委书记、副校长姚显荣一行来访。

同月　《天津南开中学史》由人民出版社出版。

5月4日　举行纪念五四运动96周年暨表彰先进大会。

5月4日　学生高郡当选共青团南开区教育系统第六届委员会委员。

5月8日　周恩来总理侄女周秉宜做客南开公能讲坛。

5月15日　国防大学李莉教授做客南开公能讲坛。

5月19日　党委书记孙海麟以深刻把握"四个全面"战略布局为主题讲党课。

5月20日　教育部县域义务教育均衡发展督导评估专家组来校参观考察。

5月22日　著名军事专家杜文龙做客南开公能讲坛。

同月　《私立南开中学规章制度汇编》由天津教育出版社出版发行。

6月1日　天津市教委召开南开中学中层以上干部会，宣布免去马跃美同志天津市南开中学校长、党委副书记职务，另有任用；马健同志任天津市南开中学副校长，主持学校行政工作。

6月9日　南开中学取得天津市人民政府颁发的《天津市房地产权证》，标志着圆满完成南院土地、房产确权工作。

7月5日　中国科学院院士、南开中学1953届校友王铁冠来南开中学参观。

7月7日　天津市南开中学第二届理事会第二次会议举行。

7月7日　举行敬立邓颖超青少年时期雕像和南开中学被侵华日军轰炸纪念雕塑揭幕仪式。

同月　教师高宇鹏荣获"天津市师德先进个人"称号。

同月　南开中学2015年电影节开幕。

8月25日　南开中学与海河教育园区管委会共建海河教育园区南开学校签约仪式举行。

8月27日　中新生态城管委会主任徐大彤率队访问南开中学。

同月　《天津南开中学校史简明读本》编印完成，用于新生入轨教育。

9月6日　举行授予八年级（1）班"邓颖超班"授牌仪式。

9月8日　庆祝教师节暨表彰大会举行。

9月11日　南开中学教育基金会第二届理事会第一次会议举行。

9月11日　南京航空航天大学授予南开中学优质生源基地称号。

9月18日　北京大学中文系韩毓海教授做客南开公能讲坛。

9月22日　中央民族大学历史系蒙曼副教授做客南开公能讲坛。

同月　南开中学被认定为全国青少年校园足球特色学校。

10月7日　市纪委驻市教育两委纪检组长张金刚率检查组来校检查工作。

10月10日　理事长孙海麟一行赴河北省兴隆县六道河中学访问交流。

10月15日　《周恩来青少年论说文集》外文版丛书首发式暨新闻发布会举行。

10月16日　空军指挥学院李国强教授做客南开公能讲坛。

10月23日　教师王玥获第九届全国高中英语教师基本功大赛优秀课展评现场说课一等奖、最佳教学设计奖，教师徐莉获优秀课展评光盘课二等奖。

10月23日　博鳌亚洲论坛秘书长周文重一行到南开中学参观访问。

10月27日　南开中学校友林枫之子林炎志教授做客南开公能讲坛。

10月29日　教育部"校长国培计划"天津师范大学中学校长培训班50余人来校参观。

同月　学生张津涵荣获"天津市最美中学生称号"。

11月10日　清华大学副校长施一公院士做客南开公能讲坛。

11月18日　惠灵顿国际学校（天津）校长迈克尔·爱德华·希金斯一行来访。

11月24日　党委书记孙海麟讲领会五中全会精神和"十三五"战略布局专题党课。

11月24日　江苏省中学校长代表团一行到南开中学参观交流。

12月1—3日　理事长孙海麟一行到重庆南开中学、四川自贡蜀光中学访问交流。

12月16日　英国伊顿公学暑期学校行政主管菲利普·海依访问南开中学。

同月　南开中学获评天津市"五好关工委"称号。

本年　桥牌队包揽天津市中小学桥牌比赛初中组和高中组的团体赛、

双人赛以及总成绩第一名。乒乓球队包揽天津市中小学乒乓球赛高中组 6 项冠军。游泳队获天津市中小学游泳比赛 8 项冠军、获天津市青少年游泳锦标赛 11 项冠军。

2016 年

3 月 3 日　纪念周恩来总理诞辰暨表彰大会举行。

3 月 4 日　中共文献研究会周恩来思想生平研究会会长闫建琪做客南开公能讲坛。

3 月 7 日　天津出版传媒集团党委书记、总经理肖占鹏一行参观访问南开中学。

3 月 8 日　南开中学第七届教职工代表大会第一次会议举行。

3 月 10 日　天津市高三数学大教研活动在南开中学举行。

3 月 15 日　北京大学中文系韩毓海教授做客南开公能讲坛。

3 月 22 日　共青团中央志工部党组书记侯宝森一行来访。

4 月 5 日　南开中学与南开大学、南开校友总会等纪念张伯苓校长诞辰140 周年。

4 月 5 日　北京大学孙华教授做客南开公能讲坛。

4 月 14 日　天津市南开中学第二届理事会第三次会议举行。

4 月 15 日　中央民族大学副教授蒙曼做客南开公能讲坛。

4 月 19 日　南开中学校友、南京大学教授芦红为师生作科普报告。

4 月 20 日　理事长孙海麟参加"周恩来与中国精神"座谈会并作专题发言。

5 月 3 日　举行纪念五四运动 97 周年暨表彰先进大会。

5 月 8 日　团中央书记处书记傅振邦参观访问南开中学。

5 月 10 日　南开中学第 11 届论文报告会举行。

5 月 13 日　国防大学李莉教授做客南开公能讲坛。

5 月 17 日　清华大学五道口金融学院常务副院长廖理做客南开公能讲坛。

5 月 19 日　内蒙古呼伦贝尔市副市长陈立新一行来访。

5 月 20 日　天津师范大学"新疆中青年高中数学骨干教师"培训班学员来访。

5 月 25 日　党委书记孙海麟讲"两学一做"专题党课。

5 月 26 日　举行 2016 年南开系列中学研讨交流活动。

6 月 25 日　南开中学校友会第七届校友代表大会举行。

6 月 29 日　天津市人大常委会研究室副主任杨绍启一行来访。

8 月 3 日　学生曹可欣作品获宋庆龄少年儿童发明奖二等奖，王秋临作品获优秀奖。

8 月 13 日　学生曹可欣获第 31 届全国青少年科技创新大赛最高奖。

8 月 20 日　教师王航获第 4 届天津市中小学实验教学说课比赛二等奖。

9 月 2 日　中央电视台著名主持人、特型演员黄薇做客南开公能讲坛，并为"邓颖超班"八年级（4）班授牌。

9 月 10 日　国台办副主任龙明彪一行来访。

9 月 14 日　北京大学中文系韩毓海教授做客南开公能讲坛。

9 月 20 日　著名军事专家杜文龙做客南开公能讲坛。

9 月 29 日　天津市委常委、市委教育工委书记陈浙闽视察南开中学。

10 月 10 日　天津市教委召开南开中学中层以上干部会议，宣布刘浩同志任天津市南开中学党委书记、副校长，免去孙海麟同志天津市南开中学党委书记职务。

10 月 11 日　中国科学院院士、清华大学原校长王大中做客南开公能讲坛。

10 月 13 日　教师杨爽、王建军获全国数字课程资源评选特等奖。

10 月 17 日　理事长孙海麟一行赴渝参加重庆南开中学纪念建校 80 周年活动。

10 月 18 日　天津市纪委驻教育两委纪检组来校开展教育系统六个专项整治工作督查。

10 月 24 日　南开中学代表队赴印度参加国际中学生科技交流大会（ISSC）。

10 月 26 日　希腊雅典—普西贡中学董事会主席访问南开中学。

10 月 28 日　十六届中央纪委委员、十二届全国政协常委彭小枫上将做客南开公能讲坛。

同月　学生严涛荣获"天津市最美中学生称号"。

同月　学生获全国青少年创意工程挑战赛中初中组二等奖。

11 月 7 日　刘浩、朱爱武、唐延稚当选南开区第十一次党代会代表。

11 月 8 日　中央民族大学蒙曼教授做客南开公能讲坛。

11 月 15 日　中国科学院院士、"嫦娥之父"欧阳自远做客南开公能讲坛。

11 月 18 日　理事长孙海麟会见加拿大文思博学校总裁兼首席执行官格兰姆·鲍德温。

11 月 30 日　南开中学获得南开区中小学心理健康教育特色学校称号。

11 月 30 日　学生代表参加第三届中国青年志愿服务项目大赛，助力南开区服务项目获金奖。

12 月 2 日　北京师范大学何香涛教授做客南开公能讲坛。

12 月 16 日　中国中共文献研究会朱德思想生平研究分会秘书长左智勇做客南开公能讲坛。

12 月 17 日　学生杨云迪获第三届全国创新为老服务大赛一等奖和最佳人气奖。

12 月 26 日　副校长张娜、教师李惠燕出席南开区政协十五届一次会议并当选委员。

本年　游泳队获天津市青少年游泳锦标赛 4 项冠军。舞蹈团获第五届全国中小学文艺展演二等奖。管弦乐团获天津市文艺展演一等奖。乒乓球队获天津市中小学乒乓球赛高中组 5 项冠军、1 项亚军。篮球队获中国高中篮球联赛天津赛区冠军。

2017 年

1 月 11 日　江苏省淮安市周恩来纪念地管理局局长孙晓燕一行来访。

2 月 16 日　中共中央文献研究室第三编研部主任姜淑萍做客南开公能讲坛。

2月28日　中共中央文献研究室第三编研部三处处长熊亮华做客南开公能讲坛。

3月3日　纪念周恩来总理诞辰暨表彰大会举行。

3月10日　中共中央文献研究室第二编研部副主任王玉强做客南开公能讲坛。

3月12日　学生常同华、王梓安获天津市青少年科技创新大赛一等奖。

3月15日　十一届全国政协委员、著名军事专家罗援少将做客南开公能讲坛。

3月31日　国学大师南怀瑾先生之子南国熙、弟子古国治做客南开公能讲坛。

4月5日　高二（5）班被评为市级"三好班集体"。

4月7日　天津美术学院院长、当代美术家邓国源做客南开公能讲坛。

4月11日　理事长孙海麟到家中看望南开中学1957届校友赵忠凯。

4月18日　中央民族大学教授蒙曼做客南开公能讲坛。

4月23日　南开中学名师左景福、孙养林、陈东生百年文集研读座谈会举行。

4月28日　中共第十五、十六、十七届中央委员，原国务委员戴秉国做客南开公能讲坛。

4月28日　南开中学2017年春季趣味运动会举行。

5月4日　纪念周恩来总理复信60周年暨五四表彰大会举行。

5月4日　中央电视台著名主持人、南开中学理事会荣誉理事白岩松做客南开公能讲坛。

5月9日　惠灵顿国际学校（天津）德育副校长Jonathan Lewis一行来访。

5月15—16日　理事长孙海麟一行访问南京大学、南京一中。

5月26日　著名外交家、南开中学校友唐明照之女唐闻生做客南开公能讲坛。

5月26日　台湾省台北市立大同高级中学校长庄智钧一行来访。

同月　教师黄炜荣获天津青年"创新创业创优先进个人"称号。

6月5日　天津市委常委、市委教育工委书记程丽华到南开中学察看高考考场筹备工作。

6月21日　天津市教委党组书记、主任王璟来校宣讲天津市第十一次党代会精神。

6月25日　"周恩来与教育"国际研讨会在南开中学举行。

6月26日　纪念周恩来毕业于南开中学100周年大会举行。

6月26日　天津市南开中学第二届理事会第四次会议举行。

8月26日　学生赵雨菲、常冏华获亚洲青少年环保领袖论坛一等奖。

8月30日　学生魏欣辰获第11届国际地球科学奥林匹克竞赛金牌。

9月4日　浙江省绍兴市春晖中学校长李培明来南开中学访问交流。

9月7日　北京大学副校长、社会科学部部长兼燕京学堂副院长王博做客南开公能讲坛。

9月15日　著名军事专家杜文龙做客南开公能讲坛。

9月15日　外交部机关党委常务副书记邓清波一行来访。

9月18日　湖北省武汉市高中校长高级研修班20余人参观访问南开中学。

9月19日　南开中学第12届论文报告会举行。

9月30日　南开中学2017年秋季田径运动会举行。

10月17日　《严修朱卷今释》首发式暨南开中学建校113周年纪念大会举行。

10月20日　中共中央党史研究室原副主任章百家做客南开公能讲坛。

10月21日　中国科学院院士、南开中学校友会理事长龙以明获华罗庚数学奖。

同月　学生王宇荣获"天津市最美中学生称号"。

同月　免去贺海龙同志天津市南开中学副校长职务。

11月13日　中国教育科学研究院基础教育研究所所长陈如平一行来访。

11月17日　南开中学荣获"第一届全国文明校园"称号。

11月24日　广东省广州市中小学校长代表团100余人参观访问南开中学。

12 月 8 日　中国国际问题研究院国际战略研究所副所长苏晓晖做客南开公能讲坛。

本年　篮球队获天津市青少年篮球锦标赛男子甲组冠军、获全国青少年三人篮球冠军赛天津大区赛冠军、获中国高中篮球联赛天津赛区冠军。乒乓球女队获天津市中小学乒乓球赛高中组冠军。舞蹈团获南开区群舞比赛一等奖。在天津市学校文艺展演中，管弦乐团、民乐团获器乐节一等奖，合唱团获合唱节一等奖，舞蹈团获舞蹈类比赛一等奖，电声乐队获校园歌手组合项目展演二等奖。

2018 年

1 月 8 日　学生贾璐源参加第二届英才论坛，获评优秀学员。

2 月 4 日　中国科协青少年国际科技交流项目遴选培训暨 Intel ISEF 冬令营举行，南开中学"英才计划"学员在活动中表现突出。

2 月 7 日　温家宝同志再次向南开中学图书馆捐赠藏书。

2 月 24 日　校史馆馆长杨乃东赴江苏淮安参加纪念周恩来诞辰 120 周年活动。

同月　教师林秋莎当选国家级期刊《中小学数字化教学》封面人物。

3 月 1 日　孙海麟应邀参加中共中央举行的纪念周恩来同志诞辰 120 周年座谈会。

3 月 1 日　重庆市南开中学副校长毛明山一行来访。

3 月 5 日　纪念周恩来总理诞辰暨表彰大会举行。

3 月 5 日　中共中央党史和文献研究院研究员曹应旺做客南开公能讲坛。

3 月 23 日　中央民族大学教授蒙曼做客南开公能讲坛。

同月　教师黄山获全国中小学美术课现场观摩比赛二等奖。

4 月 9 日　教育部教师司处长黄贵珍一行来校调研。

4 月 10 日　南开中学第 13 届论文报告会举行。

4 月 28 日　南开中学举行春季趣味运动会。

5 月 4 日　2018 年五四表彰大会举行。

5 月 11 日　国防大学李莉教授做客南开公能讲坛。

5月27日　举行纪念周恩来诞辰120周年大型诗歌咏诵会。

5月27日　物理学科承办南开区教研活动。

同月　天津市南开中学第二届理事会第五次会议举行。

同月　英语学科承办天津市高中英语十区联合教研系列活动。

6月15日　南开中学获评天津市第八届"科技传播之星"。

7月25日　学生贾璐源由中国科协选派参加第60届伦敦国际青年科学论坛。

8月22日　海河教育园区管委会副主任陈建国来校与孙海麟、刘浩座谈。

8月29日　天津市教委党组决定，刘浩同志任天津市南开中学校长、党委副书记，免去马健同志天津市南开中学副校长（主持工作）职务。

9月10日　中央文明办三局、教育部基础教育司派员来校考察文明校园创建工作。

9月11日　庆祝教师节暨表彰大会举行。

9月14日　著名军事专家杜文龙做客南开公能讲坛。

9月22日　温家宝同志来南开中学看望师生。

9月30日　南开中学秋季田径运动会举行。

10月16日　影片《一代人师严修》首映式在南开中学举行。

10月17日　周恩来总理亲属周尔钧、邓在军做客南开公能讲坛。

10月26日　中国工程院院士龙腾做客南开公能讲坛。

10月30日　台湾省新竹高级中学师生及家长一行30人来访。

同月　学生苏晗荣获"天津市最美中学生"称号。

11月13日　南开中学图片入选国家博物馆庆祝改革开放40周年大型展览。

11月14日　香港中文大学（深圳）副校长朱世平教授做客南开公能讲坛。

11月21日　南开中学承办2018年中英基础教育高峰论坛。

11月23日　南开中学召开中层以上干部会，天津市委教育工委宣布，李轶同志任天津市南开中学党委书记，王文昌同志任天津市南开中学副校长

（试用期一年）。

12月4日　学生获全国化学奥林匹克竞赛1块金牌、3块银牌。

12月13日　清华大学授予南开中学优质生源中学称号。

12月21日　同济大学教师代表来校交流。

本年　篮球队获中国高中男子3×3篮球联赛天津赛区冠军、获天津市青少年篮球锦标赛男子甲组冠军、获天津市中小学篮球赛冠军、获天津市第14届运动会篮球青少年甲组亚军、获中国高中男子篮球联赛天津赛区冠军。在天津市学校文艺展演中，管弦乐团、民乐团、舞蹈团获一等奖，合唱团获二等奖。合唱团获天津"青春放歌新时代"校园合唱大赛二等奖。

2019 年

1月8日　校友王亚愚、汤磊、蔡昭昀在国家科学技术奖励大会上受到表彰。

2月28日　北京市教委副巡视员冯洪荣一行来校考察交流。

3月5日　纪念周恩来总理诞辰暨表彰大会举行。

3月11日　北京航空航天大学授予南开中学优质生源基地称号。

3月12日　同济大学授予南开中学卓越生源基地称号。

3月13日　校长刘浩应邀参加南开大学新时代大学与中学贯通式人才培养高峰论坛。

3月14日　中国科学院院士、"嫦娥之父"欧阳自远做客南开公能讲坛。

3月16日　西北农林科技大学葡萄酒学院党委副书记邓亚丽来南开中学签署两校间合作协议，并与学生代表进行交流。

3月19日　中央电视台著名新闻制作人陶跃庆做客南开公能讲坛。

3月20日　教育部基础教育司司长吕玉刚一行来校参观考察。

3月26日　南开中学举办春季趣味运动会。

5月5日　中央电视台著名主持人白岩松做客南开公能讲坛。

5月9日　空军工程大学授予南开中学优质生源基地称号。

5月10日　中央民族大学蒙曼教授做客南开公能讲坛。

5月11日　校长刘浩出席南开系列学校第八次校长圆桌会议。

5月14日　国防大学教授李莉做客南开公能讲坛。

5月15日　江苏省科协主席、中国科学院院士、南京大学原校长陈骏做客南开公能讲坛。

5月21日　全国人民代表大会常务委员会委员、民盟中央副主席张平来校参观。

5月22日　免去张娜同志天津市南开中学副校长职务。

6月17日　南开中学与西安交通大学续签少年班合作协议。

6月26日　理事长孙海麟赴京拜访邹家华学长。

6月28日　举行纪念建党98周年暨"不忘初心、牢记使命""七一"表彰大会。

同月　教师王劼荣获"天津市优秀教师"称号。

7月14日　天津市委书记李鸿忠考察意大利威尼斯马可·福斯卡里尼中学孔子课堂。

同月　师生代表赴京拜访温家宝学长。

8月10日　校长刘浩应邀出席京津冀台中学生教育发展联盟年会暨第三届京津冀台中学生教育发展论坛。

8月14日　学生获中国生物奥林匹克竞赛金牌。

8月22日　召开全体党员大会，完成党委换届选举工作。

8月26日　市委教育工委常务副书记、市教委主任荆洪阳来校检查工作并与学生一起用餐。

同月　《走进天津南开中学》由人民出版社出版。

同月　南开中学获评全国青少年篮球特色学校。

9月6日　庆祝教师节暨表彰大会举行。

9月10日　《周恩来南开中学故事》首发式暨新闻发布会在人民大会堂举行。

9月20日　空中客车中国公司首席执行官徐岗做客南开公能讲坛。

9月24日　中国中医科学院青蒿素研究中心专家委员会副主任廖福龙做客南开公能讲坛。

9月26日　西安交通大学授予南开中学卓越生源基地称号。

9月30日　南开中学举办秋季田径运动会。

10月11日　著名军事专家杜文龙做客南开公能讲坛。

10月15日　南开中学理事会2019年度会议举行。

10月16日　大型油画《使命》揭幕，南开中学宇宙探索馆建成，南开中学英烈纪念碑扩建后揭幕。

10月17日　举办庆贺南开中学115周年校庆系列活动。

10月30日　天津市政协副主席李绍洪一行来校视察。

10月31日　教育部课题"普通高中基于数学学科核心素养的深度学习教学改进项目"启动会及研讨会在南开中学召开。

同月　学生方星竹获全国数学奥林匹克竞赛金牌并入选国家集训队，孙绍聪获全国物理奥林匹克竞赛金牌，张杰汉获全国生物奥林匹克竞赛金牌。

11月13日　天津市委副书记阴和俊在南开中学调研，观摩思政课实践教学。

11月26日　南开中学获评"天津市青少年知识产权教育示范学校"。

11月27日　马来西亚中学校长团一行35人对南开中学进行友好访问。

12月13日　参加全国学校思政课推动会的领导汇聚南开中学观摩思政课，党委书记李轶向与会代表介绍了学校思政课建设的成果。

12月17日　中国工程院院士、北京理工大学校长张军做客南开公能讲坛。

12月17日　南开中学工会第八届会员代表大会举行。

12月18日　天津市人大常委会副主任李虹一行来校调研思政教育工作。

12月18日　陈媛同志任天津市南开中学党委委员、纪委书记（试用期一年）。

12月19日　南开中学校友志愿者总结会举行。

本年　舞蹈团获全国中小学生艺术展演金奖。合唱团获天津广播电视台"我和我的祖国"合唱大赛爱国传承奖。在天津市文艺展演中，合唱团、舞蹈团、民乐团获一等奖，管弦乐团获二等奖。篮球队获耐克杯中国高中篮球联赛天津赛区冠军。乒乓球队获天津市中小学乒乓球赛3项冠军、2项亚军。

2020 年

1 月 8 日　孙海麟、李轶、刘浩赴京参加缅怀周恩来总理活动。

2 月 5 日　学校领导班子制定"停课不停学"具体工作方案。

2 月 19 日　市委教育工委常务副书记、市教委主任荆洪阳来校督查疫情防控工作。

3 月 2 日　市教育两委第六督导检查组来校督导工作。

3 月 31 日　举行纪念爱国教育家严修先生诞辰 160 周年活动。

同月　南开中学制作的电视短片《新学先驱 教育巨擘——纪念中国近代著名爱国教育家严修先生诞辰 160 周年》正式开播。

4 月 6 日　天津市政府教育督导室督学闫国梁来校督查复课开学准备工作。

4 月 9 日　天津市市长张国清检查南开中学疫情防控和复课开学准备工作。

4 月 13 日　王文昌同志任天津市南开中学副校长。

4 月 17 日　天津市教委副主任白海力、孙惠玲来校检查工作并慰问教职员工。

4 月 19 日　天津市委常委、市委政法委书记赵飞来校检查复课开学准备工作。

4 月 26 日　市委教育工委常务副书记、市教委主任荆洪阳来校检查工作。

5 月 7 日　南开中学与宝坻区教育局签署教育合作协议。

同月　南开中学团委荣获"全国五四红旗团委"称号。

6 月 9 日　高二（8）班获评"天津市优秀班集体"。

7 月　教师惠培强被评为天津市绿化先进个人。

9 月 2 日　教育部综合改革司司长刘自成一行来校调研指导工作。

9 月 8 日　庆祝教师节暨表彰大会举行。

9 月 17 日　全国人大常委会副委员长吉炳轩率调研组来校开展"珍惜

粮食、反对浪费"专题调研。

9月25日　国务院联防联控机制秋冬季新冠疫情防控专项督查工作组来校检查工作。

9月27日　全国政协文化文史和学习委员会副主任叶小文来校考察调研。

9月29日　孙海麟理事长为高一年级全体学生作南开中学校史专题讲座。

同月　教师周英英荣获"全国生态环境教育优秀教师"称号。

10月9日　著名军事专家杜文龙做客南开公能讲坛。

10月9日　南开中学举行秋季趣味运动会。

10月13—14日　孙海麟、刘浩访问重庆南开中学、四川自贡蜀光中学。

10月16日　天津市南开中学与贵州黔西南州兴义一中签订结对帮扶协议。

10月19日　天津市委常委、市委教育工委书记于立军到南开中学调研指导工作。

11月16日　党的十九届五中全会精神中央宣讲团到南开中学与师生座谈交流。

同月　学生获全国化学奥林匹克竞赛3枚银牌，获全国物理奥林匹克竞赛1枚金牌、2枚铜牌，获全国数学奥林匹克竞赛1枚金牌、2枚银牌、4枚铜牌。

同月　南开中学关心下一代工作委员会获评"全国优秀关工委"。

同月　教师林秋莎、张广民、杜明环、姚卫盛、王劼、崔勇锐、魏长童入选"天津市第一批中小学市级学科骨干"。

12月9日　校长刘浩在天津市基础教育"停课不停学"工作总结会上作典型发言。

12月30日　天津南开学校教育集团成立。

同月　民盟南开中学支部荣获"抗击新冠肺炎疫情先进集体"称号。

同月　教师高志伶领衔的班主任工作室获批成为首批天津市中小学名班主任工作室。

本年 经国家级复验，南开中学再获"全国文明校园"称号。

本年 教师王劼入选 2020 年度天津市杰出津门教师名单。

本年 篮球队获天津市中小学篮球赛高中男子组冠军、获耐克杯中国高中篮球联赛天津赛区冠军。合唱团、民乐团、舞蹈团获天津市优秀学生艺术团称号。

2021 年

1 月 8 日 举行缅怀周恩来总理逝世 45 周年纪念活动。

同月 教师朱爱武入选 2020 年天津市学校思想政治理论课教师年度影响力人物。

3 月 5 日 纪念周恩来总理诞辰暨表彰大会举行。

3 月 5 日 免去潘印溪同志天津市南开中学党委委员、副校长职务，按规定办理退休手续。

3 月 10 日 陈嫒任天津市南开中学纪委书记。

3 月 16 日 中国科学院院士、"嫦娥之父"欧阳自远做客南开公能讲坛。

3 月 16 日 北京十一学校联盟总校校长李希贵一行来校考察学访。

3 月 19 日 中国中共文献研究会副会长陈晋做客南开公能讲坛。

4 月 2 日 纪念张伯苓校长诞辰 145 周年大会举行。

4 月 2 日 上海市原副市长、浦东新区首任党委书记赵启正做客南开公能讲坛。

4 月 5 日 举行校园开放日活动。

4 月 6 日 中国工程院院士苏东林做客南开公能讲坛。

4 月 15 日 影片《青春之骏》天津首映式在南开中学举行。

4 月 17 日 校长刘浩在全国"立德树人落实机制"优秀案例研讨会作经验介绍。

4 月 20 日 举行春季教职工趣味运动会。

4 月 23 日 举行纪念五四运动暨表彰大会。

4 月 23 日 央视著名主持人白岩松做客南开公能讲坛。

4 月 27 日 师生参加第 4 届全国"周恩来班"读周恩来原著写心得体

会分享活动暨高质量发展论坛。

4月30日　南开中学2021年春季趣味运动会举行。

6月11日　南开中学结对帮扶浙江省景宁民族中学签约（捐赠）仪式举行。

8月14日　学生王如意获中国女子数学奥林匹克竞赛金牌。

8月20日　教师李德志在天津市教育学会第8届青年校长学术论坛获一等奖。

9月8日　天津市委书记李鸿忠深入南开中学调研并看望师生。

9月13日　庆祝教师节暨表彰大会举行。

9月14日　著名军事专家杜文龙做客南开公能讲坛。

9月27日　外交部原部长李肇星做客南开公能讲坛。

9月29—30日　市教育两委举办的"弘扬南开爱国精神，担当铸魂育人使命"专题培训示范班的学员、全市中小学党组织书记、校长来我校参观学习。

10月6日　天津师范大学党委理论学习中心组（扩大）来校集体学习。

10月11日　全国人大教科文卫委员会主任委员李学勇一行来校调研。

10月13日　南开中学秋季田径运动会举行。

10月15日　当代作家龙一做客南开公能讲坛。

10月27日　天津市政协副主席李绍洪一行到南开中学开展专题考察。

11月3日　天津市人大教科文卫委员会副主任委员夏新一行来校调研。

11月14日　天津市委常委、宣传部部长周德睿来校调研。

11月29日　发现南开中学1919届校友、中共四大代表阮章照片。

同月　教师崔勇锐、魏长童、刘日入选"天津市中小学市级领航学员"。

12月10日　南开中学工会举办教职工冬季健步行活动。

12月14日　党委书记李轶作学习贯彻党的十九届六中全会精神宣讲报告。

12月24日　市委教育工委专职副书记孙志良来校宣讲党的十九届六中全会精神。

本年　教师张广民入选2020年度天津市杰出津门教师名单。

本年　《"公""能"同行：南开中学"大德育"的百年传承与时代创新》获天津市第七届基础教育教学成果特等奖。图书馆阅读教育教学成果案例"南开经笥处，海棠浮书香"获中国教育装备行业协会城市教育装备工作委员会评选一等奖。

2022 年

2 月 22 日　南开中学召开党史学习教育总结大会。

2 月 25 日　教师刘敬华领衔的班主任工作室获批成为天津市中小学名班主任工作室。

3 月 4 日　纪念周恩来总理诞辰暨表彰大会举行。

3 月 31 日　李德志同志任天津市南开中学副校长（试用期一年）。

4 月 25 日　高三（7）班荣获"天津市优秀学生集体"称号。

5 月　教师惠培强被评为天津敬业奉献好人。

6 月 28 日　南开中学与天津美术学院举行"院士浮雕墙"项目签约仪式。

8 月　南开中学承办第 21 届全国女子数学奥林匹克大赛。

9 月 9 日　南开区委书记马珊珊带队到南开中学走访服务。

9 月 16 日　天津市南开区教育局与天津市南开中学签署合作办学协议。

10 月 15 日　天津交响乐团常任指挥、国家一级指挥易娟子做客南开公能讲坛。

同月　学生王冠锦被评为 2022 年天津市十佳中学生。

11 月 9 日　党委书记李轶作党的二十大精神主题宣讲。

11 月 11 日　天津美术学院院长贾广健做客南开公能讲坛。

11 月 12 日　南开中学与日本创价学园举行青年学生线上交流会。

同月　南开中学《"公能教育"百年传统的当代传承与创新》获天津市基础教育教学成果特等奖。

同月　南开中学舞蹈团获第 7 届全国中小学生艺术展演一等奖。

本年　民乐团、管弦乐团、舞蹈团获天津市文艺展演一等奖，合唱团、话剧社获二等奖。篮球队获天津市中小学篮球比赛冠军。

本年　教师姚卫盛入选 2020 年度天津市杰出津门教师名单。

2023 年

1 月 17 日　党委书记李轶在天津市中小学课程思政建设工作推动会上作经验介绍。

3 月 3 日　纪念周恩来总理诞辰暨表彰大会举行。

3 月 5 日　召开学习贯彻习近平总书记对深入开展学雷锋活动的重要指示精神座谈会。

3 月 8 日　南开中学荣获天津市教育系统关工委先进集体称号。

3 月 20 日　理事长孙海麟一行赴河南省焦作市看望周恩溥先生后人。

3 月 23 日　召开推动大中小学思政课一体化建设专题工作会。

4 月 2 日　举办公能教育成果展示暨海棠节。

4 月 7 日　原中共中央文献研究室副主任陈晋做客南开公能讲坛。

4 月 7 日　举办 2023 年劳动技能创意赛。

4 月 14 日　国际奥委会副主席、中国奥委会副主席于再清做客南开公能讲坛。

4 月 19 日　召开学习贯彻习近平新时代中国特色社会主义思想主题教育动员部署会。

4 月 28 日　2023 年春季趣味运动会、教职工趣味运动会举行。

5 月 8 日　全国十省市高中教育论坛在南开中学举办。

5 月 9 日　中国科学院院士、"嫦娥之父"欧阳自远做客南开公能讲坛。

5 月 23 日　南开中学纪委与天津医科大学肿瘤医院纪检党支部开展共建活动。

5 月 26—27 日　学生获全国地球科学奥林匹克竞赛 1 块银牌、1 块铜牌。

5 月 31 日　李德志同志任天津市南开中学副校长。

6 月 1 日　南开大学物理科学学院与南开中学签约推动拔尖创新型人才培养。

6 月 13 日　举办"感悟传统，'粽'享未来"活动。

6 月 19 日　教育部副部长王嘉毅来南开中学调研。

6 月 30 日　中国科学技术大学与南开中学合作创办"南开中学中科大创新实验班"。

6月30日 高二（1）班当选"天津市十佳中小学学生集体"。

9月5日 著名军事专家杜文龙做客南开公能讲坛。

9月8日 天津市委书记陈敏尔，市委副书记、市长张工到南开中学调研并看望教师。

9月10日 隆重举行2023年教师节庆祝大会。

9月30日 举行烈士纪念日主题教育活动。

10月10日 北京大学历史学系颜海英教授做客南开公能讲坛。

10月13日 举行2023年秋季田径运动会。

10月20日 中国延安精神研究会副会长林炎志教授做客南开公能讲坛。

10月28日 教师张墨竹获天津市青年教师学术论坛一等奖。

同月 南开中学《"公能教育"百年传统的当代传承与创新》获2022年基础教育国家级教学成果二等奖。

11月9日 高二（2）班学生裴泊朝代表南开中学以主席团成员的身份参加天津市学生联合会第十五次代表大会。

同月 教师张广民、姚卫盛、王劼、崔勇锐、魏长童、王文昌、何文入选"天津市第二批中小学市级学科骨干"。

12月16日 教师冯元、黄山获天津市大中小学"故事思政"微课大赛特等奖。

12月19日 南开中学数学学科、化学学科、物理与通用技术信息技术学科分别入围科学类和跨学科类天津市普通高中创新人才培养领航学科基地建设项目基地。

12月23日 南开中学获海河戏剧节"经典演绎奖"和"最佳组织奖"。

本年 篮球队获中国高中男子篮球联赛天津赛区冠军、获天津市中学生篮球赛亚军。乒乓球队获天津市青少年乒乓球冠军赛男子单打冠军、女子单打亚军。游泳队获南开区中小学游泳比赛初中男子组冠军、初中女子组亚军。啦啦操队获南开区中小学啦啦操比赛第一名。在天津市文艺展演中，合唱团、民乐团、管弦乐团、舞蹈团获一等奖，话剧社获二等奖，电声乐队获三等奖。舞蹈团获天津市中学生活力社团TOP榜第一名。

本年 教师何文入选2020年度天津市杰出津门教师名单。

2024 年

1 日 1 日　合唱团作品《少年》获天津市原创网络公益歌曲大赛新锐奖。

1 月 3 日　南开中学与天津大学举行创新人才培养合作基地签约仪式。

1 月 18 日　南开中学与北京大学共同举办"博雅人才共育基地"授牌仪式，并成为北京大学博雅人才共育项目的四星基地。南开中学数学、物理、化学、生物学科被认定为"博雅人才共育基地"学科。

1 月 18—22 日　组织"中科大创新实验班"优秀学生代表走进中国科学技术大学和安徽省知名科技企业，进行"中国科学技术大学—南开中学创新人才培养研学活动"。

1 月 24 日　南开中学举办 2024 年德育工作论坛，党委书记李轶出席并致辞。

1 月 25 日　举行"百廿南开·青春之歌"2024 合唱团新春音乐会。

2 月 4 日　党委书记李轶一行赴周恩来邓颖超纪念馆参加纪念邓颖超同志诞辰 120 周年座谈会。

3 月 5 日　举行纪念周恩来总理诞辰 126 周年暨表彰大会。

3 月 8 日　举行"巾帼有为同聚力，善作善成谱新章"育美育心插花活动。

3 月 12 日　天津大学校长金东寒院士做客南开公能讲坛。

3 月 19 日　南开中学学子夺得"中国 CYPT2024"一等奖。

3 月 21—4 月 19 日　两批泰国师生来校访问，并参与汉语夏令营活动。

3 月 22 日　中共中央党史和文献研究院对外合作交流局局长、周恩来思想生平研究会会长杨明伟做客南开公能讲坛。

3 月 27—4 月 2 日　友好学校中国香港圣保罗男女中学师生来校访问。

3 月 28 日　举行天津市化学学科义务教育培育基地建设项目启动会暨"手拉手"帮扶校教师培训活动。

4 月 1 日　天津市委教育工委、市教委决定，王文昌同志任天津市南开中学党委副书记、副校长，免去其南开中学副校长职务；陈媛同志任天津市南开中学副校长，免去其南开中学纪委书记职务；王悦同志任天津市南开中学党委委员、纪委书记。

4月6日　成功举办公能教育成果展示暨"海棠节"校园开放日活动。

4月8日　中央民族大学教授蒙曼做客南开公能讲坛。

4月11日　南开中学1930届校友、原中国民主同盟中央委员会名誉副主席叶笃义，南开中学1935届校友、国家最高科学技术奖获得者叶笃正院士后人来校访问。

4月15日　开展国家安全教育系列活动。

4月16日　南开中学联合天津大学共同开展海洋安全教育专题思政课。

4月26日　中央电视台资深新闻人白岩松做客南开公能讲坛。

4月30日　举行2024年春季趣味运动会。

同月　高二（8）班被评为"天津市中小学优秀学生集体"。

同月　教师作品《关于加强中学生生命教育的提案》获评全国最佳模拟政协提案作品。

5月8日　南开中学英语学科举办京津联合教研活动。

5月14日　国防大学战略教研部教授金一南少将做客南开公能讲坛。

5月13—17日　南开中学开展学科教学交流系列活动。

5月16日　南开中学面向全市举办品牌高中建设暨创新人才培养展示交流大会，来自京津冀三地的近300名教育专家、教育局局长、高中校长、教师代表参加。

5月18日　南开中学2024届高三学生毕业典礼举行。

5月27日　日本创价学会代表团来访，刘浩校长会见会长原田稔。

5月30日　举行"南开中学院士浮雕墙"落成仪式，理事长孙海麟出席并讲话。

5月31日　南开中学2024届初三学生毕业典礼举行。

同月　举办拔尖创新人才培养成果展示交流系列活动。

6月4日　"香港教师天津行2024"活动代表团来校访问。

6月19日　天津市南开中学120周年校庆标识正式发布。

6月19日　发行南开中学120周年校庆倒计时120天纪念邮封。

参 考 文 献

1. 龚书铎主编：《中国近代文化概论》，中华书局 2002 年版。

2. 罗澍伟主编：《近代天津城市史》，中国社会科学出版社 1993 年版。

3. 王栻主编：《严复集》，中华书局 1986 年版。

4. 皮后锋编著：《严复评传》，南京大学出版社 2006 年版。

5. 牛仰山选注：《天演之声：严复文选》，百花文艺出版社 2002 年版。

6. 严修日记编辑委员会：《严修日记》，南开大学出版社 2001 年版。

7. 严仁曾编撰：《严修年谱》，齐鲁书社 1990 年版。

8. 梁吉生：《张伯苓年谱长编》，人民教育出版社 2009 年版。

9. 王文俊等编：《张伯苓教育言论选集》，南开大学出版社 1984 年版。

10. 高平叔编：《蔡元培全集》，中华书局 1989 年版。

11. 高平叔：《蔡元培年谱长编》，人民教育出版社 1998 年版。

12. ［美］唐德刚：《晚清七十年》，岳麓书社 1999 年版。

13. 姚淦铭编：《王国维文集》，中国文史出版社 1997 年版。

14. 白吉庵编：《胡适教育论著选》，人民教育出版社 1994 年版。

15. 金冲及主编：《周恩来传》，中央文献出版社 1998 年版。

16. 中共中央文献研究室第二编研部：《周恩来自述》，国际文化出版公司 2009 年版。

17. 天津南开中学编著：《周恩来南开中学岁月》，中央文献出版社 2017 年版。

18. 温家宝：《温家宝谈教育》，人民出版社 2013 年版。

19. 天津市地方志编修委员会编：《天津通志·基础教育志》，天津社会科学院出版社 1994 年版。

20. 赵宝琪、张凤民主编：《天津教育史》上卷，天津人民出版社 2002 年版。

21. 王芸生：《六十年来中国与日本》，生活·读书·新知三联书店 2005 年版。

22. 申泮文编：《黄钰生文集》，百花文艺出版社 2009 年版。

23. 杨志行、纪文郁、李信主编：《解放前南开中学的教育》，天津教育出版社 1989 年版。

24. 天津中小学幼儿教师奖励基金会编：《校长的足迹》，天津教育出版社 1992 年版。

25. 杨志行、纪文郁、李信主编：《解放后南开中学的教育》，天津教育出版社 1994 年版。

26. 杨志行、李信主编：《中国名校丛书·天津市南开中学》，人民教育出版社 1998 年版。

27. 《百年南开》摄制组编著：《百年南开访谈文集》，中国社会出版社 2004 年版。

28. 南开女中一九五四届毕业生编著：《毕业南开》，中国社会出版社 2004 年版。

29. 孙海麟、周鸿飞主编：《感念南开》，中国社会出版社 2006 年版。

30. 孙海麟、周鸿飞、武佩铃编著：《杨志行传》，人民出版社 2007 年版。

31. 孙海麟主编：《中国奥运先驱张伯苓》，人民出版社 2008 年版。

32. 孙海麟、周鸿飞、武佩铃主编：《津门教育家杨坚白》，人民出版社 2008 年版。

33. 张伯苓教育思想研究会编：《中国话剧先行者张伯苓张彭春》，人民出版社 2009 年版。

34. 封毓中、张国贤、刘令仪整理：《孙养林先生谈教育》，天津科技翻译出版公司 2009 年版。

35. 天津南开中学编写组编著：《以周恩来为人生楷模教育读本》，天津教育出版社 2011 年版。

36. 杨志行教育文集编辑组编：《杨志行教育文集》，天津教育出版社 2013 年版。

37. 天津南开中学教育科研组编：《天津南开中学办学实践与特色》，天津教育出版社 2014 年版。

38. 天津南开中学志编修委员会编：《天津南开中学志》，天津教育出版社 2014 年版。

39. 天津南开校史研究中心编：《南开校史研究丛书》第 1—17 辑，天津教育出版社 2011—2019 年版。

40. 南开学校刊物《敬业》《校风》《南开思潮》《南开双周》，天津南开中学校史馆珍藏。

41. 南开学校历届《毕业同学录》，天津南开中学校史馆珍藏。

42.《天津南开学校中学部一览》，天津南开学校 1929 年编印。

43.《天津南开学校社会视察报告》，天津南开学校 1930 年编印。

44.《南开四二校庆复校周年纪念刊》，天津南开中学 1946 年编印。

45.《天津南开中学建校八十周年纪念专刊》，天津南开中学 1984 年编印。

46.《天津南开中学建校八十五周年纪念专刊》，天津南开中学 1989 年编印。

47.《天津南开中学建校九十周年纪念专刊》，天津南开中学 1994 年编印。

48.《天津南开中学建校九十五周年纪念专刊》，天津南开中学 1999 年编印。

49.《天津南开中学建校一百周年纪念专刊》，天津南开中学 2004 年编印。

50. 杨志行：《奋蹄回首》，天津南开中学 2004 年编印。

51.《天津南开中学建校 105 周年纪念文集》，天津南开中学 2009 年编印。

52. 王淑玲主编：《南开教海拾零》，天津南开中学 2010 年编印。

53.《天津南开中学建校 115 周年纪念文集》，天津南开中学 2019 年编印。

后　记

2024 年天津市南开中学迎来建校 120 周年。值此重要历史节点，《天津南开中学史（1904—2024）》编撰出版。这是南开中学校园文化建设的新的成果，成为记录南开中学的发展历程，观察和研究近现代中国教育事业的窗口。

"欲知大道，必先为史"。创办于 20 世纪初叶的南开中学，与国家和民族的命运紧密相连。南开先贤素有重视校史的传统。南开中学前三任校长都曾亲手编撰校史。先有张伯苓先生 1944 年撰写回顾南开学校 40 年。再有杨坚白先生 1949 年撰写校史沿革。又有杨志行先生 1994 年撰写旧南开学校史略。三位教育家共同重视校史，说明校史的文化价值，说明发掘校史资源是弘扬南开精神、办好南开中学的重要资源配置。传承这些认知，南开中学领导班子决策启动本书运作，使之成为迎接 120 周年校庆的重头戏。

本书是对 2015 年编撰、出版的《天津南开中学史》的修订、增补和提升。南开中学理事会理事长孙海麟担任编委会主任，南开中学党委书记李轶、党委副书记兼校长刘浩担任编委会副主任，副校长王文昌、副校长陈媛、纪委书记王悦、副校长李德志为编委会成员。由刘浩、周鸿飞担任主编，负责全书统稿。按照章节顺序，由周鸿飞编撰第一章绪论，张宜雷编撰第二、第六、第七章，冯竺编撰第三、第四、第五章，李群编撰第八章，冯笪编撰第九、第十章，刘佳编撰第十一章，崔勇锐编撰第十二章，杨乃东、刘佳、张楠整理了大事年表。孙海麟为本书撰写了序言。

与以往出版的各种版本的天津南开中学史籍相比，本书具有结构严谨、史籍完整、内涵厚重、叙述连贯、观点鲜明等特点，是迄今较为系统、完整、全面的南开中学校史。全书从南开中学的胚胎时期切入，细致而有条理地记载了 120 年的南开中学走过的历程，令人信服地诠释了南开道路、南开品格、南开精神，揭示了南开中学 120 年历史发展的内在理路。

回顾近现代中国基础教育的发展历程，能够持续保持一定辉煌的中学为数不多，天津南开中学无疑要算其中之一。由于种种原因，在某些校史及教育史类著作亟待完善的当下，能够完成一部不仅按时间顺序记述历史事件，而且可以探索其发展演变内在规律的校史，更为时代所需。这无论对于校内还是校外，都具有总结经验、温故促今、推动教育改革、推进素质教育的作用。南开教育事业无止境，南开校园文化建设无止境，南开中学可持续发展引人期待。欢迎各界专家和南开师生、校友批评指正。

借此机会，感谢人民出版社领导同志和专家对于本书选题的认同与支持，感谢在本书之前所有为记载和研究南开中学校史作出贡献的人士。本书是站在前人肩头上的登攀。没有前人的辛劳和积淀，就没有今天的这部校史文本。

本书编委会

2024 年 9 月 10 日